비비안 마이어
VIVIAN MAIER

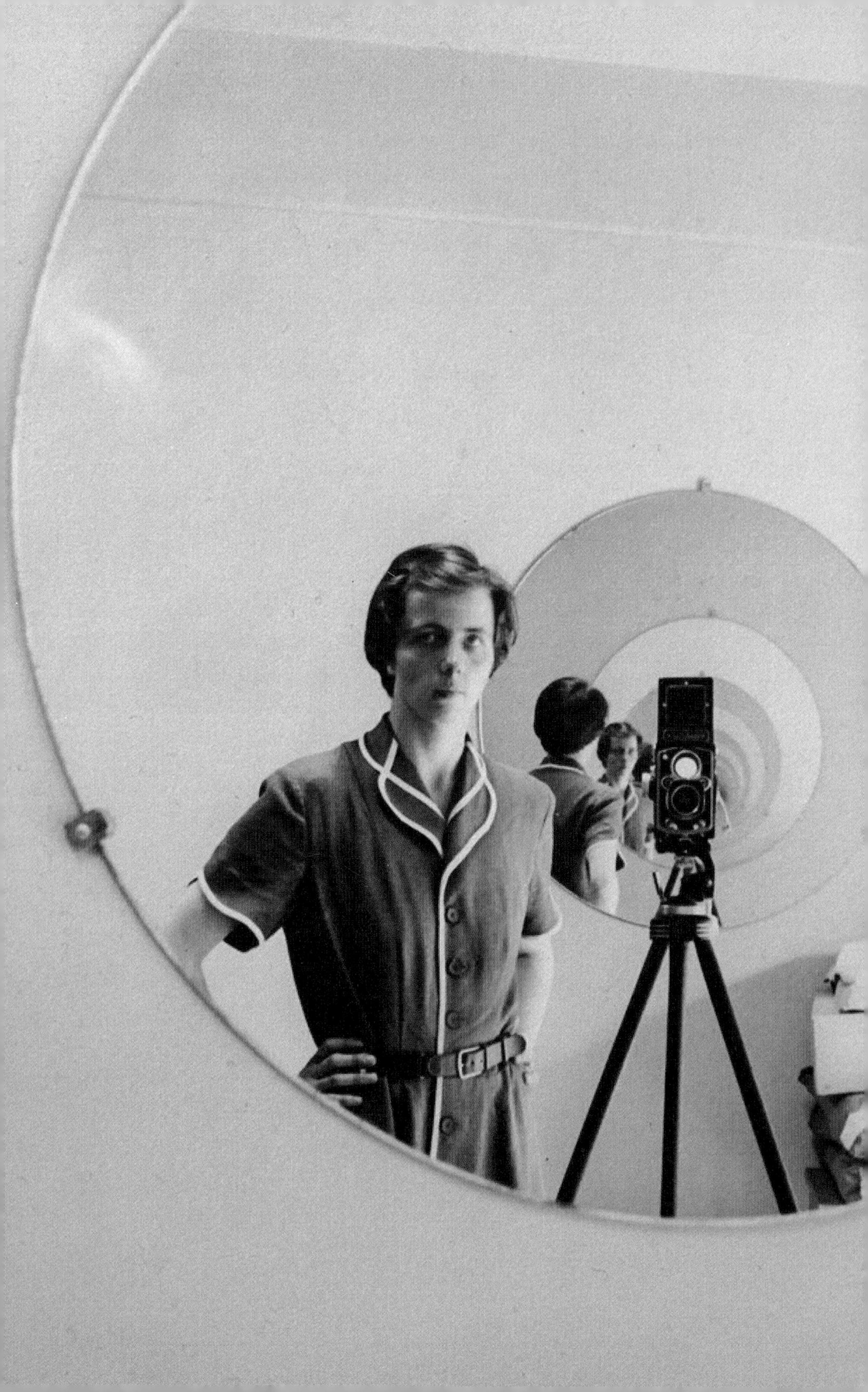

비비안 마이어
VIVIAN MAIER

보모 사진작가의 알려지지 않은 삶을 현상하다

앤 마크스 지음, 김소정 옮김

북하우스

공영 텔레비전 최초의 홍보 담당자였던

나의 어머니 해리엇 마크스와

이 책의 출간을 앞두고 95세의 나이로 세상을 떠난

선구적인 기획자, 로저스 씨에게

이 책을 바칩니다.

사진을 찍는다는 것은 사진을 찍히는 대상을 독점하는 것이다.

즉, 세상과 특별한 관계를 맺는다는 뜻이다.

—수전 손택, 『사진에 관하여*On Photography*』

차례

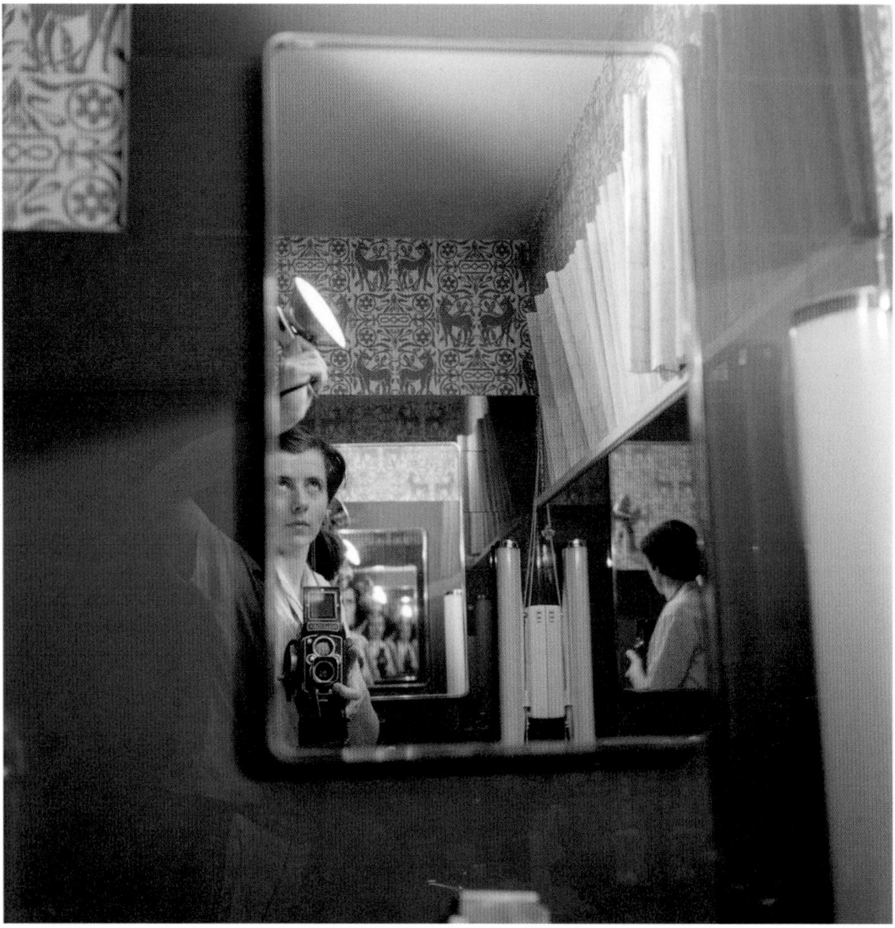

자화상, 시카고, 1956년(*Vivian Maier*)

서문

미국인/프랑스인·권위적인/소극적인·배려하는/냉담한
여성적인/남성적인·재미있는/엄격한
너그러운/고집 센·쾌활한/냉소적인·깔끔한/지저분한
친절한/심술궂은·열정적인/둔감한·매력적인/심각한
정중한/퉁명스러운·책임감 있는/무신경한
사교적인/비사교적인·페미니스트/전통적인
눈에 띄는/은둔하는·메리 포핀스/사악한 마녀

—비비안 마이어를 가장 잘 아는 사람들이 묘사한 비비안의 모습

이야기는 2007년, 시카고 경매장에서 시작한다. 경매장을 찾은 존 말루프John Maloof는 구매한 물건(당시 집필하던 책에 실을 만한 사진이 있을까 싶어 낙찰받은, 낯선 사진으로 가득 찬 버려진 상자들)을 살펴보다가 자신이 엄청난 보물을 갖게 되었다는 걸 깨달았다. 상자에는 무명 사진작가가 찍은 네거티브 필름이 가득 들어 있었다. 스물여섯 살밖에 되지 않은 말루프였지만, 상자 속 물건들이 아주 특별하다는 사실을 본능적으로 알아챘다. 그는 경매에서 같은 작가의 사진을 구매한 사람들을 찾아내 사진과 네거티브 필름들을 사들였다. 그 뒤로도 계속 기회가 있을 때마다 사진을 구매해, 그 무명 작가의 작품을 거의 다 모을 수 있었다.

사실 처음에 사진을 구매한 사람들은 그 상자에 들어 있던 사진 봉투에

적힌 이름으로 무명 사진작가의 이름이 비비안 마이어라는 걸 알고 있었다. 사람들은 비비안 마이어를 찾으려고 인터넷을 뒤지고 또 뒤졌지만, 아무런 소득이 없었다. 그러다가 마침내 2009년 4월, 며칠 전에 시카고에서 세상을 떠난 보모가 그 모든 사진을 찍은 작가임을 알려주는 부고를 발견했다. 부고에 따르면, 그 보모는 "뛰어난 사진작가"였고, "존과 레인, 매슈 3형제의 제2의 어머니"였다. 흥분과 호기심에 사로잡힌 말루프는 더 많은 정보를 얻으려고 부고를 낸 가족에게 연락했다.

그사이 말루프는 자신이 모은 돈 상당 부분을 비비안의 사진을 사는 데 써버렸다. 그는 자신이 수집한 작품을 여러 사람과 공유하고 판매할 수 있는 가장 좋은 방법이 무엇일지 고민했다. 전문 지식을 갖춘 사람들의 의견을 듣고 싶었던 말루프는 자신이 가장 좋아하는 비비안의 사진 몇 장을 블로그에 올리고, 그 블로그 주소를 플리커Flickr의 '하드코어 스트리트 포토그래피' 그룹에 올렸다. 그리고 '공유' 버튼을 누르는 순간 모든 것이 변했다. 사람들은 비비안의 사진에 열광했고, 입소문이 나기 시작했다. 비비안의 사진에 감탄한 많은 이들이 사진을 공유하고 또 공유하면서 전 세계로 퍼져나갔다. 플리커에 올린 사진은 스무 장밖에 되지 않았지만, 다양한 주제와 인물을 다루는 비비안의 작품에는 말 그대로 모든 사람의 마음을 울리는 풍부한 감정과 개성이 담겨 있었다.

결국 말루프는 비비안 사진의 또 다른 주요 구매자 제프리 골드스타인Jeffrey Goldstein과 함께 비비안의 아카이브를 준비해나갔다. 두 사람이 구매한 작품 14만 점 가운데 인화한 사진은 많지 않았다. 대부분이 네거티브 필름이거나 현상하지 않은 필름이었다. 작품을 모두 분류하자, 비비안이 인쇄한 형태로 남아 있는 7000여 점 외에는 자신이 찍은 사진을 확인조차 하지 않았다는 놀라운 사실이 밝혀졌다. 실제로 4만 5000장은 현상조차 하지 않았다. 사진의 거장, 메리 엘런 마크Mary Ellen Mark는 이런 경우는 아주 드물다고 하면서, 이럴 때면 누구나 그렇게 생각할 수밖에 없는 말을 했다. "무언가 잘못됐어요. 사라진 조각이 있는 게 분명해요."

말루프와 골드스타인이 비비안의 작품을 공개할 때마다 그녀의 대단한 업적과 탁월한 재능을 입증하는 증거가 쌓여갔다. 언론은 새롭게 발견한 경이로운 보모에 관한 기사를 계속 실었고, 그에 힘입어 강연과 전시, 책과 찬사가 순환하듯 끊이지 않고 이어졌다. 전 세계 신문과 잡지, 웹사이트, 텔레비전에서 쉴 새 없이 비비안의 이야기가 흘러나왔다. 「뉴욕 타임스*New York Times*」는 사진 섹션 렌즈 블로그를 통해 "웹에 새로운 사진이 올라올 때마다 엄청난 반향을 불러일으켰다"고 소식을 전했고, 「로스앤젤레스 타임스*Los Angeles Times*」는 비비안의 작품을 가리켜 "산뜻한 상식에 근거한 지성, 놀랍도록 선명한 유머 감각, 우연히 연출된 일상을 순간적으로 포착하는 예리함이 특징"이라고 평했다. *AP*는 비비안을 '천재'라고 했고, 「스미스소니언 매거진*Smithsonian magazine*」은 "미국 사진계에 가장 놀라운 이야기 가운데 하나를 제공한 사람"이라고 했다. 「뉴욕 타임스」의 존경받는 예술 비평가 로버타 스미스Roberta Smith는 비비안의 초기 작품들은 "20세기

비비안 마이어의 아카이브 구성

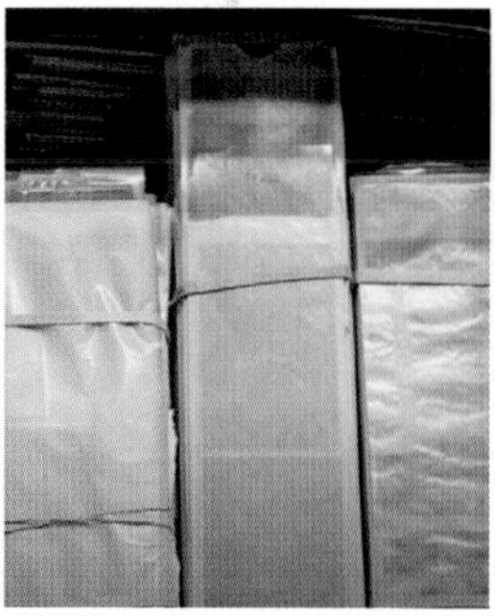
네거티브 필름 65%

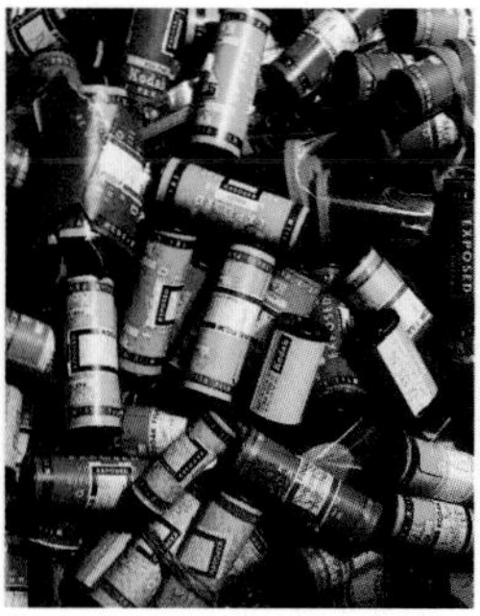
현상하지 않은 필름 30%

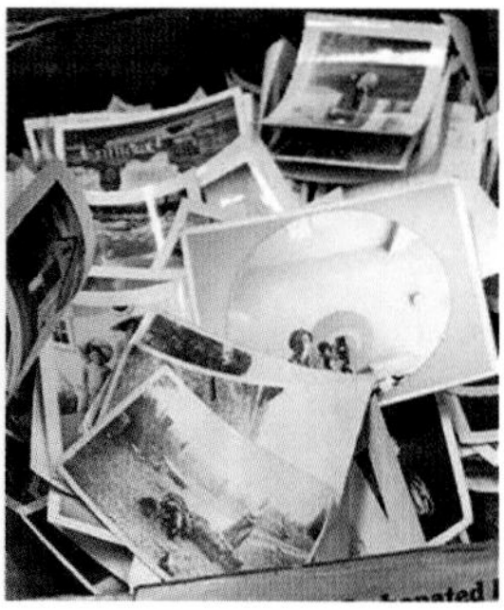
사진 5%

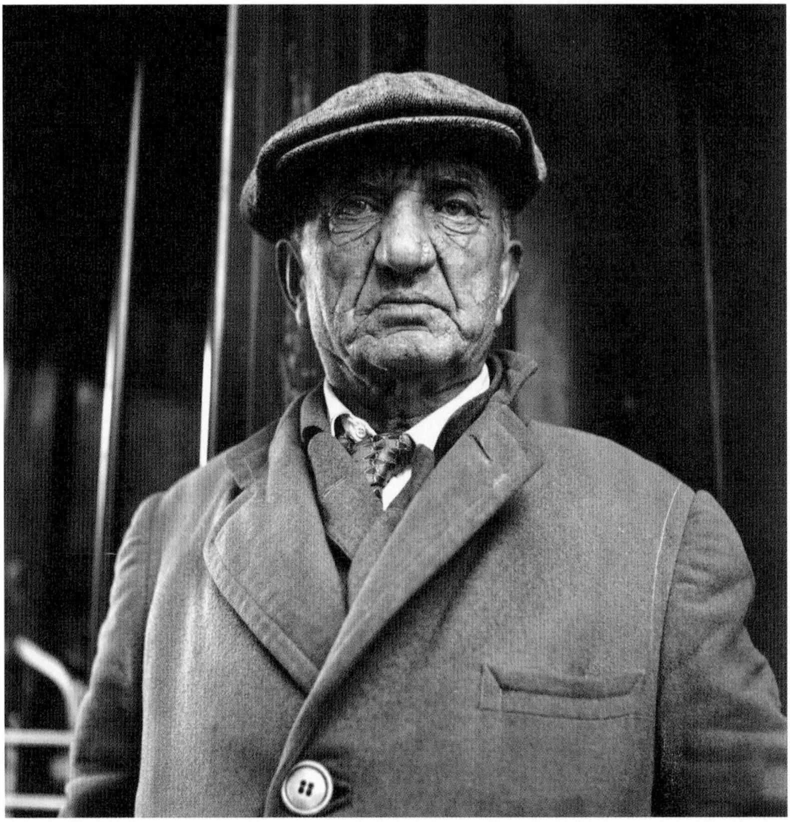

플리커에 올린 사진 1(*Vivian Maier*)

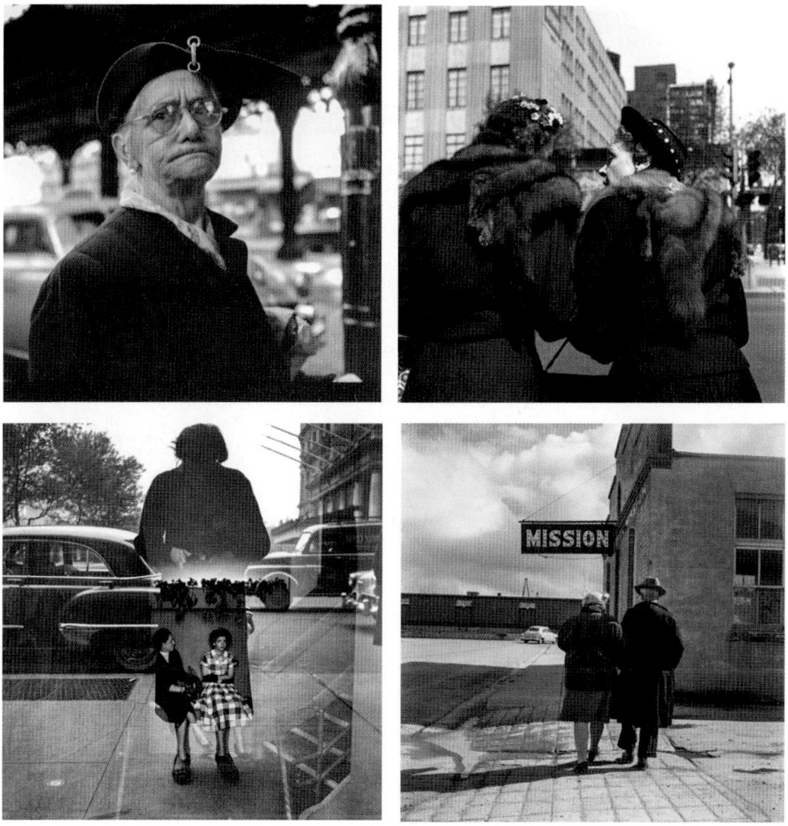

플리커에 올린 사진 2(*Vivian Maier*)

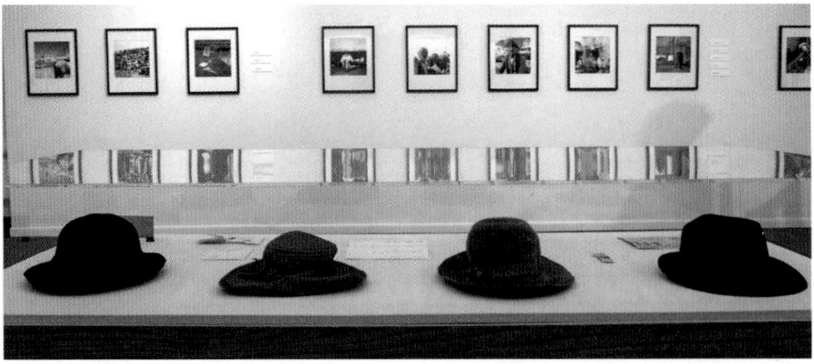

비비안 마이어의 첫 번째 전시회, 시카고 문화센터, 2011년(*John Maloof*)

위대한 거리 사진작가의 판테온에 새롭게 추대될 만하다"라고 선언했다.

말루프는 감추어진 재능과 그 재능을 발견한 불가능에 가까운 이야기라면 강렬한 다큐멘터리로 만들 수 있겠다 판단하고 비비안의 삶을 쫓기 시작했다. 하지만 쉽지 않은 일이었다. 비비안이 시카고에서 입주 보모 일을 했던 집을 십여 곳 찾아가 그녀에 관해 물었지만, 그 사람들은 자기 집에 머물며 아이들을 돌봤던 여인에 관해 아는 것이 거의 없었다. 비비안이 사진을 찍는다는 사실을 아는 사람은 많았지만, 그것이 얼마나 대단한 사진이었는지를 아는 사람은 없었다. 사람들이 묘사하는 비비안의 성격과 행동도 완벽하게 달랐다. 비비안은 조사를 하면 할수록, 더욱더 신비로운 사람이 되어갔다.

그렇게 해서 만들어진 2014년 영화 〈비비안 마이어를 찾아서 *Finding Vivian Maier*〉는 2015년 아카데미상 후보에 올랐고, 사진작가였던 보모를 명성이라는, 소수의 사람만이 누릴 수 있는 성층권 안으로 쏘아올렸다. 영화를 본 전 세계 관객들은 비비안의 사진과 당혹스러운 인생 이야기에 매혹됐다. 영화 제작팀은 비비안이 어렸을 때 6년 동안 프랑스 친척 집에 머물렀으며, 서른 살이 될 때까지는 맨해튼에서 살았음을 밝혀주는 가족력을 찾아냈지만, 뉴욕에서 비비안이나 비비안의 가족을 아는 사람은 한 명도 만나지 못했다. 서른 살 이후로는 죽을 때까지 시카고에서 살았지만, 비비안의 고용주 가운데 그 누구도 비비안이 태어난 곳이나 성장한 곳이 어디인지 알지 못했고, 비비안에게 가족이나 친구가 있었는지, 무엇 때문에 사진을 찍었는지, 왜 직업 사진작가가 되지 않았는지, 어째서 찍은 사진 대부분을 현상하지 않았고 자신의 작품을 다른 사람들에게 보여주지 않았는지는, 정확하게 알지 못했다. 〈비비안 마이어를 찾아서〉에는 이런 의문이 잔뜩 담겨 있지만 많은 질문이 대답을 찾지 못했고, 수백만 명에 달하는 비비안의 팬들은 누군가 이 보모의 비밀을 풀어주기를 기다리는 수밖에 없었다.

이상이 내가 비비안을 둘러싸고 빙글빙글 돌고 있는 궤도에 빠져들었을 때의 상황이었다. 이 사진작가와 관계를 맺게 된 모든 사람이 그렇듯이, 나도 그 궤도로 들어갈 가능성은 아주 낮았다. 나는 회사의 임원으로 일하면서 평범한 사람들의 욕망과 동기, 행동을 이해하는 데 필요한 연구와 분석을 하며 30년을 보냈다. 나에게는 하찮은 세부 사항이란 존재하지 않았으며, 답을 모르는 채로 남겨둬도 좋을 의문은 하나도 없었다. 내가 가장 열정을 쏟는 일은 일상에 존재하는 수수께끼를 푸는 것이었다. 난해하면 난해할수록 더욱더 풀고 싶었다. 2014년이 끝나가던 어느 겨울날 오후, 나는 담요를 몸에 두르고 곧 있을 아카데미 시상식이 열리기 전에 말루프의 영화를 보았다. 다른 많은 사람처럼 나도 비비안의 사진에 사로잡혔고, 너무나도 다르게 묘사된 비비안의 성격, 그 누구도 밝혀내지 못한 사진을 찍은 이유와 목표, 가족과 비비안 자신의 인생에 대한 정보의 부재 때문에 어리둥절해졌다. 하지만 거의 모든 사람이 도저히 풀 수 없는 수수께끼라고 여기는 곳에서 나는 채워야 할 틈을 보았고, 그토록 많은 사람을 혼란스럽게 만든 이야기를 밝혀야 한다는 기분이 들었다.

몇 주 안에 나는 존 말루프와 제프리 골드스타인에게 연락해 함께 비비안의 이야기를 따라가보자고 제안했다. 두 사람은 1940년대 이후로 흔적을 찾을 수 없는 비비안의 오빠, 찰스에게 일어난 일을 밝히는 것이 급선무라고 했다. 비비안의 귀중한 유산의 직접적인 상속자가 될 찰스와 찰스의 후손을 찾는 일은 너무나도 중요했다. 몇 달 뒤에 나는 맨해튼에 있는 성 베드로 루터파 교회의 동굴 같은 문서 보관소에서 거의 100년 동안 잠들어 있던 칼 마이어의 세례 증명서를 찾았고, 덕분에 결혼하지 않은 찰스에게는 합법적인 자녀가 없으며, 찰스는 1977년에 뉴저지주에서 세상을 떠났음을 알 수 있었다. 찰스의 죽음으로 모두가 미심쩍어하던 사실이 명확해졌다. 비비안의 유산을 물려받을 분명한 상속자가 존재하지 않는다는 사실 말이다. 「시카고 트리뷴*Chicago Tribune*」은 내 이야기를 특집 기사로 실었고, 쿡 카운티의 유산 관리자들은 정보를 교환하자며 나에게 연락을 해왔다. 갑자기, 뜻하지 않게, 내가 비비안 마이어 현상의 일부가 되어버린 것이다.

내가 비비안의 생애를 계속 쫓는 동안, 말루프와 골드스타인은 각자 나에게 비비안 마이어의 생애 전반을 다룬 권위 있는 전기를 집필해달라고 요청했고, 자신들이 가지고 있는 사진을 언제라도 마음껏 활용할 수 있게 해주었다. 그렇게 해서 나는 전 세계에서 유일하게 두 사람이 수집한 비비안의 사진 14만 점을 검토한 사람이 되었고, 그 사진들은 이 전기의 초석이 되어주었다. 두 사람이 친절하게도 사진 분야의 전문가들을 연결시켜 준 덕분에 부족한 전문 지식을 보완할 수 있었고, 비비안의 유산 관리자들은 관대하게도 비비안의 이야기를 쓰는 데 도움이 된다면 작품을 마음껏 활용해도 된다고 허락해주었다. 게다가 나는 녹음테이프, 필름, 레코드, 잡다한 개인 물품처럼, 말루프가 제공해준 다른 재료들로도 무장하고 있었다. 이 모든 것들 덕분에 나는 마이어가(家)라는 거대한 빙산의 끝에 결국 도달할 수 있었고, 불법과 중혼, 부모의 양육 거부, 폭력, 알코올중독, 약물중독, 정신 질환 같은 빙산의 표면 밑에 깊숙이 숨겨져 있는 이야기를 찾아낼 수 있었다.

내가 제일 먼저 해야 할 일은 비비안 마이어가 태어난 세상의 얼개를 짜기 위해 가계도를 작성하는 것이었다. 내가 찾은 비비안 가족의 매장지 정보는 흔치 않은 이야기를 드러내고 있었다. 비비안의 가족 열 명은 모두 맨해튼에 묻혔는데, 묻힌 장소가 아홉 곳이나 됐다! 논리적으로 생각했을 때, 사람들은 대부분 친척들과 가까운 곳에 묻히고, 종종 촌수가 먼 친척들에게로 범위가 넓어지기도 한다. 마이어 가족이 모두 다른 곳에 묻혔다는 사실은 그들이 영원히 함께하지 않겠다는 결정을 내리게 한 불화가 가족 내에 있었을 가능성을 짐작하게 한다.

무슨 이유 때문인지는 모르겠지만, 나는 교육 받은 기록도 없고, 직업을

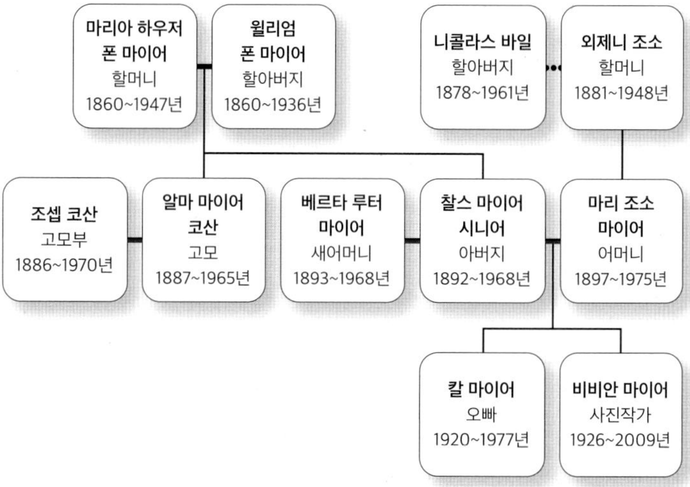

비비안 마이어의 가계도

가진 기록도 없고, 사람들과 교류한 기록도 없는 비비안의 오빠가 마이어 가족의 비밀을 풀 열쇠라는 생각이 강하게 들었다. 그래서 일단 찰스는 사회에서 아무 일도 하지 않았고, 병이나 다른 이유로 어딘가에 갇혀 있었기 때문에 어떠한 기록도 남기지 않았을 거라는 가설을 세웠다. 그저 추측일 뿐이었지만, 나는 내 본능을 믿고 몇 달 동안 보호 시설과 병원, 수감자 명단을 샅샅이 살폈다. 그리고 마침내, 뉴욕 주립 문서 보관소에 보관돼 있던 콕사키 뉴욕 주립 직업훈련원 수감자 목록에서 칼 마이어라는 이름을 찾아냈다. 1936년도 기록이었다. 물론 이 칼이 내가 찾는 비비안의 오빠라는 확신은 없었다. 콕사키는 세 개 주가 만나는 지역으로, 이곳에 살았던 칼 마이어는 K로 시작하는 칼도, C로 시작하는 칼도 많았고, 찰스 마이어도 많았다. 하지만 수감자의 출생일을 보자마자 등골이 오싹해졌다. 성 베드로 루터파 교회에 남아 있는 세례식 기록과 일치했기 때문이다. 이 기록은 물론 대중에게 공개된 자료였지만, 그래도 나는 칼의 기록을 보기 위해 프랑스에 있는 가족에게 공식 허가서를 요청했다. 뉴욕 주립 문서 보관소 직원들이 칼의 기록을 빠르게 찾으려면 근처 보관소에 가보라고 일러주었기에 나는 올버니로 갔다.

문서 보관소에 도착하니 자원봉사자가 모든 것을 다 안다는 듯한 미소를 지으면서 7~8센티미터가량 되는 두툼한 서류철을 내밀었다. 편지와 서류가 가득 차 있던 서류철에는 칼과 칼의 두 할머니, 칼의 부모, 감화원의 시각으로 전하는 비비안 가족의 완전한 이야기가 들어 있었다. 서류철에는 칼의 머그샷이 있었는데, 그것이 비비안 마이어의 오빠를 확인할 수 있는 유일한 사진이다.

당시 나는 칼의 입대 기록과 제대 기록을 포함한 칼의 군 생활 기록을 인터넷에서 찾을 수 있으리라 기대하고 열심히 들쑤시고 있었다. 하지만 1973년에 세인트루이스에 있는 개인정보 보관소에 불이 났고, 그때 기록이 모두 소실됐다는 이야기만 들을 수 있었다. 그러나 불현듯 그럴 수는 없다는 생각이 들었다. 칼의 부고는 그 불이 나고 몇 년이 지난 1977년에 공무 기록에 올랐기 때문이다. 약간의 반발심을 가지고 나는 다시 군대 문서 보관소를 조사했고, 마침내 칼 마이어의 이야기를 담은 두툼한 서류철을 찾아냈다. 군대 기록에는 칼의 복무 내용뿐 아니라 남은 인생에 관한 중요한 사실을 알려주는 정보가 담겨 있었다. 한 주 사이로 군대와 감화원에서 문서 복사본을 받았을 때는 비비안 마이어의 가계도라는 복권에 당첨된 것만 같았다.

하지만 그것은 끝이 아니라 시작일 뿐이었다. 정확한 사실을 담은 전기를 쓰려면 비비안이 살아 있을 때 교류한 사람들을 만나 그 사람들의 이야기를 직접 들어야 했다. 비비안은 사진에 정보를 거의 적어두지 않았기 때문에 비비안과 교류한 사람들을 찾기란 불가능에 가까웠다. 수년 동안 사진에서 찾은 단서들 위에 다른 정보들을 추가하면서 사진에 찍힌 사람의 신원을 확인하려고 애썼다. 그 터무니없이 복잡하고도 긴 과정을 비롯해, 이 이야기의 가장 중요한 여정은 부록 C에 실었다.

결국 나는 유년기나 청년기의 비비안을 알고 있거나, 가까운 가족과 교류한 적이 있는 서른 명 정도의 사람들을 찾았다. 이 사람들의 신원을 밝히고 사는 곳을 찾는 일은 정말로 쉽지 않은 도전이었지만, 가장 신나는 보상을 받을 수 있었다. 그들을 통해 중요하고도 새로운 정보를 자세히 알 수 있었고, 무엇보다 오래전에 비비안이 찍은 사진을 공유하며 그 사진 속 인물이 깜짝 놀라는 모습을 보는 것이 큰 기쁨이었다. 6년 동안 비비안 가족의 기록을 셀 수 없이 살피고, 비비안의 모든 작품을 꼼꼼하게 들여다보고, 뉴욕과 캘리포니아, 시카고를 누비며 사람들을 직접 만나 이야기를 나누고, 프랑스 알프스 지역을 방문하고, 말루프가 영화를 찍으려고 모은 광범위한 자료를 검토했다. 그렇게 해서 마침내 비비안 마이어의 전체 모습이 수면 위로 떠올랐다.

비비안의 사진을 가장 먼저 소개한 예술 서적들은 비비안의 삶에 대해서는 그다지 많은 정보를 알려주지 않지만, 사진을 연대순으로 정리함으로써 비비안이 어디에서 살았고, 어느 곳에서 일했으며, 어떤 장소를 여행했는지를 시간 순서대로 파악할 수 있게 해주었다. 그러자 전기를 쓸 때 가장 필요한 자원이자, 전기 주인공의 행동과 동기를 이해하려면 반드시 알아야 하는 내용인 비비안의 일상과 관심을, 세상을 보는 시각을 알게 되었다. 연대순으로 정리한 자료는 자화상 사진을 비롯해 그녀의 작품이 어떤 식으로 발전해갔는지도 보여주었다. 무엇보다도 사진과 그때까지 찾은 모든 정보(비비안이 남긴 유품과 기록물, 사람들과의 인터뷰 같은)를 결합하자 비비안의 사진을 그녀의 인생이라는 맥락에서 배치할 수 있는 더 없는 기회가 마련되었다.

비비안의 사진을 발견하고, 비비안의 작품에 돈과 명성이 따라붙자, 추측과 비난이 먹구름처럼 순수했던 처음의 찬사를 재빨리 감싸기 시작했다. 언론은 비비안의 작품을 수집한 두 사람에게 사진작가의 작품을 관리하고 이용할 수 있는 자격과 권한과 자질이 있는지를 물었고, 많은 사람이 비비안 마이어가 대중에게 사진을 공개하는 걸 원했을지를 놓고 맹렬하게 논쟁을 벌였다. 수많은 역사가와 언론인, 비평가 들이 공개적으로 말루프와 골드스타인을 지독하게 공격하면서, 두 사람이 비비안을 착취해 돈을 벌고 있다고 비난했다. 이런 비난에 대한 평가는 부록 A에 실었는데, 나는 그런 비난은 거의 대부분 오해에서 비롯되었거나 입증할 수 없는 주장이라는 결론을 내렸다. 사실 그 누구도 모르는 곳에 감추어져 있던 비비안의 작품을 구매한 사람이, 창고 경매를 자주 이용하는 두 아마추어라는 사실은 균형이라는 관점에서 볼 때도 만족스럽다.

지적이었고 창의적이었으며, 열정과 안목이 있었던 비비안은 인간의 보편성을 보여주고 공감을 불러일으키는 방대하고도 광범위한 작품을 남겼다. 현재 전시회와 강연이 전 세계에서 끊이지 않고 열리고 있으며, 박물관들도 비비안의 작품을 구매하기 시작했다. 비비안의 이름을 베러니스 애벗Berenice Abbott, 리제트 모델Lisette Model, 로버트 프랭크Robert Frank 같은 거리 사진의 대가를 언급할 때와 같은 느낌으로 말하는 사람들도 늘었다. 이제는 전문가들이 비비안을 사진의 역사에서 어떤 위치에 자리하게 할지, 기대를 가지고 지켜볼 수 있게 됐다.

비비안의 사진을 발견해 널리 알릴 수 있게 되기까지 연속적으로 일어나야 했던 필연적인 일들을 생각해보면, 비비안의 탁월한 작품이 세상에 알려지게 될 확률은 무한소(無限小)에 가까웠다고 할 수 있다. 비비안의 사진을 우리에게 가져다준 일련의 사건들 가운데 단 하나라도 일어나지 않았다면, 비비안의 작품은 거대한 철제 쓰레기통에 던져져 영원히 잊혔을 것이다. 비비안의 사진을 구출한 것은 물론 사진작가의 독특한 재능이다. 경제적인 이유로든, 다른 이유로든, 비비안의 사진이 대중에게 공개되려면 비비안은 사진을 보관한 창고 비용을 지불할 수 없어야 했다. 그리고 경매인이 그 사진들을 어느 정도는 구매한 가격보다 비싼 값으로 팔 수 있으리라는 판단을 하고, 정리하지 않은 비비안의 작품을 사들여야 했다. 존 말루프는 그 어떠한 학계에도, 직장에도 속하지 않은 채 비비안이 한참 작품 활동을 했던 시대의 모습을 담을 자신의 첫 번째 책을 집필하고 있어야 했고, 비비안의 작품이 거래되던 경매장과 가까운 곳에서 살아야 했으며, 비비안의 작품이 판매되는 그 순간에 정확하게 경매장 안으로 들어가 다른 사람들과 경쟁해야 했다. 말루프와 골드스타인이 자신이 지불할 수 있는 가격을 제시했을 때, 다른 구매자들이 비비안의 사진은 구매하지 않겠다는 결정을 내려야 했다. 이 두 남자에게는 무명 사진작가의 작품에 과감하게 투자하겠다는 도전 정신과 무모함이 있어야 했다. 또한 전문가에게 조언을 구해야 한다는 사실을 떠올릴 정도의 예술 지식이 있어야 했으며, 사진을 널리 알리고 홍보할 수 있는 기획력과 그 기획을 실행할 방법을 알고 있어야 했다.

이 책은 비비안 마이어라는 사람과 그의 전 생애를 밝히는 데 초점을 맞추고 있다. 이 책에서 나는 처음부터 끝까지 마이어라는 성이 아니라 비비안이라는 이름을 부를 것이다. 대부분의 사람들이 이 사진작가를 그렇게 알고 있고, 그렇게 부르기 때문이다. 내가 이 책에서 가장 중요하게 생각하는 것은 직접 진행한 조사와 사람들을 만나 기록한 인터뷰 내용, 전문가 의견, 사진 증거를 바탕으로 확립한 정확성과 객관성이다. 나는 비비안의 과거를 공개하는 일은 정당하다고 믿는다. 비비안에 대한 부정적인 인식이 사라질 수 있고, 놀라운 개인사를 알릴 수 있다고 생각하기 때문이다. 정신 질환 가족력은 비비안의 이야기에서 아주 중요한 장을 차지하고 있음이 분명하지만, 그 사실을 인정하는 것이 마치 비비안의 업적을 깎아내리거나 흠집을 내는 일인 것마냥 무시하거나 기각해온 게 사실이다. 비비안의 재능은 자신이 이룩한 것이지만, 어린 시절에 겪은 경험과 그로 인해 형성된 심리라는 프리즘을 통해 들여다보아야지만 비비안이 사진을 찍을 수밖에 없었던 이유를 제대로 이해할 수 있다.

처음부터 사람들은 비비안에게 그들 각자의 가치와 기대를 투영했다. 비비안에 관한 가장 강력한 신화는 그녀가 소외됐고, 불행했고, 무엇도 성취하지 못한 사람이었다는 것이다. 그러니까, 슬픈 인생을 살았다는 것이다. 하지만 사실은 정반대였다. 비비안은 끝내 살아남은 생존자였고, 엉망이 된 가족과 과감히 절연하고 자기 삶의 질을 기하급수적으로 끌어올린 불굴의 의지와 능력을 소유한 사람이었다. 비비안은 끈질긴 회복력으로 자신을 가로막는 모든 장애물을 불도저처럼 밀어버리며 앞으로 나아갔다. 비비안의 관심은 자기 자신보다는 약자의 처우를 공정하게 개선하는 데 있었다. 말년까지 비비안은 대부분의 생을 긍정적으로, 활발하게 활동하고 참여하면서, 많은 지식을 쌓으며, 끊임없이 자기만의 방식대로 살아갔다. 비비안의 창의적이고 지적인 재능, 진보적인 관점, 독자적인 사고방식은 비범할 정도로 풍요롭고 너무나도 탁월한 결과물을 낳았으며, 그 모든 것이 그녀의 작품에 떼려야 뗄 수 없는 요소로 자리했다.

비비안 마이어는 자신이 살고 싶었던 삶을 살았다. 나는 독자들이 비비안의 이야기 속에서, 작품 속에서 그 같은 사실을 발견하고, 영감을 받을 수 있기를 바라며 이 책을 썼다. 이 전기가 끝날 때쯤이면, 누구나 궁금해하는 "비비안 마이어는 누구이며, 사진을 다른 사람들에게 보여주지 않은 이유는 무엇일까?" 같은 가장 중요한 질문들에 관한 답을 알게 될 것이다. 수수께끼는 풀렸다.

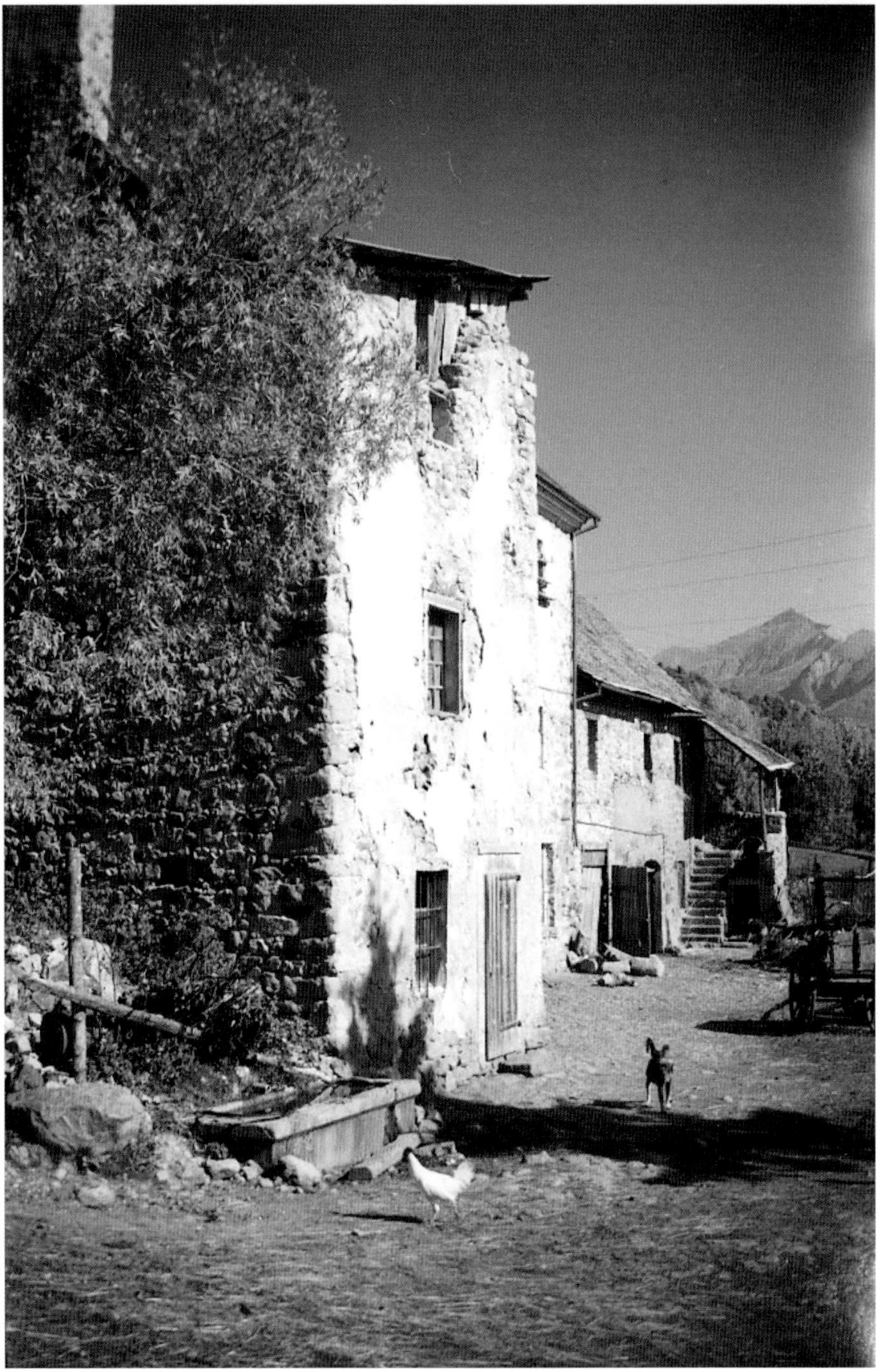

보르가르 농지, 생 쥘리앙, 1950년(*Vivian Maier vintage print*)

1
가족: 모든 것의 시작

나는 신비로운 여자야.

—비비안이 묘사한 비비안

비비안 마이어의 이야기는 도무지 일어날 법하지 않은 결말에 비해 충분히 진부하게 시작된다. 유럽에서 두 가족이 각기 다른 경로로, 조금 더 나은 삶을 찾아 20세기가 시작될 무렵에 모든 것을 뒤로 하고 뉴욕으로 왔다. 하지만 아메리칸 드림을 실현하는 여정은 이민자들 대부분이 상상했던 것보다 훨씬 험난해서 그 꿈을 추구할 때 받아야 하는 압력은 끝내 수많은 가족을 산산이 부서뜨릴 때가 많았고, 비비안이 태어난 가족도 그런 경우였다.

비비안의 부계인 폰 마이어 가문은 문화적으로 독일에 속한 집안으로, 지금은 슬로바키아의 모드라Modra가 된 작은 마을 모도르Modor에서 기반을 잡고 살았다. 성에 독일 귀족을 뜻하는 '폰'이 붙은 것으로 보아 먼 조상은 귀족이었을 것이다. 비비안의 할아버지 윌리엄은 루터파 기독교를 믿는 집안에서 열 형제 가운데 한 명으로 태어났고, 정육점을 운영했다. 그의 아내 마리아 하우저Maria Hauser는 근처 쇼프론Sopron 출신이었다. 과거에 복음주의 기도원이었던 두 사람의 집은 마을에서 가장 아름답고 비싼 축에 속했다. 100년도 전에 마이어 부부에게서 집을 구매한 가족은 아직도 그곳에서 살고 있다.

1905년에 윌리엄과 마리아는 열여덟 살이던 딸 알마와 열세 살이던 아들 찰스와 함께 뉴욕으로 이주했고, 이전에 즐겼던 삶에서 떠나와 좁은 지역으로, 새로운 사람이 계속 몰려오는 맨해튼 어퍼 이스트사이드에 있는 전형적인 임대주택에 정착했다. 비비안의 아버지 찰스는 기술자 자격증을 따려고 2년 동안 교육 받았고, 대부분의 사람들보다 더 나은 삶을 살았다. 마이어 가족은 더이상 사업체를 운영하지는 않았지만 어느 모로 보나 아주 성실하고 근면한 가족이었다. 네 사람은 독일어로 예배를 보는 성 베드로 루터파 교회에 나갔다.

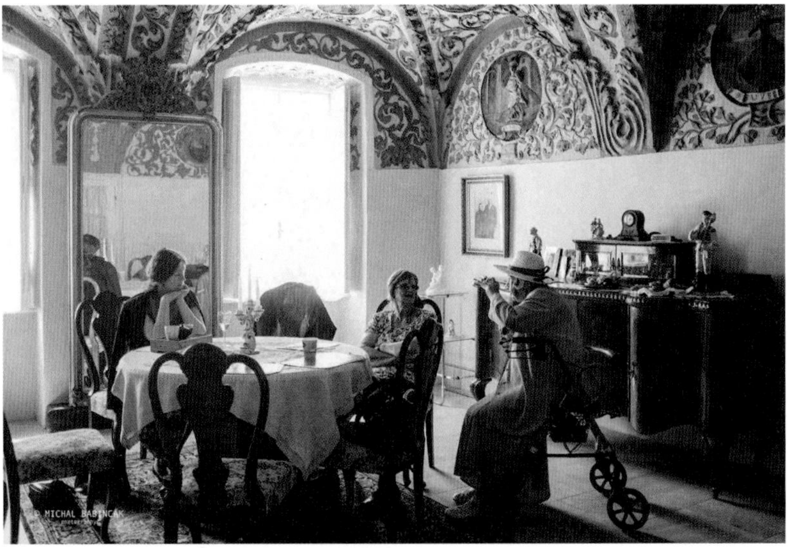

폰 마이어 집의 새 주인, 슬로바키아 모드라, 2015년(*Michal Babincak*)

알마는 곧 가족을 떠났다. 1911년에 시카고에서 러시아계 유대인 이민자와 결혼을 했기 때문이다. 하지만 1915년에 이혼하고 다시 뉴욕으로 돌아왔다가, 성공한 의류 제조업자인 조셉 코산Joseph Corsan과 재혼했다. 코산도 러시아계 유대인이었다. 자녀는 없었지만 두 사람은 남은 생을 행복하게 살면서 나이 든 마이어 부부를 부양했다. 유복함이 이민자의 목표라면 마이어의 집에서는 알마만이 유일하게 성공한 사람이라고 할 수 있다. 주식으로 많은 자산을 쌓은 알마는 조셉과 함께 멋진 파크 애비뉴에서 살았다.

성장하는 동안 비비안은 아버지 쪽인 마이어 가족의 친척과는 거의 교류하지 않았지만, 어머니 쪽 프랑스 친척인 펠그랭Pellegrin과 조소Jaussaud 집안으로부터 거의 모든 면에서 영향을 받았다. 농업과 목축을 하던 조소 일가는 14세기에 프랑스 남부에 있는 오트잘프Hautes-Alpes에 정착했다. 넓은 지역을 한데 묶어 샹소르 계곡Champsaur Valley이라고 부르는 이 지역은 주요 교역로와는 멀리 떨어진 곳에 있으며 울퉁불퉁하게 솟은 봉우리에 둘러싸인 농장들이 깜짝 놀랄 정도로 아름다운 풍경을 펼쳐 보이는 마을들로 이루어져 있다. 시골이지만, 이곳 주민들은 세련되고 정교한 미적 감각과 문화 소양을 갖추고 있다. 이 지역 출신 학자인 로베르 푀르Robert Faure는 샹소르 사람들을 가리켜 "무엇보다도 자유를 사랑하는 사람들, 자신이 자기 삶의 주인이 되고, 제약을 받아들이기 힘든 사람들"이라고 했다. 오늘날 샹소르 계곡에서 가장 번화한 마을인 생 보네 앵 샹소르Saint-Bonnet-en-Champsaur의 조약돌 깐 거리에는 지금도 파스텔색 덧문과 레이스 커튼을 드리운 깨끗한 석조 가옥이 늘어서 있다. 그 외에도 마을에는 볼거리가 풍부하다. 아침으로 먹을 따뜻한 달걀이 담겨 있는 짚으로 엮은 바구니, 묵직한 크림이 쏟아져 나오는 두툼한 유리 주전자, 마을 사람들의 쾌활함을 보여주는 기울어진 베레모 같은 것들 말이다. 이 마을에서는 진정성과 검약의 정신이 양을 압도하기에 직접 짠 모직 옷을 입고, 진짜 가죽으로 만든 신발을 신고, 집에서 준비한 재료로 음식을 만든다. 이 마을은 분명히 비비안의 마음 한 자락을 움켜잡았을 것이다.

20세기가 시작될 무렵에는 샹소르의 많은 주민이 찢어지게 가난했다. 식량을 마련할 수 없는 너무나도 길고 가혹했던 겨울에도 먹어야 할 가족은 항상 많았다. 보통 2년 터울로 아기가 태어났고, 사람들은 한 집에서 여러 세대가 함께 살았다. 가부장제 사회였고, 남자아이는 노동자로서 손을 보탤 테니, 당연히 여아보다 선호되었다. 가톨릭 신자가 지켜야 하는 윤리를 엄격하게 따르는 일상을 살아야 했고, 여자들은 흰색 긴 팔 블라우스에 땅을 쓸고 다닐 정도로 긴 검은색 치마를 입어야 했다. 조소 집안은 그 지역 전역에 걸쳐 농지를 소유하고 있었지만, 힘들기는 마찬가지였다.

1896년, 비비안의 증조할아버지 저멘 조소Germaine Jaussaud는 300년 전에 한 귀족이 조성한, 생 줄리앙 앵 샹소르 마을에서 제법 중요한 위치에 있는 보르가르Beauregard 농지를 사들였다. 저멘과 그보다 스물네 살 어렸던 아내 에밀리 펠그랭Emilie Pellegrin에게는 조제프, 마리아 플로렌틴, 외제니라는 세 아이가 있었다. 외제니가 비비안의 할머니이다. 그 당시 사람들이 결혼과 출산을 중요하게 생각했다는 점을 고려하면, 세 남매의 자녀가 단 한 명뿐이라는 사실은 상당히 놀랍다. 이로 인해 비비안의 유산을 상속받을 사람을 찾기가 어려워졌다. 외제니와 외제니의 부모는 이주 준비를 하려고 먼저 농가로 왔고, 농장 노동자 니콜라스 바일Nicolas Baille을 고용해 자신들을 돕게 했다. 열다섯 살이었던 외제니는 그때까지 순결하고 목가적인 삶을 살았지만, 주변에 다른 사람이 없는 고립된 농가에서 십 대 소년과 함께 살아야 했으니, 둘 사이에서는 당연히 일어날 수밖에 없는 일이 생기고 말았다. 두 사람이 함께 지내고 얼마 안 돼 외제니는 임신했고, 가족은 그 사실을 재앙으로 받아들였다. 상황을 더욱 나쁘게 만든 것은 바일이 외제니와 결혼하는 것도, 아버지가 되는 것도 모두 거부했다는 것이다. 100년도 더 전에 겁에 질린 열일곱 살 소년이 내린 이 결정이 그 뒤로 3대에 걸쳐 일어난 비비안 가족의 불행을 촉발했는지도 모른다. 이 가족이 가족으로서의 기능을 제대로 수행하지 못한 이유를 정확하게 알아야지만 비비안 마이어의 이야기도 제대로 풀어낼 수 있을 것이다.

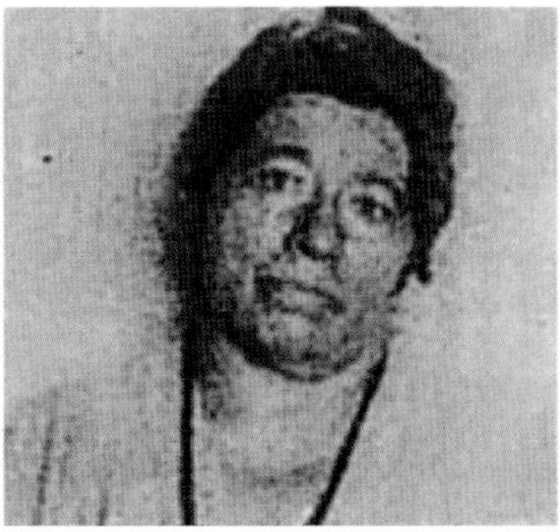

할머니 외제니 조소, 미국 귀화 당시 사진, 1932년(*USCIS*)

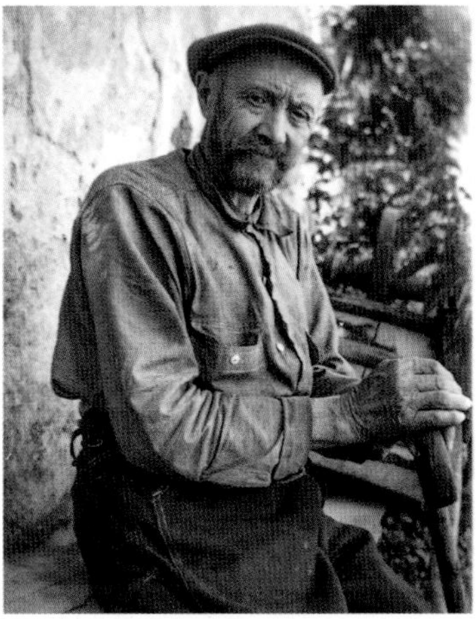

할아버지 니콜라스 바일, 프랑스, 1951년(*Vivian Maier*)

1897년 5월 11일에 비비안의 어머니 마리 조소Marie Jaussaud가 태어났다. 마리 조소는 혼외자였기 때문에 프랑스에서는 그 어떤 권리나 지위도 얻지 못했다. 자신이 태어난 나라에서 단 한 번도 공식적으로 존재하지 못했던 것이다. 신앙심 깊은 마을에서 살았던 조소 가족은 모두 '사생아'를 낳았다는 오명을 함께 짊어져야 했다. 2년 뒤, 저멘은 아내와 아들, 그리고 딸들 손에 35에이커 면적의 보르가르 농지를 맡기고 세상을 떠났다. 가족에게 무엇보다도 중요한 것은 땅을 지키는 일이었지만, 생계를 위해 어쩔 수 없이 땅을 조금씩 팔아야 했다.

마리의 네 번째 생일 때, 마을 공동체에서 매장됐던 외제니는 잠시 딸을 가족에게 맡기고 새로운 삶을 찾아 미국으로 떠났다. 가족과 함께 세운 계획이었고, 이기적인 행동은 아니었던 것 같다. 미국에서 외제니는 마리를 부양하고 자기 때문에 생긴 가족의 수치를 조금이라도 덜기 위해 돈 벌 기회를 찾아다녔을 것이다. 당시 5년간 농장을 개척하면 토지를 무상으로 공급하는 홈스테드법이 시행되고 있었기 때문에 많은 오트잘프 주민이 이미 캘리포니아를 비롯한 미국 서부 지역에 이주해 있었다. 샹소르 사람들은 거친 땅을 개간하며 살아왔기에 서부 개척에 필요한 경험과 끈기를 가지고 있었고, 미국 정부가 시행하는 법을 이용해 부자가 될 수 있을 거라 생각했다. 그들은 보통 혼자서 미국으로 왔다가 충분히 많은 돈을 모으면 다시 고향으로 돌아가거나 가족이 미국에 올 수 있도록 돈을 송금했다. 외제니가 떠날 무렵에는 사실상 샹소르 마을의 집마다 미국에 가 있는 사람이 한 명씩은 있었다. 실제로 외제니가 프랑스를 떠난 뒤 몇 달도 되지 않아 니콜라스 바일도 프랑스 농부들이 주로 정착한 워싱턴주 왈라왈라로 이주했다. 그 누구보다도 독특한 삶을 살았던 외제니보다 비비안에게 많은 영향을 미친 사람은 없었을 것이다. 비비안을 훨씬 깊게 이해하려면 외제니가 겪었던 경험과 그 경험이 낳은 결과들을 알아야만 한다.

샹소르를 떠난 사람들이 대부분 미국 서부로 향했던 것과 달리 외제니는 동부 해안으로 향했다. 그곳에서 생 줄리앙 시절 이웃의 친척들과 함께 살았을 것이다. 1901년 5월에 외제니는 코네티컷주 리치필드 카운티에 있는 시프리앙 라지에Cyprien Lagier의 농장에 도착했다. 리치필드 카운티에 정착한 또 다른 샹소르 사람은 외제니와 동갑인 잔 베르트랑Jeanne Bertrand의 가족뿐이었다. 1893년에 미국에 온 잔 베르트랑은 처음에는 바늘 공장에서 일했지만, 몇 년 뒤에는 바늘 만드는 따분한 일에서 벗어나려고 속임수를 써서 사진 스튜디오에 취직했고, 아주 뛰어난 사진작가가 되었다. 외제니가 리치필드 카운티에 도착했을 때 잔의 아버지는 세상을 떠났고, 어머니는 잔과 남동생을 두고 오리건주로 가서 재혼한 뒤였다. 아름다웠고 유능했던 이 젊은 프랑스 여자는 1902년에 「보스턴 글로브」의 첫 장을 장식하면서 르포 사진작가가 되는 길을 착실히 밟아나갔다. 잔이 상류층이 되기 위한 경력을 쌓아나가는 동안 외제니는 가사도우미라는 훨씬 전통적인 일거리를 찾아냈다. 상류층 사람들이 프랑스 요리를 아주 좋아한다는 사실을 알게 된 외제니는 재빨리 앞치마를 거머쥐었고, 다시는 뒤를 돌아보지 않았다. 몇 년 안에 외제니는 부자와 유명인에게 음식을 만들어주는 요리사가 되었다.

상류와 하류의 삶

부유한 가정의 부엌에서 입지를 다져가던 외제니는 자신보다 열다섯 살 많은 프랑스 남자 프랑수아 주글라르François Jouglard를 만났다. 프랑수아도 1901년에 동부 해안으로 왔는데, 그때는 아내 프렉세드와 두 아이도 함께였다. 미국에서 친척들을 방문한 뒤에 아내와 아이들은 다시 프랑스로 돌아갔고, 돈을 벌려고 미국에 남은 프랑수아는 일거리를 찾아 당시 급성장하고 있던 공업 지역인 매사추세츠주 클렉혼으로 갔다. 그가 미국에 있는 동안 열 살이었던 딸이 죽었는데, 그때는 프랑스에서 태어난 아이들 가운데 20퍼센트가 다섯 살이 되기 전에 사망했기 때문에 있을 수 없는 일은 아니었다. 외제니의 부모에게도 네 살 때 죽은 알베르라는 아들이 있었다.

두 사람이 프랑스인 공동체에서 만났는지, 다른 곳에서 우연히 만났는지는 알 수 없지만, 스물다섯 살이던 외제니와 마흔 살이던 프랑수아는 우정이라고 규정할 수 없는, 심지어 불륜이라고도 규정할 수 없는 관계를 맺는다. 외제니와 프랑수아는 1907년 3월 9일에 맨해튼 시청에서 결혼했다. 프랑스에 두고 온 마리에게 법적 지위를 안겨줄 방법을 필사적으로 찾고 있었고, 나이 많은 남자에게서 평온함과 안정감을 찾은 어머니 에밀리를 보고 자란 외제니로서는 당연히 남편을 원했을 것이다. 결혼 증명서에는 두 사람 모두 독신이며, 첫 결혼이라고 적혀 있다. 결혼하기 전까지 프랑수아는 집사로, (결혼 증명서에는 신부의 직업이 적혀 있지 않지만) 외제니는 요리사로 일하면서 맨해튼에서 따로 살았을 것이다. 독실한 가톨릭 신자였던 외제니가 중혼을 받아들였을 리 없으니, 외제니는 남편이 이미 결혼했다는 사실을 몰랐을 가능성이 크다. 혹시라도 외제니가 그 사실을 알았다고 해도, 프랑수아가 자신은 곧 이혼할 테고 미국에 정착할 것이라고 외제니를 속였을 가능성이 크다. 하지만 나중에 작성된 법정 기록을 보면 프랑수아는 프랑스에 있는 아내와 결코 헤어지지 않았고 별거를 하지도 않았다. 프랑스의 아내와 아들은 가장이 미국에서 어떤 생활을 하는지도 모른 채 프랑스로 돌아올 날을 간절히 기다렸을 것이다.

두 사람이 함께 일할 집을 찾고 있을 때, 공교롭게도 업스테이트 뉴욕에 살고 있던 엄청난 부자 위더비 가족을 위해 일하던 요리사와 집사가 일을 그만두었다. 두 사람도 리치필드 카운티에서 살고 있던 프랑스 부부였다. 외제니와 프랑수아는 두 사람을 대체할 적임자였다. 위더비 가족에게 고

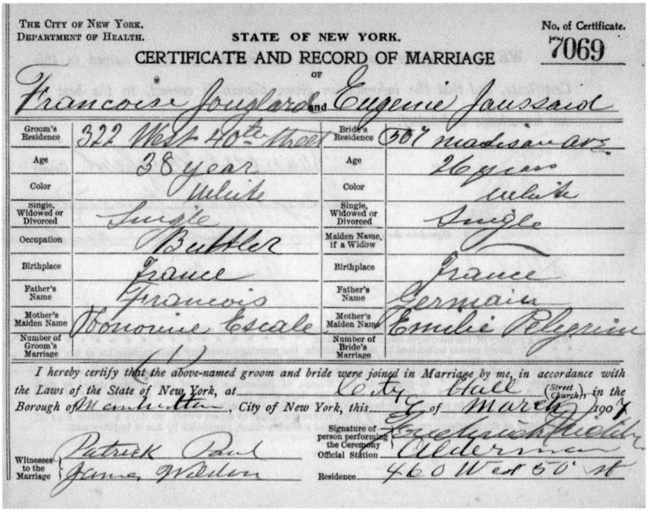
The City of New York.
Department of Health.

STATE OF NEW YORK.

No. of Certificate. 7069

CERTIFICATE AND RECORD OF MARRIAGE

OF

Francois Jouglard and Eugenie Jaussaud

Groom's Residence	322 West 40th Street	Bride's Residence	507 Madison ave
Age	38 year	Age	26 years
Color	White	Color	White
Single, Widowed or Divorced	Single	Single, Widowed or Divorced	Single
Occupation	Butler	Maiden Name, if a Widow	
Birthplace	France	Birthplace	France
Father's Name	François	Father's Name	Germain
Mother's Maiden Name	Honorine Escale	Mother's Maiden Name	Emilie Pelegrin
Number of Groom's Marriage	(1)	Number of Bride's Marriage	

I hereby certify that the above-named groom and bride were joined in Marriage by me, in accordance with the Laws of the State of New York, at City Hall *(Street / Church), in the Borough of* Manhattan*, City of New York, this* 5 *of* March *190*7

Witnesses to the Marriage: Patrick Paul, James Walden

Signature of person performing the Ceremony: [illegible]

Official Station: Alderman

Residence: 460 West 50 st

프랑수아 주글라르의 중혼 사실을 밝혀주는 증명서, 뉴욕, 1907년(*NYCA*)

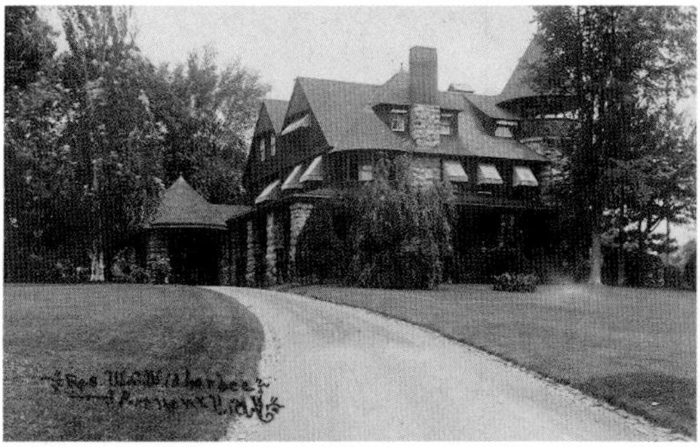
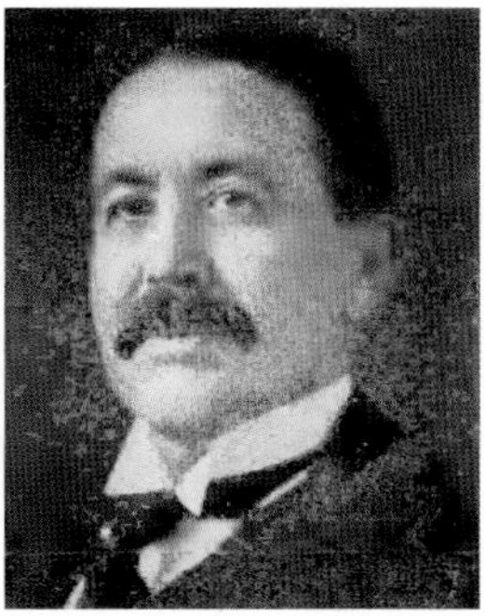

시작점: 월터 위더비와 그의 저택, 포트 헨리, 뉴욕, 1909년(*LOC*)

용된 외제니 부부는 샘플레인 호수가 내려다보이는 포트 헨리의 어마어마한 저택으로 들어갔다. 철광을 소유하고 있던 위더비 가족은 그 마을의 자애로운 통치자였다. 당시 월터 위더비Walter Witherbee는 샘플레인 호수 발견 300주년 기념일 행사를 기획하는 일에 푹 빠져 있었다. 1909년 여름에 열릴 그 행사는 일생에 다시 오지 않을 중요한 사건이었다. 그해 7월, 포트 헨리와 인근 마을은 수많은 귀빈(주지사들, 상원의원들, 하원의원들, 장관들, 추기경들, 주교들, 장군들, 미국 대통령과 부통령)을 접대하느라 5일 이상 정신이 없었다.

이 떠들썩한 축제는 뉴욕주 주지사와 버몬트주 주지사가 참석하고 위더비 가족이 주최한 조촐한 오찬과 함께 시작했는데, 그 오찬은 외제니가 준비했을 가능성이 크다. 아메리카 원주민의 가장행렬, 전투 재연, 화려한 밴드 행진, 수상 놀이, 불꽃놀이 등, 그 뒤로 벌어진 수많은 행사는 아무리 과장해도 그 화려함을 완벽하게는 묘사할 수 없다. 국방부 장관은 캐나다 총리들처럼 군대의 열병식을 지휘했다. 호수를 발견한 시몬 드 샹플랭Simon de Champlain을 기리는 시와 노래를 짓고, 청동으로 샹플랭의 반신상을 만들고, 그가 타고 온 배를 실물 크기 모형으로 제작했으며, 그때까지는 도착하지 않았지만 로댕의 조각상도 주문했다. 샹플랭을 기리는 자리였기에 당연히 행사는 프랑스식으로 기획됐고, 그에 대한 노고를 치하하려고 프랑스에서는 월터 위더비에게 레지옹 도뇌르 훈장을 수여할 예정이었다. 그런 대규모 축제를 벌이는 모습을 보고 비교적 가난한 축에 속했던 집사와 요리사가 문화적으로 얼마나 큰 충격을 받았을지는 그저 추측만 해볼 수 있을 뿐이다.

1910년 인구조사 기록에 따르면 외제니 부부는 여전히 위더비 가족을 위해 일하고 있었고, 13년간 결혼 생활을 한 것으로 위조되어 있었다. 마리의 출생 연도와 결혼 시기를 완벽하게 일치시키려는 의도였을 것이다. 프랑수아를 마리의 아버지 자리에 놓음으로써, 외제니는 자신의 잘못을 표면적으로나마 바로잡아 마리를 위한 합법적인 이력을 만들어줄 수 있었다. 하지만 처음부터 거짓과 기만을 바닥에 깔고 시작한 관계가 진실하게 발전하기는 어려웠고, 프랑수아는 비열하고 폭력적인 모습을 결국 드러내고 말았을 것이다. 1910년 초에, 무슨 이유 때문인지는 알 수 없지만 외제니의 남동생 조제프가 생 보네를 떠나 누이가 사는 포트 헨리로 찾아왔다. 하지만 그때 열세 살이었던 마리를 데리고 오지는 않았다. 조제프는 2년 동안 미국에서 머물렀고, 1912년 초에 다시 프랑스로 돌아갔다. 그때 프랑수아도 프랑스로 떠났는데, 아마도 둘이 같이 갔을 것이다. 그 뒤로 외제니는 두 남자 모두 다시는 보지 못했던 것 같다.

조제프가 생 줄리앙으로 돌아간 이유는 농장을 관리해야 했기 때문이다. 그는 가족을 부양해야 했기에 군 복무도 면제됐다. 하지만 조제프는 불과 5년 뒤에 스물아홉 살의 나이로 집에서 사망한다. 어머니 에밀리가 세상을 떠나고 한 달 뒤의 일이었다. 어머니와 남자 형제가 비슷한 시기에 세상을 떠났기 때문에 외제니와 마리아 플로렌틴이 보르가르 농지의 소유주가 되었다.

거의 8년 동안 가족과 떨어져 지낸 프랑수아는 생 보네에서 가족과 합류했다. 아내 프렉세드는 남편의 변화를 눈치챘던 것 같다. 1913년에 프렉세드는 남편의 학대 행위를 이유로 이혼을 요구했다. 법정 기록에 따르면 프랑수아는 곡괭이로 아내를 때리고, 주먹으로 얼굴을 때려 이를 부러뜨렸으며, 기적적으로 비껴가기는 했지만, 아내의 머리를 향해 오픈나이프를 던졌다. 사태가 심각했고 두 사람이 결국에는 헤어질 것으로 예상됐기 때문에 법원은 부부가 사는 집을 봉쇄하고 물품 목록을 작성했다. 두 사람의 물건은 며칠 안에 수저 한 개까지 철저하게 파헤쳐졌다. 이혼 심리를 진행하던 법원은 프렉세드를 강인하고 수완이 좋아서 남편이 미국에 가 있는 동안 직접 매트리스 사업을 하면서 자신과 아들의 생계를 책임진 여자로 기록했다. 하지만 남편에게 폭행을 당하는 많은 여자처럼 프렉세드가 택할 수 있는 선택지는 많지 않아서, 결국 프렉세드는 이혼을 할 수 없었다. 프렉세드가 프랑수아의 '미국인 아내'에 관해 알았던 것 같지는 않다.

미국에 있을 때 프랑수아가 외제니에게는 폭력을 행사하지 않았기를 바랄 뿐이다. 하지만 외제니의 '남편'이 아내를 속이고, 결국에 버린 것은 분명한 사실이다. 어쩌면 함께 지내는 5년 동안 아이가 생겼을 수도 있다. 외제니에게는 이미 출산 경험이 있으며, 피임을 했을 것 같지는 않기 때문이다. 하지만 두 사람이 함께 있을 때 외제니가 임신했다는 증거는 어디에도 없다. 당연히 외제니는 결혼 사실을 숨기려고 했다. 가족에게 보낸 편지에도, 그 어떤 문서에도 외제니가 결혼을 언급한 경우는 없었다.

프랑수아와 헤어진 뒤, 서른 살이 된 외제니는 입주 요리사로 당당하게 홀로 살아가는 삶을 개척해나가기 시작했고, 남자와는 그 누구하고도 영원히 관계를 맺지 않았다. 외제니는 스스로를 하인이라고 부르던 다른 유럽인들과 친해졌는데, 그중에는 나중에 비비안에게 생명줄이 되어준 사람들도 있었다. 실제로 외제니는 고용인이 고용주보다 훨씬 많은 뉴욕 사회

'명사'들의 집에 입주해 요리사로서 입지를 다지며 점진적으로 놀라운 자기만의 삶을 구축해나갔다. 누구나 좋아하는 근면한 일꾼이자, 의심할 바 없이 탁월한 요리사였던 외제니는 그 뒤로도 40년 이상 변함없이 상류층 고객의 선택을 받았다. 화려한 펜트하우스와 넓은 시골 영지에 머물면서 외제니는 이 나라에서 가장 유명한 사람들에게 식사를 준비해주었다. 그 때문에 마리와 마리의 아이들은 뉴욕 상류층 사람들의 부를 접하면서도, 자신들은 그곳에 속할 수 없다는 사실을 절실하게 깨달아야 하는 극단적인 존재의 부조리를 경험했을 수도 있다.

외제니는 프랑스계 캐나다 이민자들을 위로하려고 1882년에 설립한 맨해튼의 멋진 생 장 드 바티스트 가톨릭 성당 미사에 나갔다. 모든 문서에 과부라고 기록되기 위해 혼신의 힘을 다한 외제니는 남편에 관해서는 단 한 가지 거짓말만 했다. 1931년, 귀화 신청을 하면서 외제니는 자신은 프랑수아라는 남자의 아내이고, 두 사람은 (외제니의 진짜 결혼기념일인) 1896년 3월 9일에 프랑스의 생 바르나르Saint Barnard에서 결혼식을 올렸다고 적었다. 그래야 이 프랑수아라는 남자가 마리의 아버지가 될 수 있었기 때문이다. 이 가상의 프랑수아는 1871년에 태어났고, 1900년에 스물아홉 살의 나이로 세상을 떠났다. 외제니의 남동생 조제프가 세상을 떠났을 때의 나이였다.

은퇴할 무렵, 외제니는 뉴욕 베드포드에 있는 작지만 호화로운 마을에서 찰스 깁슨Charles Gibson이라는 작은 소년의 가족을 위해 일했다. 찰스 깁슨은 깁슨 가족 가운데 유일하게 자기 가족을 위해 일해준 요리사를 기억했다. 그때 찰스는 어머니와 새아버지, 남자 형제, 여섯 명의 하인과 함께 엔사인 팜이라는 영지에서 살았다. 찰스의 할아버지는 당대 가상의 재키 오Jackie O(재클린 케네디 오나시스의 애칭. 옮긴이)라고 할 수 있는, 제대로 교육받은 아름답고 독립적이며 부유한 여인들을 상징하는 '깁슨 걸'의 창시

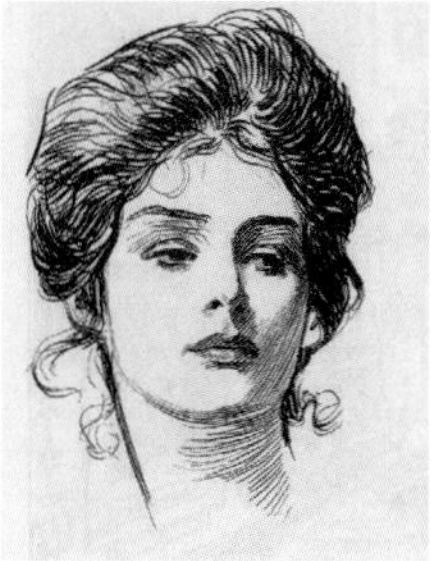

깁슨 걸, 1890년대

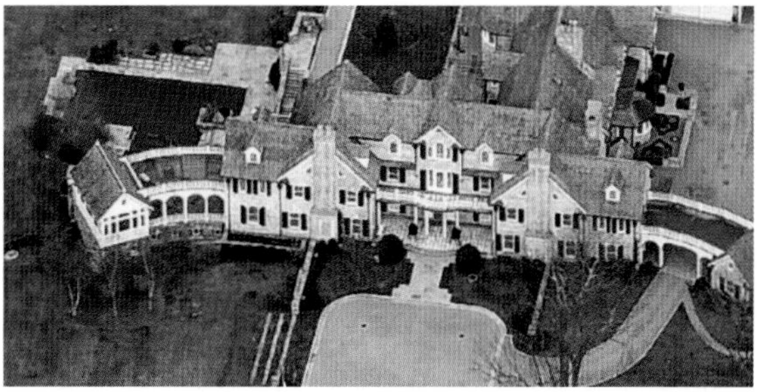

엔사인 팜, 뉴욕 베드포드(*Google Earth*)

자 찰스 다나 깁슨Charles Dana Gibson이다. 손자 찰스는 외제니를 틀린 영어를 매력적으로 구사하는 따뜻하고 현명하고 조용했던 좋은 사람으로 기억하고 있었다. 힘든 일을 하느라 실제보다 더 나이 들어 보였지만, 다정했고 순한 사람이었다. 한번은 어렸을 때, 찰스가 우드척(북아메리카 마멋, 다람쥣과에 속하는 설치류이다. 옮긴이)을 사냥해 자랑스럽게 집으로 가지고 온 적이 있었다. 우드척은 외제니가 충분히 요리할 수 있는 재료였기에, 외제니는 직접 우드척의 가죽을 벗기고 깨끗하게 씻고 맛있게 구워 멋진 접시에 담아 가족들의 저녁 식사로 냈고, 소년 찰스의 가슴은 뿌듯함으로 가득 찼다. 실제로 외제니를 언급한 편지에서도, 외제니에 관한 공식 기록에서도, 그 누구도 외제니를 나쁘게 말한 사람은 없다. 비비안 마이어의 인생에서 외제니는 유일하게 존재하는 안정적이면서도 애정 어린 힘이었을 것이다.

1913년, 외제니는 프레드 레이번버그Fred Lavanburg를 위해 요리하려고 맨해튼으로 돌아왔다. 저명한 자선가였던 레이번버그는 절친한 친구 루이스 헤클러Louise Heckler가 운영하는 상류층을 위한 의류 사업체를 소유하고 있었다. 외제니가 입주 요리사로 있을 때 레이번버그의 집에서 역사적인 만찬이 열렸다는 공식 기록도 있다. 그해 말에 드레스 디자이너가 갈등을 빗다가 회사를 그만두고 나가자 재빨리 후임자를 고용한 헤클러는 파리로 여행을 떠났다. 온 세상이 1차 세계 대전의 전운에 휩싸여 있었기 때문에 레이번버그는 헤클러가 미국으로 돌아올 때 외제니의 딸 마리를 하녀로 고용해 함께 오게 했다. 헤클러와 마리는 1914년 6월이라는 적절한 시기에 유럽을 떠났고, 몇 주 뒤 유럽 대륙은 전쟁에 휩싸여 독일이 프랑스를 침공했다.

마리는 보르가르에서 할머니 손에서 자랐지만, 훗날 다른 이가 말하길 수녀원에 보내진 것 같다고 했다. (수녀원 학교를 다녔을 수도 있다.) 부모에게 버림받은 채 혼외자라는 오명을 안고 살아야 했던 어린 시절은 마리의 정신 건강에 나쁜 영향을 미쳤을 테고, 마리의 아이들에게도 심각한 결과를 낳았을 가능성이 크다. 열일곱 살에 마리는 마침내 어머니라고는 해도 낯설기만 한 외제니를 만나 레이번버그의 집으로 들어갔다. 전기도, 배관 시설도 없던 곳에서 살던 시골 소녀가 으리으리한 빌딩이 즐비해 있는 뉴욕 센트럴파크 근처에서 살게 된 것이다. 그곳에서 마리는 영어를 배우고 뉴욕의 번잡함에 익숙해지려고 노력했다. 갑작스러운 환경 변화에는 누구나 겁을 먹을 텐데, 안 그래도 심지가 약하고 기댈 사람이라고는 어머니밖에 없는 마리는 특히나 적응하기가 힘들었을 것이다. 그래도 마리가 뉴욕에 발을 딛는 순간부터 외제니는 딸을 위해 혼신의 노력을 다했다.

1910년대가 끝나갈 무렵, 신경쇠약으로 고생하던 레이번버그가 잠시 맨해튼을 떠났다. 외제니는 철강 사업으로 부를 쌓은 헨리 게일리Henry Gayley가 아내와 두 아이, 세 하인과 함께 살던 파크 애비뉴로 거처를 옮겼다. 1920년 크리스마스에 게일리는 세상을 떠났지만, 외제니는 그 뒤로도 몇 년 동안 게일리 가족을 위해 일했다. 어머니가 맨해튼 동쪽에 있는 집에서 일하는 동안 마리는 증권 중개인 조지 셀리그먼George Seligman의 아이들을 가르치는 입주 가정교사로 일하면서 잠시 맨해튼 서쪽에서 살았다.

부모

비비안의 아버지 찰스 마이어도 맨해튼에서 확고하게 자리를 잡았다. 이스트 76번가 220번지에 있는 공동주택에서 거의 10년 동안 부모와 함께 살았던 찰스는 자격증을 갖춘 증기 기사이자 전기 기사였다. 찰스가 살았던 공동주택 1층에는 늘 저렴한 줄 광고를 게시하는 상가가 있었다. 그 시대 많은 사람이 그랬듯이 조소 집안과 마이어 집안도 그런 광고를 이용해 물건을 사고팔고 일자리를 구했으니, 마리와 찰스는 76번가 건물에서 만났을 수도 있다.

두 사람이 정확히 어디에서 만났는지는 알 수 없지만, 루터파 개신교도였던 찰스 마이어와 가톨릭교도였던 마리 조소는 어쨌거나 만났고, 뜻밖에 연인이 된 두 사람은 마리의 스물두 번째 생일인 1919년 5월 11일에 성 베드로 루터파 교회에서 결혼식을 올렸다. 몰덴케 목사가 결혼식 주례를 섰고, 교회 관리인이었던 목사의 아내가 유일한 증인이 되어주었다. 쭉 이어져 내려오는 집안 전통을 따라 마리도 자신의 결혼 증명서에 거짓 기록을 남겼다. 마리는 어머니 이름은 외제니 펠그랭이라고 적었고 아버지 이름은 자신의 성과 맞추려고 니콜라스 조소라고 적어, 자신이 혼외 자식임을 감추었다. 그 누구도 자신의 진짜 신분을 알아채지 못하도록 마리는 태어난 날짜와 장소도 다른 정보를 적어넣었다. 마리의 흔적을 찾으려고 애쓴 미래의 추적자들이 그토록 애를 먹은 이유는 이처럼 거짓 정보가 너무나도 많았기 때문이다.

이제 막 결혼한 마이어 부부는 두 사람 모두 힘든 성격의 소유자라는 사실을 빼면 닮은 점이 거의 없었다. 뉴욕에서 찰스는 내셔널 비스킷 컴퍼니(오레오 판매회사인 나비스코의 전신 회사. 옮긴이)라는 안정적인 직장에서 근무했지만 도박으로 계속 돈을 낭비했고, 아내가 일도 하지 않고 요리도 하지 않고 청소도 하지 않는다며 불만을 늘어놓았다. 게으른 데다 까탈

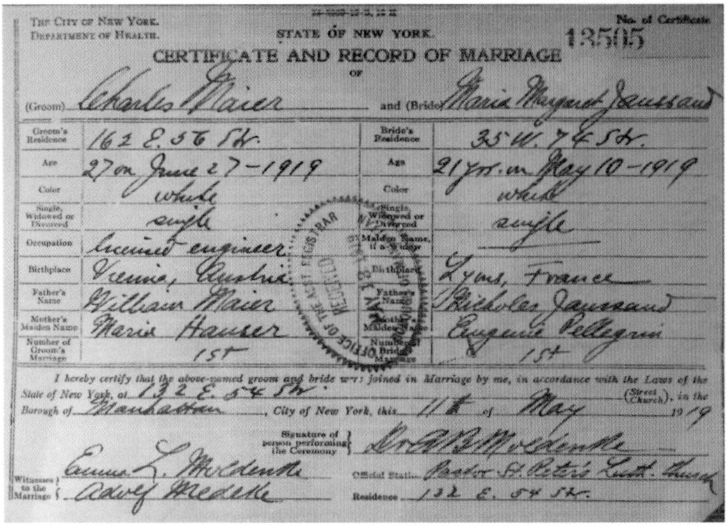
The City of New York.
Department of Health.
STATE OF NEW YORK.
No. of Certificate 13505
CERTIFICATE AND RECORD OF MARRIAGE
OF
(Groom) Charles Maier and (Bride) Maria Margaret Jaussaud
Groom's Residence 162 E. 56 St. | Bride's Residence 35 W. 74 St.
Age 27 on June 27-1919 | Age 21 yrs. on May 10-1919
Color white | Color white
Single, Widowed or Divorced single | Single, Widowed or Divorced single
Occupation licensed engineer | Maiden Name, if a Widow
Birthplace Vienna, Austria | Birthplace Lyons, France
Father's Name William Maier | Father's Name Nicholas Jaussaud
Mother's Maiden Name Maria Hauser | Mother's Maiden Name Eugenie Pellegrin
Number of Groom's Marriage 1st | Number of Bride's Marriage 1st
I hereby certify that the above-named groom and bride were joined in Marriage by me, in accordance with the Laws of the State of New York, at 132 E. 54 St. (Street/Church), in the Borough of Manhattan, City of New York, this 11th of May 1919
Signature of person performing the Ceremony Dr. A. B. Moldenke
Witnesses to the Marriage Emma L. Moldenke, Adolf Medeke
Official Station Pastor St. Peter's Luth. Church
Residence 132 E. 54 St.

불행한 결합: 마리 조소와 찰스 마이어의 결혼 증명서,
성 베드로 루터파 교회, 1919년 5월 11일(*NYCA*)

스러운 성격의 마리는 남편이 알코올중독자에 생활비도 제대로 가져오지 않는다고 비난하며 남편보다는 자신이 훨씬 나은 사람이라고 주장했다. 가족들에 따르면 두 사람은 끊이지 않고 언쟁을 벌였으며, 결혼다운 결혼 생활을 해볼 사이도 없이 효율적으로 혼인 관계를 끝내버렸다.

두 사람이 결혼하고 아홉 달 반이 지난 1920년 3월 3일에 찰스 모리스 마이어 주니어가 태어나, 안 그래도 파탄 직전이던 결혼 생활에 압력을 더했다. 찰스 주니어의 세례식은 마리의 생일이자 부부의 첫 번째 결혼기념일인 1920년 5월 11일에 생 장 드 바티스트 성당에서 열렸고, 독실한 외제니가 증인으로 참석했다. 가톨릭 의식만을 치를 수 없었던 찰스가 개신교 의식도 치러야 한다고 주장했기 때문에 아기는 유례없이 두 번이나 세례를 받아야 했다. 두 달 뒤에 성 베드로 루터파 교회에서 찰스 주니어는 칼Karl 윌리엄 마이어 주니어라는 이름으로 세례를 받았다. 찰스가 자신의

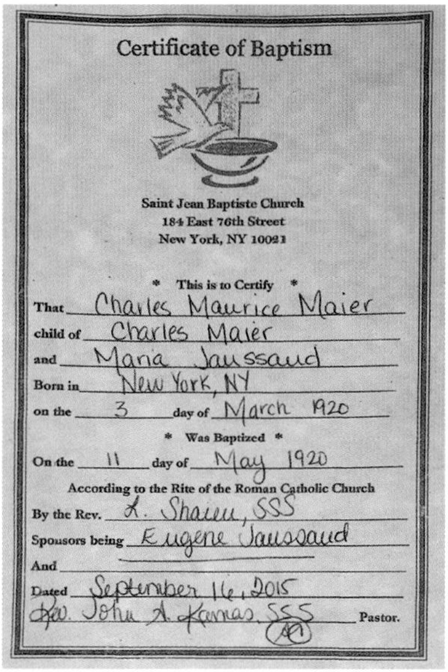

Certificate of Baptism

Saint Jean Baptiste Church
184 East 76th Street
New York, NY 10021

* This is to Certify *

That Charles Maurice Maier
child of Charles Maier
and Maria Jaussaud
Born in New York, NY
on the 3 day of March 1920

* Was Baptized *

On the 11 day of May 1920

According to the Rite of the Roman Catholic Church

By the Rev. L. Shaieu, SSS
Sponsors being Eugene Jaussaud
And
Dated September 16, 2015
Rev. John A. Kamas, SSS Pastor.

세례 증명서 1: 찰스 모리스 마이어 주니어,
생 장 드 바티스트 성당, 뉴욕, 1920년 5월 11일

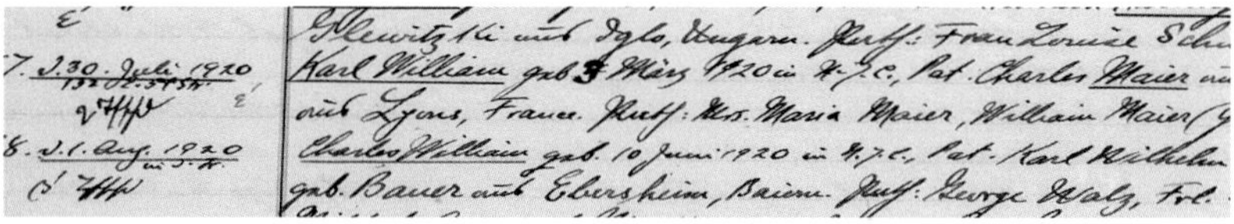

세례 증명서 2: 칼 윌리엄 마이어 주니어, 성 베드로 루터파 교회, 뉴욕, 1920년 7월 30일

아버지를 기리며 아들에게 붙여준 이 이름은 찰스 주니어가 살면서 사용한 공식 이름이 되었다. 찰스 주니어는 마이어 가족이 부르는 대로 자신을 칼Carl이라고 불렀지만, 조소 가족은 찰스 주니어를 찰스나 찰리라고 불렀다. (이 책에서는 찰스 주니어의 아버지는 '찰스', 찰스 주니어는 '칼Carl'이라고 부를 것이다. 공식 문서에서는 대부분 '칼Karl'이라고 적혀 있다.) 하지만 아기 찰스의 정체성 문제는 이제 막 시작되었을 뿐이다.

처음 결혼했을 때 마이어 부부는 찰스의 부모와 하숙인 두 명과 함께 살

다가 칼이 태어난 뒤로는 외제니가 가구를 채워준 아파트로 이사했다. 아들이 태어난 뒤로 고생을 심하게 한 마리는 외제니가 딸의 생사를 걱정할 정도로 마르고 허약해졌다. 그즈음에 갑자기 마리의 아버지 니콜라스 바일에게서 연락이 왔다. 바일은 워싱턴주에서 20년을 일하고 프랑스로 돌아갈 예정이었는데, 미국을 떠나기 전에 뉴욕에 와서 딸을 만나겠다고 했다. 아버지의 인정과 재정 지원이 절실히 필요했던 마리는 애타는 마음으로 기다렸지만 아버지는 결국 모습을 드러내지 않았다. 외제니는 프랑스에 있는 마리아 플로렌틴에게 편지를 써, 그 이기적인 남자는 처음에는 자기를 버리더니 이제는 딸을 버렸다고 분통을 터트렸다.

1921년 초반, 마리와 칼에게 현금이 너무나도 절실해지자 외제니는 자신이 소유한 보르가르 농지 가운데 절반을 자매인 마리아 플로렌틴에게 팔아 현금을 마련했다. 마리와 찰스의 관계는 더는 참아낼 수 없을 정도로 망가졌다. 결혼 생활이 무너져내리는 동안 술에 전 찰스는 경마로 돈을 모두 날렸고, 마리의 우월감과 가시 돋친 성격이 더해져 두 사람의 갈등은 증폭되기만 했다. 두 사람의 아들, 칼은 어수선한 집에서 끊임없이 싸우는 부모 밑에서 자라야 했다. 칼의 부모는 끊임없이 헤어졌다가 다시 만났고, 그 사이에 마리는 계속해서 법원과 지역 자선단체의 도움을 받아야 했다.

그 무렵 뉴욕시 아동학대방지협회의 지원을 받아 최신 시설을 갖춘 헤크셔 어린이집이 뉴욕 어퍼 5번로에서 문을 열었다. "나쁜 아이는 없다"며 아이가 그릇된 행동을 하는 이유는 모두 부모 때문이라고 주장하는 독일계 계몽주의 자선가 아우구스트 헤크셔August Heckscher가 설립 자금을 댄 곳이었다. 마리는 뉴욕 주립 자선구호협회를 찾아갔다. 그곳은 위기에 처한 아이들을 잠시 시설에 맡겼다가 대부분 입양을 보내는 단체였다.

1925년, 다섯 살이던 칼은 헤크셔 어린이집으로 들어가 그해 거의 대부분을 그곳에서 보냈다. 하지만 입양은 되지 않았는데, 아버지 쪽 할머니가 칼을 찾아내 법적 양육권을 얻었기 때문이다. 칼이 시설에서 지내는 동안 칼의 부모는 이스트 86번가에서 함께 살았다. 그때 마리는 일을 하지 않았지만 아들을 돌볼 생각이 없었고, 돌볼 수도 없었다. 부부의 불화는 꺼지지 않았고, 그 때문에 자신들의 아이들을 각자가 경멸할 정도가 되어버린 철없는 부부의 어머니들(외제니와 마리아)은 의도치 않게 친한 사이가 되었다.

누구나 이 삐걱대는 부부가 조만간 헤어질 것이라고 생각했지만, 두 사람은 적어도 한 번 정도는 다시 만났고, 그 때문에 원치 않는 임신을 또 한 번 했다. 이미 부모가 될 자질이 없음을 여실히 보여주었던 찰스와 마리였지만, 새로 태어날 아기 때문에 또다시 함께 살아야 했다.

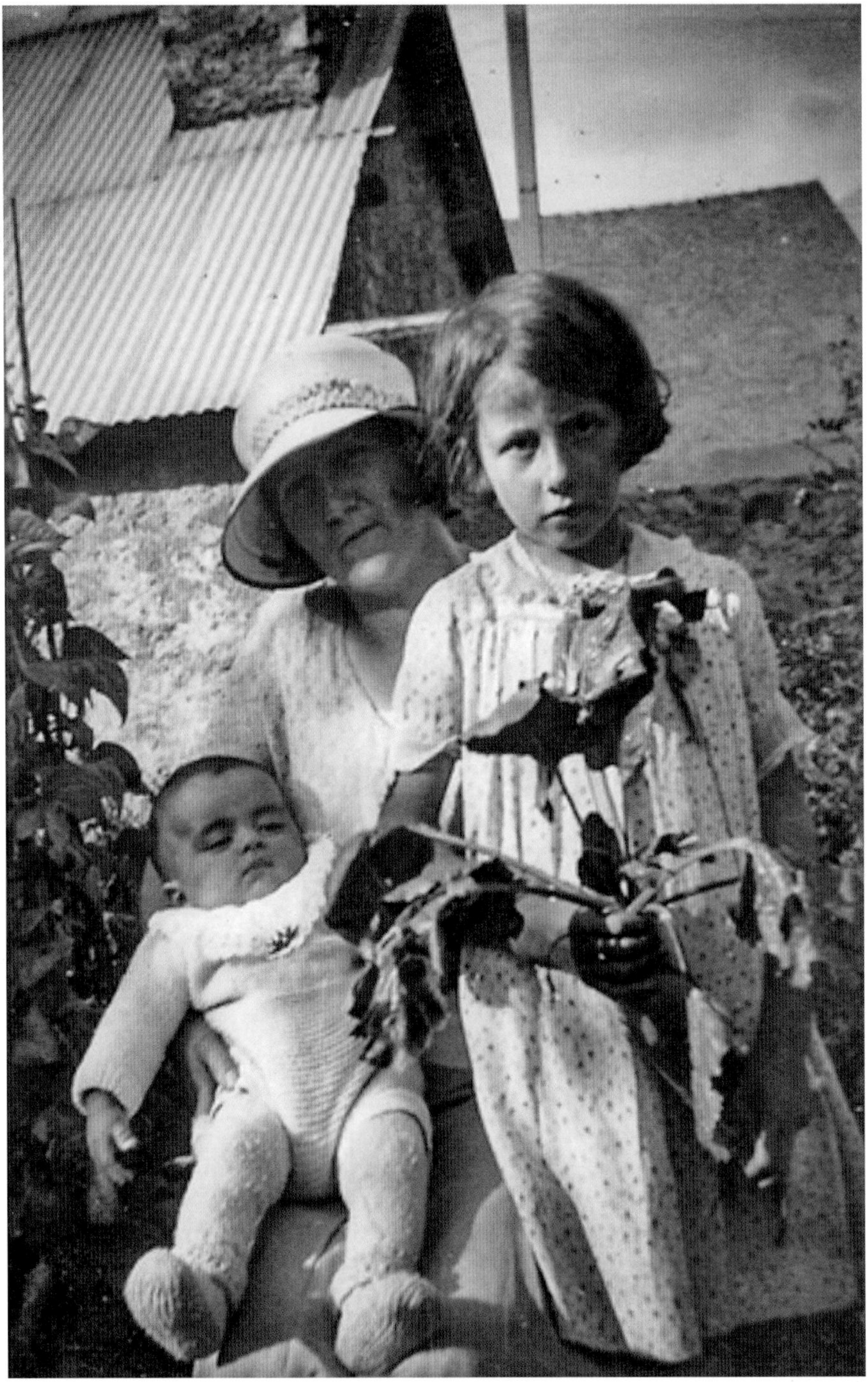

실뱅, 마리, 비비안, 생 보네, 1933년(*Sylvain and Rosette Jaussaud* 제공)

2
유년기

어머니는 나를 돌봐주지 않았어요.

—비비안이 고용주에게 한 말

비비안 도러시 마이어는 1926년 2월 1일에 이 망가진 가족의 일원으로 합류했다. 비비안의 출생증명서에는 아버지 이름은 찰스 마이어라고 기록되어 있고, 어머니는 도대체 어디에서 가져와 썼다가 버렸는지도 모를 성을 붙인 마리 조소 저스틴이라고 적혀 있다. 자신의 결혼 전 성을 어머니의 성과 다르게 하려고 마리가 또다시 거짓 정보를 공식 기록에 적어넣은 것이다. 오빠와 달리 비비안은 칼의 여섯 번째 생일이던 1926년 3월 3일에 생 장 드 바티스트 성당에서 단 한 번만 세례를 받았다. 칼이 증인으로 참석했고, 외제니는 올 수가 없었기 때문에 자기 대신 오이스터 베이에서 온 프랑스인 여자 가정교사 빅토린 베네티Victorine Benneti를 세례식에 보냈다.

그다음 해에 찰스와 마리는 영원히 헤어졌고, 마리는 전 남편을 아동학대로 고소해버렸다. 비비안과 칼은 아버지와 헤어졌으며, 서로와도 떨어져 자라야 했다. 칼은 찰스의 어머니 마리아 마이어의 보살핌을 받았고, 비비안을 돌보는 어른들은 비비안을 마이어 가족과는 거의 만나지 못하게 했다. 외제니처럼 마리아도 누구에게나 좋은 평가를 받는 사람이었으며, 찰스의 아버지 윌리엄 마이어는 75세까지 일을 하면서 조용히 가족을 돌봤다. 비비안과 마리의 생계를 책임졌던 외제니는 칼을 돕는 일도 잊지 않았다.

생후 몇 년간 비비안을 양육하는 일은 전적으로, 늘 다른 사람에게 도움을 요청하는 어머니 마리의 몫이었다. 마리는 양육비를 주지 않는다는 이유로 찰스를 고소했고, 가톨릭, 개신교, 유대교 할 것 없이 거의 모든 종교에서 운영하는 자선단체를 찾아다니며 도움을 구했다. 간간이 일하기는 했지만, 안정적인 직업을 가졌다는 기록은 어디에도 없다. 일을 할 때도, 일을 하지 않을 때도, 마리는 비비안을 일시적으로만 돌보았을 가능성이 크다.

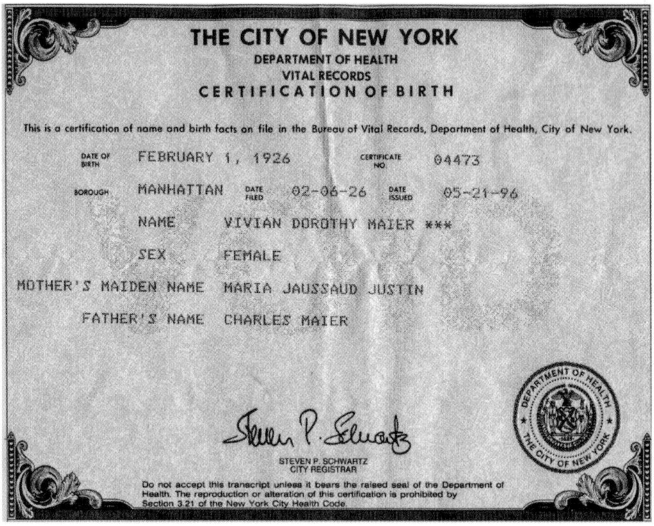
THE CITY OF NEW YORK
DEPARTMENT OF HEALTH
VITAL RECORDS
CERTIFICATION OF BIRTH

This is a certification of name and birth facts on file in the Bureau of Vital Records, Department of Health, City of New York.

DATE OF BIRTH FEBRUARY 1, 1926 CERTIFICATE NO. 04473
BOROUGH MANHATTAN DATE FILED 02-06-26 DATE ISSUED 05-21-96
NAME VIVIAN DOROTHY MAIER ***
SEX FEMALE
MOTHER'S MAIDEN NAME MARIA JAUSSAUD JUSTIN
FATHER'S NAME CHARLES MAIER

STEVEN P. SCHWARTZ
CITY REGISTRAR

Do not accept this transcript unless it bears the raised seal of the Department of Health. The reproduction or alteration of this certification is prohibited by Section 3.21 of the New York City Health Code.

비비안 마이어 출생증명서, 뉴욕, 1926년 2월 1일(*John Maloof Collection*)

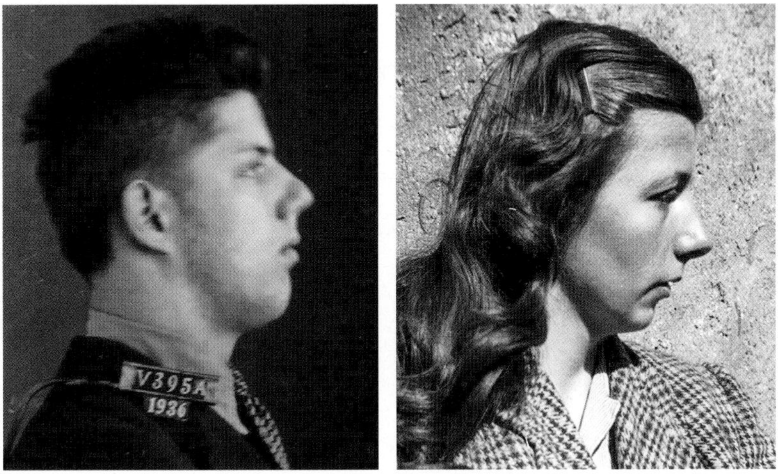

닮은 남매: 칼 마이어, 1936년; 비비안 마이어, 1950년

헤크셔 어린이집은 건강한 아이들을 위한 육아원을 열었는데, 이곳도 뉴욕 스위스자선협회가 그랬던 것처럼 아이를 버리려는 부모들에게 편리한 해결책이 되어주었다. 1932년에 마리가 일자리를 찾는 줄 광고를 내면서 연락처로 적은 곳이 바로 헤크셔 육아원 전화번호였다. 한참 세월이 흘러 비비안은 헤크셔 육아원 건물을 사진에 담았는데, 어린 시절 인연이 있었기 때문일 수도 있다. 마리의 행동을 보건대, 그녀에게는 아이는 물론이고 자기 자신조차 책임질 마음도, 능력도 없었던 것 같다. 훗날 비비안은 드물게 솔직해졌던 한순간에, 고용주에게 자신은 어머니에게 한 번도 제대로 돌봄을 받은 적이 없고, 그런 어머니를 좋아하지 않는다고 말했다.

1920년대 말이 되면 대공황이 시작되고 마이어 가족은 브롱크스로 이

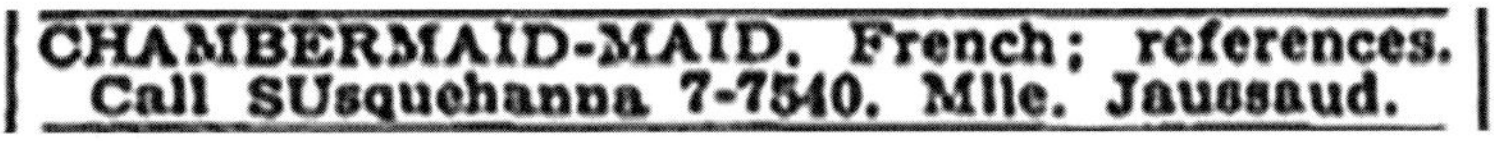
CHAMBERMAID-MAID, French; references.
Call SUsquehanna 7-7540. Mlle. Jaussaud.

「뉴욕 타임스」 줄 광고, 1932년

주한다. 찰스는 여전히 아이들을 돌볼 의무를 조금도 수행하지 않은 채 혼자 살았다. 칼과 조부모는 세인트 메리 파크에 인접한 아파트에서 살았고, 비비안과 마리는 공원 반대편에서 외제니의 오랜 친구인 잔 베르트랑과 함께 살았다. 두 프랑스 여인이 계속 연락하고 지낸 것은 전혀 놀랍지 않다. 잔은 예술가로, 외제니는 요리사로, 두 사람 모두 상류사회라는 좁은 울타리 안에서 움직이고 있었으니 말이다.

잔과 외제니의 놀라운 경력

리치필드 카운티를 떠나고 몇 년이 흐르는 동안 잔과 외제니의 삶은 초라했던 시작과는 아주 극적으로 달라져 있었다. 외제니가 놀라운 성공을 즐기는 동안 잔은 셰익스피어의 비극 같은 대단원을 맞고 있었다. '사교계의 조각가' C. S. 피에트로C. S. Pietro와 열정적인 사랑에 빠진 잔은 사진을 버리고 조각과 연인을 널리 알리는 일에 온 힘을 쏟아부었다. 피에트로는 미국에서 가장 유명한 사람들과 연이 닿아 있었는데, 그중에는 모두가 경외하는 밴더빌트 왕국과 휘트니 왕국 양쪽에 발을 걸친 거트루드 밴더빌트 휘트니Gertrude Vanderbilt Whitney가 있었다. 1915년 여름에 피에트로는 호화 여객선 루시타니아호가 침몰할 때 사망한 앨프리드 그윈 밴더빌트Alfred Gwynne Vanderbilt의 대리석상을 만들고, 고인의 부인이자 브로모 셀처Bromo-Seltzer(유명한 두통약 브랜드. 옮긴이)의 상속녀인 마거릿 에머슨Margaret Emerson의 조각상을 만들어달라는 의뢰를 받았다. 에머슨은 흉상이 마음에 들면 5000달러를 지불하겠다고 했는데, 이 약속 때문에 잔은 훗날 미국에서 가장 부유한 가문과 분쟁을 벌이게 된다.

1916년에는 엄청난 화재가 발생해 5번로에 있던 피에트로의 작업실을 모두 태워버렸다. 그때 마거릿 에머슨의 흉상도 함께 소실되어, 피에트로는 그 작품을 대체할 다른 작품을 만들어야 했다. 1917년에 잔은 이미 아내와 아이들이 있었던 피에트로 때문에 혼외자일 수밖에 없는 아이를 낳았다. 안 그래도 신경쇠약 증상이 있던 잔은 병원과 요양원을 드나드는 일이 잦았는데, 아들을 낳은 뒤로는 언론이 '베르트랑 양이 건잡을 수 없이 미쳤다'라는 기사를 쓸 정도로 심각한 신경쇠약에 시달렸다. 그나마 회복기에 접어든 1918년 가을에는 또다시 참을 수 없는 비극이 발생했는데, 서른세 살이던 피에트로가 스페인 독감으로 사망한 것이다. 외제니와 비슷한 곤경에 처한 잔은 아들이 '사생아'라는 오명을 안고 살지 않도록 피에트로의 가족이 두 사람의 아들을 입양하는 것을 허락했다.

피에트로의 아내와 연인이 정신을 차리고 다시 살아가려고 애쓰는 동안 마거릿 에머슨은 자신의 흉상이 제대로 만들어지지 않았다며 대금 지불을 거절했다. 세상에서 가장 부유한 여인 가운데 한 명으로 꼽힐 여자의 무신경함에 너무나도 충격을 받은 피에트로의 부인은 남편의 명성을 지키고 아버지를 잃은 아이들을 부양할 돈을 마련하려고 소송을 걸었다. 법정 싸움이 진행되는 3년 동안 에머슨은 자신의 개인 기관차를 타고 언론이 매력적인 별명을 붙여준 애디론댁 야영지, 버크셔 영지, 메릴랜드 목장, 팜비치의 빌라, 5번로의 펜트하우스를 돌며 완강하게 버텼다. 1924년, 사건은 마침내 뉴욕 고등법원으로 올라갔고, 잔 베르트랑은 피에트로의 부인 편에서 에머슨과 맞섰다. 하지만 이제는 마거릿 에머슨 맥킴 밴더빌트 베이커가 된 이 부자는 재판에서 승리했고, 피에트로의 부인에게 1센트도 주지 않은 채, 자신의 유명한 집으로 돌아가버렸다.

잔의 이야기가 끝나가는 곳에서 외제니의 이야기는 시작된다. 외제니는 상류층 사람들과 순조롭게 좋은 관계를 맺으며 점차 안정적인 삶을 살기 시작했다. 1925년에 외제니는 태리 타운에 있는 로드 영지로 가서 여섯 명의 하인들 무리에 합류했다. 외제니를 고용한 가족은 이제 곧 열릴 아들의 결혼식으로 분주했다. 아들의 약혼자는 피에트로의 의뢰인이었던 거트루드의 아들, 코닐리어스 밴더빌트 휘트니Cornelius Vanderbilt Whitney의 지인이었다. 당시 사교계 사람들은 도시에서 가장 부유한 사람들이 거주하는 롱아일랜드에서 피서를 나곤 했는데, 외제니는 1930년에 디킨슨 집안의 고용인으로 그곳에 도착했다. 헌트 틸퍼드 디킨슨Hunt Tilford Dickinson은 불과 아홉 살 때 종조부에게서 400만 달러를 상속받으며 유명해졌다. 헌트 틸퍼드 디킨슨은 자신이 다니던 기숙학교에서는 가장 부유한 학생임이 분명했지만, 외제니가 요리를 해주었던 가장 부유한 고용주는 아니었다. 최고 중의 최고는 아직 만나지 않았다.

외제니와는 대조적으로 마리와 비비안, 잔 베르트랑은 여전히 브롱크스를 벗어나지 못했으며, 1930년이 되면 베르트랑이라는 예술가를 비추던 빛은 거의 꺼져버리고 만다. 잔은 다시 사진으로 돌아갔지만, 스튜디오 사진을 찍는 정도였다. 그럼에도 오트잘프가 신문의 1면에 실릴 자격이 충분한 사진작가를 두 명이나 배출했다는 것은 논란의 여지가 없는 사실이며, 오트잘프의 주민들은 끊임없이 두 사람 사이의 연결점을 찾으려고 애쓴다. 잔과 함께 살았을 때 비비안은 고작 네 살이었기 때문에 그녀가 비비안에게 직접 영향을 미쳤을 리는 없다. 하지만 당시 마리는 그 무렵 부유층의 전유물인 신상 카메라를 한 대 장만했고, 이런 마리를 통해 잔의 유산이 비비안에게 전해졌을 수도 있다.

외제니와 달리 마리는 혼자서 생계를 해결하며 살아갈 능력도 없었고, 어린 시절의 트라우마를 극복하지도 못했다. 마리는 니콜라스 바일이 마침내 친자 관계를 시인할 때까지 끊임없이 아버지의 인정을 받기 위해 노력했다. 마리에게 고용된 생 보네의 공증인은 바일에게서 마리의 친부임을 인정하는 서명을 받고자 바일의 농장까지 갔다. 그때는 그런 서류를 작성하는 일이 아주 드물었다. 바일은 1932년 8월 12일에 서류에 서명했고, 그로부터 열흘 뒤에 마리와 비비안은 프랑스로 떠나는 배에 올랐다.

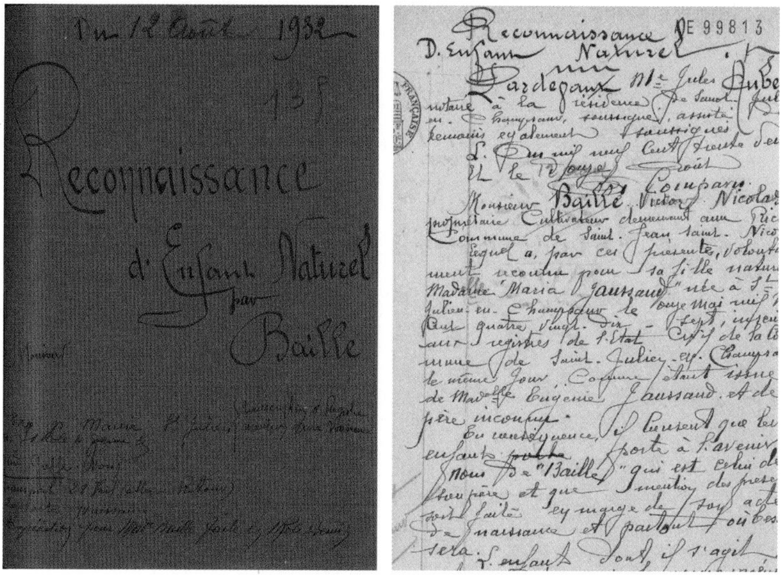
Du 12 Août 1932

135

Reconnaissance d'Enfant Naturel par Baille

Reconnaissance D. Enfant Naturel

E 99813

"내가 아빠다", 니콜라스 바일, 친자 증명서, 프랑스, 1932년(*ADHA*)

프랑스, 1932~1938년

아들과는 어린 시절에만 잠시 같이 살았던 마리는 프랑스로 떠나면서 당시 열두 살이었던 칼을 완전히 버렸고, 남매의 인생 여정은 완벽하게 갈라섰다. 훗날 칼이 실제보다 5년 앞선 1927년에 어머니가 프랑스로 떠났다고 말하는 것으로 보아, 두 사람은 아주 오래전부터 거의 왕래가 없었음이 분명하다. 1932년에 뉴욕을 떠난 마리는 그 당시 별거 중이던 남편 찰스와 다시는 만나지 않았다.

샹소르에 도착하자마자 어머니와 딸은 마리아 플로렌틴이 살고 있는 보르가르 농가로 갔다. 이제는 아버지의 성을 써도 된다는 조금은 불확실한 권리를 인정받은 마리 마이어는 마리 바일이 되면서 일시적으로 딸의 성과 자신의 성을 분리했다.

생 줄리앙에 도착하면서 소란스럽고 외로웠고 제약이 많았던 어린 시절에서 벗어나게 된 여섯 살 비비안은 생애 처음으로 많은 친척과 또래 친구 들에게 둘러싸였다. 거의 영어로만 의사를 표현할 수 있었던 비비안이었지만 마을 아이들을 이끌었고, 아이들은 비비안을 통솔력 있고 활발하며 아이디어가 풍부한 대장으로 인정했다. 남자아이들과 험한 모험을 즐겼던 비비안은 언제라도 입고 있는 예쁜 드레스를 바닥에 깔고 앉을 준비가 되어 있었다. 베네벵 에 샤비야크Bénévent-et-Charbillac에 가면 펠그랭 쪽 친척들이 있었고, 가까이 있는 포도원에 가면 블랑샤르 쪽 친척들이 있었다. 조제파 펠그랭 블랑샤르Josepha Pellegrin Blanchard는 마리의 사촌이자, 아마도 유일하게 친했던 친구였던 것 같다. 조제파의 아들 오귀스트는 비비안보다 한두 살 어렸는데, 자신의 사촌을 언제나 게임을 할 때면 아이들에게 명령을 내렸던 대담한 대장으로 기억했다.

오귀스트는 마리에 대해서는 거의 배경 인물인 것처럼 특별한 기억이 없지만 딸에 대한 소유욕이 있었던 것 같고, 비비안 없이 마리만 본 적은 없다고 회상했다. '야성적인' 비비안은 마리가 다루기 힘든 딸이었다. 그 무렵에 마리와 비비안을 알았던 사람들 대부분이 그렇듯이 오귀스트도 마리에 관해서는 특별히 많은 기억은 없지만, 마리가 괜찮은 어머니였다는 결론을 내렸다. 왜냐하면 비비안을 학교에 등록시켰고, 가프Gap에 있는 쿠어스 드 마리 수녀원Convent du J'Cours de Marie에서 견진성사를 받게 했기 때문이다. 2차 세계 대전이 끝난

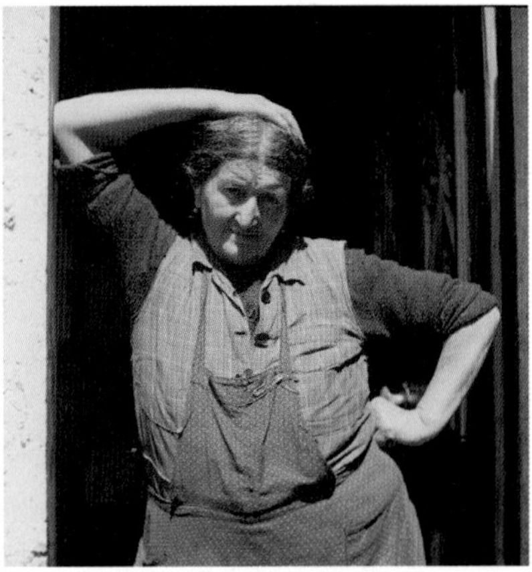

마리의 사촌 조제파 펠그랭 블랑샤르, 베네벵, 1959년(*Vivian Maier*)

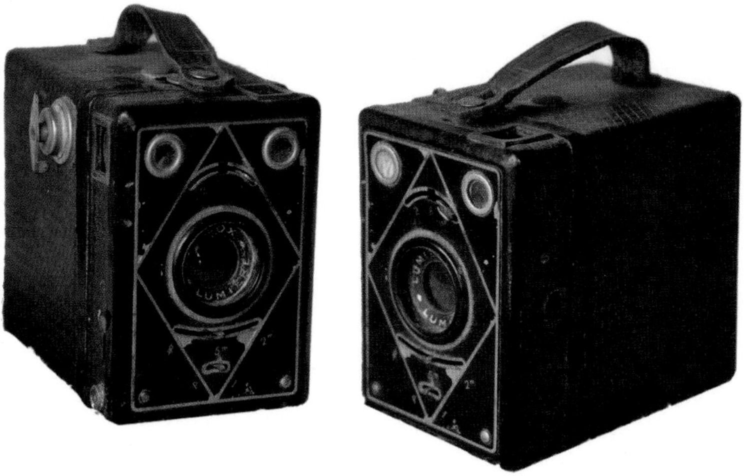

마리의 뤼미에르 루미박스 카메라, 생 로랑 드 크로스(*Daniel Arnaud*)

뒤에 마리는 잠시 조제파와 연락하고 지냈으며, 미국에서 옷 같은 선물을 보내기도 했다. 마리가 보낸 선물 중에는 전시에 쓰는 접는 컵도 있었는데, 마을 사람들은 그 컵의 용도를 이해할 수 없었기 때문에 그저 웃고 말았다. 비비안은 수십 년 뒤에 다시 프랑스로 돌아와 조제파의 사진을 찍은 것 같다.

1932년에는 나폴레옹이 1815년에 망명지에서 빠져나와 파리로 돌아가면서 지나간 나폴레옹 길(프랑스 리비에라 지역에서 그르노블까지)이 관광 명소로 지정되면서 이 지역 사람들이 흥분의 도가니에 빠졌다. 샹소르의 주도인 생 보네 전역에 나폴레옹이 지나갔던 길을 안내하는 표지판과 홍보물이 세워졌고, 이 여행 경로는 지금도 유명한 관광 코스로 남아 있다.

1933년 여름에 비비안의 사촌 실뱅 조소가 태어나자 마리는 1930년에 출시된 뤼미에르 루미박스 카메라를 꺼내 들었다. 마을에서 유일하게 카메라를 소유한 사람이었기에, 마리의 위신은 높아졌다. 그 무렵 마리가 찍은 사진에서는 아기 실뱅과 실뱅의 어머니 루이즈, 그리고 마리와 함께 자

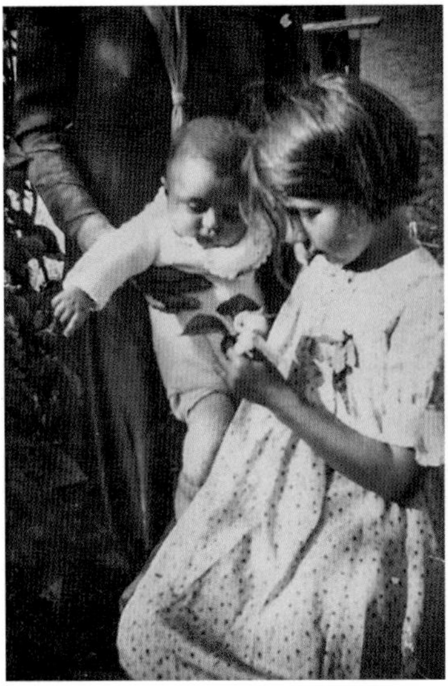

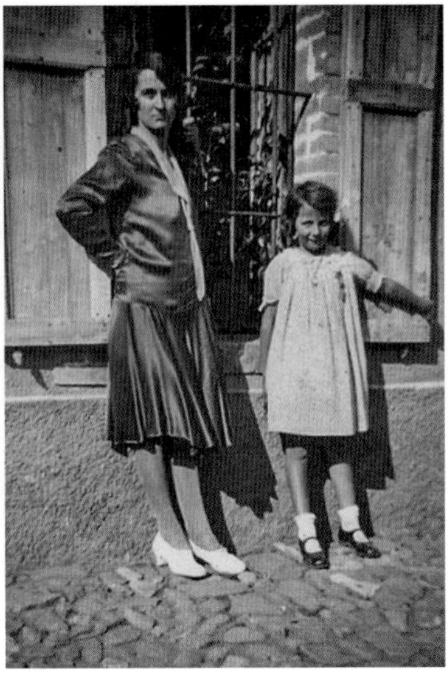

실뱅, 비비안, 루이즈, 생 로랑 드 크로스, 1933년
(*Sylvain and Rosette Jaussaud* 제공)

세를 취하고 있는 어린 시절 비비안의 모습을 볼 수 있다. 사진 속에서 여자들은 드레스를 입고 있지만, 예상과는 다른 옷차림을 하고 있다. 뉴요커인 마리는 레이스 달린 블라우스에 긴 아마천 치마를 입고 밀짚모자를 썼지만(46쪽 사진), 생 보네 출신의 루이즈는 신여성 느낌이 물씬 나는 매끄러운 정장에 흰색 하이힐을 신고 있다. 당시 일곱 살이었던 비비안은 귀여운 면 드레스를 입고 있는데, 그 누구도 머리를 빗겨주거나 가르마를 타줄 생각은 하지 않은 것 같다. 미국으로 돌아갈 때 마리는 카메라를 조제파의 집에 두고 갔고, 오랜 세월이 흐른 뒤에 대서양 건너에서 비비안의 명성을 전해 들은 오귀스트가 서랍에 들어 있던 마리의 카메라를 찾았다.

삶의 이면을 들여다보면, 보이는 것과 달리 편한 삶은 없다. 중년의 독신녀였던 마리아 플로렌틴은 자신의 보르가르 농지에서 일하는 노동자 장 루셀Jean Roussel과 사랑에 빠지면서 외제니의 불행을 따랐다. 루셀의 아

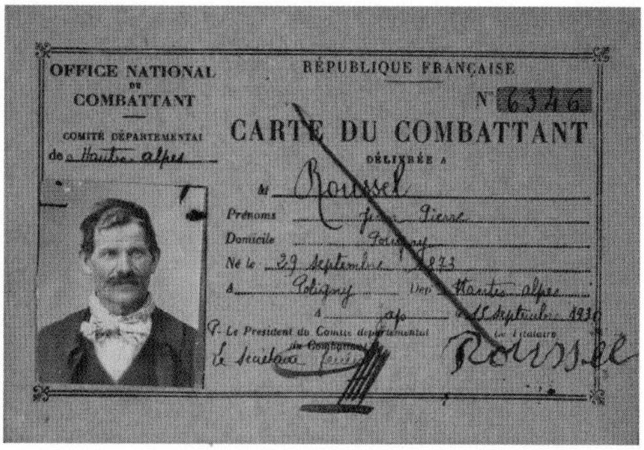
OFFICE NATIONAL
DU
COMBATTANT
COMITÉ DÉPARTEMENTAL
de Hautes-Alpes
RÉPUBLIQUE FRANÇAISE
N° 6346
CARTE DU COMBATTANT
DÉLIVRÉE A
M. Roussel
Prénoms Jean Pierre
Domicile Poligny
Né le 29 septembre 1873
à Poligny Dép. Hautes-Alpes
Le Président du Comité départemental
Le titulaire
Roussel

악당 장 피에르 루셀, 군대 신분증, 1930년(*ADHA*)

내는 폴리니Poligny에 토지가 있는 열여섯 살 연상의 여인이었는데, 루셀이 마리아를 만나기 얼마 전에 세상을 떠났다. 1차 세계 대전 동안 군 복무를 한 루셀은 군 생활에 제대로 적응하지 못해 두 번 탈영했다 붙잡혔으며, 정신 장애로 두 차례 입원했다. 엄청난 술고래로 알려진 루셀은 술을 마시면 난폭해졌다. 오귀스트 블랑샤르는 루셀이 마리아 플로렌틴을 심하게 때려, 플로렌틴이 몸이 나을 때까지 두 달 동안 자기 가족과 함께 지내야 했던 일을 기억했다. 부당한 취급을 받았는데도 마리아는 평생 이 연인과 만나고 헤어지는 관계를 지속했다. 가톨릭을 믿는 마을 사람들은 루셀의 폭행을 못 본 척했고, 그 누구도 마리아의 농가에서 학대가 일어나고 있다는 사실을 공개적으로 인정하지 않았다.

1933년 초가을에 외제니는 마리와 비비안이 보르가르에서 나와 생 보네에서 아파트를 구할 수 있도록 자신이 가지고 있던 농지의 나머지 소유권도 마리아에게 팔았다. 그 뒤로 얼마 안 되어, 왜인지는 모르지만 마리아 플로렌틴은 자신의 농지를 적법한 상속자였을 마리가 아니라 여덟 살 비비안에게 남긴다는 유언장을 작성했다. 이모할머니가 남긴 이 유산은 훗날 비비안이 사진의 세계로 넘어갈 때 중요한 자산이 되어준다.

대공황은 점점 더 심각해졌지만 외제니는 여전히 뉴욕 상류층 사람들에게 인기가 있었고, 그즈음에는 타이타닉호가 침몰할 때 세상을 떠난 스트라우스 부부의 손자이자 메이시스 백화점의 공동 소유주인 잭 스트라우스Jack Straus를 위해 일하고 있었다. 뉴욕의 가장 비싼 동네에서 유대인이 살 수 없게 되자 잭 스트라우스의 아버지 제시 스트라우스는 파크 애비뉴 720번지에 자신이 거주할 거대한 복층 펜트하우스가 있는 호화로운 아파트를 지었다. 1933년에 제시 스트라우스가 프랑스 대사로 임명되자, 아들 잭이 침실이 여덟 개, 가사도우미 숙소가 세 개, 전면 테라스와 갤러리, 세탁실, 재봉실, 와인실까지 있는 아버지의 펜트하우스를 물려받았다. 그곳의 웅장한 주방에서 외제니는 3년 동안 일했다. 그때쯤이면 외제니가 마리아 플로렌틴과 헤어진 지 30년이나 흐른 시점이기에, 딸과 손녀가 프랑스로 갈 때 함께 가지 않은 것이 이상할 수도 있다. 하지만 외제니에게 샹소르는, 아주 힘든 상황에서 떠났기에 좋은 추억을 떠올릴 수 있는 곳이 아니었고, 가족을 부양할 책임도 있었다. 게다가 프랑스에 가면 옛 연인인 니콜라스와 프랑수아를 만날 위험도 있었으니, 함께 가지 않은 것이 이해는 된다. 공교롭게도 마리가 생 보네에서 빌린 집은 프랑수아의 집에서 몇 블록 떨어져 있지 않았고, 프랑수아의 손자들은 비비안과 같은 학교에 다녔다. 프랑수아는 1935년에 죽었지만, 주글라르 집안과의 관계는 여기서 끝나지 않았다.

이 시기에 찰스 마이어는 마리와 이혼하고 독일에서 이민 온 베르타 루터Berta Ruther와 재혼했다. 베르타는 독일 콘스탄츠 호숫가에서 가톨릭 신자인 대가족의 일원으로 자랐다. 베르타에게는 형제가 여덟 명 있었지만, 세 명이 전쟁 중에 사망했다. 홀로 뉴욕으로 이주한 베르타는 1934년, 베르타 마이어라는 새로운 이름을 가지고 독일로 돌아간다.

1936년 초가 되면 비비안의 할아버지 윌리엄 마이어가 폐렴으로 76세

von MAIER—Wilhelm, on Jan. 29, 1936, at Lenox Hill Hospital, dearly beloved husband of Marie von Maier, devoted father of Mrs. Alma C. Corsan and Charles von Maier, and grandfather of Charles von Maier Jr. Funeral private.

윌리엄 마이어의 부고, 「뉴욕 타임스」, 1936년 1월 30일, 비비안의 이름이 없다.

von MAIER—Wilhelm, on Jan. 29, 1936, at Lenox Hill Hospital, dearly beloved husband of Marie von Maier, devoted father of Mrs. Alma C. Corsan and Charles von Maier, and grandfather of Charles von Maier Jr. and Dorothea Vivian von Maier. Funeral private.

윌리엄 마이어의 부고, 「뉴욕 타임스」, 1936년 1월 31일, 비비안의 이름이 있다.

의 나이로 세상을 떠난다. 할아버지의 임종을 지킨 칼은 훗날 아버지 찰스가 '양심이 없어서' 부모와 자식을 부양하지 않았기 때문에 할아버지가 죽을 때까지 일해야 했다고 했다. 장례식장 기록에는 비비안에 대한 언급은 없이 윌리엄에게는 손주가 한 명 있다고 적혀 있다. 그와 마찬가지로 「뉴욕 타임스」 부고란에도 비비안의 이름은 실리지 않았다. 비록 다음 날 부고를 다시 실으면서 비비안을 도러시아 비비안 폰 마이어라는 이름으로 추가하기는 했지만 말이다.

곤경에 처한 칼

1936년 8월, 칼이 심각한 상황에 처했다는 소식이 프랑스로 날아온다. 물론 칼은 오래전부터 비행 청소년이었기 때문에 예상치 못했던 소식은 아니었다. 열세 살부터 칼은 학교에 가지 않고 거리를 방황하기 시작했고, 8학년 때는 "난동을 피우고 반항적인 행동"을 해 '보호관찰'을 받았다. 간신히 졸업은 했지만, 여러 차례 가출하고 전국을 배회한 뒤에 브롱크스 직업학교에 입학했을 때는 등교 여부를 감시받는 것에 동의해야 했다.

성장하는 내내 찰스 마이어는 칼을 똑바로 기르려는 자기 부모님의 노력을 헛되게 만들었다. 그리고 양육권을 되찾으려고 했는데, 아들을 학교에서 자퇴시키고 그가 벌어올 돈을 가로채려는 속셈이었다. 어처구니없게도 찰스는 법원에 진정서를 넣었고, 칼은 아버지에게 복종하지 않았다

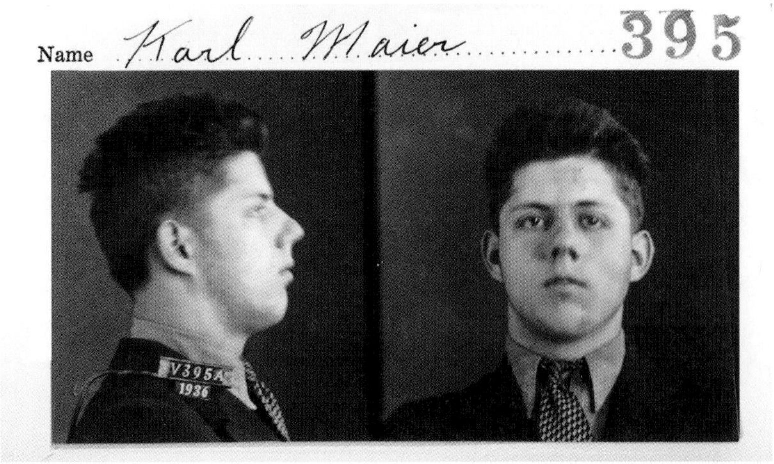

칼Karl 마이어의 머그샷, 콕사키 감화원, 1936년(*NYSA*)

는 이유로 가정법원에 출두해야 했다. 상충하는 여러 힘에 휘둘렸던 칼은 결국 할아버지가 죽고 얼마 안 돼 학교를 그만두고 가까운 YMCA로 갔다. 칼의 꿈은 밴드의 기타리스트가 되는 것이었다. 하지만 두 주 뒤에 친구와 우편물을 변조하고, 60달러짜리 수표를 위조한 것이 발각되면서 인생이 뒤틀리기 시작했다. 이미 비행 이력이 있던 칼이었기에 콕사키에 있는 감화원인 뉴욕 주립 직업훈련원에 3년간 수감되어야 한다는 선고를 받았다.

1936년 4월에 열여섯의 나이로 수감된 칼의 모든 이야기는 투옥에서 가석방에 이르는 4년 동안 법원과 감화원의 관리자들, 가족, 지인과 교환했던 편지와 기록물을 통해서만 알 수 있다. 이 기록들은 또한 비비안이 어린 시절 어떤 환경에 처해 있었는지, 그리고 비비안 집안의 가족 역동(가족 구성원들의 심리적인 상호작용. 옮긴이)이 어떠했는지를 분명하게 보여준다. 체포 당시 칼은 두 할머니의 주소는 모두 진술할 수 있었지만, 두 부모가 어디에 사는지는 알지 못했다. 그만큼 소원하게 지냈던 것이다. 칼의 수감 기록을 보면 칼의 가족은 거의 매년 이사를 다녀 거주지 주소가 끊임없이 바뀌었다.

감화원 입소 절차를 밟는 동안 칼의 가족들은 관리자들과 면담을 해야 했는데, 두 할머니는 자신들의 자식인 칼과 비비안의 부모에 대한 반감을 전혀 감추지 않았다. 마리아 마이어는 자신의 가족이 곤경에 처한 것은 모두 아들 때문이라면서, 아들이 양육비도 주지 않으면서 자신이 손자를 위해 마련한 생명보험 증서까지 훔쳐가려고 했다고 진술했다. 마리아는 찰스가 "아무짝에 쓸모없는 인간"이며, 어떻게 해서든지 사람들의 결점을 찾으려고 애쓰는 "가혹한 녀석"이라고 했다. 마리아의 소원은 "다시는 그 녀석을 보지 않는 것"이었다. 찰스 자신은 감화원 관계자들에게 어머니에 대한 불평을 늘어놓으면서 어머니가 자신의 아들을 망쳐 칼이 "게으르고, 권위를 존중하는 법이 없으며, 일할 생각도 하지 않는" 인간이 됐다고 말했다. 모자가 유일하게 의견의 일치를 본 것은 십 대인 칼이 규율을 익힐 필요가 있다는 것이었다.

갇혀 있는 동안 칼은 한 달에 한 번 편지를 보낼 수 있었고, 가족들의 면회를 받았다. 칼을 제일 먼저 만나러 온 사람은 부유한 딸 알마와 함께 온 작고 연약한 일흔여섯 살의 마리아였다. 할머니와 고모는 꾸준히 편지와 선물을 보냈고, 칼도 한 달에 한 번 쓸 수 있는 편지를 두 사람에게 보냈다. 칼의 아버지는 그해 가을에 면회를 왔지만, 그 뒤로는 드물게 가끔씩만 연락을 했다. 외제니도 칼에게 정기적으로 편지를 썼는데, 1937년에는 팜비치에 있는 콘수엘로 밴더빌트Consuelo Vanderbilt의 새로운 대저택에서 일하고 있었다. 이 저택은 미 전역에 보도될 정도였다. 외제니는 자신이 일했던 다른 고급 주택들에서처럼 자신을 둘러싼 환경에서 안락함과 평온함, 행복을 느끼는 것 같았다. 외제니는 펌프를 이용해 수영장을 바닷물로 채우고, 아프리카에서 들여온 야자수가 코코넛을 생산하려면 50년은 더 있어야 한다는 기사가 적힌 보도사진을 칼에게 보내면서 "여기 아주 근사해is very nice here[원문 그대로]", "여긴 언제나 다듯해here very varm all time[원문 그대로]", "나는 네가 아름다운 플로리다를 봄 좋겠어I wish you she beautiful Florida[원문 그대로]"라고 적었다. 외제니는 비비안에게도 편지를 보냈을 테니, 비비안도 오빠의 근황을 알고 있었을 것이다. 영어 단어를 제대로 적지 못할 때가 많았던 외제니는 한 번은 감화원에 있는 칼에게 편지를 보낼 때 봉투에 '직업 학교vocational school'가 아닌 '방학 학교vacation school'라고 써서 보낸 적도 있다.

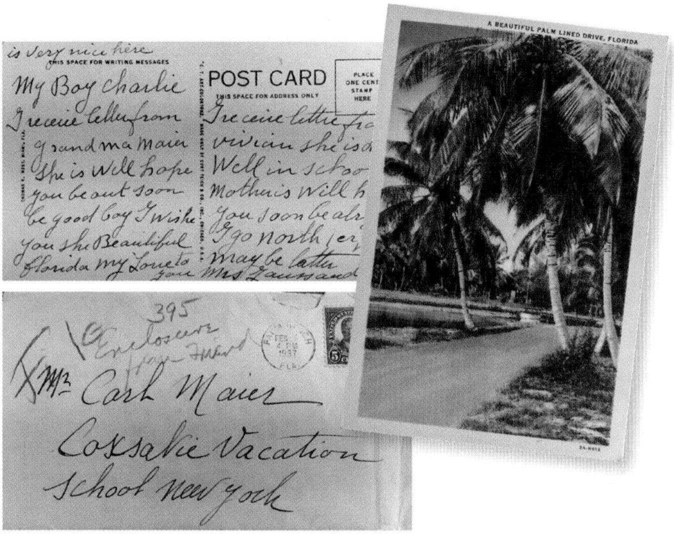

팜비치에서 감화원으로 보낸 엽서, 1937년(*NYSA*)

콕사키 감화원은 칼이 체포되기 1년 전에 개원한 곳으로, 칼은 가장 어린 재소자 가운데 한 명이었다. 순진하게도 6개월만 지나면 석방되리라고 생각한 칼은 할머니 마리아에게 크리스마스에는 집에 갈 거라고 장담했다. 하지만 칼이 체포되고 1년이 지난 뒤에야 가석방 심사가 열렸고, 가석방 위원회는 낮은 성적, 나쁜 태도, 쉽게 싸우는 성향 등을 이유로 칼의 가석방을 허락하지 않았다. 친구들 사이에 오간 편지를 보면 칼은 몇몇 사건들을 계획하고 주도한 주동자이기는 했지만 마음은 따뜻했으며, 옳은 일을 할 때도, 그른 일을 할 때도 있는 아이였다. 감화원에서 나가고 싶었던 칼은 누가 봐도 뻔히 드러날 속임수를 계속 썼다. '아빠'가 보냈다고 하는 편지에 적힌 서명은 누가 봐도 십 대 아이가 쓴 것이었다. 가석방을 원했던 칼은 아버지가 수술을 받으려고 갑자기 입원했다거나, 할머니가 곧 돌아가시려 한다는 등의 온갖 핑계를 댔다.

1937년 8월, 칼은 마침내 가석방이 되어 아버지에게 돌아갔으나 규칙을 어기고 감화원 시절 동료를 만나는 바람에 결국 체포되어 로어 맨해튼에 있는 '무덤Toms'이라 불리던 악명 높은 감옥에 갇혔다. 자신의 운명이 결정되는 순간을 기다리며 칼은 아버지가 자신을 모함한 거라고 비난했고, 할머니들에게는 자신이 석방되도록 힘써달라고 부탁했다. 하지만 어떤 비난도, 간청도, 중재도 칼을 도울 수는 없었다. 결국 칼의 가족과 감화원 관리자들은 칼이 조금 더 규율을 익힐 필요가 있다는 데 합의했다. 가석방 후 6주 만에 다시 수감된 칼은 할머니 마리아에게 "다시 돌아가요"라고 휘갈겨 쓴 전보를 보냈고, 마리아는 칼에게 "몸을 잘 돌보고, 순종하고, 예의 바르게 행동하고, 모든 사람에게, 특히 높은 사람들에게 우호적이고 존중하는 태도를 보여야 해"라고 조언했다. 외제니는 칼에게 자기 행동에 책임을 지는 사람이 되어야 한다고 하면서 "다른 사람을 비난하면 안 돼. 네가 가석방위원회를 복종하지 않아서, 너 기록이 좋지 않잖니Don't blame anyone for you now didn't obey Parole Board in your record is not good[원문 그대로]. 비비안이 매일 네 이름으로 신을 기도해Vivian prays God every day in your name[원문 그대로]"라고 편지를 보냈다. 칼과 외제니가 처한 환경은 천지 차이였는데,

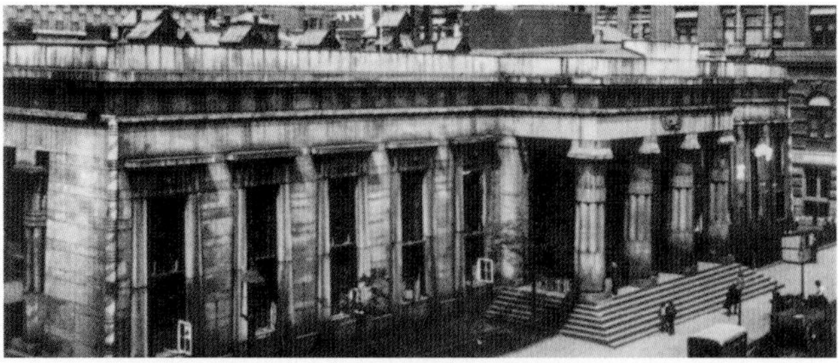

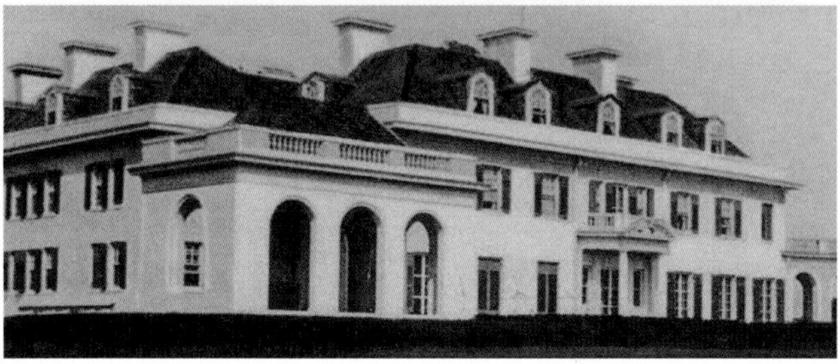

여름 별장, 뉴욕, 1896년과 1937년

칼이 무덤 같은 교도소에서 여름을 보내는 동안 외제니는 흡사 개츠비의 저택처럼 보이는, 1000에이커나 되는 넓은 롱아일랜드 영지에서 지냈다.

프랑스에서 칼의 수감 소식을 들은 마리는 아들의 일을 해결하려는 듯이 전혀 그녀답지 않게 재빨리 행동을 취했다. 그때 서류에 기록된 마리의 행동을 보면 이 마흔 살의 여성에게는 직업을 가지거나 아이를 돌볼 능력이 없는 것 이상의 무언가 심각한 문제가 있다는 것을 알 수 있다. 마리는 칼이 처해 있는 상황을 자세히 확인하려고 감화원에 보낼 편지를 쓴 뒤, 봉투에 수신인을 미국 대통령으로 적었다. 그로부터 6개월 뒤에는 마르세유에 있는 미국 영사관을 찾아가 칼에 관해 물었고, 감화원에 직접 편지를 써보라는 조언을 들었다. 마리는 한 번은 직접 편지를 썼지만, 그 뒤로는 자신의 출생증명서를 작성해준 생 보네의 공증인을 다시 한번 고용해 감화원에 칼의 상황을 묻는 편지를 보내게 했다. 공증인이 그 편지를 프랑스어로 썼기 때문에 감화원 관리들은 번역하는 수고를 감수해야 했다. 콕사키의 관리자들은 마리에게 답장을 보내 칼이 힘을 낼 수 있도록 마리가 아들에게 직접 편지를 써주라고 했다. 마침내 칼에게 편지를 보낸 마리는 외제니의 오랜 친구인 린든버거 부부가 칼을 고용할 거라는 확신을 심어줌으로써 상황을 더욱 혼란스럽게 만들었다. 외제니는 감화원에 사과를 하고 오해를 바로잡으면서 자기 가족은 "터무니없는" 사람들이며, 자기 딸은 "'항상 완전 문제인' 아주 신경질적인 사람is very nervous person, always full trouble[원문 그대로]"이라고, 마리에게 정서적 불안이나 정신 질환이 있음을 암시하는 말로 해명했다.

마침내 제정신을 차린 칼은 스스로 일어서기 위해 노력했다. 관리자들에게 비참한 가족사를 이야기하고, 친구들에게 나쁜 영향을 받지 않도록 자신을 다른 곳으로 이감해달라고 요청했다. 그는 이전 잘못들을 인정하면서 "너무 가혹하게 평가하지는 말아주세요. 일주일에 40달러를 버는 아버지가 자기 혈육에게 돈 한 푼 주지 않으면서 돈도 없고 먹을 것도 없다고 하는 말을 들으면 누구나 절망에 빠질 거예요"라는 말도 덧붙였다. 칼은 자신은 단 한 번 실수를 했을 뿐이고, 그 대가로 자기 인생 가운데 3년을 바쳤다며 정당한 주장을 하기도 했다. 가석방위원회는 1938년 8월에

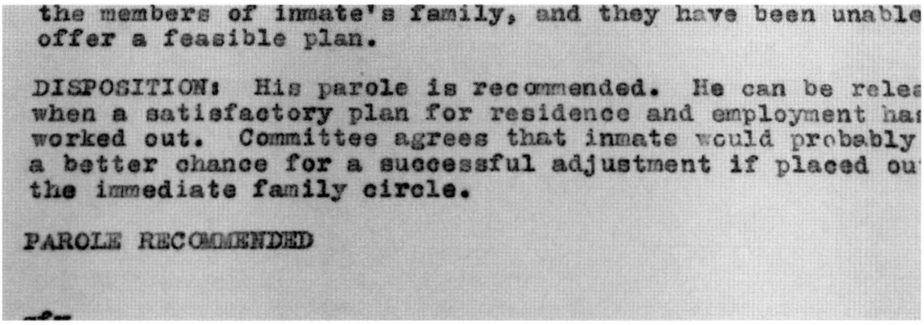
the members of inmate's family, and they have been unable
offer a feasible plan.

DISPOSITION: His parole is recommended. He can be relea
when a satisfactory plan for residence and employment ha
worked out. Committee agrees that inmate would probably
a better chance for a successful adjustment if placed ou
the immediate family circle.

PAROLE RECOMMENDED

칼은 갈 곳이 없는 상태로 가석방되었다, 콕사키, 1938년(*NYSA*)

"이 재소자는 가까운 가족에게서 멀리 떨어져 있을 수 있다면 더욱 성공적으로 교정될 가능성이 크다"라는 권고와 함께 칼을 감화원에서 내보내주었다.

가석방을 앞두고 감화원 관리자들은 칼을 책임질 성인 보호자가 있어야 한다는 단서를 달았다. 외제니는 그때 부양할 다른 가족이 있었고, 기묘하게도 이제는 악명 높은 마거릿 에머슨을 위해 요리하고 있었기 때문에 칼의 보호자가 될 수 없었다. 마거릿 에머슨은 방이 스물네 개인 해변의 '작은 집', 시더 놀Cedar Knoll을 구매해 롱아일랜드 골드 코스트에 있던 밴더빌트 가문의 휴양지에 합류했다. 다른 할머니 마리아는 너무나도 쇠약한 상태였고, 손자를 데려오면 아들 찰스가 화를 낼 거라며 두려워했다. 칼은 아버지와 함께 살기를 거부하면서 친구 어머니의 도움을 받으려고 필사적으로 애썼다. 그 어머니에게 보낸 편지에서 칼은 "가족들하고는 그 어떤 관계도 맺고 싶지 않아요. 가족들 말을 들을수록 점점 더 문제만 생겨요"라고 썼다. 칼이 가석방을 기다리는 동안 가족들은 그를 어디로 보내야 하는지를 놓고 결론이 나지 않을 논쟁을 계속했다.

그 무렵 비비안은 생 보네에서 초등학교를 졸업했고, 좁은 골목에서 마리 아르망Marie Armande이라는 친구와 행복한 시간을 보내고 있었다. 좀처럼 떨어지는 법이 없었던 두 친구는 이국적인 아시아 무늬 벽지가 발린 비비안 집의 계단 통을 멋진 성의 내부라고 상상하면서 놀았다. 아르망은 자기 친구는 언제나 콧물을 흘렸고 낡고 오래된 옷을 입고 있었다고 회상했다. 마을에 사는 다른 모든 아이처럼 말이다. 훗날 비비안은 웃으며 프랑스에서는 "양말을 일주일에 한 번만 갈아 신었어요. 그래서 하느님께 감사했죠!"라고 했다. 미국의 가족들이 마리에게 뉴욕으로 돌아와 칼을 돌봐주라고 부탁했을 때 유럽에는 2차 세계 대전의 전운이 감돌고 있었고, 마리는 돌아가겠다고 했다. 미국으로 돌아갈 여비를 실뱅의 할아버지

장에게서 빌린 마리와 비비안은 1938년 8월에 고향으로 향하는 노르망디 여객선에 올랐다. 비비안은 열두 살의 나이에 자신이 거의 알지 못하는 도시와 오빠에게로, 자신이 더 이상 기억하지 못하는 언어를 쓰는 곳으로 돌아갔다.

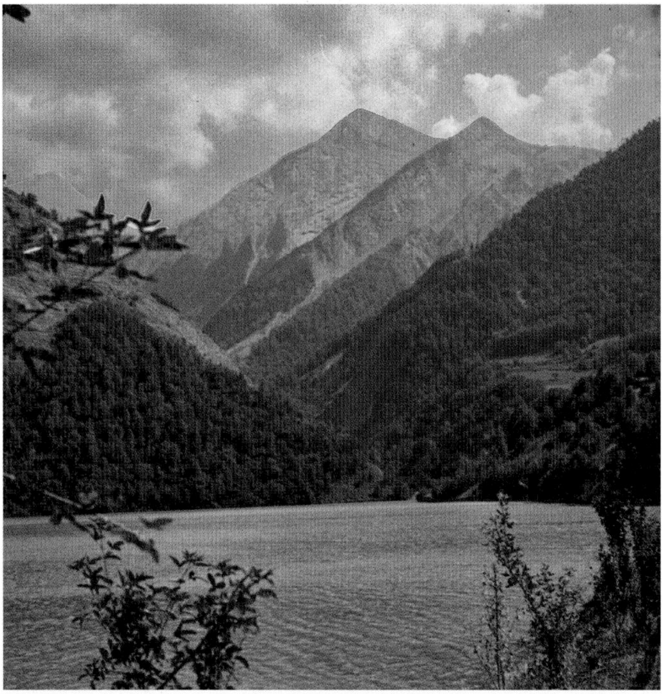

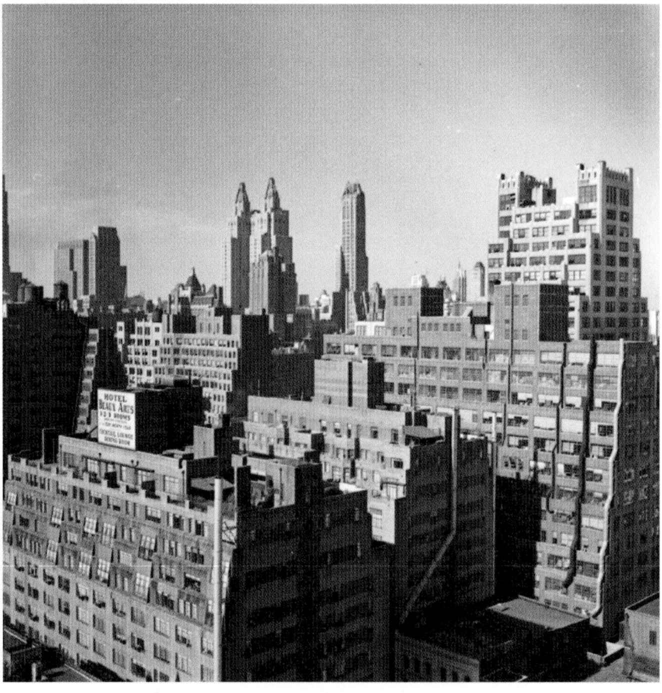

오트잘프에서 어퍼 이스트사이드로, 1951년(*Vivian Maier*)

3
뉴욕에서 보낸 십 대 시절

이리저리 끌려다녀야 했어요.

—비비안이 고용주에게 한 말

비비안이 어린 시절을 보낸 두 곳은 극단적으로 달랐다. 샹소르는 번잡한 곳에서 멀리 떨어진 농지와 가족이 있는 곳이었고, 맨해튼은 임차인과 낯선 이들로 가득 찬 콘크리트 정글이었다. 외제니는 중산층 근로자들에게 적절한 주택을 공급하려는 도시 계획의 일환으로 1번로 이스트 64번가에 조성한 아주 근사한 아파트를 딸과 손녀를 위해 확보해두었다. 도시의 한 구획을 꽉 채우면서도 자연광을 극대화하기 위해 신중하게 조성한 이 아파트 건물은 현재 역사적 가치가 있는 유적지로 공식적으로 등록되어 있다. 뉴욕에 도착한 뒤로 마리는 딸이 새로운 환경에 적응하는 일에 전혀 신경을 쓰지 않았다. 오히려 마이어 가족과의 만남을 완전히 차단함으로써 비비안에게서 아버지의 부모님과 부유한 알마 고모의 사랑과 지원을 받을 기회를 완전히 빼앗아버렸다. 비비안이 학교에 들어갔다거나 친구를 사귈 기회가 있었다는 기록은 어디에서도 찾을 수 없다. 나이 많은 여자들과 어울리기를 좋아했던 비비안 평생의 성향은 이때 확립되었을 수도 있다. 훗날 비비안은 미국으로 돌아오면서 유년 시절은 끝났으며, 열두 살 때부터 어른 취급을 받았고 자기 뜻대로 행동해도 어른들이 간섭하지 않았다고 말했다.

사랑하는 엄마

뉴욕으로 돌아온 마리는 칼이 곧 가석방된다는 사실을 잘 알고 있었음에도 불구하고 올버니에 있는 교정국에 편지를 보내 칼에게 가석방될 자격이 있는지를 묻는 편지를 씀으로써 또다시 분란을 일으켰다. 교정국 내부에서 오간 이야기들을 보면 마리에 대한 교정국 공무원들의 분노가 극에 달해 있었음을 알 수 있다. 이 골칫거리 여성의 아들이 가석방되기 전에 가석방 담당자였던 조셉 핀토Joseph Pinto는 마리가 살고 있는 64번가 아파트를 찾아갔다. 핀토가 다녀간 뒤에 마리는 여전히 수감 상태였던 칼에게 편지를 써, 교정관이 다녀간 뒤에 자신이 "너무나도 지독하게 아팠고, 사방에 토했다"며 "아마도 나는 곧 죽을 것 같아"라는 말도 덧붙였다. (마리는 그 뒤로도 거의 40년을 더 살았다.) 하지만 그것은 앞으로도 계속될 마리의 불평과 질병 서사의 시작일 뿐이었다. 마리가 칼의 보호자로 결정된 뒤부터 작성한 편지와 문서에는 무책임하고 자기중심적인 우울증 환자가 거듭 등장한다. 마리는 자신을 마리 바일이라고 불렀고, 자신의 적법성을 재확인하려는 듯이 이름 이니셜을 필기도구에 새겨넣었다. 그 멋진 필기도구(만년필)는 감화원 관리자들과 아들 사이를 오가며 마리가 펼쳤던 고발과 비난을 적느라 아주 바빴다.

일자리를 찾을 수가 없자 칼은 맨해튼 주택 단지로 들어왔다. 마리의 아파트에는 작은 침실이 두 개, 부엌이 하나 있었기 때문에 비비안은 어머니와 함께 방을 써야 했다. 외제니는 손자에게 기타를 사주고 교습을 받게

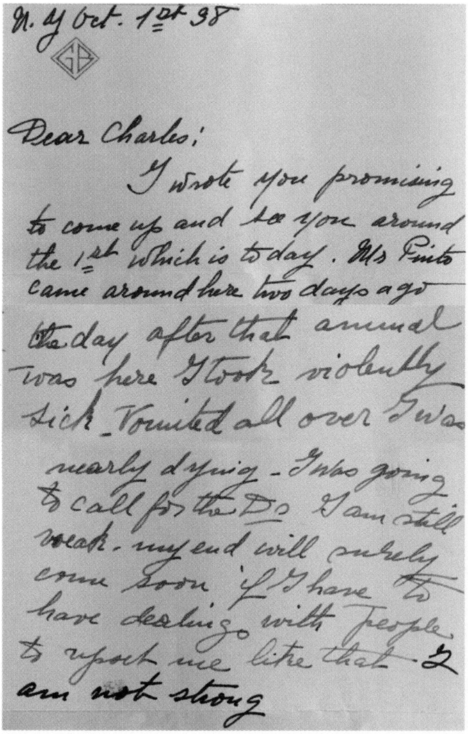

N. Y Oct. 1st 38

Dear Charles;
I wrote you promising to come up and see you around the 1st which is today. Ms Pinto came around here two days ago the day after that animal was here I took violently sick_Vomited all over I was nearly dying - I was going to call for the Dr I am still weak - my end will surely come soon if I have to have dealings with people to upset me like that - I am not strong

질병의 여제 마리 조소가 칼에게 보낸 편지, 뉴욕, 1938년(*NYSA*)

했다. 부지런히 기타를 연습한 칼은 근처 술집에서 일자리를 얻을 수 있었다. 비비안처럼 독서를 좋아했던 칼은 감화원에 있을 때 어머니가 죽고 수녀원에 맡겨진 주인공이 온갖 역경을 헤쳐나가는 성장 소설(허비 앨런Hervey Allen의 장편 소설 『앤서니 애드버스*Anthony Adverse*』)을 진지하게 읽었다. 이제 칼은 남는 시간 대부분을 할머니 마리아나 동료 음악가들과 보냈다. 이 무렵의 기록을 보면 팽팽한 긴장이 느껴진다. 마리는 무례하게도 거짓임이 분명한 병명을 대면서 가석방과 관련해 열리는 모든 회의에 불참했고, 칼은 아주 빠른 속도로 어머니는 '미친 사람'이라는 결론을 내렸다. 그는 핀토 감독관에게 자신의 아버지가 아내를 평가했던 것처럼 어머니는 게으른 사람이라고 하면서, 자신을 '가족이 아니라 하숙인'처럼 취급한다고 했다.

1938년이 끝나갈 무렵, 마리의 이성은 다시 무너져내리기 시작한다. 핀토 감독관에게는 칼에 관해 불만을 늘어놓았지만, 그러면서도 콕사키 감화원 관리자들에게 편지를 써 아들을 변호했고, 교도관들이 아들을 난폭하게 대하고 피가 날 때까지 때렸다고 주장했다. 마리의 가장 큰 관심사는 앞으로 돈을 벌게 될 아들의 능력에 있는 것 같았다. 그녀는 아들이 구타를 당해 "정신박약으로 스스로 생활비를 벌 수 있는 능력을 잃어버렸다면" 그 책임을 감화원에 묻겠다고 협박했다. 핀토는 가석방 책임자이자 감화원 원장에게 마리의 행동을 보고하고, 이례적으로 칼은 YMCA에서 살게 해야 한다는 의견을 냈다. 하지만 마리의 보호 감독보다 더 나은 보호 감독이 있으리라는 결론은 내려지지 않았다. 감화원 관리자들은 칼에게 어머니에게 한 번만 더 기회를 주라는 결정을 내렸다. 칼은 자기 방문에 자물쇠를 달고(칼의 여동생도 이 전략을 어김없이 따랐다), 다시 불미스러운 친구들과 어울리는 생활로 돌아갔다. 그 자신이 이탈리아에서 태어난 핀토 감독관은 곧 마리에게서 아들을 비난하는 편지를 받았는데, 편지에는 "그 애는 아무짝에도 쓸모없는 그 이탈리아 놈들한테 갔어요"라고 적혀 있었다.

1939년 봄이 되면 마리가 심각한 정신 질환을 앓고 있음이 분명해진다. 핀토 감독관에게 보낸 편집증적인 편지에서 마리는 아무 이유도 없이 전 남편이 아이를 낳았으며(그렇지 않았다. 그때 찰스의 새 아내는 마흔여섯 살이었다) 모든 사람이 "나를 상대로 음모를 꾸미고 있어요"라고 했다. 마리는 자신이 끔찍할 정도로 지쳤고, 심장이 쿵쿵대고, 더는 견딜 수 없을 정도로 건강이 나빠졌다고 했다. 마리는 아들이 그 애의 아버지 같은 사람들과 같이 사는 게 훨씬 낫다며 집에서 나가기를 바랐다. 이상의 문제들을 해결하기 위한 회의가 열렸지만, 마리는 그 회의에도 나타나지 않았다. 이것이 바로 한 달 뒤인 1939년 4월에 칼이 보호 감독을 받지 않아도 되는 자유를

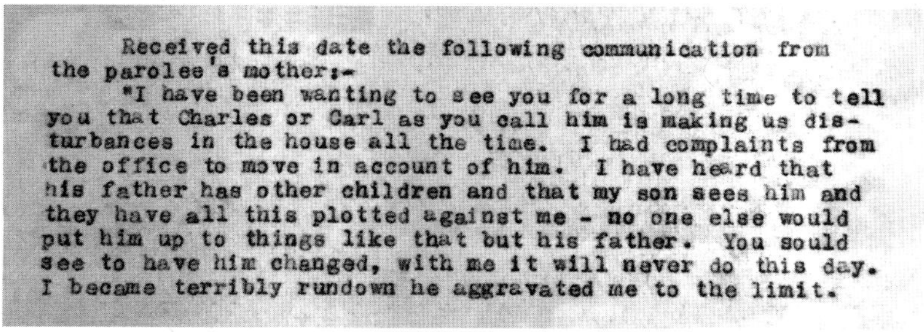

Received this date the following communication from the parolee's mother:-
"I have been wanting to see you for a long time to tell you that Charles or Carl as you call him is making us disturbances in the house all the time. I had complaints from the office to move in account of him. I have heard that his father has other children and that my son sees him and they have all this plotted against me - no one else would put him up to things like that but his father. You sould see to have him changed, with me it will never do this day. I became terribly rundown he aggravated me to the limit.

가석방 감독관에게 편집증적인 불평을 늘어놓은 마리의 편지, 뉴욕, 1939년(*NYSA*)

찾기 전까지, 비비안의 가족이 처해 있던 상황이었다.

현대의 연구자들이 마리가 작성한 1940년 인구조사 기록이 완전히 거짓임을 밝히는 데는 몇 년이 필요했다. 마리의 인구조사 기록에는 네 가족이 다시 합쳐 64번가에서 함께 살았다고 되어 있다. 칼은 동생보다도 어린 나이로 기록이 되어 있어서, 비비안의 유산 관리자들은 칼의 생일과 출생지를 찾는 데 엄청난 애를 먹을 수밖에 없었다. 현실에서는 이 핵가족이 재결합하는 일은 없었고, 인구조사 당시 비비안과 마리만이 64번가 아파트에 살았다는 게 사실이다. 칼은 다시는 돌아오지 않겠다고 맹세하고 집을 나갔고, 찰스는 오래전에 재혼해 퀸즈에 살고 있었다. 인구조사 설문지에 마리는 자신이 고등학교를 1년 다녔고, 일자리는 찾지 않고 있다고 적었다. 흥미롭게도 마리는 비비안이 당시 1학년이며, 그전에는 교육을 받지 않았다고 기록했다.

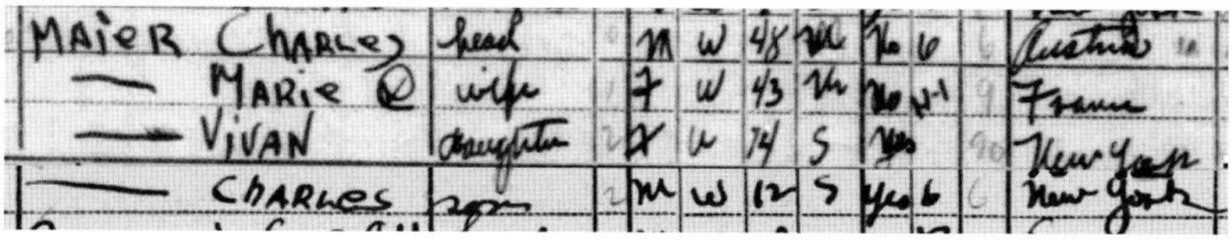

MAIER CHARLES	head	M	W	48	M	No	6	Austria
— MARIE	wife	F	W	43	M	No	H-1	France
— VIVAN	daughter	F	W	14	S	Yes		New York
— CHARLES	son	M	W	12	S	Yes	6	New York

가상의 가족, 1940년 인구조사(*USNA*)

1930년대에는 할머니 외제니의 기록을 빼면 비비안에 대한 언급이 어디에도 없다. 마치 어머니를 비롯한 다른 가족 모두가 비비안을 없는 사람 취급한 것 같다. 편지에도, 할아버지 윌리엄의 부고에도, 의붓아들로 칼의 이름이 적혀 있는 아버지의 새 아내 베르타 마이어의 적국 시민 기록에도 비비안의 이름은 없다. 마리가 집안일을 혐오했음을 생각해보면, 요리하고 청소하고 빨래를 해야 하는 사람은 비비안이었을 것이다. 칼은 동생을 어떻게 대했고, 비비안은 칼을 어떻게 생각했을까? 십 대 소녀라면 손위 형제에게 당연히 관심이 있었을 것이다. 하지만 비비안이 오빠에게 관심이 있었다고 해도, 오빠가 동생에게 관심을 기울였음을 보여주는 흔적은 어디에도 없다. 처음 체포되었을 때 칼은 여동생의 이름조차 모르는 척했다. 비비안처럼 다른 사람들과 함께 살면서도 한 번도 언급되지 않는다는 것은 거의 불가능에 가까운 일로 보인다. 비비안의 어머니가 딸을 완전히 버리기까지 아직 몇 년의 세월이 더 남았는 데도 말이다.

이 시기에 기록된 모든 자료는 가족사를 연대순으로 알 수 있게 해줄 뿐 아니라 가족 구성원의 성격, 다른 가족과의 관계, 각자의 결점을 보여주는 드문 기회를 제공한다. 문제가 많았던 가족 중에서도 마리의 상태는 특히나 정신적으로 불안정했고 심란했다. 마리가 엄청나게 자기중심적이고, 결국 두 아이 모두를 버린 자격 없는 어머니라는 데에는 논란의 여지가 없지만 마리의 행동이나 마리가 남긴 편지를 보면 그 자신이 깊은 병을 앓고 있었음을 알 수 있다. 성격장애를 진단하고 치료하며, 부모의 정신 질환이 자녀에게 미치는 영향을 연구하는 도나 마호니Donna Mahoney 박사는 마리의 상태를 파악할 수 있는 단서를 찾기 위해 조소 가족과 마이어 가족의 기록을 살펴보았고, 어린 시절 부모에게 버려지고 거부된 경험이 정체성 문제를 야기하여 유전적으로 정신 질환에 취약할 수밖에 없던 마리에게 훨씬 더 복잡한 문제를 초래했을 수도 있다는 의견을 냈다. (비비안에게 정신 질환 가족력은 분명히 있었다. 칼 마이어의 훗날 의료 기록을 보면 생물학적 요인으로 인한 조현병이라는 진단 결과가 적혀 있다.) 마호니 박사는 한데 합쳐진 이런 요소들이 성격장애를 일으킨 토대가 되었을 수 있다고 믿는다.

물론 마리의 정신 질환이 얼마나 심각했고, 어떤 종류의 질병이었는지를 명확히 아는 것은 불가능할 일이다. 마호니 박사는 자기도취, 주목받고자 하는 열망, 특권 의식, 공감 부족, 거만함, 착취 같은 특징들을 보면 마리가 자기애성 성격장애(NPD)를 앓았을 가능성이 아주 크다고 말한다. 자기애성 행동은 자아감을 상실하는 과정에서 그 방어기제로 등장해 심각한 상태를 촉발한다. 관련 주제를 강연하는 자리에서 마호니 박사는 "우울증은 자기애가 강한 사람에게서 흔히 볼 수 있는 증상으로, 관심을 끌기 위해 신체 건강과 관계가 있는 외부 수단을 이용해 내면을 검증받는 것"이라고 설명했다. 마리의 행동에 대한 평가가 가지는 가장 중요한 함의는, 그 진단이 무엇이든 그녀의 아이들이 정서적으로 심각한 문제를 겪을 수밖에 없었으리라는 사실에 있다.

마침내 흩어지다

뉴욕에서 늘 혼자였던, 지적이고 호기심 많고 수완이 좋았던 비비안은 스스로 독학을 시작했다. 영어를 다시 배우고, 영화를 자주 보고, 뉴스, 신문, 잡지, 다양한 주제의 책을 탐독하면서 자신보다 더 많은 정규 교육을 받은 사람들만큼이나 높은 교양과 지식을 쌓아나갔다. 비비안이 열네 살이었을 때, 외제니의 친구인 프랑스인 가정교사 에밀리 오마르Emilie Haugmard가 64번가 아파트로 이사 왔다. 아마도 비비안을 돌봐달라는 부탁을 받았기 때문일 것이다. 외제니는 자신의 유언장에 비비안의 후견인은 마리가 아니라 오마르임을 분명하게 명시했다. 그로부터 몇 년 뒤인 1953년 여름에는 비비안과 오마르가 여객선을 타고 스태튼섬으로 가 해변에서 생동감 넘치는 사진을 여러 장 찍었다. 대비되는 것들을 연구하는 학문이 있다면, 두 사람만큼 좋은 연구 대상도 없을 것이다. 비비안은 키가 크고 말랐고 날카로웠지만, 비비안의 보호자는 땅딸막했고 통통했고 푸근했다. 자신을 찍은 대부분의 사진에서와 달리 비비안은 신뢰하는 친구 옆에서는 자신의 몸을 조금도 숨기려고 하지 않았다.

1943년 1월 18일, 마리아 플로렌틴이 생 보네의 블랑샤르 집에서 사망했다. 그때까지 이모의 유언장에서 자신이 배제되어 있다는 사실을 마리가 몰랐다고 해도, 이제 곧 알게 될 터였다. 비비안이 가족과 함께 사는 삶을 끝낸 시기도 이때쯤이었다. 그해에 마리는 웨스트 102번가에 있는 가구 딸린 방으로 이사했고, 도싯 호텔에서 일하려고 사회보장 번호를 신청했다. 생애 처음으로 이 마흔여섯 살의 여자는 부모의 이름과 자신의 출생일을 사실 그대로 정확하게 적었다. 더는 혼외자가 아니었기에 자신의 진짜 신분을 거짓 없이 드러냈다. 비비안은 외제니의 오랜 친구인 베르트 린든버거Berthe Lindenberger의 집으로 들어갔다. 퀸즈에 살고 있던 린든버거는 얼마 전에 남편을 떠나보냈다. 두 여자는 그때부터 8년을 함께 지낸 것 같다.

베르트는 자신의 어린 동반자를 위해 보험을 들고, 공동 저축 계좌를 열어 1200달러를 예치했다. 비비안은 퀸즈 우체국에 사서함 번호를 개설하고 뉴욕을 떠날 때까지 사용했다. 열일곱 살이 되어 일할 수 있는 나이가 되자 비비안은 맨해튼 이스트 24번가에 있는 마담 알렉산더 인형 공장에 취직했다. 공장 소유주인 비어트리스 알렉산더 베어먼Beatrice Alexander Behrman은 가난한 유대인 집안에서 태어났다. 사회적 지위를 높이고야 말겠다고 결심한 베어먼은 고등학교를 수석으로 졸업했고, 세상에서 가장 큰 인형 사업체 가운데 한 곳을 설립했다. 높은 품질과 혁신으로 인정을 받은 마담 알렉산더 인형 공장은 이상한 나라의 앨리스나 엘로이즈 같은

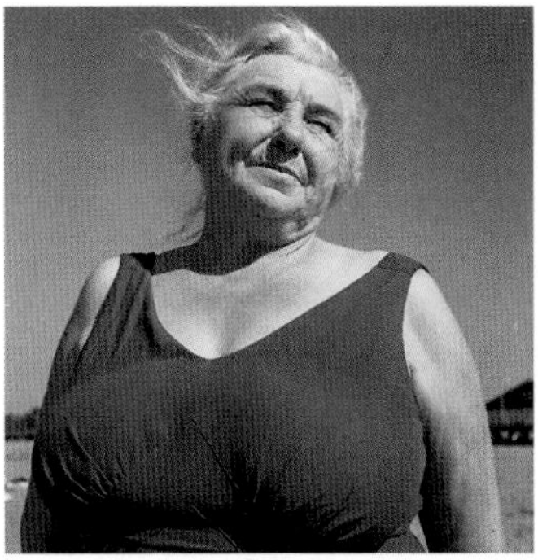
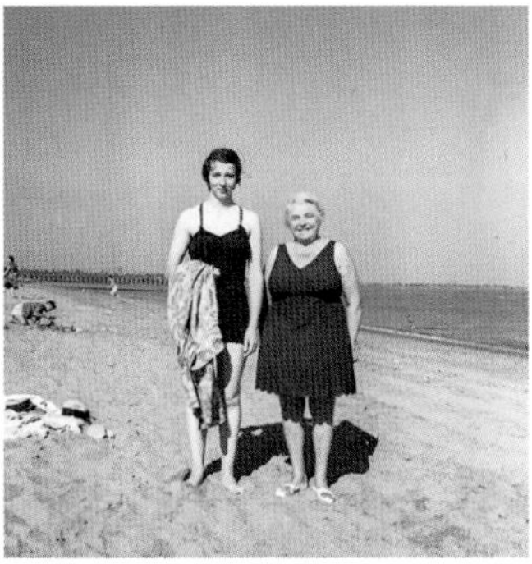

에밀리 오마르와 비비안, 스태튼섬, 1953년(*Vivian Maier*)

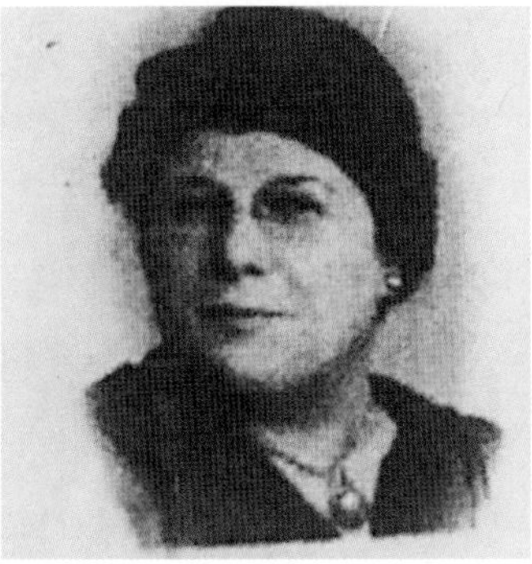
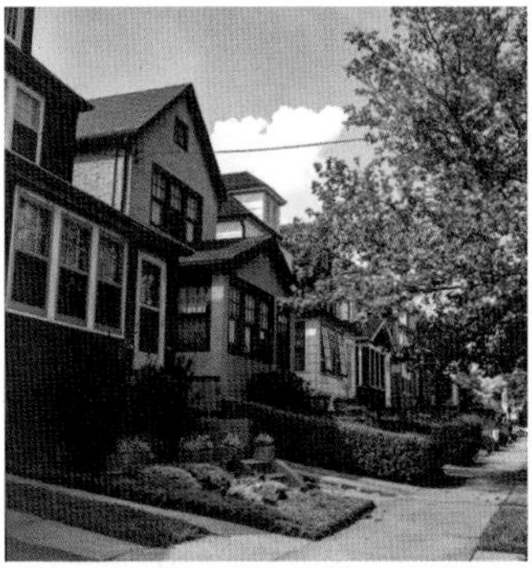

베르트 린든버거, 1944년(*USCIS*); 퀸즈의 집, 1954년(*Vivian Maier*)

캐릭터의 저작권을 제일 먼저 획득해 인형으로 재창조했다. 베어먼은 엄격한 고용주였지만, 다른 여자들이 자신과 같은 길을 걸을 수 있도록 도와주는 공정하고 자비로운 사람이기도 했다.

베어먼이라고 불리던 마담 알렉산더는 자신과 자신의 회사를 프랑스 감수성이 물씬 느껴지는 방식으로 꾸몄고, 그런 성향은 비비안에게 꾸준히 영향을 미쳤다. 인형 공장에서 비비안은 재봉틀 쓰는 법과 장식 주름 다는 법을 배웠고, 최고급 인형을 만들기 위해 흡수한 전 세계 최신 유행 스타일을 익혔다. 베어먼은 여성용 모자를 만들던 일을 했기 때문에 인형이 쓸

모자는 인형에게 입힐 드레스만큼이나 섬세하고 세심하게 제작해야 했다. 살면서 대부분의 시간 동안 비비안은 자신이 직접 옷을 만들거나 솜씨 좋은 재단사에게 맞춰 입었고, 섬세한 직물과 모자에 열정을 보였다. 훗날 비비안의 주소록에 가장 많이 적혀 있던 상점은 직물점이었다.

외제니와 마담 알렉산더, 그리고 아마도 마리에게서 영향을 받은 비비안은 제품의 품질을 꼼꼼하게 따졌고, 저명한 브랜드를 애용하는 일이 많았으며, 물건이 조잡할 경우에는 목소리를 높여 의견을 제시하기도 했다. 비비안이 찍은 초기 사진들에는 인형에 대한 집착이 드러난다. 인형 공장에서의 경험은 분명 비비안에게 긍정적인 영향을 미쳤지만, 멈출 줄 모르는 그녀의 성격상, 공장이라는 무대도 결국 자신에게 너무 좁다고 느꼈을 것이다.

독립한 칼은 라이브 밴드에서 연주를 하고 라디오에서 공연을 하며 자력

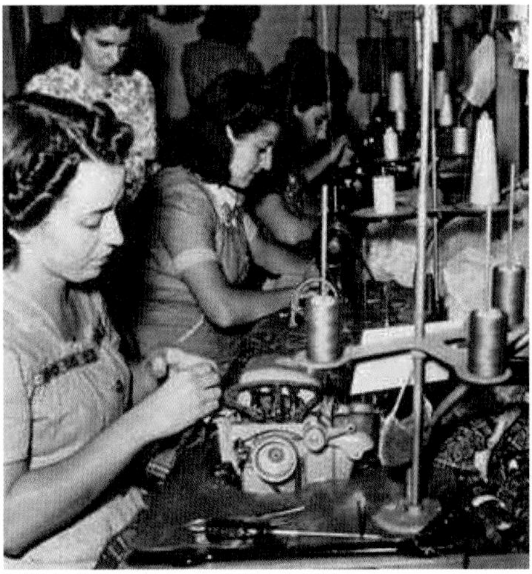

인형 공장, 1948년
(*Madame Alexander Doll Company* 제공)

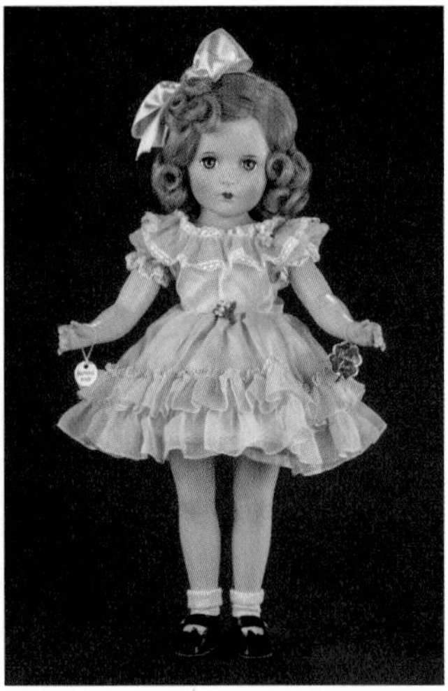

웬디 앤 돌
(*Bruce A. deArmond*)

으로 살아갔다. 그 당시 음악계에는 마리화나가 유행했고, 칼도 빠른 속도로 마리화나에 중독됐다. 훗날 칼은 마리화나를 피우면 "근사한 기분"을 느꼈고, "오케스트라가 연주하는 모든 악기를 분석할 수" 있었다고 했다. 마약 때문에 결국 실직한 칼은 다시 일어서보려고 1941년에 군대에 자원했지만, 어린 시절의 전과 때문에 입대를 거절당했다. 그때부터 칼은 하루에 마리화나를 서른 개비씩 피우던 습관을 모르핀 주사로 대체했고, 1942년, 스물두 살의 나이로 공식적으로 군대에 징집될 무렵에는 여덟 가지 마약을 한꺼번에 남용하고 있었다. 그때는, 왜인지는 모르지만 십 대 때의 범죄 기록이 관계 당국의 눈에 띄지 않았고, 자세가 뛰어나고 평발이라는 언급과 함께 건강 상태가 최상이라는 평가를 받으며 입영 심사를 통과했다. 칼이 맨 처음 배치된 곳은 뉴욕 야팽크에 위치한 업튼 기지였는데, 그곳에서 군악대에 들어가지 못한 칼은 다시 버지니아주에 있는 랭글리 필드로 전출되었다. 그리고 이곳에서 공군 416 포병중대 칼 W. 마이어 이등병의 삶은 궤도를 벗어나기 시작했다.

칼의 상관들은 칼이 조용하고 우울하다는 사실은 눈치챘지만, 휴가를 나갈 때마다 마약을 가져와 엄청난 양을 쌓아놓고 피운다는 사실은 의심조차 하지 못했다. 늘 취한 상태로 있으려고 칼은 담배를 피우듯이 마약을 했다. 마약이 떨어지면 다른 병사의 출입증을 이용해 부대 밖으로 나갔다. 극단적인 금단 현상이 나타나자 결국 군 당국에 체포됐고, 칼은 모든 것을 털어놓았다. 칼이 군 병원에서 중독 치료를 받는 동안 한 친구가 마리화나를 넣어 보낸 편지가 적발됐다. 결국 전역 여부를 결정할 공식 절차가 진행됐다.

청문회에서 의무부대 대위는 마이어 이등병이 군대에 도움이 되겠느냐는 질문을 받는다. 대위는 "마약 문제는 그저 마약만이 아니라 한 개인의 도덕적 붕괴 문제이기도 하다"라는 말로 부정적인 의견을 내놓았다. 반론

전역 청문회: 의무부대 대위의 대답

질문: 현재 마이어 이등병이 군 복무를 할 수 있다고 보는가?

답: 그렇게 생각하지 않습니다. 지금까지의 행동으로 보아 군대에서 나가는 즉시 다시 마약을 복용할 것이라고 보며, 1, 2주 안에 다시 병원으로 돌아올 가능성이 크다고 믿기 때문입니다.

질문: 마약 문제가 아니라고 해도 마이어 이등병이 군대에 무용하리라 생각하는가? 유용하게 쓰일 방법은 없는가?

답: 유용한 일은 할 수 없을 것이라고 믿습니다. 마약을 하지 않으면 마이어 이등병은 잠시도 가만히 있지 못하고 불안해합니다. 그런 사람은 유용한 일을 할 수 없습니다. 군대 밖으로 나갈 때마다 마약을 할 테니, 치료될 수 있을 거라는 확신이 들지 않습니다.

질문: 치료가 될 수 없을 것이라고 생각하는 이유는?

답: 경험상 마약 문제는 그저 마약만이 아니라 한 개인의 도덕적 붕괴 문제이기도 하다는 사실을 알기 때문입니다.

전역 청문회: 칼 마이어 이등병의 답변

질문: 총을 준다면 싸울 수 있는가?

답: 싸울 수 없습니다, 재판관님.

질문: 곡괭이나 도끼를 준다면 일할 수 있는가?

답: 할 수 없습니다, 재판관님.

질문: 이 전쟁에서 누가 승리하느냐가 이등병에게 중요한 문제인가?

답: 저는 저를 통제할 수 없습니다, 재판관님.

질문: 위 질문에 다시 답할 수 있는가?

답: 저는 저를 통제할 수 없습니다, 재판관님.

질문: 일본군이 마약을 주겠다고 약속하면, 그쪽으로 넘어가겠는가?

답: 대답할 수 없습니다.

전역 청문회 기록, 버지니아주 랭글리 필드, 1942년(*NPRC*)

기회를 얻었을 때 칼은 분명한 발음으로 정중하게 대답했지만, 자신을 변호하지는 못했다. 군대에서 필요한 일을 하거나 전투에 참가할 수 있겠느냐는 질문에는 할 수 없다고 대답했다. 전쟁에서의 승패에 신경을 쓰는가를 묻는 질문에는 "저는 저를 통제할 수 없습니다"라고 대답했고, 적군이 "마약을 주겠다고 하면 그쪽으로 갈 의향이 있는가?"라는 질문에는 자신은 대답할 수 없다고 솔직하게 인정했다.

1942년 8월, 칼은 불명예제대를 했고 향후 퇴역군인을 위한 그 어떤 혜택도 받지 못하게 되었는데, 그 벌은 훗날 심각한 결과를 낳는다. 마약에 중독된 스물두 살의 청년은 맨해튼으로 돌아와 외제니가 빌린 34번가의 작은 아파트에서 살았다. 약에 절고 암울한 미래만이 기다리는 칼은 그 뒤로는 다시는 일을 하지 못했다. 그 기간에 비비안과 칼은 가까운 곳에서 살았고, 할머니 외제니를 사랑했기에 서로 연락하고 지냈던 것 같다. 10여 년 후에 칼은 공식적으로 조현병 진단을 받는데, 이 질환은 향정신성 약물로 발병할 수 있다고 알려져 있다.

2차 세계 대전은 비비안 가족에게는 가족들이 차례로 세상을 떠나는 가혹한 시간으로 이어졌다. 1947년에는 살아 있는 동안 늘 칼의 편에 섰던 할머니 마리아 마이어가 여든일곱 살의 나이로 세상을 떠났다. 알마는 화장한 마리아의 유골을 뉴욕 할츠데일 페른클리프 묘지에 있는 2인실 벽

칼 마이어의 불명예제대 기록

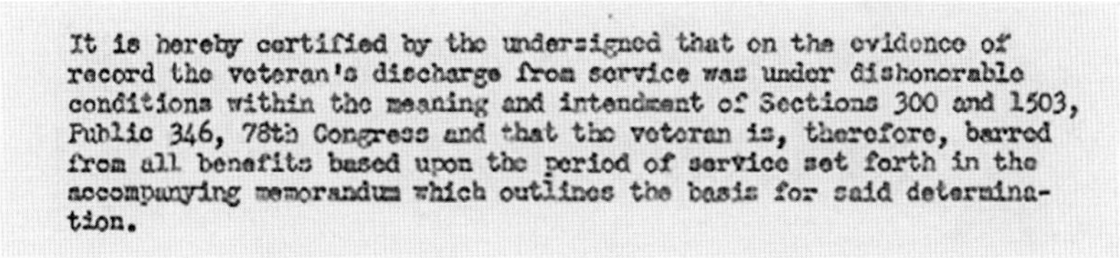
It is hereby certified by the undersigned that on the evidence of record the veteran's discharge from service was under dishonorable conditions within the meaning and intendment of Sections 300 and 1503, Public 346, 78th Congress and that the veteran is, therefore, barred from all benefits based upon the period of service set forth in the accompanying memorandum which outlines the basis for said determination.

불명예제대, 버지니아주 랭글리 필드, 1942년(*NPRC*)

감에 안장했지만, 마리아의 남편 윌리엄의 유골은 그곳에 없다. 아마도 소실됐거나 찰스가 다른 곳에 안장했을 수도 있다. 전쟁이 시작되고 베드퍼드의 고용주들이 고용인을 내보내면서 맨해튼으로 돌아온 외제니는 파크 애비뉴 960번지에서 마지막 일터를 찾았다. 1948년 5월, 외제니는 칼을 유언장 집행인으로 지정한 유언장에 서명했고, 마리는 그해 8월에 다시 한번 일자리를 찾는 줄 광고를 냈다. 같은 달에 쉰여덟 살이었던 베르트 린든버거도 난생처음으로 사회보장 번호를 신청했다. 어퍼 이스트사이드에 있는 데이비드 사노프David Sarnoff 장군의 집에서 일할 계획이었기 때문이다. 사노프는 텔레비전과 라디오 사업을 개척한 인물로, RCA와 NBC를 설립했다. 왜인지는 모르지만, 린든버거는 지원서에 자신의 생일, 결혼 전 이름, 나이를 모두 거짓으로 적었고, 실제 나이보다 스무 살이나 어리다고 주장했다.

이 모든 일은 불행 중에서도 가장 큰 불행을 맞기 위한 준비 과정이었다. 그해 10월에 사랑스러운 외제니가 예순일곱 살의 나이로 고용주의 집에서 심장마비로 세상을 떠났다. 장례 미사는 생 장 바티스트 성당에서 열렸지만 미사를 집전한 사제는 그곳에서 한 블록 떨어진 곳에 있던 성 이그나티우스 로욜라 성당의 신부였다. 외제니의 고용주가 그 사제를 알았기 때문일 수도 있고, 두 성당이 가까웠기 때문일 수도 있다. 외제니의 유해는 프랭크 E. 캠벨 장례식장에 안치되었다가 마리가 마련한 뉴욕 호손의 '광대한 천국의 문' 묘지 한 곳에 안장됐다.

외제니의 마지막 유언장과 유서를 보면 마리는 어퍼 웨스트사이드 하숙집에서 혼자 살고 있었다. 그 하숙집은 부유한 담배업계 집안의 사람과 결혼했지만 가난하게 죽은 릴리언 듀크Lillian Duke가 살던 곳이기도 했다. 1만 달러에 달하는 외제니의 재산은 마리와 칼과 비비안에게 똑같이 분배됐다. 손주들은 자기들 몫을 한꺼번에 목돈으로 받았지만, 마리는 무책임하게 쓸 수 있으므로 연금으로 지불한다는 점을 공식적으로 명시했다. 앞에서 말한 것처럼 외제니는 비비안의 후견인을 어머니인 마리가 아니라 에밀리 오마르로 정했다. 유언 집행자로 명시된 칼 마이어는 엉뚱하게도 서명란에 자신의 이름을 '윌리엄 조소, 일명 찰스 마이어a/k/a Charles Maier'라고 적었다. 앞으로 다가올 일들을 알리는 전조처럼 말이다.

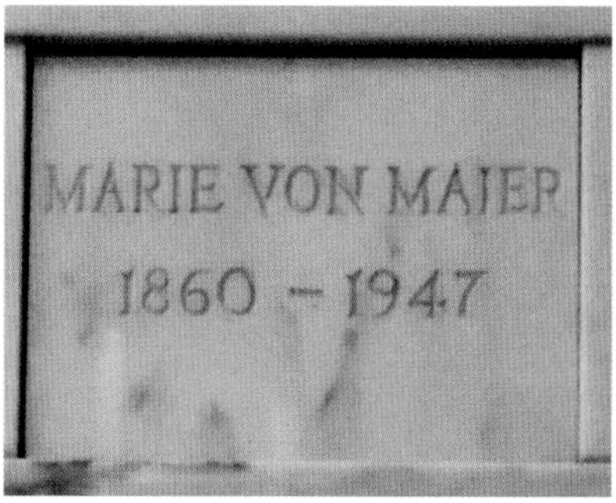

할머니 마리아 폰 마이어의 묘지 벽감,
뉴욕 할츠데일(*Ann Marks*)

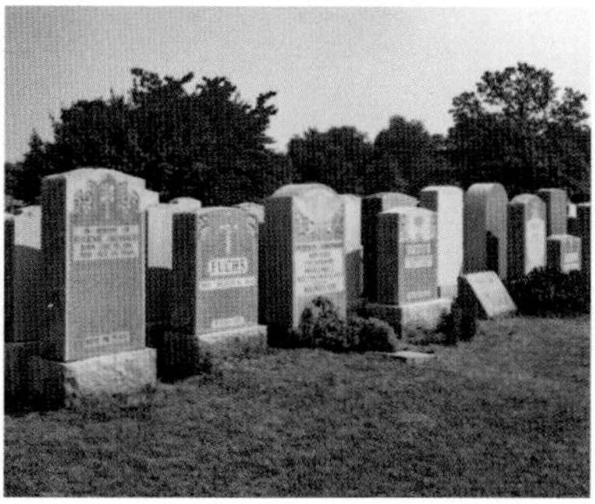

할머니 외제니 조소의 무덤, 뉴욕 호손,
1956년(*Vivian Maier*)

Name of Legatee or Devisee.	Post Office Address.	Value of Legacy or Devise.
MARIE JAUSSAUD MAIER	125 West 88th Street New York,N.Y.	A life annuity in the value of 1/3 of the residuary estate.
WILLIAM JAUSSAUD a/k/a CHARLES MAIER	316 East 34th Street New York, N.Y.	1/3 of residuary estate.
VIVIAN MAIER	c/o Miss Emilie Haugmard 419 East 64th Street New York, N.Y.	1/3 of residuary estate

외제니 조소의 유언장, 1948년(*NYCA*)

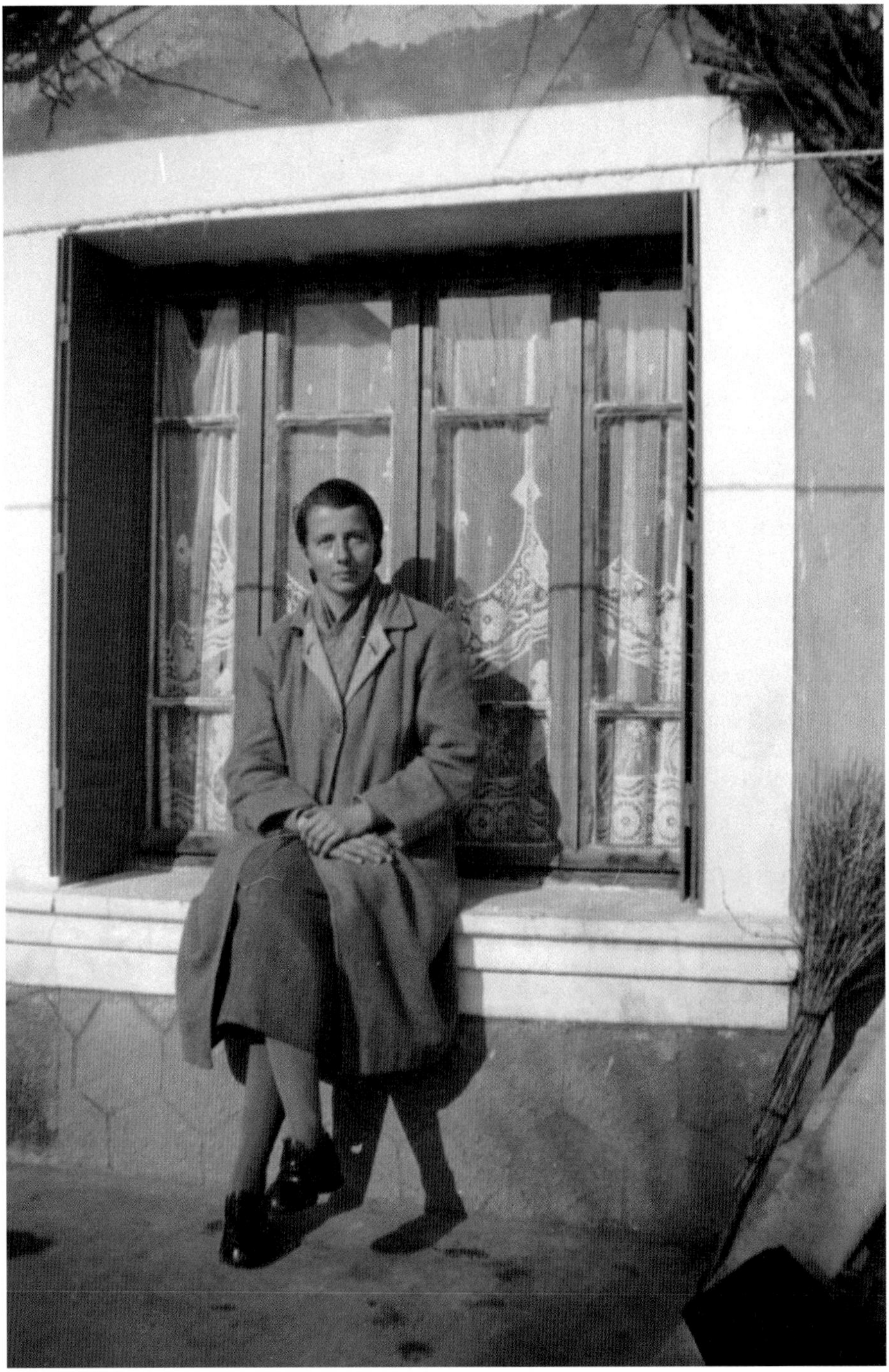

비비안 마이어, 오트잘프, 1951년

4
초기 작품: 프랑스

샹소르에서 찍은 내 걸작들을 자주 봐요.

—비비안이 스승 아메데 시몽에게 보낸 편지

외제니가 세상을 떠난 뒤, 스물네 살이던 비비안은 프랑스에 이모가 남긴 재산을 정리해야겠다는 결심을 한다. 1950년 4월에 비비안은 보르가르 농지를 팔기 위해 배를 예약해 프랑스로 갔다. 샹소르에 도착하고 얼마 안 돼 비비안은 아주 작은 박스 카메라로 사진을 찍기 시작했다. 40년 동안 이어질 사진 촬영 경력이 시작된 것이다. 어린 시절 비비안이 샹소르에서 살 때, 어머니 마리는 마을에서 유일하게 카메라를 소유한 사람이라는 위상을 즐겼다. 그 같은 사실이 사진에 대한 초기 관심을 불러일으켰는지 모르지만, 비비안은 강박적으로 사진을 찍기 시작했다. 수전 손택의 말처럼 "과거를 빼앗긴 사람들이 가장 열정적으로 사진을 찍게 되는 것 같다."

처음부터 비비안은 부지런히 사진 기술을 익혔고, 마을에서 사진관을 운영하는 아메데 시몽Amédée Simon과 존경 어린 우정을 발전시켜나갔다. 시몽은 비비안에게 필름을 현상하고 6×9cm 크기의 네거티브를 인화하는 법을 가르쳐주었고, 자신이 직접 사진을 현상해주기도 했다. 샹소르에서 지내던 쌀쌀한 이른 봄날, 비비안은 어른이 되어 처음으로 자신의 사진을 남겼다. 사진 속 비비안은 모직 코트, 메리제인 신발, 목까지 단추를 채우는 블라우스, 무릎 밑까지 늘어진 치마, 두툼한 스타킹 등, 그 지역의 보수적인 색채를 여실히 보여주는 옷을 입고 자세를 취하고 있다. 뒤로 바짝 조여 묶은 머리카락은 고지식한 여학생 분위기도 풍긴다. 하지만 여름이 되면 비비안의 옷은 소매가 짧은 시프트 드레스에 로퍼 차림으로 바뀌며, 가끔은 긴 곱슬머리를 풀어헤치고 다녔다.

비비안이 엄청난 에너지와 호기심의 소유자라는 사실은 빠른 속도로 명확하게 드러났다. 미국을 떠나 있는 동안 비비안은 사실상 샹소르에 있는 모든 마을을 방문했고, 멀리 떨어진 프랑스 도시들과 이탈리아, 스페인의 도시들을 돌아다녔다. 비비안은 좀처럼 한곳에 머무르지 않았다. 매일 장소를 바꾸어, 심지어 자신의 세례식 때 외제니 대신 참석했던 빅토린 베네티의 고향이자 오래전부터 프랑스인이 터를 잡고 살았던 중세도시 사로주Saroge와 베르트 린든버거의 고향인 스위스 뇌샤텔Neuchâtel까지 갔다. 카메라와 함께 홀로 여행을 떠난 비비안은 때로는 걷고, 자전거나 버스를 타고, 가끔은 기차와 비행기를 타며 이동했다. 한 여행이 끝나면 생 보네에 있는 집으로 돌아와 다시 여행을 떠났다. 박스 카메라로 초기 사진들을 찍으며 비비안은 앞으로 평생 자신이 탐구하게 될 인생의 주제를 찾아나서기 시작했다.

파노라마

이제 막 꽃을 피우기 시작한 사진작가는 날카로운 봉우리, 깊은 계곡, 거친 시골 지역을 흐르는 구불구불한 시내를 향해 자신의 렌즈를 들이대며 자연광과 그림자, 반사를 끈질기게 연구하고 실험했다. 태양과 계절의 움직임에 따라 변화하는 모습을 보려고 같은 풍경을 여러 번 거듭해서 사진에 담았다. 매서운 추위가 찾아오는 겨울이면 높은 산으로 올라가 산등성이 위에 부드럽게 쌓인 눈송이나 나무들 밑으로 뾰족하게 늘어진 두툼한 고드름을 찍었다. 비비안은 초점과 원근감을 이용해 전경과 배경을 다양하게 바꾸면서 사진 속 시각적 효과를 강렬하게 구현했다.

프랑스에서 찍은 초기 사진들은 비비안이 정말로 아꼈던 사진들일 것이다. 비비안이 인화한 사진 가운데 절반가량이 이때 찍은 것으로, 비비안은 죽을 때까지 이 사진들을 간직했다. 시카고에서 비비안은 자신이 좋아하는 사진들을 크게 확대해 액자에 넣었는데, 이때 찍은 사진들은 오랫동안 비비안이 방에 전시한 유일한 작품이기도 했다.

중요한 사건들

비비안은 다양한 장르와 주제를 실험했지만 사진을 찍는 대상을 선택하는 기준은 자신의 경험에 근거할 때가 많았다. 비비안이 찍은 사진이나 남긴 글을 보면 삶에 이정표가 되는 사건이나 의식을 기념하는 것을 중요하게 생각했던 것이 분명하다. 비비안의 어머니 역시 기념일을 아주 중요하게 생각했다. 마리는 자신의 생일인 5월 11일에 결혼을 했고, 아들의 세례식도 같은 날짜에 치렀다. 어른이 된 뒤로 비비안은 자신이 돌보는 아이들부터 길거리에서 우연히 대화를 나누게 된 낯선 사람에 이르기까지, 자신이 만난 사람들이 경험한 중요한 사건들과 그들이 이룩한 업적들을 충실하게 사진에 담았다. 비비안은 처음부터 끝까지 일어난 일을 있는 그대로 다루는 사진기자와 같은 방식으로 그 사건들에 다가갔다.

독실한 가톨릭 전통을 간직한 오트잘프에서는 모든 일에 종교가 깊이 관여했다. 훗날 비비안은 자신은 무신론자라고 했지만 성당과 종교의식, 성직자들과 묘지 등, 비비안의 많은 작품에는 가톨릭의 영향이 풍부하게

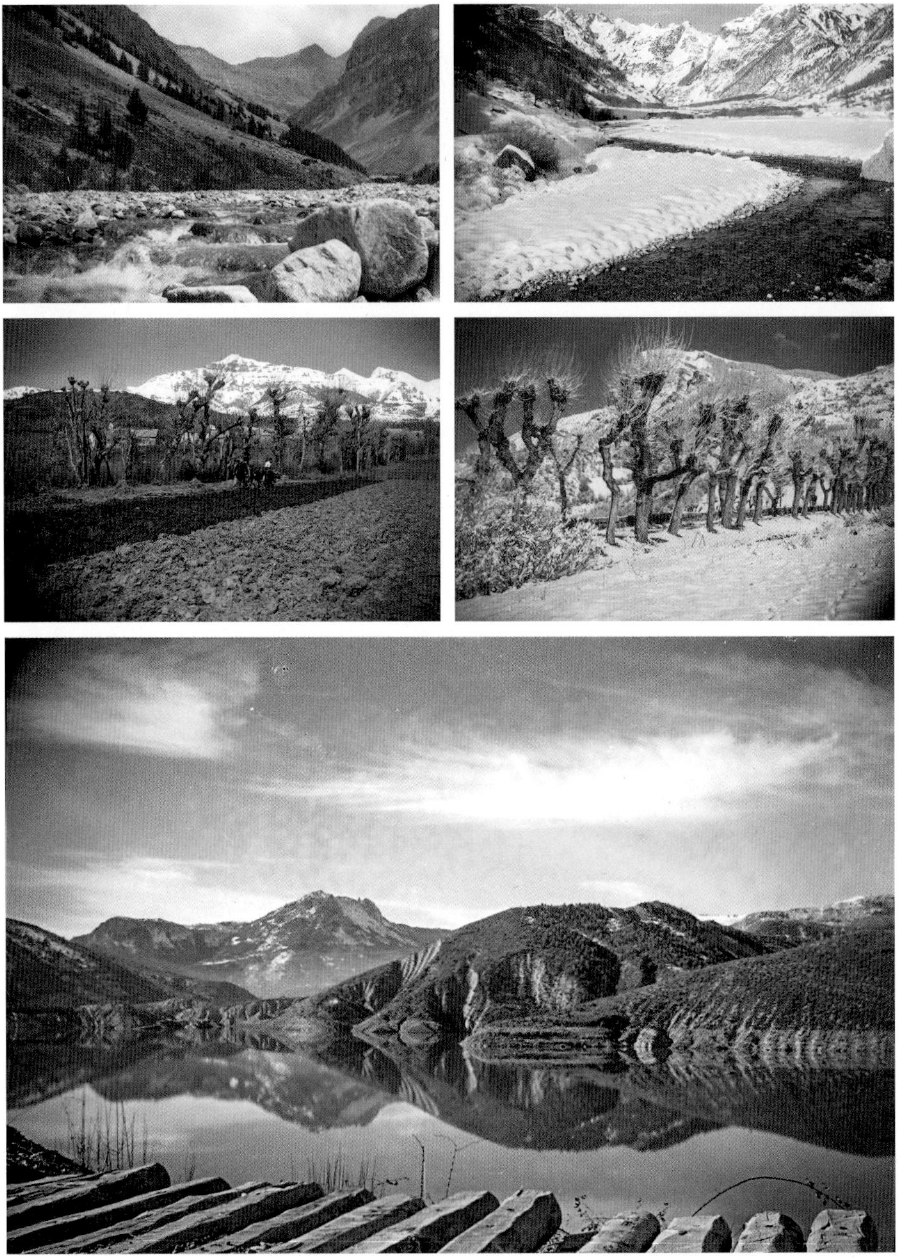

오트잘프의 풍경들, 1950~1951년(*Vivian Maier*)

스며들어 있다. 비비안은 특히 죽음과 관계있는 의식과 활동에 관심이 있었다. 장례 행렬을 좇아가면서 그 의식만큼이나 애도자들의 반응을 진지하게 포착했고, 삽으로 흙을 뜨는 행위 하나하나를 놓치지 않고 무덤이 만들어지는 과정을 담았다. 비비안의 사진에 이제 막 남편을 잃은 여자들이 자주 등장하는 걸 보면, 비비안이 날것 그대로의 슬픔을 포착하기 위해 유족들의 내밀한 공간까지 거침없이 침범해 들어갔다는 것을 알 수 있다. 여행 중에 비비안은 어디를 가든 꼭 묘지를 방문했던 것 같다.

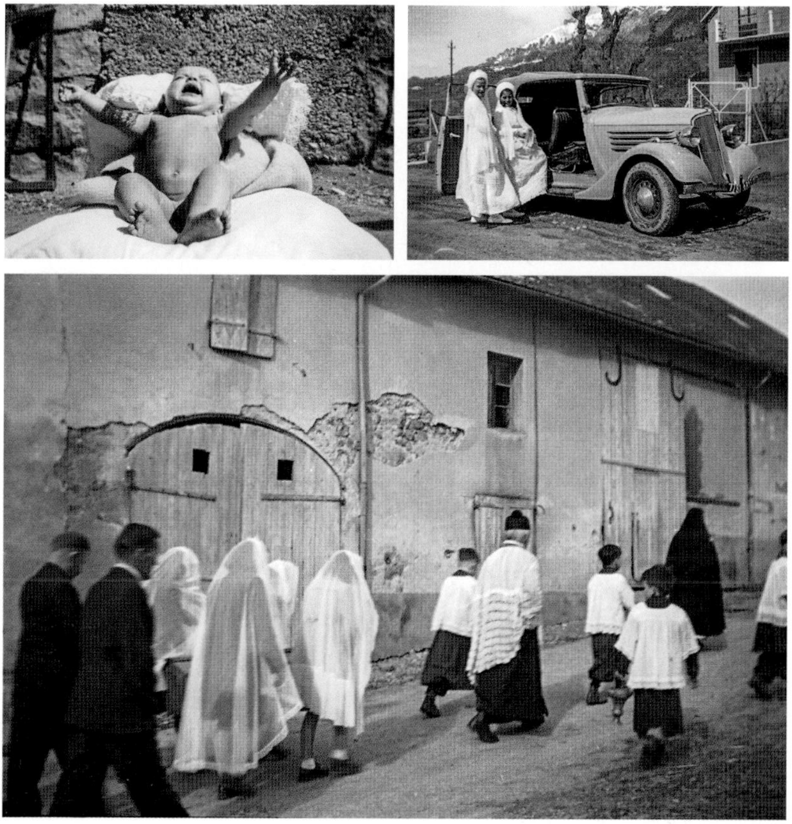

중요한 사건들, 프랑스, 1950~1951년(*Vivian Maier*)

비비안은 마을의 각종 행사에 마음 가는 대로 참여할 수 있는 시간을 즐겼는데, 크고 다양한 작품을 찍을 기회를 얻을 수 있었기 때문이다. 세례식 사진은 너무나도 생동감이 넘쳐서 갓난아기가 내지르는 울음소리가 주변 석조 벽에 부딪혀내는 메아리를 상상할 수 있을 정도다. 흰색 견진성사용 드레스를 입은 두 소녀의 사진은 멀리 보이는 눈 덮인 산봉우리와 두 아이의 남은 인생을 휘저을 것처럼 서 있는 자동차로 화룡점정을 이룬다. 고개를 푹 숙인 채 무거운 발걸음으로 아이가 곧 묻힐 묘지로 향하는 마을 사람들의 행렬에서는 세 살이 채 되지 않은 아이의 장례식을 치러야 하는 이들의 중압감과 침통함이 느껴진다.

노동자들의 모습

샹소르에서 비비안은 풍부한 인물 사진을 찍을 수 있었는데, 마치 이 작은 계곡에 프랑스에서 만날 수 있는 다채로운 인간 군상이 모두 모여 있는 것 같다. 말뿐이건 진심이건 간에, 샹소르에서는 모두가 '가족'이었기에 비비안은 편안하게 즐기면서 근접 촬영 기술을 연마할 수 있었다. 비비안은 그 지역에 뿌리를 내리고 있다는 느낌을 주면서 진정성을 불러일으키는 인물을 주로 사진에 담았는데, 지역 특유의 옷차림에 전형적인 풍경을 배경으로 하면서도 종종 개성을 드러내는 소지품도 함께였다. 양이 사람보다 많고, 모든 집에서 돼지와 염소를 기르는 곳이었기에 동물들도 가족의 일원처럼 비비안의 사진에 담겼다.

대가족이던 조소 일가는 자주 비비안의 피사체가 되었다. 일가의 큰 어른인 장은 꼿꼿한 자세와 차분하고도 확신에 찬 태도의 소유자였는데, 비비안은 가족 내 장의 위치를 명확하게 보여주려는 듯이 밑에서 위를 올려다보는 자세로 사진을 찍었다. 자신이 돌보는 가축을 자랑스럽게 들어 보이는 젊은 양치기처럼 그 지역에서 흔히 볼 수 있는 노동자들도 사진에 담

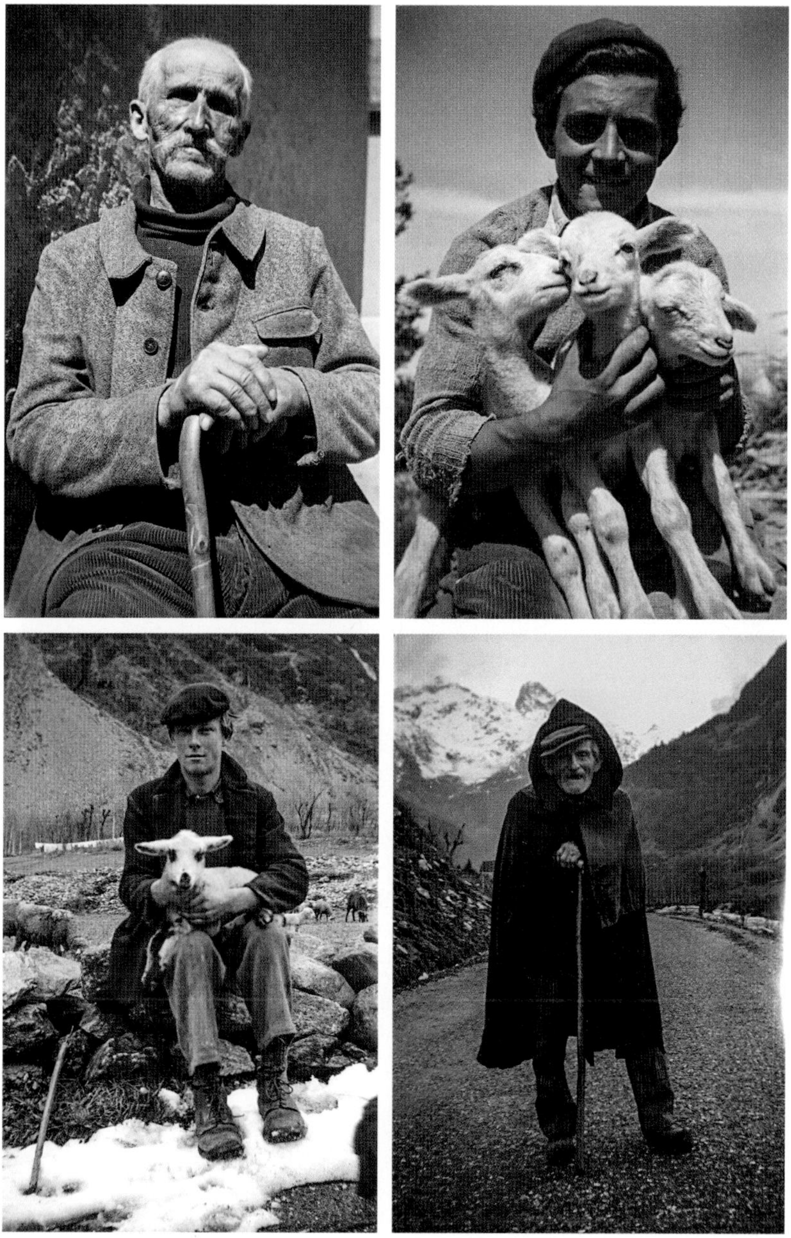

노동자들 초상, 1950~1951년(*Vivian Maier*)

았다. 한 사진에서는 어린 양들이 서로 코를 비비며 귀엽게 웃고 있고, 다른 사진에서는 양 한 마리가 귀를 완벽하게 수평으로 쭉 뻗은 채 앞을 보고 있다. 하루는 망토를 두른 사람을 만났는데, 노동자라기보다는 마법사처럼 보이는 이 인물은 실루엣의 각도로 보나 머리에 쓰고 있는 뾰족한 두건으로 보나, 마치 뒤에 있는 풍경을 흉내 내고 있는 것 같다. 비비안이 이 마을에 오기 전까지만 해도 특별한 경우가 아니라면 노동자들을 카메라에 담는 경우는 없었고, 비비안의 피사체가 되어준 대부분의 주민들은 한 번도 일상 속 자신의 모습을 사진으로 본 적이 없었다.

비비안의 초기 네거티브 필름과 사진을 보면 그녀의 엄청난 자신감이 느껴진다. 보통 원샷one shot(한 프레임에 한 사람만을 담은 샷. 옮긴이)으로 피사체를 담았는데, 그것은 비비안의 트레이드마크라고 할 수 있는 방식이 되었다. 시간이 흐를수록 비비안은 하층과 중산층의 일상을 담은 사진을 점점 더 많이 찍었다. 고향에 대한 자부심, 고된 일에 대한 믿음, 순수함에 대한 애정이 담긴 비비안의 알프스 지역 초상 사진은 사람과 장소를 초월해 오늘날에도 유효한 보편적인 가치를 담고 있다.

아이들

프랑스 여행을 떠나기 전까지 비비안이 아이를 돌본 경험은 거의 없었던 것 같지만, 여러 배경의 다양한 나이대 아이들을 찍은 사진을 보면 비비안이 빠른 속도로 아이들과 깊고 친숙한 관계를 맺었음을 알 수 있다. 비비안은 아이들의 매력과 자연스러운 순수함을 그대로 유지하면서 있는 그대로의 모습을 찍는 것을 즐겼다. 어울리지 않는 옷을 입고 작은 베레모를 쓰고서 솔직하게 감정을 드러내고 있는 네 아이의 사진은 정말 매혹적이다. 그 시대 거의 대부분의 사진작가들과 달리 비비안은 아이들에게 똑같은 미소를 강요하지 않고, 그들이 화를 내거나 울고 있는 순간에 셔터를

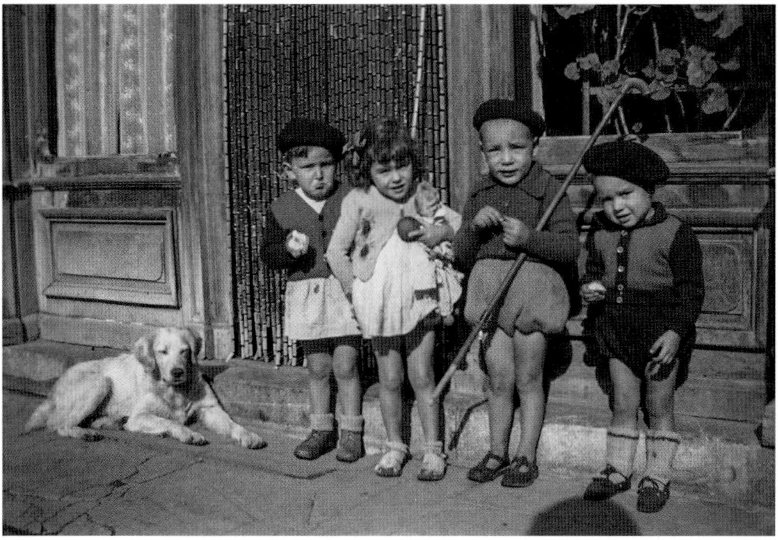

샹소르의 아이들, 1950년(*Vivian Maier*)

눌렀다.

프랑스에서 비비안은 훗날 자신이 깊게 탐구하게 될 주제에도 어느 정도 관심을 보인다. 이른 시기에 성별과 인종, 계급에 상관없이 모두가 평등하다는 인식을 가졌던 비비안은 공산주의자 집회, 궁핍하고 가난한 사람들, 다인종 가족을 사진에 담으며 사회적 대의에 대한 깊은 헌신을 미리 드러내고 있다. 마찬가지로 니스의 영화 촬영장을 담은 사진들은 영화와 유명인, 파파라치 같은 사진에 진심으로 관심이 있었음을 보여준다.

자신의 모습을 사진에 담으려는 강박에 가까운 열정은 생 보네에서부터 시작되었는데, 사람들에게 카메라를 맡기고 어떻게 찍어야 할지까지 지시했던 것 같다. 비비안은 차분하면서도 사랑스러운 여인의 모습을 사진으로 남겼다. 얼어붙은 호숫가에서 핀으로 고정하지 않은 머리카락을 늘어뜨리고 인어 같은 포즈를 취하고 있는 모습은 아름다움과 젊음을 뽐내고

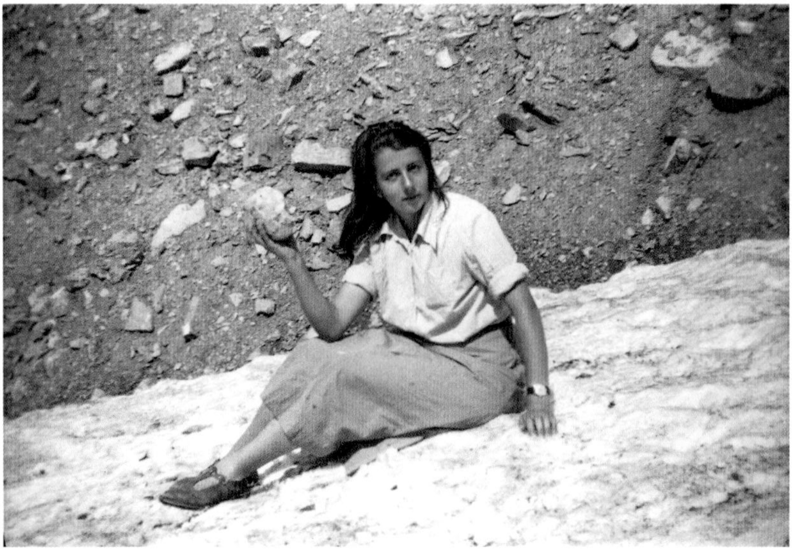

비비안 마이어, 오트잘프, 1950년

있는 것 같다. 이때의 편안한 모습은 세월이 지나 비비안을 고용했던 많은 이들이 묘사한 것처럼 "깐깐하고", "별난" 보모에게 그 자리를 내어준다. 1951년, 프랑스를 떠나기 전에 비비안은 진지하고 독립적인 여성의 이미지를 확고하게 구축하고자 머리를 자르고 정장을 맞춰 입었다.

가족과 친구들

1950년 4월에 프랑스에 온 비비안은 자신이 찍은 첫 번째 사진에 메모를 남겼다. 갑작스럽게 들이닥친 눈보라가 지나간 어느 봄날에 알프스를 배경으로 하얀 앞치마를 두르고 있는 통통한 과부가 사진의 주인공이다. 우연히 마주친 사람을 재빨리 찍은 스냅 사진처럼 느껴지는 작품이지만, 사실 이 사진 속 주인공은 비비안이 프랑스에서 촬영한 인물 사진에 자주 등장한다. 비비안이 처음으로 찍었고, 그 뒤로도 자주 사진에 담은 인물이라면 비비안에게 아주 중요한 사람이었을 거라고 추론하는 것이 당연하고, 실제로도 그랬다. 이 여인은 프랑수아 주글라르의 미망인 프렉세드였다.

비비안이 프렉세드를 어떻게 만났는지, 둘 중 한 명이라도 외제니와 프랑수아의 비밀을 알고 있었는지 밝힐 방법은 없다. 어쨌거나 비비안은 프렉세드를 만났고, 믿기 힘들지만 프렉세드가 비비안의 첫 번째 뮤즈가 되었다. 프렉세드는 자신처럼 남편을 잃은 자매, 마리아 파스칼Maria Pascal과 함께 사진을 찍을 때가 많았는데, 머리부터 발끝까지 온통 검은색 옷을 입은 이 옛날 여인들의 모습은 강렬하고도 극적이어서 보는 이의 눈길을 사로잡는다.

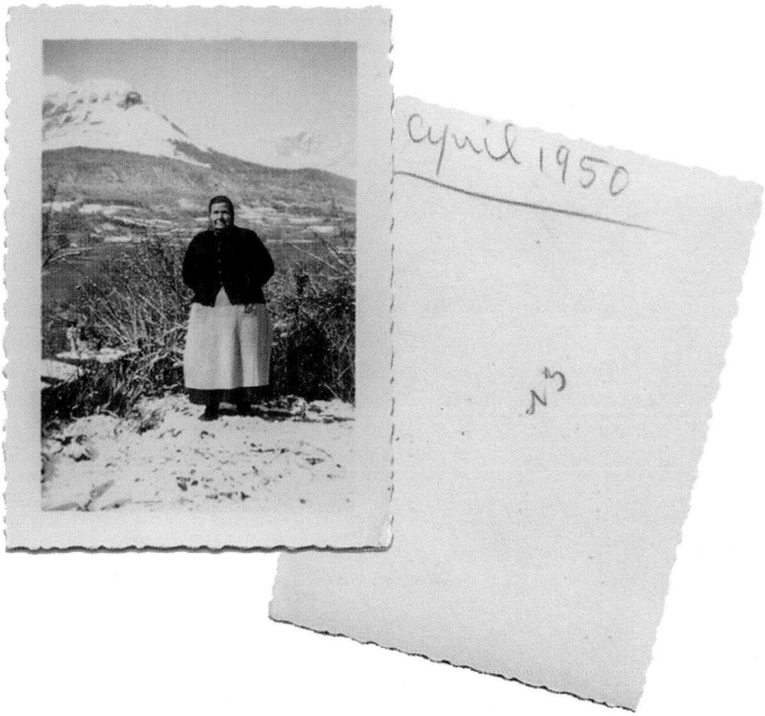

첫 번째 사진, 프렉세드, 1950년 4월(*Vivian Maier*)

가슴 저미는 농가의 풍경을 담은 작품에서 노동자들과 함께 포즈를 취하고 있는 자매는 마치 땅의 가파른 경사와 알프스에 둘러싸인 고립감을 강조하려는 듯 나란히 늘어서 있다. 성모 마리아가 현현했다고 알려진 라 살레트 팔라보La Salette-Fallavoux 성당에서 찍은 사진에서는 프렉세드가 중앙에서 살짝 벗어난 채, 천국을 향해 솟아오른 산을 강조하려는 듯 꼿꼿하게 선 동상의 그림자인 것마냥 서 있다. 엉덩이에 손을 얹고 카메라를 똑바로 쳐다보고 있는 프렉세드는 사진 속에서는 아주 작지만 비비안이 엽서로 만든 클로즈업 사진에서만큼이나 강렬한 느낌을 준다. 결혼 반지를 낀 손으로 흔들림 없이 지팡이를 잡고 있는 프렉세드는 실제로 그랬는지는 모르지만, 비통한 미망인처럼 보인다. 비비안은 프랑스에서의 마지막 시간을 프렉세드와 함께하고 있었다.

비비안은 1950년 여름에 넬리라는 이름의 친구와 시간을 보내려고 레리쿠스 외곽으로 갔다. 넬리의 옆집에는 반세기 전에 비비안의 할머니와 어머니를 버린 할아버지 니콜라스 바일이 살고 있었다. 샹소르 계곡에서 보낸 어린 시절에 바일을 만난 적이 있는 비비안은 할아버지를 보러 그의 농가로 갔다. 제대로 초점이 맞지 않은 사진에서 담장에 앉아 있는 두 사람은 자세가 부자연스럽고 표정이 잔뜩 긴장해 있는 것으로 보아 이 만남이 편하지는 않았던 것 같다. 이때 비비안은 스물다섯 살밖에 되지 않았지만, 가까운 가족과 찍은 사진은 이게 마지막으로 알려져 있다.

막 사진작가가 된 비비안은 아메데 시몽과 많은 시간을 보냈고, 시몽과 시몽의 자손들이 70년 이상 운영하게 될 생 보네 중심가에 있는 사진관 앞에서 시몽의 사진을 찍었다. 사진을 현상하는 법을 전혀 몰랐던 비비안은 제대로 된 기술을 배우려고 자신의 스승에게 크게 의지했다. 두 사람은 뉴욕으로 돌아가서 엽서 사업을 추진하려던 비비안의 계획에 관해 논의했고, 시몽은 비비안이 집으로 가져가 참고할 수 있도록 엽서 샘플도 만들어

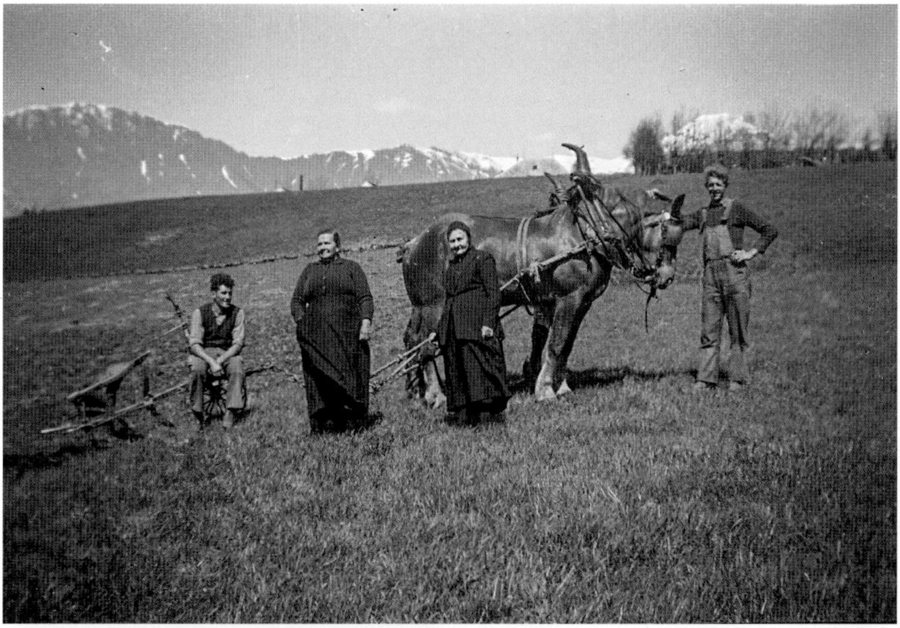

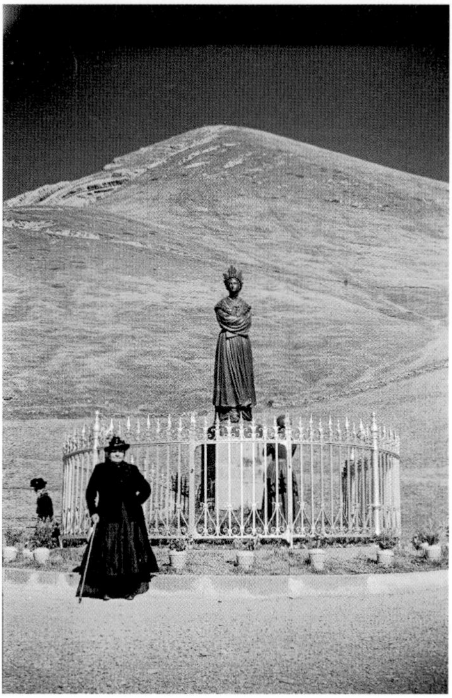

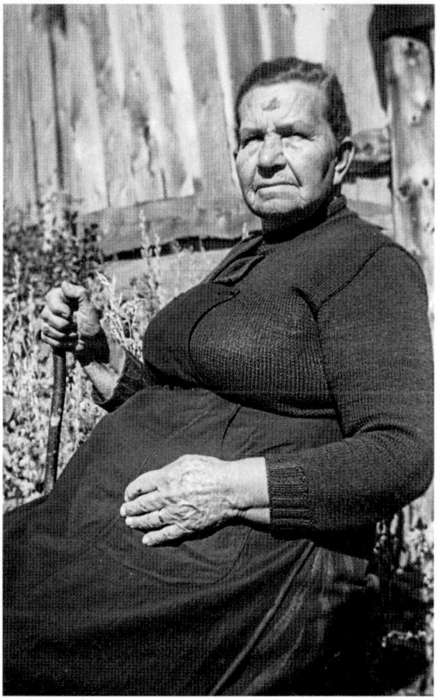

샤소르의 남편을 잃은 부인들, 1950~1951년(*Vivian Maier*)

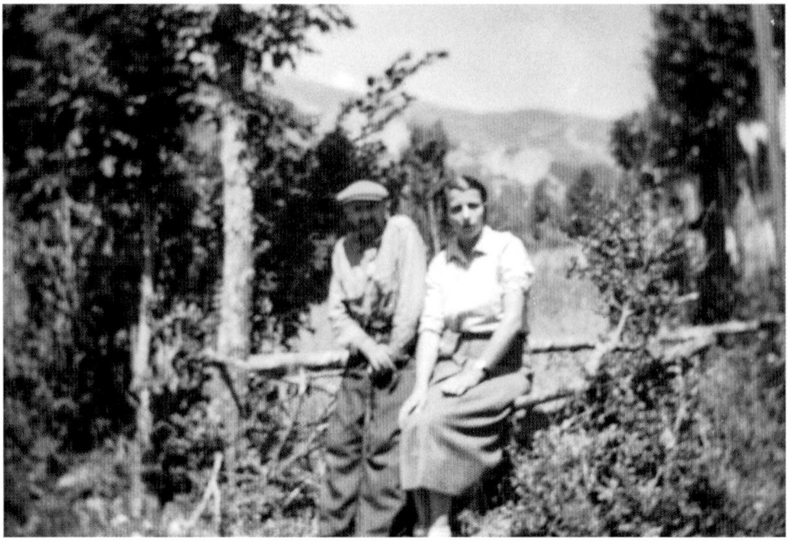

할아버지 바일과 비비안, 레 리쿠스, 1950년

주었다.

노출 부족, 흐릿한 초점 등, 수많은 시행착오가 보이는 초기 사진 수천 장은 비비안이 샹소르에 있는 동안 사진의 기본 지식을 완전히 익히려고 엄청나게 노력했음을 말해준다. 이 기간 동안 비비안이 찍은 사진의 양만 보면 그녀가 1년이 아니라 10년은 프랑스에 있었던 것 같다. 이 친숙한 마을은 비비안이 자신의 렌즈를 세계의 다른 곳으로 돌리기 전에 충분히 연습할 수 있는 귀중한 기회를 제공해주었다. 어떠한 판단도 내리지 않고 인간의 조건을 있는 그대로 포착하는 비비안의 냉철한 촬영 방식은 이곳에서 익힌 것이다.

자신을 품어준 제2의 고향을 떠나기 전에 비비안은 보르가르 농지 매각이라는 복잡한 과제를 성공적으로 끝냈다. 35에이커의 땅에 농가와 부속 건물이 딸린 보르가르 농지는 13개 필지로 나뉘어 경매에 부쳐졌다. 할머

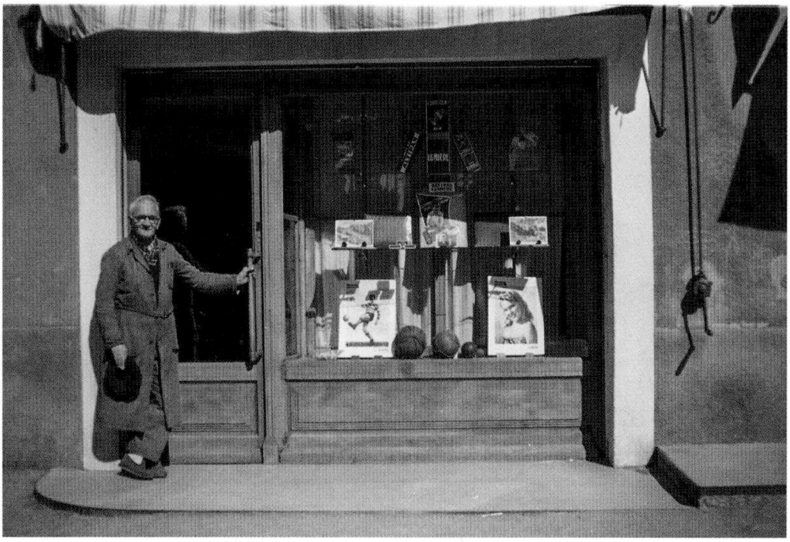

아메데 시몽과 그의 사진관, 생 보네, 1951년(*Vivian Maier*)

니와 이모할머니가 비비안에게 남긴 유산은 지금 돈으로 환산하면 7만 달러 정도이다. 평생을 살기에는 부족하지만 인생을 시작하기에는 모자라지 않았다. 농지를 매각한 뒤에, 그곳을 수년간 임대해온 에스칼리에 가족이 계약 기간이 남았다는 이유로 이주를 거부했다. 비비안은 이 문제를 해결하지 않은 채 프랑스를 떠났고, 비비안이 부재한 상황에서 벌어진 소송은 새로운 주인의 승리로 끝났다.

비비안은 1951년 봄에 뉴욕으로 돌아왔고, 집으로 오는 여정 내내 사진을 찍었다. 같은 배에 거리 사진가 비비안 체리Vivian Cherry도 탑승하고 있었기 때문에 두 비비안이 갑판 위를 어슬렁거리며 사진을 찍었을 거라 상상해볼 수 있을 것이다. 알프스에서 좀 더 친밀한 피사체에게 그랬던 것처럼 비비안은 승객들 바로 앞에서, 때로는 그들의 사적인 공간을 침범할 정도로 가까이 다가가 사진을 찍었다. 그때 이미 적극적이고도 두려움 없는 사진작가가 되어 있었던 것이다.

목돈을 가지고 미국으로 돌아온 비비안은 새롭게 시작할 자유를 얻었다. 그때까지 비비안은 도시의 삶과 시골의 삶, 중요한 삶과 가려진 삶, 깊이 사랑받는 삶과 비극적으로 버려진 삶이라는 놀라울 정도로 다른 두 삶을 살아야 했다. 부자들과 어울렸지만 가난한 사람들 손에서 자랐고 모든 곳에 속해 있었지만, 어디에도 속하지 못했다. 이제, 비비안은 온전히 홀로 설 수 있었다.

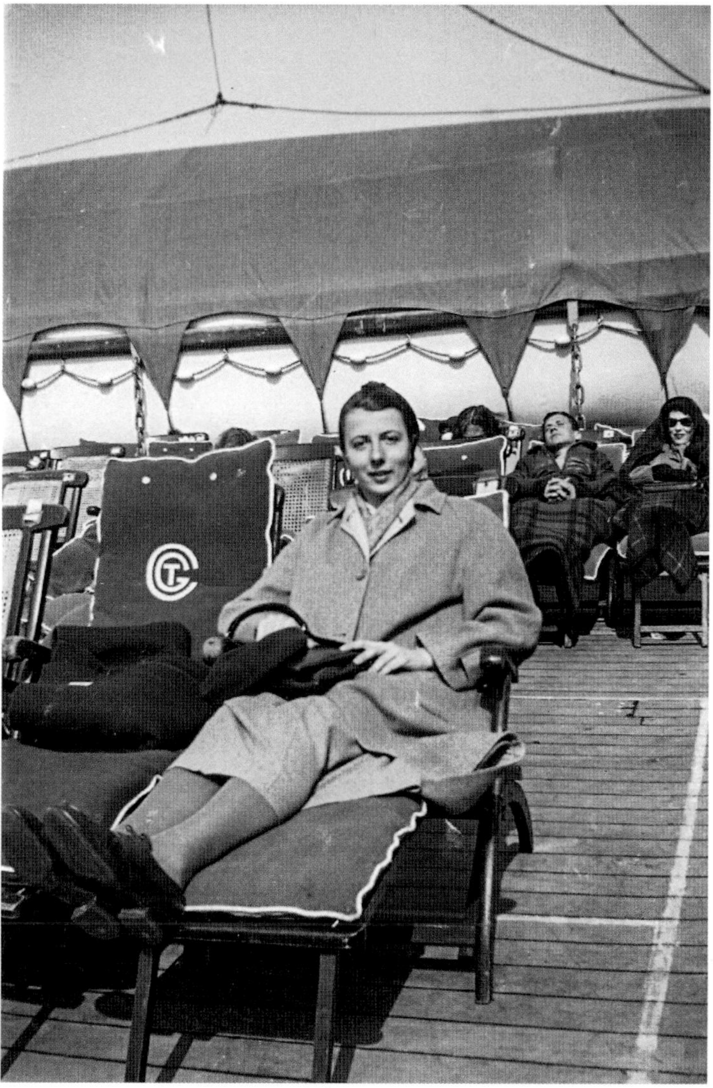

집으로 가는 배 위에서, 1951년(*Vivian Maier*)

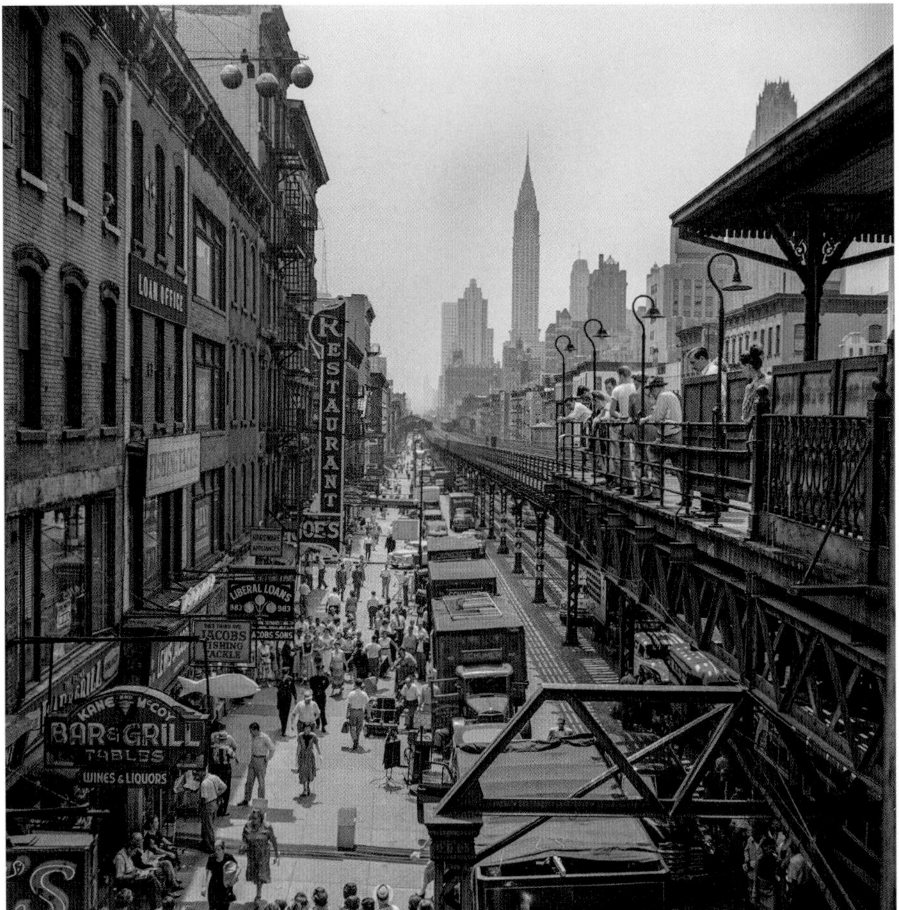

뉴욕 3번로, 1953년(*Vivian Maier*)

5
초기 작품: 뉴욕

뉴욕은 유럽이고 아시아고 아메리카 대륙이에요.
뉴욕은 모든 것이죠.
—비비안이 이웃에게 한 말

비비안은 지구상에서 그녀가 가장 좋아하는 장소로 남을 곳을 촬영하기 위해 간절한 마음을 안고 뉴욕에 돌아왔다. 비비안은 오트잘프를 깊이 사랑했지만, 그녀에게 프랑스인의 삶은 너무나도 규격화된 것이었다. 비비안은 보모로 일하며 생활비를 벌 생각이었다. 보모 일은 아이와 함께 시간을 보내면서도 남는 시간에 사진 기술을 익힐 수 있는 기회를 제공해주었다. 풀타임으로 일하기 전에 비비안은 일단 자신이 나고 자란 도시를 맹렬하게 탐구했다.

프랑스에서 가져온 박스 카메라를 들고서 비비안은 높은 산봉우리가 아니라 지붕을, 시골이 아니라 도시의 풍경을 사진에 담았다. 이전 실험을 바탕으로 위와 아래를, 그림자와 빛을 촬영했다. 도시를 가로지르는 동안 다리를 받치고 있는 외팔보, 고가 철도를 지탱하는 교각, 고층 빌딩을 뒤덮은 똑같이 생긴 창문 같은 구조물이 계속해서 비비안의 눈길을 사로잡았다. 순수한 것, 뒤틀린 것 모두에서 아름다움을 찾았고, 사람들 대부분이 신경 쓰지 않는 것들에 주의를 기울였다. 쏟아질 듯 풍성한 꽃도, 넘쳐흐를 것 같은 쓰레기도 모두 사진에 담았다. 추레한 공동주택이 잔해와 뒤엉켜 무너지는 동안 전후에 세워진 반짝이는 빌딩들은 하늘 높은 줄 모르고 솟아올랐다. 대칭, 패턴, 질감은 작품 활동을 하는 동안 비비안이 처음부터 끝까지 강조한, 비비안의 작품을 이루는 기본 요소였다.

비비안은 할머니 외제니가 오래전에 일했던 롱아일랜드에서 선조의 유산을 물려받은 부유한 가정에 보모로 들어갔다. 첫 직장이었다. 1951년 8월을 비비안은 사우샘프턴Southampton의 지붕널을 인 대저택과 잘 손질된 높은 생울타리, 허가받은 사람만 들어갈 수 있는 비치 클럽에서 보냈다. 이 긴 여름 동안, 비비안은 은행가 그렌빌 케인Grenville Kane의 자손인 워커 집안 아이들을 촬영했다. 이제 막 손질을 마친 정원의 산뜻한 잔디밭에 앉아 있는 아이들을, 가족 전용 해변에서 일광욕을 즐기는 아이들을, 사우샘프턴의 비치 클럽에서 상류층 사람들과 함께 있는 아이들을 사진에 담았다. 반세기 뒤에 로라 워커Laura Walker는 아이들의 사진을 물끄러미 보면서, 이 배타적인 클럽에 가사도우미들이 함께 있는 사진을 그때까지 한 번도 본 적이 없다고 했다. 더구나 1950년대에는 아이들의 일상을 사진에 담는 사람도 없었다고 덧붙였다.

비비안이 사우샘프턴에서 찍은 사진은 가진 자와 못 가진 자의 차이를 선명하게 드러낸다. 아메리카 원주민에게 관심이 많았던 비비안은 하루는 해변을 떠나 경계를 넘어 오랫동안 터를 잡고 살아온 토착민인 시네콕Shinnecock 부족을 만났다. 열정적으로 둘, 혹은 여러 명의 모습을 사진에 담았다. 누더기조차 제대로 걸치고 있지 않은 시네콕의 아이들은 섬세한 드레스를 입고 리본을 맨 워커 아이들과 너무나도 달랐지만, 똑같이 사랑스럽다.

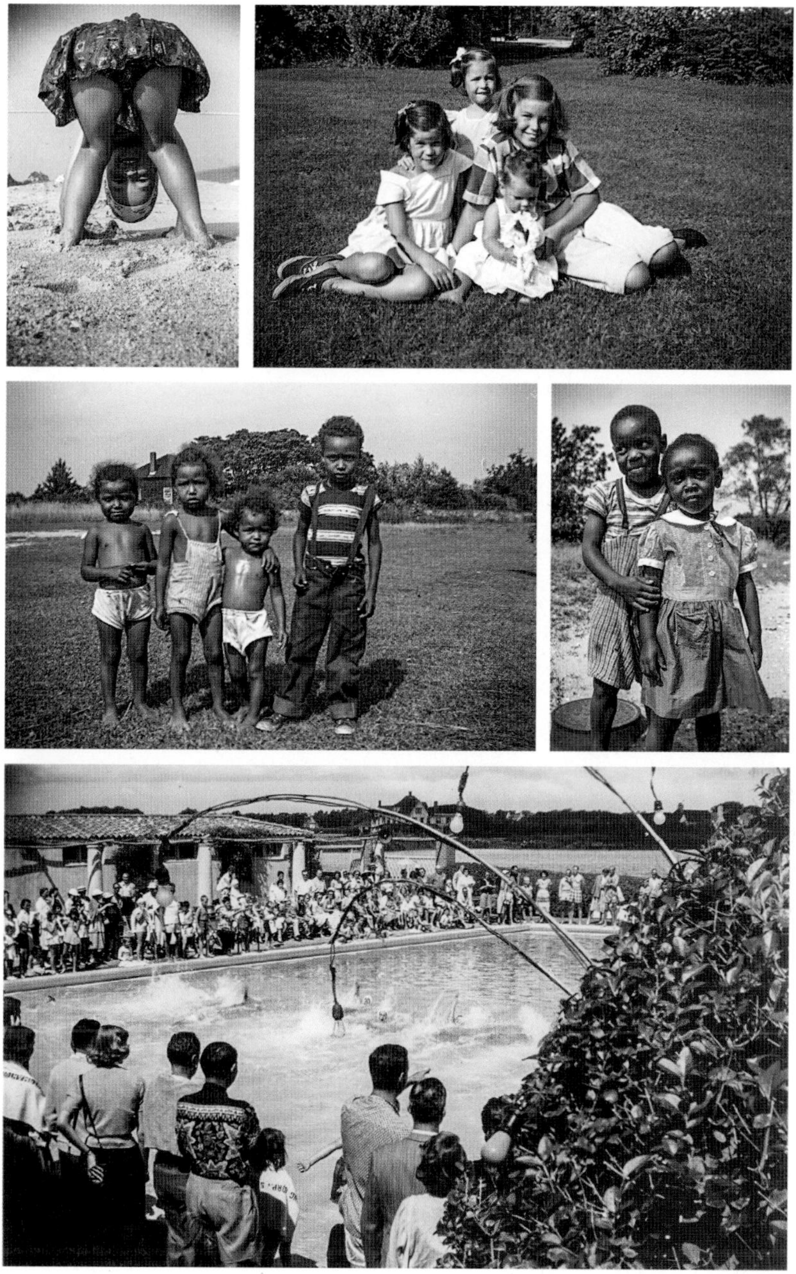

사우샘프턴의 여름, 뉴욕, 1951년(*Vivian Maier*)

많은 사람이 비비안은 약자의 관점으로 세상을 보았고, 자신이 처한 환경에 상관없이 스스로를 노동자 계층과 동일시했다고 말한다. 그런 연대 의식은 프랑스에서 찍은 사진에서도 나타나지만, 뉴욕에서 일하는 동안 점점 더 강해졌을 것이다. 진보적인 시각을 지닌 비비안은 인종과 계급이 교차하는 지점을 포착하는 데 관심이 있었다.

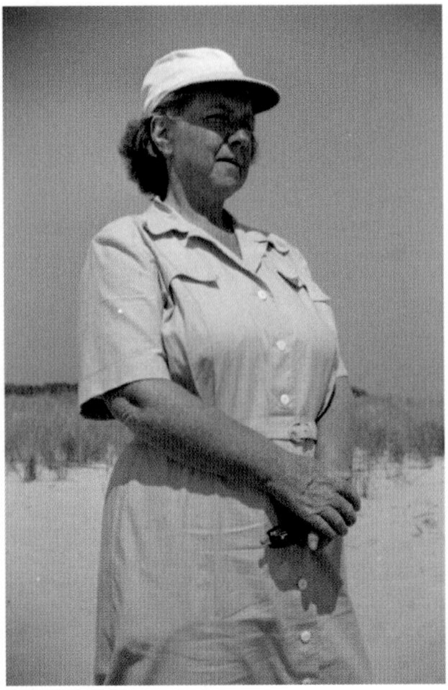

어머니 마리, 사우샘프턴, 1951년(*Vivian Maier*)

하루는 55세였던 마리 조소가 해변 근처 비비안의 일터를 찾아왔다. 아마도 딸이 받은 유산을 나눠받고 싶었기 때문일 것이다. 그날 해변에서 비비안은 어머니의 사진을 세 장 찍었고, 그 가운데 모자를 쓴 마리가 앞을 보고 있는 사진은 비비안의 유품과 비비안의 사촌 실뱅 조소의 프랑스 집에서 발견되었다. 비비안의 전체 작품 목록에서 마리의 사진은 이 세 장뿐이다. 그 뒤로 모녀가 만났다는 기록은 어디에서도 찾지 못했다.

사우샘프턴에서 아이들을 돌보면서 비비안은 외제니가 그랬던 것처럼 장차 고용주가 될 사람들과 인연을 맺었다. 1951년 11월에 비비안은 설탕 왕국인 판훌Fanjul과 리온다Rionda(각각 쿠바의 설탕 회사. 옮긴이)와 인연이 있는 가족과 함께 쿠바로 여행을 갔다. 고용주의 돈으로 깊은 역사가 새겨진 지역을 내부자처럼 여행할 수 있다는 사실에 비비안은 분명 흥분을 감추지 못했을 것이다. 여행자들은 해변 곳곳과 설탕 정제 공장, 노동자들을 위해 조성된 마을인 '바테이batey'를 돌았다. 빠르게 촬영하는 일에 익숙하

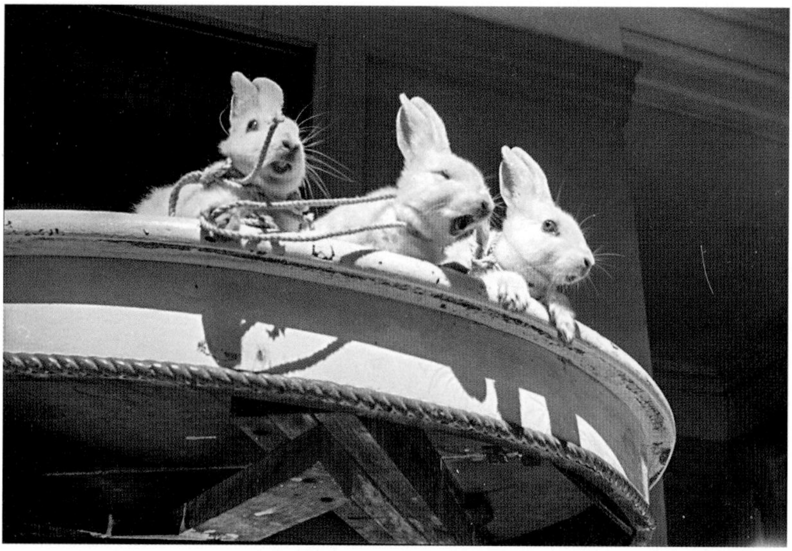

영리한 토끼 세 마리, 쿠바, 1951년(*Vivian Maier*)

지 않았기 때문에 그곳에서는 대부분 너무 멀거나 빛이 부족한 곳에서 사진을 찍었다. 방갈로 앞에서 가족들을 찍었고, 아이들은 학교 앞에서 찍었다. 카를로스 판훌Carlos Fanjul의 장난꾸러기 토끼들은 쿠바 여행에서 비비안이 찍은 가장 멋진 사진 가운데 하나다.

그 뒤로는 오이스터 베이에 있는 존 어킨John Akin 영지에 머물면서 귀여운 그웬을 돌봤다. 그웬도 자라서 사진작가가 되었다. 이곳에서 비비안은 훗날 자주 사용하게 될 아동 촬영을 위한 기술들을 연마했다. 비비안은 놀이로 아이의 정신을 빼앗은 뒤에 재빨리 마분지 상자에 앉히고, 몸을 숙여 말을 걸면서 사진을 찍었다. 1952년 1월 24일에는 뉴욕 현대미술관에서 열리는 유명한 〈5인의 프랑스 사진작가전*Five French Photographers*〉을 보려고 눈 덮인 길을 나섰다. 그곳에서 비비안은 처음으로 유명인사의 사진을 찍는 쾌거를 올렸다. 그 피사체는 살바도르 달리Salvador Dalí였는데, 비비안은

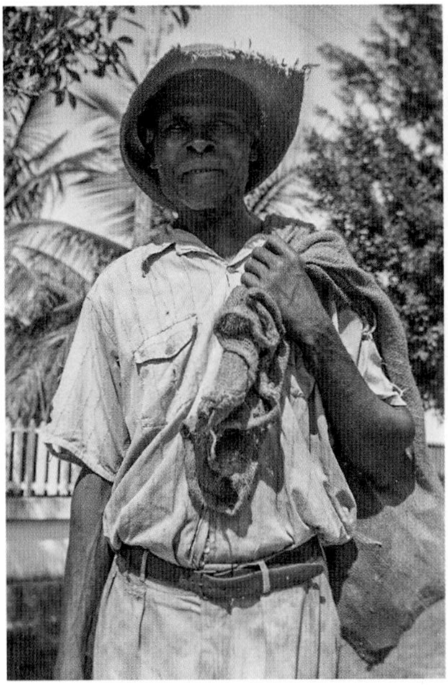

쿠바 노동자, 쿠바, 1951년(*Vivian Maier*)

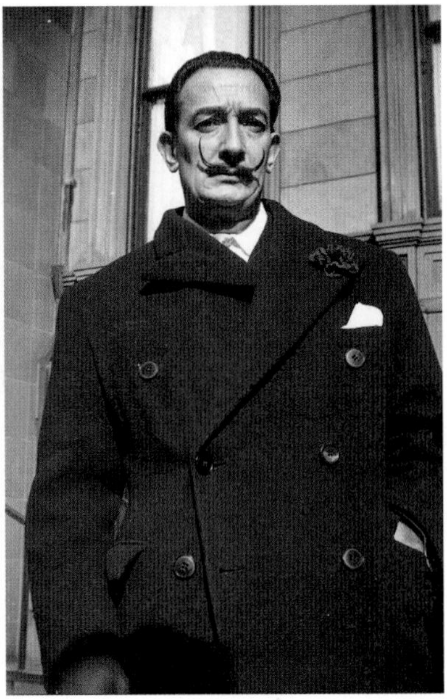

살바도르 달리, 뉴욕, 1952년(*Vivian Maier*)

두 달 전에 쿠바 노동자를 찍었을 때처럼 달리를 아래에서 위로 찍어 피사체를 한층 돋보이게 하는 기술을 사용했다. 두 남자는 서로의 이질적인 배경을 드러내는 옷차림을 하고 적당한 시선으로 카메라를 바라보고 있으며, 달리는 그의 트레이드마크인 콧수염으로 약간의 화려함을 더하고 있다. 달리의 사진은 허리 부근을 자른 빈티지 프린트도 있는데, 자르지 않은 사진보다 강렬함이 훨씬 덜하다.

맨해튼에서 일할 기회를 얻은 비비안에게 뉴욕의 공원들은 아이를 돌보는 동안 흥미로운 피사체를 만날 수 있는, 사진 촬영에 최적의 장소였다. 뉴욕의 축소판인 센트럴파크에서 비비안은 젊은이와 노인, 부자와 가난한 사람, 멋쟁이와 꾀죄죄한 사람을 찍을 수 있었다. 차이와 다양성에 이끌렸던 비비안에게는 모든 사람이 중요했다. 비비안의 렌즈는 약속 장소로 활

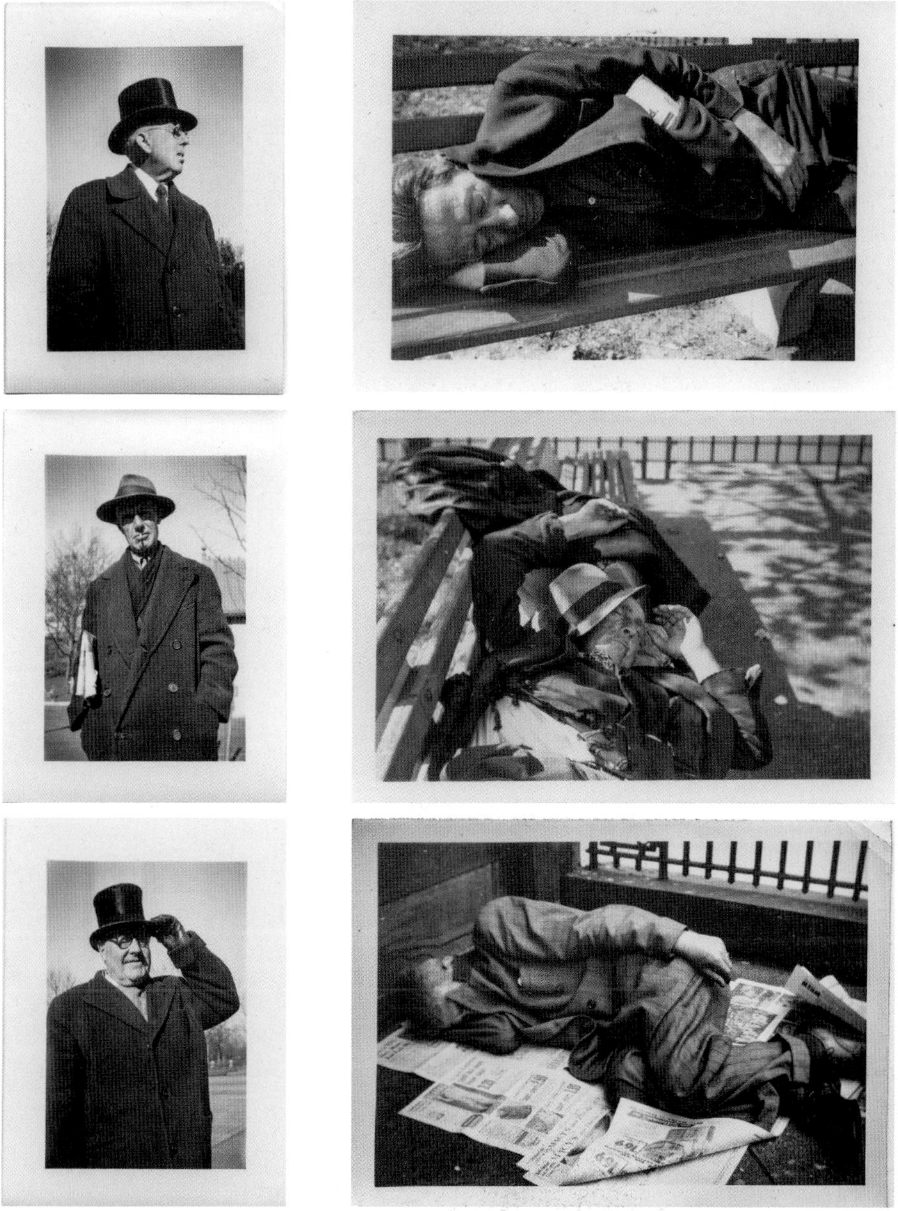

다양한 사연들, 뉴욕, 1951~1952년(*Vivian Maier*)

기차게 걸어가는 톱해트top hat(남성이 정장 차림에 주로 착용하던 원통형의 높은 크라운을 단 모자. 옮긴이)나 페도라를 쓴 성공한 남자들뿐 아니라 그들이 무심코 지나치는 소외된 사람들도 함께 포착했다. 공원 벤치에서, 입구에서 마약에 중독된 채 잠이 든 넝마를 입은 더러운 노숙자들은 비비안의 관음증을 의식하지 못했다. 비비안은 자신의 작품 활동을 위해 프라이버시도 무시하고 취약한 사람들의 모습을 거침없이 사진에 담았다. 비비안은 어쩐지 심술궂은 느낌으로 서로 극명하게 다른 모습을 사진으로 남겼는데, 이는 그녀의 연구가 진행되는 과정을 보여주는 것이기도 하다.

비비안은 십 대 시절을 보낸 어퍼 이스트사이드로 종종 돌아갔고, 보모 일을 하지 않을 때면 64번가의 아파트에서 지냈다. 에밀리 오마르는 여전히 그 아파트에서 살고 있었지만 비비안의 초기 작품에 몇 차례 등장한 뒤로는 사진에서 찾을 수 없게 된다. 비비안에게 이 아파트는 집이었고, 건물과 마당, 주민들을 찍은 사진이 수백 장에 달할 정도로 강한 감정을 느끼는 장소였다. 비비안은 자신이 살았던 이 아파트의 안팎을 사진으로 남겼다.

지금도 어퍼 이스트사이드 지역은 집마다 소득 수준 차이가 꽤 크지만,

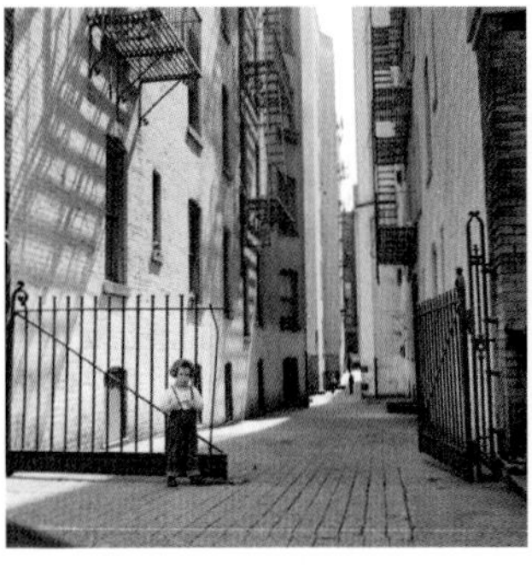
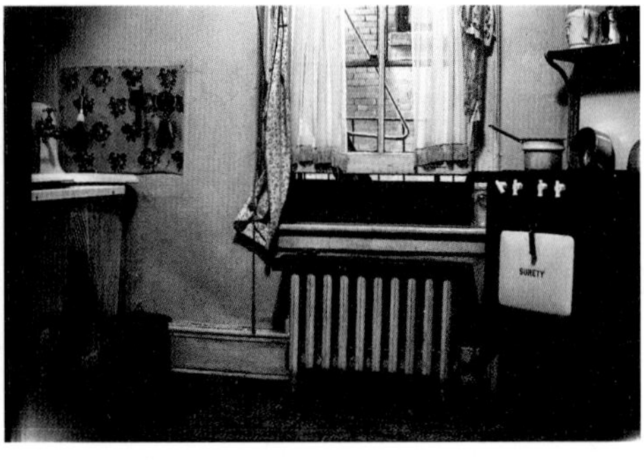

64번가 아파트, 뉴욕, 1950년대 초반(*Vivian Maier*)

1950년대에는 그 차이가 엄청났다. 부유한 사람들은 센트럴파크 근처 화려한 거리에 살면서 그곳에서 쇼핑을 했고, 부유한 사람들을 위해서 일하는 요리사, 배관공, 하녀, 재봉사 같은 사람들은 동쪽에 있는 공동주택이나 임대주택에서 살았다. 비비안은 두 곳 모두에 걸쳐 살았다. 품질과 스타일을 중요하게 여겼고, 값싼 물건 열 개를 사느니 잘 만든 물건 하나를 사는 것을 선호하는 사람이었다. 비비안은 고급 브랜드 상품이나 루진 옵티컬에서 판매하는 프로세스 필름을 저렴하게 구입하기 위해 상류층이 드나드는 매디슨 애비뉴를 자주 찾으면서도 1번로와 2번로에 있는 빨래방, 과일 가판대, 주류 판매점도 사진에 많이 담았다.

비비안의 집에서 모퉁이를 돌면 철도 아파트railroad flat(19세기 중반 뉴욕에서부터 도시의 과밀화에 대한 해결책으로 제시된 공동주택. 각각의 방이 일렬로 연결되어 있어 철도 아파트라는 별명이 붙었다. 옮긴이)가 나오는데, 그곳에는 세 자매가 살고 있었다. 1951년 어느 날, 세 자매 가운데 큰언니인 소피 란다초Sophie Randazzo가 비비안을 만났다. 두 사람은 빠르게 친해졌지만, 우정은 비비안이 편리한 대로만 흘러갔다. 두 사람이 함께 시간을 보내는 건 비비안이 말도 없이 불쑥 란다초의 집을 찾을 때만이었다. 소피 란다초의 막냇동생인 애나 란다초는 이제는 80대가 되어 퀸즈에 살고 있는데, 비비안의 뉴욕 지인 가운데 유일하게 연락이 닿은 사람이었다. 난데없이 모르는 사람에게 전화를 받은 애나는 60년 전의 친구에 대해 자세히 이야기해주었다. 애나의 친구는 남성적인 데가 있었고 차가웠으며, 납작한 남성용 신발을 신었고, 장신구도 화장도 하지 않는 사람이었다. 비비안은 "수수한 갈색 트위드 정장"을 입고 다녔으며, "무릎을 덮으려고 계속 치마를 잡아당겼다." 여름에는 실내에서도 모자를 썼지만 옷은 조금 더 부드럽고 가벼운 면 드레스를 입었다. 애나는 골격이 크고 자신감 넘치던 그 친구의 성을 끝내 몰랐다.

애나는 자신의 어머니가 비비안을 안으려고 했을 때를 기억했다. 비비안은 란다초 부인을 차갑게 밀어내면서 “우리 같은 사람은 포옹이나 키스를 하지 않아요”라고 말하더니 악수를 하려고 손을 내밀었다고 했다. 젊은 아가씨가 당당하게 ‘우리 같은 사람은’이라는 표현을 사용하고, 신체 접촉을 혐오한다는 사실에 란다초 가족은 깜짝 놀랐다. 비비안은 말이 많았고 다른 젊은 여자들처럼 가십을 좋아했지만, 프랑스에서 태어났고 혼자 살아가고 있다는 인상을 주었을 뿐, 자신의 과거에 관해서는 거의 말하지 않았다. 애나는 “조금 이상한 사람이었지만, 유쾌하고 정중했어요. 상대방이 틀린 말을 하지 않는 한은 말이에요. 틀린 말을 하면, 찍소리도 못하게 만들었죠”라고 했다. 부모님에 관해 물어보면 비비안은 빈정 상한 것처럼 “그 이야기는 하지 말죠”라고 했다. 처음에는 커다란 카메라를 들고 왔지만, 나중에는 목에 걸 수 있는 작은 카메라를 가지고 왔다. 비비안은 사진에 대한 열정을 드러내기보다는 그저 사진 찍는 걸 좋아한다고만 했다. 보모로 일하고 있다는 말은 일절 하지 않았다. 비비안과 교류했던 사람들이 대부분 그렇듯이 란다초 가족도 비비안에 대해서는 아는 것이 거의 없었다.

1951년 가을, 비비안은 일요일에 두 번에 걸쳐 란다초 가족과 함께 옥상으로 올라가 자연광 아래에서 사진을 찍었다. 정식으로 초상 사진을 찍는 것은 그때가 처음일 가능성이 큰데도, 비비안은 전문 사진작가처럼 행동하며 정확하고 자신 있게 현장을 이끌었다. 애나는 부모님을 포함해 자기 가족 모두에게 비비안이 어떤 식으로 지시를 내렸는지 말해주었다. 비비안은 어디에 서 있거나 앉아 있어야 하는지, 어떤 포즈를 취해야 하는지를 일러주었다. 독사진을 찍을 때는 란다초 가족 개개인의 독특한 개성을 포착하려고 애썼는데, 애나가 보기에는 썩 좋은 결과가 나왔다. 사진 속에서 소피는 엄청난 장난꾸러기처럼, 애나는 수줍고도 얌전한 아가씨처럼,

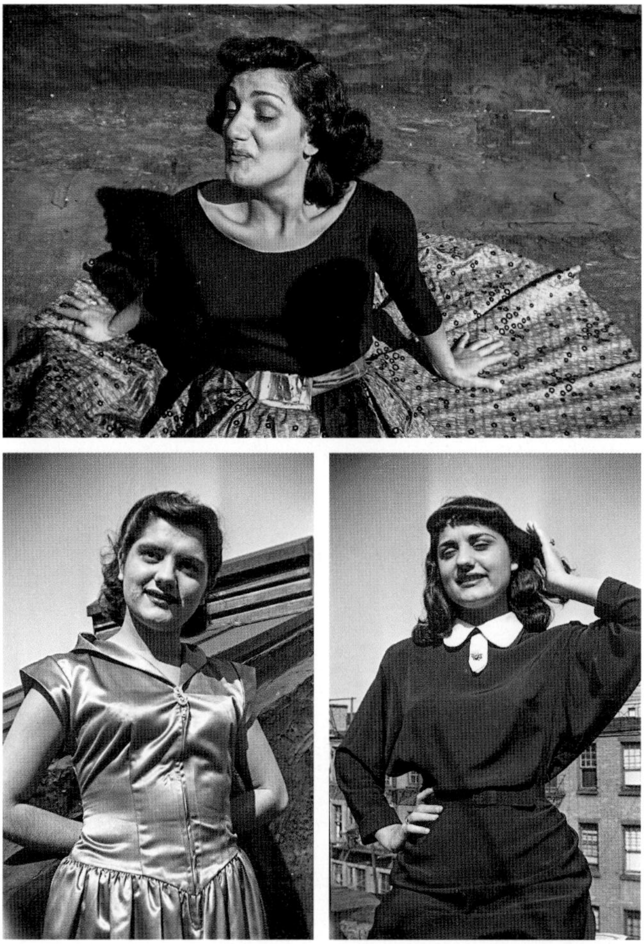

옥상에서: 소피, 애나, 베아트리체 란다초 자매, 뉴욕, 1951년(*Vivian Maier*)

둘째인 베아트리체는 모델 지망생처럼 보인다. 비비안은 옥상 모서리를 담은 사진도 한 장 남겼는데, 뉴욕시 공동주택의 옛날 모습을 담은 사진들 가운데 첫 번째로 찍은 것이었다.

그날 찍은 사진을 두 장씩 인화한 비비안은 란다초 가족에게 한 세트를 주었다. 애나는 비비안이 자기 집 옥상에서 찍은 사진을 모두 알아보았다. 그녀는 비비안의 다른 사진을 본 적은 없지만, 자기 가족을 찍을 무렵에 비비안이 거리로 나가 부랑자들을 카메라에 담았다는 말을 들었을 때도 놀라지 않았다. 첫만남부터 애나는 자신들의 친구가 두려움을 모르는 사람일 거라는 인상을 강하게 받았다. 애나의 이야기들을 들으면서 나는 란다초 가족의 사진을 찍을 무렵, 이미 비비안의 성격과 행동 방식이 확립되어 있었다는 사실을 확인할 수 있었다. 비비안은 자신에게 쏟아지는 관심을 재빠르게 다른 곳으로 전환하고, 신체 접촉을 공공연하게 혐오하는 비밀스러운 사람이었다. 그때 이미, 앞으로 평생 간직하게 될 보호막을 두르고 있었던 것이다. 란다초 자매는 비비안이 유일하게 지속적으로 교류한 여자친구들로 알려져 있다. 하지만 란다초 자매의 집도 스무 차례 정도 방문한 뒤에는 다시 가지 않았다. 비비안은 그 뒤로도 사람들과의 교류를 이렇게 갑작스럽게 끝낼 때가 많았는데, 란다초 자매와의 우정이 그 첫 번째 사례였다.

1952년의 학기가 끝나고 비비안은 철마다 고용 계약을 맺던 오래된 방식을 버리고 1년짜리 계약을 했다. 맨해튼 리버사이드 드라이브에 사는 조앤이라는 어린 소녀를 돌보기로 한 것이다. 모험심이 강하고 명랑한 아이였던 조앤은 이상적인 피사체로, 가족, 친구뿐 아니라 보모가 신중하게 고른 낯선 사람들과도 기꺼이 카메라 앞에 서주었다. 조앤의 옷장에는 조앤이 싫어했을 것이 분명한 파티용 드레스가 가득 들어 있었지만, 조앤은 비비안이 요구하면 언제라도 유쾌하게 어퍼 웨스트사이드 스타일의 카우

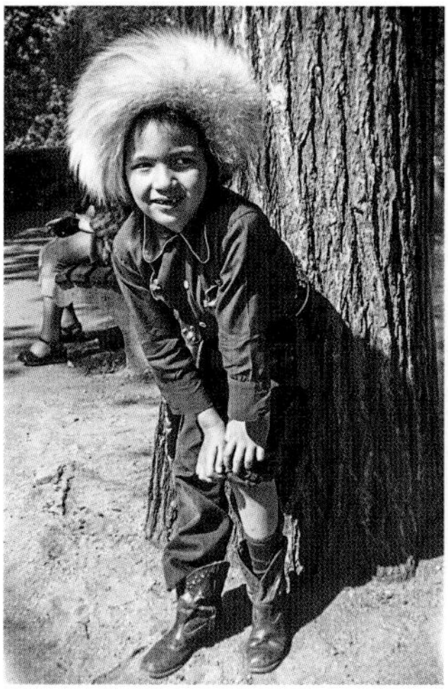 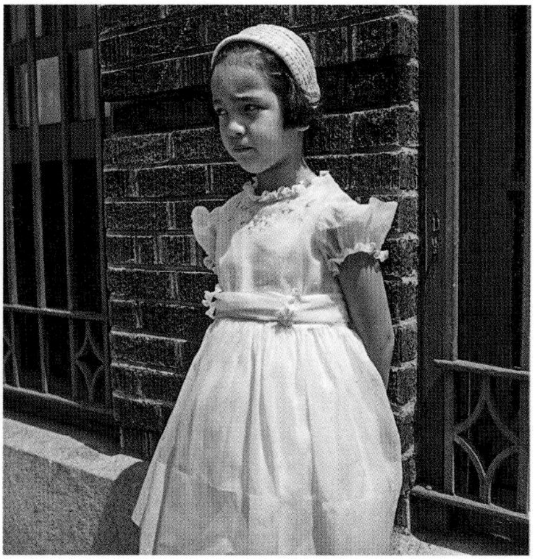

뉴욕의 뮤즈, 1952년(*Vivian Maier*)

걸 의상을 입어주었다. 뮤즈로 활약한 이 발랄한 소녀 덕분에 비비안은 수백 장이 넘는 사진을 찍을 수 있었고, 인화와 잘라내기를 다양하게 실험할 수 있었다.

그해 여름에 날씨가 따뜻해지면서 비비안의 사진은 정사각형으로 바뀐다. 값비싼 최고급 카메라를 장만한 것이다. 비비안의 영감과 재능에 잘 어울리는 독특한 특징을 지닌 카메라, 롤라이플렉스가 모든 것을 바꾸어 놓았다.

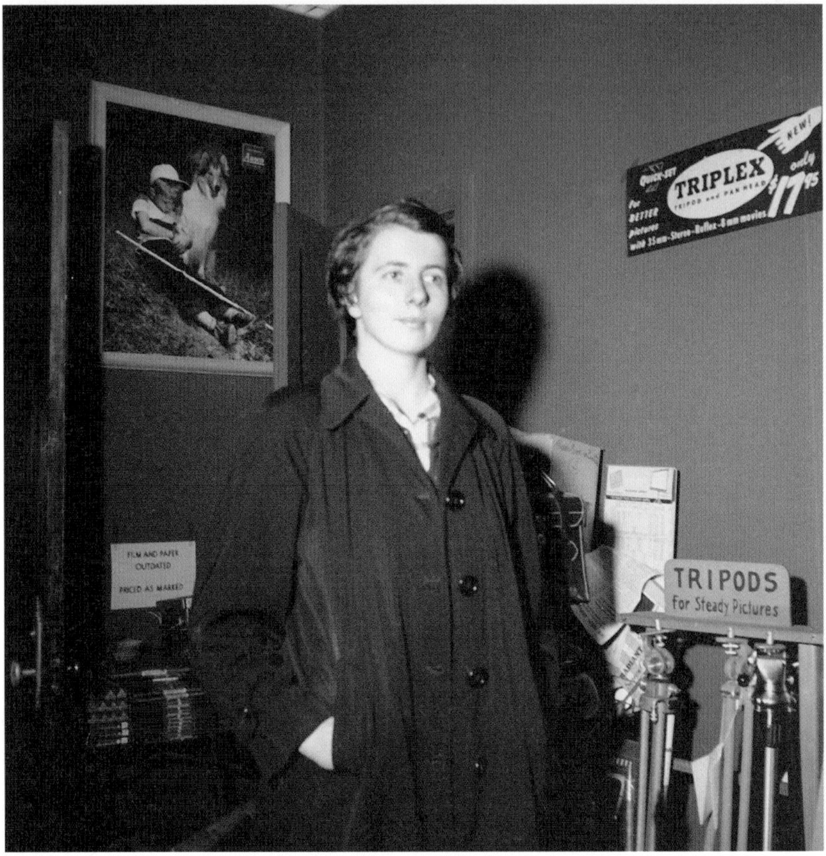

비비안 마이어, 현대 사진 학교 카메라 센터, 뉴욕, 1953년

6
직업적 야망

아주 특별한 작가예요.

—비비안이 자신에 관해 한 말

롤라이플렉스

비비안 마이어의 사진이 처음 공개됐을 때, 비비안의 시카고 친구들과 고용주들은 비비안에게는 사진작가로 성공하겠다는 야망이 없었으며, 사진을 보여달라는 요청을 언제나 거절했다고 증언했다. 하지만 뉴욕 시절 비비안의 행동을 보면 항상 그런 것은 아니었다. 뉴욕에서 비비안은 사진으로 돈을 벌기를 원했으며, 자기 작품을 다른 사람에게도 자주 보여주었다. 사진 사업에 대한 갈망은 프랑스에서 엽서를 만들면서 시작됐지만, 뉴욕에서 직업 사진작가들이 선호하는 독일제 롤라이플렉스 TLR 카메라를 장만한 뒤에는 그 열망에 속도가 붙었다.

새로 장만한 장비에 익숙해지는 일은 쉽지 않았지만, 스물여섯 살의 비비안은 복잡한 기술을 빠르게 익혀서 카메라의 독특한 기능을 최대한 활용했다. 이 카메라는 허리 부근에서 잡을 수 있게 설계되어 눈에 띄지 않고 사진을 찍을 수 있는 동시에, 사진 찍는 사람의 얼굴을 가리지 않았기 때문에 비비안이 원한다면 피사체와 눈을 맞추고 촬영을 할 수도 있었다. 정사각형으로 사진을 찍을 수 있어 수평에서 수직으로 카메라를 돌릴 필요가 없어졌고, 렌즈가 허리 부근에 있어 피사체 대부분을 아래에서 위로 찍어 장엄한 분위기를 연출할 수 있었다. 비비안의 사진을 획기적으로 변화시킨 이런 기능들 덕분에 조용하고 튼튼한 롤라이플렉스 카메라는 비비안에게 완벽한 도구가 되어주었다. 곧 비비안은 카메라를 부드럽게 쥔 채로 자화상을 찍기 시작했으며 자기 자신을 진지한 사진작가로 표현할 수 있었다.

비비안이 사진 교실에 다녔다거나 정규 교육을 받았다는 기록은 찾을 수 없다. 다만 뉴욕에 있는 동안 비비안은 사진계와 교류하려고 꾸준히 노력했다. 어떤 식으로 독학을 했는지 확인할 길은 없지만, 주로 실제로 활동하는 사진작가들을 관찰하고 끊임없이 연습하면서 기술을 습득해나갔던 걸로 보인다. 비비안은 누구나 부러워하는 새로운 장비를 가지고 다양한 장르에 도전함으로써 야심 있는 사진작가들이 밟는 전형적인 경로를

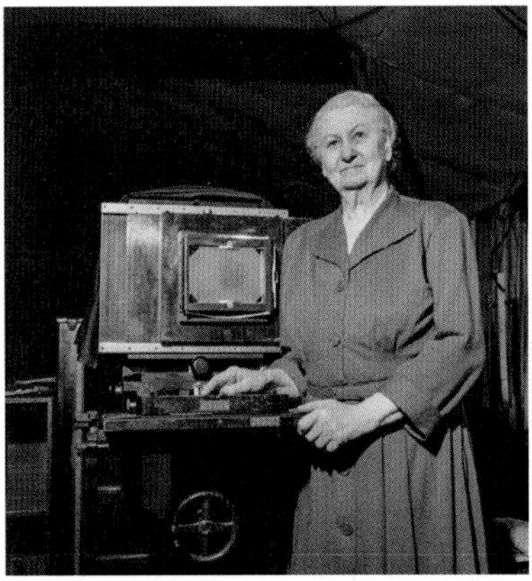

캐롤라 헴스, 뉴욕, 1953년(*Vivian Maier*)

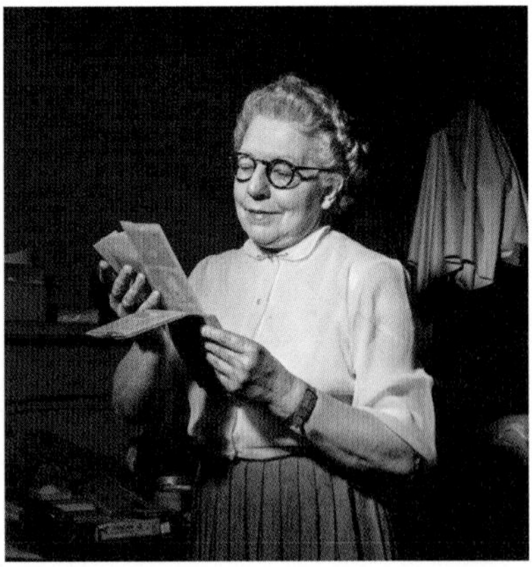

제네바 매켄지, 뉴욕, 1954년(*Vivian Maier*)

따라갔고, 움직이는 것들을 포착하고 새로운 기술을 익히기 위해 쉬지 않고 거리로 나갔다. 2차 세계 대전이 끝난 뒤에는 뉴욕 전역에 24시간 암실을 대여해주는 카메라 클럽과 사진 스튜디오가 생겼다. 비비안이 자주 가는 오래된 고가 철도역에 인접한 시설은 두 곳이 있었다. 59번가와 3번로에 있는, 노련한 여성 사진작가 캐롤라 헴스Carola Hemes와 제네바 매켄지 Geneva McKenzie가 운영하는 스튜디오였다.

비비안은 지역에서 오랫동안 활동하며 결혼식 신부 사진이나 유명인 사진을 찍어온 헴스를 만났고, 그녀가 고향인 독일 카를스루에에서 가져온 물건으로 가득한 스튜디오나 사무실에서 노작가의 모습을 사진에 담았다.

비비안은 매켄지의 사진도 찍었다. 매켄지의 스튜디오는 유명 사진기자 로버트 코트롤Robert Cottrol이 운영했고, 사진을 배울 수 있는 최고의 장소라고 홍보하던 스튜디오에서 불과 두 건물 떨어진 곳에 있었다. 비비안의 사진에서 매켄지는 몇 주 전에 비비안이 찍은 네거티브를 살펴보고 있다. 매켄지의 스튜디오는 코트롤의 사진 스튜디오가 스캔들에 휘말린 틈을 타서 좀 더 알려지게 됐고, 타임스퀘어에 광고까지 냈다. 매켄지가 새로 낸 웨스트 46번가 스튜디오에는 열일곱 개 잡지 표지에 사진을 실은 엘리엇 클라크Elliott Clarke, 저명한 사진기자 마빈 코너Marvin Koner, 스모키 베어Smokey Bear(산불 예방 공익광고에 등장해 인기를 얻은 곰 캐릭터. 옮긴이)를 만든 앨버트 스태흘Albert Staehle, 유망한 사진작가 로니 라모스Ronnie Ramos, 존 린John Wrinn 같은 재능 있는 작가들이 모였다. 사진 인화 물질을 마시고 세상을 떠난 존 린이 자살 장소로 택한 곳도 이 스튜디오였다. 비비안이 스튜디오에서 촬영을 한 것으로 보이는 사진작가는 헴스와 매킨지 두 사람이 유일한데, 이들은 분명 비비안에게 사진 기술을 알려주고, 조언하고, 과제를 내주었을 것이다.

열의에 가득 찼던 비비안은 신출귀몰하게 배우고, 협력하고, 그리고 사

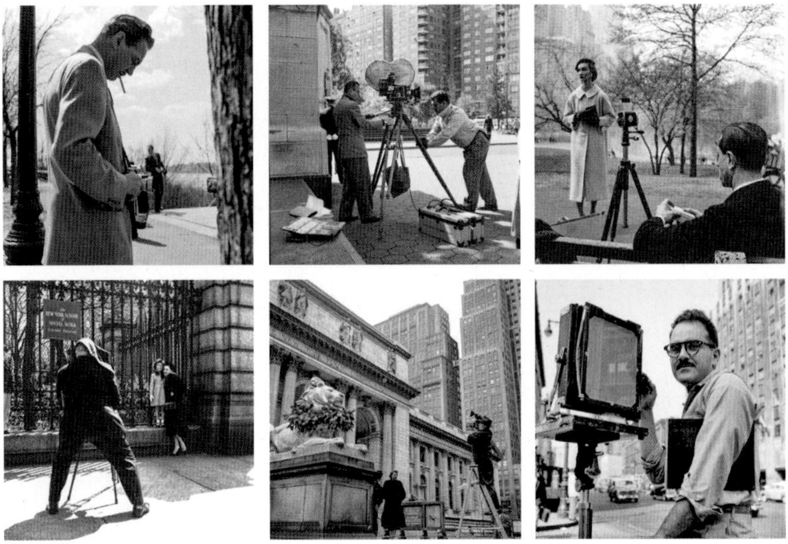

프로들, 뉴욕, 1950년대 초반(*Vivian Maier*)

진 이야기를 나눌 동료를 찾아다녔다. 모델이나 배우를 찍는 촬영 현장을 관찰했고, 건축물부터 소소한 범죄 현장과 가판대에 올려진 물건에 이르기까지, 모든 것을 사진에 담았다. 설령 경멸의 시선을 보내는 사람이 있어도 굴하지 않고 장례식에 참석해 남편을 잃은 여인들을 찍었고, 결혼식에 돈을 받고 고용된 사진작가들과 함께 교회 밖에 서서 신부의 모습을 촬영했다.

전쟁이 끝난 뒤에는 직업 사진작가 양성을 목적으로 많은 교육 기관이 설립됐다. 그곳을 졸업한 사람들은 많은 경우 프리랜서로 일하면서 자기 작품을 개인이나 단체, 언론사에 판매할 방법을 열심히 모색했다. 맨해튼 미드타운이 작품을 만들기 좋은 장소로 알려지면서 비비안은 촬영지를 57번가로 옮겼다. 그곳에는 현대 사진 학교School of Modern Photography가 있었는데, 1953년에 비비안은 이곳에서 처음으로 컬러 필름을 인화했다. 비비안은 학교 앞을 서성이다가 지나가는 사람에게 출입구에 서 있는 자기 모습을 사진에 담아달라고 부탁하기도 했다.

비비안의 작품을 보면 비비안이 동료 사진작가들을 찾아다녔고, 사진으로 돈을 벌고 싶어했다는 사실을 분명히 알 수 있다. 그러나 어떤 목표를 가지고, 그 목표를 얼마큼 이루었는지 알려주는 증거는 거의 없다. 1953년에 센트럴파크 남쪽 끝에서 마차를 타고 얼굴을 맞대고 있는 매력적인 남녀를 찍은 사진처럼 단품 사진을 팔았다는 기록은 몇 건 찾을 수 있었다.

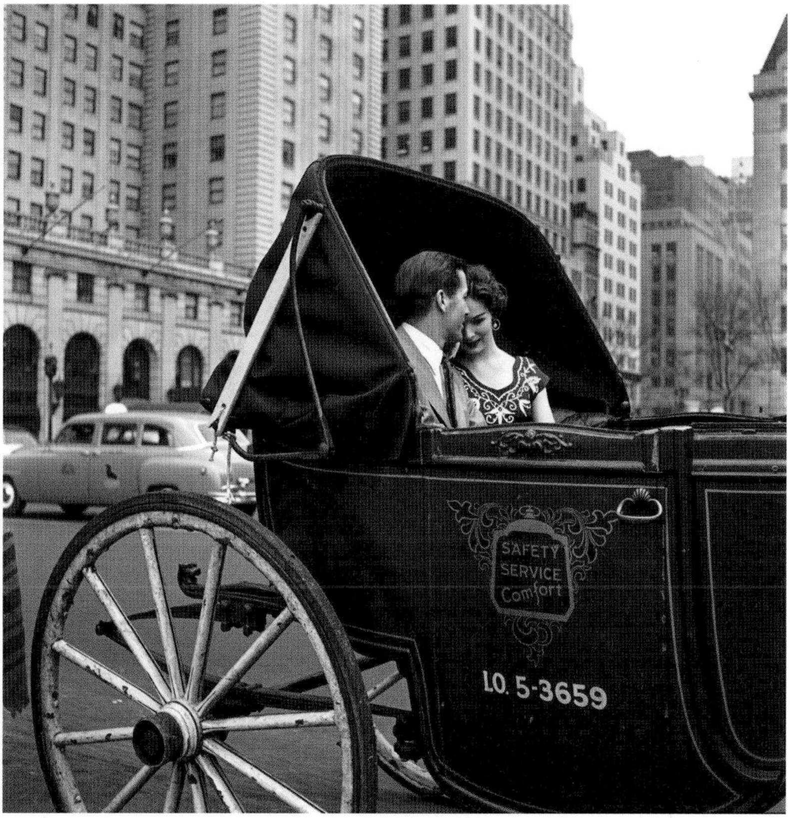

첫 판매작, 센트럴파크, 1953년(*Vivian Maier*)

주변에 있는 모든 사람이 두툼한 모직 코트를 입고 있는 계절에 남녀는 얇은 옷만 걸치고 있는데, 사실 두 사람은 3월에 실릴 광고 사진을 촬영하던 모델들이었다. 비비안은 그곳에서 사진을 다섯 장 찍었고, 네거티브 필름을 담은 봉투에 그 가운데 한 장을 1달러를 받고 팔았다고 적어놓았다. 1달러는 비비안이 책정한 표준 가격이었을 것이다. 사진을 누가 샀는지는 알 수 없다. 광고주가 샀을 수도 있고, 모델 가운데 한 명이, 마차를 모는 사람이, 혹은 곁에 있던 구경꾼이 샀을 수도 있다.

1953년이 끝나갈 무렵이면 능숙하게 사진을 찍게 된 비비안은 빛과 컬러 필름 다루는 방법을 실험하면서, 실내로 들어와 스튜디오 스타일의 인물 사진을 찍었다. 가끔은 친숙한 마을을 배회하면서 고객을 찾았다. 피사체는 대부분 여자였지만, 집 계단참에서 멍하니 바깥을 바라보고 있는 남자들을 피사체로 선택할 때도 있었다. 70번가와 3번로가 교차하는 곳에서 83세인 로즈 해밀턴Rose Hamilton을 만나 낡은 카메라로 사진을 찍었을 때는 해밀턴의 개인 정보를 짧게 적어두기도 했다. 몇 달 뒤에 비비안은 이번에는 롤라이플렉스를 가지고서 이 강렬한 피사체가 사는 집을 다시 방문했다. 남편을 잃은 심드렁한 부인은 자신의 작은 부엌에서 자세를 취했고, 비비안은 인물 사진을 찍을 때 정해둔 작업 방침대로 한 피사체를 세 가지 서로 다른 세팅으로 사진에 담았다. 해밀턴의 첫 사진에서 자세는 부

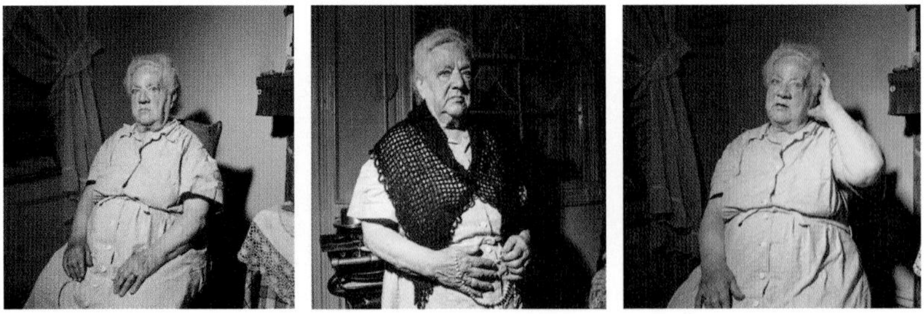

심드렁한 부인, 뉴욕, 1954년(*Vivian Maier*)

자연스럽고 조명 상태는 만족스럽지 않다.

비비안은 무늬가 있는 커튼, 덮개, 스카프 같은 직물을 이용해 낡은 가구나 문을 가리는 방법으로 응접실을 꾸미고 인물 사진에 색채를 부여했다. 다른 장소에서 찍은 것처럼 보이는 사진 연작도 사실은 한 장소에서 찍은 것이다. 프랑스에서 그랬던 것처럼 미국에서도 비비안은 피사체의 성격과 취향을 보여줄 수 있는 물건(책이나 인형, 가정용품)을 신중하게 골라 함께 배치했다. 색을 볼 줄 알았고, 밝은 색조와 섬세한 직물을 중요하게 생각했으며, 전문가에 버금가는 재봉 실력이 있었던 비비안은 소박한 거실을 진한 심홍색, 밝은 청록색, 화려한 황금색의 우아한 응접실로 바꾸었고, 마담 알렉산더 공장에서 생산하는 인형 못지않게 아름다운 인형으로 작품에 화려함을 더했다.

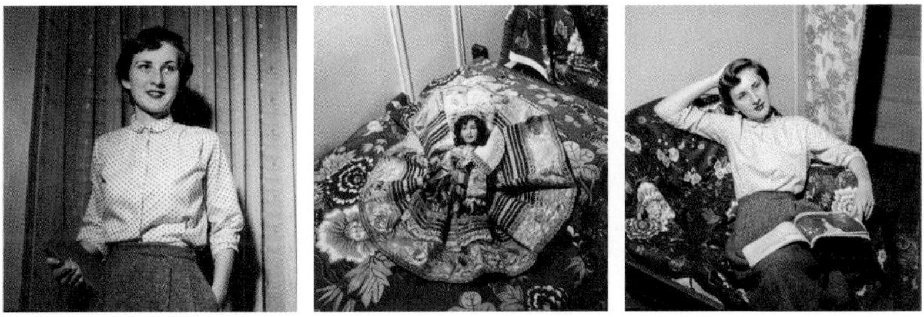

응접실 초상, 뉴욕, 1954년(*Vivian Maier*)

보도사진

유명한 거리 사진작가 위지Weegee(오스트리아 출신 사진작가로, 뉴욕을 무대로 도시에서 발생하는 각종 사건과 사고를 사진에 담았다. 옮긴이)처럼 비비안도 관할 구역을 순찰하는 경찰들 뒤를 열심히 쫓아다녔고, 사진에 범죄나 사건이 일어난 경위나 언쟁 내용을 자세히 적어놓기도 했다. 비비안은 파출소

근방을 어정거리거나 마을 주변부를 훑으며 사건을 찾아다녔다. 1953년 크리스마스 전날에 찍은 사진들은 당대 느와르 영화의 한 장면처럼 보인다. 그날 비비안은 이름을 크루거Kruger라고 밝힌 한 술 취한 남자의 불운한 하루를 기록으로 남겼다. 젊은 여자들은 대부분 꺼리거나 무서워할 주제이지만, 비비안의 친구 애나 란다초가 증언한 것처럼 비비안은 두려움이 없었다. 사실 거리 사진작가 중에는 그런 작업을 일종의 통과 의례라고 생각하는 사람들도 있었다.

비비안도 어두운 사건 현장에서 위지처럼 섬광 효과를 내려고 반사판, 배터리, 싱크 코드sync cord(셔터를 누름과 동시에 플래시가 터지도록 연결시켜 주는 코드. 옮긴이), 교체할 수 있는 플래시전구를 모두 장착한 롤라이플렉스를 가지고 다녔다. 비비안의 아카이브에는 적어도 시신 한 구 정도는 포함된 범죄 현장 사진이 많다. 바워리가(街) 깊숙한 골목에서 찍은 사진들은 특히 관음적이고 약탈적인데, 기절했거나 의식이 없는 이들이 등장한다. 여기서도 비비안의 사진은 명백히 타인의 프라이버시를 침해하고 있지만, 진정성을 추구하고자 했던 비비안은 사람들이 아무리 최악의 상황에 처해도 주저하지 않고 그들을 기록으로 남겼다. 범죄인 체포 현장을 찍은 이유는 *AP*나 「뉴욕 타임스」에 제보하고 싶다는 바람 때문이었을 수도 있지만, 그보다는 단순히 연습하고 즐기는 데서 끝났을 가능성이 크다.

유명인

비비안의 보도사진 가운데는 파파라치 스타일의 작업도 있는데, 그녀는 영화 촬영 현장이나 영화 시사회를 열정적으로 쫓아다녔다. 그날의 가장 중요한 스타가 있으면 비비안은 계단이나 발코니처럼 사진을 찍기 가장 좋은 자리를 선점하기 위해 팔꿈치로 팬들 사이를 헤치고 나아가곤 했다. 당시의 밀착인화지를 보면 비비안이 찍은 연예인 사진 중 몇 장은 그녀의

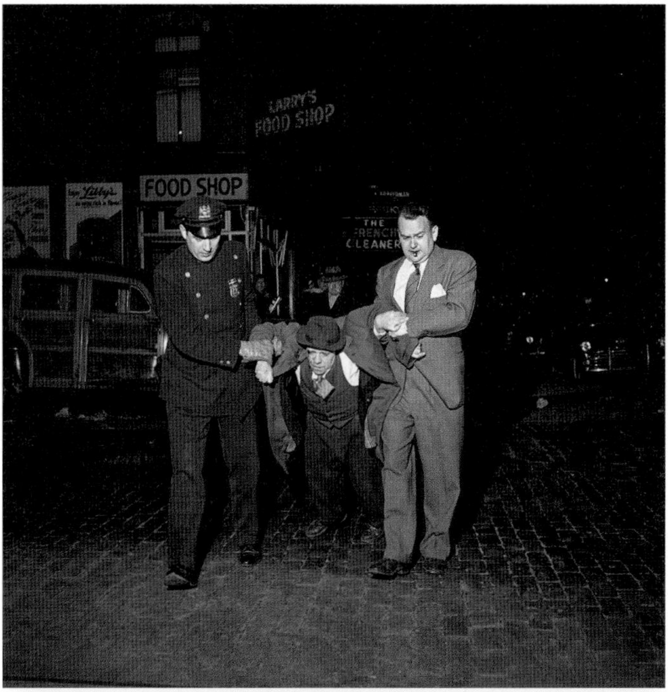

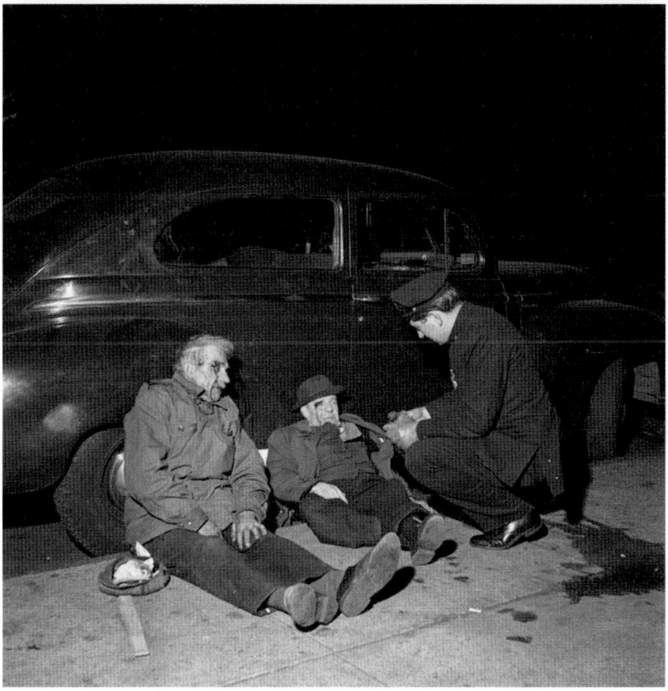

크리스마스이브의 범죄 현장, 뉴욕, 1953년(*Vivian Maier*)

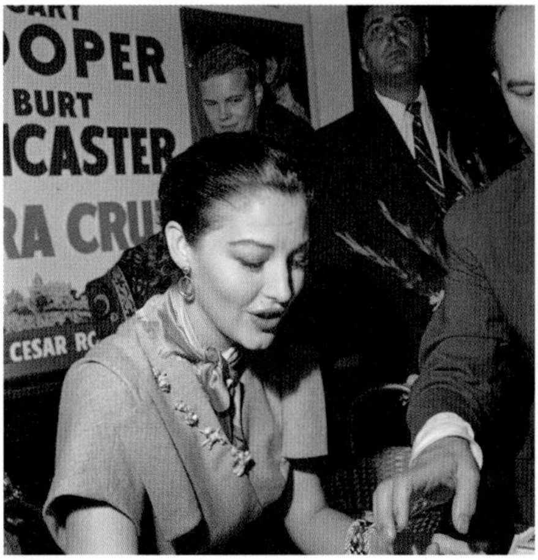

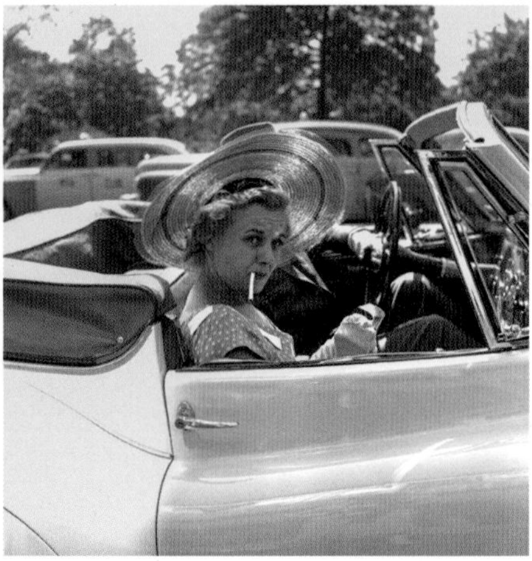
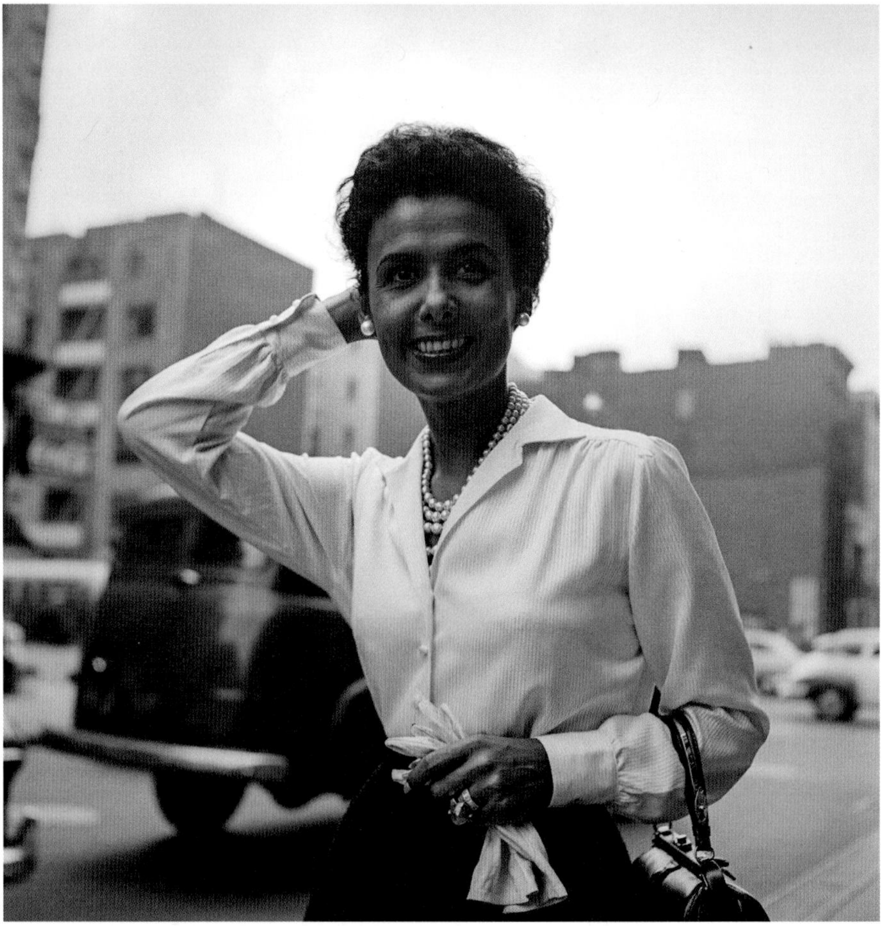

에바 가드너, 주디 홀리데이의 대역, 레나 혼, 뉴욕, 1954년(*Vivian Maier*)

멘토들이 찍은 사진과 연결되는 지점이 있는데, 기자회견장, 탈의실, 그리고 무대 뒤에 비비안이 등장하는 것을 보면, 그들이 비비안에게 촬영 기회를 주었거나 작업을 의뢰했을 수도 있었을 것이다.

1952년 여름에는 헴스의 스튜디오 바로 앞에서 영화 〈택시*Taxi*〉를 촬영했다. 비비안이 이때 고가 철도 교각 밑에서 찍은 사진들은 영화 촬영 현장의 비하인드처럼 보인다. 그다음 해 여름에 조지 쿠커George Cukor가 콜럼버스 서클에서 영화 〈평범한 여인의 행복*It Should Happen to You*〉을 찍을 때 비비안은 그곳에서 영화배우 주디 홀리데이Judy Holliday의 대역을 사진에 담은 뒤 길을 건너가 헴스를 만났다. 영화 〈맨발의 백작부인*The Barefoot Contessa*〉 촬영장에서는 경찰과 사인을 받으려고 몰려든 사람들을 교묘하게 따돌리고 에바 가드너Ava Gardner를 아주 가까운 곳에서 찍을 수 있었고, 다시 촬영장 밖으로 나와서는 에바 가드너만큼이나 유명한 배우 레나 혼Lena Horne을 촬영할 수 있었다.

가족사진

일상에서도 비비안은 다른 피사체를 대할 때와 마찬가지로 진정성과 예술성을 추구하며 자신이 돌보는 아이들을 사진에 담았다. 비비안의 고용주들은 가끔 특별한 행사가 있을 때면 조금은 전통적인 형식의 사진을 찍어달라고 부탁하기도 했다. 업무 외 시간에 촬영을 해야 할 때도 있었지만 비비안이 그에 따른 보상을 받았다는 기록은 없다. 고용주가 부탁한 형식적인 사진 외에도 비비안은 스냅 사진을 몇 장 더 찍어 함께 주고는 했다.

리버사이드 드라이브에서 조앤을 돌볼 때 비비안은 그 건물에 사는 다른 가족도 알게 되었고, 끊임없이 돌아오는 누군가의 생일이나 휴가철 파티에 참석해 사진을 찍어달라는 요청을 받았다. 1953년 2월에는 조앤과 함께 2층 위에 사는 시드니와 루시아 샬랫 부부의 집에서 열린 밸런타인 데이 파티에 참석했다. 샬랫 집안의 아이들은 자신을 마드모아젤이라고 불러달라던 조앤의 보모를 또렷하게 기억했다. 자매 가운데 한 명인 조앤 샬랫은 비비안을 고풍스럽고 점잖으며 세련됐지만, 어딘가 모르게 불편했고, 차가운 표정을 짓고 있었다고 떠올렸다. 파티가 진행되는 동안 비비안은 샬랫의 두 자매를 사진에 담았는데, 65년이 지난 뒤에 그 사진을 본 조앤 샬랫은 애나 란다초가 그랬던 것처럼 비비안이 두 자매의 다른 성격을 정확하게 포착했다고 말했다. 의자에 앉아 있는 상냥하고 여성스러운 캐럴과 그 의자 뒤에 몸을 꼿꼿하게 세운 채 대담하게 사진작가를 바라보는 조앤의 모습에서 자매가 기질도 태도도 뚜렷하게 다르다는 사실을 분명하게 알 수 있다.

일반적으로는 직업 사진작가를 고용해 찍어야 하는 행사 사진도 비비안에게 부탁하는 경우가 많았다. 뉴욕에서 유명한 스테이크하우스를 운영했던 조앤의 가족은 가게 내부 사진을 필름 두 통 가득 찍어달라고 부탁했다. 그 사진들 가운데 한 장이 수십 년 동안 가족이 운영하는 식당의 본모습을 잘 보여주는 대표적인 사진으로 가족들 사이에 전해 내려왔지만 그 누구도 아이의 보모가 그 사진을 찍었다는 사실을 알지 못했다.

1953년 5월, 조앤의 부모는 비비안에게 딸의 첫영성체 사진을 찍어달라고 부탁했다. 세계적으로 유명한 풀턴 신Fulton Sheen 주교도 참석하는 행사였다. 신 주교는 그해 봄에 「타임*Time*」의 표지를 장식했고, 텔레비전 인기 프로그램을 진행하는 스타이기도 했다. 조찬 행사에서 비비안은 정해진 식순대로 평범한 사진을 여러 통 찍었지만, 조앤과 친구가 존경받는 사제의 무릎에 앉는, 일생에 단 한 번밖에 경험할 수 없는 특권을 누리고 있는 순간은 단 한 프레임으로만 담았다. 많은 이들이 셔터 한 방으로 촬영을 끝내는 비비안의 촬영 습관이 돈을 절약하기 위해 고안한 방법이었다고 생각하지만 다른 상황이라면 몰라도 이 경우는 확실히 비용이 제약이 되지는 않았다. 돈을 신경 쓰지 않아도 되는 상황에서도 한 번만 찍은 이유는 비비안이 자기 실력을 확신했기 때문이다. 조앤과 친구의 사진에서 아이들은 카메라를 똑바로 보고 있지만, 신 주교는 다른 곳을 보고 있다. 비비안은 아마도 그 불완전함이 마음에 들었을 것이다. 비비안은 영성체 사진들을 시험 인화한 뒤, 20.3×25.4cm 크기의 고급 인화지에 큰 사진으로 출력했다. 조앤 가족은 그때 받은 사진 두 벌을 전문 사진작가의 작품처럼 간직했다.

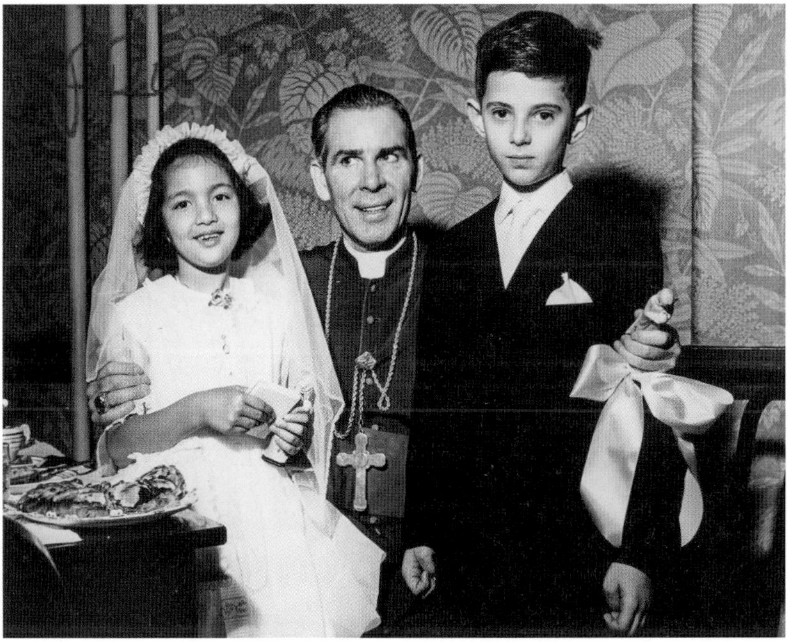

첫영성체, 뉴욕, 1953년(*Vivian Maier*)

사진엽서

비비안의 연습 사진을 보면 패션과 광고 사진에 관심이 있었음을 알 수 있지만, 실제로 비비안이 수익을 내려고 가장 열심히 고민한 분야는 엽서 사업이었다. 프랑스에서부터 아메데 시몽과 엽서 사업에 관해 의견을 나누었는데, 그때 시몽은 비비안이 찍은 풍경 사진을 고급 종이에 인화해 뒷장에 주소 적을 자리까지 만들어 샘플로 주기도 했다. 과할 정도로 풍경을 강조해 찍은 사진들은 비비안이 사진을 시작한 이유가 적어도 어느 정도는 수익 창출에 있었음을 보여준다. 뉴욕으로 돌아온 비비안은 자신의 작품 목록에 도시 풍경을 추가하면서 사업을 시작할 준비를 했다. 하지만 아마도 제네바 매켄지의 것이었을, 동네 사진 출력소에 대한 불만이 엽서 사업에 걸림돌이 되었다. 다른 인쇄업자를 찾으려고 노력하던 비비안은 생보네에 있는 시몽에게 도매 계약을 제안하는 편지를 썼다.

> 우리가 아주 멀리 떨어져 있기는 하지만, 함께 사업을 할 수 있지 않을까 싶어요. 이곳에 제 필름을 인화해주는 친구(여자)가 있기는 하지만, 품질이 아주 뛰어나지는 않아요. 솔직히 말해서 저는 당신만큼 잘할 수 있는 사람이 필요해요. 당신도 기억할 테지만, 전 아주 까다롭잖아요. 확대할 사진들을 당신에게 보내면 어떨까요? 저는 준비가 다 됐어요. 사람들 말이 관세를 물 필요는 없다고 했어요. …… 당신에게 등기로 보낼 만한 좋은 사진들이 산더미처럼 쌓여 있어요. 독일제 롤러-플렉스로 찍은 사진이랑, 저에게 너무나도 큰 즐거움을 주었던 사랑스러운 나의 오래된 박스 카메라로 찍은 사진이에요.
>
> —비비안 마이어가 아메데 시몽에게 보낸 편지의 발췌 번역본

뉴욕에 적당한 공급자가 없으니 대서양을 건너서라도 동업자를 찾아야

한다는 비비안의 확신은 사업을 막 시작하려던 비비안이 직면한 어려움을 여실히 보여준다. 비비안은 수지타산을 맞추려고 고군분투하면서도 현실을 이유로 완벽함을 포기할 수 없는 사람이었다. 자신의 재능에는 확신이 있었지만, 그렇다고 순수예술 쪽으로 나아갈 생각은 없었다. 시몽에게 보내는 편지에서 비비안은 다소 볼멘소리를 했다. "샹소르에서 찍은 내 걸작들을 자주 봐요. 정말 많이 있어요. 그러니까, 사진이 정말 많아요. 내 의견을 말해보자면, 그렇게 나쁜 사진들은 아니에요." 사진 촬영 기술은 최고로 익히려고 노력했지만, 암실에서 사진을 인화하는 기술은 크게 신경 쓰지 않았다는 사실도 비비안의 직업적 야망을 가로막는 요인이었다.

암실

뉴욕에서 비비안은 흑백 사진의 경우 직접 현상하고 인화할 때도 많았지만, 현상소를 이용하기도 했다. 비비안은 날짜를 적은 글라신지 봉투에 네거티브 필름을 넣어 보관했는데, 내용물에 관한 정보를 적어두는 경우는 거의 없었고, 피사체의 이름을 적은 경우는 그보다 더 드물었다. 투명한 글라신지 위에는 인화할 사진을 표시해두었는데, 비비안은 자신이 찍은 사진들 거의 대부분을 네거티브로만 보관할 생각이었음이 분명하다. 사진을 처리할 때는 중요한 인물을 부각하고 일반 사진 인화지에 맞춰 비율을 조절하기 위해 정사각형으로 찍은 사진을 세로로 잘랐다. 비비안은 같은 네거티브를 종종 다양한 방식으로 처리했는데, 다른 이에게 가려진 채로 공원 관리인에게 말을 걸고 있는 작고 우아한 노부인을 찍은 1954년의 사진이 그 예이다. 여인은 비비안이 셔터를 누르는 바로 그 순간, 비비안을 향해 고개를 돌렸다. 비비안은 원래는 정사각형인 네거티브를 직사각형으로 잘라낸 뒤, 다양한 수준으로 인물을 부각해보았다. 하지만 결국 비비안이 선택해 벽에 건 것은 가장 적게 자른 맨 위의 사진이다.

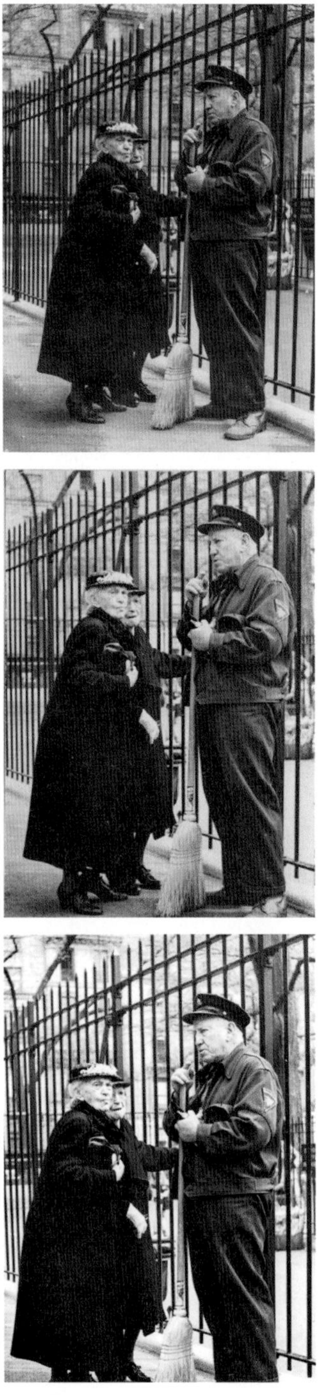

크기 선택, 뉴욕, 1954년(*Vivian Maier*)

비비안이 롤라이플렉스를 조금 더 편안하게 사용하게 되면서, 촬영할 때 더 많은 결정을 내릴 수 있었다. 비비안이 남긴 밀착인화지를 보면 좋은 구도를 연출할 수 있는 능력이 안정적으로 향상되면서 더는 사진을 자르는 과정이 필요 없게 되었음을 알 수 있다. 몇몇 사진작가들은 비비안이 좋은 네거티브를 만들 수 있었던 것은 롤라이플렉스의 6×6cm에 달하는 포커싱 스크린focusing screen(피사체의 구도나 초점을 쉽게 구성할 수 있도록 눈금이나 격자를 새겨넣어 카메라 내부에 설치한 창. 옮긴이) 덕분이라고 말한다. 지갑만 한 크기의 사진을 보듯 촬영을 할 수 있기 때문이다. 롤라이플렉스의 정사각형 포맷 덕분에 비비안은 최고의 능력을 끌어낼 수 있었고, 쉬지 않고 연습한 덕분에 실력은 계속 향상됐다. 뉴욕에서 활동하는 사진작가이자 롤라이플렉스로 작업하는 댄 와그너Dan Wagner는 롤라이플렉스로 사진을 찍으려면 뷰파인더에서 뒤집힌 형태로 보이는 피사체를 제대로 찍는 법을 익혀야 한다고 했다. 와그너는 "복잡한 카메라 구조 덕분에 오히려 사진작가들은 고도의 집중력을 유지하고, 기술적 변수를 관리하고, 위대하다고 할 수 있는 찰나의 순간을 포착하는 능력을 계발할 수 있습니다. 그런 노력에 대한 보상은 성취감과 꾸준함에 대한 열망 그 자체이죠"라고 말한다.

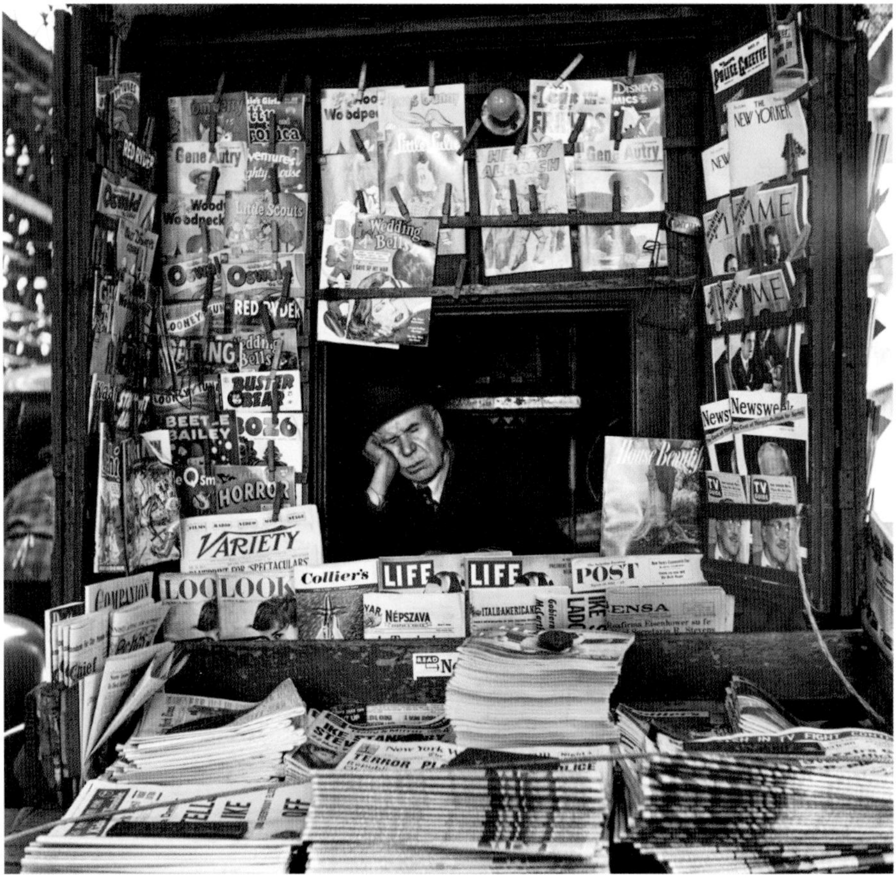

신문 가판대, 뉴욕, 1953년(*Vivian Maier*)

7
거리 사진

인생이 비극이라고 생각하는 사람들이 있죠. 하지만 아니에요.
인생은 희극이에요. 그냥 웃기만 하면 돼요.
—비비안이 고용주에게 한 말

사진으로 수익을 창출하려고 노력하는 동안에도 비비안은 거리에 이끌렸다. 사진의 거장 조엘 마이어로위츠Joel Meyerowitz는 "남녀를 불문하고 거리의 사진작가는 길가에 나가 사람들 사이에 섞이는 걸 편안하게 생각해야 한다는 점에서 사교적이라 할 수 있지요. 하지만 다른 한편으로는 고독과 흥미롭게 결합된 존재들이기도 합니다. 그들은 관찰하고 포착하고 받아들이면서도 뒤로 물러서서 보이지 않도록 해야 해요. 그것이 사진과 함께하기로 한 사람이 감수해야 할 이중성이지요"라고 말했다. 자연스러운 행동과 반응을 포착하려고 눈에 띄지 않는 방식으로 피사체를 따라다녔던 비비안에게 딱 들어맞는 설명이다. 비비안은 아치, 나무, 창문 뒤에서 사진을 찍으며 사진을 프레이밍할 수 있는 요소를 찾아내곤 했다. 롤라이플렉스와 어린 조앤을 데리고 뉴욕을 누비며, 비비안은 프랑스에서 처음 관심을 갖게 된 주제를 점점 더 발전시켜나갔다.

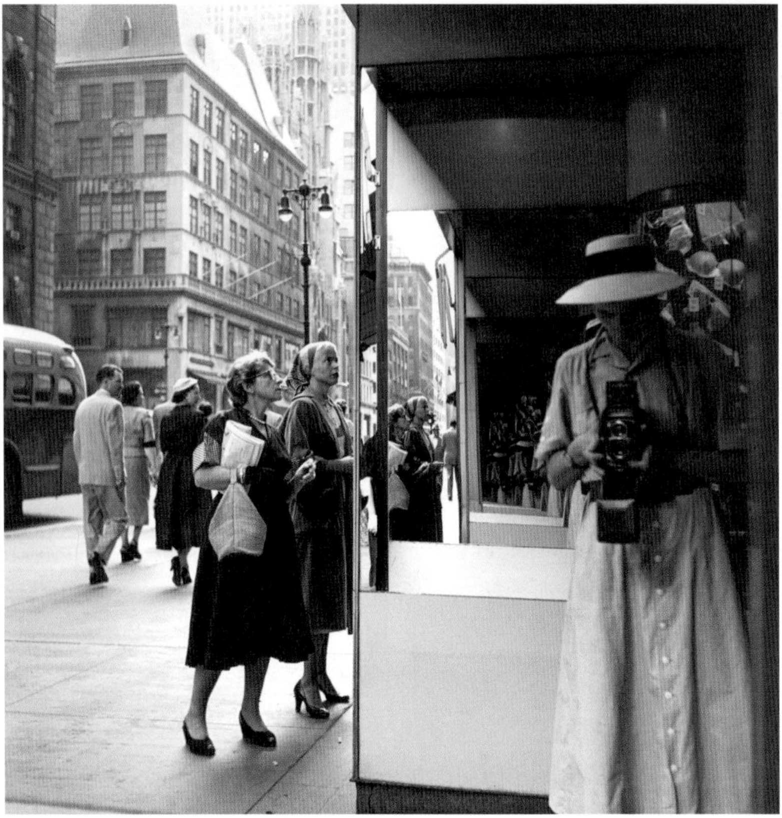

롤라이플렉스, 뉴욕, 1953년(*Vivian Maier*)

비비안은 아이들을 설득해 카메라 앞에 서게 만드는 기묘한 재주가 있었다. 마치 이 세상 모든 아이들을 기록으로 남기라는 명령을 받은 사람처럼 비비안은 나이나 인종, 배경에 상관없이 다양한 모습의 아이들을 사진에 담았다. 아이들과 눈을 맞추고 빛의 속도에 버금갈 정도로 빠르게 반응함으로써, 비비안은 순수하게 진정성을 뿜어내는 사진을 찍을 수 있었다. 보통 그 시절 아이들을 사진 찍을 때는 작은 선물을 포장해놓은 것처럼 깨끗하게 씻기고 말끔한 옷을 입히고 행복하게 웃는 모습만을 담았다. 하지

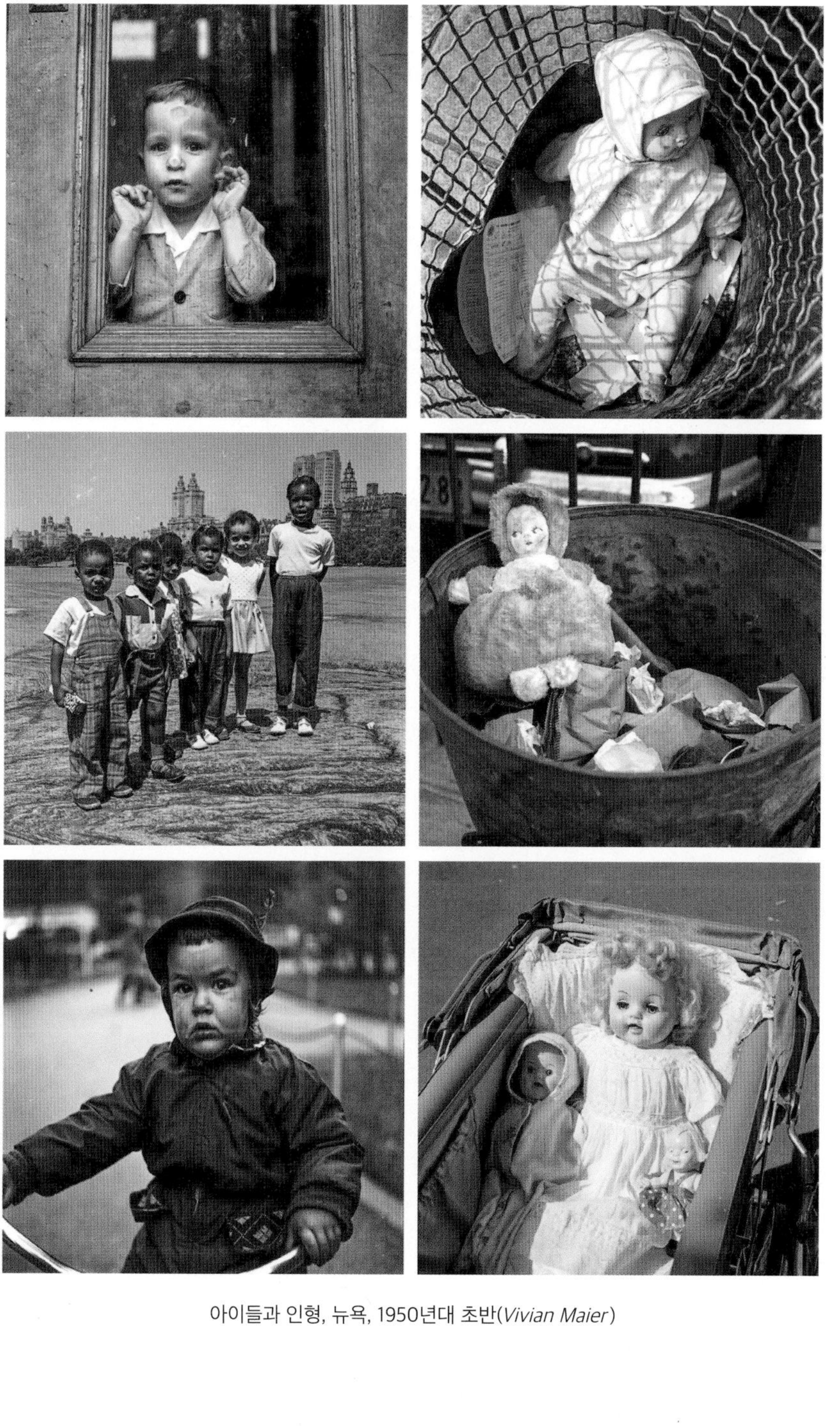

아이들과 인형, 뉴욕, 1950년대 초반(*Vivian Maier*)

만 비비안은 아이들이 울거나 짜증을 낼 때에도 아이들의 진짜 모습과 감정을 다양하게 기록했다. 순수하고 호기심도 많은 아이들은 시선을 옆으로 돌리지 않고 비비안을 똑바로 바라보았다. 덕분에 비비안은 아이들이 느끼는 감정을 그대로 포착할 수 있었다.

겨우 걸음마를 뗀 듯한 아이가 세상과 자신을 가르는 유리창에 코를 힘껏 누른 채 마치 이곳에서 자신을 꺼내달라는 듯 초롱초롱한 눈으로 사진작가를 뚫어지게 쳐다본다. 센트럴파크에서는 깔끔하게 차려입은 아프리카계 미국인 아이들이 뒤로 보이는 웨스트사이드의 건물들을 꼭 닮은 형태로 서서 비비안을 보고 있다. 사과처럼 동그란 얼굴에 두려움을 가득 담고 있는 아이는 뺨에 눈물 자국을 달고서 자전거를 타고 있다. 본격적으로 울기 전에, 용기를 내 사진작가를 똑바로 바라보고 있는 것 같다.

뉴욕에서 비비안은 정기적으로 유모차에 탄 젖먹이나 인형 사진을 찍었는데, 아기 사진은 특별히 매력적이지는 않다. 비비안은 아이들을 촬영할 때처럼 인형을 찍을 때도 대비되는 효과를 노렸다. 이제 막 상자에서 꺼낸 것처럼 깨끗한 인형도 있지만, 그보다는 쓰레기통에 버려졌거나 망가진 인형을 더 많이 찍었다. 있는 그대로를 사진에 담은 인형들은 팔과 다리가 뒤로 꺾이거나 완전히 없어진 채로 더러운 머리에 꼬질꼬질한 옷을 입고 있다. 어떤 인형들은 살아 있는 아이들과 기묘할 정도로 닮아서 깜짝 놀라 다시 보게 된다. 아기와 인형 사진은 비비안의 시카고 시절 작품에서는 점차 사라진다.

맨해튼을 돌아다니면서 비비안은 도시에서 살아가는 여인들의 다양한 모습을 포착했다. 미드타운에서는 스톨을 두르고 두건을 쓴 머리 위에 쓰개 장식까지 얹은 우아한 부인들을 찍었다. 조엘 마이어로위츠는 비비안이 부유한 여자들을 다루는 방식을 언급하면서 "기품 있으면서도 살짝 비틀어 표현했어요. 일종의 융통성도 존재하는데, 그 때문에 사진은 두 가지

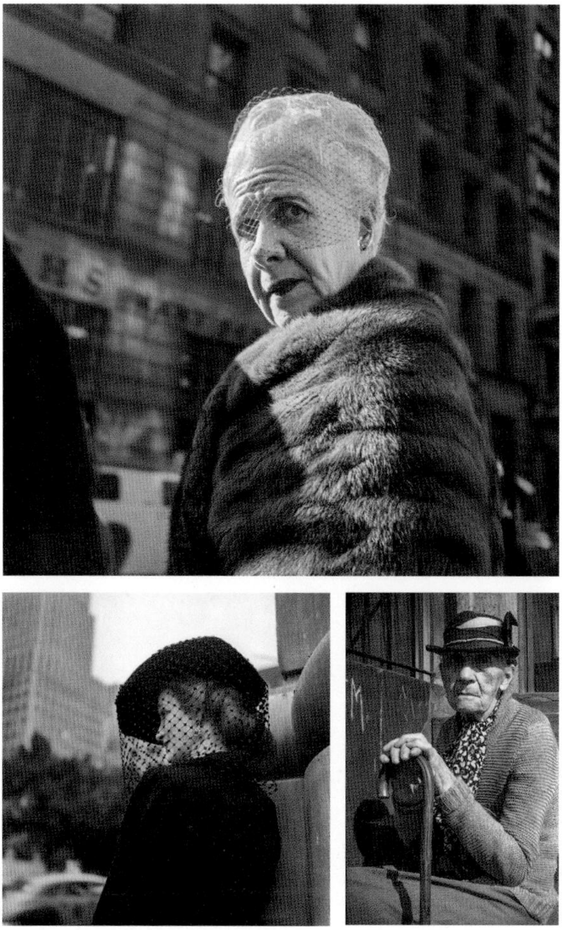

대비되는 여인들, 뉴욕, 1950년대 초반(*Vivian Maier*)

의미로 읽혀요. 바로 이런 점에서 비비안의 섬세함이 발휘되고 있는 것이죠"라고 설명했다. 예를 들어 한 사진에서 남편 잃은 부인의 주름 잡힌 이마는 그녀가 입은 화려한 밍크코트의 무늬를 꼭 닮았다. 다른 사진에서는 한 매력적인 여인이 신비로운 미소를 지은 채 상복처럼 검은색 옷을 입고 있는데, 비비안은 그녀가 쓴 모자가 베일의 패턴을 따라 다이아몬드 형태

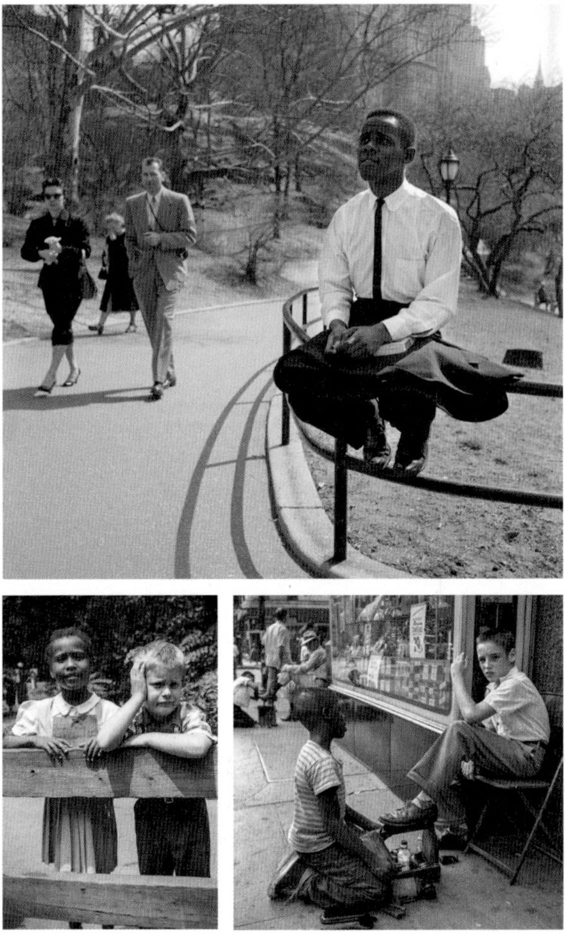

인종 관계, 뉴욕, 1950년대 초반(*Vivian Maier*)

로 보이도록 뒤에서 구도를 잡았다. 비비안은 계단참에서, 벤치에서, 연락선에서 노동자 계층의 여성들도 찍었는데, 사진작가를 쳐다보는 여인들의 눈에는 의심이 서려 있다. 하지만 비비안은 세월에 찌든 그 여인들의 얼굴에서도 아름다움과 깊이, 지혜를 포착해냈다.

프랑스에서 비비안은 다인종 가족의 사진을 찍었고, 거리로 나와서는 여러 인종에 속한 개인들이 일상을 공유하는 모습을 사진에 담았다. 이 사진들도 다른 사진들과 마찬가지로 행복과 절망, 공존과 분리를 포착할 수 있는 구도를 취한다. 한 사진에서는 흑인 소년이 또래 백인 소년의 구두를 닦고 있는데, 두 사람은 그 시대 사회의 인종 규범이 정해놓은 바로 그 위치에 자리하고 있다. 비비안은 시민권을 열렬히 옹호하던 사람이었으며, 인종을 주제로 하는 사진은 다가올 격동의 십여 년간 더 늘어나고 강렬해진다.

비비안은 신체적으로나 정신적으로 타인과 함께하는 능력을 발전시킬 기회를 얻지 못하고 결핍된 어린 시절을 보내야 했지만 작업에서만큼은 인간의 애정을 예리하게 드러내고 있다. 비비안은 이 주제를 가지고 젊은 연인뿐 아니라 아이와 친구들 사이, 그리고 흔히 간과되곤 하는 노인들 간의 유대감도 다채롭게 기록했다. 그리고 때로는 분명한 성적 접촉보다 사

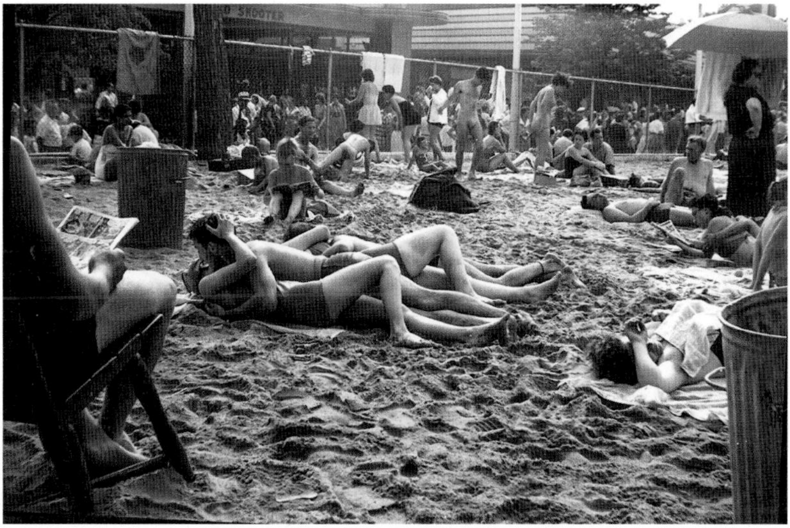

해변의 연인들, 뉴저지, 1953년(*Vivian Maier*)

소한 몸짓이 불러일으키는 친밀감에 주목했다. 차갑고 냉정하다는 평가를 받는 비비안이었지만, 뉴저지주의 인공 해변에서 주변 상황은 아랑곳없이 서로에게 탐닉하는 연인들의 열정이 갖는 가치는 충분히 알아보았다.

비비안의 사진을 사랑하는 사람들은 인간이 처한 보편적인 조건을 포착하는 능력이 뛰어난 작가로 비비안을 설명하고는 한다. 어디에서 사진을 찍든, 적어도 비비안의 촬영분 일부는 장소의 구애를 받지 않는 것처럼 보인다. 예를 들어, 일하는 남자들의 사진처럼 말이다. 비비안이 샹소르에서 찍은 노동자 사진을 보면 그때도 이미 사진의 핵심 원리들을 제대로 이해하고 있었음을 알 수 있다. 일꾼들이 돌돌 만 철사를 살펴보고 있는 사진은 구도와 균형미, 그리고 동료애로 가득하다. 사진을 가로지르며 길게 뻗은 길은 멀리 보이는 알프스로 이어진다. 비비안은 뉴욕에서 본능적으로 이 장면의 도시적 대응물을 찾아냈다. 이번에는 돌돌 만 호스를 살펴보는 두 남자가 나온다. 이 사진에서는 5번로의 길이 저 멀리 도심지 건물로 길게 이어진다.

프랑스에서처럼 비비안은 색다른 인물과 그와 강렬하게 대비되는 상황을 찾아다녔다. 신문 가판대의 상인은 말 그대로 그날의 가장 흥미로운 사건들에 둘러싸여 있지만 눈 뜨고 있는 것조차 귀찮다는 듯 졸고 있다.(134쪽 사진) 엠앤엠 월드(뉴욕 타임스퀘어에 위치한 초콜릿 회사 M&M의 스토어. 옮긴이) 같은 거대한 상점이 아직 머나먼 꿈과 같았던 시절, 지저분하고 개발되기 전 단계의 타임스퀘어는 비비안에게 엄청난 기회를 제공해주었다. 상점에 붙어 있는 스트리퍼 포스터의 '중요한 부분'을 가린 채 물구나무를 서고 있는 남자를 찍은 재미있는 사진이 있다. 다른 무엇보다 주목받기를 원하지만 남자는 바로 옆에 서 있는, 드레스에 노동자들이 입는 셔츠를 걸치고 한쪽 신발만 신고 있는 여자에게서조차 눈길을 받지 못한다. 또 다른 사진에서는 피사체가 훨씬 부적절하게 옷을 입고 있다. 아니, 옷을 입지

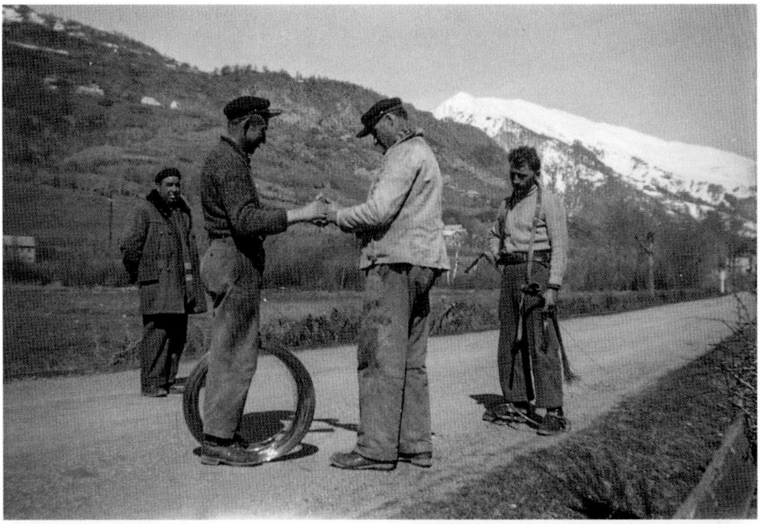

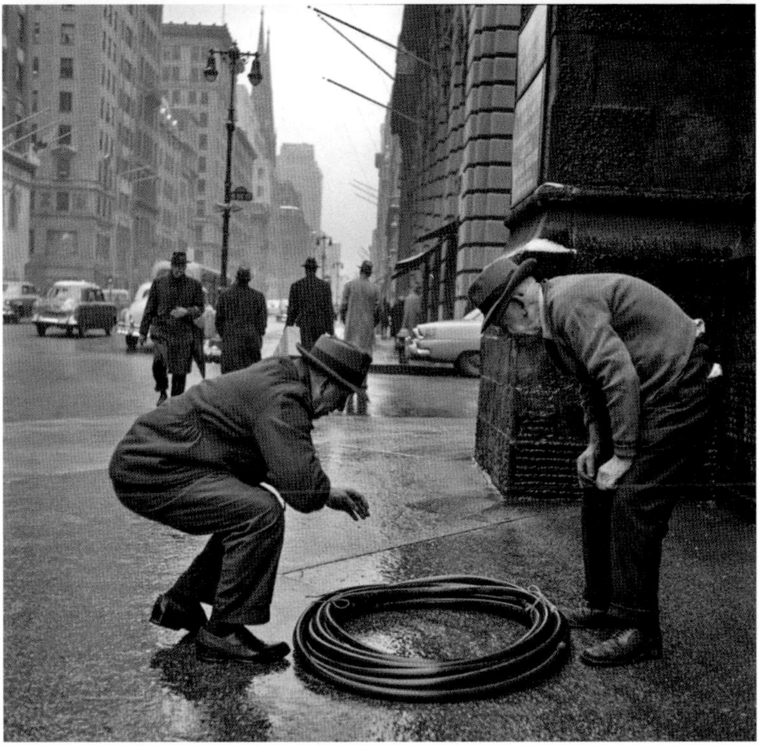

도로 보수, 프랑스, 1951년; 뉴욕, 1954년(*Vivian Maier*)

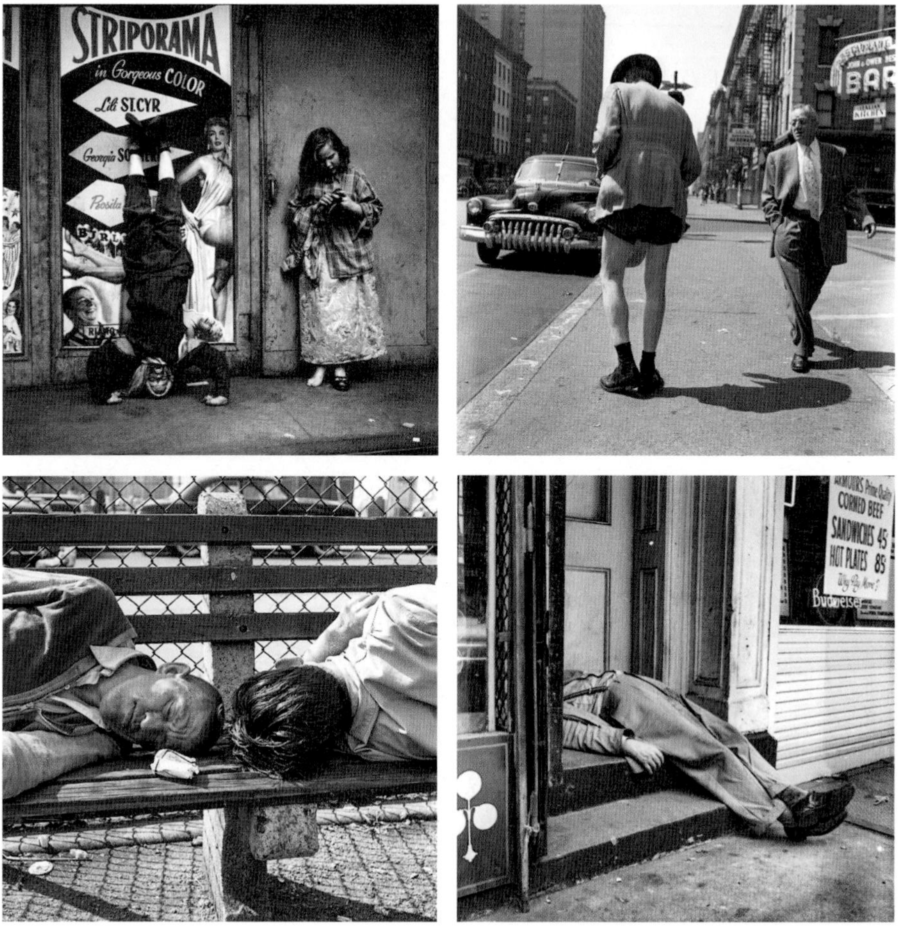

벌거벗은 도시, 뉴욕, 1953년(*Vivian Maier*)

않았다고 표현하는 것이 옳겠다. 남자는 바지를 잃어버린 것 같다. 완벽하게 차려입은 행인이 지나가면서 이 남자를 흘긋 쳐다본다. 벤치 위에서 서로의 거울상이 되어 머리를 맞대고 자는 두 남자를 찍은 사진도 있다. 얼굴이 바깥쪽을 향해 있는 남자는 행복한 꿈을 꾸고 있는 것 같은 표정을 짓고 있다. 3번로 스튜디오 입구에서 몸을 쭉 뻗은 채 잠든 남자도 있다. 비비안은 남자의 몸통 아랫부분과 얼굴 사진을 따로 따로 찍었지만, 두 사진을 이어붙일 생각은 하지 않았다.

비비안과 조앤이 함께한 지 1년이 됐을 때, 두 사람은 한 달 동안 서부를 여행하며 카우걸의 꿈을 이룰 기회를 얻었다. 여행에는 조앤의 어머니와 어린 사촌 둘도 함께였다. 나이아가라 폭포에서 시작한 여행은 옐로스톤 국립공원을 지나 조앤의 조부모가 있는 캐나다 밴쿠버까지 이어졌다. 다섯 사람은 미국 삼나무 지대를 지나 캘리포니아 해안을 따라 할리우드까지 가는 동안 마음 가는 대로 멈춰섰다. 비비안은 여행의 처음부터 끝까지 시간 순서대로 기록하며 신중하게 사진 찍을 대상을 고르고, 필름에 번호를 매겼다. 비비안은 참신하면서도 다양한 주제를 접할 수 있다는 사실에 분명히 신이 났을 것이다.

여행자들은 깜빡이는 간판이 환영 인사를 건네고 깨끗한 물품이 갖춰진 도로변 모텔에서 묵었다. 모텔 수영장에서는 구릿빛 피부의 여인들이 비키니를 입고 일광욕을 하고 있었는데, 초상 사진을 찍어줄 만큼 매력적이었다. 여행자들은 협곡을 걷고, 기계 소를 타고, 수정처럼 맑은 호수에서 수영했다. 그들은 미국에서 가장 키가 큰 나무들이 하늘을 향해 자라는 모습을 보기 위해 모두 함께 고개를 젖혔고, 북미 원주민들의 토템폴과 골짜기를 탐사하고, 가까이에서 회색곰의 눈을 마주보았다. 아메리카 원주민 보호 구역은 모두의 흥미를 끌었지만 비비안은 그곳에 추가적인 관심을 더 기울였다. 다른 사람과 나란히 사진 찍는 걸 꺼리는 비비안이었지만,

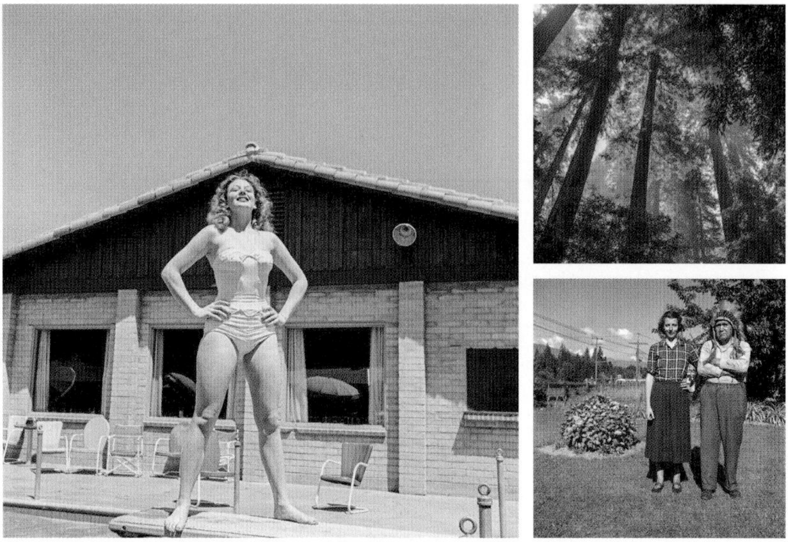

서부의 매력, 1953년(*Vivian Maier*)

한 족장과는 기꺼이 함께 서서 사진을 찍었다.

밴쿠버에서 홀로 도시를 탐사할 기회를 잡은 비비안은 사진에 담을 만한 피사체를 찾아 어슬렁거리며, 아주 드문 경우에만 셔터를 눌렀다. 이때 찍은 많지 않은 사진 가운데 그 친밀함과 매력으로 사랑을 받는 작품들이 있다. 그중 하나가 자동차 앞 좌석에서 편안하게 몸을 뻗고 자는 흠 잡을 데 없이 깔끔하게 차려 입은 신사의 사진이다. 사진에서 남자는 마치 머리가 없는 것처럼 보인다. 그는 집에 있는 것처럼 편안해 보이는데, 방향 지시등 위에 조심스레 모자를 걸어놓았고, 자동차 창문 바깥의 풍경은 마치 '침대' 위에 걸어놓는 사진 액자처럼 보인다. 창문을 가득 채운 우뚝 솟은 낡은 교회는 마치 건물 전면부에 레이스 커튼을 드리운 듯한데, 이 역시 뜻밖의 안락함을 선사한다. 밴쿠버의 유서 깊은 교회를 이런 식으로 친근하게 포착한 사진은 이제껏 없었다.

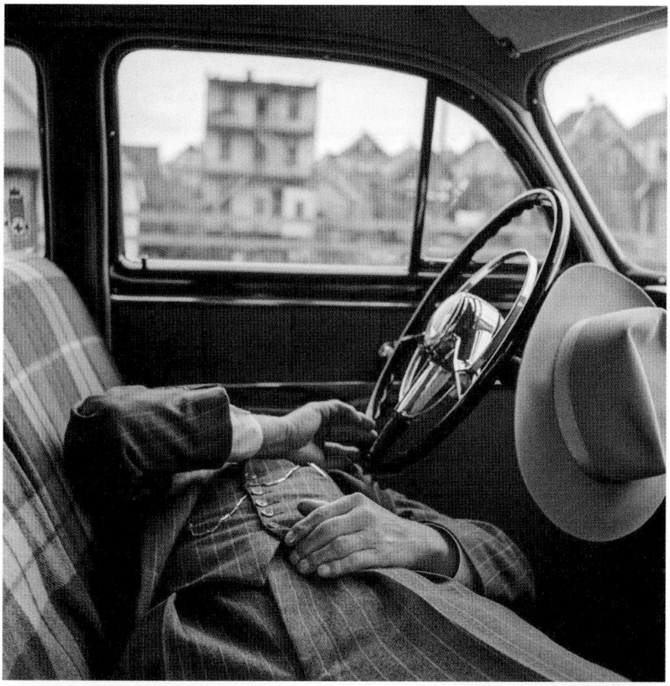

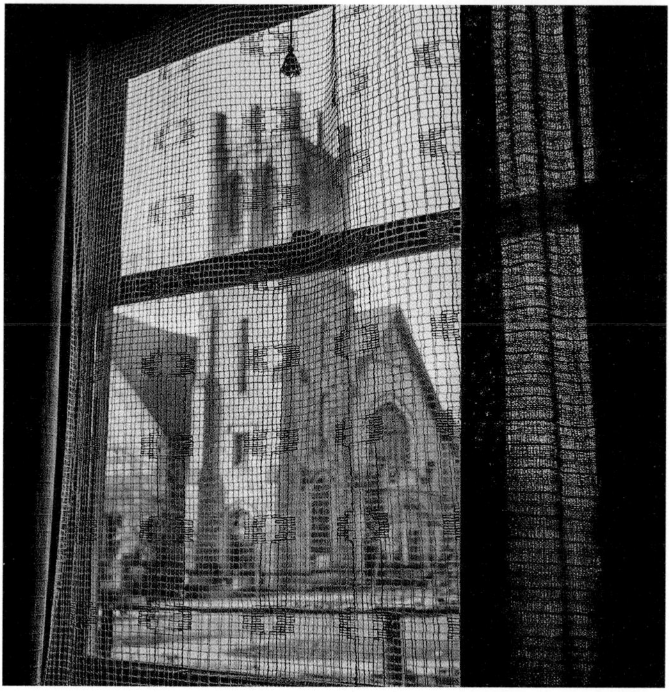

밴쿠버의 흔적들, 1953년(*Vivian Maier*)

조앤과 사촌들은 자신들의 보모가 엄격하게 규칙을 따르는 사람이었고, 가끔은 함께 여행하기 힘든 사람이었다고 기억한다. 비비안은 사진을 찍어야 하니 차를 길가에 세워달라고 요구했고, 그럴 때면 사람들은 차 안에서 비비안이 촬영을 마칠 때까지 얌전하게 기다려야 했다. 아이들은 모두 보모가 냉정한 사람이었다는 데 동의했다. 조앤의 사촌은 보모에 대해 "그 마드모아젤을 싫어한 것은 아니었어요. 그저 좋아하지 않았을 뿐이죠"라고 자신의 감정을 표현했다. 거의 모든 상황에서 비비안은 자신이 따뜻함을 결여하고 있다는 사실을 인지하지 못했던 것 같다. 조앤의 집안에서 이 보모에 대한 이야기는 전설이 되어, 심지어 보모가 떠난 뒤에 태어난 아이들도 그 이야기를 거듭해서 들었다. 미국 전통 요리를 아주 잘한다고 알려진 비비안이었지만, 고집스레 미국인들에게 낯선 음식을 만들었다. 한 번은 아이들에게 스테이크 타르타르를 만들어 날고기를 먹이려고 했지만 그 음식에 전혀 매력을 느끼지 못했던 아이들은 단호하게 거부했다. 이는 비비안의 다음 고용주들이 들려준 수많은 음식에 관한 '끔찍한 이야기'의 선례가 된다.

보모가 조앤의 가족을 떠나간 방식은 지금도 이 가족의 고개를 절레절레 젓게 한다. 로스앤젤레스에서 아이들은 비비안과 함께 방을 썼는데, 이른 아침에 들리는 소리 때문에 잠에서 깨야 했다. 눈을 뜬 아이들은 여행가방을 질질 끌면서 방을 나가고 있는 보모를 보았다. 보모는 아이들에게 조용히 하고 다시 자라고 하더니 아무 말도 없이 떠나버렸다. 여행자들의 원래 계획은 애리조나로 간 뒤에 텍사스 팬핸들을 지나 다시 뉴욕으로 돌아오는 것이었다. 그곳에서 비비안은 다시 조앤을 돌볼 터였다. 조앤에 따르면 아침에 일어난 어머니는 비비안이 아무 말도 없이 떠나버렸음을 알고 당연히 깜짝 놀랐다. 조앤 가족은 보모가 말도 없이 떠난 이유를 짐작해보려고 애썼지만, 지금까지도 도무지 무엇이 잘못됐던 것인지 알 수 없다고 했다.

그 뒤의 행적으로 짐작해 보건대, 비비안은 모텔에서 나와 캘리포니아 남부에서 살고 있던 샹소르 출신 친구를 만났고, 그 뒤에는 곧바로 비행기를 타고 뉴욕으로 돌아갔던 것 같다. 자신이 조앤 가족을 불편하게 만든 것도, 마음에 상처를 입힌 것도 비비안은 신경 쓰지 않은 것처럼 보인다. 여행하는 동안 매일 조앤의 가족을 카메라에 담았지만, 결코 그 집으로 돌아가 사진을 보여주지 않았다. 65년이 지난 뒤에야 조앤은 마침내 즐거웠던 여행지 사진을 직접 보는 기쁨을 누릴 수 있었다. 15개월이 넘는 시간 동안 비비안은 조앤 가족, 그리고 그들의 친구들의 사진을 500장 이상 찍었고, 거의 모든 사진을 가족들에게 주었다. 대부분 비비안이 다양한 방식으로 사진 처리하는 법을 궁리하면서 스스로 인화한 것이었기에, 조앤 가족의 빈티지 프린트는 무광 혹은 유광 인화지에, 정사각형 혹은 직사각형으로, 완전하게 혹은 잘린 형태로 남아 있다. 수없이 많은 사진을 남겼던 조앤은 그 뒤로 비비안의 작품 목록에서 영원히 사라지고, 비비안은 자신의 뮤즈였던 이 작은 소녀를 다시는 찾지 않았다.

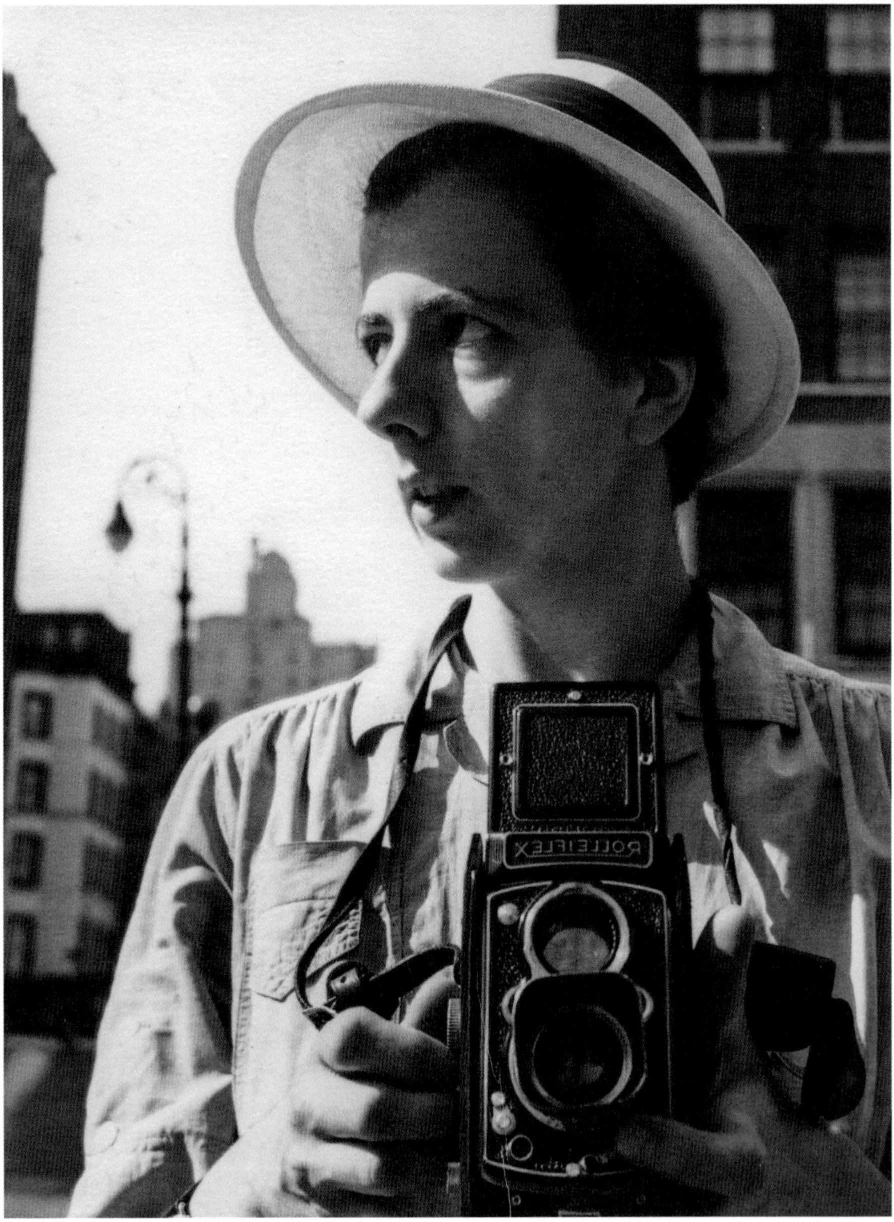

자화상, 뉴욕, 1954년(*Vivian Maier vintage print*)

8
최고의 해

인생에서 가장 좋은 나이는 스물여덟 살이에요.

—비비안이 고용주에게 한 말

비비안의 밀착인화지는 1953년 8월에 비비안이 갑자기 뉴욕으로 돌아온 가장 큰 이유가 사진 기술을 익히고 직업적 야망을 실현하기 위해서였음을 분명하게 보여준다. 그전 해 여름에 롤라이플렉스를 장만하면서 꾸기 시작한 꿈을 더욱더 밀어붙인 것이다. 1954년 한 해 동안, 사진은 비비안의 인생에서 중심을 차지했다. 이제 막 사진작가가 되었을 뿐이지만 이때 찍은 사진 중에는 비비안의 인생작이라고 할 수 있는 작품도 몇 점 있다. 실제로 하워드 그린버그 갤러리에서 열린 전시회에서는 그 어느 때보다도 1954년의 작품을 많이 소개했다. 훗날 비비안은 이 시기를 가리켜 "인생에서 가장 좋은 나이는 스물여덟 살이에요. 요령을 알고 문제에 휘말리지 않을 정도로 충분히 성숙하면서도 젊음의 에너지도 있어, 방해받지 않고 자유롭게 탐험할 수 있는 나이니까요"라고 했다. 그로부터 몇 달 뒤, 비비안은 스물여덟 살이 되었다.

다시 일자리를 찾기 전에 비비안은 자신이 가장 좋아하던 촬영 장소를 한 달가량 열정적으로 돌아다니며 사진을 찍었다. 사진 촬영을 위해 돌아다닌 거리를 보면 비비안이 얼마나 열심히 노력했는지 알 수 있다. 이때 보여준 왕성한 에너지와 호기심은 평생 지속되어, 나이가 아주 많이 든 뒤에도 사라지지 않았다. 캘리포니아에서 뉴욕으로 돌아온 비비안은 도심의 고층 건물을 가장 먼저 찍었는데, 이 사진들 속에는 집으로 돌아오는 비행기 안에서 찍은 비행기 날개 사진도 있다. 이런 도시 풍경은 엽서를 만들려고 찍은 것 같은데, 아메데 시몽에게 보낸 편지에서 언급한 작품 가운데 일부가 이 사진들이었을 가능성이 있다.

9월 초가 되면 비비안은 필름을 현상하려고 뉴욕 현대미술관과 3번로에 있는 스튜디오에 갔다. 그리고 점점 더 보통 사람들이 주목하지 않는, 찰나의 순간을 포착하려고 애썼다. 고가 철도 아래에 서 있는 세 아이 가운데 가장 어린아이는 경이로움에 가득 차 입을 크게 벌린 채, 자신만의 행복한 순간을 온전히 누리고 있다. 비비안은 다양한 사람들이 용광로처럼 붐비는 여객선 선착장에 자주 나가 바람 부는 부두에서 다른 사람들과 거리를 둔 채 꼭 끌어안은 연인처럼, 흥미로운 피사체를 사진에 담았다. 스태튼섬까지의 짧은 여행에서 비비안은 해변과 해안 도로를, 빛과 어둠을 만날 수 있었다. 뉴욕은 아름다운 도시였지만 비비안은 그 아름다움 아래 숨어 있는 것들에 주목했다. 누군가의 집 현관 앞에서 잠을 청하는, 뉴욕 곳곳에서 볼 수 있는 부랑자, 그리고 범죄자를 끊임없이 실어나르는 수송차 행렬 같은 모습이 그것이다.

베이비붐 시대가 도래하면서 입주 가정교사를 찾는 수요가 폭발적으로 증가했고, 비비안은 9월 중순에 센트럴파크 웨스트 333번지에 거주하는 가족과 함께 살게 됐다. 그 집 아이들은 상당히 독립적인 십 대들이었기 때문에, 보모는 짧은 시간만 일해도 됐고 목요일과 일요일에는 쉴 수도 있

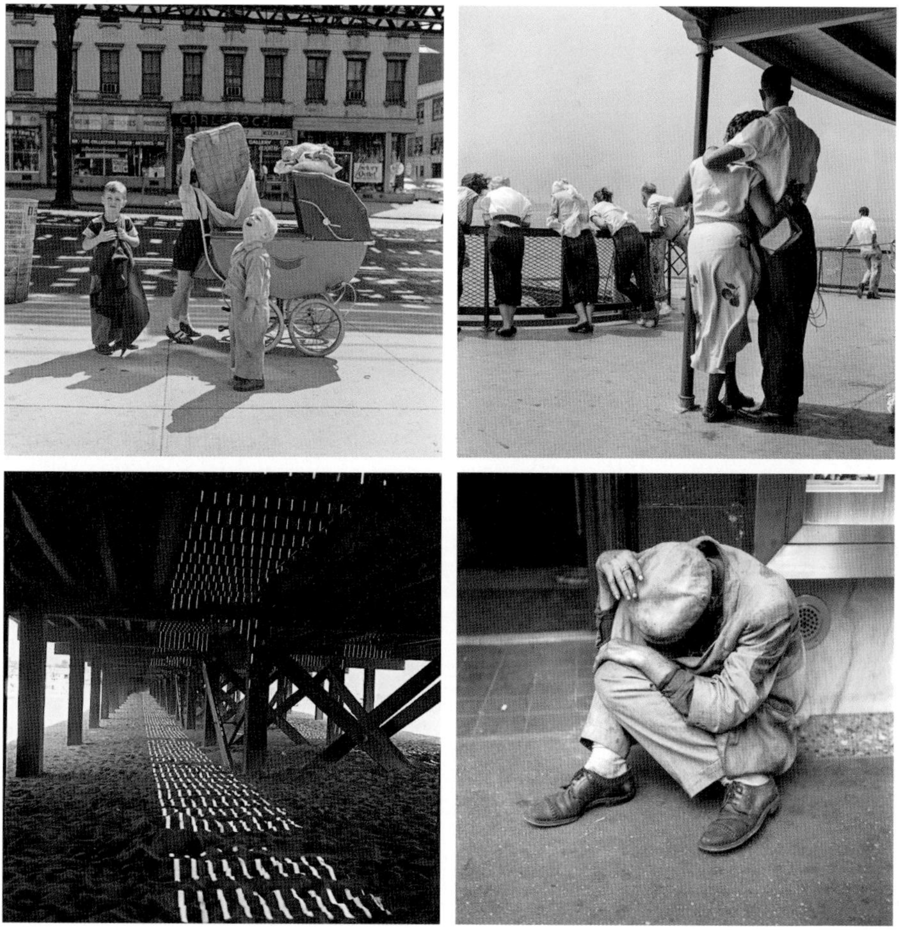

늦여름, 뉴욕, 1953년(*Vivian Maier*)

었다. 그해 가을에 비비안은 다른 사진작가들을 관찰하고, 인물 사진을 찍고, 유명인을 쫓아다니는 등, 거리를 탐사하며 시간을 보냈다. 크리스마스 이브에는 거리 사진작가 위지를 연상케 하는 작품들을 찍으면서 한 해를 마무리했다.

1954년 첫 6주 동안은 매일 활동한 내용을 기록했는데, 이 진귀한 자료

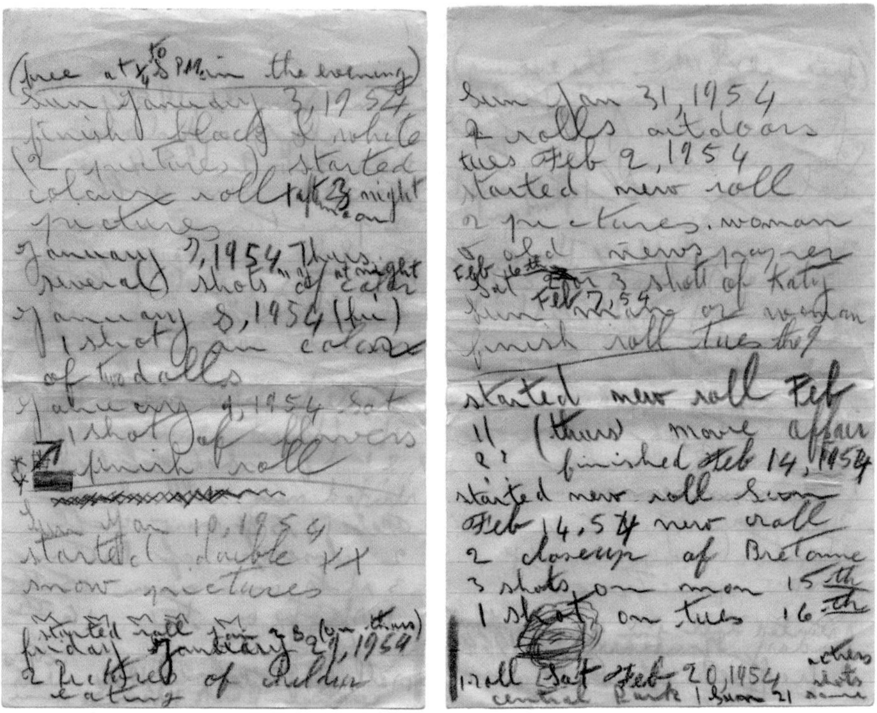
Sun January 3, 1954
finish black & white
(2 pictures) started
color roll
pictures
January 7, 1954 Thurs
several shots
January 8, 1954 (fri)
1 shot in color
of two dolls
January 9, 1954 Sat
1 shot of flowers
finish roll
Sun Jan 10, 1954
started double XX
snow pictures
friday January 29, 1954
2 pictures of children
eating

Sun Jan 31, 1954
2 rolls outdoors
tues Feb 2, 1954
started new roll
2 pictures. woman
& old news paper
3 shot of Katy
finish roll tues the 9
started new roll Feb
11 (thurs) movie affair
finished Feb 14, 1954
started new roll Sun
Feb 14. 54 new roll
2 closeup of Bretonne
3 shots on mon 15th
1 shot on tues 16th
1 roll Sat Feb 20, 1954

비비안 마이어의 촬영 기록, 1954년 1월과 2월(*John Maloof Collection*)

는 비비안이 입었던 코트에서 얼마 전에 발견했다. 이 기록 덕분에 비비안이 어떤 경로로 사진을 찍었는지, 어떤 식으로 연습하고 발전해나갔으며, 어떤 주제에 관심이 있었는지를 좀 더 자세하게 알 수 있게 됐다.

연습 사진

비비안이 스스로 '최고의 해'라고 언급한 한 해의 기록은 1954년 1월 3일 일요일에 시작됐다. 그날 비비안은 센트럴파크에 사는 가족의 집에서 일하고 있었는데, 가족들을 편하게 느꼈던 것 같다. 비비안은 자신이 돌보던 아이들과 아이들의 할머니 사진을 많이 찍었지만 그중 집 밖에서 찍은 사진은 하나도 없었다. 집 밖에서는 자신만의 목표와 즐거움을 추구하는 데서 새로운 자유를 누렸던 것 같다. 보통 사람들과 달리 오후 7시 45분에 퇴근을 하는 비비안은 흑백 필름 한 통에 눈 내리는 밤을 담고, 다시 컬러 필름으로 바꾸어 야경을 담았다. 시몽에게 보낸 편지에서 비비안은 "미국으로 돌아온 뒤로 많은 경험을 했어요. 밤에 사진을 찍는 일 같은 거 말이에요"라고 썼다.

그다음 나흘 동안 비비안은 카메라를 만지지 않았고, 5일째 되던 날 다시 야경을 찍으러 나갔다. 며칠간 압축적으로 특별한 주제나 분야의 사진만을 집중해서 찍는 일은 비비안에게 드문 일이 아니었다. 그 주말에 비비안은 양동이에 든 인형과 심홍색 꽃을 찍는 것으로 컬러 필름 한 통을 다 썼다. 일요일에는 다시 흑백 사진으로 돌아가 눈과 안개로 가득한 분위기 있는 야경을 찍었다.

그로부터 2주 뒤에 비비안은 돌보는 아이들이 저녁을 먹는 사진을 찍기 위해 새로운 필름 한 통을 끼웠다. 주말에는 그 필름을 마저 모두 찍고, 철거가 결정된 마크 트웨인의 집을 사진에 담으려고 그리니치 빌리지로 이동하면서 흑백 필름 두 통을 더 썼다. 다시 시내로 돌아오면서 새로 지은 유엔 건물을 사진에 담았고, 정문이나 화재 대피로가 눈에 띄면 일단 사진을 찍은 뒤에 다시 이동했다. 높은 굴뚝, 계단식 건물, 서리가 내린 갈색 돌계단이 만들어내는 반복되는 패턴들이 모두 한 프레임 안에 들어갔다. 재빨리 목적을 달성한 비비안은 사진도 찍고 판매도 할 수 있는 주요 사냥터인 14번가로 활기차게 이동했다.

1월을 마무리하면서 비비안은 야외에서 필름 두 통을 쓰고, 그때까지 가지고 있던 코닥 Tri-X 필름을 모두 사용하려고 예전에 썼던 박스 카메라를 손에 들었다. 1월에 뽑은 밀착인화지를 보면 비비안이 같은 장면을 두 번 이상 찍은 경우는 드물다는 사실을 알 수 있다.

2월, 새로운 흑백 필름으로 사진을 찍기 시작한 비비안은 나흘 동안 그 필름을 다 썼다. 피사체를 찍을 때 세 번씩 다른 자세를 취하게 하는 자신만의 전형적인 방법으로 돌보는 소녀의 사진을 찍었고, 소녀의 아파트를 나와서는 비에 젖은 어퍼 이스트사이드를 돌아다니는 노부인들을 뒤쫓았으며, 고양이, 건설 현장, 갓난아기, 인형, 신문 등으로 필름을 채웠다. 이 필름은 5번로의 거울에 비친 비비안 자신의 자화상 사진으로 끝이 난다.

밸런타인데이가 다가오면서 비비안은 파파라치 모드로 전환했다. 프랑스 배우 대니 로뱅Dany Robin과 전설적인 배우 커크 더글러스Kirk Douglas가 출연한 〈액트 오브 러브*Act of Love*〉의 개봉일에는 타임스퀘어에 모여 있는 사람들과 함께 서 있다가 곧바로 사람들을 뚫고 애스토 극장Astor Theatre으로 이동했는데, 비비안은 그런 방법으로 늘 성공적인 결과를 얻었다. 위지가 애스토 극장 입구에서 자신의 가장 유명한 사진을 찍은 것이 그날 밤일 것이다. 비비안은 배러닛 극장Baronet Theatre에서 영화 〈친밀한 관계*Intimate Relations*〉 홍보차 사인회를 하고 있던 스웨덴 배우 엘시 앨빈Elsie Albiin을 찍었다. 그런 다음 남쪽으로 한 블록 이동해 2주 전에 비비안이 찍은 노부인들의 네거티브를 살펴보는 제네바 매켄지를 찍었다.

6주 동안 비비안은 카메라 두 대로 세 종류의 필름을 사용해 밤낮으로, 안팎에서, 눈이 오나 비가 오나 화창한 날이나 사진을 찍었다. 어퍼 이스트사이드, 어퍼 웨스트사이드, 센트럴파크, 14번가, 빌리지를 샅샅이 훑고 다녔다. 어떤 날은 사진을 찍지 않기도 하고, 어떤 날은 단 한 장만 찍기도 했지만 주말이면 여러 통의 필름을 갈아 끼웠다. 비비안은 정확히 계산한 대로, 정교하게 필름을 사용했다. 도시 풍경, 건축물, 평범한 사람들, 유명한 사람들, 가판대, 자화상 사진, 거리 등, 다양한 장르를 탐구했다. 이 시기 촬영분 가운데 인화한 사진은 알려진 게 없는데, 비비안의 전체 작품 목록에서 인화한 사진이 극히 적다는 것을 보여주는 또 하나의 예이다.

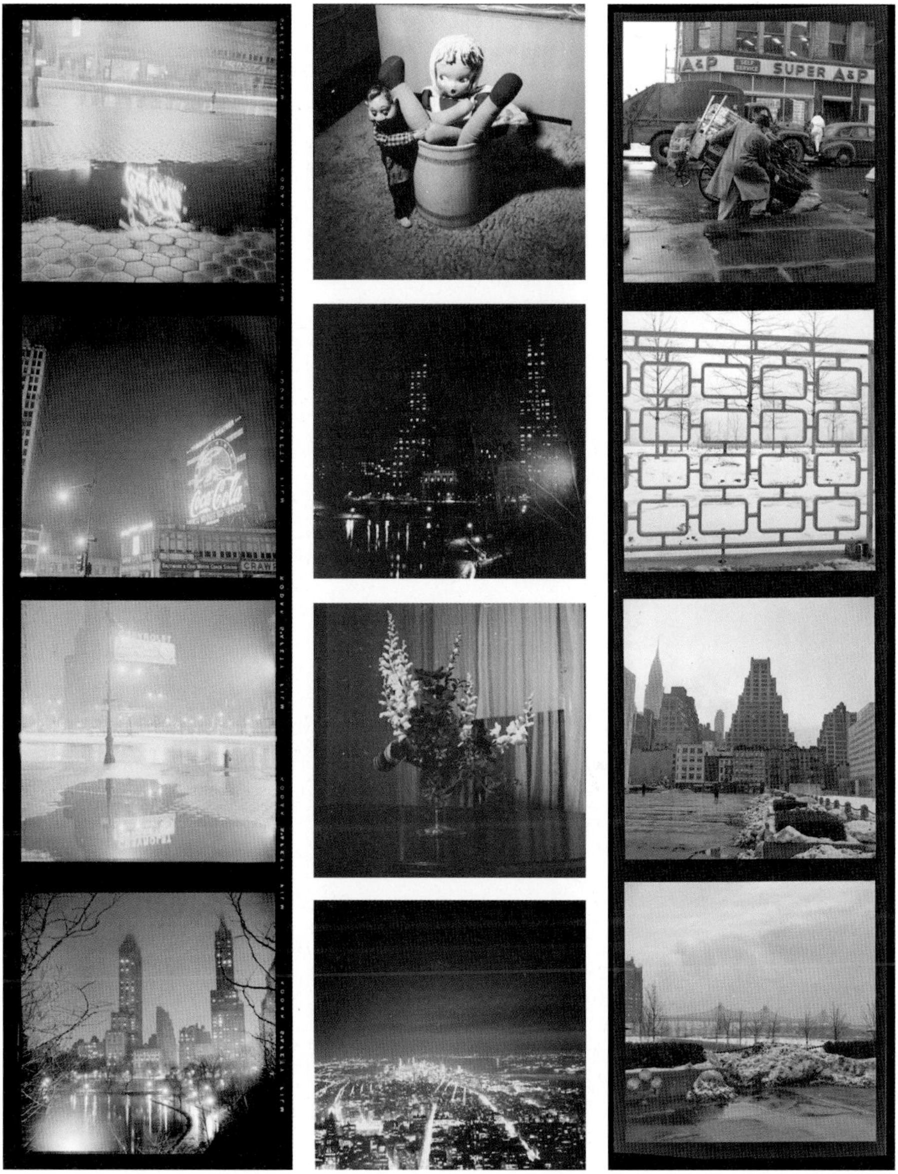

밀착인화지, 1954년 1월(*Vivian Maier*)

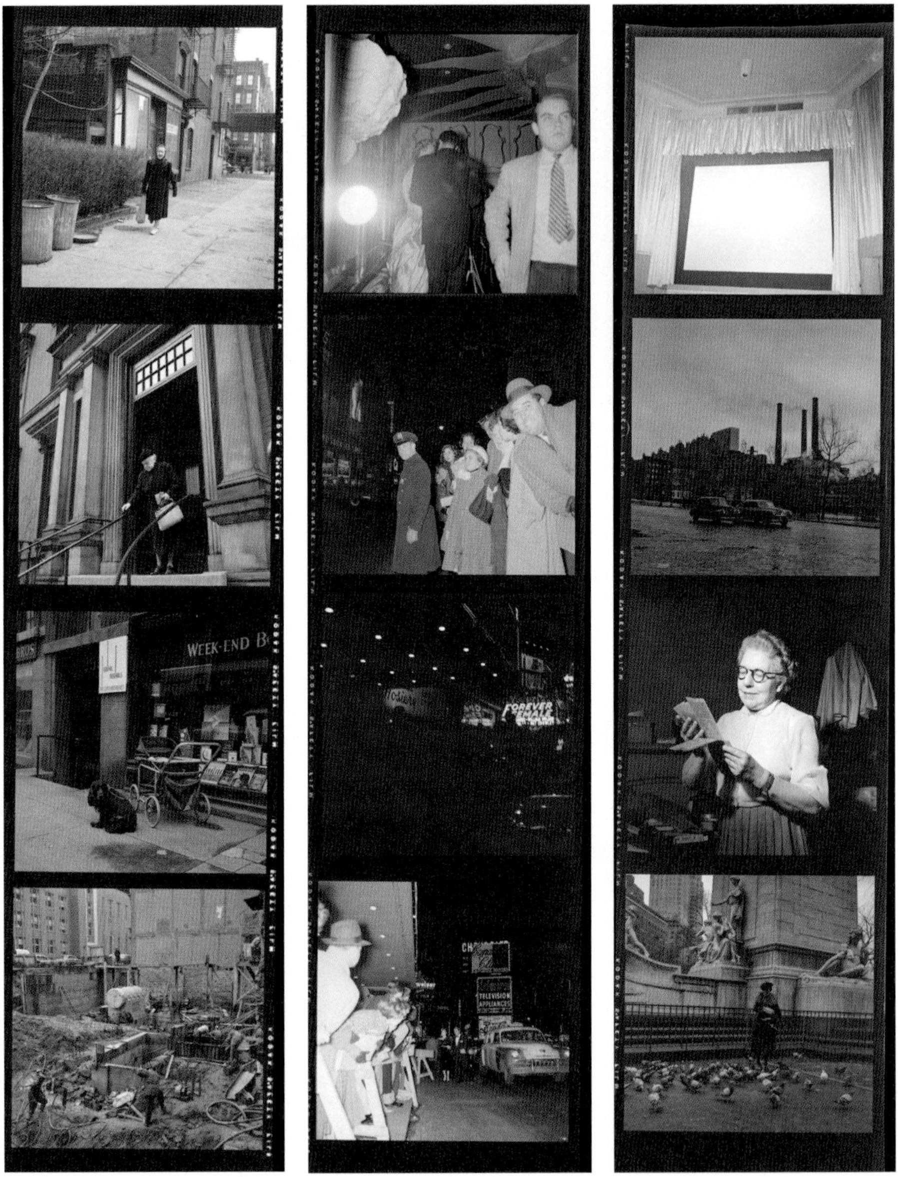

밀착인화지, 1954년 2월(*Vivian Maier*)

센트럴파크 웨스트 333번지에서의 일은 1954년 봄에 끝이 났지만, 그 집에서 나오기 전에 비비안은 아메데 시몽에게 사업을 제안하는 편지를 썼다. 실제로 1월에 찍은 사진을 엽서로 몇 장 만들어 오트잘프 지도 옆에 둘러놓고 사진을 찍기도 했다. 하지만 그 엽서들은 비비안의 기록에서도, 작품 목록에서도 찾을 수 없다.

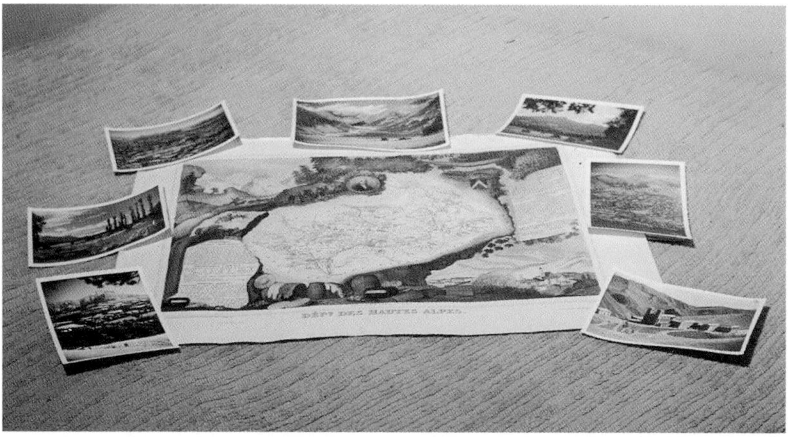

오트잘프 삽화, 뉴욕, 1954년(*Vivian Maier*)

최고의 작품들

1954년 여름에 비비안은 새로운 사진 기술을 익히기 위해 보모 일을 중단했다. 뉴욕 주립 도서관 앞에서 찍은, 풍부한 레이어가 돋보이는 사진은 비비안의 촬영 기술과 안목이 향상됐음을 보여준다. 사진에서 가장 눈에 띄는 인물은 마치 현대판 비너스마냥 군중 위로 솟아오른 것처럼 보이는 목이 긴 아름다운 여인이다. 초점이 맞지 않는 전경은 마치 이 세상이 아닌 것 같은 감각을 자아내고, 수직과 수평으로 강하게 뻗은 선들은 여인에게로 시선을 집중하게 해, 사진을 보는 사람들이 자신도 모르게 여인의 무표정한 시선을 쫓게 만든다. 이 사진의 가장 흥미로운 점은 여인의 눈 위치와 그 앞에 놓인 가로대를 봤을 때, 비비안이 버스를 타고 지나가면서 찍었을 가능성이 크다는 것이다. 많은 사람이 비비안은 '적중률'이 높다고 말한다. 한 필름에서 건질 만한 작품이 많다는 뜻이다. 1954년에 비비안이 촬영한 열두 개 밀착인화지에서는 이 도서관 사진과 이 책의 표지에 실은 사진을 비롯해 전시 가능한 사진이 세 장이나 나왔다.

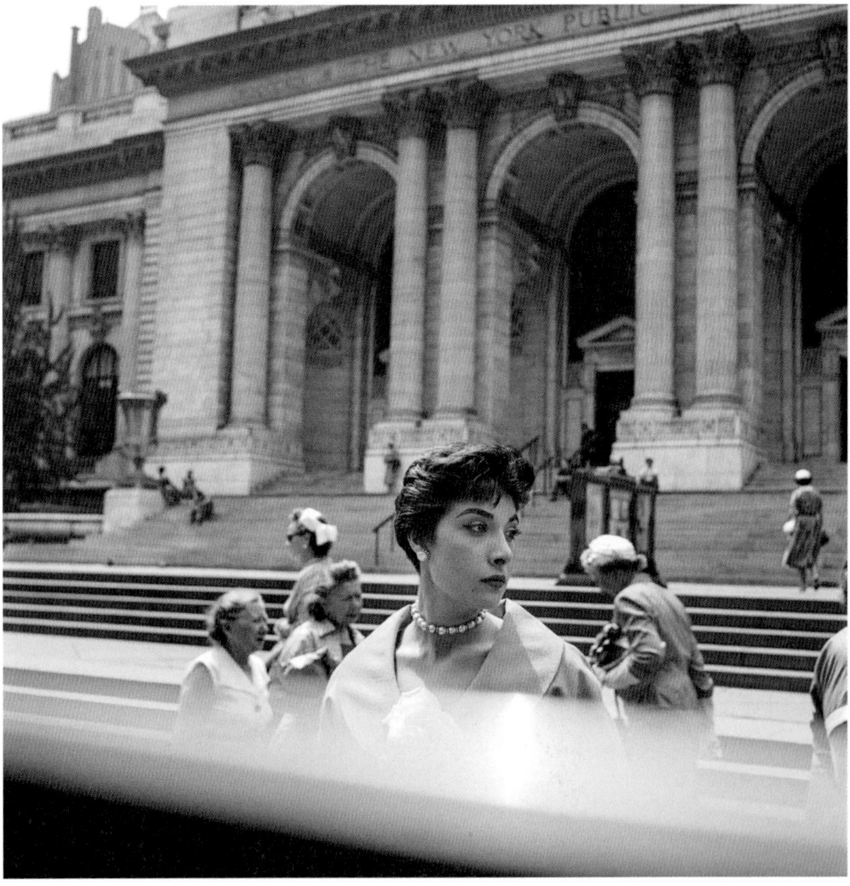

도서관의 숙녀, 뉴욕, 1954년(*Vivian Maier*)

롤라이플렉스를 구입하고 얼마 되지 않아 비비안은 사람들 뒤에서 사진을 찍기 시작했고, 새 카메라를 사용한 지 불과 6개월 만에 빗물 고인 리버사이드 드라이브에서 아들, 딸과 함께 걷는 아버지의 놀라운 뒷모습을 사진에 담았다. 딸은 비비안이 셔터를 누르는 순간, 몸을 돌려 비비안을 보았다. 물에 비친 그림자와 반사되는 빛, 풍부한 질감이 아름다운 균형을 이루고 있는 이 사진은 사람들의 앞모습을 찍은 사진만큼이나 인상적이

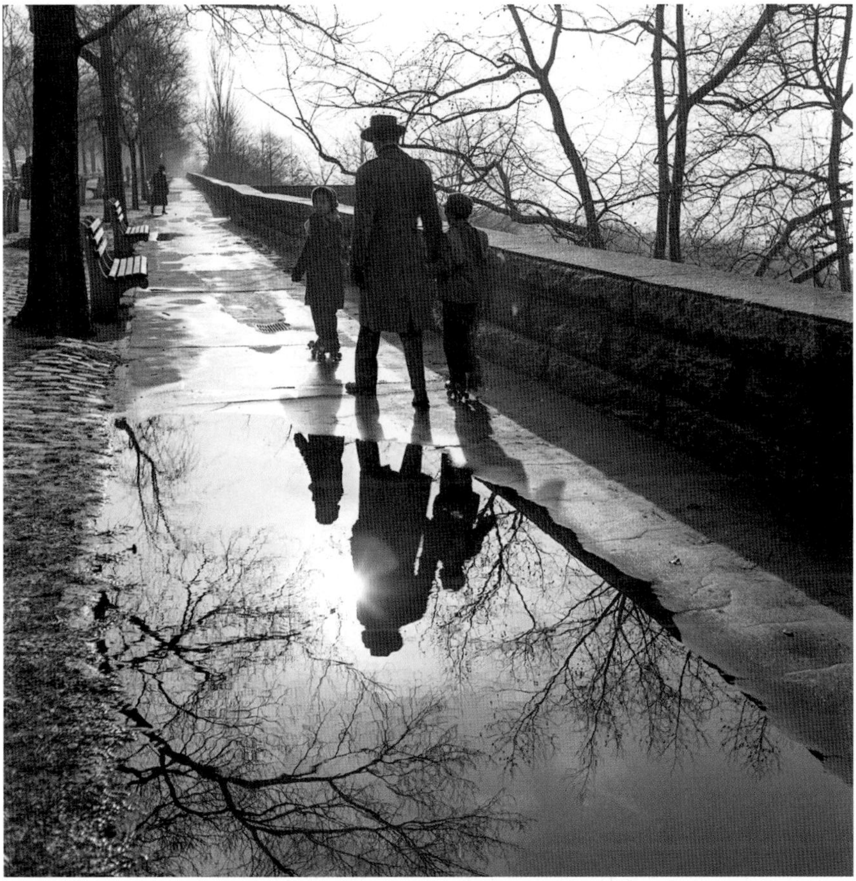

리버사이드 드라이브, 뉴욕, 1953년(*Vivian Maier*)

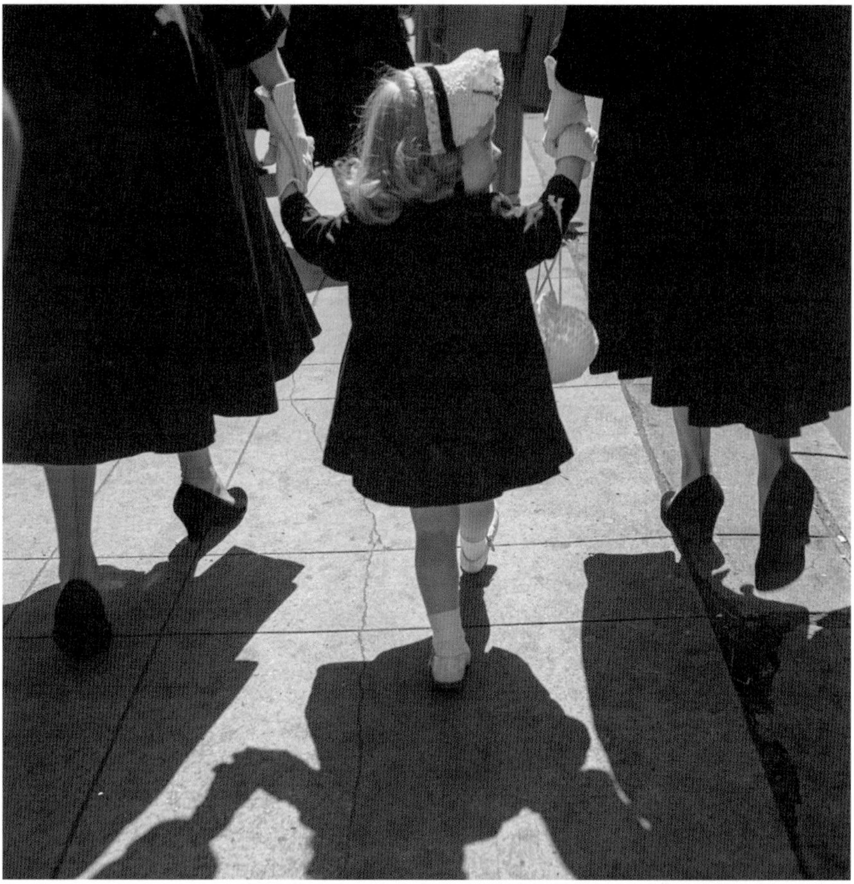

뒷모습 1, 뉴욕, 1953년(*Vivian Maier*)

다. 1954년 내내 비비안이 찍은 뒷모습 사진은 '적은 것이 더 많은 것이다 less is more'를 표방하는 그녀의 다른 사진들, 즉 신체의 일부나 몸통, 소지품을 찍은 사진들과 함께 비비안의 작품임을 드러내는 뚜렷한 특징으로 자리잡았다. 이 시기에 비비안은 꼭 잡은 손, 신발을 신지 않은 발, 아주 사소한 몸짓으로 전체 이야기를 전달했다.

미드타운에서 비비안은 바짝 붙어서 걸어가는 세 사람을 뒤쫓았다. 흰

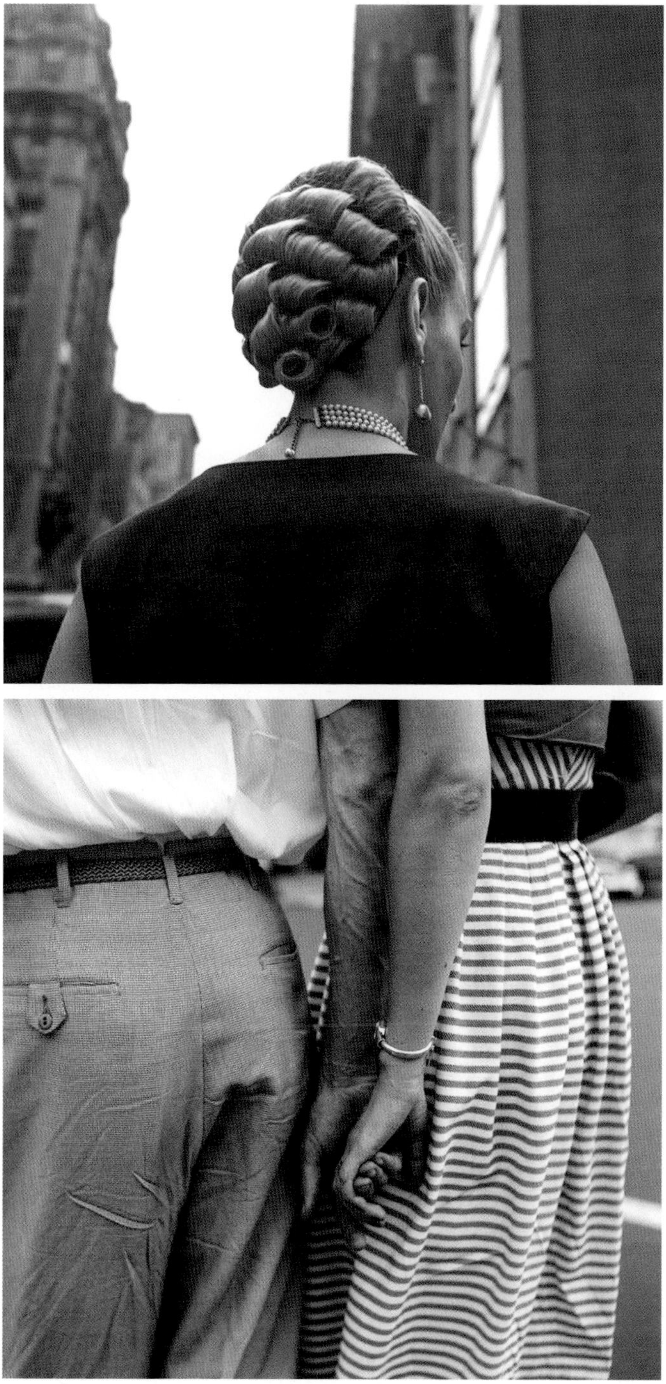

뒷모습 2, 뉴욕, 1953년(*Vivian Maier*)

색 장갑을 끼고 있는 세 사람 뒤로 그림자가 길게 늘어져 있다. 양쪽에서 거울처럼 닮은 모습으로 걸어가고 있는 두 사람이 만들어낸 완벽한 구조 덕분에 가운데 있는 어린 소녀에게 자연스럽게 눈길이 가는데, 소녀는 매혹적으로 고개를 돌려 대열의 일관성을 흐트러뜨린다. 머리 스타일마저도 감정을 불러일으키는 요소로 사용되었다. 세심하게 컬을 넣어 입체적으로 둥글게 만 머리카락은 언제라도 자신을 가두고 있는 헤어네트를 뚫고 나갈 준비가 되어 있는 것처럼 역동적이다. 여자의 귀에서 길게 늘어진 귀걸이와 진주 초커는 사진에 완성미를 더한다. 두 사람 모두 긴 몸통만을 드러내고 있지만, 벨트와 겹쳐진 팔, 구부려서 맞잡은 손가락이 주는 생생한 현장감에 눈길이 가는 연인 사진도 있다. 주름진 바지와 툭 튀어나온 정맥, 더러운 손톱, 튼 손은 사진의 진정성을 한층 강화한다.

비비안이 1950년대에 찍은 많은 사진은 전형적인 뉴욕의 모습을 담고 있다. 엠파이어스테이트 빌딩 102층에서 찍은 사진에서는 한 노동자가 안전한 옥상의 반대편에 위태롭게 서 있다. 기대고 있는 곳이 뾰족한 징처럼 날카롭게 튀어나온 금속 난간이라 훨씬 더 위험해 보인다. 그보다 훨씬 아래에 있는 3번로 고가 철도 밑에는 캐롤라 스튜디오의 옆 가게 주인이 밖으로 나와 사람들이 붐비는 시끄러운 길에서 가게 전면을 닦고 있다. 배우 소개소에서 지금 막 걸어 나온 불량배 전문 배우 같은 모습을 한 남자가 입에 담배를 문 채 의심스러운 눈초리로 비비안을 쏘아보는 사진도 있다. 1954년 가을, 다시 일을 시작하기 전에 비비안은 물의 신비로운 속성을 포착한 역동적인 사진을 두 장 찍었다. 업타운에서는 아이들이 소화전을 터트려 간헐천을 만들어 늦여름의 더위를 유쾌하게 식히고 있고, 다운타운에서는 비에 젖은 금융가의 도로가 그 위를 지나가는 모든 것을 비추는 가운데 사람들이 미로처럼 남겨진 웅덩이와 물줄기를 피해 직장을 향해 부지런히 움직이고 있다.

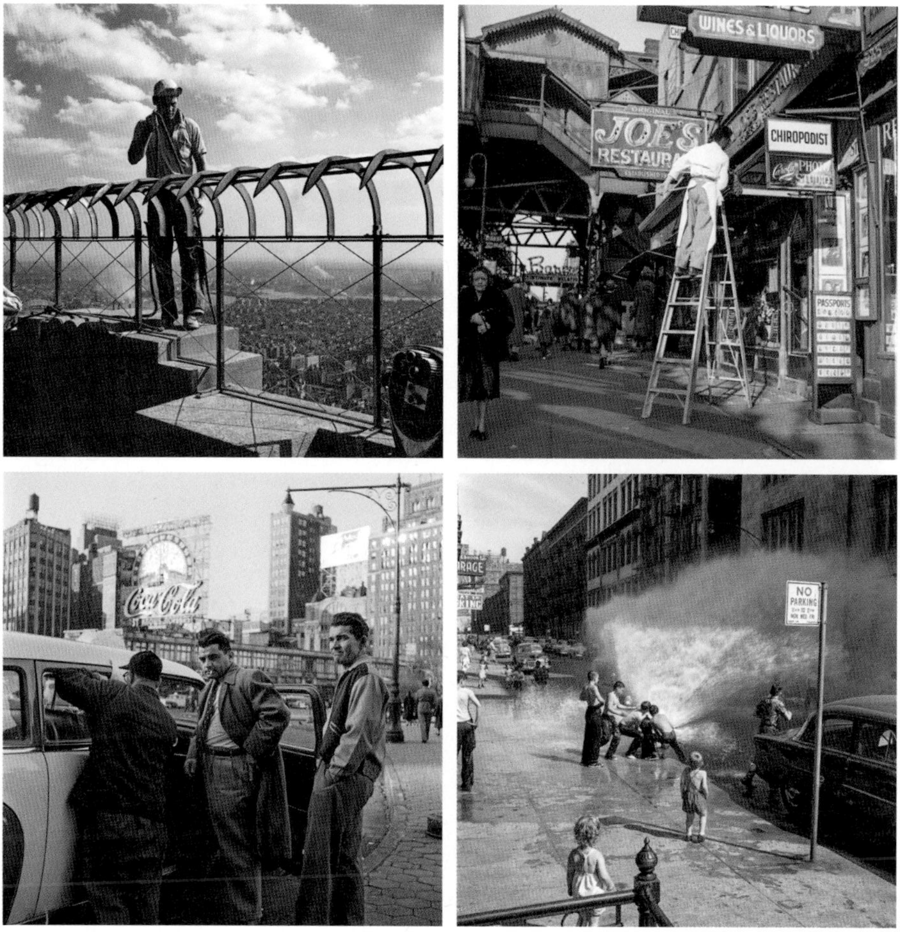

| ♥ 뉴욕, 1954년(*Vivian Maier*)

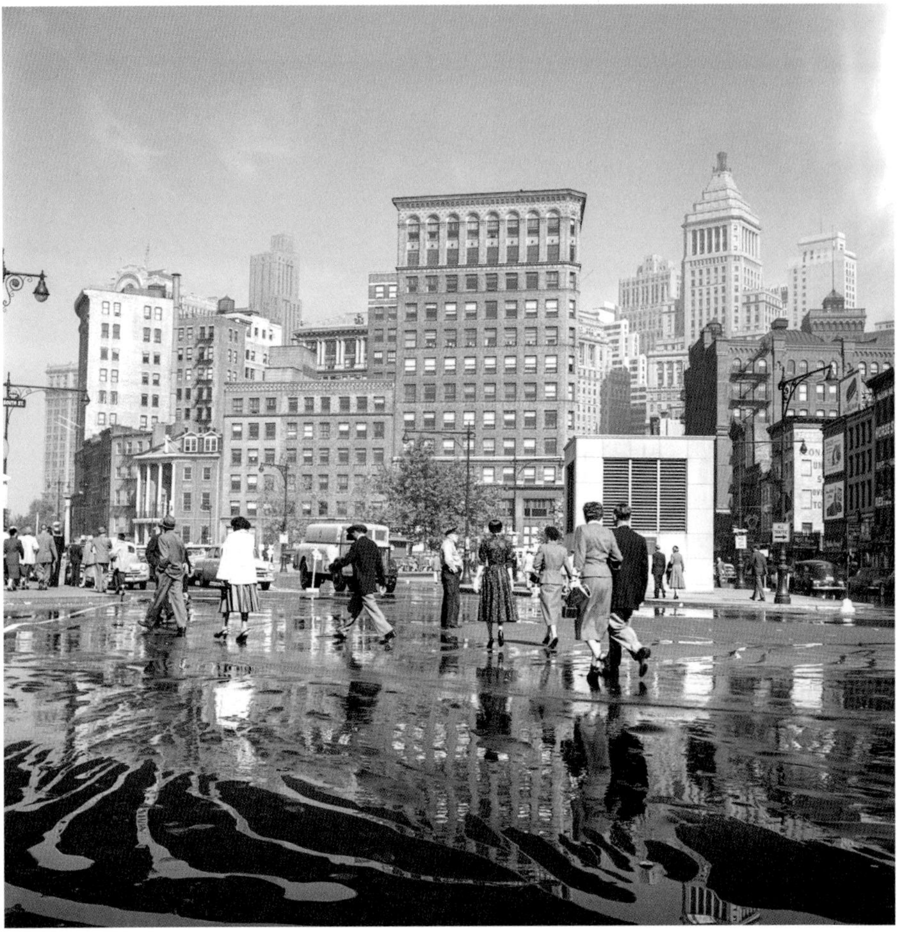

월스트리트 탐사, 1954년(*Vivian Maier*)

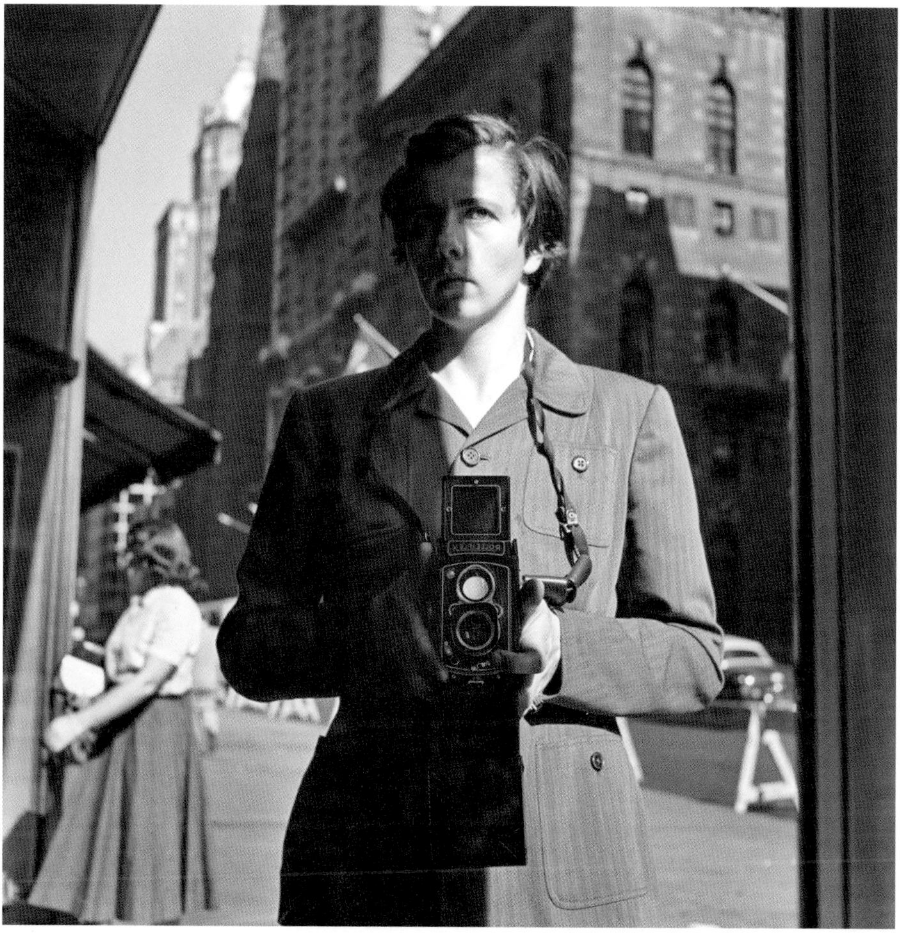

어둠과 빛, 뉴욕, 1954년(*Vivian Maier*)

유리에 비친 모습

프랑스에서 찍은 비비안의 사진 스물다섯 장은 모두 수수하면서도 자신감 넘치는 프랑스 여인의 모습을 담고 있다. 하지만 뉴욕에서 비비안은 전혀 다른 페르소나를 장착해 진지한 사진작가로서의 모습을 분명하게 드러낸다. 이 시기에 찍은 거의 모든 자화상 사진에서 비비안은 유능한 전문직에 종사하는 사람처럼 맞춤 정장을 입고 카메라가 돋보이도록 손에 들고 있다. 대표적인 자화상 사진(150쪽 사진)에서 비비안은 5번로에 있는 거울을 쳐다보면서 '렘브란트 조명Rembrandt lighting(피사체의 특정 부위에 빛을 강하게 줘서 배경과의 극적인 대비를 보여주는 촬영 기법. 옮긴이)'을 실험하고 있다. 그녀는 고개를 살짝 돌려 얼굴의 일부에 그늘을 드리우고, 눈 아래에 삼각형의 빛이 맺히게 하는데, 이로써 미묘한 카이로스쿠로 효과chiaroscuro effect(화가 카라바조의 명암법을 일컫는 말로, 명암의 대비로 피사체의 입체감을 드러낸다. 옮긴이)를 만들어냈다. 또 다른 사진에서는 빛과 그림자로 몸을 반으로 갈라, 만고의 주제인 인간 본성의 이중성(선과 악, 빛과 어

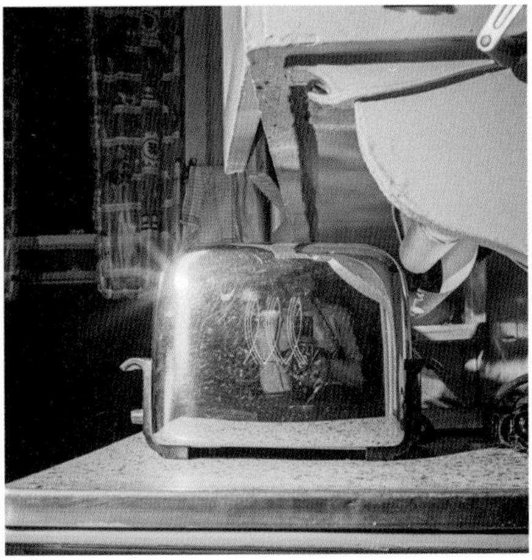

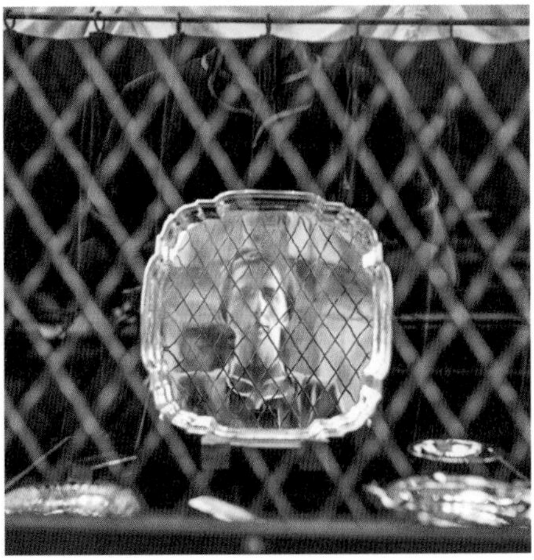

반사, 뉴욕, 1954년(*Vivian Maier*)

둠)을 연상하게 한다.

이 같은 초기 연출 방식은 그 뒤로 평생, 경계 없이 실험하고 새로움을 시도했던 자화상 사진 촬영의 시작이라고 할 수 있다. 뉴욕을 떠날 무렵이면 비비안은 토스터 기계나 쟁반을 비롯해 거의 모든 곳에 자신의 얼굴을 비춰 사진을 찍었다. 비비안은 늘 몸을 가린 채 무표정한 모습이었지만, 해변에서만큼은 긴장을 풀고 수영복 차림에 옅은 미소를 지었다. 그로부터 불과 몇 년 후, 비비안은 자화상 사진을 더 자주 찍으면서도 자신을 덜 드러내게 되는데, 그녀의 신체적 페르소나가 점차 극단적이 되어가는 과정을 기록하고 있다.

도시 유토피아

1954년 여름이 끝나고 가을이 시작될 무렵에 비비안은 '도심 안의 교외'로 스타이브센트 타운 내에 새롭게 조성된 피터 쿠퍼 빌리지에 들어간다. 세로축으로는 1번로와 C번로 사이, 가로축으로는 14번가부터 23번가에 이르는 곳에 조성된 이 마을은 맨해튼 동쪽에 지어진 획일적인 아파트 단지로, 2차 세계 대전 참전군인들과 그들의 젊은 가족들을 위한 주거지로 계획되었다. 비비안은 자신의 주변에서 소용돌이치는 중산층의 삶을 기록하려고 애쓰면서도 왜인지 모르지만 가까운 그리니치 빌리지에서 태동하던 반문화 운동은 무시했다. 생동감 넘치는 생일 사진 연작에서 비비안은 슈거파우더로 범벅이 된 턱, 비틀거리는 세발자전거, 상처투성이 무릎들을 시간순으로 기록했다. 사진 속에서 아이들의 화려한 어머니들은 마치 서로를 복사한 것처럼 똑같은 외투에 똑같은 머리 모양을 하고 있으며, 그 어머니의 아이들은 거의 대부분 흐느껴 울고 있다.

피터 쿠퍼 빌리지에서 비비안이 제일 처음 일한 곳은 이혼한 아버지가 아이들 둘과 사는 하디 가족의 집이었고, 비비안이 돌볼 아이들의 이름은

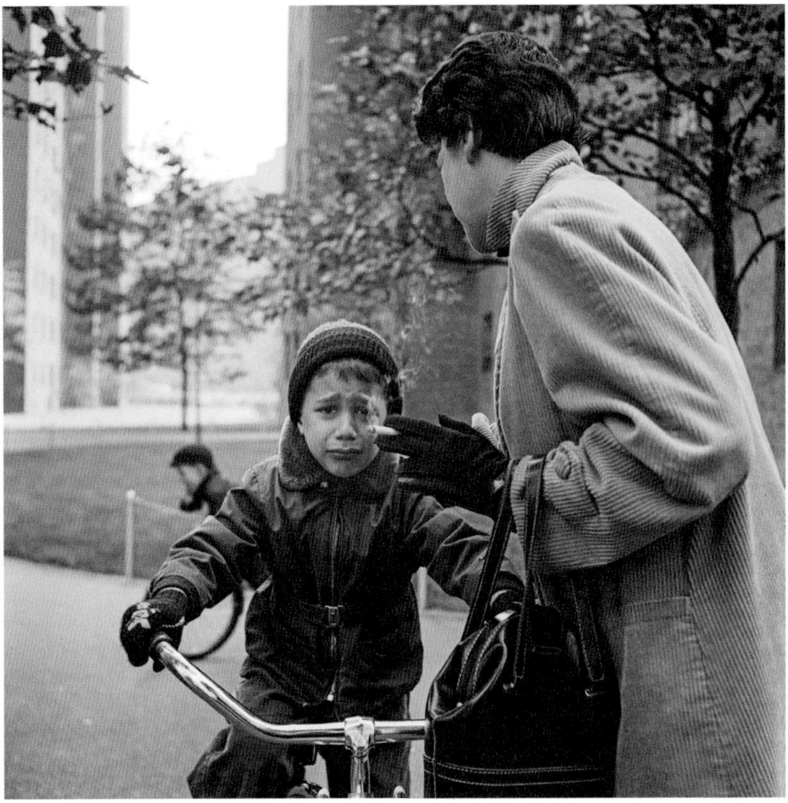

스타이브센트 타운, 1954년(*Vivian Maier*)

메러디스와 톰이었다. 두 사람은 자신들의 보모가 독특한 외모에 어디를 가나 카메라를 들고 다녔던 사람이라고 분명하게 기억하고 있었다. 그들이 함께 사는 동안 어머니의 따뜻함이 절실했던 아이들에게 비비안은 거의 애정을 보이지 않았다. 두 사람은 보모가 "차갑고, 다가가기 힘들고, 무심한" 사람이었기 때문에 정서적인 유대는 없었다고 회상했다. 다만 보모는 둘의 사진을 자주 찍어 여러 장을 인화해주었고, 두 사람은 아직도 그 사진을 간직하고 있었다.

어느 날, 학교에서 돌아온 메러디스는 동생이 울고 있는 모습을 보았다.

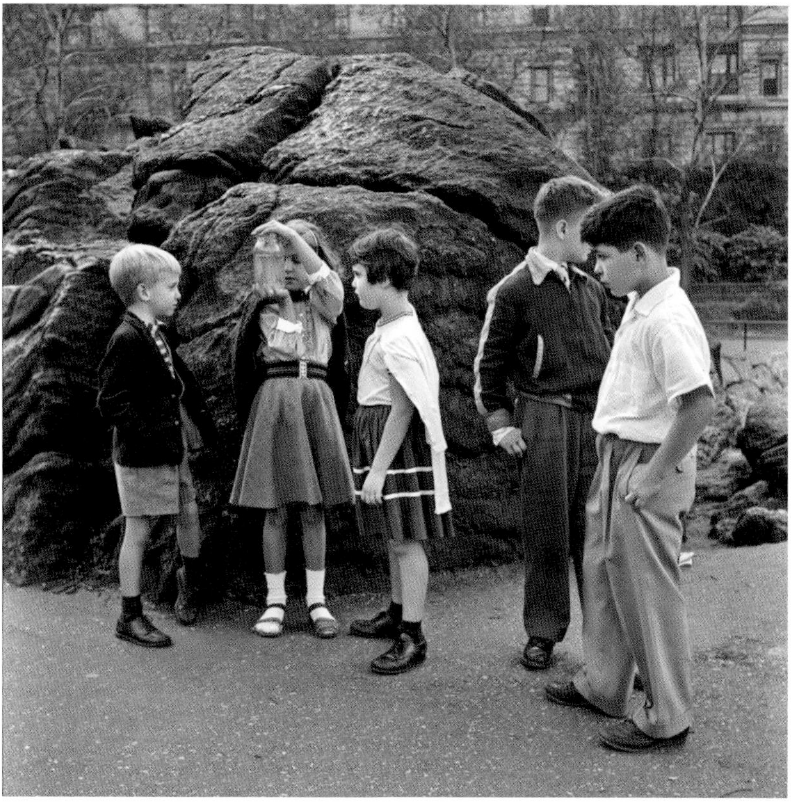

하디 가족, 센트럴파크, 1954년(*Vivian Maier*)

목욕을 해야 하니 옷을 벗으라는 보모의 말을 거부했다가 크게 꾸지람을 받는 중이었다. 보모가 동생의 뺨을 세게 때리는 모습을 보고 충격을 받은 메러디스는 그 일을 아버지에게 곧장 말했다. 비비안은 해고됐지만, 그 뒤로도 비비안은 자신이 돌본 아이들에게 종종 체벌을 가했고, 굳이 부모의 동의를 구하지도 않았다. 그때는, 특히 프랑스 시골의 가톨릭 집안에서는 권장까지는 아니더라도 당연히 필요한 체벌은 할 수 있다고 여겼다. 비비안은 고용주의 규칙을 따르기보다는 자신이 가장 좋다고 판단한 일이라면 밀어붙이는 유형의 사람이었다.

해고 후 일주일도 되지 않아 비비안은 도움이 절실했던 다른 가족에게 고용되었다. 하디 가족의 옆집에 살던 그 가족과 비비안의 결합은 엄청난 잠재력을 안고 있었다. 맥밀런 부인은 딸들이 프랑스어를 배우기를 원했고, 남편은 의사이자 아마추어 사진작가였다. 맥밀런 가족은 해마다 가족 농장에 가서 크리스마스 트리로 쓸 나무를 베어오는데, 이번에는 새로 고용한 보모도 함께 갔다. 그날 맥밀런 박사와 비비안은 가족 행사를 촬영해 아파트 화장실에서 필름을 현상했고, 그 사진으로 그해의 크리스마스 카드를 만들었다. 하지만 사진에 담긴 노먼 록웰Norman Rockwell풍의 따뜻한 가정은 기만이었다. 맥밀런 가의 아이들은 부유했으나 부모의 관심이나 보살핌을 제대로 받지 못했다. 2차 세계 대전에 참전했다가 술주정뱅이에다 바람둥이가 되어 돌아온 맥밀런 박사 때문에 맥밀런 부인은 우울기와 진정기를 반복하며 힘들어하고 있었다.

맥밀런 집안의 큰딸 메리는 자신이 가지고 있던 사진에서 비비안이 찍은 사진을 골라 보여주었다. 한 사진에서 코트와 베레모를 잘 차려입은 두 자매가 앉아 있고, 보모는 무표정한 얼굴로 팔짱을 낀 채 아이들 뒤에 앉아 있다. 아름답게 차린 만찬상 앞에서 아버지가 칠면조를 자르고 있는 사진은 메리에게 특별한 의미가 있다. 그것이 가족이 그 아파트에서 즐긴 마지막 제대로 된 식사였기 때문이다. 그 뒤로 얼마 지나지 않아 메리의 아버지는 열 시가 넘어서야 집에 들어오기 시작했고, 딸들은 저녁으로 차가운 시리얼을 먹어야 했다. 결국 심각한 알코올중독자가 된 아버지는 '스트레스'를 이유로 밸뷰 병원에 입원했고, 여러 차례 재활 치료를 받은 뒤에는 스탠더드 오일의 상근 의사라는 지위를 내려놓아야 했다.

메리는 자매들의 목욕 사진에 얽힌 사건을 뚜렷하게 기억하고 있었다. 그 사진이 마음에 들었던 어머니는 친구와 친척 들에게 나눠줄 요량으로 비비안에게 사진을 몇 장 더 뽑아달라고 부탁했다. 비비안은 거절했고, 화가 난 맥밀런 부인은 "마드모아젤은 정신적으로 문제가 있는 게 분명해. 사진 몇 장 더 뽑는 게 뭐 큰일이라고. 사진으로 돈을 벌려면 사진을 더 많이 뽑아야 하는 거 아니니?"라고 불평했다. 메리는 "엄마가 가족이 아닌 어른을 나쁘게 말한 건 그때가 처음이자 마지막이어서 또렷하게 기억해요. 정말 충격을 받았거든요"라고 했다. 메리의 어머니는 비비안이 까다로운 사람이라고 생각했지만, 메리는 집으로 들어와 가족의 빈 부분을 채워주었던 보모에게 고마움을 느꼈다. 그 이후로 메리는 보모에게서 더는 사진을 받은 기억이 없다고 했다. 이 목욕 사진 사건은 비비안이 자신의 사진을 타인에게 주기 싫어했음을 보여주는 많은 에피소드 가운데 첫 번째 사례였다.

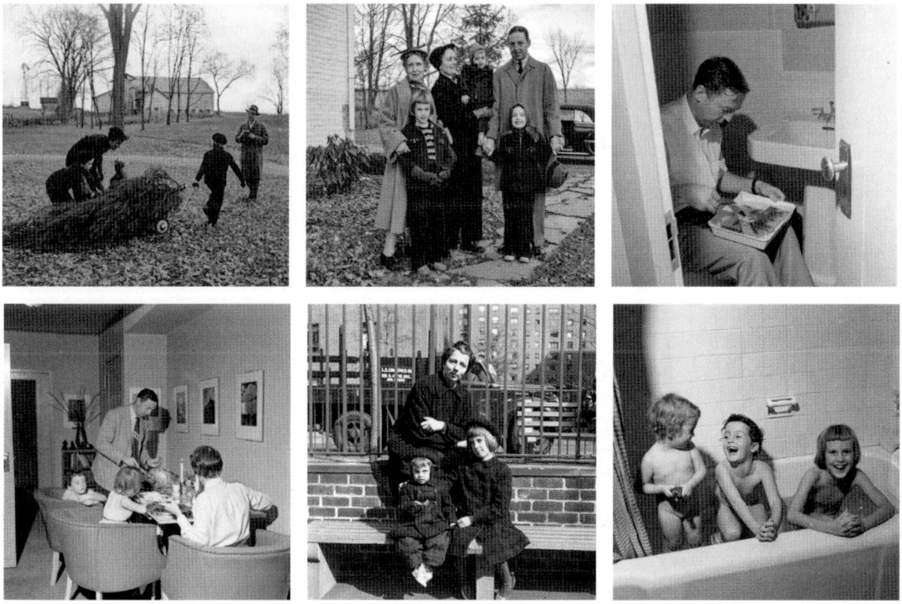

맥밀런 가족, 호프웰 교차로와 피터 쿠퍼 빌리지, 1954~1955년(*Vivian Maier*)

1955년: 중요한 한 해

놀라운 사진들을 성공적으로 찍어온 비비안은 그 뒤로도 자신의 사진 기술과 아이디어를 발전시킬 방법을 계속 찾아나섰다. 1955년 상반기에는 뉴욕 현대미술관에서 사진부장 에드워드 스타이켄Edward Steichen이 기획한 〈인간 가족전*The Family of Man*〉이라는 중요한 전시회가 열렸다. 스타이켄은 이 전시회가 "삶의 일상성에 내재한 보편적인 요소와 감정을 비추는 거울, 전 세계 인류의 본질적인 하나됨을 보여주는 거울로 받아들여지기"를 바랐다. 스타이켄의 전시 기획팀은 전 세계에서 촬영한 200만 장이 넘는 사진을 검토했고, 전시 주제에 가장 적합한 503장의 사진을 선별했다. 그중 15퍼센트 정도가 여성 작가의 작품이었는데, 도러시아 랭Dorothea Lange, 마거릿 버크화이트Margaret Bourke-White, 헬렌 레비트Helen Levitt, 루스 오킨Ruth Orkin, 지타 렌즈Gita Lenz의 사진들이었다. 마치 자신을 염두에 두고 기획된 것만 같은 그 전시회를, 비비안은 겨울 동안 두 번 보러 갔다. 전시회의 주제가 자신이 추구하는 바와 일치했기에 비비안은 엄청난 관심을 가지고 살펴보았을 것이다. 분명 비비안의 작품 활동에 영향을 준 전시회나 작품집이 있었겠지만 구체적으로 무엇으로부터 영향을 받았는지 보여주는 증거는 없다. 비비안의 아카이브 가운데 다른 작가의 작품을 모사하려는 시도는 전혀 보이지 않으며, 비비안이 수집한 엄청난 자료에서도 다른 사진 작가를 언급한 경우는 없다. 하지만 〈인간 가족전〉만큼은 비비안에게 영향을 주었다고 생각하는 것이 옳을 것이다. 그 전시회에서 비비안이 이제 막 탐구하기 시작했던 (거울과 실루엣을 이용하고, 신체의 일부와 몸짓에 초점을 맞추고, 피사체를 뒤에서 찍는 등의) 기술들이 풍성하게 소개되고 있었기 때문이다.

게다가 〈인간 가족전〉이 다루는 소재도 비비안의 관심 분야와 완벽하게 일치했다. 도구를 든 남자들부터 딱딱하고 두꺼운 빵을 든 여인에 이르기까지, 전시회에 등장하는 노동자 계층의 모습은 비비안이 프랑스에서 찍은 사진들을 떠오르게 한다. 일종의 패턴처럼 대칭을 이루는 창문이나 교차하는 빨랫줄을 담은 작품은 비비안 역시 자주 눈에 담았던 것이기도 하다. 선로를 보수하려고 쭉 늘어서 있는 미국 철도 노동자들, 일사불란하게 노를 젓고 있는 오스트레일리아의 노잡이들, 베일을 휘날리며 즐거운 시간을 보내고 있는 수녀들의 모습을 담은 사진들은 훗날 비비안이 여행을 하면서 찍은 사진들과 놀랍도록 일치한다. 주로 끊임없이 활기차게 움직이는 아이들의 사진도 전시회 곳곳에 있었다. 아이들은 비비안의 작업에도 자주 등장하지만, 그녀가 아이들을 다루는 방식은 분명히 달랐다. 어린 피사체들을 이상적으로 묘사하기를 꺼렸다는 점에서, 비비안은 확실히 독특한 사진작가였다.

인생의 모든 시기와 모든 측면을 다룬 〈인간 가족전〉은 비비안의 아카이브에 비어 있는 부분이 무엇인지를 규명하는 데 도움이 된다. 전시회에서 보이는 전통적인 대가족의 삶을 묘사한 작품 같은 것은 비비안의 아카이브에서 거의 찾아볼 수 없다. 비비안은 가족사진에 아버지를 끼워넣는 법이 없었으며, 사실상 미소 짓거나 웃고 있는 남자, 아이들과 놀아주는 남자는 없었다고 봐도 된다. 이러한 부재는 잘 알려진 비비안의 어린 시절 경험과도 일치하며, 그 경험이 사진에 영향을 미쳤다는 증거이기도 하다. 전시회에서 광범위하게 다룬 주제는 어머니와 아이들 사이의 유대감이었고, 이는 아이를 안아 올리는 팔과 부드러운 미소로 형상화됐다. 비비안은 이런 내적 유대감에 깊이 매혹되어 있음을 자신의 작품으로 보여주었고, 다양한 방식으로 그 이끌림을 표현하려고 애썼다. 자신의 삶에 비어 있는 부분에 자연스럽게 끌린 것이다.

아이들의 학기가 끝날 때까지 스타이브센트에 머물기로 한 비비안은 같은 단지에서 아이를 돌보던 젊고 아름다운 보모를 열심히 사진에 담았다.

두 사람은 사진작가와 피사체의 관계를 넘지 않았던 것으로 보이며, 100장이 넘는 사진을 찍었다. 촬영은 십여 차례에 걸쳐 진행되었는데, 그때마다 젊은 보모는 머리 스타일과 화장, 매니큐어, 소품을 다르게 했고, 가끔은 한 번에 두 가지 설정으로 촬영을 하기도 했다. 대부분의 설정이 과장되어 있고, 몇 개는 다소 관능적으로 보이기도 한다. 그리고 우스꽝스럽거나 바보처럼 보이게 의도한 사진도 있는데, 비비안은 자신의 피사체로 하여금 샤워실에서 바깥을 훔쳐보게 하거나 마담 알렉산더 공장의 인형처럼 분홍색 화장지를 몸에 감게 했다. 비비안의 다른 작품들과는 거의 유사점이 없는 이 젊은 보모의 사진은 비비안이 인물 사진작가로 일하겠다는 목표를 세우고 연습을 했을 가능성을 보여주는 증거일 수 있다. 이전까지는 필름 값도 비싸고 인화비도 많이 들어 컬러 사진을 찍는 경우가 많지 않았던 비비안이 이 프로젝트에는 컬러 필름을 여러 통 소비하면서 많은 시간을 들여 촬영했다. 한번은 촬영을 끝낸 비비안이 지쳤지만, 진지한 사진작가처럼 보이는 자화상 사진을 두 장 찍기도 했다.

젊은 보모를 열심히 사진에 담는 동안에는 다른 사진을 찍는 데 소홀했지만 그래도 거리를 배회하는 일은 멈추지 않았다. 그해 겨울, 비비안은 눈으로 뒤덮인 도시를 찍었는데, 아마도 도시의 가장 아름다운 풍경을 담았을 그 사진에서는 평소답지 않은 가냘프고 고요한 분위기가 새어나온다. 봄에는 부활절 행사가 있었고 그곳에서 보넷 모자를 쓴 쌍둥이를 찍었는데, 이 사진은 다이앤 아버스Diane Arbus가 10년 뒤에 찍은 작품과 오싹할 정도로 닮았으면서도 다르다. 그 무렵, 뉴욕은 대중교통을 좀 더 쾌적하게 만들기 위해 고가 철도 철거에 들어갔다. 그 전철은 오랫동안 비비안이 창의적인 모험을 떠날 때마다 그녀를 실어날랐는데, 비비안은 철도를 향해 작별 인사라도 건네듯 건배를 하고 있는 전형적인 뉴요커의 모습을 사진에 담았다. 그리고 5월에는 가장 포착하기 어려운 유명인을 목격하고 사

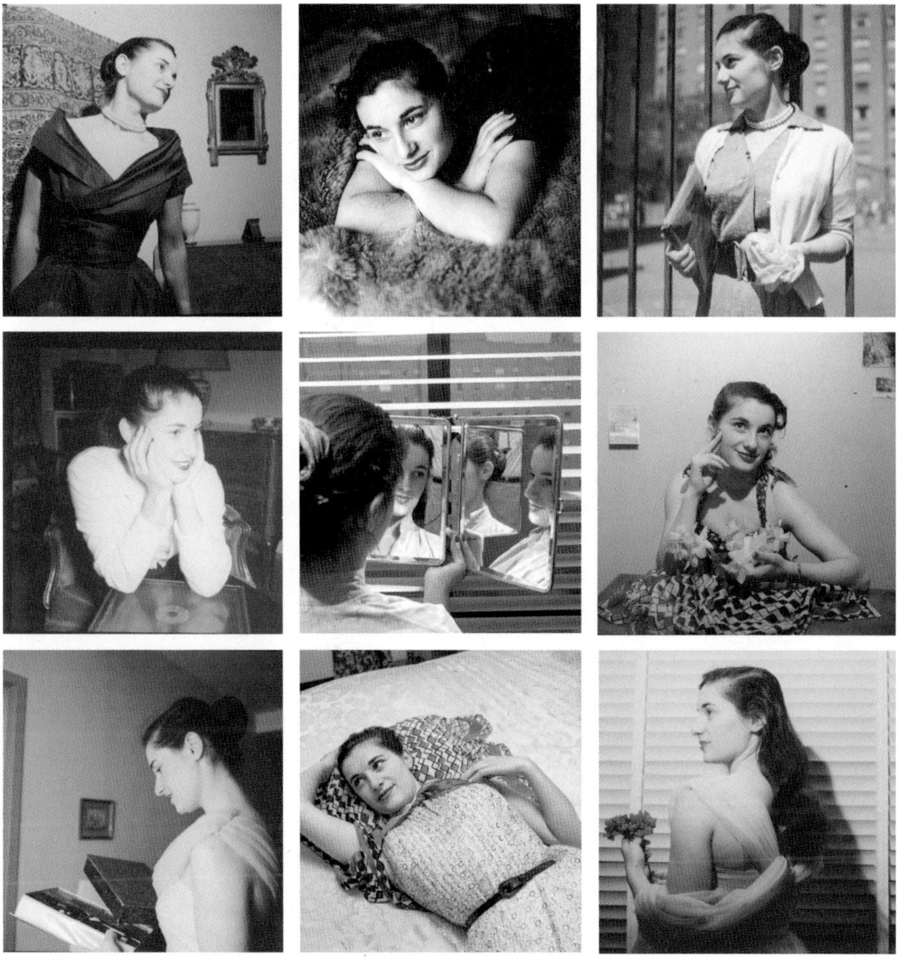

아름다운 여인, 스타이브센트 타운, 1954~1955년(*Vivian Maier regular and vintage prints*)

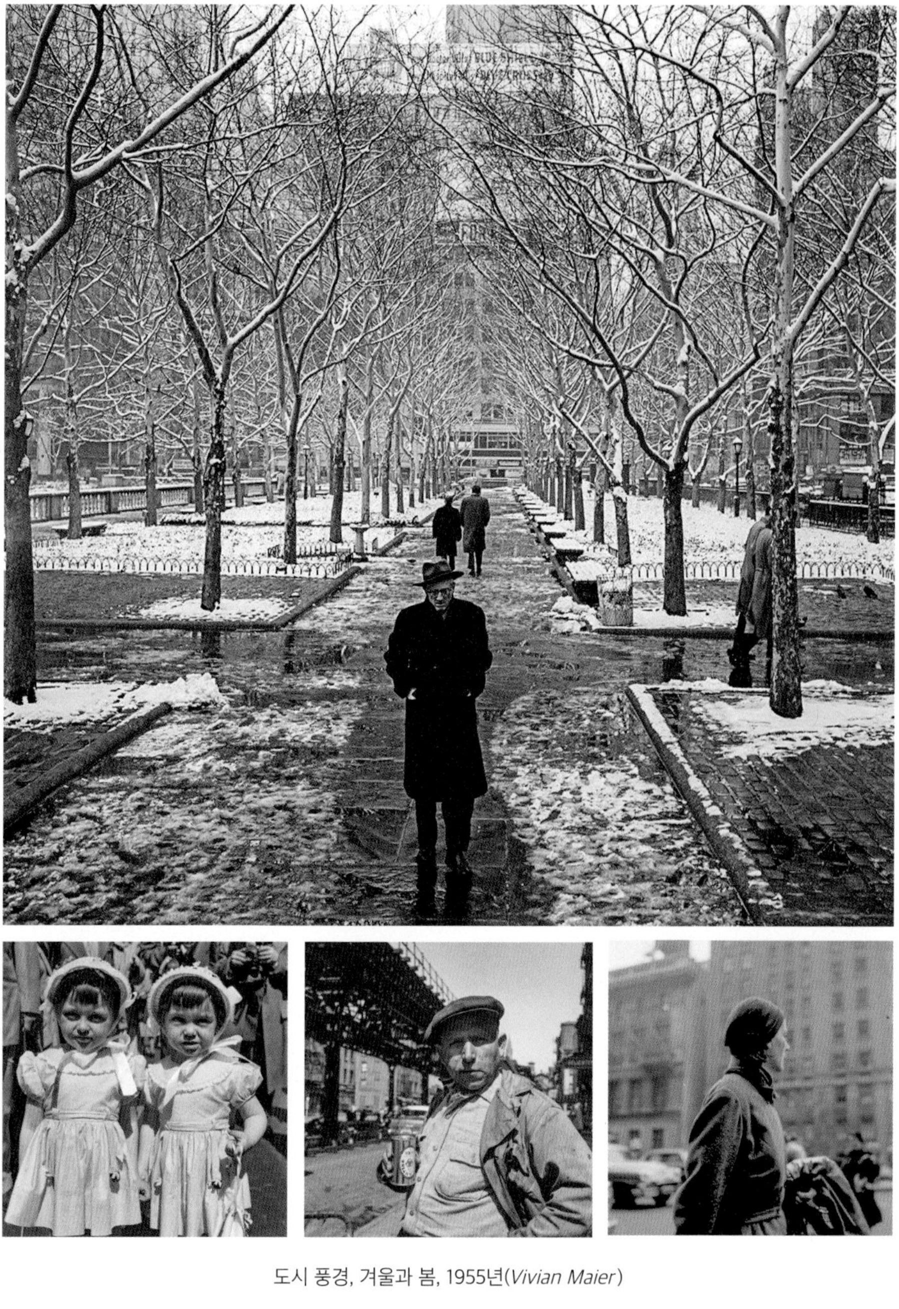

도시 풍경, 겨울과 봄, 1955년(*Vivian Maier*)

진을 찍었다. 파크 애비뉴를 홀로 걸어가는 그레타 가르보Greta Garbo였다.

스물아홉 살이 되었고, 지칠 줄 모르고 새로운 도전과 모험을 찾아다니던 비비안은 이제 자신의 미래로 관심을 돌렸다. 보모 일의 고용 기간은 점점 더 짧아지고 일의 강도는 세졌으며, 그다지 호의적이지 않은 상황에서 갑자기 일을 그만둬야 할 때도 있었다. 하지만 직업 사진작가가 되는 길도 요원하기는 마찬가지였다. 돌이켜 생각해보면 비비안의 노력은 규칙적이지도, 체계적이지도 못했던 것이 분명한 사실이다. 그러나 아무리 집요하게 노력을 한다고 해도 학위도 없고 인맥도 없이 홀로 배운 사진작가라면 특출난 재능이 있었다고 해도 힘든 싸움에 직면했을 것이다. 게다가 그 어려움을 돌파하려는 노력 역시 비비안 자신의 친화적이지 않은 태도와 양보하지 않는 본성 탓에 무용지물이 되었을 수 있다.

맥밀런 집안에서의 일이 끝난 뒤에 비비안은 다른 곳에서 자신의 운을 실험해보기로 결심했다. 샹소르에서 온 사람들은 거의 모두 캘리포니아에 대한 환상을 자신들의 정신에 새겨놓았는데, 비비안도 예외는 아니었을 것이다. 오래전부터 진행된 캘리포니아로의 대규모 이주는 그 지역의 분수령 같은 사건이었기에 지금도 프랑스와 미국의 차이를 조롱하는 기발한 연극과 시와 노래가 전해져 내려온다. 1955년, 여름의 교차로에서 개인적으로도 직업적으로도 의무에서 벗어난 비비안은 이 신화를 직접 확인해 보기로 했다. 할리우드가 손짓해 부르는 약속의 땅으로 가보기로 한 것이다.

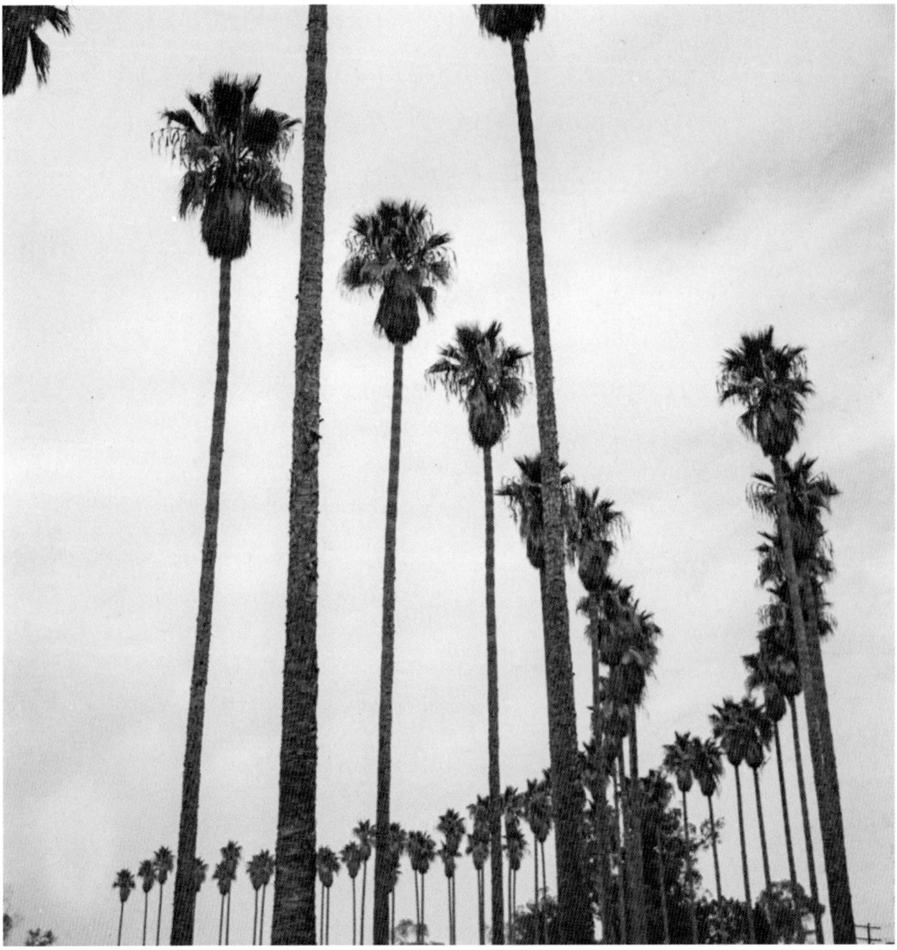

캘리포니아 남부, 1955년(*Vivian Maier*)

9
캘리포니아를 향하여

로스앤젤레스는 아주 지루한 곳이에요.
대도시라기보다 작은 시골 도시에 가깝죠.
—비비안이 이웃 사람에게 한 말

1955년 7월에 뉴욕을 떠났을 때 비비안은 더는 보이지 않는 사람이 아니었다. 가족과 단절하고 사진을 찍으면서 비비안은 뚜렷한 존재감을 발산했고, 60년이 지난 뒤에도 그녀를 알았던 모든 사람이 비비안을 기억할 수 있었다. 이제 비비안은 완전히 새로운 삶을 구축하기 위해 앞으로 나아갔다. 서쪽으로 가기 전에 먼저 퀘벡의 성지를 방문하려고 기차를 타고 캐나다로 향했다. 캐나다에서 비비안이 가장 먼저 들린 곳은 순례자들이 신앙심을 드러내고자 무릎을 꿇고 아흔아홉 개나 되는 나무 계단을 올라가는 몬트리올의 성요셉 성당이었다. 그다음으로는 중증의 환자들이, 떠날 때는 목발이나 휠체어를 뒤에 남겨두고 갈 수 있기를 바라며 치유의 기적을 찾는 퀘벡의 생 안 드 보프레Sainte-Anne-de-Beaupré 성당을 향했다. 비비안은 순례자들이 걷는 '십자가의 길'에서 만나는 모든 청동상을 사진에 담았지만, 사람은 오직 한 명, 경건한 주변 환경에 완벽하게 어울리는 맑은 피부

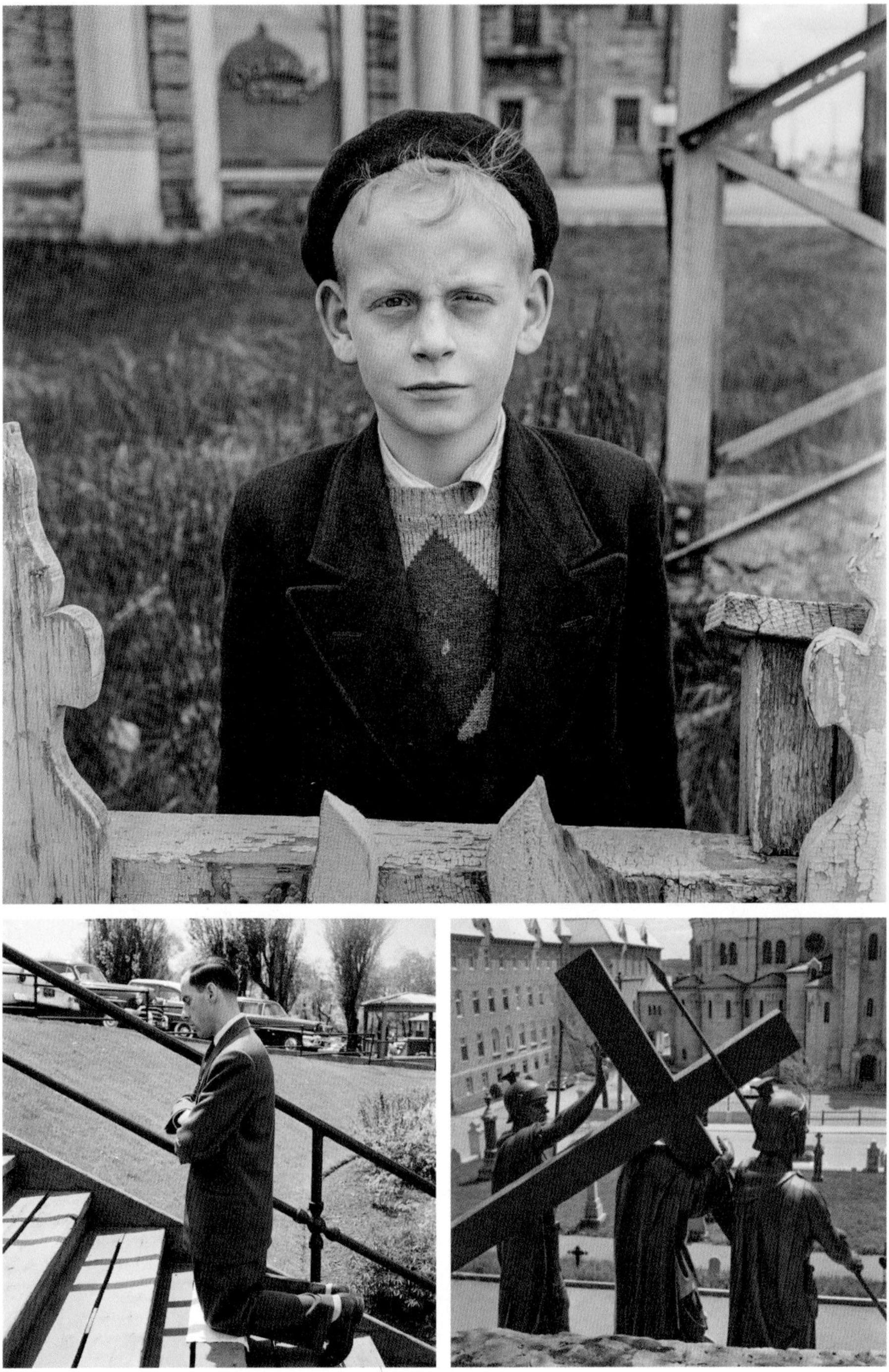

캐나다의 가톨릭 전통, 퀘벡, 1955년(*Vivian Maier*)

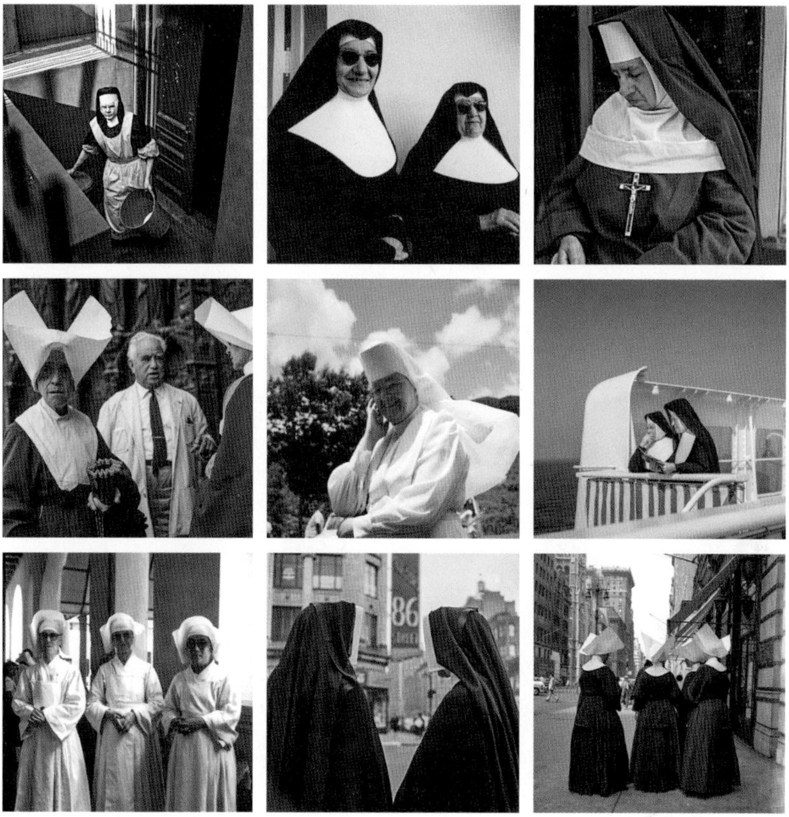

수녀들, 1950년대(*Vivian Maier*)

를 가진 순결해 보이는 소년뿐이었다. 전면의 담장과 후면의 건물, 측면의 철조 구조물이 3차원 액자 같은 입체 효과를 주는 사진에서 비비안은 소년에게 완벽하게 초점을 맞췄다. 이마를 가린 머리카락 한 가닥이 조각상 같은 소년의 모습에 생기를 더한다.

가톨릭 전통이 마음 깊이 뿌리 내리고 있던 비비안은 교회와 수녀를 많이 찍었는데, 특히 수녀들의 사진은 흑백의 옷차림에서 나오는 그래픽적인 강렬함과 대칭성에 시각적으로 호소하고 있다. 비비안은 물건을 사거나 배를 타고 여행하는 수녀들을, 일광욕을 하고 영화를 보고 키득거리며 웃는, 종교적인 모습과는 거리가 먼 수녀들의 모습을 포착했다. 높은 코넷을 쓴 한 무리의 수녀들은 이제 막 날아오르려는 거위처럼 보인다. 시간이 좀 더 흐르면 비비안은 산아제한과 낙태할 권리를 옹호하며 종교와, 특히 가톨릭과 거리를 둔다.

캐나다를 여행하면서 비비안은 친밀감을 자아내는 새로운 사진도 많이 찍었다. 머리를 하트 모양으로 맞대고, 배, 이마, 눈, 코 모두 닿을 듯 서로에게 가까이 기대고 있는 두 친구의 사진은 어린 소녀들에게서만 볼 수 있는 서로에 대한 애정을 가슴 시리게 표현함으로써 달콤하면서도 본능적인 감동을 선사한다. 소나무 두 그루가 황혼의 바닷가를 액자처럼 담고 있는 풍경은 그 자체로 낭만적이어서 사진을 보는 사람들은 어쩔 수 없이 기울어진 폭스바겐 버그 안에서 대체 무슨 일이 벌어지고 있는지를 궁금해할 수밖에 없다. 비비안이 타인의 친밀함과 애정을 기록으로 남기는 데 아무 망설임이 없었다는 것을 보여주는 사례는 많다. 그녀 자신은 같은 행동을 분명 못 견뎠을 테지만 말이다.

7월에 로스앤젤레스에 도착한 비비안은 은행 계좌를 만들고 '연금으로 생활하는 나이 많은 독신 여자나 노동자'들이 주로 장기로 묵는 사우스랜드 호텔을 숙소로 정했다. 비비안이 캘리포니아 남부에 도착했을 때 애너하임에서 디즈니랜드가 개장했는데, 늘 새롭고 흥미로운 일에 끌렸던 비비안은 당연히 누구보다도 먼저 놀이공원을 찾은 사람들 사이에 섞였다. 꾸미지 않은 현실을 그대로 기록하겠다고 결심한 사람답지 않게 비비안은 아메리카 원주민처럼 꾸민 배우들을 진짜 원주민인 것처럼 사진을 찍었다. 서부 해안가에서 비비안이 찍은 사진은 거의 대부분 흑백 사진이었지만, 이 환상의 나라에서는 생생한 색감을 포착했다.

두 달 동안 비비안은 캘리포니아가 약속하는 모든 것(최신 자동차, 컨트

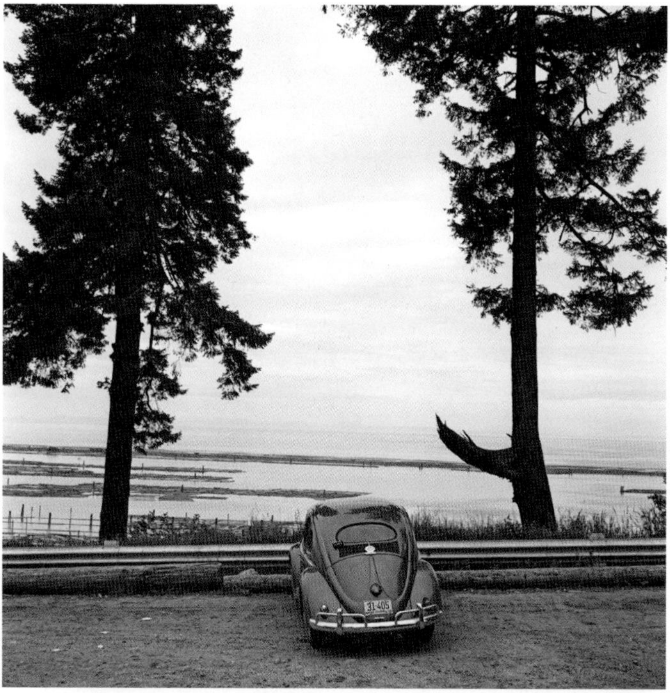

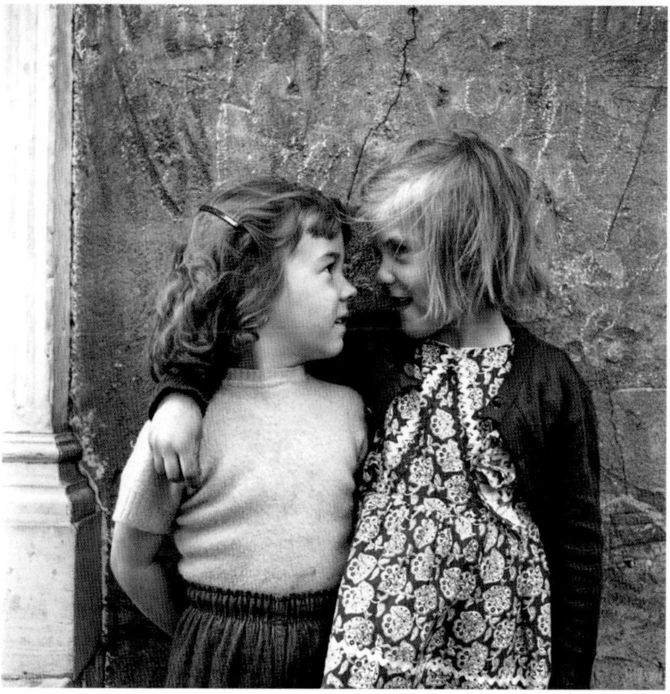

두 사람, 캐나다, 1955년(*Vivian Maier*)

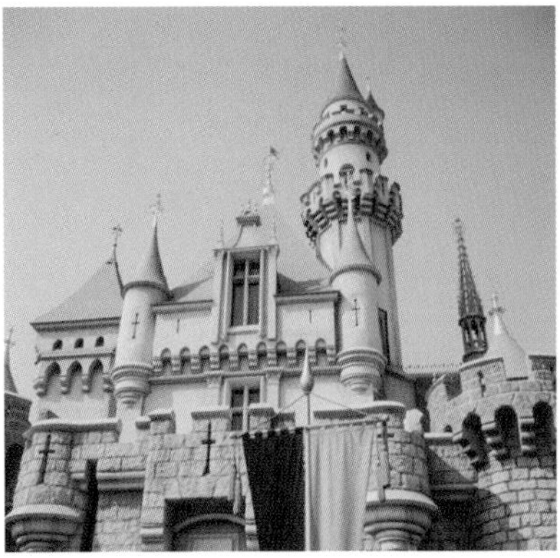
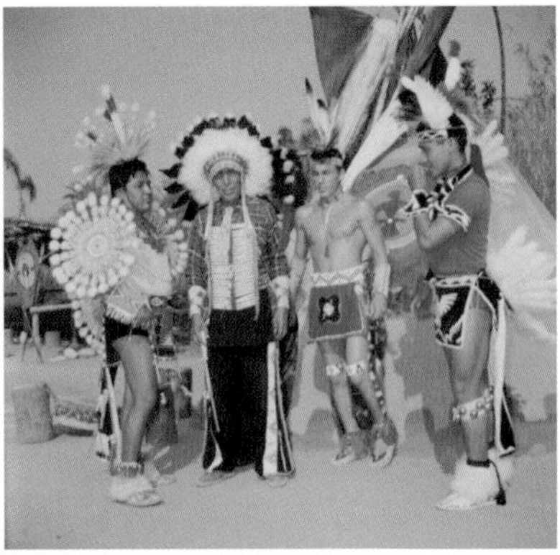

디즈니랜드 개장, 애너하임, 1955년(*Vivian Maier*)

리클럽 회원권, 에메랄드빛 잔디밭, 끝없이 쏟아지는 햇살)을 가지고 있는 것 같은 가족에게 고용되어 아장아장 걷는 금발의 아기, 다이애나를 돌봤다. 다이애나의 어머니 샬럿 마틴과 보모는 강한 신체와 큰 키 같은 공통점이 많았다. 두 사람 모두 가난한 집에서 태어났고, 엄청나게 영리했으며, 박탈당한 권리에 관심이 많았다. 사진에서 느껴지듯, 행복한 나날들이었다. 샬럿에게는 성공한 사랑스러운 남편과 이제 막 입양한 다이애나가 있었다. 다이애나는 샬럿이 자신의 인생에서 가장 행복한 시기를 보내고 있음을 분명히 입증해주는 존재였다. 그해 여름에 찍은 사진들은 결국에는 사라져버릴 마법 같은 순간과 가족의 행복을 담고 있다. 이런 가족 관계가 어긋난다는 것은 절대로 일어날 수 없는 일처럼 보이지만, 다이애나가 성인이 되기 전에 비비안이 사진에 담은 부유한 어머니와 딸의 관계는 소원해지고 만다.

1960년대에 다이애나의 가족은 아버지가 케네디 행정부에 입각하면서 워싱턴으로 이사를 했다가 대통령이 암살된 뒤에 다시 캘리포니아로 돌아온다. 그리고 여성에게 완벽함을 요구하는 시대의 압력 때문에 샬럿은

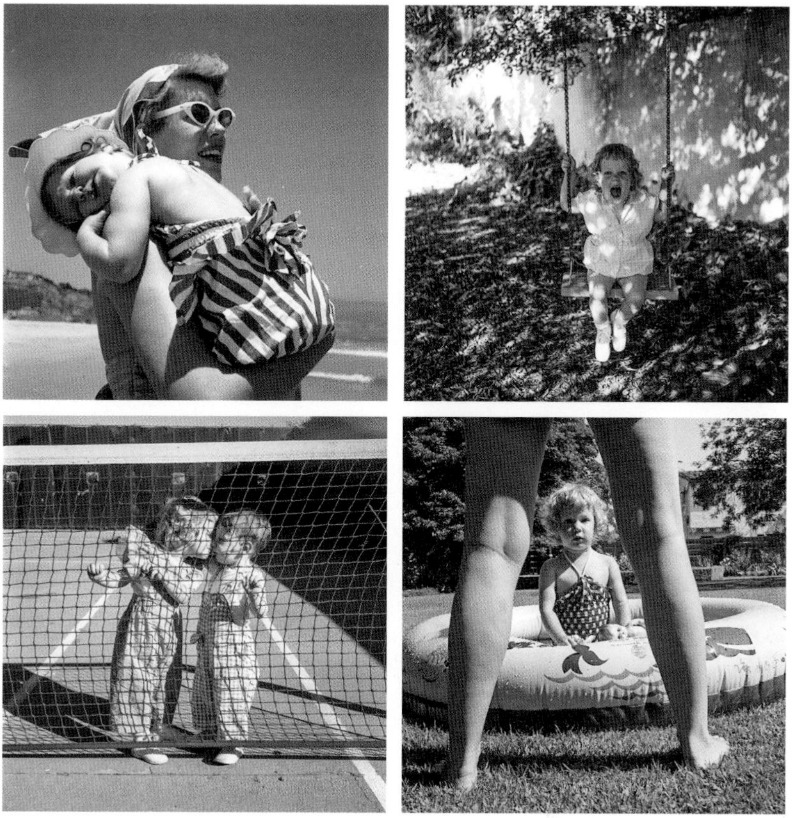

사랑스러운 아이들, 캘리포니아, 1955년(*Vivian Maier*)

여러 중독에 빠지게 되고, 가족은 무너졌다. 이 가족이 맞이해야 했던 예상치 못한 결과는 사진이 정말 덧없는 찰나의 순간만을 담는다는 사실을 상기하게 해준다. 수전 손택이 적절하게 표현한 것처럼 "사진을 찍는다는 것은 타인의 유한성, 취약성, 변동성에 개입한다는 뜻이다. 타인의 한순간을 잘라내고 냉각시켜버림으로써, 모든 사진은 시간이 가차 없이 녹아내린다는 사실을 증언한다."

비비안은 자유 시간에는 할리우드를 돌아보거나, 당일치기 여행을 가거나, 원하는 대로 사진을 찍으며 보냈다. 영화와 유명인에 관심이 많았던 비비안이기에 당연히 로스앤젤레스에서도 기회를 엿보았을 것이다. 스타이브센트 타운에서 스타들의 프로필 사진을 연상하게 하는 작품들을 연습한 이후이기도 했다. 다양한 형식의 사진을 찍었던 캘리포니아에서 비비안은 셔터 속도와 조리개를 동시에 편리하게 조작할 수 있는 자동형 모델인 두 번째 롤라이플렉스를 장만했다. 8월에 마틴 가족과의 계약 기간이 끝났지만, 비비안이 바랐던 직업적인 인맥은 찾을 수가 없었다. 훗날 비비안은 이웃 사람에게 영화 산업계는 끔찍하게 배타적이라고 하면서 "그 안으로 들어가지 않는다면, 그저 씻겨나갈 뿐이에요"라고 말했다.

그다음 한 달 동안 비비안은 캘리포니아 남부를 여행하면서 1953년에 처음 방문했던 샹소르의 친구들을 다시 만났다. 대가족인 이로드Eyraud 집안사람들은 비비안을 따뜻하게 맞아들여 앨범을 보여주고, 공동묘지에도 데려가고, 프랑스인 친구들도 소개해주었다. 비비안은 센트럴파크에서 만났지만 그 뒤로 패서디나로 이사한 헝가리인 간호사 마거릿 헤이야스Margarite Heijjas도 찾아갔다. 두 사람이 만날 때마다 비비안은 놀라울 정도로 창백한 친구를 사진에 담았는데, 친구의 모습은 시간이 흐를수록 점점 더 유령처럼 변해갔다. 충실한 마거릿은 꼭 갚겠다고 약속하는 비비안에게 몇 차례 돈을 빌려주었지만, 비비안이 돈을 갚았다는 증거는 찾을 수 없다.

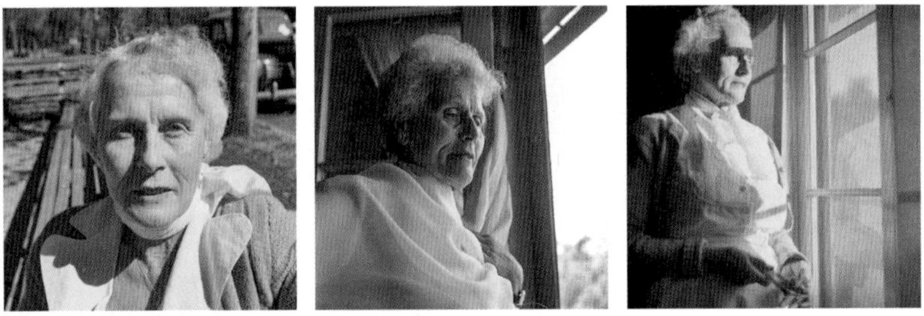

마거릿 헤이야스, 뉴욕, 1952년; 패서디나, 1955년과 1959년(*Vivian Maier*)

순회공연을 떠나다

1955년 10월에는 놀랍게도 유명한 재즈 그룹 '메리 케이 트리오Mary Kaye Trio'가 비비안의 사진에 등장한다. 프랭크 로스Frank Ross와 노먼 케이Norman Kaye, 그리고 자신의 이름을 딴 펜더 스트라토캐스터 일렉기타가 있을 정도로 유명한 메리 케이Mary Kaye가 결성한 그룹이었다. 이 재즈 그룹은 라스베이거스 라운지에서 데뷔한 뒤 엄청난 인기를 얻어 당대에 가장 높은 출연료를 받는 연예인이 되었다. 세 사람은 1년에 6개월은 라스베이거스의 환락가에서 지내며 신문의 헤드라인을 장식했고, 꾸준히 베스트셀러 음반을 냈으며, 여러 차례의 결혼을 통해 많은 아이를 낳았다. 이제 곧 시작될 순회공연을 성공적으로 마치려면 그들에게는 보모가 필요했고, 비비안이 그 역할을 맡았다. 기타리스트였던 비비안의 오빠는 분명 동생을 부러워했을 것이다.

트리오의 아이들 가운데 맏이였던 칸디에 따르면 비비안은 샌프란시스코에서 아이들을 돌볼 때 프랑스어로 숫자 세는 법을 가르쳐주었고, 추수감사절에는 오두막에서 휴가를 보냈으며, 트리오와 함께 중서부 지역 순회공연에 동행했다. 이들과 함께한 두 달 동안 비비안이 포착한 가장 강렬한 장면은 높게 솟은 코르크 마개처럼 생긴 나선형 미끄럼틀을 타기 위해 트리오의 가족이 나란히 줄을 서서 계단을 올라가는 사진에 담겼다.

6개월을 서부에서 지내면서 비비안 마이어는 혼자 힘으로 활기찬 삶을 구축해나갔다. 광대한 지역을 돌아다니면서 다양한 사람들을 만났고, 할리우드의 화려함을 경험하고, 옛 친구들을 만나고, 디즈니랜드 개장식을 보고, '로큰롤 여제'의 순회공연을 따라다녔다. 1955년 12월 윈디시티에서 트리오의 마지막 공연이 끝난 뒤, 비비안은 시카고 북쪽 근교 지역에서 낸 광고를 보고 연락을 취했다. 말루프에 따르면 미래의 고용주 낸시 겐스버그Nancy Gensburg와 면접을 볼 때 비비안은 자신이 적어도 열 가족을 위

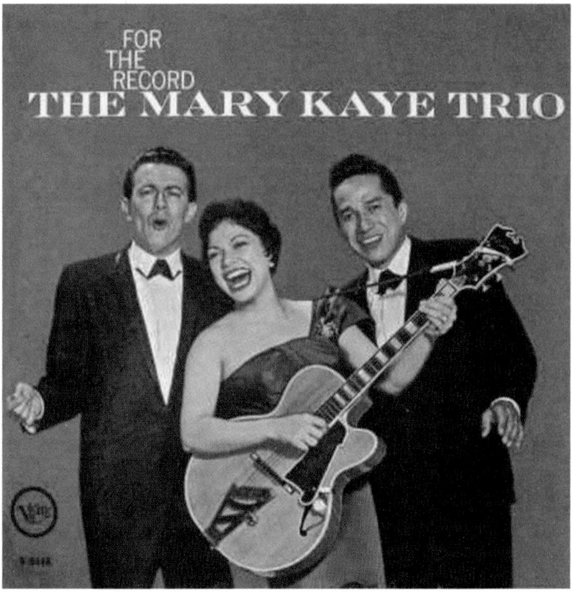

메리 케이 트리오 앨범, 1961년(*John Kaye* 제공)

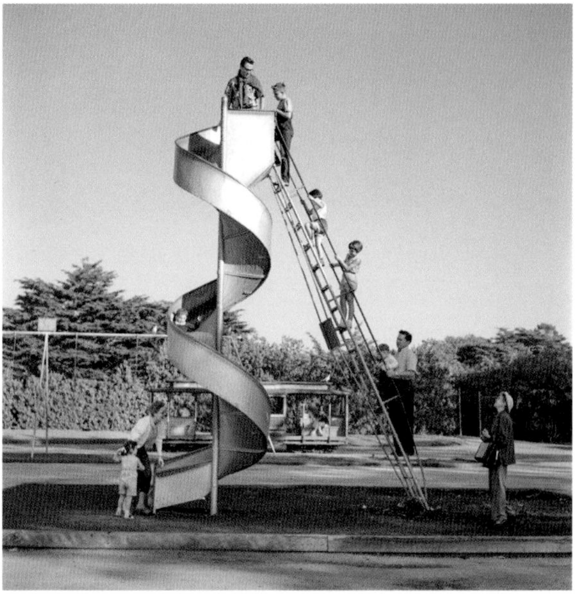

트리오와 함께, 샌프란시스코, 1955년(*Vivian Maier*)

해 일한 경력이 있다는 사실을 말하지 않았다. 뉴욕에 있는 가족과 뉴욕에서의 삶과는 완전히 결별하기로 결심한 비비안은 일자리를 구하지 못할 위험을 감수하면서까지 절대로 자신이 살아왔던 삶을 이야기하지 않았다.

애브론 겐스버그Avron Gensburg는 핀볼 기계를 생산하는 유망한 사업체를 운영했다. 조지아 출신인 그의 아내 낸시는 면접을 보러 온 비비안이 흥미롭고도 올곧은 사람임을 알아보았고, 그 자리에서 비비안을 고용했다. 비비안은 1956년 1월에 하이랜드 파크에 있는 겐스버그의 집으로 들어갔고, 그곳에서 11년을 머물렀다. 비비안이 가장 오랫동안 안정적인 생활을 누린 기간이었다. 그때도, 그 이후로도, 창의적인 배경이 있는 고용주만이 자신이 고용한 보모의 틀에 박히지 않은 외면을 꿰뚫어보고 독특한 태도를 이해할 수 있었다. 그 뒤로 비비안이 북동부를 방문한 횟수는 단 세 차례 뿐이었다. 한 번은 뉴욕에서의 삶을 마무리 짓기 위해서, 나머지 두 번은 다른 곳에 가다가 잠시 들른 것이다. 그렇게 30년간 살아온 삶의 터전과 단절한 상태를 유지하면서도 비비안은 언제나 자신의 진짜 고향이 지구에서 가장 멋진 곳이라는 생각은 버리지 않았다. 그리고 1950년대 뉴욕의 삶을 꼼꼼하고도 놀라운 기록으로 남겨 고향에 선물했다.

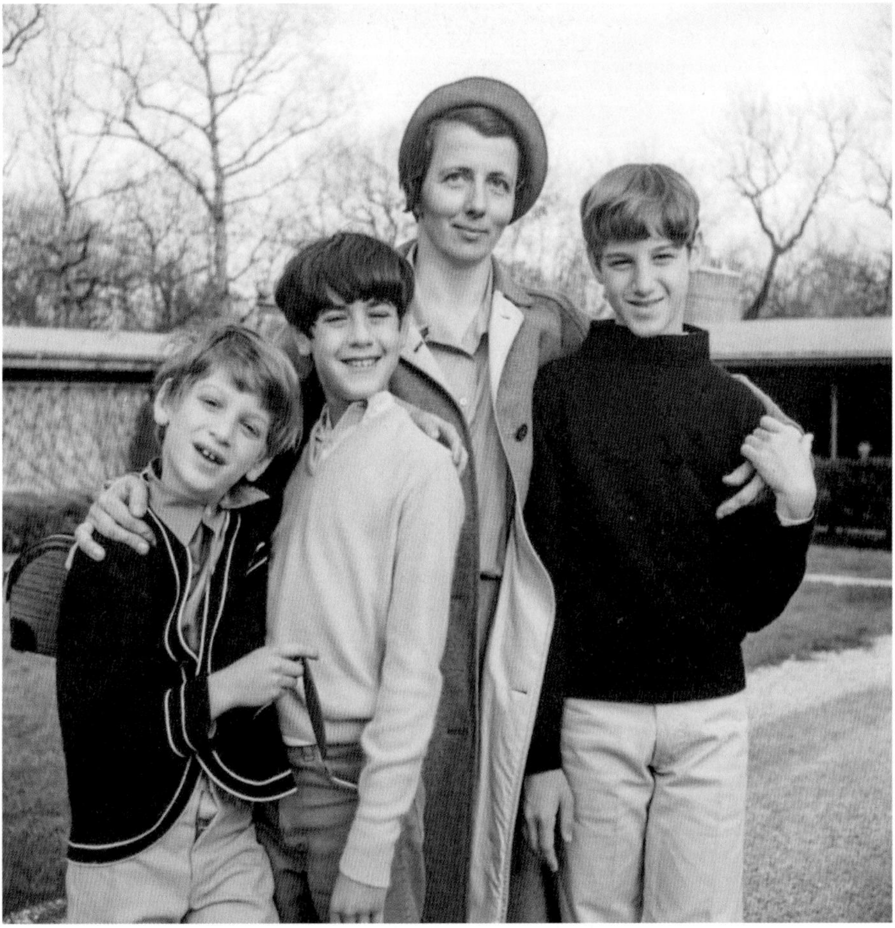

비비안과 비비안의 소년들, 하이랜드 파크, 1966년

10
시카고와 겐스버그 가족

메리 포핀스-육아 담당 하인, 구식, 완전 실패작!

—비비안이 사진에 적은 글

대체품

비비안 마이어는 겐스버그 가족이라는, 보모의 세계에서는 만나기 힘든 천국을 만났고, 겐스버그 가족은 비비안이 결코 가져본 적이 없는 가족이 되어주었다. 비비안이 겐스버그 가족의 집으로 들어갔을 때, 첫째 아들 존은 한 살이었고, 레인은 이제 막 태어났으며, 셋째 아들 매슈는 그로부터 2년 뒤에 태어났다. 가방과 책을 들고 겐스버그 가족의 집으로 들어가자마자 비비안은 문을 걸어 잠그고 집안일을 도맡았다. 비비안은 현대식 가구로 채워진 집의 지하실에서, 마음껏 사용할 수 있는 넓은 욕실을 임시 암실로 활용하며 안락하게 지냈다.

겐스버그 부부는 보모가 유능하고 책임감 있고 정직한 사람이라고 생각했고, 아이들을 돌보는 방법이 창의적이라고 생각했다. 겐스버그 가족은 보모의 과거에 관해서는 아는 것이 없었다. 1965년에 열린 만국박람회를 보려고 뉴욕으로 다 함께 여행을 갔지만, 보모가 그곳에서 오래 살았다는 사실도 알지 못했다. 비비안은 소년들의 부모와는 어느 정도 거리를 두고 지냈고, 껴안거나 하는 일은 단 한 차례도 없었지만, 아이들과는 전혀 다른 관계를 맺었다. 비비안은 세 아이를 자기 자식처럼 사랑했고 아이들에게 삶의 모든 측면을 보여주려고 헌신적으로 애썼다. 어떨 때는 아이들에게는 허락되지 않은 일들을 하기도 했다. 레인 겐스버그는 묘지 사이 사이를 누비며 비석에 적힌 글로 역사를 배우고, 오페라와 연극, 박물관을 관람했던 기억을 떠올렸다. 아이들의 보모는 이웃들과 함께하는 연극을 기획했고, 아이들에게 프랑스어를 가르쳤으며, 중국인들의 설날 행렬을 구경시켜주기도 했다. 자신들의 보모를 엄격하고 비열한 사람이라고 기억하는 아이들도 있었지만, 예의 바른 겐스버그 가족의 세 아들은 보모의 말을 잘 따랐고, 보모를 사랑했다. 아이들과 함께하는 동안 비비안은 아이들의 일상을 쫓으면서 과제, 성적표, 바비큐 파티 등, 세 아이가 성취한 작은 승리들과 아쉽게도 놓친 모든 실패들을 사진에 담았다.

독특한 소가죽 소파와 커튼이 있는 겐스버그 가족의 방에서 펼쳐진 1950년대 말과 1960년대의 도시 근교 문화를 기록한 사진들은 그렇게 탄생했다. 비비안의 사진에는 슈거파우더를 듬뿍 뿌린 생일 케이크, 잔뜩 긴장한 채 진행한 예행연습, 매일의 웃음과 울음, 레슬링 시합과 같은, 작은 세 남자아이의 삶을 이루던 일상이 모두 들어 있다. 비비안은 아이들을 진정으로 사랑하는 어머니처럼, 머리 자르기부터 옥수수 낟알 떼어먹기까지 아이들이 경험한 '처음'을 기록해두기도 했다.

1956년 8월 말에 비비안은 대모인 베르트 린든버거가 맨해튼에서 사망했다는 소식을 듣고 3주 동안 뉴욕에 머물렀다. 그 소식을 들었을 때 비비안은 마침 예정된 휴가를 보내고 있었는데, 겐스버그 가족이 비비안의 삶에 일어난 이 중대한 상실을 알고 있었는지 알려주는 자료는 없다. 비비안

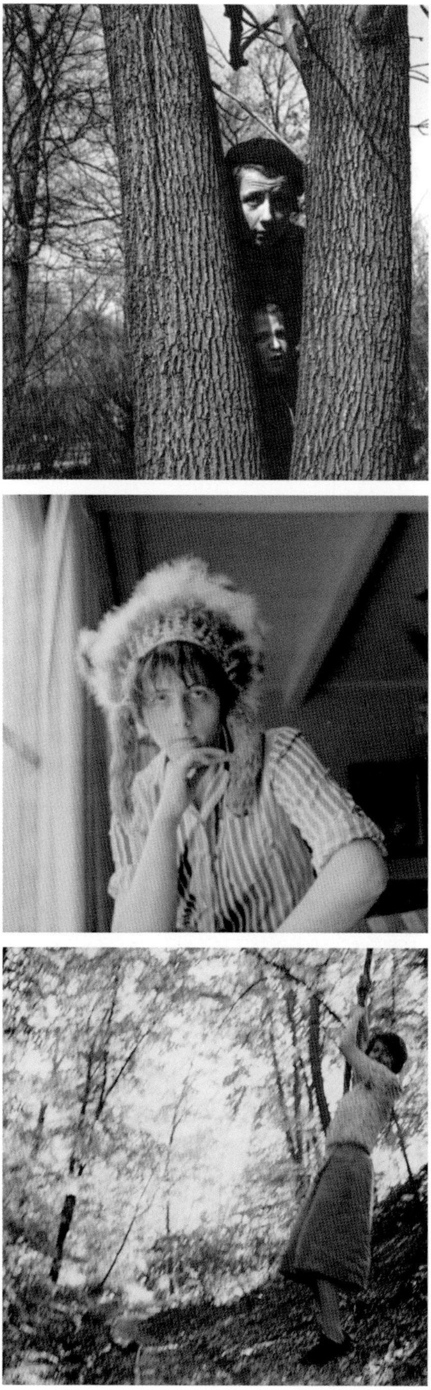

비비안과 함께한 즐거운 나날, 하이랜드 파크, 1950년대

은 베르트와 가장 가까운 사람이었다. 베르트가 떠난 뒤, 비비안은 두 사람이 공동으로 만들었던 계좌를 해지하고, 예금 출납장을 한 장 한 장 모두 사진에 담고, 플러싱 우체국 사서함에 들어 있던 모든 기록과 사진을 비웠다. 잭슨 하이츠로 가서 옛 이웃을 만났고, 베르트와 함께 살았던 집을 사진에 담았다. 외제니 때처럼 베르트의 장례도 일류 장례업체인 프랭크 E. 캠벨에 절차를 맡겼고, 페른클리프에서 화장을 했다. 비비안은 베르트의 유골함을 비롯해, 장례식의 모든 과정을 사진에 담았다.

뉴욕에 있는 동안 비비안은 베르트가 사망한 장소였을 맨해튼의 벨뷰 병원 옥상에서 사진을 한 장 찍고, 기차를 타고 롱아일랜드로 갔다. 비비안의 목적지는 1938년에 앨프리드 아이젠스타트Alfred Eisenstaedt가 「라이프*Life*」에 사진을 실어 유명해진 아이슬립에 위치한 정신 치료 기관, 필그림

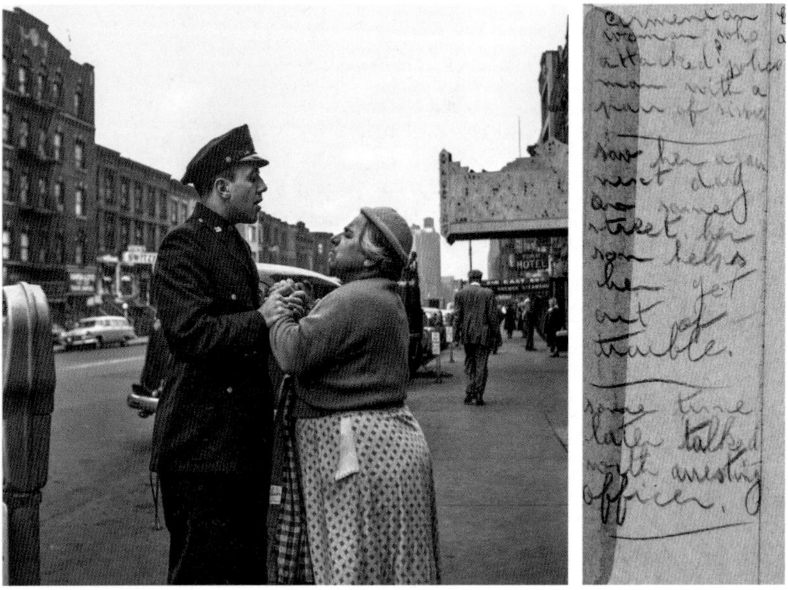

저항, 뉴욕, 1956년(*Vivian Maier*)

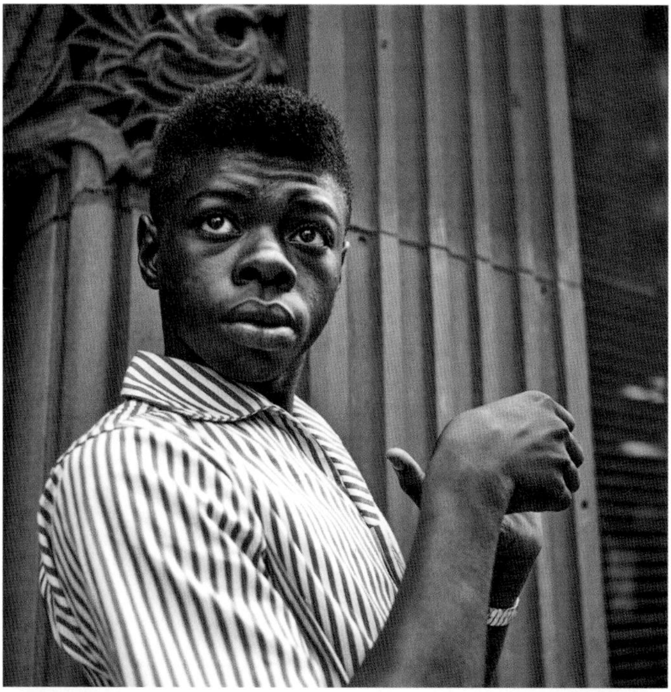

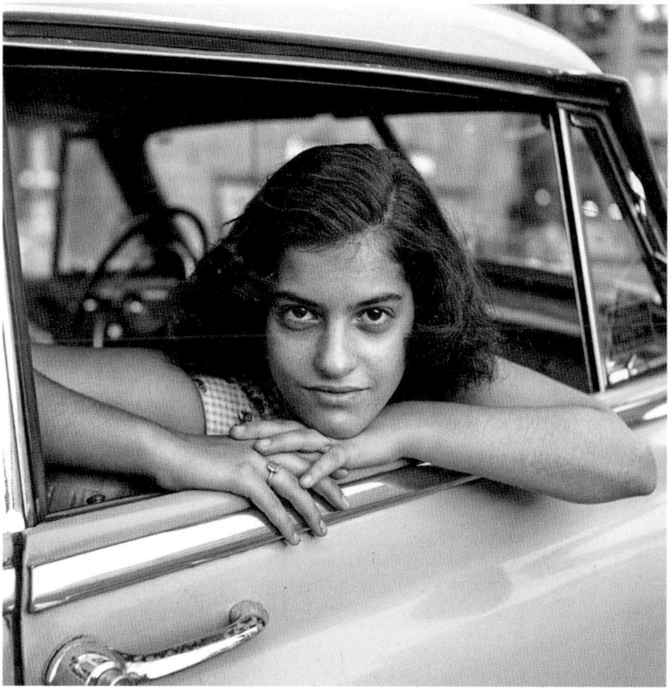

눈을 크게 뜬 십 대들, 시카고, 1950년대 후반(*Vivian Maier*)

주립병원이었다. 단지 외관 사진만 몇 장 찍은 것으로 보아 촬영을 하려고 그곳에 간 것은 아니었을 것이다. 하지만 그곳에서 비비안이 누구를 만났는지를 확증해줄 증거는 찾지 못했다.

비비안이 뉴욕을 떠난 것은 고작 1년 전이지만, 그때 찍은 사진에 낯익은 얼굴이 없는 것으로 보아 굳이 찾아가 만나고 싶은 고용주나 친구 들은 없었던 것 같다. 헴스의 스튜디오에 가서 신부용품 전시실을 한 장 찍기는 했지만, 그때는 캐롤라 스튜디오의 간판은 사라지고 없었다. 나이 든 캐롤라가 독일로 떠난 뒤에 돌아오지 않았기 때문이다. 아마도 이 여행에서는 경찰과 실랑이를 하는 아르메니아 여인을 찍은 사진이 가장 유명할 것이다. 보도사진작가처럼 비비안은 현장에 몇 시간이나 머물면서 실랑이를 취재했고, 그 일을 기사로 낼 것처럼 여인을 체포한 경찰과 인터뷰를 했다. 분명히 비비안은 자신이 진짜 기자인 것처럼 연기했을 것이다. 나중에 스스로 사진을 인화한 비비안은 싸우는 두 사람이 부각되도록 세심하게 사진을 잘랐다. 중서부 지역으로 돌아가기 전에 천국의 문 묘지에 들른 비비안은 외제니에게 마지막으로 작별 인사를 하고, 뉴욕으로 통하는 문을 더욱 굳건하게 닫아걸었다.

교외에 정착하다

시카고로 돌아온 비비안은 겐스버그 가족과 그 가족의 친구들을 찍는 데 만족하면서, 이들의 교외 집과 마을에서 수천 장이 넘는 사진을 찍었다. 물론 시카고 북쪽 해안가 지역과 도심지를 누비며 찍은 거리 사진도 있다. 비비안은 언제나 생동감과 진정성 있는 사진을 찍으려고 노력했고, 대부분의 사람들이 신경 쓰지 않는 순간들을 포착했다. 비비안은 주눅 들지 않는 십 대들의 시선을 붙잡아 그들이 눈을 깜박이기도 전에 카메라의 셔터를 눌렀다. 그 결과 "보이는 그대로가 진실이다"라는, 십 대의 전형적인 태

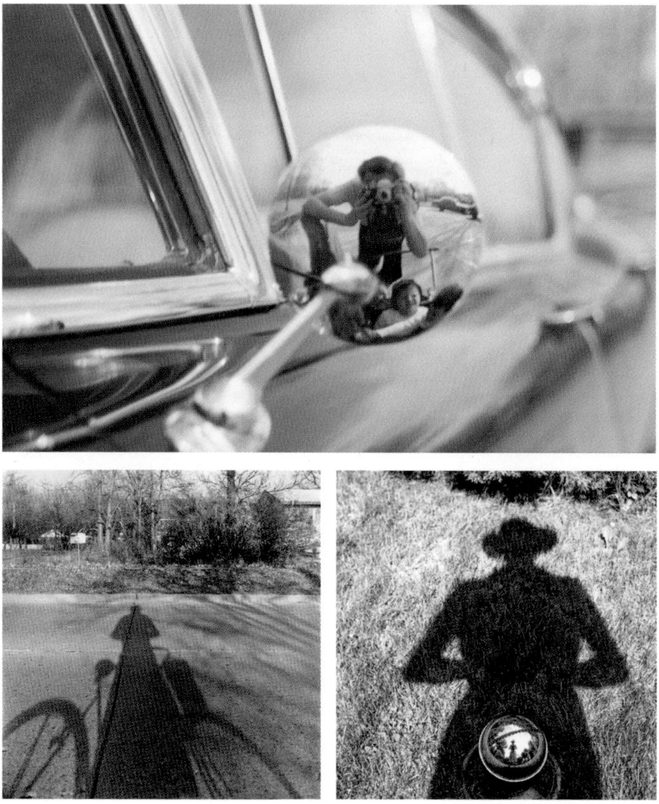

자화상 2.0, 시카고, 1956~1957년(*Vivian Maier*)

도를 능숙하게 사진에 담을 수 있었다.

늘 그랬던 것처럼 비비안은 자신의 모습도 사진에 담았다. 뉴욕 5번로에 거울처럼 줄지어 늘어서 있는 상점들이 없었기 때문에 비비안은 자동차 타이어 허브, 자동판매기, 백미러 같은 곳에 비친 자신의 모습을 찍었고, 그림자를 이용해 자신이 처한 환경과 감정, 창조성을 드러내는 독창적인 연출법을 완벽하게 발전시켰다. 많은 사진에 눈길을 사로잡는 유머가 담겨 있기도 하다. 자전거과 함께 포즈를 취하고 있는 사진에서 비비안은 그림자를 길게 늘어뜨려 받아들일 수밖에 없는 이웃의 존재를 정확하게 연상시키고 있고, 특별히 흥미로운 한 작품에서는 골반의 위치에 스프링클러의 머리 부분이 오게 함으로써 금지되고 있는 무언가를 우스꽝스럽게 표현하고 있다.

겐스버그 가족의 집에서 살 때 찍은 자화상 사진은 비비안의 기술이 발전했음을 분명히 보여준다. 흑백 자화상 사진(아래 사진)과 컬러 자화상 사진(10쪽 사진)을 찍을 때 비비안은 원하는 결과를 얻으려고 오프 카메라off-camera(다른 카메라로 찍은 영상 신호를 받을 용도로 대기하는 카메라. 옮긴이)와 소프트 바운스 조명soft-bounce lighting을 사용했다. 사진작가 댄 와그너는 비

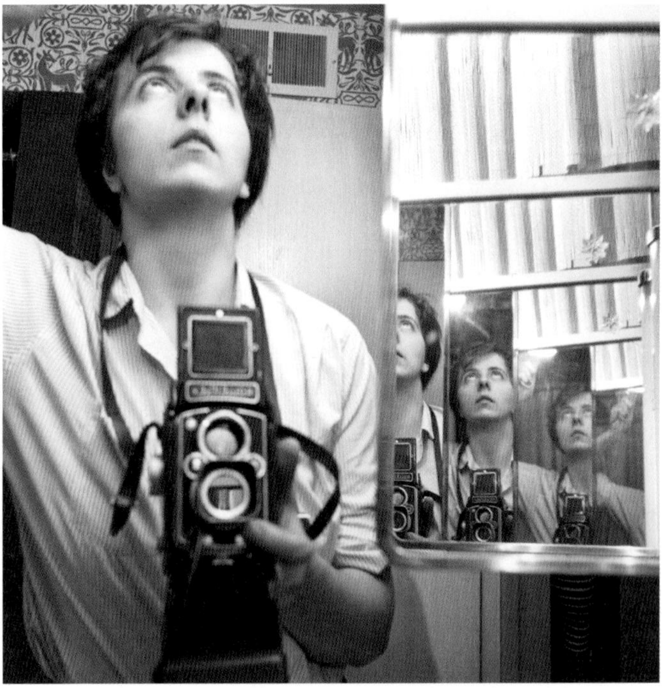

반사, 시카고, 1956년(*Vivian Maier*)

비안이 정말로 어려운 촬영을 한 것이라고 설명한다. "이런 사진을 찍으려면 카메라가 흔들려 구도를 망치지 않도록 모든 근육이 정확하게 고정되어 있어야 하며, 뷰파인더로 사진을 보면서 셔터에 올린 손가락에 차분하게 집중한 상태로 조명을 천장에 비춰야 합니다. 비비안은 고개를 위로 올려 목과 코 밑에 심하게 그늘이 지는 것을 막아주는 '미광'과 눈을 빛내줄 매끄러운 반사광을 만들었습니다. 셔츠는 하의 안에 야무지게 넣어뒀는데, 보통 이런 식으로 자세를 취하면 셔츠가 밖으로 나와 흐트러지기 십상이지요." 이제 비비안은 기술적으로 결점 없는 사진을 찍기 위해 필요한 다양한 기술들을 자유자재로 요리할 수 있게 된 것이다.

외계에서 온 사람

시카고에 완벽하게 정착한 비비안은 벨로솔 모터 자전거나 일반 자전거를 타고 마을을 돌아다니며 이웃의 기억에 뚜렷하게 각인되었다. 겐스버그 집안의 친구였던 더피 레반트Duffy Levant는 그 보모가 워낙 신출귀몰했고, 언제나 목에 카메라를 매단 채 자전거를 타고 돌아다녔다고 기억했다. "꼭 사악한 서쪽 마녀Wicked Witch 같았어요." 비비안을 만났던 사람들은 모두 실제로는 173센티미터쯤 되었던 비비안의 키를 훨씬 더 크게 생각했다. 더피는 "강한 인상을 심어주려고 굳이 입을 열어야 하는 사람은 아니었어요. 현실 속 사람이라기보다는 극중 인물 같았고, 하이랜드 파크에서는 아주 이질적인 존재였어요"라고 회상했다. 사실 비비안은 생 보네에서도 비슷한 평가를 받았다. 어렸을 때 비비안을 만난 사촌 마리우스 펠그랭Marius Pellegrin은 샹소르 아이들에게 비비안은 마치 "외계인"처럼 느껴졌다고 했다. 어디를 가든지 비비안은 늘 주목을 받았지만, 비비안이 누구인지 아는 사람도, 비비안을 이해하는 사람도 거의 없었다. 프랑스 시골의 감성과 도시의 세련미, 엄청난 창의력과 지적 자원, 어렸을 때 겪은 깊은 트라우마 같은 이중적인 요소들이 비비안을 복잡한 사람으로 만들었다. 이 모든 요소들이 한데 뭉쳐 동기와 행동을 파악하기 힘든, 비비안 마이어라는 독특한 인물을 만들어냈다.

비비안은 프랑스에 뿌리를 둔 보수적인 복장을 고수했다. 비비안의 일상적인 옷차림은 중성적으로 보이는 맞춤 정장이거나 바삭바삭하고 넓은 칼라가 달린 블라우스에 종아리까지 오는 치마를 맞춰 입는 식이었다. 그리고 여전히 팬티 스타킹이 아닌 구식 밴드 스타킹을 신었다. 그 모든 옷 위에는 베이지색이나 회색 오버사이즈 남성용 코트를 입었고, 자신의 트레이드마크인 플로피 해트를 썼다. 이런 중성적인 차림새 때문에 비비안은 자기 몸을 숨길 수 있었지만, 오히려 눈에 띄기도 했다. 대부분 비비안이 구세군이나 중고 가게에서 옷을 구했다고 믿었지만, 그보다 더 사실에 어긋나는 추측은 없을 것이다. 언제나 최고를 추구했던 비비안의 옷은 마샬 필즈, 삭스, 5번로에 있는 고급 양장점 상표를 달고 있었다. 트렌치코트

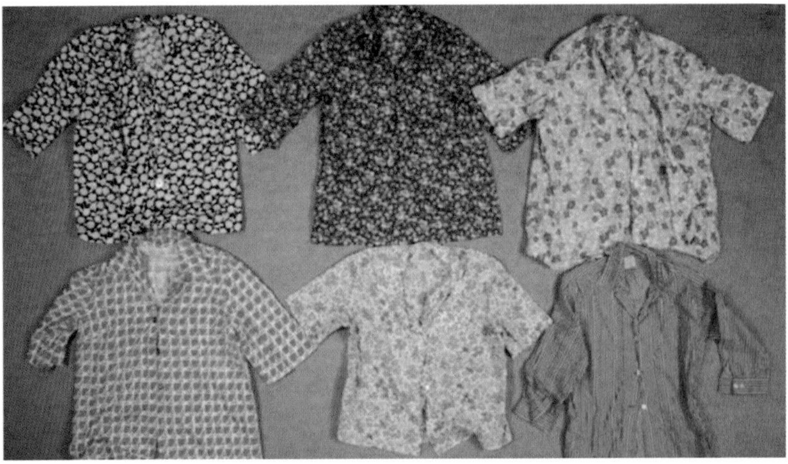

비비안의 리버티 오브 런던 블라우스(*John Maloof*)

는 런던 포그 제품이고, 모자는 파리에서 만든 수제품이며, 백 퍼센트 캐시미어로 만든 옷도 있었다. 수수하고 단조로웠다고 묘사되는 비비안이지만 칙칙한 외투 속에 종종 레이스 달린 실크 속옷과 리버티 오브 런던의 화려한 블라우스를 입고 있었다. 다른 모든 사람의 증언과 다르게 겐스버그 가족은 비비안이 정말로 여성스러웠다고 말했다.

비비안은 어린 시절 시골에서 쌓은 습관대로 몸을 단장했다. 식초로 머리를 감았고, 머리카락과 뺨을 보호하려고 매일 바셀린을 발랐으며, 구매 비용을 아끼려고 화장품은 대량으로 장만했다. 빈혈과 몇 가지 호르몬 불균형으로 고생하면서 비비안의 팔은 라인배커linebacker(풋볼 경기에서 주로 상대팀에게 태클을 거는 수비수. 옮긴이)처럼 굽었고, 눈 밑에는 진한 다크서클이 생겼다. 이런 신체 특성과 기름을 바른 얼굴 때문에 사람들은 비비안에게 호감을 느끼지 못했다. 비비안의 고용주와 친구 들은 하나같이 비비안이 매력적인 사람은 아니었다고 말했고, 비비안이 찍은 자화상 사진 역시, 비비안이 점차 그렇게 변해갔다는 것을 확인해준다.

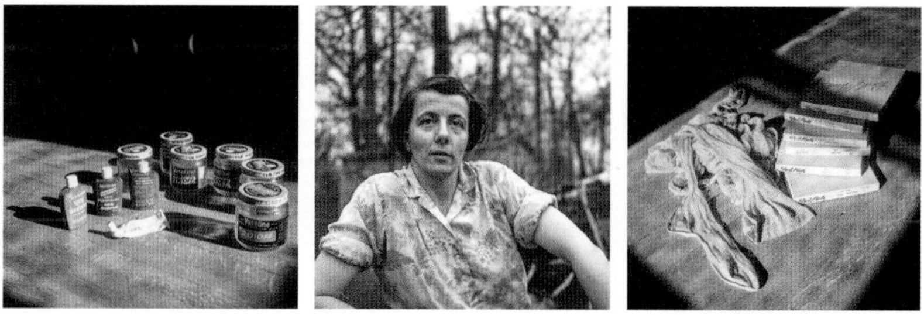

다량으로 구매한 화장품, 시카고, 1960년대(*Vivian Maier*)

존 말루프가 다큐멘터리 영화를 제작하려고 만난 사람들은 거의 모두 비비안이 군국주의자처럼 두 팔을 크게 휘두르면서 시끄러운 소리를 내

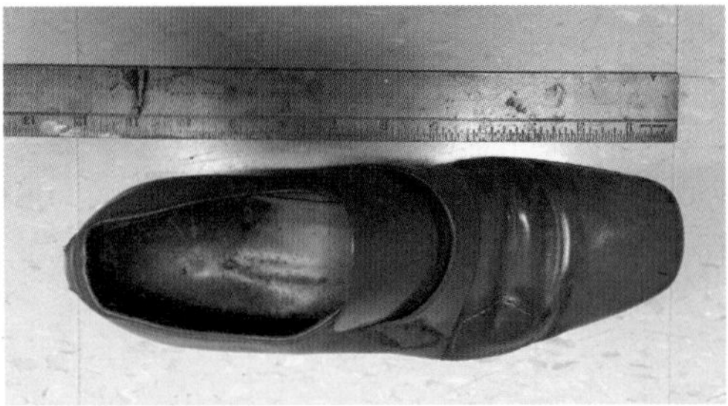

신발 사이즈(*John Maloof*)

며 볼품없이 걸어다니는 사람이었다고 묘사했다. 많은 사람들이 비비안의 12 사이즈 갈색 남성용 신발을 기억했는데, 비비안은 오래 신을 수 있다는 이유로 그 신발을 택했고, 실제로도 신발이 말 그대로 터져버릴 때까지 신고 다녔다. 비비안은 무례해 보일 정도로 빠른 속도로 단호하게 움직였고, 그런 걸음걸이 덕분에 아주 강인한 모습으로 사람들의 뇌리에 남았다.

비비안을 직접 본 사람들은 어김없이 무표정한 얼굴과 친절함은 조금도 느낄 수 없었던 태도를 언급한다. 한 지인은 비비안이 "말을 할 때 얼굴에 표정이 없었다"고 말했다. 비비안의 얼굴은 감정을 드러내는 데 어려움을 겪고 있거나 감정을 표현하고 싶어하지 않는 성향을 반영하는데, 비비안에게서 가끔은 전형적인 프랑스 사람의 특징이라고 일컬어지는 퉁명스러움과 오만함을 느끼는 사람도 있었다. 비비안이 왕족처럼 '우리'라는 말을 1인칭으로 사용한 이면에는 자신의 의견이 적어도 양식 있는 사람들 사이에서는 다수의 의견과 일치한다는 생각이 깔려 있었다. 마음에 들지 않는 질문을 받을 때면 비비안은 조금도 주저하지 않고 "그건 당신과 상관없는 일이에요"라고 대답했다. 이 모든 특징들이 비비안을 어마어마하게 위압적인 사람으로 묘사하고 있지만 비비안은 목소리를 높이는 법 없이 늘 조용하고 부드럽게 말하는 사람이었다. 이국적인 억양의 목소리는 경쾌하고 명확했으며, 대화 사이에 *사크레 커흐Sacré-Cœurs*, *올라라oh là làs*, *브왈라voilàs* 같은 프랑스어 감탄사를 집어넣는 버릇이 있었다. 하지만 날카로운 지성과 명확한 의견의 소유자였기 때문에 자신의 견해를 표현할 때면 조금은 권위적이고 고압적으로 들리기도 했다. 사회성이 제대로 발달하지 않아 타인이 받는 상처에는 무감각했고, 타인이 보내는 중요한 신호를 놓칠 때가 많았다. 과거를 감추려는 시도가 모든 인간관계에 그늘을 드리워 차가운 거리감을 느끼게도 했다. 1970년대에 비비안이 고용주와 이웃 들과 대화를 하면서 녹음한 테이프를 들어보면 대화를 이끌고 질문을 회피하는 비비안의 뛰어난 재능을 확인할 수 있다. 비비안은 늘 초연한 겉모습을 유지했기에 그녀 내면의 진짜 감정은 거의 언제나 인정받지도, 인지되지도 못한 채로 남아 있었다.

비비안이 과거를 숨기기로 결정한 것은, 그녀가 처한 상황을 고려하면 깊은 생각과 논리적인 판단의 결과였을 것이다. 서류에 자신의 진짜 정보를 한 번도 정확하게 써본 적이 없는 어머니와 할머니처럼, 비비안도 자신의 진짜 모습을 감춰야 한다고 생각했을 것이다. 이미 과거를 숨기기로 결심한 비비안은 고용주들이 자신이 채용한 보모에게 불안정하고 자신만 아는 이기적인 어머니가 있다는 사실을, 폭력적인 알코올중독자 아버지가 있다는 사실을, 마약에 중독되고 조현병을 앓고 있는 오빠가 있다는 사실을 굳이 알고 싶어하지는 않을 거라는 명확한 결론을 내렸다. 무엇보다도 끔찍한 일은 조금이라도 추적할 수 있는 흔적을 남기면 가족들이 찾아와 돈을 요구하고 비비안의 정체를 폭로할 수 있다는 점이었다. 따라서 비비안이 취할 수 있는 가장 현명한 방법은 입을 다물고 사람들에게서 멀리 떨어지는 것이었다. 그런 상황에서 사진이 비비안의 감정 배출구 역할을 한 것은 당연하다. 많은 사람이, 타인에게 자신을 드러내기를 힘들어했던 여인이 그토록 개방적이면서 감성적이고 인간미 넘치는 사진을 촬영했다는 데서 역설을 발견한다. 어떤 면에서 이런 무심한 태도는 그녀 자신의 존재감을 낮춤으로써 피사체에 정직하고 꾸밈없이 다가가는 데 유리하게 작용했을 것이다.

비비안은 겐스버그 가족의 보호를 받으면서도 대부분의 경우 자기 자신으로 살았다. 겐스버그 가족은 비비안을 가족의 일원으로 완전히 받아들여 학교 행사에도, 명절 행사에도, 휴가철 여행에도 함께했다. 겐스버그 가족은 비비안을 아는 다른 고용주나 비비안이 돌본 다른 아이들과는 전혀 다르게 비비안을 묘사했는데, 그럴 수밖에 없었다. 겐스버그 가족과 함께 있을 때는 비비안도 전혀 다른 사람이었으니까. 겐스버그 가족의 집에서 찍은 사진 속 비비안은 행복하고 평온해 보인다. 여름이면 개구쟁이 같은 머리 스타일로 가벼운 옷을 입고 얼굴에는 미소까지 머금은 채, 비비안은 자연스럽게 이 가족에게 녹아들어갔다.

개인적 열망

시카고에서 전문 사진작가가 되고 싶다는 비비안의 야망은 기로에 서게 된다. 뉴욕에서 상업적인 사진 커뮤니티에 적극적으로 참여했지만, 이렇다 할 결과를 내지 못한 터였다. 시카고에서 비비안은 사진 애호가로의 길을 택했다. 사진 커뮤니티에 발을 들이거나 사진을 판매하려는 시도를 거의 하지 않았다. 대신 평가나 인정을 구하지 않고, 그저 자기 자신만을 위해 마음껏 사진을 찍었다.

시카고에서 생긴 주목할 만한 변화는 또 있다. 예전과 달리 비비안은 겐스버그 가족과 그들의 가까운 친구 외에는 자신이 찍은 사진을 보여주는 법이 거의 없었다. 극히 소수의 사람들만 사진을 받았는데, 비비안은 이웃의 아이들을 카메라에 수천 번 담으면서도 그들의 부모에게는 사진을 보여주지 않았다. 더피 레반트의 금발 머리 여동생 제니퍼는 비비안이 좋아하는 피사체였지만 제니퍼의 어머니도 겨우 사진 몇 장을 얻었을 뿐이다. 훗날 제니퍼는 그 사진들을 살펴보다가 비비안은 사람들의 얼굴에서 가면을 벗겨 "영혼을 들여다볼 수 있었던" 사람이었다고 말했다.

겐스버그 가족은 비비안이 카메라라는 도구와 가족들의 사진을 찍는 일에 흥미가 있었다는 것은 알았지만 그녀가 거리 사진에 얼마나 심취했는지는 알지 못했다. 말루프와 나눈 대화에서 겐스버그 가족은 자신들이 비비안에게 사진작가가 되는 길을 찾아보라고 격려해주기는 했지만, 그 전에 사진작가가 될 만한 훈련과 교육을 받았을 거라는 생각은 하지 않았다고 했다. 낸시는 「라이프」 기자들이 겐스버그 가족의 집에 2주 동안 드나들면서 특별한 파티를 취재했지만, 비비안이 그 파티에 참석하기를 거부했던 기억을 떠올리기도 했다. 하지만 비비안의 아카이브에서는, 겐스버그 가족은 몰랐겠지만, 「라이프」의 사진기자들이 작업하는 모습을 세심하게 찍은 사진들을 볼 수 있다. 게다가 비비안은 화장품 모델처럼 보이는 여자의 사진 연작을 전문가 못지않은 솜씨로 촬영했다. 사진에는 '광고'라

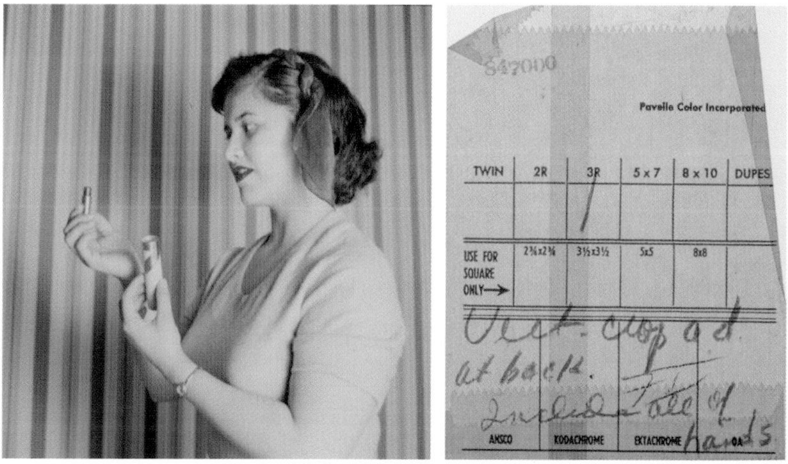

'광고', 시카고, 1956년(*Vivian Maier*)

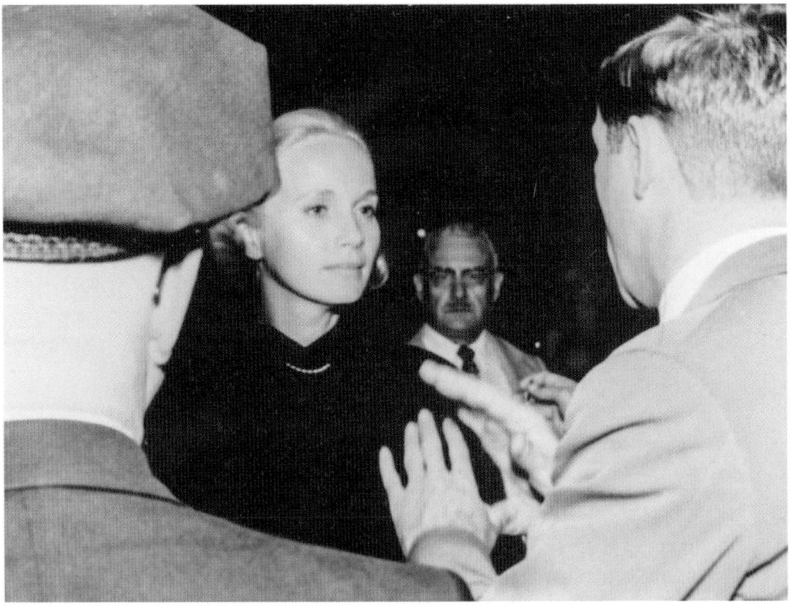

〈북북서로 진로를 돌려라〉, 시카고, 1958년(*Vivian Maier*)

고 적혀 있지만, 아마도 겐스버그 가족의 친척이나 친구가 비비안이 정해 준 대로 카메라 앞에서 자세를 취했을 가능성이 크다.

유명인을 쫓는 일은 시카고에서도 멈추지 않았다. 비비안은 영화 〈지고 *Gigot*〉 개봉일에 재키 글리슨Jackie Gleason과 함께 식사를 하는 진 켈리Gene Kelly를 발견했고, 앨프리드 히치콕Alfred Hitchcock 감독의 〈북북서로 진로를 돌려라*North by Northwest*〉 촬영장에서는 에바 마리 세인트Eva Marie Saint, 제임스 메이슨James Mason, 캐리 그랜트Cary Grant의 스냅 사진을 찍었다. 나중에 비비안은 에바 마리 세인트의 사진을 인화해 자신의 책상에서 가장 잘 보이는 곳에 놓았다.

베르트가 세상을 떠난 뒤부터는 뉴욕에 돌아가야 할 필요가 전혀 없었기 때문에 비비안은 휴가 기간에 여행을 다녔다. 캐나다를 두 차례 방문하

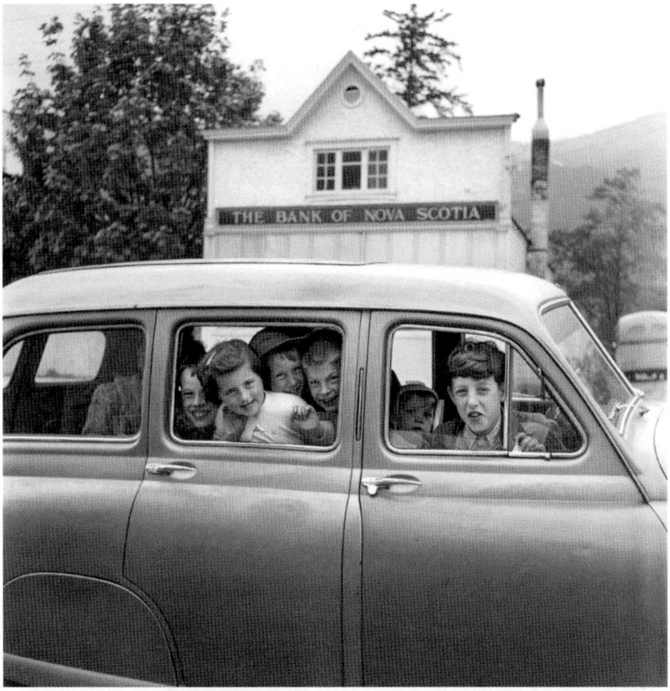

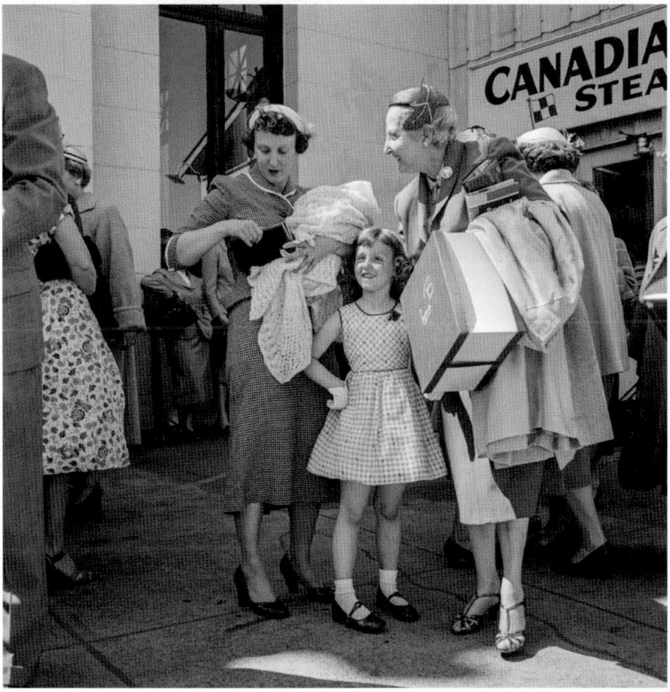

말쑥한 캐나다. 1958년(*Vivian Maier*)

며 놀라운 결과를 얻은 경험이 있었기에 1956년에는 새로운 모험을 찾아 훨씬 북쪽으로 올라갔다. 처칠과 크랜베리 포티지는 역사적으로도 유서 깊고, 북극곰과 이누이트족, 모피 교역로 같은 볼거리도 많은 곳이었다. 캐나다에서의 촬영은, 다시 한번 탁월한 결과를 낳았다. 사진 속 풍경은 마치 영화 세트장처럼 깔끔하고, 1950년대에 어디서나 볼 수 있었던 말쑥한 건전함과 엉뚱한 매력을 풍기고 있다.

겐스버그 가족이 플로리다에 있는 친척을 만나러 갈 때 비비안도 함께 갔다. 1957년 마이애미에서의 어느 날 밤, 비비안은 겐스버그 가족과 야자수를 찍은 뒤에 홀로 모험에 나섰다. 그 따뜻했던 저녁 시간, 비비안은 다른 경우에도 자주 그랬듯 사진을 단 한 장만 찍었는데, 그 한 장은 비비안의 최고 걸작 가운데 하나가 되었다. 이 완벽한 사진은 비비안의 뛰어난 안목을 여실히 보여준다. 아무도 없는 거리에 하얀 옷을 입은 여자가 마치 천상의 존재처럼 연석을 향해 하늘하늘 걷고 있다. 부드러운 조명이, 마치 여자의 몸에서 빛이 나오는 것처럼 묘한 분위기를 내며 사진 중앙을 비춘다. 멀어져 갈수록 희미해지는 가로등은 별처럼 빛나고 있다. 그날 밤, 단 한 번의 셔터를 누른 비비안은 그 사진에 그저 '밤'이라는 이름을 붙였다.

플로리다의 밤, 1957년(*Vivian Maier*)

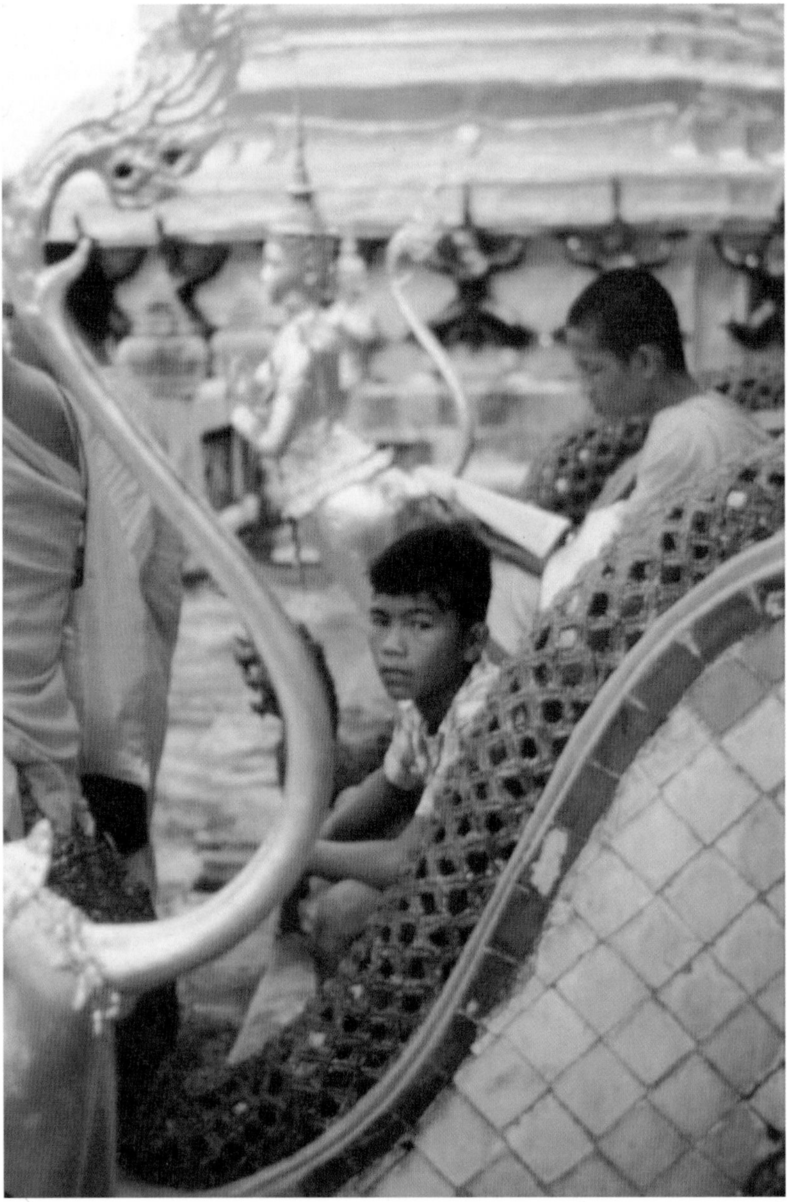

그랜드 팰리스, 태국, 1959년(*Vivian Maier*)

11
세계를 여행하다

사람들은 일하기 위해 살아요. 나는 살기 위해 일하고요.

—비비안이 고용주에게 한 말

1959년에 비비안은 겐스버그 가족에게 세상을 돌아보고 싶은 꿈을 이루기 위해 6개월 동안 떠나 있겠다고 말한다. 호기심과 배짱, 독립심이 두둑한 비비안은 로스앤젤레스로 가서 화물선인 플래전트빌호를 타고 아시아, 아프리카, 유럽 대륙을 탐험했다. 필리핀, 홍콩, 태국, 말레이시아, 싱가포르, 인도, 예멘, 이집트, 이탈리아가 기항지에 포함되어 있었다. 여행의 시작과 끝에는 친구와 가족 들을 만났는데, 출발할 때는 남부 캘리포니아에서, 도착할 때는 자신의 고향인 생 보네와 뉴욕에서였다. 지나치게 흥분한 사탕 가게 아이를 담은 사진을 비롯해, 여행하는 동안 비비안은 5000장이 넘는 사진을 찍었다. 중국에서는 마주친 모든 아이를, 루브르 박물관에서는 모든 그림을 사진에 담은 것처럼 보인다. 지구 반대편에서 비비안은 현실과 대칭, 아름다움을 담고 돌아왔다. 그 뒤로 세상을 떠날 때까지 비비안은 자신이 세계 여행을 하고 왔다는 사실을 자랑스럽게 말하고는 했는데, 그것은 세계 여행이 비비안의 정체성에서 중요한 부분을 차지하게 되었다는 분명한 증거였다.

비비안의 모험은 4월에 기차를 타고 서쪽으로 가면서 시작되었다. 그 시대에 미국의 모든 '문화인'이라면 그래야 하는 것처럼 비비안도 트위드 비즈니스 정장을 갖춰 입고 여행에 나섰다. 제일 먼저 멈춘 곳은 패서디나였다. 이곳에서 비비안은 프랑스인 친구들을 만나고 마거릿 헤이야스를 만나 또다시 돈을 빌렸다. 일단 배에 오른 뒤에는 매혹적인 항구에 도착하

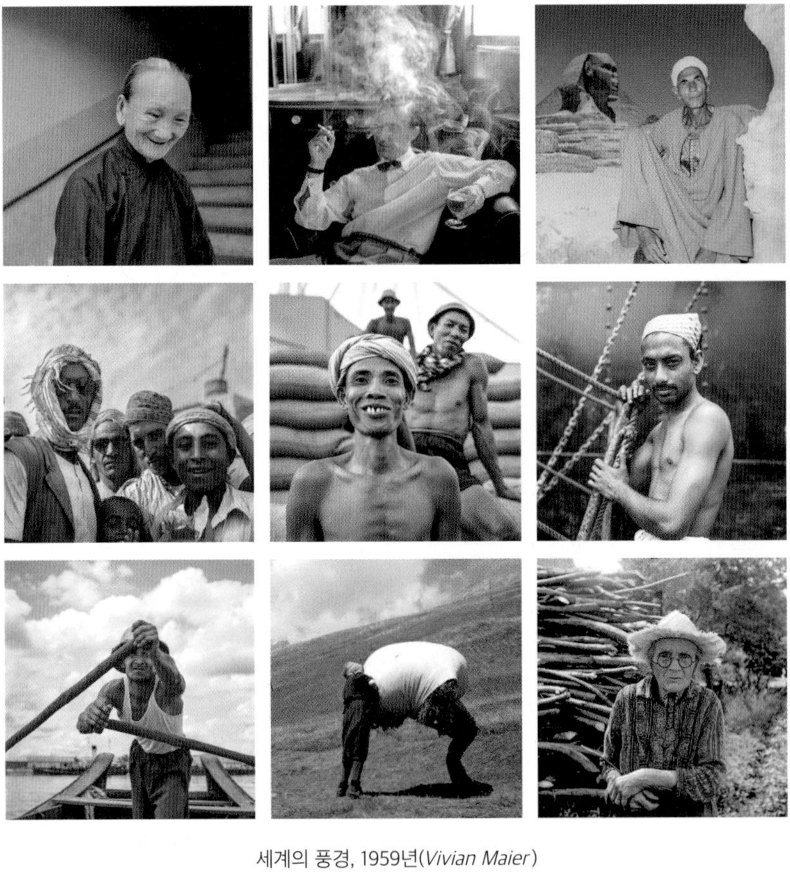

세계의 풍경, 1959년(*Vivian Maier*)

기 전까지 승객들과 어울렸고, 선원들의 모습을 사진에 담았다. 출항식에 참가했고, 항구에 도착했음을 기록했고, 계획대로 사진을 찍을 수 있도록 가장 독특한 전경을 볼 수 있는 자리도 확보했다. 배 위에서 비비안은 흥미로운 사람들과 평범한 관광객들, 반복되는 대양의 파도, 배 위에서 일어나는 활동들과 형상과 패턴을 사진에 담았다.

문화적인 명소를 빠짐없이 둘러보면서도 비비안이 특히 관심을 보였던 것은 지역 사람들과의 만남이었다. 사진에 담긴 풍경은 장소에 따라 극적으로 달라졌지만 주제 면에서는 공통점이 있었다. 미국에서 비비안은 특이하게 생긴 모자를 찍곤 했는데, 그 작품 목록에 토착민들이 쓰는 모자를 추가한 것이다. 비비안은 베트남에서는 대나무와 볏단으로 만든 모자를, 태국에서는 화려한 색을 칠한 뾰족한 모자를, 인도에서는 눈처럼 하얀 머리 수건을, 예멘에서는 높은 밀짚모자를, 이집트에서는 야무지게 두른 터번을 찍었다.

잘 짜인 여행 일정을 따라 비비안은 케이블 철도, 버스, 여객선, 보트, 인력거를 타고 내륙을 여행했다. 항구에서 보내는 매일은 새로운 모험으로 가득해서 동남아시아에서는 태국의 무에타이 시합을 보고 황금 사원들을 방문했고, 기자에서는 광활한 사막과 놀라운 피라미드를 구경했다. 일상에서 아름다움과 의미를 찾는 재능이 뛰어났던 비비안은 빨랫줄에 시선을 줄 때가 많았다. 빨랫감은 한 집단의 관습과 문화를 보여준다. 널린 빨래를 보면 어떤 옷을 안에 입고 어떤 옷을 밖에 입는지, 어떤 옷을 아래에 입고 어떤 옷을 위에 입는지 알 수 있다. 소지품을 어떻게 관리하는지, 가족 구성원은 어떻게 되는지, 수면 습관은 어떤지, 심지어 그 지역 사람들의 미적 감각까지 알 수 있다.

빨래는 언제나 바람이 부는 바깥에서 말리는 환경에서 자랐기 때문에 비비안은 모든 집에 메이텍 건조기가 있다고 생각하는 겐스버그 아이들

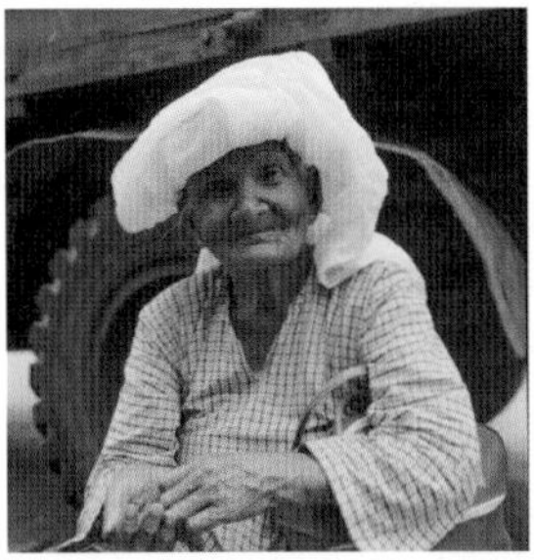
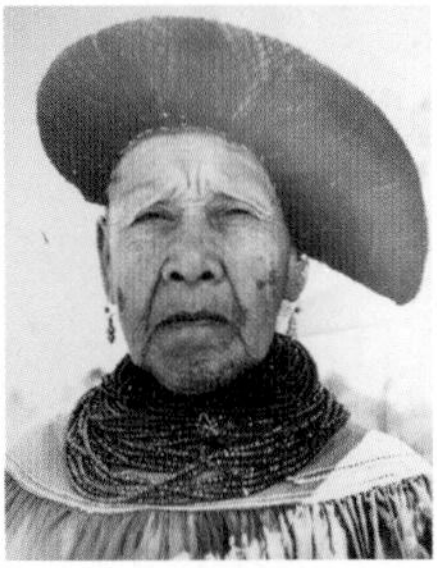
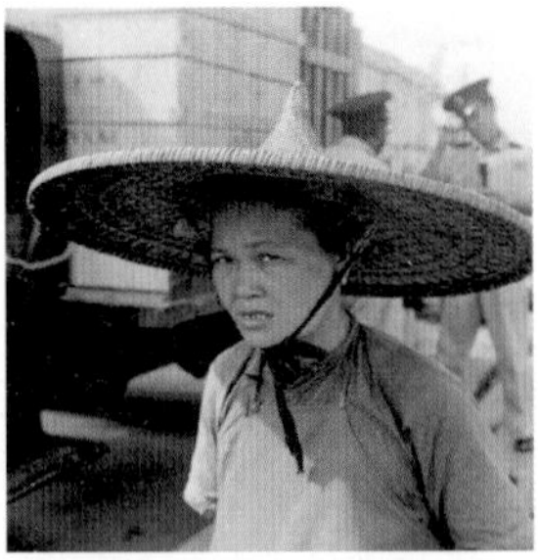
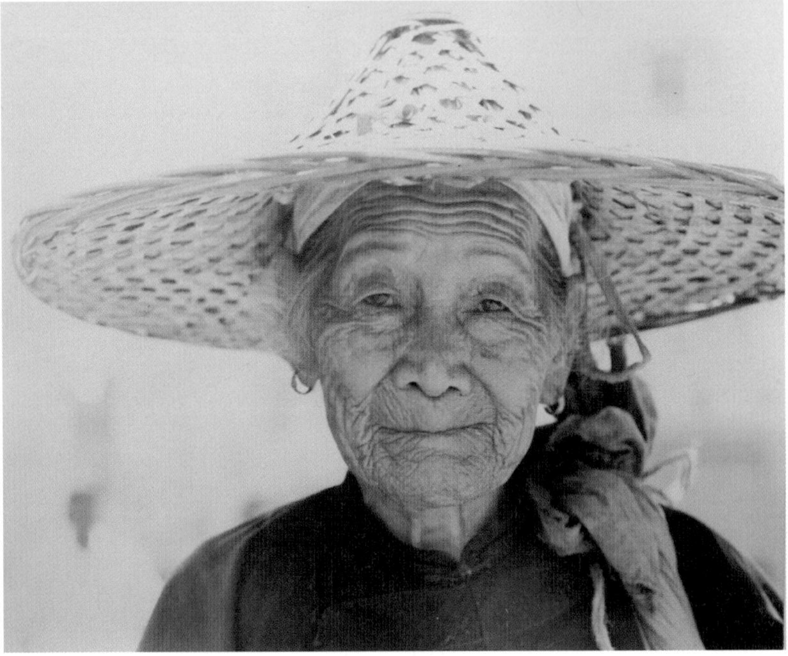

모자를 쓴 여인들, 아시아, 1959년(*Vivian Maier*)

에게 옷을 바깥에 널어야 하는 이유를 이해시키는 데 어려움을 겪기도 했다. 「시카고 매거진*Chicago Magazine*」과의 인터뷰에서 낸시 겐스버그는 기차를 타고 가다가 한 아이가 빨랫줄을 발견하고는 비비안을 보고 "옷장이 밖에 걸려 있어요"라고 말했다는 이야기를 들려주었다. 여행 중에 비비안은 흑백과 컬러 필름으로 전 세계 빨래들을 기록했다. 바삭하게 마른 시트가

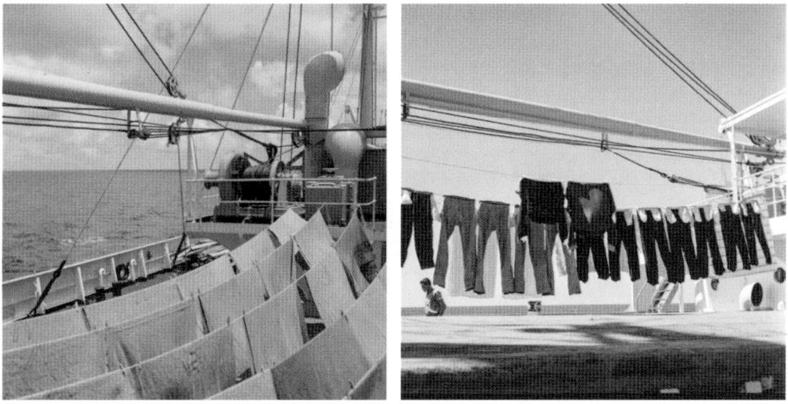

갑판의 빨래들, 1959년(*Vivian Maier*)

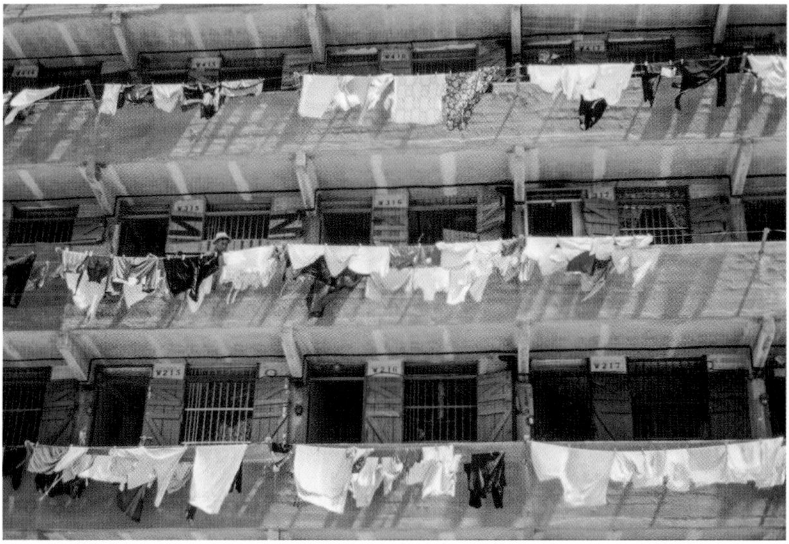

빨랫줄, 홍콩, 1959년(*Vivian Maier*)

물결치고, 선원들의 바지가 종이 인형처럼 갑판을 가로질러 매달려 있는 배에서만큼 빨랫줄이 더 큰 흥미를 자아내는 곳은 없었다.

이번 여행에서 비비안은 평소와는 다르게 네거티브 필름을 담은 글라신지 한쪽에 감광 속도나 에프 스톱(조리개의 개폐 정도를 나타내는 수치. 옮긴이)처럼 자신이 사용한 사진 기술을 적어놓았다. 다양한 필름과 필터를 사용하기도 했다. 주로 흑백 필름을 가지고 두 대의 롤라이플렉스로 사진을 찍었지만, 자신이 포착한 이국적인 풍경을 사진에 담을 때는 35밀리미터 컬러 필름의 도움을 받기도 했다. 비비안은 로보스타 카메라도 함께 가지고 갔다. 피사계 심도가 뛰어나기 때문에 여행을 떠나기 1년 전에 장만한 카메라였다. 흥미로운 점은 이 여행에서는 자화상 사진을 많이 찍지 않았다는 것이다. 가끔 다른 사람에게 카메라를 맡겨 사진을 찍기도 했지만, 그런 사진은 대부분 흔들리고 초점이 맞지 않았다. 하지만 사진 속 비비안은 편해 보이고 웃고 있다. 여행지에서의 사진을 보면 비비안이 동료 여행자들과 어울려 함께 관광을 하기도 했다는 것을 알 수 있다. 사진 속에서는 하이랜드 파크 사람들이 묘사했던 기묘하고 차가운 여자는 보이지 않는다. 아마도 이때 비비안은 자기 자신으로 지낼 수 있었던 것 같다. 자기 뜻을 마음껏 펼칠 수 있는 상황에 그녀 스스로 소속감을 느꼈던 것인지도 모르겠다.

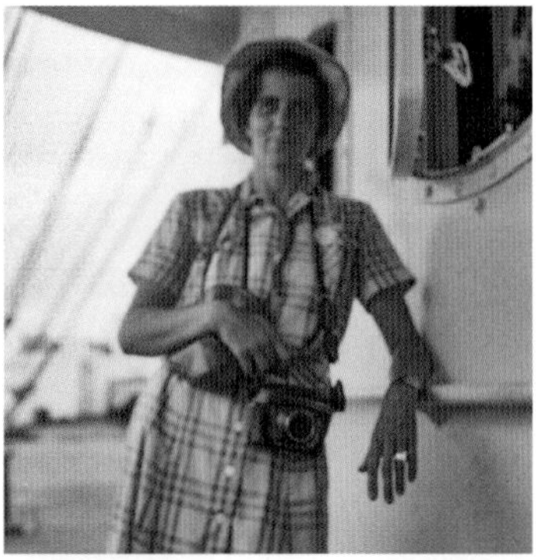

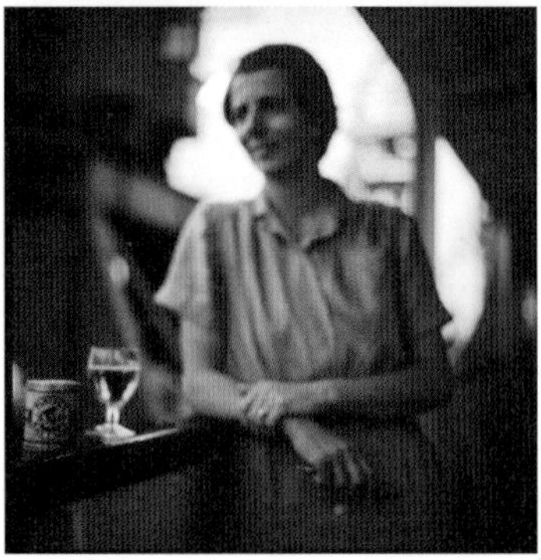

도착, 이집트와 이탈리아, 1959년

이탈리아에서 항해를 끝낸 뒤, 비비

안은 그리운 고향 생 보네로 달려갔고, 곧 예전에도 사진에 담은 적 있는 모든 산과 시내, 나무를 다시 찍었다. 마을 사람들은 비비안이 처음 프랑스에 왔을 때의 모습부터 시작해 그녀에 대한 기억을 잘 간직하고 있었는데, 그들이 묘사하는 비비안도 뉴욕과 시카고 지인들이 기억하는 모습과 일치한다. 비비안의 사촌 오귀스트 블랑샤르는 "비비안은 붙임성이 없었고, 말이 없고 차가웠지만, 모두 비비안을 받아들였다"라고 말했다. 연구자 폴 바셰Paul Vacher에 따르면 비비안은 카메라 여러 대를 목에 걸고서 마을 이곳저곳을 바쁘게 누비며 무언가 임무를 수행 중인 여자라는 강한 인상을 마을 사람들에게 남겼다. 외골수처럼 자기 목표만 쫓느라 사람들에게 인사를 건네는 일도 거의 없었다. 비비안은 흥미로운 사람이면 누구라도 사진에 담으려고 했지만, 피사체가 거부하면 그저 어깨를 으쓱하고 다시 제 길을 갔다. 미국에서 그랬던 것처럼 불쑥 나타났다 사라졌기 때문에 비비안이 어디에서 숙식을 해결하는지 아는 사람이 한 명도 없을 정도였다.

비비안이 생 보네에 도착하기 몇 달 전에 프렉세드 주글라르가 세상을 떠났고, 사진과 몇 가지 소집품을 유품으로 남겼다. 생 보네에 도착한 비비안은 재빨리 프렉세드의 유품을 손에 넣어 그것을 이리저리 펼쳐놓고 촬영했다. 그중에는 미국에 사는 프렉세드 형제들의 사진도 있는데, 이들은 뉴욕 소거티스에 거주했던 것으로 확인된다. 다른 사진들은 분명히 프랑수아와 프렉세드의 사진일 테지만, 그 사실 여부를 확인해줄 사람은 현재 모두 죽고 없다. 비비안이 그 중요성을 알고 있었는지는 모르겠지만, 비비안이 찍은 사진에는 프랑수아가 외제니와 함께 뉴욕에 살고 있을 때 프랑스에 있는 프렉세드에게 보낸 엽서도 있다.

그때는 비비안이 모든 직계 가족과 인연을 끊은 시기였지만 단 한 사람, 할아버지 바일은 아니었다. 이 노인은 마을에서 멀리 떨어진 농가에서 결

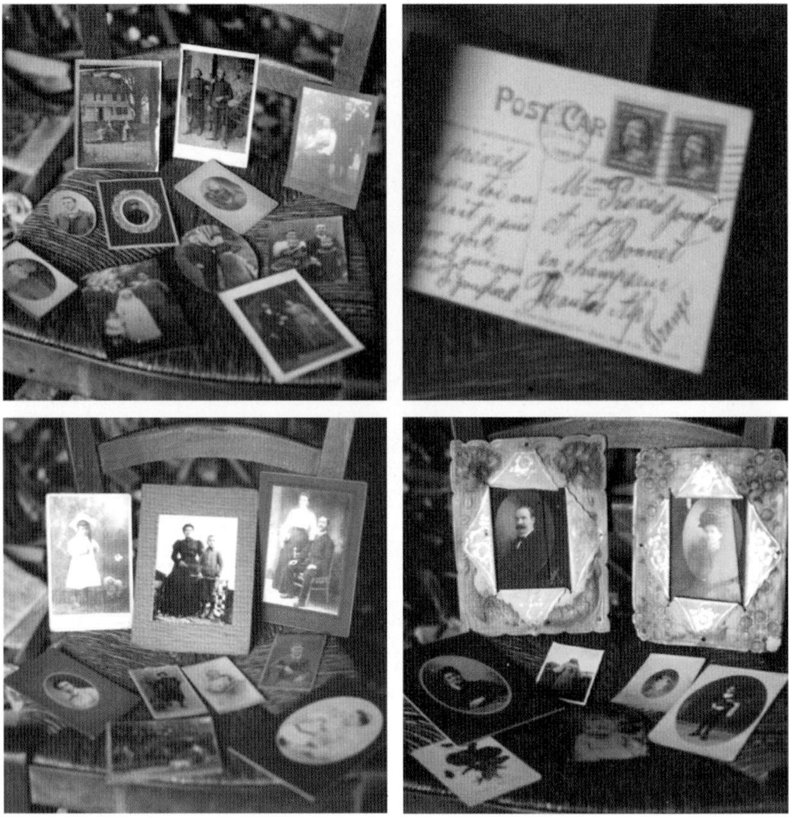

주글라르 집안의 삶, 생 보네, 1959년(*Vivian Maier*)

혼도 하지 않고, 친척들과 왕래도 하지 않은 채 살았다. 바일의 옆집에 살았던, 바일보다 마흔 살은 어린 뤼시앵 위그Lucien Hugues는 이 호기심 많은 이웃집 노인을 돌봐주었는데, 아침이면 커피를 끓여 마시고 점심이면 기름진 음식을 만들고 저녁이면 스프를 끓여 먹는 납작한 냄비 하나만을 소유한 바일을 좋아했다. 자신만의 방식으로 샹소르 계곡에 붙박여 살았던 바일은 해롭지는 않지만 기괴한 행동을 하는 사람이라고 알려져 있었다. 아이들이 두려워하면서도 건드리고 싶어하는 프랑스판 부 래들리Boo

Radley(하퍼 리의 『앵무새 죽이기』에 나오는 인물. 옮긴이) 같았던 바일은 편집증이 너무 심해서 침입자가 들어오면 걸려 넘어지도록 자기 땅 여기저기에 구덩이를 파놓았다. 누군가 구덩이를 피해 무사히 바일의 집까지 가는 데 성공하더라도 현관에서 바일의 여동생만 드나들었던 비밀스러운 작은 문을 맞닥뜨리게 된다. 바일은 부엌 벽에 밖을 내다볼 수 있는 구멍을 뚫어놓고 무단 침입자를 발견하면 소총을 발사해 쫓아버렸다.

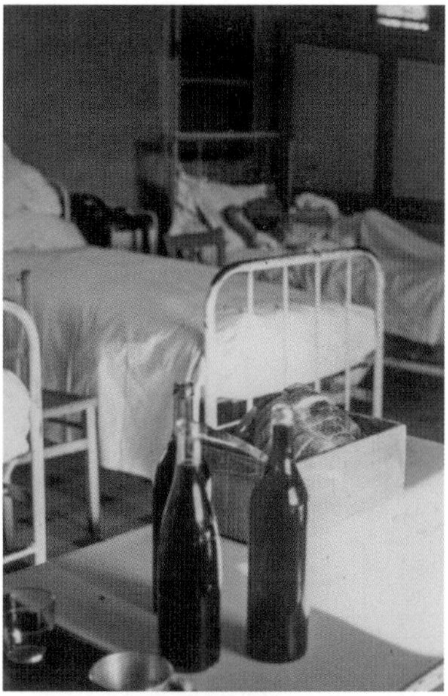

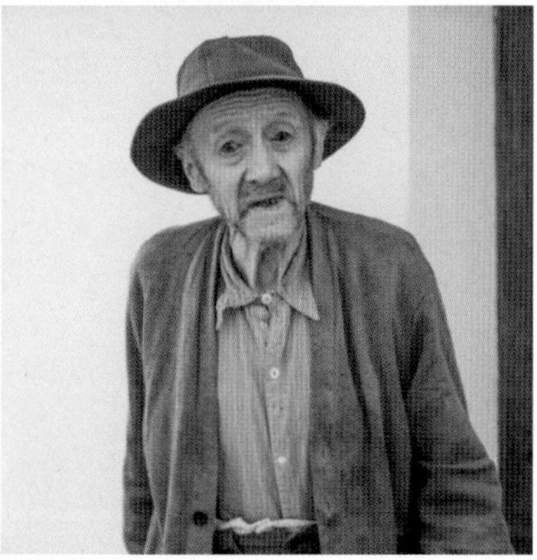

가프 병원과 할아버지 바일, 프랑스, 1959년(*Vivian Maier*)

한번은 바일의 집을 어슬렁거리던 위그가 커튼 뒤에서 직접 깎아 만든 떡갈나무 가구를 한 점 발견했다. 바일은 딸이 알프스로 돌아오면 주려고 만들었다고 고백했다. 그 오랜 고통의 시간이 흐른 뒤, 바일은 너무도 늦게서야 마리를 받아들일 준비를 끝낸 것이다. 하지만 그동안 상황은 완전히 바뀌어, 이제는 딸이 아버지를 볼 마음이 없었다. 바일을 보러 가프 병원에 들른 비비안은 바일이 병들었고, 치매로 고생하고 있다는 사실을 알게 된다. 비비안은 각 병동을 돌며 환자들의 모습을 사진에 담았고, 그로부터 2년 뒤에 83세로 세상을 떠날 할아버지의 마지막 사진

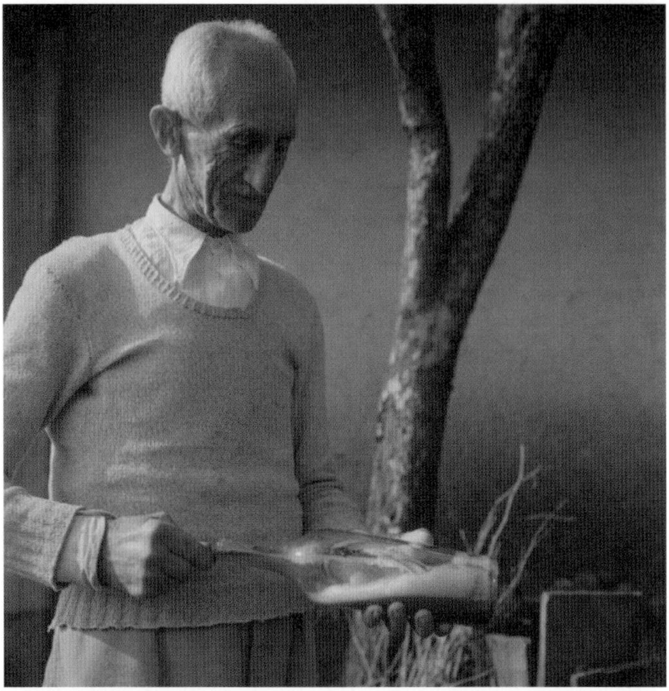

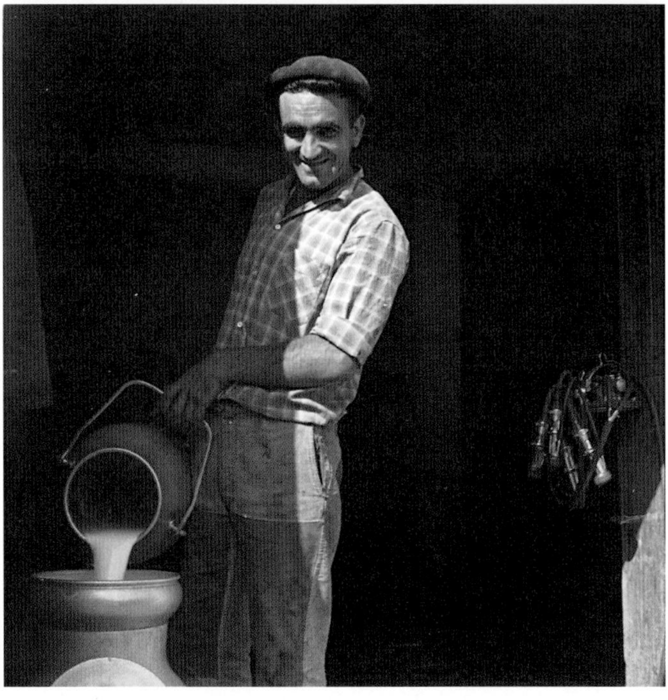

오귀스트 그라스, 알라르, 1959년(*Vivian Maier*)
우유 배달부 페레올 다뱅. 베네벙, 1959년(*Vivian Maier*)

을 찍었다.

몇 달 동안 여행을 하고 셀 수 없이 많은 필름을 쓰느라 비비안은 빈털터리가 됐다. 비비안은 돈을 잘 빌려주는 마거릿 헤이야스에게 편지를 써 돈을 조금 더 보내달라고 부탁했고, 여행하는 동안 계속 연락을 주고받은 낸시 겐스버그에게도 편지를 써 이제 경비가 떨어져가고 있으니 다시 시카고로 돌아갈 예정이라고 했다. 조소 집안을 방문하면서 비비안의 재정 상태는 더 악화됐다. 비비안의 사촌들은 1938년에 비비안과 비비안의 어머니가 미국에 가려고 빌린 돈을 갚으라고 요구했다. 그런 요구를 받고 깜짝 놀란 비비안은 가지고 있던 롤라이플렉스 카메라를 주려고 했지만, 아무 가치가 없다고 생각한 조소 가족은 그 제안을 거절했다. 결국 비비안은 가지고 있던 돈을 탈탈 털어 어머니의 빚을 청산했지만, 그동안의 물가 상승률이나 이자는 반영하지 않았기 때문에 결국 비비안도, 조소 가족도 마음이 상한 채로 헤어지고 말았다. 이런 분쟁 때문에 비비안은 아마도 처음에는 그럴 생각이 없었을 테지만, 결국 조소 가족의 사진은 찍지 않았고, 함께 지내지도 않았다. 하지만 실뱅의 놀랍도록 우아한 장인이 병을 닦는 모습은 사진으로 남겼다.

1959년에 잠시 샹소르에 머무는 동안 비비안은 이제 막 사진을 찍기 시작한 초보 사진작가처럼 마을 사람들을 열심히 촬영했다. 이때 찍은 사진들은 빛과 그림자가 효과적으로 상호작용하면서 뛰어난 예술성을 보여주는데, 이는 비비안의 기술이 발전했음을 보여주는 증거다. 어렸을 때부터 알았던 친구 페레올 다뱅Férréol Davin은 몸의 일부만 비추는 아침 햇살을 맞으며 신선한 우유를 통에 붓고 있다. 마치 일부러 연출한 것처럼 보이는 매력적인 장면이지만, 사실 전혀 꾸미지 않은 모습이다. 다뱅은 사진에 찍힌 집에서 60년 이상 살면서 매일같이 얼굴에 보조개를 지은 채로 같은 통에 우유를 부었다.

1951년에 프랑스에 왔을 때는 주로 자연 풍경을 찍었지만, 1959년에 비비안의 사진을 채운 것은 묘지였다. 오트잘프에서 3주 동안 지내면서 비비안은 계곡에 있는 거의 모든 마을의 묘지를 찾아가 수백 장이 넘는 무덤 사진을 찍었다. 샹소르의 묘지들은 미국의 묘지들이 초라해 보일 정도로 극적이다. 샹소르 사람들은 정사각형 무덤 자리를 꽃다발과 사진, 개인 물품을 가져가 꾸민다. 비비안은 마리아 플로렌틴이 구석진 자리에서 홀로 쉬고 있는 생 줄리앙의 묘지를 방문하고 마치 그녀가 알던 모든 사람을 추억이라도 하듯 무덤가를 쭉 돌아보았다. 조소, 펠그랭, 바일, 라지에, 이로드, 베르트랑, 그 밖에도 많은 이들이 그곳에 있었다. 지인이 묻힌 모든 비석을 둘러본 비비안은 프랑스를 떠났고, 다시는 알프스산맥에 있는 고향으로 돌아가지 않았다.

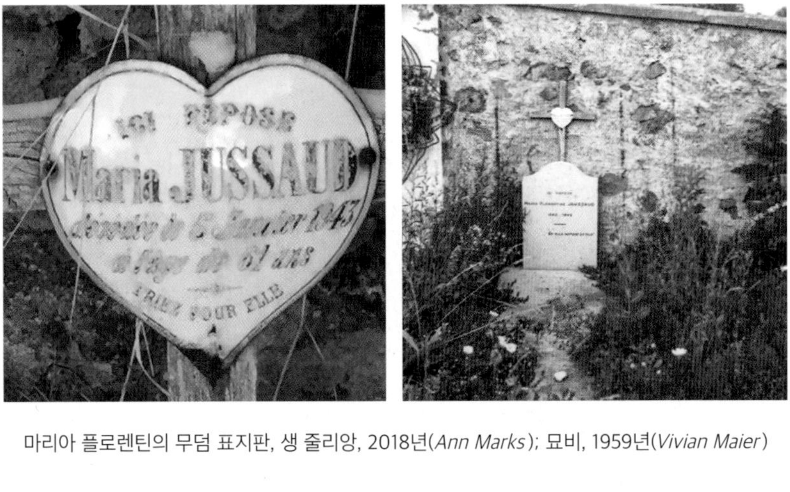

마리아 플로렌틴의 무덤 표지판, 생 줄리앙, 2018년(*Ann Marks*); 묘비, 1959년(*Vivian Maier*)

뉴욕으로 돌아온 비비안은 1943년부터 납입해온 린든버거의 생명보험을 만기 전에 해지하고 145달러를 현금으로 받았다. 이 짧은 방문 기간에 비비안은 뉴욕의 늦여름을 사진에 담았다. 경유지에서 찍은 사진들은 대

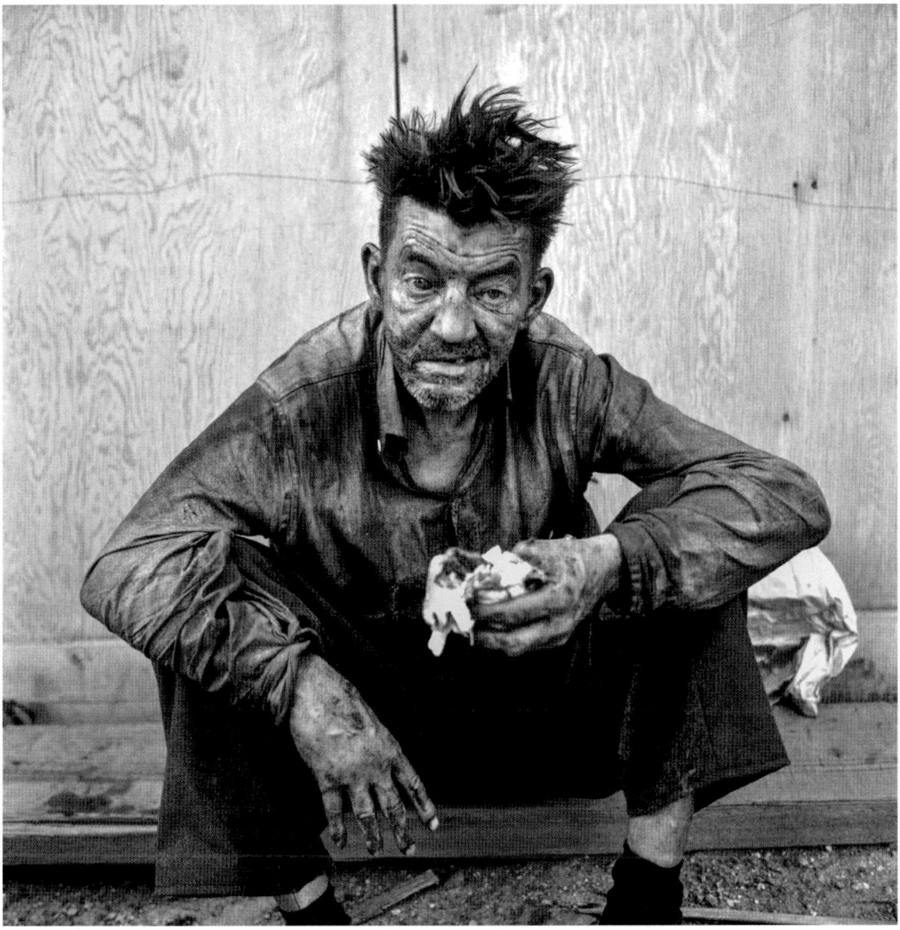

도시의 거리, 뉴욕, 1959년(*Vivian Maier*)

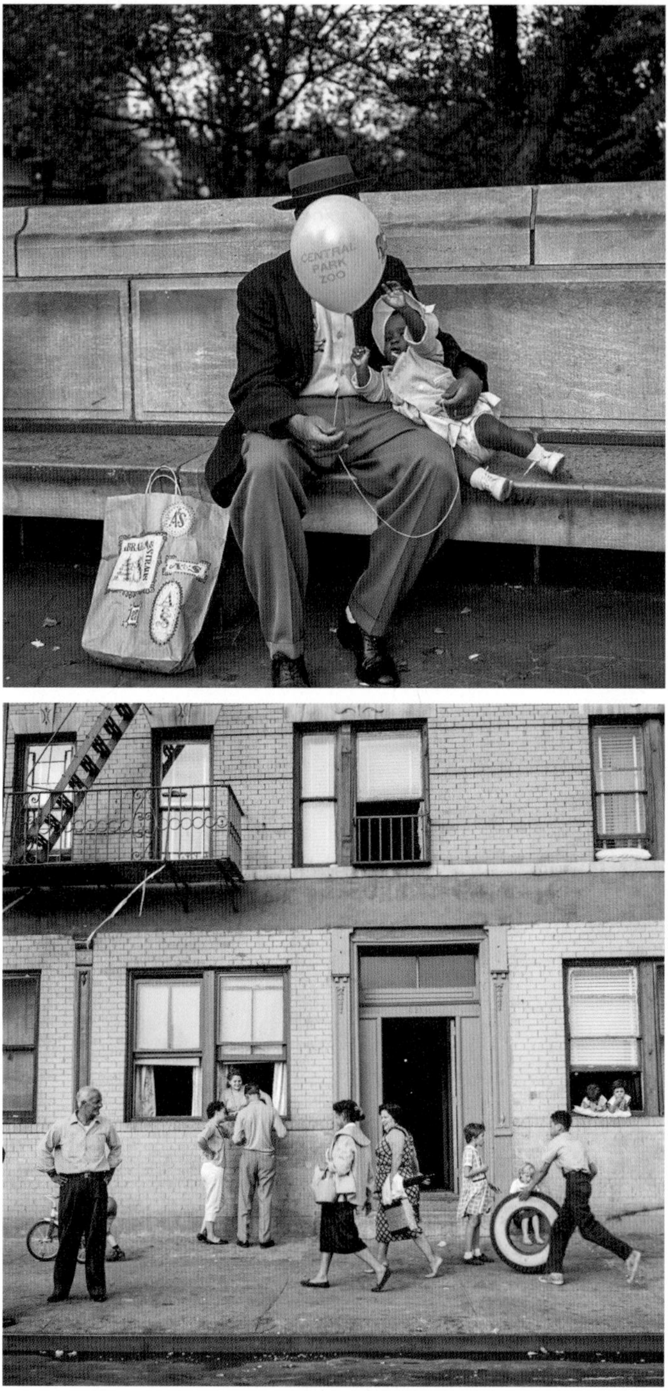

도시의 거리, 뉴욕, 1959년(*Vivian Maier*)

부분 경쾌하지만, 더러운 옷을 입고 머리카락이 삐죽삐죽 솟은 초췌한 남자를 찍은 사진도 한 장 남아 있다. 비비안은 가까이 다가가 남자의 흐리멍덩한 눈을 사진에 담았는데, 서로 다른 곳을 보는 듯한 눈동자는 한쪽은 사진작가를 향해 있고 한쪽은 어딘지 모를 곳을 향해 있다. 이 사진이 특히 강렬하게 다가오는 이유는, 비비안이 어떤 의도로 이 사진을 찍었건 간에, 어딘지 모르게 오빠인 칼을 떠오르게 한다는 것이다.

이제는 기회를 포착하는 기술을 능숙하게 익힌 비비안은 완벽한 순간에 셔터를 누를 수 있었다. 센트럴파크에서는 떠오르는 풍선이 아이 아버지의 얼굴을 가리는 순간을 놓치지 않고, 풍선에 정신이 팔린 아이의 얼굴에만 온전히 초점을 맞춰 셔터를 눌렀다. 업타운에서는 길거리에서 사건이 벌어지기를 기다리고 있다가 타이어를 굴리며 노는 소년을 찍었는데, 소년의 친구가 마치 그 타이어를 타고 있는 것처럼 보이는 마법과 같은 순간을 포착했다. 뉴욕에서 사진을 찍은 비비안은 여행을 마무리하고 이제는 집이 되어버린 시카고로 돌아갔다.

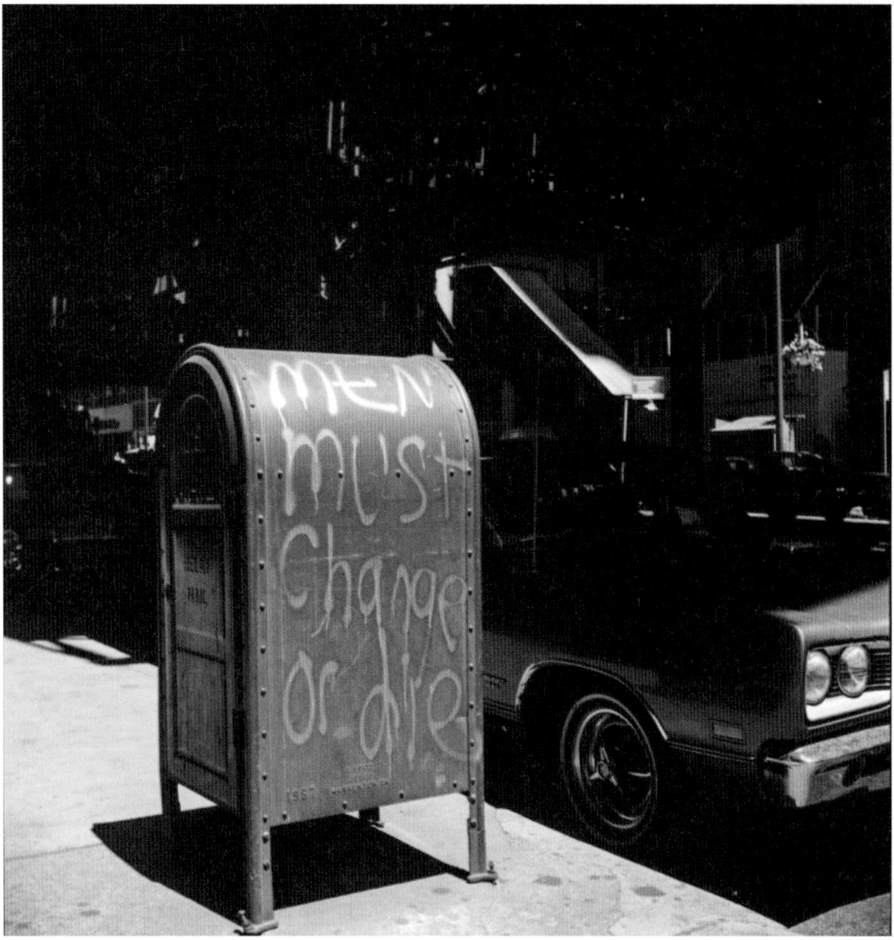

여성 해방, 시카고, 1969년 무렵(*Vivian Maier*)

12
1960년대

남자도 할 수 있는데 여자라고 못할 이유는 없죠.

—비비안이 음란 전화를 받고 한 말

겐스버그 가족에게로 돌아간 비비안은 마치 여행을 떠난 적이 없었던 사람처럼 일상에 적응했다. 떠나 있는 동안 세 아이 모두에게 자신의 상황을 알리는 편지를 계속 보냈기 때문에 모든 것이 어렵지 않게 제자리를 찾을 수 있었다. 비비안의 모성애는 빠른 속도로 회복되어 친구들과 노는 아이들, 핼러윈 호박을 조각하는 아이들, 핼러윈 사탕을 받으러 다니는 아이들, 겨울철 휴가를 즐기는 아이들 모습이 그녀의 작품 목록 안에 다시금 가득 담기게 된다. 비비안은 아이들이 성장하고 성취하는 모습을 계속해서 기록해나갔다. 존 겐스버그가 학교에서 공연한 연극 사진에 비비안이 적어놓은 글은 사랑스럽고도 진지하며 세심해서 살짝 의구심이 들면서도 미소를 짓게 만든다. 비비안은 "존이 대사를 완벽하게 외웠다"라고 쓰고 존의 대사도 함께 적어놓았다. 또 "어린 소녀 한 명이 대사를 잊어버렸"지만 무대 뒤에 있는 선생님 덕분에 무사히 넘어갈 수 있었던 일도 기록해두었다.

비비안은 또다시 글라신지 봉투에 소년들의 일상을 가득 기록했고, 때로는 유머러스한 농담을 곁들이기도 했다. 아이들의 미술 작품에는 "피카소의 그림"이라고 쓰고, 고양이 놀이 시간에는 "두 마리 고양이와의 정사", 목욕 시간에는 그저 "누드"라고 쓰는 식이었다.

행복한 시절

비비안이 겐스버그 가족과 함께 지낸 시간은 모든 면에서 비비안의 인생 가운데 가장 행복한 날들이었다. 생전 처음 비비안은 '장기간의' 안락함과 안전감, 통제감, 목표 의식, 사랑, 그리고 자유를 누릴 수 있었다. 이때 찍은 자화상 사진에 나오는 비비안은 언제나 행복하고 활발한 젊은 여인의 모습이다. 여전히 어른들과 사진 찍는 건 꺼렸지만, 겐스버그 아이들과는 물론이고 이웃집 아이들과도 많은 사진을 함께 찍었다. 이곳에서 비비안은 계절마다 새로운 행복과 모험을 즐겼다. 아이들은 숙제를 흔들며 집으로 달려왔고, 바닥부터 천장까지 이어진 창문으로 눈보라를 구경했으며, 소파에 파묻힌 채로 영화를 보았다. 태평한 겐스버그 가족은 비비안이 겪어야 했던 어린 시절에 대한 해독제로 작용했다.

시카고에서도 비비안은 끈질기게 유명인들을 찾아다녔고, 더욱더 인상적인 A급 유명인들의 사진을 찍을 수 있었다. 비비안은 플레이보이 클럽의 홍보부서에 직접 전화해 시카고 VIP들이 있는 장소를 알아냈고, 커크 더글러스, 오드리 헵번Audrey Hepburn, 밥 호프Bob Hope의 사진을 찍을 수 있었다.

1960년대에 비비안이 찍은 거리 사진에는 모순과 재치, 따뜻함이 흘러넘친다. 비비안은 시각적인 부조화, 엄마와 아이 사이의 유대감, 그리고 권위에 대한 도전처럼 자신이 좋아하던 주제를 더욱 발전시켜나갔다. 마지막 주제와 관련해 어떻게 해서든지 무시하려고 애쓰는 근엄한 경찰과

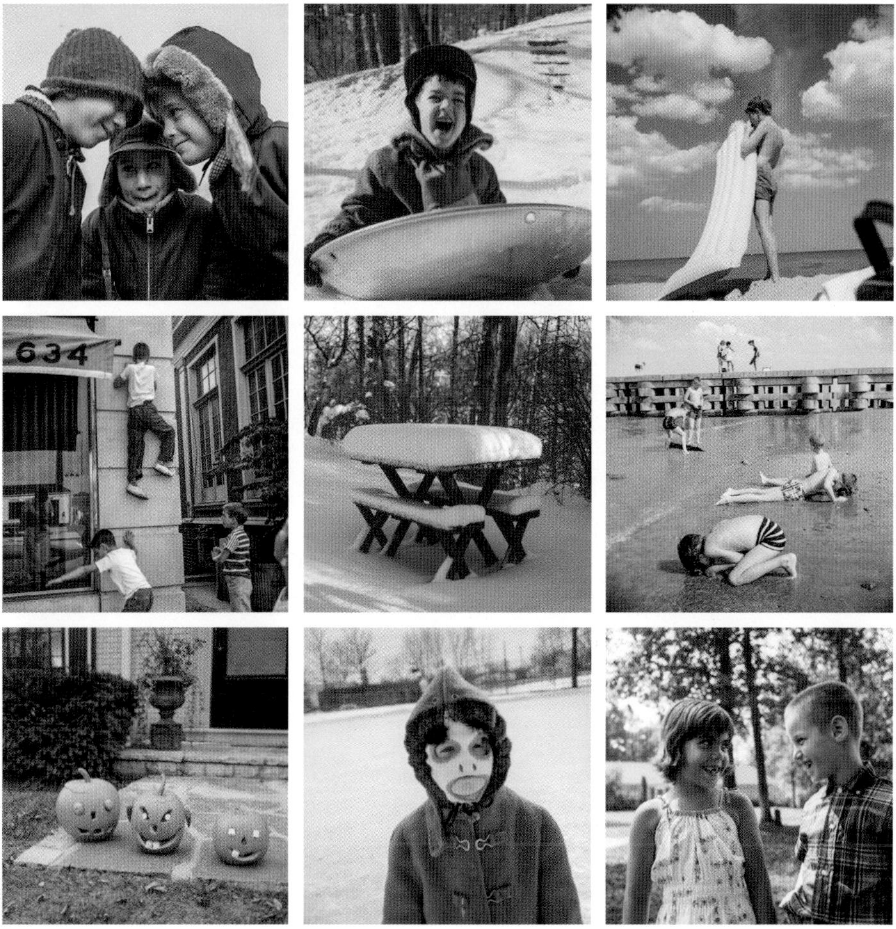

인생은 좋은 것, 시카고, 1960년대(*Vivian Maier*)

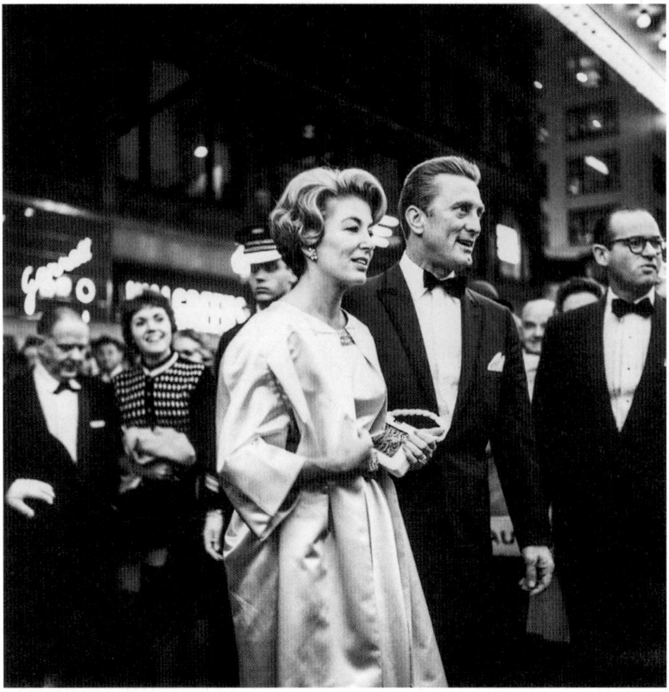

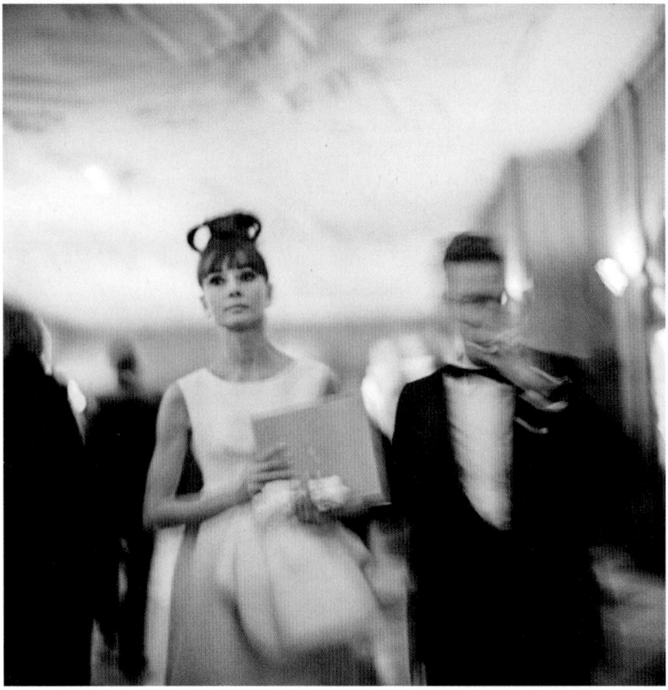

커크 더글러스와 오드리 헵번, 1960년대(*Vivian Maier*)

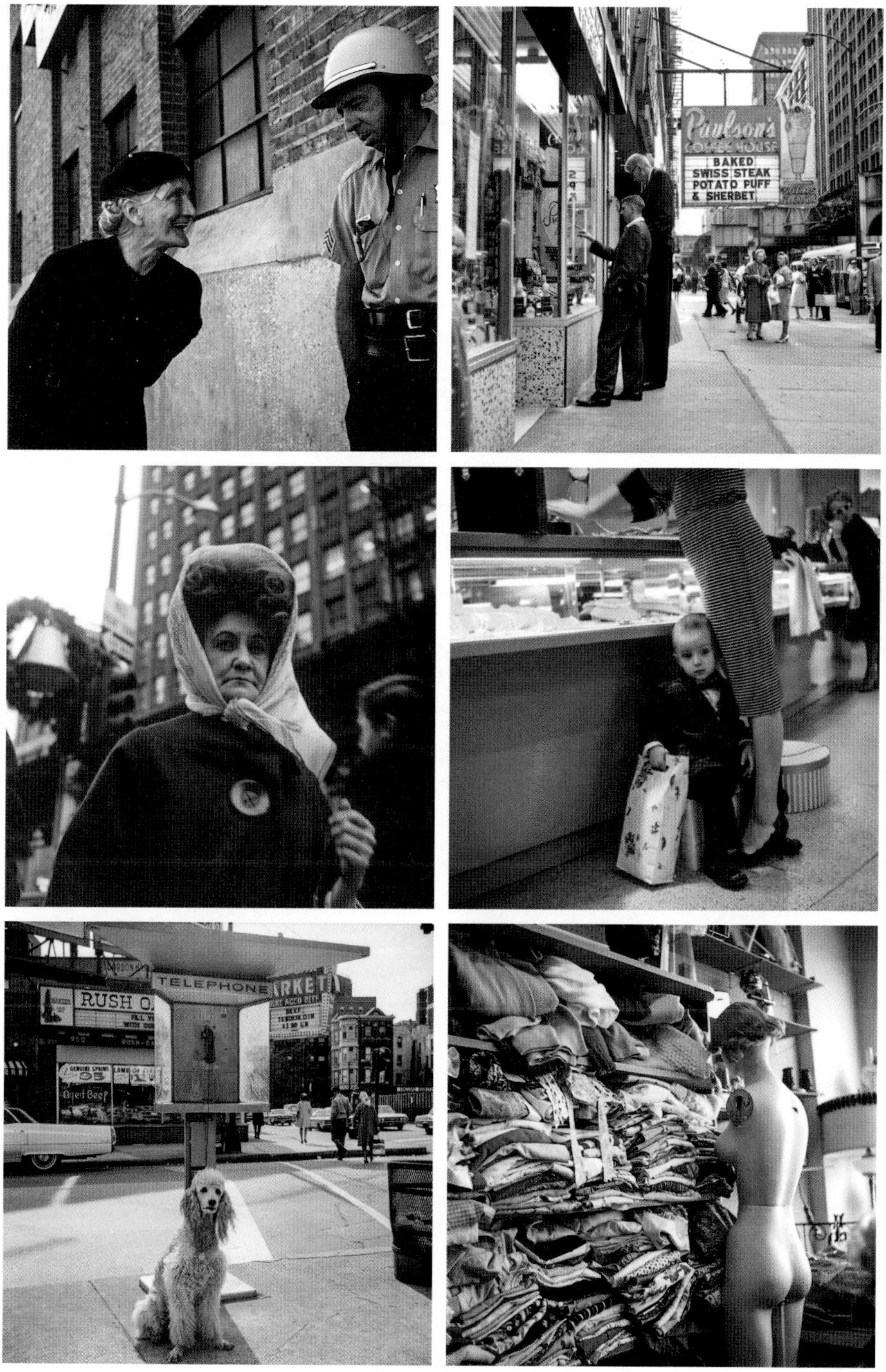

눈짓으로 하는 싸움, 시카고, 1960년대(*Vivian Maier*)

그를 놀리는 노부인을 함께 찍은 사진이 있다. "살면서 처음 '거인'을 보았다"라고 적어놓은 사진에서는 큰 것과 작은 것의 대비를 보여주는데, 키가 아주 큰 남자가 키가 훨씬 작은 남자와 함께 상점을 들여다보고 있고, 두 사람 위로는 감자 퍼프, 셔벗, 부드러운 아이스크림을 먹을 수 있다고 홍보하는 프루프루 레스토랑의 광고판이 아주 크게 떠 있어, '거인' 외에는 모든 사람이 다 작아 보인다. 컵 받침처럼 생긴 단추로 여민 코트와 위로 높게 말아올려 스카프로 감싼 머리까지, 모든 것을 과하게 장식한 키 작은 여자가 사진작가를 뚫어지게 쳐다보는 사진도 있다. 다른 사진에서는 이제 막 걸음마를 뗀 아이가 안전을 위해 어머니 몸에 찰싹 달라붙은 채 충직하게도 어머니의 짐을 지키고 있는 모습을 포착했는데, 기울어진 어머니의 몸은 아이를 보호하는 장치로 충분해 보인다. 한껏 멋지게 꾸민 키가 크고 날씬한 개를 찍은 재미있는 사진도 있다. 이 개는 마치 전화를 기다리는 사람처럼 공중전화 앞에 얌전히 앉아 있다. 비비안은 늘 패션과 쇼핑이라는 주제에 끌렸는데, 마네킹이 진열대를 바라보고 있는 것 같은 사진은 1960년대에 만연한 소비주의에 내재된 로봇 같은 본성을 그리고 있다.

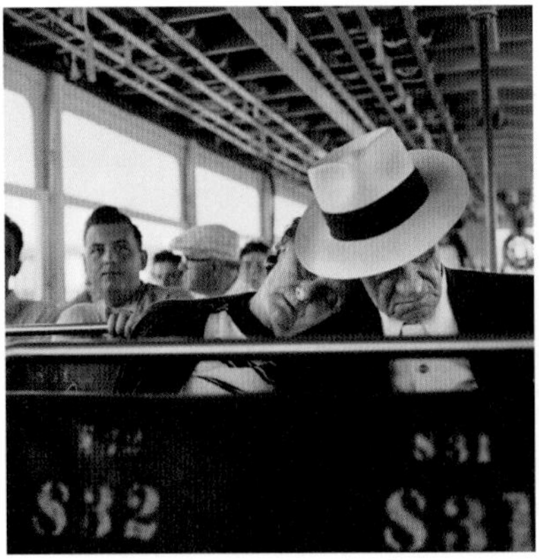

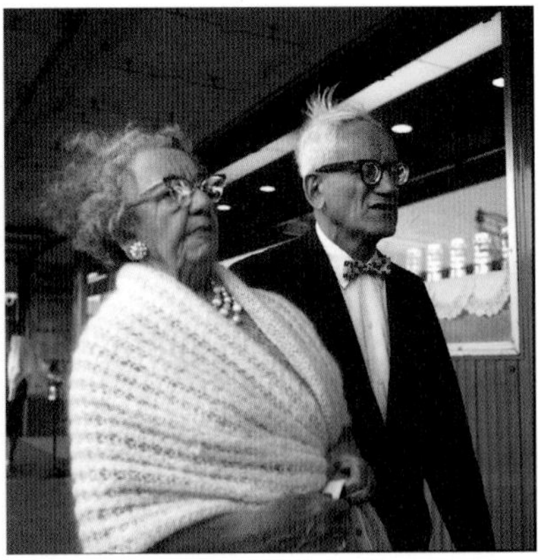

오래 지속되는 사랑, 플로리다, 1960년; 시카고, 1968년(*Vivian Maier*)

비비안의 거리 사진들은 비비안 자신이 대면 관계에서는 인정받지 못했던 유머 감각을 여실히 드러낸다.

비비안은 노인은 흥미로운 대상이 아니라는 통념을 거부하고 노인들이 가정에서 치르는 의식이나 이제 곧 사라져버릴 그들의 일상을 기록했다. 기차 안이 마치 집인 것처럼 편안하게 잠든 노부부를 찍은 사진이 있는데, 아내는 남편의 모자 아래 얼굴을 숨기듯 기대고 있다. 한껏 차려입고 거리를 걷는 노부부가 제멋대로인 머리를 주체 못 하고 강한 바람과 함께 근엄함까지 날려버린 유쾌한 사진도 있다.

1960년에 고용주와 함께 플로리다를 재방문한 비비안은 먼저 아메리카 원주민인 세미놀족의 사진을 찍은 뒤에 플로리다의 상징적인 건물 퐁텐블로 호텔에서 겐스버그 가족을 만났다. 마이애미에서는 영화 〈캉캉*Can-Can*〉 개봉관에서 프랭크 시나트라Frank Sinatra와 셜리 맥클레인Shirley MacLaine을 포착했고, 교도소에 들어가기 전 지미 호파Jimmy Hoffa(미국의 노동운동가로 각종 조직범죄에 연루되어 사기죄 등으로 징역형을 받았다. 옮긴이)를 찍을 수 있었다. 고전적인 퐁텐블로 호텔과 해변의 활기찬 탈의실 풍경도 이때 사진에 담았다.

어떻게 한 것인지는 모르겠지만, 비비안은 영화 〈벨보이*Bellboy*〉 촬영장에서 제리 루이스Jerry Lewis와 하루를 보냈다. 경마장 세트장에서는 컬러 사진을 열여덟 장이나 찍었는데, 그곳은 배우와 촬영 스태프가 아니면 들어갈 수 없는 곳이었다. 비비안만 빼고 말이다.

애국심과 공익을 고취하는 것들에 매혹을 느꼈던 비비안은 행군하거나 도심지 공원에서 쉬고 있는 제복 군인들 사진을 자주 찍었다. 1961년에 시카고 유니언역에서 찍은 놀라운 사진은 미국 해군에 대한 경의를 담고 있다. 사진에서 기차역의 창문은 마치 조리개처럼 햇빛을 조절해 해군들이 찬란하고 거의 신성하게 느껴질 정도로 극적인 빛을 연출했다.

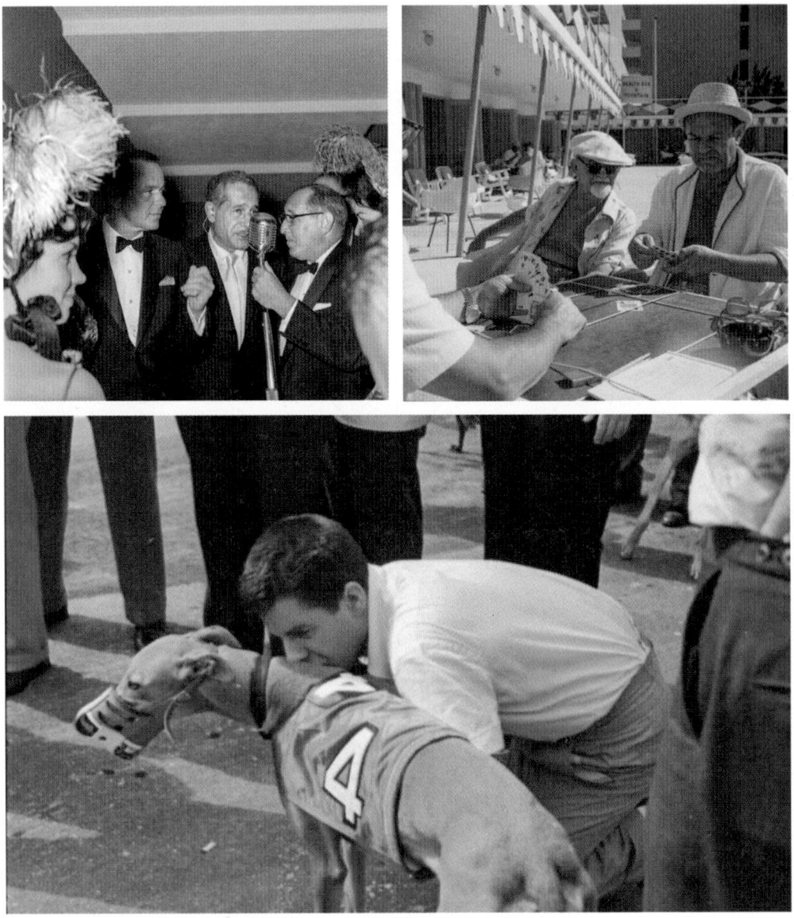

플로리다에서 찾은 즐거움, 1960년(*Vivian Maier*)

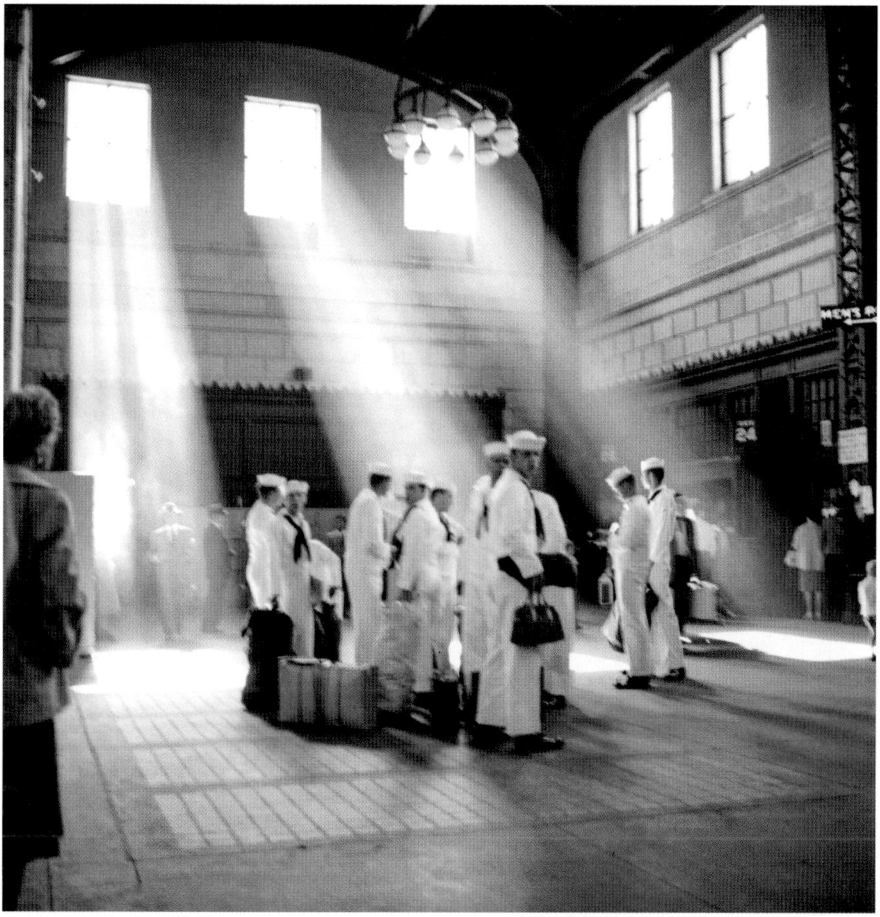

유니언역, 시카고, 1961년(*Vivian Maier*)

지지자

1960년대를 지나는 동안 비비안은 점점 더 세상 흘러가는 일에 관심을 갖게 되었고, 사진에 담는 유명인들도 영화계의 우상이 아닌 정치인으로 바뀌어갔다. 10년 동안 비비안은 시카고 시장 데일리 행정부의 정치적 책략과 케네디 집안의 영광을 열심히 기록했다. 시카고는 1960년 선거 유세 기간에 후보들이 열을 올린 격전지였기 때문에 비비안은 아이젠하워 대

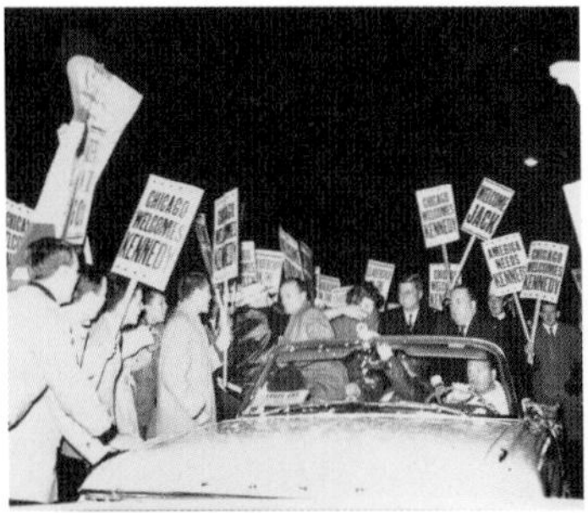

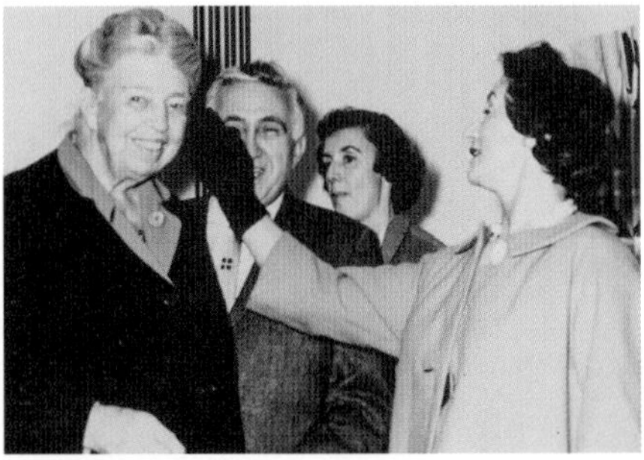

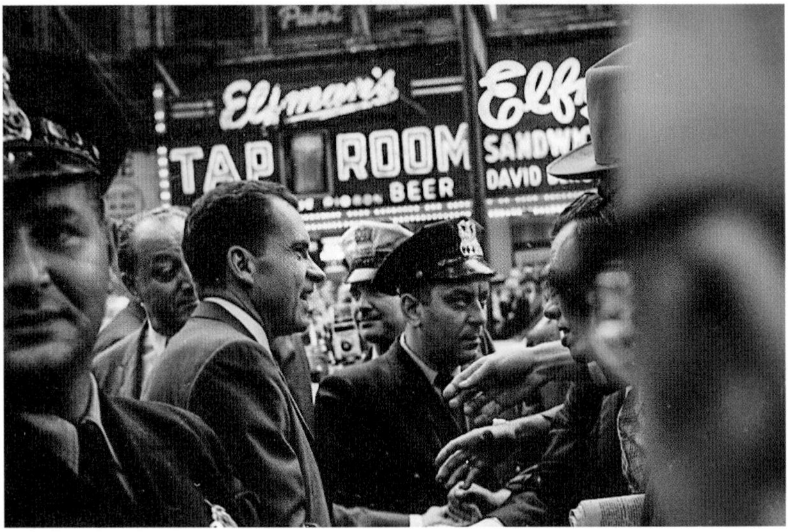

1960년 선거 유세: 데일리와 함께 있는 JFK와 엘리너 루스벨트(*Vivian Maier vintage prints*); 리처드 닉슨(*Vivian Maier*)

통령, 존 F. 케네디John F. Kennedy, 리처드 데일리Richard Daley, 엘리너 루스벨트Eleanor Roosevelt, 리처드 닉슨Richard Nixon 같은 거물들을 가까이에서 찍을 수 있었다. 비비안이 JFK의 자동차 행렬 앞으로 뛰어들어 찍은 사진은 그다음 날 시카고 언론의 1면을 장식한 사진과 거의 비슷하다. 엘리너 루스벨트의 사진을 찍을 때 비비안은 이 전설적인 여인 바로 옆에 있었던 것 같다. 비비안은 경찰과 바리케이드를 피해 리처드 닉슨에게 아주 가까이

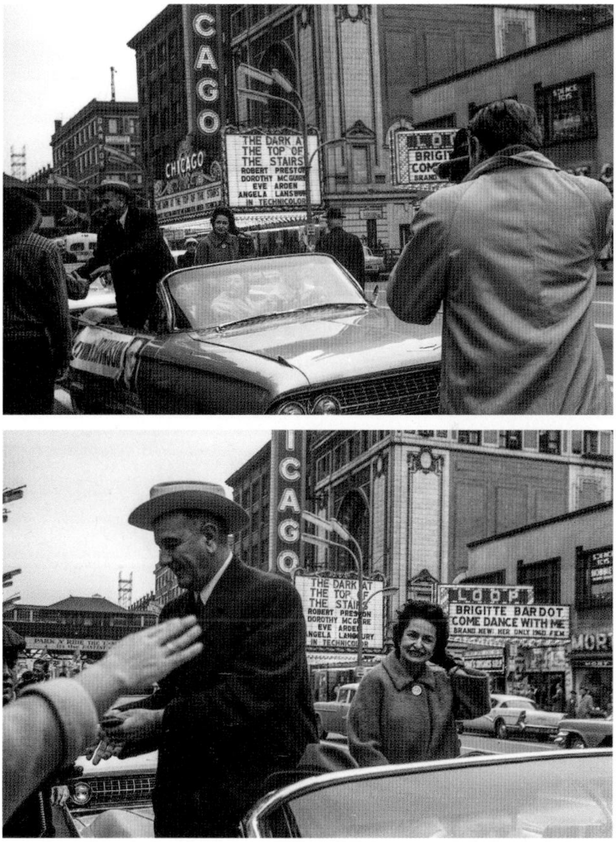

린든 B. 존슨과 레이디 버드의 선거 유세, 시카고, 1960년(*Vivian Maier*)

다가가서 사진을 찍었다. 하지만 닉슨의 지지자는 아니었다. 닉슨이 탄핵됐을 때 비비안은 "닉슨은 얼간이 패배자"라며 아주 기뻐했다.

린든 B. 존슨Lyndon B. Johnson과 레이디 버드 존슨Lady Bird Johnson 부부의 사진은 연사 형태로 작품 목록에 담겼는데, 비비안이 종종 구사하는 두 번째 노출의 효과를 보여준다. 비비안은 존슨의 유세 차량을 인물을 분별하기 힘들 정도로 먼 곳에서 한 번 찍고, 가까이 왔을 때 다시 한 번 찍어 훨씬 선명한 사진을 얻었다. 사진에서 걸출한 정치인을 향해 지지자 한 명이 손을 내밀고 있고, 존슨 뒤로 아주 작게 보이는 존슨 부인은 머리를 매만지고 있다. 여기서 피사체들의 정렬 순서는 현실에서 그들의 위치를 정확하게 반영한다.

좀 더 편리하고 유연한 촬영을 위해 비비안은 초점거리가 다른 다양한 렌즈를 교체할 수 있는 고급 라이카 카메라를 사용하기 시작했다. 35밀리미터 포맷의 소형 카메라 라이카는 필름 교체 횟수가 더 적고, 주머니나 지갑에 넣어다닐 수 있을 정도로 작았다. 120밀리미터 롤라이플렉스와 35밀리미터 라이카 카메라로 비비안은 정사각형 사진과 직사각형 사진을 모두 찍을 수 있었다.

비비안은 아프리카 하우스에서 강연을 듣거나 시카고 인종 시위를 촬영하거나, 노동자의 권리를 위한 집회에 나가거나 낙태나 산아제한 운동을 지지하는 등, 상당히 많은 여가시간을 사회 정의 구현에 할애했다. 열렬한 페미니스트였던 비비안은 여자가 남자보다 더 잘할 수 있다고 주장했다. 하지만 현대 여성들의 필요에 맞춰 스포츠웨어가 도입되고, 여자들도 바지를 즐겨 입기 시작했을 때도 비비안은 무릎 아래까지 내려오는 치마만 입었다. 1965년에 크게 인기를 끈 영화 〈메리 포핀스*Mary Poppins*〉를 관람한 비비안은 진심으로 경멸을 숨기지 않았다. 화가 난 비비안은 그 영화가 "구식에 진짜 실패작"이라고 적었고, 영화 속 보모와 아이의 관계는 하인과 주인집 아이의 관계 그 이상도 이하도 아니라고 적어놓았다. 재미있는 점은 겐스버그 가족은 비비안이 메리 포핀스를 완벽하게 닮은 보모였다고 말했다는 점이다. 그들에게 메리 포핀스를 닮았다는 표현은 최상의 칭찬이었다. 하지만 '거의 완벽한' 영화 속 보모는 페미니스트인 비비안의 취향과는 분명 거리가 멀었다.

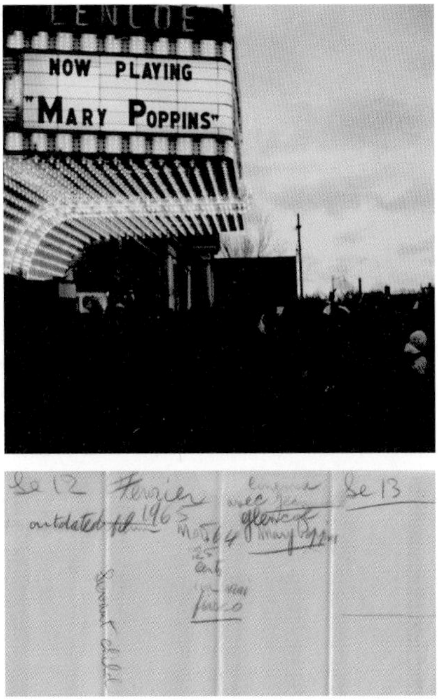

보모에 관해 쓴 보모, 시카고, 1965년(*Vivian Maier*)

거리의 모습을 숨김없이 찍은 사진들은 그 시대 일상에 흐르던 불안과 변화의 순간을 연대순으로 보여준다. 말 그대로 얼굴이 사라져버린 화상 입은 남자가 통화를 하고 있다. 함께 있어도 고립된 느낌을 자아내는 맥스웰 거리의 가난한 사람들은 배경 쪽에 홀로 서 있는 한 사람 때문에 그 외로움이 더 부각된다. 부유해 보이는 커플의 갈등은 여자가 벽으로 밀어붙여지면서 육체적인 다툼으로까지 비화되는데, 분노하는 여자의 모습은 우리에 갇힌 동물을 떠오르게 한다. 인종 갈등을 반영하는 비비안의 사진은 하나같이 소외감과 불안의 감정을 불러일으키지만, 그녀는 또한 인종을 뛰어넘은 우정과 사랑, 동료애가 가득 찬 세상의 모습을, 그것이 실현되기를 바라는 마음으로 사진에 담았다. 창의적이고 실험적이었던 비비안은 당대 어디에서나 볼 수 있었던 낙서에서 영감을 받아 세간의 주장을 사진에 담는 새로운 접근을 시도했다. 비비안은 "남자는 변하거나 죽어야 한다Men must change or die"나 "경찰들 죽어라Pigs kill" 같은 도시 전역

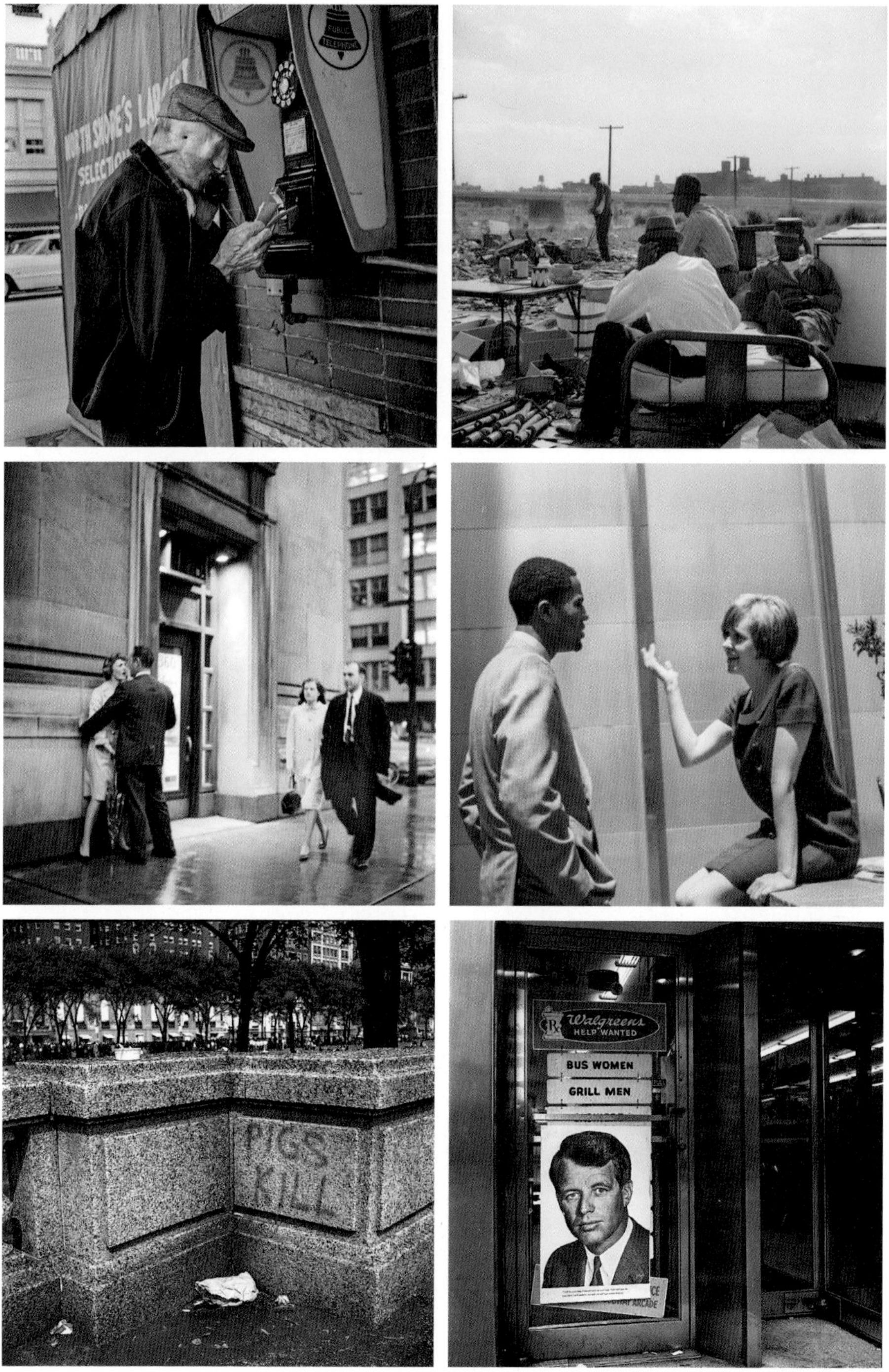

뜨거운 주제들, 시카고, 1960년대(*Vivian Maier*)

에 등장하는 구호들을 기록했다. 이 구호들은 1960년대 미국에 나타난 독특한 표현 형식을 압축하고 있다. 정치는 모든 곳에 있었고, 이는 '도움 구함'이라는 표지판 바로 아래 로버트 F. 케네디의 포스터가 있다는 사실로도 입증이 된다. 이 사진은 마치 뒤섞인 메시지로 이루어진 토템폴의 형상을 하고 있다.

신문

외적으로 비비안의 삶은 그 어느 때보다 나아졌다. 하지만 내적으로는, 오래된 문제들이 터지기 직전까지 끓어오르고 있었다. 비비안은 정신없이 물건을 모으는 사람이 되었는데, 특히 신문을 모았다. 예전부터 비비안은 신문을 있는 그대로, 혹은 머리기사만을 모아서 자주 사진에 담아왔다. 하지만 비비안의 수집욕은 점점 더 강박적으로 변해, 오래된 책과 잡지, 무엇보다도 일간지를 엄청나게 많이 모으기 시작했다. 비비안의 교양과 고향에 대한 애정을 대표하는 「뉴욕 타임스」가 수집 목록에 오른 것은 당연하다. 비비안의 욕실은 네거티브 필름과 신문으로 가득 차버려서, 결국 고용주의 차고까지 수집품을 보관하는 장소로 사용되었다. 겐스버그 가족은 비비안을 별로 필요도 없는 물건을 모아두는 사람으로만 여겼을 뿐, 크게 신경 쓰지 않았다. 사실 발각되지 않았을 뿐, 심각한 장애가 표면을 향해 서서히 떠오르는 중이었다. 신문은 불길하게도 비비안의 자화상 사진에도 등장하는데, 이 사진작가를 둘러싸고, 옭아매는 것처럼 보인다.

뉴욕에서 살았을 때도 비비안은 사진기자처럼 행세할 때가 있었는데, 그런 행동은 시카고에서 한층 심각해졌다. 비비안은 여우처럼 교활하게 목표물 주위를 빙빙 돌다가 정확한 순간을 포착해 달려들었다. 이런 뻔뻔함 때문에 1966년 가을에 난처한 상황에 처한다. 이제 곧 상원의원이 될 것이 확실했던 찰스 퍼시Charles Percy의 딸이 시카고 근교에 있던 자기 집

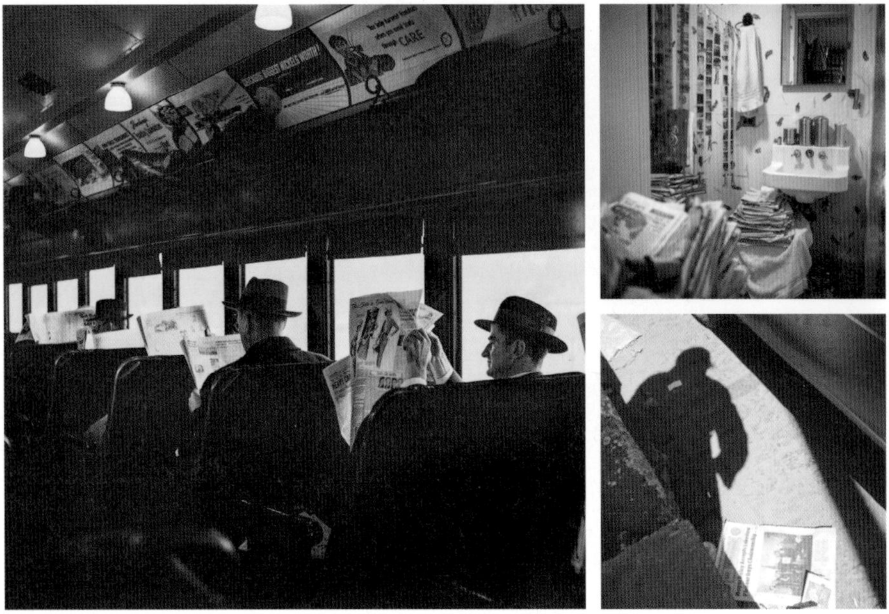

신문, 시카고, 1957~1967년(*Vivian Maier*)

침실에서 살해됐다. 엄청난 사건에 매혹된 비비안은 망원렌즈를 카메라에 장착하고 퍼시 집의 진입로 끝에 쳐진 저지선 바깥에서 기자들과 합류했다. 범죄 현장을 촬영하던 비비안은 기자들이 있는 곳에서는 아무리 좋은 자리라도 범죄 현장을 제대로 찍을 수가 없다는 사실을 깨달았다. 두려움이 없었고 결단력이 있었으며, 타인의 프라이버시 따위는 마음대로 무시할 수 있었던 비비안은 선명한 사진을 찍겠다고 퍼시의 게스트하우스 주변을 어슬렁거리다가 불법으로 사유지에 침입했다.

비비안을 체포한 경찰은 신상 정보를 파악한 뒤 범죄 현장에 가까이 오지 말라는 경고를 하고 풀어주었다. 하지만 그런 경고 정도는 가볍게 무시할 수 있는 비비안은 이제 곧 희생자의 장례식이 열릴 교회까지 걸어갔다. 비비안을 알아본 경찰은 결국 명령 불복종으로 비비안을 체포했고, 이 사

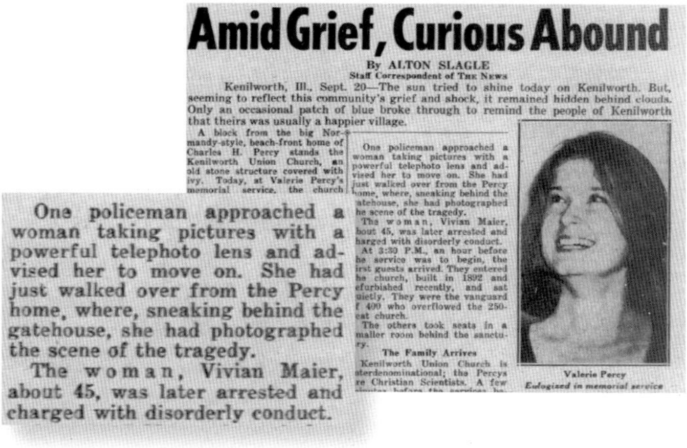

Amid Grief, Curious Abound

By ALTON SLAGLE
Staff Correspondent of THE NEWS

Kenilworth, Ill., Sept. 20—The sun tried to shine today on Kenilworth. But, seeming to reflect this community's grief and shock, it remained hidden behind clouds. Only an occasional patch of blue broke through to remind the people of Kenilworth that theirs was usually a happier village.

A block from the big Normandy-style, beach-front home of Charles H. Percy stands the Kenilworth Union Church, an old stone structure covered with ivy. Today, at Valerie Percy's memorial service, the church

One policeman approached a woman taking pictures with a powerful telephoto lens and advised her to move on. She had just walked over from the Percy home, where, sneaking behind the gatehouse, she had photographed the scene of the tragedy.

The woman, Vivian Maier, about 45, was later arrested and charged with disorderly conduct.

At 3:30 P.M., an hour before the service was to begin, the first guests arrived. They entered the church, built in 1892 and refurbished recently, and sat quietly. They were the vanguard of 400 who overflowed the 250-seat church.

The others took seats in a smaller room behind the sanctuary.

The Family Arrives

Kenilworth Union Church is interdenominational; the Percys are Christian Scientists. A few

Valerie Percy
Eulogized in memorial service

One policeman approached a woman taking pictures with a powerful telephoto lens and advised her to move on. She had just walked over from the Percy home, where, sneaking behind the gatehouse, she had photographed the scene of the tragedy.
The woman, Vivian Maier, about 45, was later arrested and charged with disorderly conduct.

발레리 살인 사건과 비비안의 체포, 「뉴욕 데일리 뉴스」, 1966년 9월 20일

실은 다음 날 「뉴욕 데일리 뉴스*New York Daily News*」에 실렸다. 비비안의 아카이브에는 퍼시를 찍은 사진이 없다. 체포됐을 때 압수됐을 것이다. 하지만 몇 달 뒤, 퍼시는 신문의 머리기사나 재판과 추도회 현장을 보도한 텔레비전 화면의 형태로 비비안의 사진에 조심스럽게 다시 등장한다. 하이랜드 파크에 사는 주부들의 반응을 담은 사진도 있다.

끝나버린 낙원의 삶

1967년엔 결국 피할 수 없는 일이 일어났다. 겐스버그 형제들이 성장했으니, 아이들의 소중한 보모도 떠날 때가 된 것이다. 양육자로서 자신이 기른 아이들을 떠나야 한다는 건 힘든 일일 수밖에 없는데, 더군다나 비비안은 아이들을 정말 깊이 사랑하고 있었다. 겐스버그 가족과 함께 지내면서 비비안이 찍은 홈 무비를 보면, 비비안의 몸짓과 표현에서 진실한 감정이 묻어나오는 것을 알 수 있다. 영화 속에서 보모가 상자나 밧줄, 빗자루 같은 간단한 물건으로 끊임없이 놀라운 장난감을 만들어내는 모습은 누구에게라도 어린 시절의 향수를 불러일으킨다. 보모와 아이들은 함께 술래

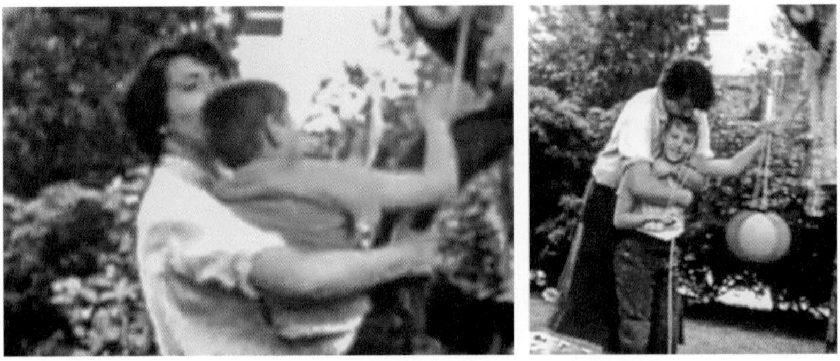

홈 무비, 하이랜드 파크, 1960년대

잡기를 하고, 큰소리로 책을 읽고, 벌레를 관찰하고, 덩굴을 타고, 딸기를 땄다. 영화를 찍는 사람은 주로 비비안이었지만, 한 번은 아이가 나무에 오르는 걸 돕고 있는 비비안의 모습도 화면에 등장한다. 영화 속에서 비비안은 커다란 곰처럼 아이를 푹 안은 채 아이의 옆머리와 정수리에 부드럽게 입을 맞춘다. 비비안은 충격적일 정도로 따뜻한 온기를 온몸에서 발산하고 있는데, 겐스버그 아이들에게는 자신이 들고 있던 감정의 방패를 내려놓았던 것 같다.

존 말루프에게 비비안이 떠나던 상황을 설명하면서 낸시 겐스버그는 아이들의 보모에게는 떠나지 않겠다는 선택지도 있었다는 점을 분명히 했다. 비비안은 아이들에게 진짜 어머니 같은 존재였지만, 그들의 이별은 그리 극적이지 않았다. 비비안은 짐을 싸더니 다음에 일할 장소도 말해주지 않고 훌쩍 떠나버렸다. 독립적이고 자존심 강한 사람이었기에 감정을 드러내지 않으리라는 건 충분히 예상할 수 있지만, 어쩌면 비비안은 자기 감정을 느낄 준비가 되어 있지 않았던 것일 수도 있다. 어쨌든 분명 겉으로는 자신의 진짜 감정을 드러내지 않았다. 그때 비비안은 그저 자기 자식처럼 사랑했던 아이들과 매일 누리던 일상을 잃어버렸을 뿐 아니라 유일하게 안정적인 생활에서도 떠나야 했다. 그런 비비안의 진짜 마음은 작품에 고스란히 반영됐다. 비비안이 겐스버그 가족을 떠나기 직전인 1966년 말부터, 비비안의 작품 기류는 뚜렷하게 바뀌었다. 신문의 모든 면을 사진에 담았고, 다음 고용주에게 암실이 있었다고는 하나, 오래된 필름을 지나치게 많이 현상했다. 방에는 신문이 쌓였고, 신문을 찍은 사진들이 비비안의 아카이브에 지저분하게 뒤섞이기 시작했다. 겐스버그 가족과의 결별은 비비안의 내면을 파괴했고, 수집벽을 더욱 악화시켰다. 겐스버그 가족은 보모와 긴밀하게 연락하며 지냈지만, 보모가 내면에서 겪고 있는 고통은 전혀 알지 못했다. 그들의 잘못은 아니었다.

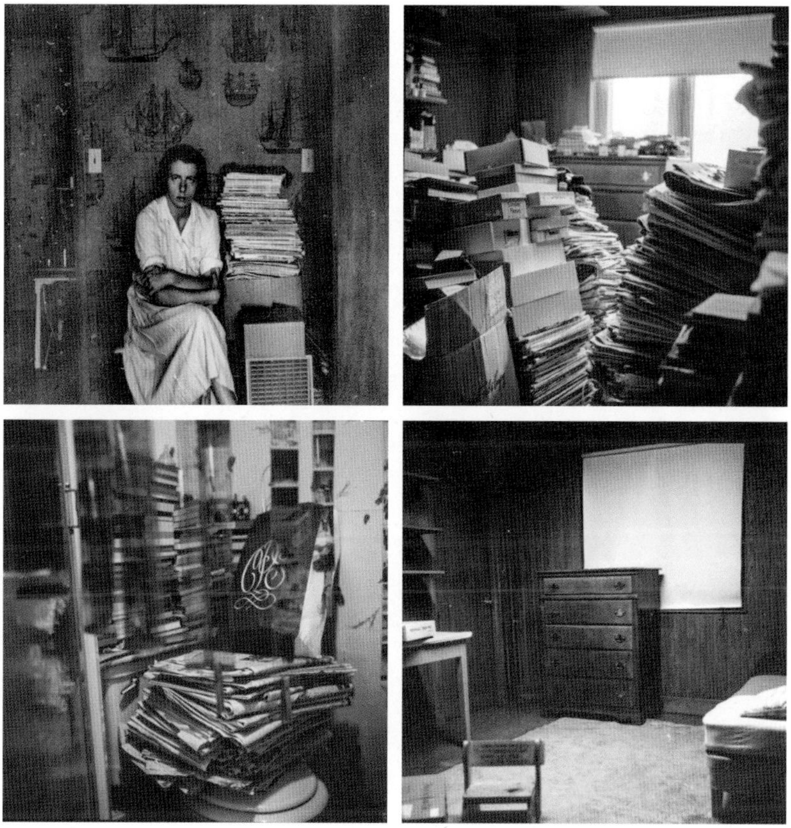

이별, 하이랜드 파크, 1966~1967년(*Vivian Maier*)

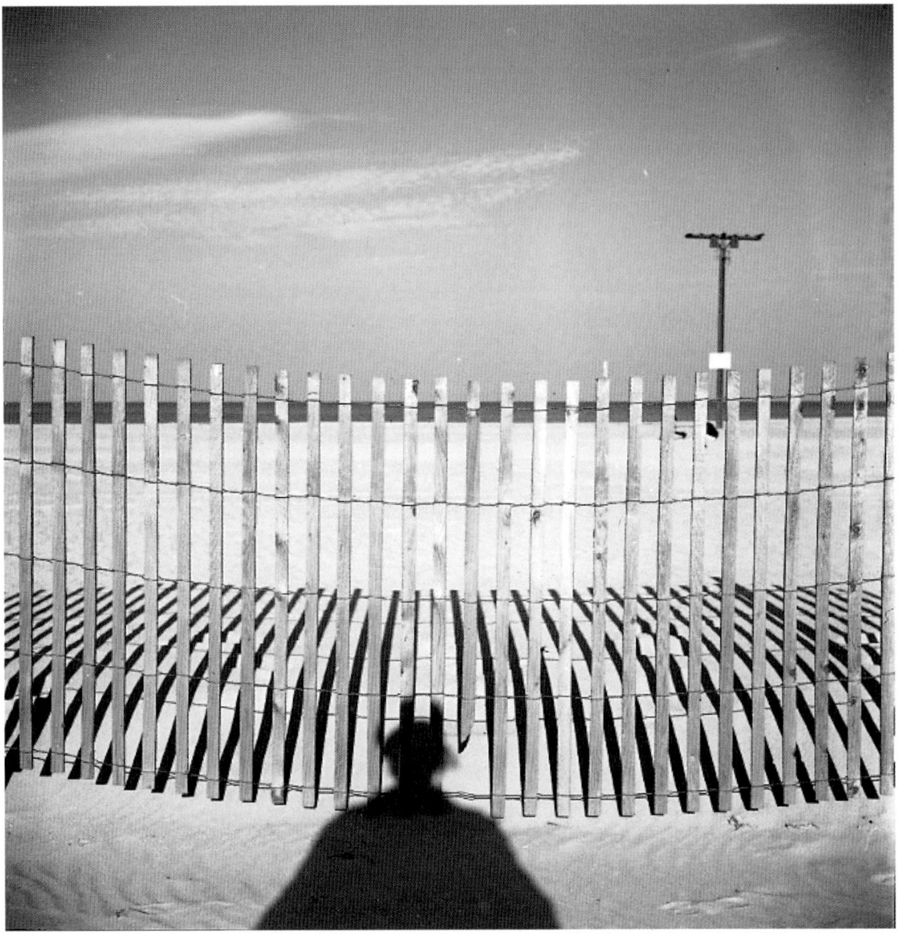

자화상, 시카고, 1976년(*Vivian Maier*)

13
다시 시작하다

나는 내 인생을 가지고 왔고,
내 인생은 상자들 안에 들어 있어요.
—비비안이 새 고용주에게 한 말

잉어와 함께한 일상

1967년 3월에 비비안은 다섯 살이었던 잉어 레이먼드Inger Raymond를 돌보기 시작했고, 그로부터 7년 동안 일리노이주 윌메트에서 살았다. 그토록 장기간 한 아이를 돌본 것은 그것이 마지막이었다. 잉어의 부모는 비비안과 함께 처음 차를 탔을 때부터 이 보모를 완전히 신뢰하게 됐다. 잉어의 아버지 월터 레이먼드Walter Raymond가 커브 길에서 갑자기 속도를 높이는 바람에 차가 한쪽으로 기울어졌는데, 바로 그때 비비안이 본능적으로 몸을 뻗어 잉어를 보호한 것이다. 레이먼드 가족은 비비안이 변덕스러울 때도 있고 화를 잘 냈지만, 믿을 수 있고 유능한 보모라고 느꼈다. 잉어의 어머니 마저리 레이먼드Margery Raymond는 「파이어니어 프레스*Pioneer Press*」라는 지역 신문사에서 사진부 편집기자라는 창의적인 직업에 종사했고, 아버지 월터 레이먼드는 치과의사였다. 집에는 언제나 사진작가들이 드나들었지만 비비안은 그들과 어울리지 않았고, 집에 있는 암실도 사용하지 않았다. 거의 1년 동안 사진작가로서 비비안의 추진력과 창의력은 힘을 잃고 있었다. 이때 찍은 사진들은 비비안 특유의 감정과 생동감이 부족하다. 겐스버그 가족을 떠난 뒤로 다시 정서적 안정감을 찾기까지, 비비안은 인생에서 가장 힘든 시기를 보냈을 것이다.

잉어는 여러 면에서 비비안이 돌본 그 어떤 아이들보다 그녀를 더 잘 이해할 수 있었다. 비비안의 동기를 이해할 만큼 충분히 성숙한 아이였기 때문이다. 비비안은 겐스버그 아이들과는 또 다른 방식으로 잉어와 유대감을 형성했다. 잉어는 학교에서 괴롭힘을 당하는 통통한 아이였고, 진짜 친구도 한 명밖에 없었다. 비비안처럼 잉어도 약자의 위치에 있었고, 외톨이 기질이 있었다. 두 사람은 오페라도 보고, 영화도 보고, 야구장에도 가고, 모험 가득한 긴 산책을 즐기며 함께 인생을 헤쳐나갔다. 비비안은 열정적으로 가르쳤고, 잉어는 열정적으로 배웠다. 어른이 된 잉어는 두 사람이 나눈 우정을 떠올리며 자신을 돌봐준 사람을 애정 어린 마음으로 추억했고, '마이어 양'의 의도만큼은 좋았다고 생각한다고 말했다. 하지만 어두운 면도 분명히 있었다는 사실은 인정했다. 잉어와 잉어의 가장 친한 친구 진저 탐Ginger Tam이 묘사하는 보모는 겐스버그 가족을 돌보았던 보모와는 사뭇 다른 모습이다.

잉어의 부모님은 하루 종일 일을 해야 했기 때문에 다섯 살이었던 아이가 열한 살이 될 때까지 사실상 잉어를 전적으로 책임지고 돌본 것은 비비안이었다. 비비안은 요리하고 바느질하는 법, 쓰레기통에서 쓸 만한 물건을 골라내는 법을 비롯해 살아가는 데 꼭 필요한 것들을 가르쳐주었다. 텔레비전 뉴스에서 켄트 주립대학교 발포 사건(1970년 5월 4일, 반전 시위 중이던 학생에게 주방위군이 총기를 난사한 사건. 옮긴이)을 보도하자, 잉어를 시내에 데리고 나가 시위가 평화롭게 진행될 수 있다는 걸 직접 보여주었다. 경마장을 가기 위해 지나가는 차를 잡아탈 때는 부자들은 길에 있는 사람을 신경 쓰지 않는다는 팁을 주었는데, 정말로 두 사람을 태워준 차는 언제 고장 나도 이상하지 않을 낡은 자동차였다. 비비안은 보석 가게에서 잉어에게 다이아몬드 품질을 구별하는 법을 알려주었고, 아주 드물기는 했지만 여행지에서 찍은 슬라이드 사진을 보여주기도 했다.

그 시절에 찍은 사진을 보면 두 사람은 조금 서먹한 표정으로 살짝 떨어져 있다. 보모와 아이는 분명히 서로를 좋아했지만, 그 애정이 강한 정서적 유대감은 아니었다. 겐스버그 형제들에게 보여주었던 부드러움도, 아이들을 위해 기록했던 성취록 같은 것도 없었다. 그럼에도 비비안은 잉어를 자신의 피사체로 선택했고, 두 사람이 함께한 일상을 수백 장이 넘는 사진에 담았다.

지금은 잉어도 그들의 활동 가운데 아이에게 적합하지 않은 것들도 있었다는 걸 안다. 비비안은 잠자리에서 오 헨리의 작품을 읽어주었는데, "끝이 엉망으로 끝나는 작품일수록 잠자리 이야기로 선택받을 가능성이 컸"다고 한다. 잉어는 오페라 〈나비 부인〉을 보았을 때의 기억도 떠올렸다. "버림받은 나비 부인이 칼로 배를 가르는 장면을 보았을 때는 정말 너무 놀랐어요. 그 후로 몇 년이나 악몽을 꿨을 정도였죠." 동물 애호가인 잉어는 비비안을 따라 가축 사육장에 가는 것을 좋아했다. 맞아 죽은 양들이 사체 더미 위로 던져지는 모습을 보기 전까지는 말이다.

몇 년 동안 비비안과 함께 사진을 찍는 모험을 하면서 잉어는 비비안이 촬영하는 모습을 관찰하는 귀한 기회를 얻었다. 사진을 존중했던 잉어의 부모님도 두 사람의 '출사'를 지지해주었기에 비비안은 롤라이플렉스를, 잉어는 코닥 인스터매틱을 들고 나섰다. 잉어의 코닥 카메라는 곧 더 좋은 카메라로 바뀌었다. 비비안은 잉어에게 기본적인 촬영 기술을 가르쳐주었고, 자신의 롤라이플렉스를 가지고 초점을 맞추는 법도 연습하게 했다. 사진에서는 선예도sharpness(화상의 경계가 선명한 정도, 선예도가 높을수록 미세한 부분까지 선명하게 묘사된다. 옮긴이)와 대비contrast(밝은 영역과 어두운 영역의 명암 차이. 옮긴이)가 중요하다고 강조했는데, 잉어는 비비안이 말 그대로 빛과 어둠의 차이뿐만 아니라 사진 속 주제의 대비까지도 언급하고 있다는 걸 알아챘다. 쓰레기통에 들어 있는 죽은 새를 찍은 비비안이 "평화의 새, 버려지다"라고 기록한 것처럼 말이다. 비비안은 같은 쓰레기통을 여러 번 찍으면서 쓰레기통에 들어 있는 내용물이 날마다 달라지는 변화도 눈여겨보았다. 레이먼드 부인은 신문사 사진기자들이 카메라를 니콘으로 교체하면서 쓰지 않는 캐논 카메라를 비비안에게 주겠다고 제안했지만, 비비안은 롤라이플렉스를 고수하면서, 받지 않겠다고 했다.

비비안과 함께한 촬영 여행에서 잉어가 가장 인상 깊게 기억하는 것은 사진을 찍을 대상을 인식하고 그 순간을 포착하는 비비안의 속도였다. "피사체를 발견하면 곧바로 카메라를 열어서 초점을 잡고 셔터를 눌렀어요. 콰광! 정말 빨랐어요. 걸어가면서 초점을 맞추고 셔터를 누를 때까지 1초도 안 걸렸을 거예요. 그러니 찍히는 사람들은 반응할 시간도 없었죠." 두 사람을 자주 따라갔던 진저는 비비안이 가난하고 고통받는 사람들에게 다가갈 때면 그 사람들의 프라이버시를 조금도 고려하지 않았다며, 그녀를 극성스럽고 불쾌한 사람으로 기억했다. "너무나 당당하고 무례했어요. 사진 찍힌 사람들은 분명히 모욕을 받았다고 느꼈을 거예요." 진저의 눈에는 비비안이 사진을 찍으려는 욕망에만 사로잡혀 있는 것처럼 보였다. 나중에 녹음한 음성 테이프를 들어보면 비비안은 잉어의 할머니에게 얼마 전에 뚱뚱한 이웃 남자를 찍었는데, 그 사람이 매우 당혹스러워했다고 말했다. 사진을 찍은 걸 후회한다고 말하는 것으로 보아, 비비안은 피사체의 감정에 신경 썼음이 분명하지만, 사진을 찍는 순간만큼은 촬영 외에는 다

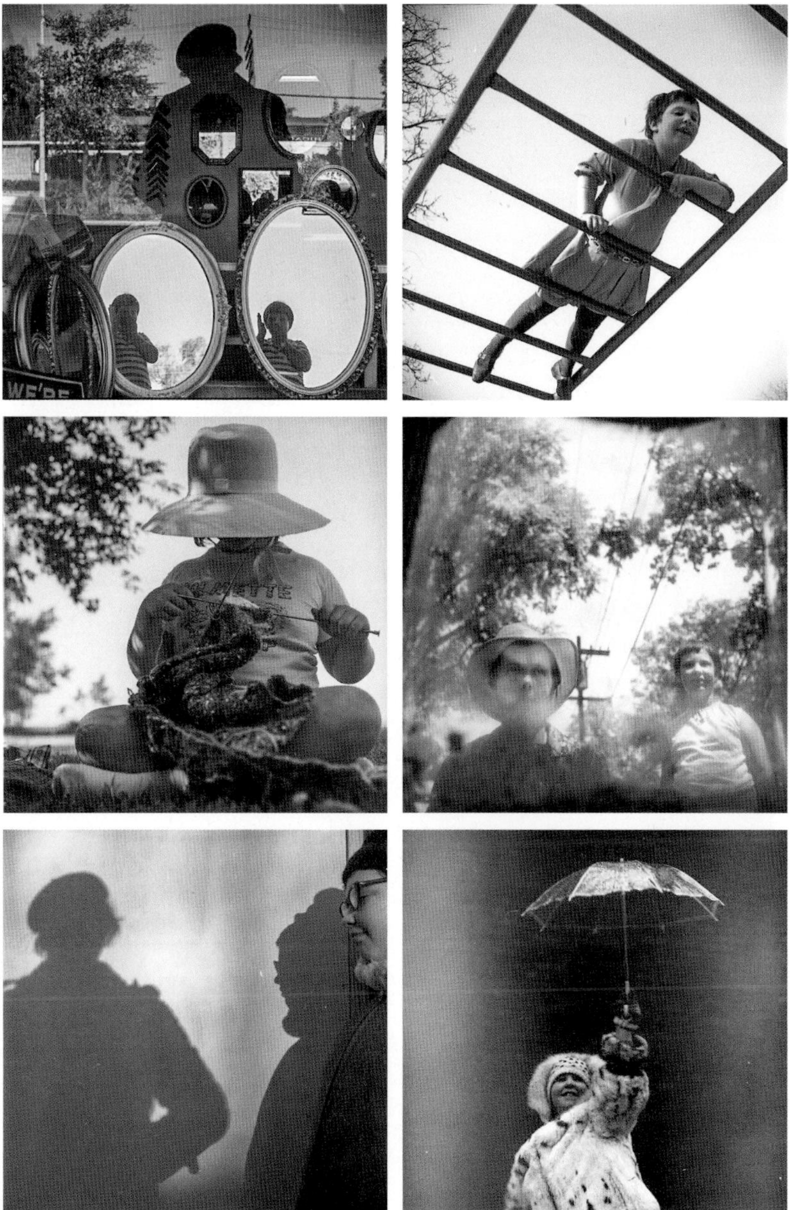

잉어, 윌메트, 1967~1974년(*Vivian Maier*)

른 생각을 하지 못했던 것 같다.

모순적이게도, 비비안은 누구에게도 자신의 사진을 찍는 걸 허락하지 않았고, 그런 시도가 있을 때면 완강하게 저항했다. 한 번은 레이먼드 부인과 함께 일하는 사진기자가 「윌메트 라이프*Wilmette Life*」에 실으려고 비비안을 찍으려고 하다가 비비안이 너무나 강하게 거부하는 바람에 결국 포기했다. 진저의 오빠는 비비안이 자신을 찍으려는 남자를 우산으로 때리는 모습을 보기도 했다. 아마도 자기 모습이 언론 매체에 실리면 가족이 자신을 찾아낼 수도 있다고 걱정했는지도 모른다. 아니면, 비비안은 자신의 정체성을 신중하게 엄선하여 드러내려 했으며, 그 표현이 다른 사람의 판단에 예속되는 것을 원하지 않았던 것일 수도 있다.

잉어를 돌보고 1년쯤 지난 1968년에 굵직한 정치 사건이 연달아 일어나면서 비비안의 거리 사진은 다시 활기를 띠기 시작했다. 마틴 루서 킹 주니어Martin Luther King Jr.가 암살된 뒤 시카고는 폭력 시위의 메카이자 그 해 가장 뜨거웠던 민주당 전당 대회 개최지로 온갖 정치 활동의 중심 무대가 된다. 정치만큼 비비안에게 적합한 주제는 없었다. 비비안은 다시 정기적으로 사진을 찍기 시작했다. 이번에는 평범한 사람의 일상보다 긴박하게 흘러가는 시사 문제에 매달렸다.

비비안의 거리 사진은 점점 더 현실과 동떨어지고 추상적이 되어갔지만 1970년대에도 일부 작품에서는 여전히 비비안의 트레이드마크라고 할 수 있는 주제와 기술 들이 등장한다. 피사체에 가까이 다가감으로써 더 많은 이야기를 담기 위해 피사체를 조금 덜 보여주는 방식을 사용하는 것이다. 얼굴을 드러내지 않고 움켜잡고 있는 뒤틀린 장갑만으로도 잔뜩 긴장했음을 보여주는 사진도 있고, 드러난 발만으로도 한 소년의 이야기를 짐작할 수 있는 사진도 있다. 하이힐을 신고 나란히 다리를 꼬고 있는 두 여인 앞에 비비안이 그림자 형태로 합류하고 있는 사진도 마찬가지다. 끈으

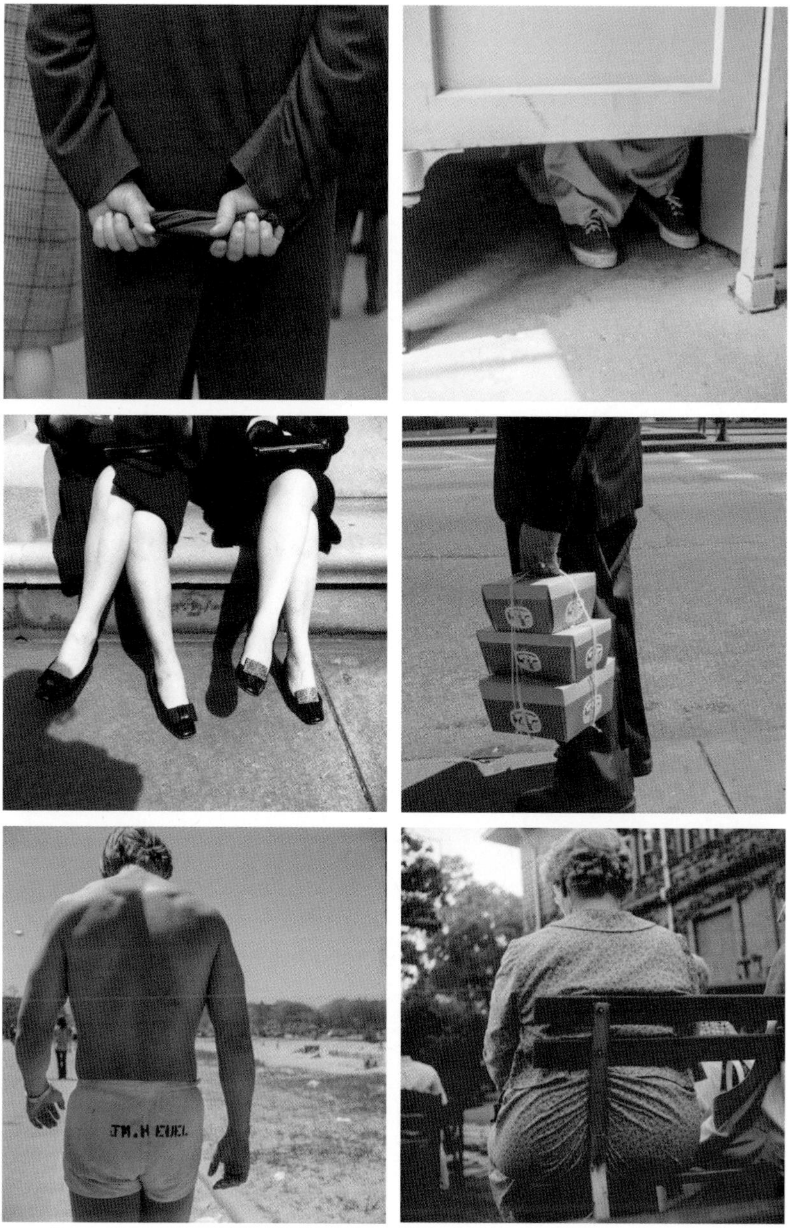

신체 사진, 시카고, 1970년대 초중반(*Vivian Maier*)

로 묶여 예쁘게 포장된 과자 상자 사진에서 인물은 그저 상자를 운반하는 소품일 뿐이다. 근육질의 안전요원은, 벤치의 가장자리에 엉덩이를 다 집어넣는 데 실패한 풍만한 여인의 사진처럼 뒷모습만으로 그 본질을 웅변적으로 드러낸다.

어두운 시절

레이먼드 가족의 안락한 게스트하우스 2층 공간에서 살았던 비비안은 절충주의 화가들의 작품을 수집해 걸어두었는데, 농부를 주로 그렸던 네덜란드 화가 빌럼 반 덴 베르흐Willem van den Berg의 연필화 석 점도 그런 작품들 가운데 하나였다. 1971년에 비비안은 "가난한 사람들과 억압받는 사람들, 특히 여성과 아이 들을 위해 헌신한" 독일 표현주의 화가 케테 콜비츠Käthe Kollwitz의 자화상 사진을 구입했다. 어느 날 비비안의 방으로 몰래 들어간 잉어와 진저는 방 안 가득한 신문을 보았다. 바닥이 무게를 지탱하지 못해 휘어지고 잠잘 공간조차 없을 정도였다. 비비안의 수집품은 뒤쪽 현관으로, 잉어의 침대 밑으로, 지하실로 영역을 넓히며 쌓여만 갔다. 결국 더 많은 공간을 마련하려고 비비안은 잉어의 장난감 서랍장을 비웠는데, 그 바람에 잉어의 프랑스산 인형도 함께 버려졌다. 비비안이 전에 면도한 것처럼 매끈한 다리를 보고 꼭 매춘부 같다고 비웃은 적이 있는 인형이었다. 결국 레이먼드 부인은 비비안에게 더는 슬금슬금 신문을 쌓아두지 말 것을 요구했고, 보모를 해고해야 하는 건 아닌지 고민했다.

나쁜 시간보다는 좋은 시간이 훨씬 많았는데도 비비안은 더 자주 자신을 고립시키고 우울하게 지냈다. 비비안은 잉어를 체벌할 때 화를 주체 못 하고 종종 통제력을 잃었다. 비비안의 신경은 예민해졌고, 겐스버그 아이들에게 보이던 부드럽고 사랑스러운 태도는 사라지고 없었다. 아이들과 동물을 찍는 횟수는 점점 더 줄어들었다. 비비안은 레이먼드 가족의 개를

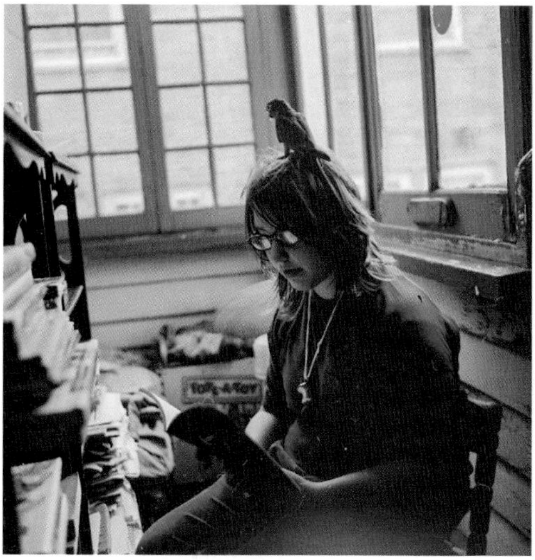

살아 있을 때의 앵무새, 윌메트, 1973년(*Vivian Maier*)

좋아하지 않았고, 고의는 아니었지만 가족이 기르던 앵무새를 죽게 했다. 비비안은 그때까지도 여전히 머리에 바셀린을 발랐는데, 앵무새가 그 냄새에 이끌려 비비안의 머리에 앉았다가 합성 윤활제가 새에게 치명적일 수 있다는 사실을 고통스러운 방법으로 깨닫게 되어버린 것이다.

멀리서 두 사람을 지켜보던 진저는 점점 더 비비안이 어딘가 잘못된 사람이라는 느낌을 떨칠 수가 없었다. 진저는 보모가 잉어를 조종하고 있으며 잉어의 착한 성격과 낮은 자존감을 이용하고 있다고 생각했다. 돌이켜 생각해봐도 비비안은 자신의 친구에게 좋은 점보다는 나쁜 점이 더 많은 사람이었다. 스스로 인정한 것처럼 잉어는 따돌림받는 아이였는데, 다리에 털이 많고 큰 모자를 쓴 위압적이고, 거리낌 없고, 기름을 잔뜩 바른 여자와 끊임없이 함께 있는 것은 잉어의 사회적 지위 향상에 크게 도움이 되지 않았다. 해변에서 비비안은 잉어에게 아주 큰 모자를 씌우고 코에 선크림을 듬뿍 발랐는데, 덕분에 잉어는 그 누구보다 그곳에 어울리지 않는 사람이 되어버렸다.

두 소녀는 비비안이 남자들에게 이상하게 반응하는 것도 목격했다. 비비안은 잉어에게 남자는 그저 섹스만을 원해서, "너를 망쳐버릴 것"이라고 수차례 경고했다. 비비안은 레이먼드 씨와 접촉하기를 꺼렸고, 그가 무언가를 건네주려고 하면 혹시라도 손이 닿을까 봐 그냥 물건을 내려놔달라고 부탁할 때도 있었다. 한번은 비비안이 접시를 비우지 않았다며 잉어에게 남은 음식을 억지로 먹게 했다는 것을 알고 화가 난 레이먼드 씨가 식탁을 주먹으로 내리치자, 비비안은 공포에 질린 듯 뒷걸음질 쳤다.

레이먼드 부인이 고용한 사진작가가 나무 그루터기에 걸려 넘어지려는 비비안을 잡으려고 손을 뻗었다가 비비안이 몸을 돌려 밀쳐버리는 바람에 뇌진탕을 입은 적이 있었는데, 비비안은 고소당하지 않기 위해 그를 설득해야 했다. 그 뒤로도 비비안의 고용주들은 비비안이 남자를 지나치게 두려워했다며, 어쩌면 비비안이 어렸을 때 어떤 형태로든 남자에게 학대를 당했을 수 있을 거라 짐작했다. 비비안의 태도는 자신에게 잠재적으로 위협을 가할 수 있는 남자에 대한 외상 후 스트레스 장애처럼 보인다. 하지만 모든 남자를 두려워했던 것은 아니었다. 관심사가 같은 젊은 남자들과는 드물지만 교류하기도 했다. 어린 시절을 떠올리던 진저는 비비안에게 무슨 일이 있었던 것이 분명하다고 걱정하면서 "폭행이나 추행처럼 어떤 식으로든 난폭한 일을 당했다는 데 제 돈을 걸 수도 있어요"라고 했다.

이 시기에 찍은 자화상 사진 대부분은 비비안의 그림자를 비추고 있는데, 이는 그녀의 감정이 변화했음을 보여준다. 그전까지의 사진이 유머러스하기도 하고, 우울해 보이기도 하고, 때로는 경쾌하기도 한 다양한 분위기로 변주되었다면, 이제는 삭막하고 험악한 환경에서 좌절감과 외로움을 표현하는 쪽으로 치우치게 된다. 겐스버그 가족을 떠난 직후에 비비안은 마치 뒤에 남겨진 것처럼 부러진 가지에 팔을 얹고 있는 그림자를 찍었

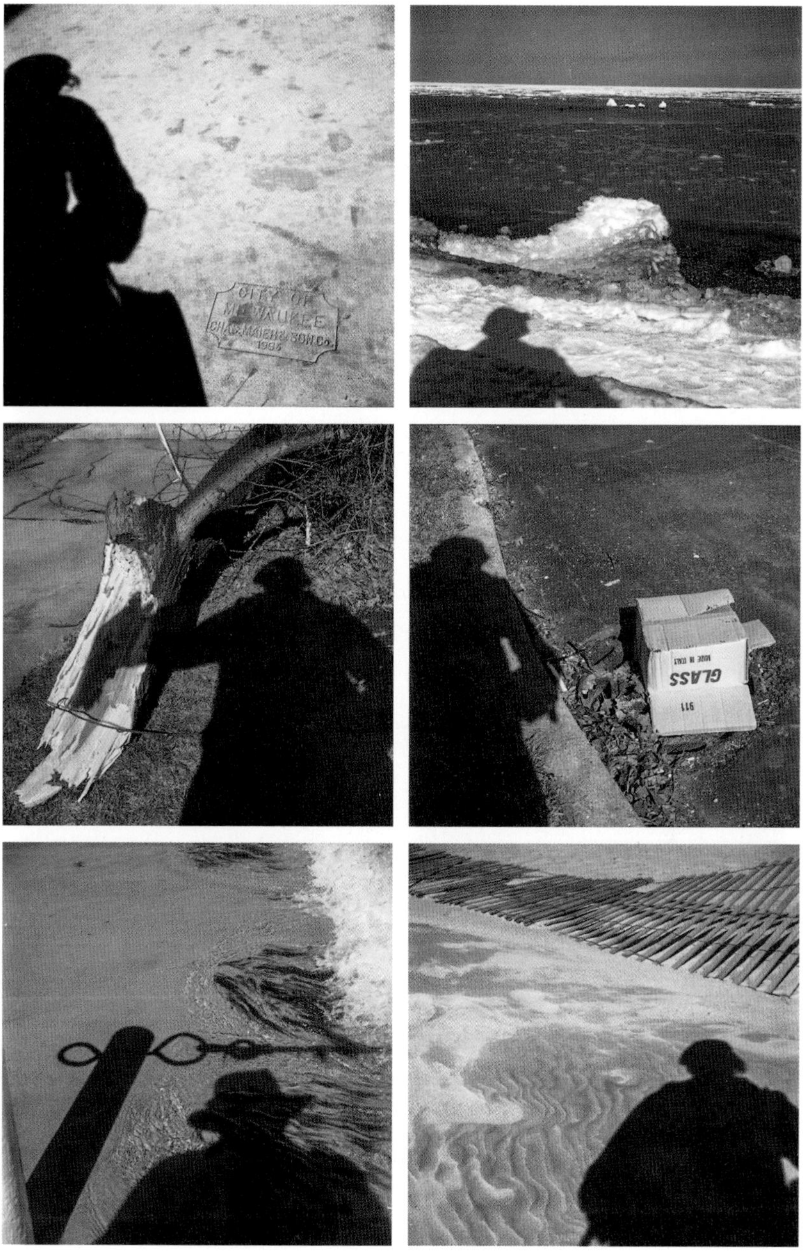

그림자 자아, 시카고, 1967~1968년(*Vivian Maier*)

고 다른 사진에서도 황량한 풍경에 자신의 긴 그림자를 침투시키듯 드리워 추위와 고립을 연상하게 했다.

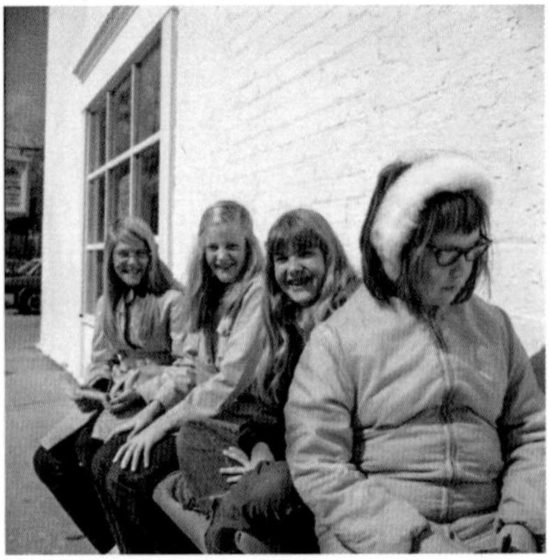

못된 소녀들, 시카고, 1970년대 초반 (*Vivian Maier*)

비비안의 성격 가운데 특히 파악하기 어려운 부분은 공감 능력이다. 비비안이 돌보았던 아이들은 대부분 비비안이 너무나도 무신경하게 사춘기 때의 끔찍한 변화를 포함해 아이들의 외모에 대해 거리낌 없이 품평하곤 했다고 말했다. 하지만 비비안의 사진을 사랑하는 많은 사람들은 그녀의 작품에서 흘러넘치는 동정심과 이해심을 발견한다. 그런 느낌을 받는 이유는 어쩌면 부분적으로는 가난하고 소외된 사람들의 모습을 담겠다고 결정한 비비안의 선택 때문일 수도 있다. 하지만 정확성과 진정성이 위태로워질 때면 비비안은 대부분의 경우 타협하지 않았고 동정하지 않았다. 레인 겐스버그의 친구 더피 레반트는 자기 형제가 자동차 사고를 당했을 때 비비안이 보인 행동을 말해주었다. 차에 치인 아이는 겁에 질리기는 했지만, 크게 다치지는 않았다. 현장에 있던 사람들은 모두 아이를 향해 달려갔지만 비비안은 옆으로 비켜나 사진을 찍었다. 비비안의 부족한 공감 능력은 잉어가 웃고 있는 세 아이에게서 등을 돌리고 앉아 있는 사진에서도 여실히 드러난다. 이토록 가슴 아픈 모습을 사진에 담을 만큼 주변 상황에서 자신을 분리할 수 있는 사람이라면 분명히 복잡한 내면의 소유자였을 것이다. 잉어가 정서적으로 안정된 어른으로 자란 것은 정말 다행이다.

1974년이 되어 레이먼드 가족이 사우스다코타로 이사할 무렵, 비비안은 점진적으로 삶의 모든 측면에 영향을 미칠 아주 심각한 저장 장애 hoarding disorder로 고생하고 있었다. 계속 신문을 모았고 사진을 찍었지만, 그 어떤 것도 버리지 않았다. 레이먼드 가족과 함께 지내는 동안 사진을 수천 장 찍었지만, 레이먼드 가족에게 준 사진은 잉어의 할머니 사진 한 장뿐이었다.

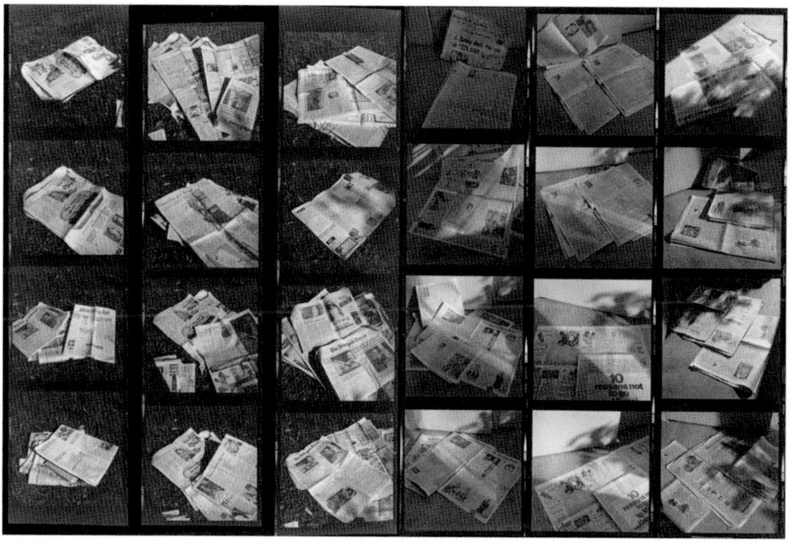

신문, 시카고, 1973년(*Vivian Maier*)

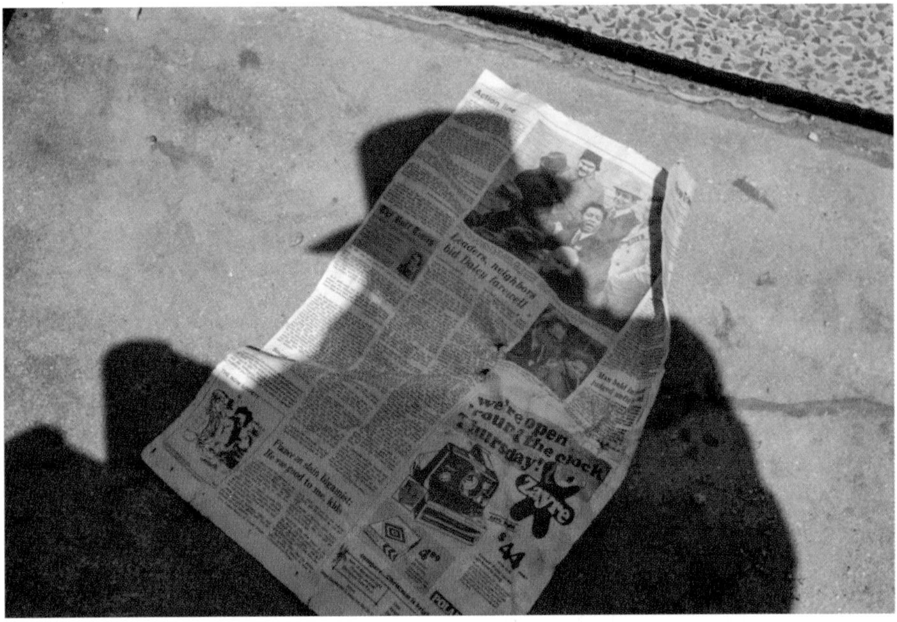

신문 위의 자화상, 시카고, 1977년(*Vivian Maier*)

14
어린 시절: 여파

절대로 이 문을 열지 마세요.

—비비안이 고용주에게 한 말

외상 후 스트레스 장애는 꼭 단일 사건에 의해 발생하는 것은 아니며, 장기간 학대받은 아이에게서도 생길 수 있다. 가정 해체, 이혼, 유기, 감정적 혹은 신체적 방치, 부모의 약물 남용, 폭력 같은 사건이 외상 후 스트레스 장애를 일으킨다. 비비안이 경험한 외상 후 스트레스 장애는 이 중 한 가지, 혹은 몇 가지 때문에 발생한 게 아니었다. 비비안은 이 모든 원인으로 고통받았다.

비비안은 어린 시절 부모에게 거부당해 감정적인 손상을 입은 뒤, 결국 정신 질환에 시달리며, 자기 자신도 돌볼 능력이 없던 어머니의 손에 전적으로 맡겨져 자랐다. 논문 「나르시시즘, 양육, 복합 트라우마: 자아도취적인 부모의 자녀에게서 나타날 수 있는 정서적 결과Narcissism, Parenting, Complex Trauma: The Emotional Consequences Created for Children with Narcissist Parents」에서 도나 마호니 박사는 마리 같은 어머니 밑에서 자라는 것이 어떤 의미인지를 설명한다. 직관적으로 이해되지 않을 수도 있지만 그런 어머니들은 "손상된 자존감을 회복하려고 노력하는 동안 자기 부모가 저지른 과실을 자기 아이에게 반복하는 경향이 있다." 그런 부모는 아이를 자신의 소유물처럼 취급하며, 자기 강화self-reinforcement를 이루고 싶다는 충동 때문에 아이에게 자신의 관점을 무조건 따르라고 요구한다. 마리는 비비안이 자신과 비슷한 행동을 했을 때는 엄청난 칭찬을 퍼부었고, 어떤 형태로든 정상적인 개성을 발휘하거나 독립적으로 행동할 때면 차갑게 비난했다. 부모의 상반된 평가를 받아야 하는 아이들은 혼란을 느끼고, 자신이 사랑받지 못하는 열등한 존재라고 생각해 적절한 자아감을 발전시킬 수 없다. 마리 같은 어머니들은 결국 양육자로서의 책임을 내팽개쳐버리기도 한다. 여러 기록으로 확인할 수 있는 마리의 기이하고 부적절한 자기애로 가득 찬 행동은 두 아이에게 심각한 정서 문제와 정체성 문제를 불러일으켰음이 분명하다.

신체 학대와 성적 학대도 외상 후 스트레스 장애를 일으킬 수 있는데, 비비안의 행동에서는 그런 학대를 받았을 수도 있음을 짐작하게 하는 징후들이 보인다. 비비안을 아는 사람들은 거의 모두 남자에게 너무도 분명한 공포를 드러내는 비비안을 보며 그녀가 어떤 식으로든 학대를 받았을 거라 믿었다. 비비안은 남자들에게 자주 질색하는 반응을 보였고 접촉하는 걸 싫어했으며, 중성처럼 꾸미고, 돌보는 아이들에게 이상한 충고를 했다. 비비안은 어린 소녀들을 보면 남자들 무릎에는 절대 앉지 말아야 한다고 경고했고, 성 범죄와 폭력 범죄를 저지르는 건 모두 남자라고 말했다. 이 문제에 관해 나는 마호니 박사를 비롯한 여러 정신건강 전문가들에게 조언을 구했는데, 그들은 비비안의 행동에서 신체 학대와 성적 학대의 흔적이 보인다고 확인해주었다. 비비안이 그런 학대를 받았다면, 비비안의 어린 시절은 상당히 많은 부분이 밝혀져 있지 않기 때문에 학대받은 시기와 장소는 언제 어디라도 될 수 있다. 아버지는 폭력적이었고, 문제 많던 오빠에게는 비열한 친구들이 있었고, 어머니는 비비안을 보호해주지 않았다. 프랑스에서는 이모할머니의 폭력적인 애인과 함께 살았다. 무엇보다 비비안이 불행한 어린 시절을 보냈다는 사실을 가장 확실하게 보여주는 증거는 잘 알려진 비비안의 저장 장애이다.

저장 장애

1960년대 말이 되면 여러 환경 요인이 비비안의 저장 장애를 훨씬 악화시키는 쪽으로 작용하는데, 비비안의 사례는 사실 모든 점에서 교과서에 실릴 만하다. 정신분석학자 로버트 레이먼드Robert Raymond는 비비안처럼 어린 시절에 좌절과 분열을 경험한 사람은 정체성 문제와 낮은 자존감에 시달리다 통제감을 얻기 위해 저장 장애가 올 수 있다고 말한다. 그런 아이들은 흔히 사람을 신뢰하고 친밀감을 형성하는 데 문제가 생기며, 감정의 깊은 공허함을 채우려고 사람이 아니라 물건에 집착할 수 있다. 저장 장애는 물질적인 지원이 부족해서 생기는 문제가 아니라 정서적 박탈감이 만들어내는 문제이기 때문에 비비안이 가난하게 자랐다는 사실과는 관계가 없다. 소유는 위로를 주며, 물건을 획득함으로써 기쁨을 느끼게 된다. 무언가를 소유했다는 느낌은 정체성의 연장으로 느껴지기도 한다. 비비안이 골동품 가게나 벼룩시장을 즐겨 찾고 대형 쓰레기통을 자주 뒤진 것은 모두 그 때문이다.

저장 장애 연구의 세계적인 권위자 랜디 프로스트Randy Frost 박사는 저장 장애가 있는 사람들은 지능이 아주 높을 수 있으며, 시각적으로 창의적이어서 "물건의 미적이고 공간적인 품질에 방점을 두고 다른 사람들이 간과하는 물건의 특성을 발견하고 음미할 수 있다"고 말한다. 비비안이 주로 모은 물건은 광고물, 책, 신문, 사진 같은 종이들이었는데, 프로스트 박사

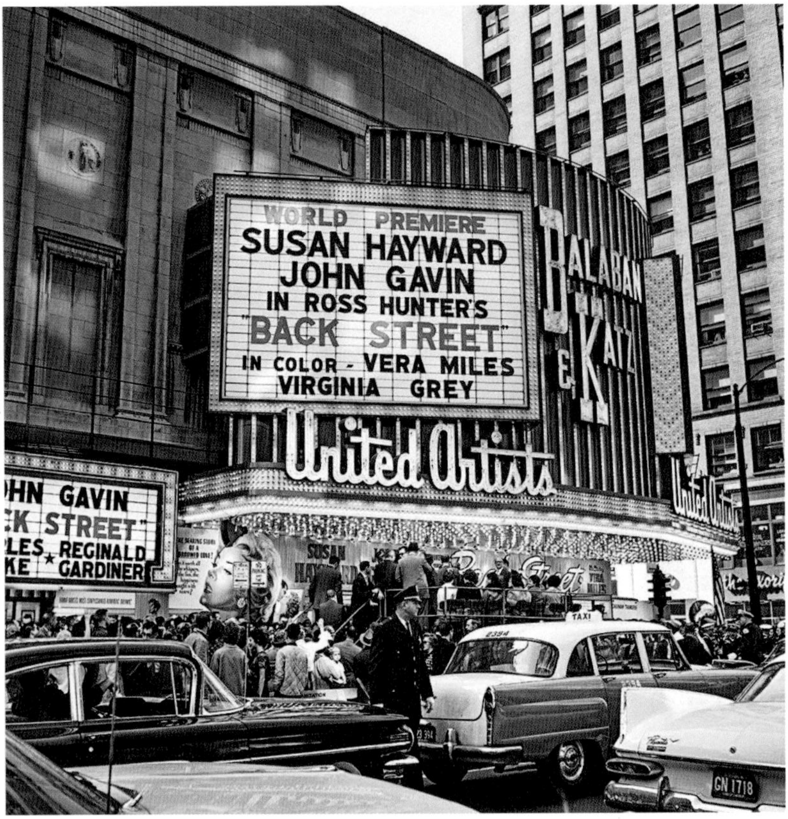

서체들. 시카고, 1961년(*Vivian Maier*)

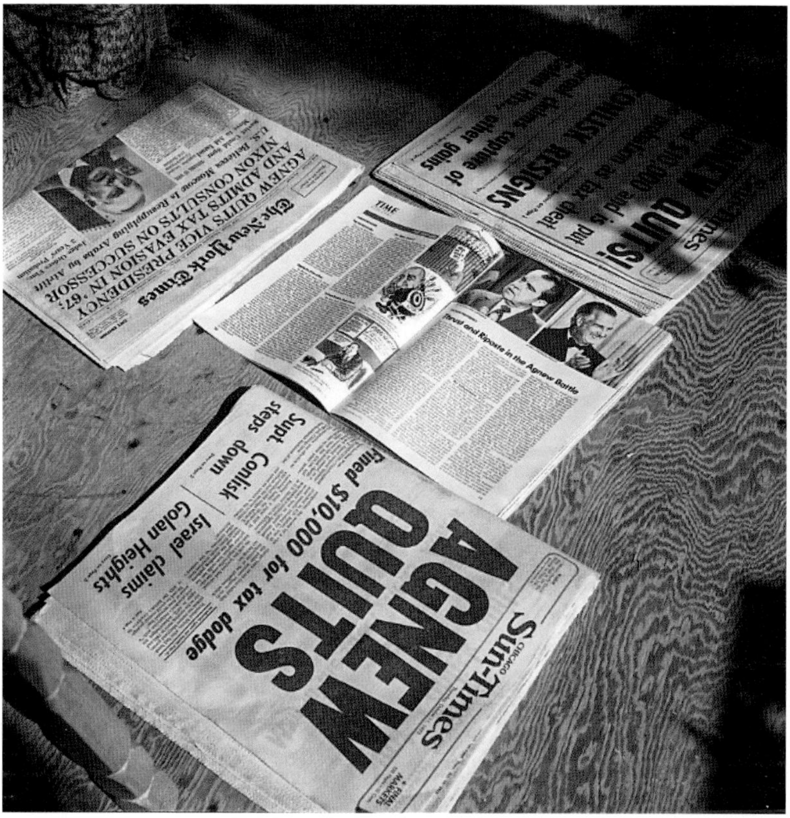

서체들. 시카고, 1973년(*Vivian Maier*)

는 시각이 예민한 사람들에게 특히 많이 볼 수 있는 특성이라고 했다. 이런 종이들은 수많은 연결고리를 만들어낼 수 있으며, 나중에 다시 떠올리거나 참고할 수 있는 정보를 제공해줄 수도 있다. 바스락거리는 소리, 대담한 디자인 같은 종이의 물성도 촉각적이고 시각적인 즐거움을 주며, 다양한 크기의 다채로운 서체도 종이 수집가들의 마음을 끈다.

저장 장애의 징후는 비비안이 갑자기 맥밀런 가족에게 사진을 주지 않겠다고 선언했던 서른 살 정도부터 명백하게 나타나기 시작했다. 겐스버그 가족과 함께 지낼 때는 잡지와 신문을 모았는데, 그 집을 떠날 무렵에는 그녀의 공간에 물건들이 넘쳐흐를 정도였다. 뉴욕에서는 기꺼이 사람들과 사진을 공유했지만, 시카고에서는 안전하다고 느낀 겐스버그 가족 외에는 거의 사진을 주는 법이 없었다. 사진으로 수익을 올리거나 전문 사진작가가 되려는 노력도 더이상 하지 않았고, 그저 자신이 간직했을 뿐이다. 비비안의 사진들은 점점 더 늘어나는 강박적인 저장 장애의 희생양이 되었다.

저장 장애는 진행되는 질병이기 때문에 적절한 개입이 없으면 시간이 갈수록 악화되어, 그저 수집만 하던 상황에서 주변을 난장판으로 만드는 단계로 넘어간다. 사람들과 교류하지 않고 고립된 채 제대로 사회생활을 하지 못하며, 그 때문에 상처받고 분노해 더욱더 사람들과 멀어지는 악순환에 빠질 수도 있다. 스트레스도 저장 장애를 악화시키는데, 1966년에 겐스버그 가족을 떠나면서 비비안의 상태는 더 나빠졌다. 그때부터 비비안은 신문 한 장, 한 장을 모두 찍는 강박 행동을 보이기 시작한다. 11년을 함께한 집과 가족을 떠난다는 것은 비비안의 저장 장애를 한층 악화시키기 충분한 불안정한 사건이었다.

레이먼드 가족이 묘사하는 비비안의 모습은 겐스버그 가족이 묘사하는 비비안의 모습과 완전히 다르다. 잉어와 잉어의 친구 진저는 비비안이 어딘가 위축되어 있었고, 변덕스러웠으며, 우울증을 겪었다고 했다. 종이가 쌓일 대로 쌓여 걸어다니려면 '까치발'을 해야 할 만큼, 비비안의 방은 살 수 없을 지경이 되었다. 비비안은 바닥에서 잠을 잤고, 혹시라도 다른 사람이 볼까 봐 방문을 걸어잠궜다. 비비안의 방은 늘 난장판이었고, 질문이나 간섭을 피하기 위해 스스로를 고립시켰기에 이후에 만난 고용주들도 모두 비비안의 수집벽에 관해 알고 있었다. 프로스트 박사는 심각한 저장 장애를 앓는 사람들은 자신이 이용할 수 있는 모든 공간을 물건들로 채운다고 말했는데, 1980년대 초반까지 비비안은 8톤에 이르는 신문과 책, 사진 관련 물품을 보관하기 위한 창고를 빌리느라 모은 돈을 모두 써버리고 말았다.

시간이 흐르면서 비비안의 수집벽은 훨씬 더 심각해졌다. 자기 방에 가까이 가지 말라고 고용주들에게 엄격하게 경고했고, 문에 열쇠를 달았다. 당연히 그 때문에 사람들은 비비안의 방을 더 궁금해했다. 비비안은 중고서점 '북맨스 앨리Bookman's Alley'의 주인이었던 친구 로저 칼슨Roger Carlson에게 사람들이 쌍안경을 가지고 자기 방을 들여다보며, 고용주의 아이들이 자기 물건을 뒤진다고 털어놓았다. 그리고 칼슨을 자기 방으로 데리고 가, 누군가가 침입해 물건을 만졌을 경우 알아챌 수 있도록 책상에 장치를 해놓은 것을 보여주었다. 당시는 저장 장애를 이해하는 사람이 거의 없었기 때문에 도움을 받기도 어려웠다. 〈호더스*Hoarder*〉나 〈베리드 얼라이브*Buried Alive*〉 같은 프로그램(두 프로그램 모두 강박적으로 물건을 수집하는 사람들이 출연해 치료적인 조언을 구하는 예능이다. 옮긴이)이 텔레비전에 나오는 건 아주 먼 미래의 일이었다.

비비안은 정확히 저장 장애 때문에 해고된 적이 여러 번 있었고, 비비안의 고용주들 모두 비비안에게 성격적인 기벽이나 정신 장애가 있다는 것을 알아차렸다. 이는 그들과 비비안 사이에 분명하고 건널 수 없는 장벽을 만들었다. 한 고용주가 뒤쪽 현관에 쌓여 있던 「뉴욕 타임스」를 고작 몇 부 가져갔을 때, 비비안은 병적으로 흥분했다. 저장 장애가 있는 사람들은 대부분의 경우 논리적이고 뛰어난 능력을 보일 수 있지만, 수집품에 대해서는 자신이 부여한 가치가 비합리적이라는 사실을 깨닫지 못하며, 그 때문에 스스로 곤란해진다는 사실도 인정하지 못한다. 자기가 모은 수집품이 대체할 수 없는 정보와 만족감을 선사한다고 믿기 때문에 점점 더 강박적으로 수집품을 보호하고, 그것을 잃을까 봐 걱정하게 된다.

강박적인 수집벽: 사진과 신문

프로스트 박사는 미적 감각이 탁월했고, 특히 무늬와 모양, 질감에 예민했던 비비안이 신문을 병적으로 수집한 것은 어쩔 수 없는 일이었을지도 모른다고 말한다. 어쩌면 평범함 속에서 특별함을 보는 비비안의 능력과 재능 때문에 비비안이 물건을 모으게 된 것일 수도 있다. 사진을 찍을 때 비비안은 그 대상이 보카지bocage(프랑스 전원 풍경에서 볼 수 있는 구획지어진 땅들)일 때도, 건설 현장에서 볼 수 있는 뒤얽힌 건축 자재일 때도, 그밖에 다른 무엇일 때도, 무엇보다도 그래픽 요소를 강조했다. 시각 초점을 강렬하게 표현하는 방식으로 비비안은 철망 쓰레기통, 매트리스 코일, 아무렇게나 쌓인 상자 같은 극히 평범한 물건을 기하학적 아름다움을 갖춘 이미지로 변신시켰다. 사진 디자인 전문가 엘리자베스 애버던Elizabeth Avedon은 비비안이 "패턴을 인지하고, 공간을 배열하고 구성하며, 프레임 안에서 빛과 움직임을 적절하게 분배할 수 있는" 능력을 타고났다고 믿는다. 비비안의 높은 시각적 민감도와 지식을 향한 열정을 고려하면 강박적인 신문 수집은 적은 비용으로 큰 즐거움을 누리기 위한 자연스러운 선택이었을 것이다.

비비안은 신문과 함께, 신문과 비슷한 만족감을 주는 사진도 당연히 강

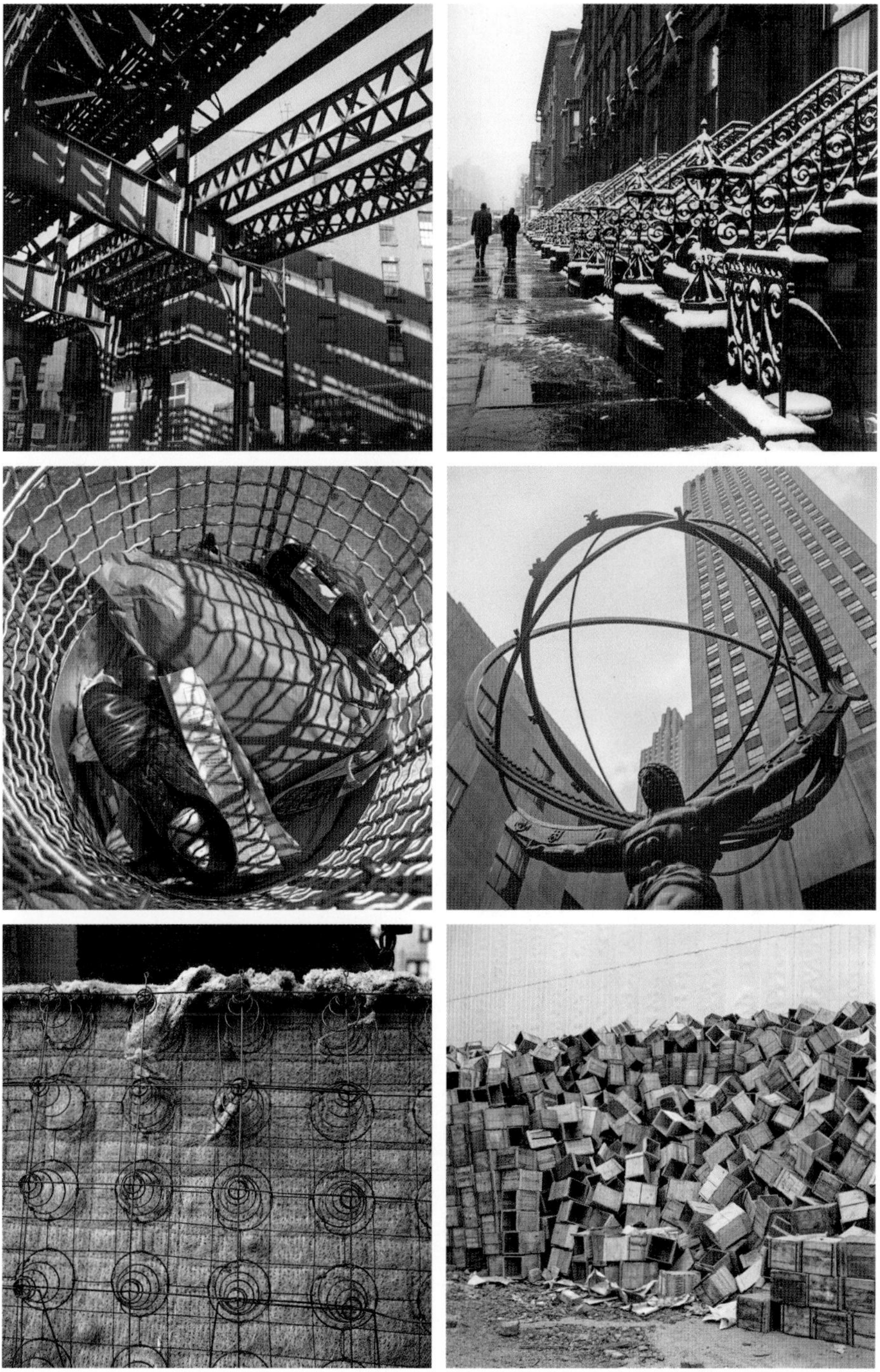

모양, 패턴, 질감, 1950년대(*Vivian Maier*)

박적으로 모았다. 프로스트 박사는 후대에 전할 사건들을 기록하는 신문처럼 사진도 사물과 피사체를 찰나의 순간에 붙잡아 그것을 물리적으로 가질 수 있게 한다고, 즉 다양한 형태로 즐기고, 기억하고, 소유할 수 있게 한다고 말한다. 비비안은 신문과 떨어지지 못했던 것처럼 자기가 찍은 사진에도 점점 더 심하게 집착했다.

비비안이 수집 강박의 일환으로 사진을 모았다는 것이 믿기지 않는다면 그녀가 사진을, 신문과 정확히 똑같은 방식으로 다루었다는 사실이 그 증거가 될 수 있을 것이다. 비비안은 세심하게 오려낸 신문 기사를 바인더에 보관한 것처럼 사진도 바인더에 보관했고, 싸구려 액자에 넣은 사진과 신문 기사를 자기 방 곳곳에 놓아두었다. 신문과 사진, 네거티브 필름을 넣은 글라신지 봉투, 현상하지 않은 필름 들을 모두 마분지 상자에 넣고 다시는 꺼내 보지 않았다. 어떤 물건은 꼼꼼하고 조심스럽게 포장해두었고, 어떤 물건은 아무렇게나 방치한 채 던져놓았다. 날이 갈수록 비비안이 모으는 신문과 사진은 점점 더 늘어났기 때문에 결국 보관할 장소가 없어 창고를 대여해야 했다. 창고 비용을 지불할 여유가 있든 없든, 비비안에게는 반드시 필요한 일이었다. 비비안은 자신에게 재능이 있다는 것을 알았고,

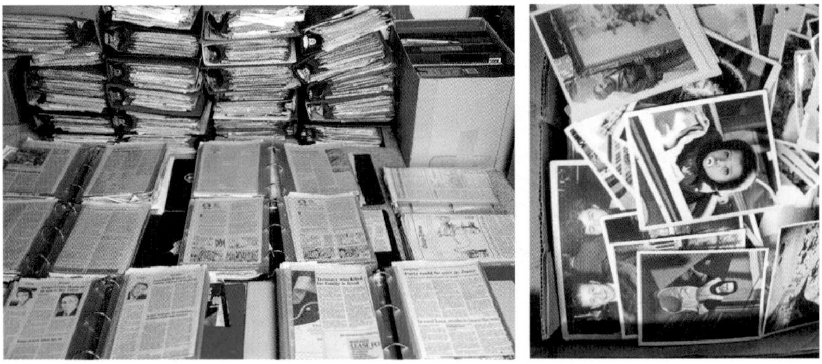

창고에 보관한 신문 기사들과 촬영한 사진들(*John Maloof*)

사진 찍는 걸 좋아했으며, 사진작가로서 커리어를 다시 밟아볼까 하는 고민도 주기적으로 했지만 그녀에게 자신의 사진을 타인과 공유하는 일은 점점 더 불가능한 일이 되어갔다. 비비안에게 이미지를 보관하는 형식은 중요하지 않았다. 사진이건, 네거티브건, 현상하지 않은 필름이건, 모두 같은 목표를 달성할 수 있는 다른 방식일 뿐이었다. 비비안에게는 원하기만 하면 필름을 현상할 수 있는 자원이 있었다. 하지만 궁극적으로 자신이 찍은 사진을 보고 싶다는 욕망보다 갖고 싶다는 욕망이 훨씬 컸다.

저장 장애를 넘어서

마호니 박사는 비비안 가족의 정신 질환 병력을 고려할 경우 비비안이 다른 장애에도 취약했을 수 있다고 지적한다. 비비안의 오빠는 확실히 조현병 진단을 받았고, 비비안의 어머니도 몇 가지 정신 질환을 앓았음이 틀림없다. 반사회적인 행동을 했고, 극단적인 편집증을 보인 할아버지 니콜라스 바일도 정신 질환이 있었다고 생각했던 사람이 많다. 비비안만이 가족과는 다른 유전자를 가지고 있었다고 판단할 만한 근거는 없기 때문에 비비안도 정신 질환에 취약했다고 생각하는 것이 안전한 추론일 것이다. 비비안의 사진과 가족사를 두루 살펴본 마호니 박사는 비비안에게 저장 장애뿐 아니라 성격장애도 있었을 가능성을 제시했다. 사후 진단은 부정확할 가능성이 크지만, 마호니 박사는 비비안의 행동이 전형적인 분열성 장애schizoid disorder의 특성을 보인다고 지적했다. 분열성 장애는 조현병 가족력이 있는 사람에게서 흔히 볼 수 있는 징후이지만, 조현병과는 전적으로 다른 장애이다. 조현병은 현실에서 멀어지지만, 분열성 장애는 사람에게서 멀어진다.

행동과 정체성에 문제를 일으키는 분열성 성격장애는 비비안과 특히 밀접한 요소(유전적 취약성, 갓난아기의 욕구 미충족, 자기애가 강한 부모)들과 관계가 있다. DSM-5(미국 정신 질환 진단 및 통계 매뉴얼 5쇄 개정판)는 분열성 성격장애를 "사회적 유대 관계를 무시하고 대인 관계에서 감정 표현을 극히 제한적으로 드러내는 성향"이라고 정의하며, 일곱 개 특징 가운데 네 개 이상이 일치하면 분열성 성격장애 진단을 내릴 수 있다고 보는데, 비비안은 일곱 개 특징을 모두 지니고 있었다. 그 일곱 개 특징은 다음과 같다. (심지어 가족의 일원하고도) 가까운 관계를 맺고 싶은 욕구가 없다. 혼자서 하는 활동을 택한다. 성 경험에 거의 흥미가 없다. 비밀을 털어놓는 친구도, 가까운 친구도 없다. 다른 사람의 칭찬이나 비평에 관심이 없다. 정서적으로 냉담하고 둔감하다. 즐거움을 느끼는 활동이 적다. 활동에 관해서라면, 비비안은 혼자서 하는 활동은 정말 즐겼지만, 사교적인 활동은 그렇지 않았다.

분열성 성격장애에 관한 강연에서 마호니 박사는 분열성 성격장애가 있는 사람은 실행 능력이 탁월하며, 종종 살아남기 위한 수단으로 고압적인 태도, 강한 자기 주장, 자기 만족, 그리고 완벽주의를 보상적 특질로 발전시킨다고 설명한다. 비비안에게는 이런 특징들이 모두 있었다. 또한 분열성 성격장애인 사람들은 "자기 자신의 감정을 모르거나 지속적으로 사회와 접촉할 수 없는 사람들도 있다. 깊은 양가성이 존재해, 친밀한 관계를 갈망하면서도 타인에게 휘둘릴지 모른다는 위협을 끊임없이 느낀다. 확실하고 안전하게 분리되어 있을 수 있는 거리를 찾는다"고 덧붙이고 있다. 분열성 성격장애인 사람이 성적 학대를 받았다면 "분명한 목적을 가지고 자신을 매력적이지 않은 모습으로 꾸며 위험한 성적 매력을 숨긴다. 여성은 근원적인 여성성을 감추고 남성적이고 강한 태도를 장착할 수 있다."

비비안에게 실제로 분열성 성격장애나 혹은 다른 어떤 장애가 있었는지는 알 수 없지만, 이상의 가정은 많은 것들을 설명해준다. 비비안은 나이 많은 여자나 어린아이들 외에는 다른 사람들과 제대로 교류하지 못했고, 감정을 거의 밖으로 드러내지 않았으며, 자기 치수보다 훨씬 큰 남성복을 입거나 공격적인 태도를 보이거나 바셀린을 두툼하게 바르는 등의 방식으로 자기 자신을 방어하려 했다. DSM-5의 국제판이라고 할 수 있는 ICD-10은 분열성 성격장애를 진단하려면 앞에서 소개한 일곱 가지 기준 외에 두 가지 기준을 더 살펴봐야 한다고 하는데, 사회에서 널리 통용되는 규범과 관습에 (비의도적으로) 무관심하고, 내면의 경험과 환상에 집착한다는 두 가지 기준 모두 비비안에게도 해당되는 이야기이다. 많은 사람들이 대응 기제로 풍부한 환상의 세계를 쫓는데, 비비안의 경우는 유명인과 영화 촬영 현장을 쫓아다니고, 여행을 가고, 무엇보다도 역할 놀이를 하는 등의 현실도피 성향이 있었다. 분열성 성격장애 임상 전문가 랠프 클라인Ralph Klein 박사는 역할 놀이는 "분열성 성격장애 환자들이 결속감을 느끼면서도 관계라는 구속에서 자유로울 수 있는" 대리 관계의 한 형태라고 말한다. 다시 말해서 비비안의 수집벽이 소유물과 맺는 외면의 관계 형식이었다면 역할 놀이는 그녀 내면의 관계 형식이었다고 볼 수 있다. 사진도 안전한 거리에서 사람들과 접속할 수 있는 또 다른 관계 형식이었다.

사진의 역할

비비안의 겉으로 보이는 모습과 그녀가 사진에 분명히 담은 인간애 사이의 극단적인 차이를 이제는 이해할 수 있다. 비비안에게 사진은 믿음과 감정, 그리고 인간 존재에 대한 깊은 이해를 표현하는 배출구로 기능했고, 그 결과 보편적인 진리와 폭넓은 정서를 반영하는 방대한 작품 세계를 낳을 수 있었다. 그녀의 사진 언어는 무수히 많은 것들로부터 영향을 받았지만, 주제의 일부는 어린 시절의 경험에서 영감을 받았다고 보는 것이 논리적일 것이다. 예를 들어, 비비안의 사진에서 여성은 자주 등장하기도 하고 긍정적으로 묘사되지만 남자는 모든 연령에서 좀 더 냉소적으로 묘사되어 있다. 다른 영역의 사진에서 비비안은 우정, 모성, 친밀함, 심지어 X등급(성인물에 적용되는 영화 등급. 옮긴이)으로 지정될 만한 주제를 다루고 있는데, 그녀 스스로 성취할 수 없었던 기본적인 욕구들을 반영하고 있는 것처럼 보인다.

파리 프로이드 학교 학장 장 이브 사마셰르Jean-Yves Samacher 박사와 그의 아들 로베르 사마셰르Robert Samacher 박사는 함께 쓴 논문 「비비안 마이어, 보이지도 들리지도 않는*Vivian Maier, ni vue ni connue*」에서 죽음, 폭력 범죄, 철거 현장, 쓰레기처럼 비비안의 작품 표면에 흐르는 어두운 주제는 그녀의 낮은 자존감을 무의식적으로 드러낸 것일 수 있다고 가정한다. 비비안이 대체 어떤 근저의 동기에서 주제를 선택했는지 정확히 알 수는 없지만 그가 거리에서 피를 흘리고 있는 말이나 자동차에 치어 납작해진 고양이, 쓰레기와 자신을 연결하는 자화상 사진을 찍은 이유는 고민해볼 법하다.

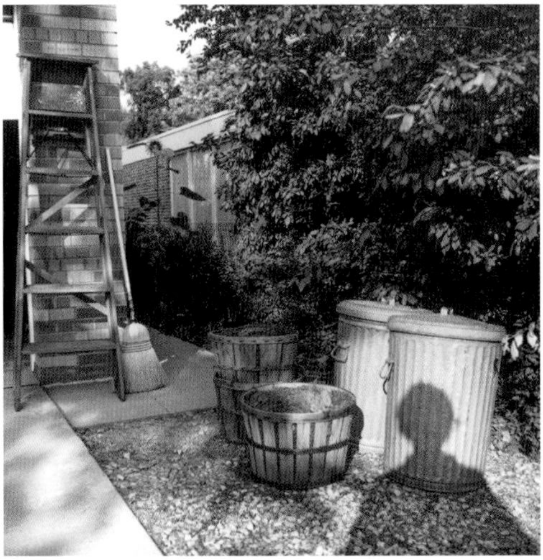

쓰레기장, 시카고, 1966년(*Vivian Maier*)

자화상의 역할

자화상 사진은 비비안이 병치되는 이미지를 만들고, 자신의 정체성을 탐구하고, 실재하는 시간 속에 자신의 존재를 확립하는 데 위협적이지 않은 매개물이었다. 지금까지 비비안의 아카이브에서 찾은 자화상 사진은 600장이 넘는데, 들여다볼 때마다 새로운 사진이 계속 발견된다. 이토록 많은 자화상 사진은 소통하고 참여하고자 하는 비비안의 욕구를 보여주면서도, 작업 전체를 보았을 때 비비안의 자아상과 마음의 상태가 어떤 식으로 변해갔는지를 알 수 있는 자료가 된다. 만일 정신분석가들이 비비안의 자화상으로 임상을 본다면 의심할 여지 없이 과잉 해석에 빠질 것이다. 분명한 점은 비비안이 자화상 사진을 찍은 것은 촬영 연습이나 즐거움을 위해서였다는 것이다. 동시에 자화상 사진을 연대순으로 나열해 분석해보면 정신 심리적인 요소가 적어도 부분적으로는 영향을 미쳤다는 사실을 분명하게 알 수 있다. 사진의 주제와 의도는 비비안에게 일어났던 인생사와 강한 상관관계를 맺고 있다.

자화상 사진에서 비비안의 모습은 전형적인 프랑스 여인으로 시작해 점차 진지한 사진작가로 바뀐다. 그중 인화한 상태로 보관하고 있던 사진은 대부분 뉴욕에 있을 때 찍은 것들이다. 겐스버그 가족과 함께 지낼 때는 만족스러운 보모의 모습을 하고 있다. 그 시기에는 특히 형제들과 자주 사진을 찍어, 아이들과 깊은 유대감을 맺고 있었음을 확인할 수 있다. 여행지에서 찍은 사진에서도 비슷한 만족감이 드러난다. 그러나 1960년대로 넘어가면 엄청나게 큰 코트와 커다란 플로피 해트를 쓰고 다님으로써, 자신이 지나간 곳이 어디든 독특하고 잊을 수 없는 실루엣을, 자신만의 인장을 남긴다. 스스로를 비추는 자화상 사진에서 비비안은 자신의 진짜 존재를 가리려는 듯이 의도적으로 무표정한 얼굴을 하고, 시선을 돌림으로써 자기 자신을 더 접근하기 어려운 존재로 그리고 있다. 개인 욕실에서 표정

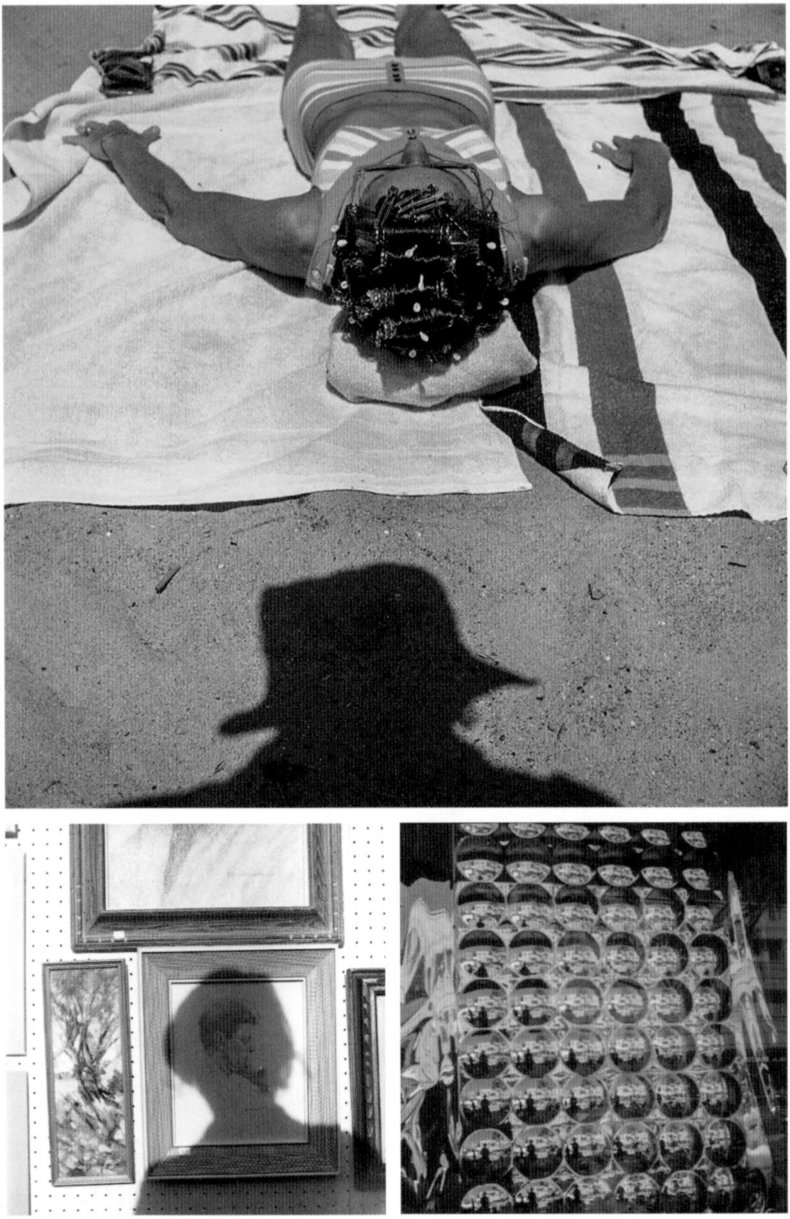

비비안들, 시카고, 1970년대(*Vivian Maier*)

을 연습하는 자신을 찍은 사진도 몇 장 있다. 겐스버그 가족을 떠난 이후 한동안은 황량하고 스산한 풍경 속에서 자신을 표현했는데, 밀착인화지를 보면 종종 근처에 다른 사람이 있을 때도 그랬다는 것을 알 수 있다.

하지만 시간이 지나면 비비안은 조금씩 경쾌하면서도 재미있는 방식으로 다시 자신을 표현해나가기 시작한다. 한 사진에서는 JFK에게 자신을 포갰고, 또 다른 사진에서는 일광욕을 즐기는 미인과 머리를 맞대려 하고 있다. 비비안의 사진을 연구하고 관리하는 앤 모린Anne Morin은 비비안의 그림자 사진을 가리켜 "부정의 방식으로 드러낸 자신의 분신으로, 존재와 부재를 동시에 표현하고 있다"고 말한다. 또한 비비안에게 "자화상 사진을 찍는 행위는 자신을 위한 자리가 전혀 존재하지 않는 것 같은 이 세상에 자신이 존재한다는 사실을 입증하는 반박할 수 없는 증거를 만드는 일"이었을 것이라고 믿는다. 따라서 비비안이 각각의 사진에 자신의 다양한 모습을 영리하면서도 역설적인 방법으로 집어넣은 것은 놀랍지 않다. 비비안이 쉰네 명이나 있는 사진도 있고, 일렬로 늘어선 동그란 거울을 이용해 자신을 무한대로 늘린 사진도 있다(278쪽 사진).

수집벽이 점점 더 심해지면서 비비안은 자화상 사진에 신문을 배치해 넣었는데, 이는 적어도 무의식적으로는 자신의 상태를 알고 있었음을 보여준다. 1970년대 중반에 비비안은 서로 대비되는 신문 자화상 사진을 두 장 찍었다. 한 장은 비비안을 질식시키려는 듯이 신문이 비비안의 그림자를 누르고 있는 사진이고, 다른 한 장은 부유하는 듯한 신문과 자신의 신체를 상징하는 플로피 해트를 묘한 형태로 촬영해 자신의 집착을 대수롭지 않은 일처럼 표현한 사진이다. 그런 식으로 비비안은 현실에서는 직면할 수 없었던 자신의 장애를 인정했다.

강력한 의지와 인내로 비비안은 자신의 정신 건강을 유지하기 위해, 이를 테면 사진과 같은 대응 기제와 보상적 특질을 개발했다. 지금쯤이라면 독자들도 비비안의 불쾌한 성향을 좀 더 관대한 눈으로, 반사회적인 괴짜의 행동이라기보다는 그녀의 힘들었던 어린 시절의 발현으로 바라보게 됐을지도 모르겠다. 비비안이 자신을 보호하려고 두른 갑옷 밑에는 타인과 교류하고, 우정을 나누고, 타인에게 받아들여지고 싶다는 소망이 자리하고 있었다. 그 바람을 충족할 수 있을 때면, 비비안은 아무 문제없이 살아갈 수 있었다. 하지만 대개의 경우가 그랬듯 상황이 원하는 방향대로 흘러가지 않는다면, 비비안은 다시 마음을 다잡고 독립적으로 행복하게 살 수 있는 새로운 방법을 찾았다. 나이를 먹으면서 우울과 좌절을 견뎌야 하는 시간도 있었지만 비비안은 대부분의 날을 사진을 찍으며, 그리고 많은 밤을 바깥에서 보내며 생기 있고 활기차게 살았다. 실제로 비비안은 삶의 거의 모든 시간들을 놀라울 정도로 행복하게 보냈다. 고용주 가운데 그 누구도 비비안이 자신이 처한 환경에 대해 불평을 터트렸다는 말을 하지 않았다. 비비안은 나이가 들어서까지 열정이 넘쳤고, 하루하루 충만하게 살고자 하는 열의로 가득했다.

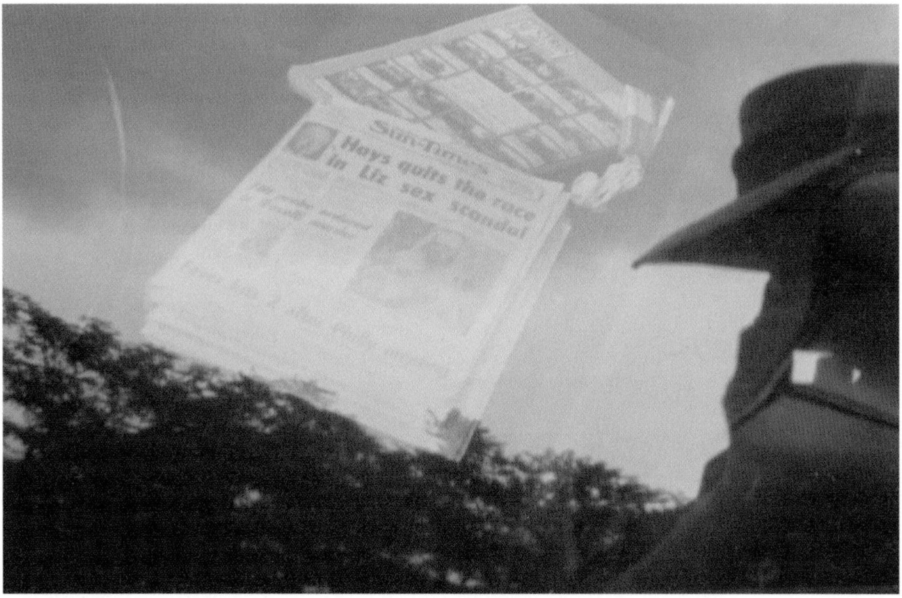

또 다른 자아, 시카고, 1976년(*Vivian Maier*)

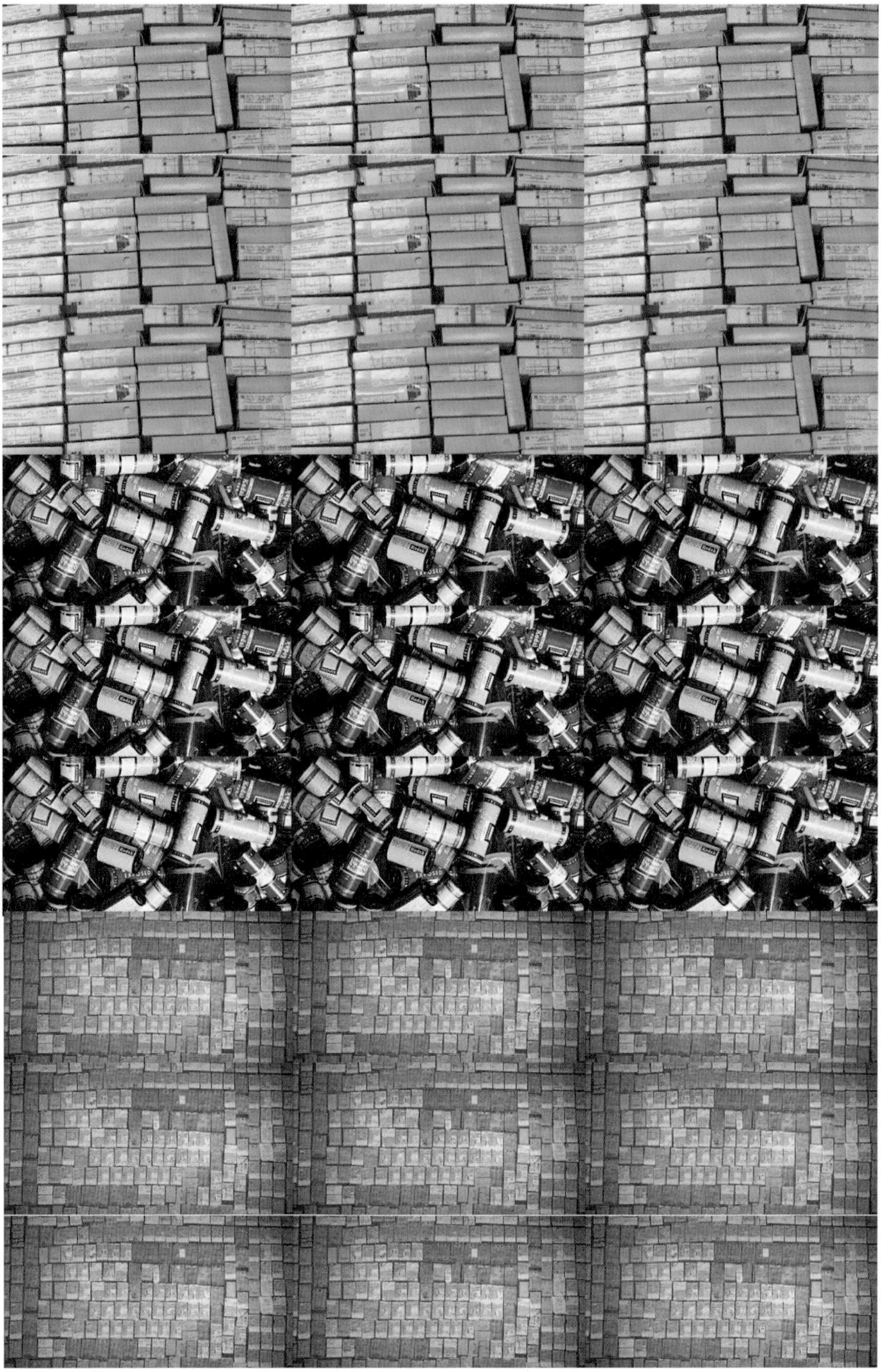

혼합 재료(*John Maloof*)

15
여러 매체를 실험하다

제발 잘해주세요. 아주 중요한 일이에요!

—비비안이 현상소 주문 용지에 쓴 글

1974년, 쉰 살에 가까운 비비안은 예측하기 힘든 미래를 맞을 준비가 되어 있었다. 고용 상태는 점점 임시적이 되어갔지만, 사진 촬영은 35밀리미터 카메라와 컬러 필름에 집중한 결과 다시 활력을 찾았다. 언제나 유행을 면밀하게 살폈고, 기술적으로나 지적으로 동시대에 발맞추려 애썼다. 뉴욕에서 갤러리를 운영하는 하워드 그린버그Howard Greenberg는 "계속 사진을 찍어나가면서 비비안은 사진 분야에서, 특히 거리 사진 분야에서 무슨 일이 일어나고 있는지를 알고 있었던 것 같습니다. 비비안은 자신의 관심사 안에서뿐 아니라 당시 유행 중인 시각적 스타일에 맞춰서도 작업했지요"라며 비비안에 대한 깊은 인상을 표현했다.

그래픽과 사건에 기댄 사진을 더 많이 찍게 되면서 몰래 촬영해야 할 필요가 줄어든 비비안은 점점 더 라이카 카메라를 선호하게 되었다. 중고 라이카를 장만한 비비안은 정기적으로 수리를 받아야 할 정도가 될 때까지 사진을 찍었다. 그러다 서서히 수명이 다해갈 때쯤 새로운 라이카를 사고, 고장난 카메라는 비비안의 다른 물건들처럼 그대로 보관했다. 비비안은 빈티지 카메라와 그 부속품도 수집했다. 존 말루프는 그 수집품 상당수를 찾아내 시카고대학교에 기증했고, 현재 기록 보관소에 보관 중이다(시카고대학교 보관 목록은 297쪽 참고). 1930년대 초반에 비비안의 어머니가 가지고 있던 카메라 복제품도 수집 목록에 들어 있다. 비비안이 1970년대에 가지고 있던 주소록에 뉴욕 지역 전화번호는 「뉴욕 타임스」 보급소와 뉴저지에 있는 라이카 판매상, 단 두 곳뿐이었다.

기능이 향상된 새로운 필름을 사용할 수 있게 되면서 비비안은 컬러 슬라이드를 점점 더 많이 제작했다. 비비안의 사진에는 언제나 직관과 재능이 풍부하게 반영됐지만, 색이라는 차원이 더해지자 이질적인 시각 요소들을 통합하면서 역설과 병치를 더 강렬하게 표현할 수 있게 되었다. 흑백 필름으로 찍으면 아무리 좋은 상태에서도 색채 차이를 완벽하게 포착할

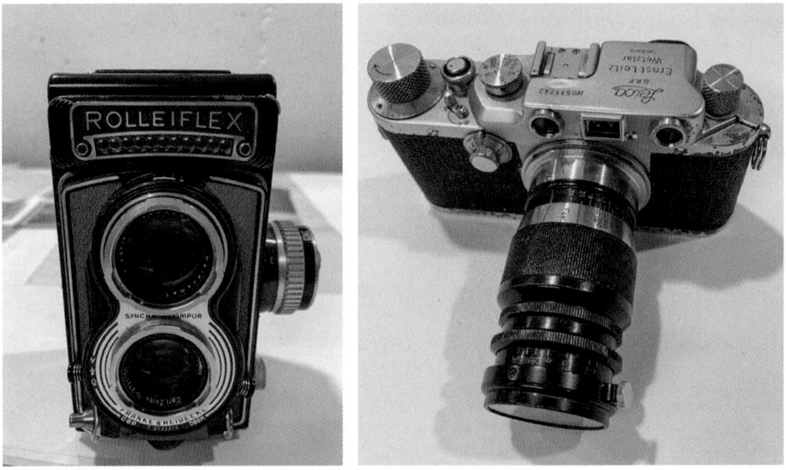

비비안의 롤라이플렉스와 라이카(*John Maloof*)

수는 없다. 비비안은 점점 더 악화되어 가던 인종 갈등부터 형광색의 유행과 그 독특한 패션에 이르기까지, 모든 것을 사진에 담으면서 시대와 함께 앞으로 나아갔다. 롤당 노출수가 증가하고 연사를 할 수 있게 되면서 필름을 조금 덜 아끼고 같은 장면을 여러 번 찍는 일이 더 자주 일어났다.

뉴스 중독인 비비안은 워터게이트 사건에 끝없이 빠져들었다. 비비안의 사진에는 다양한 정치 견해가 담겨 있지만, 대부분은 비비안이 좌파라는 것을 분명하게 보여준다. 비비안은 공산주의, 사회주의, 자유주의가 뒤섞인 신념을 간직했고, 총기 소유 옹호 같은 특정 주장과 견해를 고수하는 보수적인 정치인들을 견딜 수 없어했다. 고용주 앞으로 자신의 신념과 반대되는 정치적 견해를 담은 문서가 배달되면 비비안은 몰래 빼돌렸다. 비비안의 창고에는 그런 우편물로 추정되는 공화당 소식지와 홍보물이 밀봉된 상태 그대로 보관되어 있었다. 1970년대에 비비안이 찍은 사진을 보면 구호와 표어에 깊은 관심이 있었음을 알 수 있다. '매체가 곧 메시지다'라는 개념을 기꺼이 받아들인 비비안은 시카고 곳곳에 적힌 낙서 사진을 수천 장이나 찍었다. 화려한 색을 자랑하는 낙서들 속에서 비비안은 자신의 활동과 역설적인 관점을 지지하는 생각들을 곳곳에서 찾아냈다. 그때는 교외 주택의 차고 문에 광고글을 적어놓을 만큼 마리화나가 유행하고 있었다. '그저 행복한 표정을 짓자'라는 경쾌한 제안은 세월의 흔적을 여실히 담고 있는 빛바랜 간판 때문에 어딘가 슬프게 느껴진다. '사람은 악마 그럼 훨씬 더 진실을 미워한다people hate truth even more then the devil[원문 그대로]'라는 구호는 쓰레기통에 던져져 있고, 닉슨의 탄핵을 요구하는 글은 피처럼 빨간 페인트로 적혀 있다. 비비안은 대부분 자신이 재미있고 재치있다고 생각하는 낙서들을 찍었다.

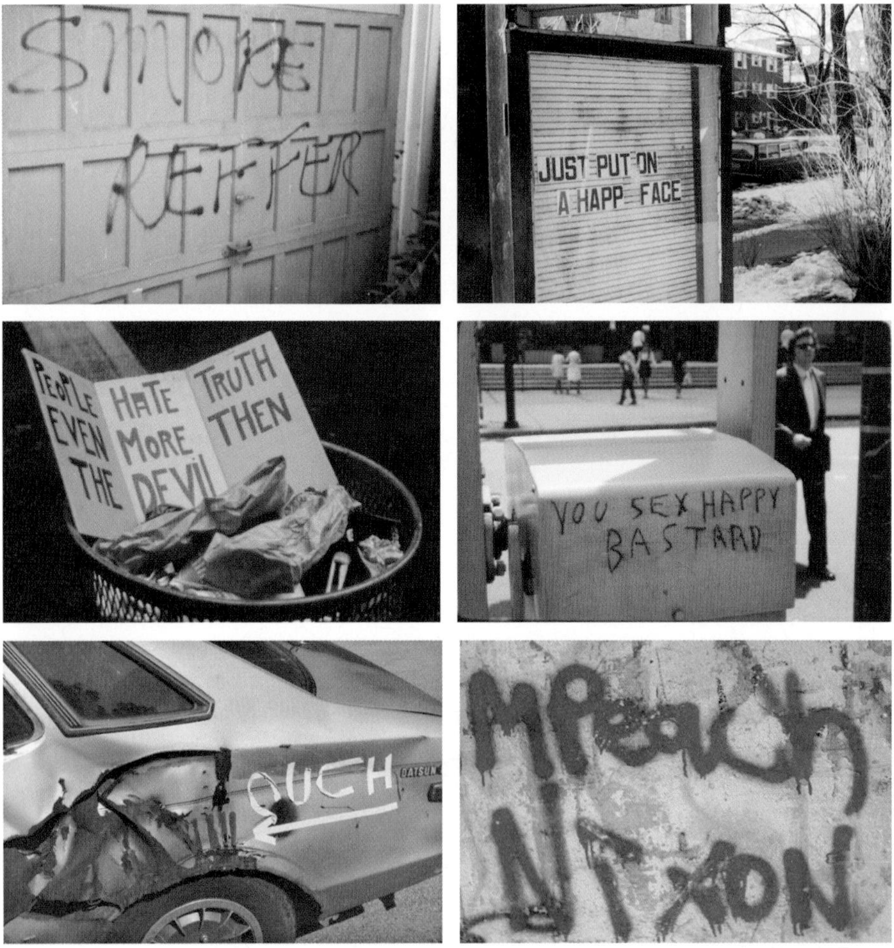

낙서들, 시카고, 1970년대(*Vivian Maier*)

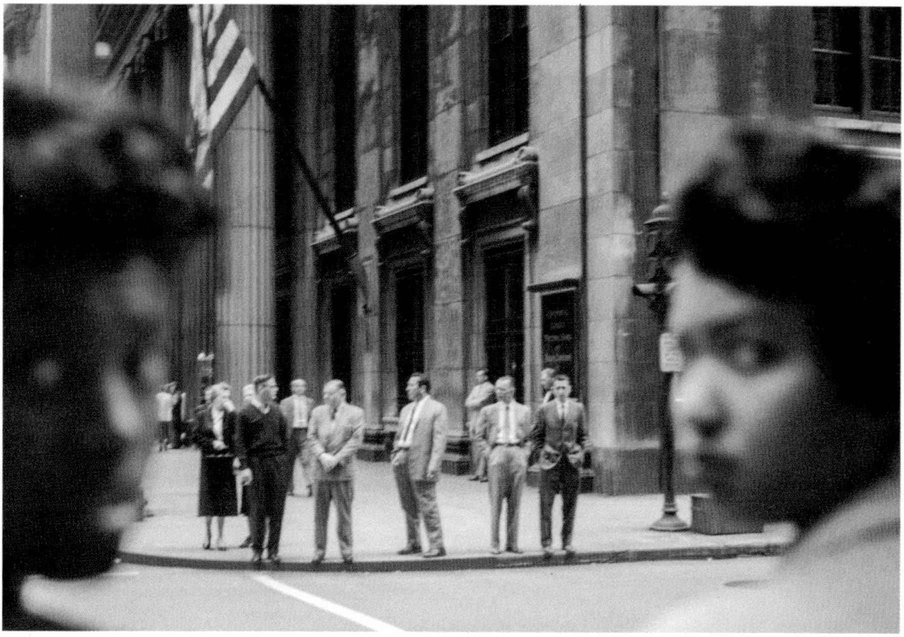

주변화된 사람들, 시카고, 1959년(*Vivian Maier*)

인종 문제는 당연히 색을 이용해 강렬하게 표현할 수 있는 주제였기에 비비안은 1959년에 이미 컬러 필름을 사용해 시카고의 인종 갈등을 기록했다. 강렬한 예로 시카고 시청 앞에 성조기의 비호를 받으며 서 있는 부유한 백인 사업가들에게 초점을 맞춘 사진이 있다. 그리고 그들 반대편 길에 있는 젊은 아프리카계 미국인 여성 두 명이 가장자리에서 흐릿하게 시각적인 틀을 형성하고 있다. 아프리카계 여인들은 주위 시선을 신경 쓰지 않는 백인 남자들과는 달리 사진작가를 의심스러운 듯이 쳐다보고 있다. 이 한 장의 사진만으로도 비비안은 시카고 시내에서 끓어오르고 있던 인종 갈등을 효과적으로 묘사했다.

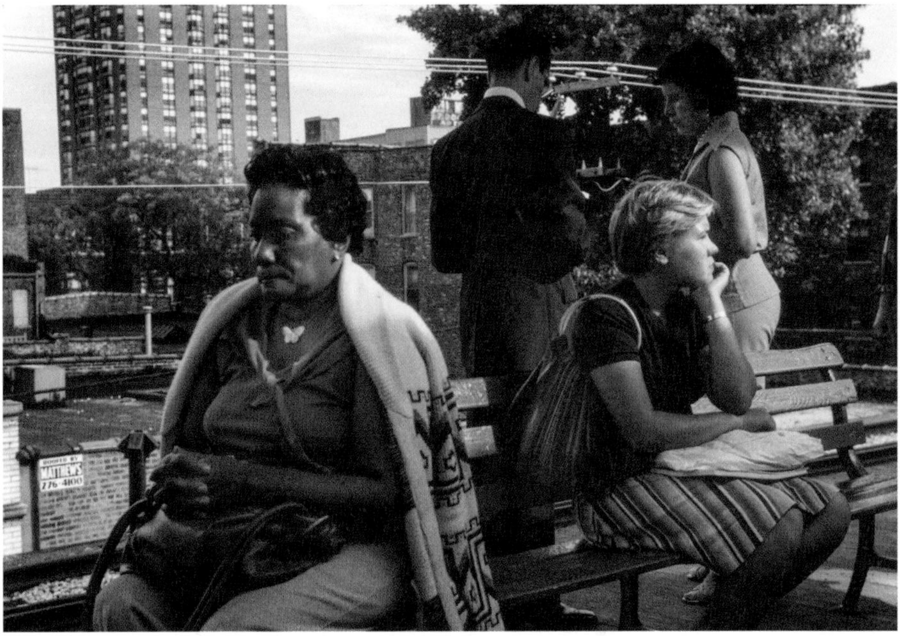

갈라서다, 시카고, 1977년(*Vivian Maier*)

오랫동안 인종 분리의 현실을 사진에 담아온 비비안은 1977년, 기차역 승강장에서 자신이 보기에는 고질적인 게 분명하다고 생각하는 광경을 사진에 담았다. 사진에서 백인 통근자 세 명은 한데 뭉쳐 있는 것처럼 보이는데, 그 가운데 한 명인 학생처럼 보이는 젊은 소녀는 함께 벤치에 앉은 아프리카계 미국인에게서 고개를 돌린 채 먼 곳을 보고 있다. 홀로 의자 끝에 앉아 있는 아프리카계 미국인 여성은 시선을 아래로 향한 채 깍지를 끼고 있다. 사진 속 세 여성은 모두 분홍색과 자주색 옷을 입고 있어 시각적인 일체감을 주며, 공교롭게도 성인 여자 두 명을 연결한 선과 남자와 십 대 소녀를 연결한 선이 서로 대각선을 이룬다.

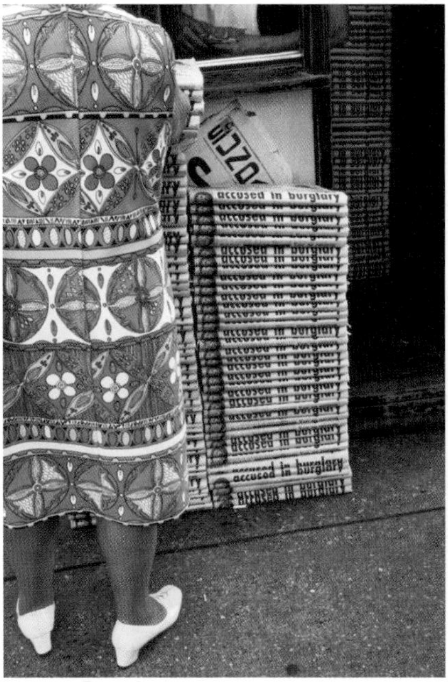

더미, 시카고, 1977년(*Vivian Maier*)

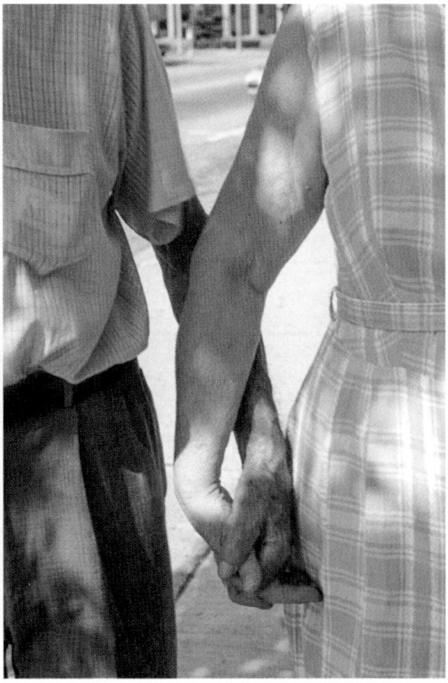

나이 든 손, 시카고, 1972년(*Vivian Maier*)

색을 다루게 되면서 비비안은 시각적으로 훨씬 복잡한 작품을 만들어낼 수 있었다. 한 노부인이 신문 가판대의 반복되는 흑백 패턴을 더 돋보이게 하는 만화경 같은 옷을 입고 있다. 옆으로 눕혀 높게 쌓은 신문은 보는 사람의 시선을 처음부터 끝까지 잡아끌며, 밝은 색조의 선과 반대되는 패턴들로 이루어진 노부인의 옷은 신문의 거울상인 동시에 신문과 선명한 대조를 이룬다. 동일성과 차이의 예술적인 결합은 보는 이의 눈을 흥분시키며 즐거움을 선사한다. 색채의 시각적 온도를 활용해 노부부의 애정을 완벽하게 담은 사진도 있다. 두 노인이 입은 차가운 계열의 옷은 일종의 프레임 역할을 하면서 햇빛이 내리쬐는, 맞닿은 피부의 따뜻함을 강조하고 있다. 남자의 손을 위에서 휘어잡은 여인의 강인한 팔은 의외로 관능적인 분위기를 자아낸다.

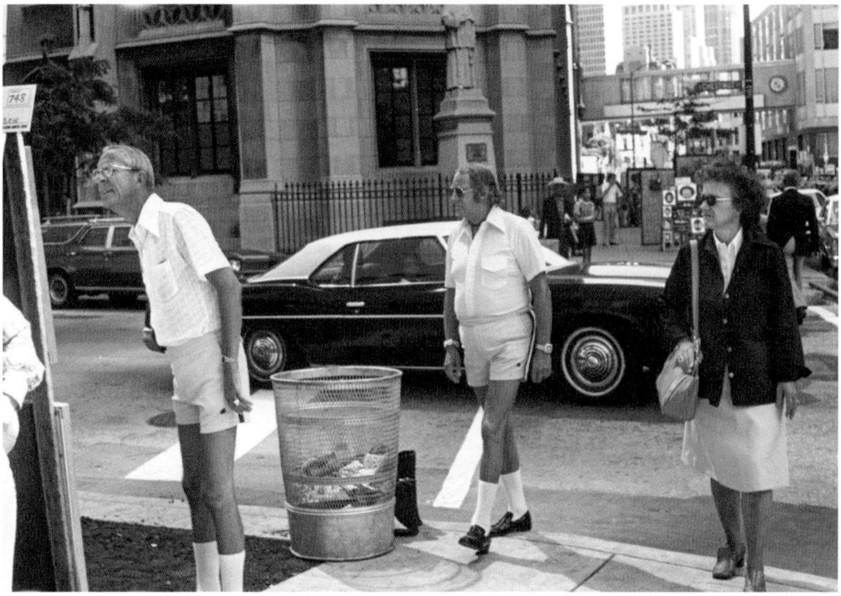

황열, 시카고, 1975년(*Vivian Maier*)

색을 이용하면 부조화도 훨씬 강렬하게 표현할 수 있다. 스마일리(미소 짓고 있는 표정의 노란색 아이콘. 옮긴이)를 떠오르게 하는 노란색 옷을 입은 호기심 많은 세 사람이 일제히 눈살을 찌푸린 채 함께 움직이고 있는 모습을 포착했을 때 아마도 비비안은 그 유쾌함에 박장대소를 하지 않았을까.

온통 회색 옷을 입은 노점상은 너무나도 밝고 장난스러운 풍선에 둘러싸인 채, 마치 제자리에 시멘트처럼 굳어버린 듯 서 있다. 캔디 애플 레드색의 컨버터블 자동차 사진은 운전자의 시점을 취하고 있는데, 핸들과 백미러가 그에게 손짓을 하는 듯하다. 자동차가 달리는 동안 뒷좌석에서는 데이지들이 춤을 출 것이다. 이런 효과는 흑백 사진으로는 절대 담아낼 수 없는 것이었다.

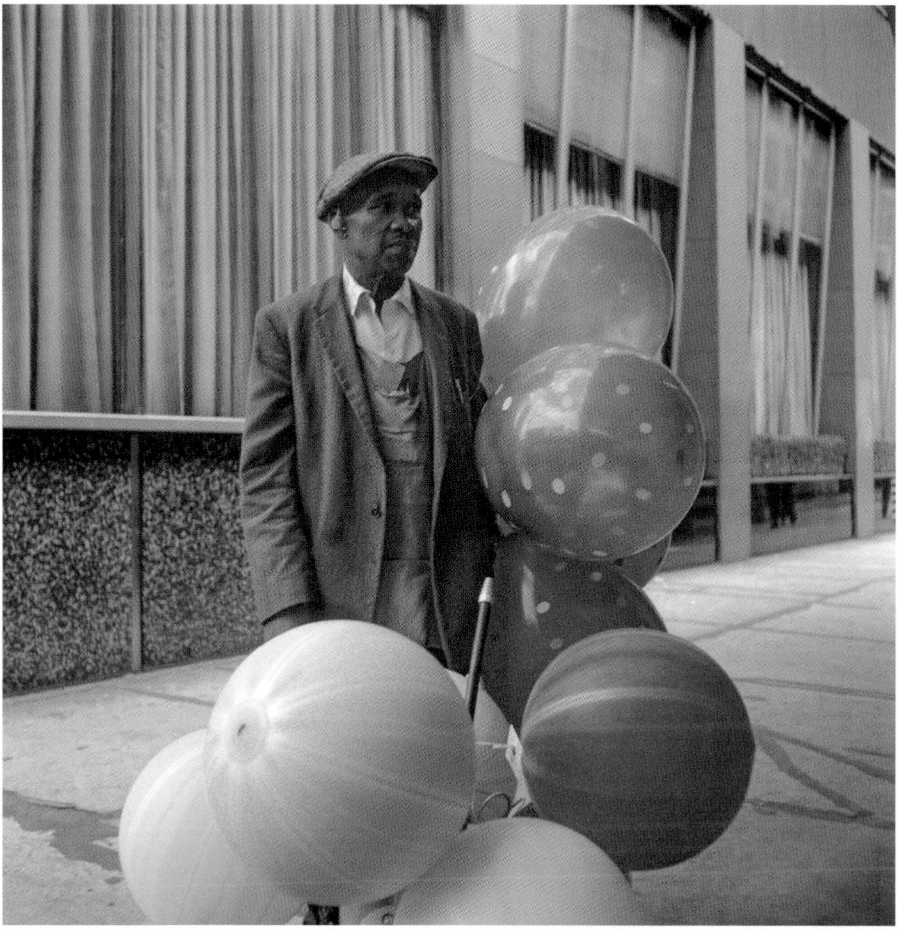

풍선을 파는 남자, 시카고, 1971년(*Vivian Maier*)

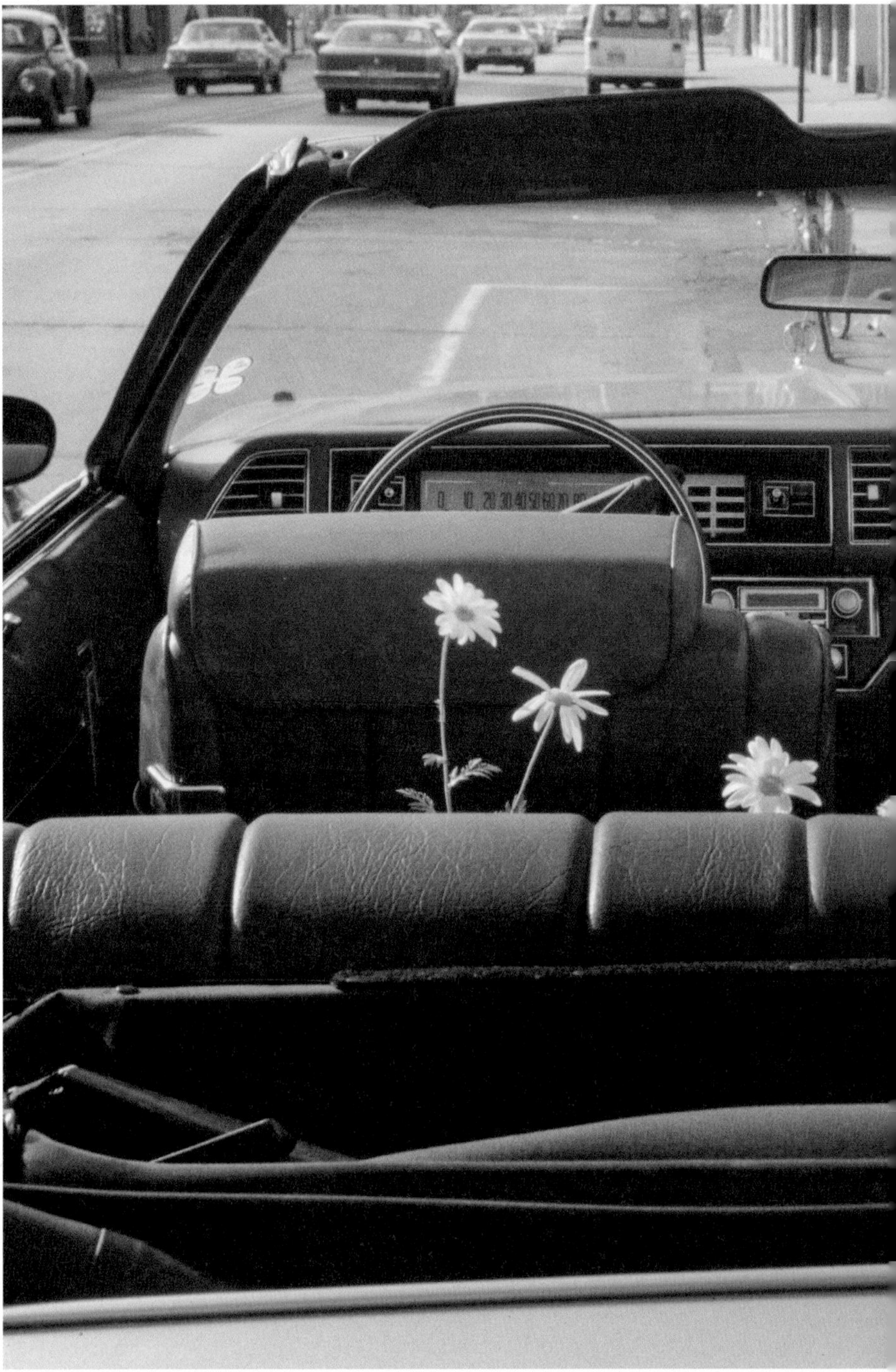

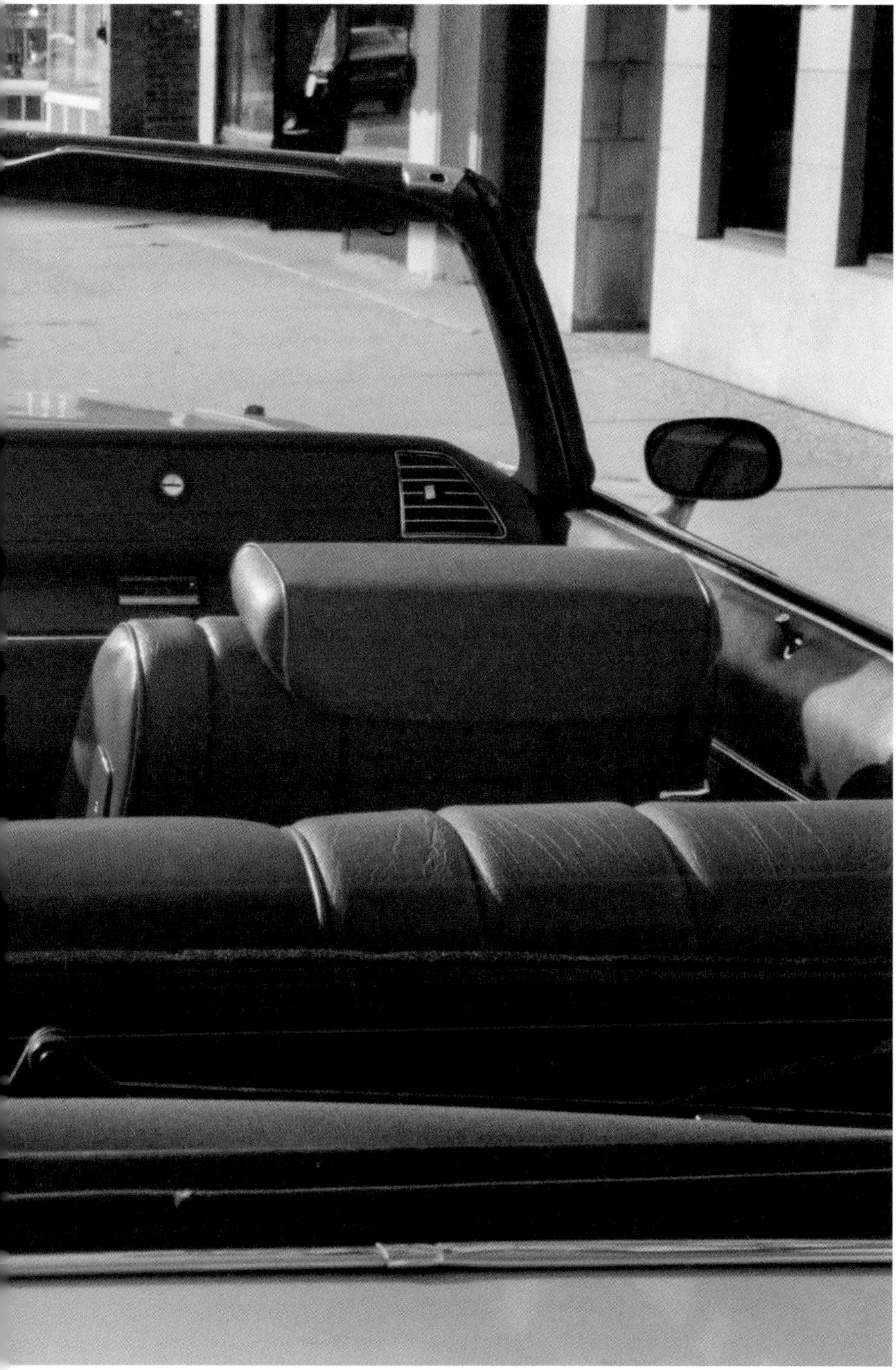

여름날, 시카고, 1978년(*Vivian Maier*)

완벽을 추구하다

비비안은 사진 인화에는 그다지 관심이 없었고, 컬러 필름은 모두 현상소에 맡겨 인화했지만, 결과물만은 지나치다 싶을 정도로 꼼꼼하게 관리하고 간섭했다. 사진을 출력한 뒤 현상소 봉투 위에 적어놓은 평가 점수를 보면 사진에 대한 비비안의 확신과 자신감이 결코 사라지지 않았음을 알 수 있다. 비비안이 적어둔 평가는 단호했고 날카로웠으며, 반복적이었고 솔직했다. 반환용 봉투 위에는 안에 든 내용물에 관해 '*아시-아시asi-asi*(스페인어로 그저 그렇다는 뜻)'나 '*봉bon*(프랑스어로 좋다는 뜻)' 같은 평가나, 사진의 구체적인 특징들을 적어놓았다. 필름에서 뽑은 사진의 수도 적어두었는데, 그 기록을 보면 비비안이 늘 서른여섯 장짜리 필름으로 추가 사진을 찍는 데 성공했음을 알 수 있다. 가끔 '너무 좋다gaga roll'나 '신난다some goodies' 같은 재미있는 코멘트를 써넣기도 했다.

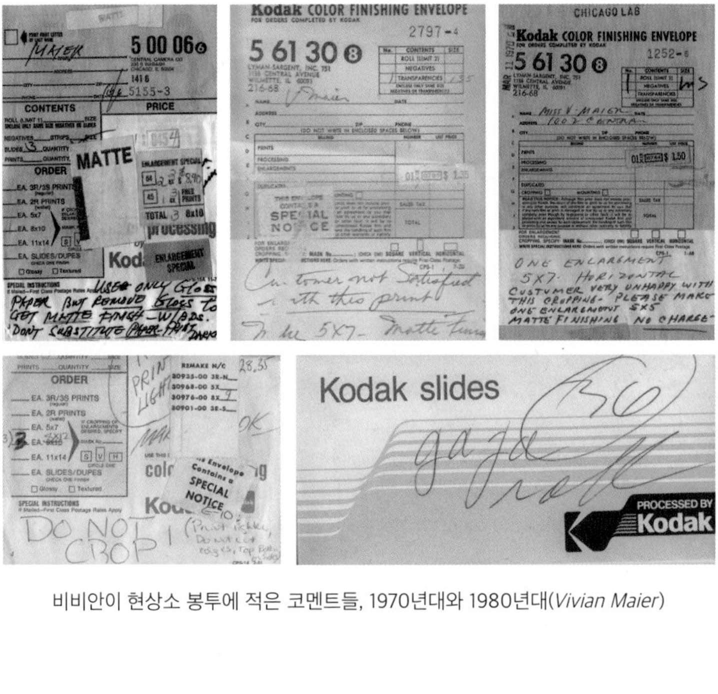

비비안이 현상소 봉투에 적은 코멘트들, 1970년대와 1980년대(*Vivian Maier*)

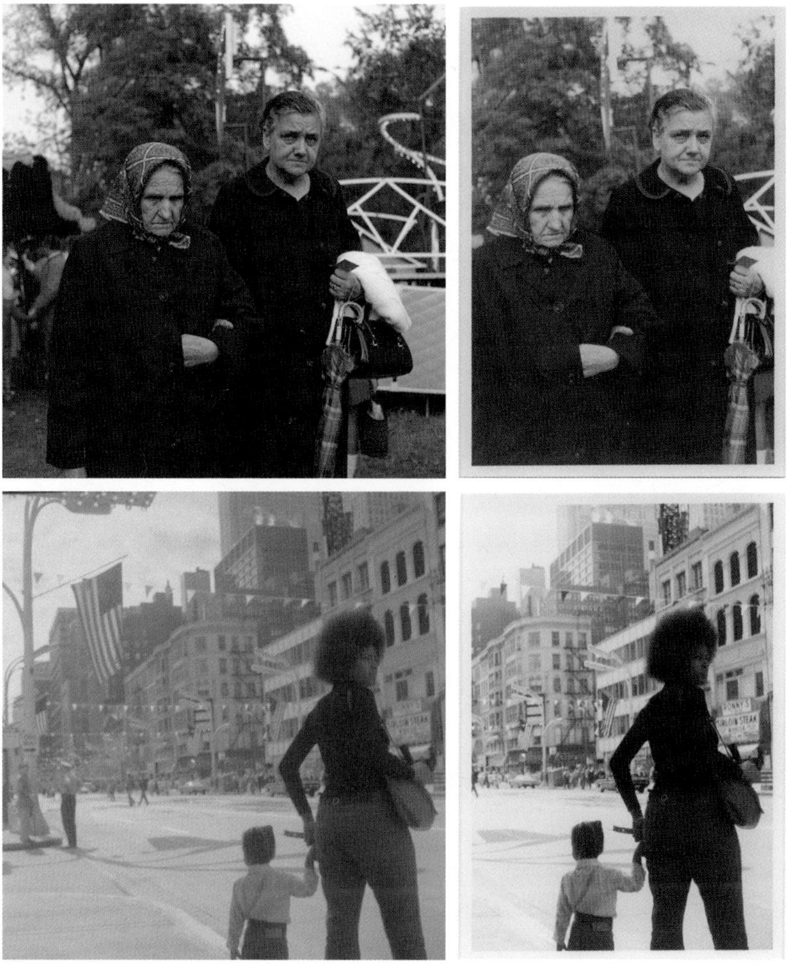

원본 사진과 잘라낸 사진, 시카고, 1970년대(*Vivian Maier*)

이 연극조의 지시 사항에서 가장 매혹적인 부분은 거의 모든 경우에 완성된 작품을 볼 수 있는 사람은 비비안 자신뿐이었다는 점이다. 비비안은 사진을 확대해서 스프링 바인더에 보관하거나 플라스틱 액자에 넣어 자기 방에 걸어두었다. 흑백 사진을 작업할 때처럼 컬러 사진 작업에서도 피사체에 시선이 가도록 세로로 잘라달라고 요청할 때가 많았다.

비비안 마이어가 사진 봉투에 적어 현상소에 요구한 지시 사항들

"테두리 넣어서 실크 인화지에 밝게, 풀프레임으로 인화해주세요."

"모두 인화해주세요(초점이 맞지 않는 것도)."

"표면은 혼합해서: E/유광"

"노출을 적게 했어요. 최대로 밝게 현상해주세요."

"아치 윗부분은 말고 앞만 잘라주세요."

"왼쪽 거울에 비치는 부분은 모두 나오게 해주세요."

"인화-심도 깊지 않게."

"제발 잘해주세요."

"좀 더 밝게 해주세요. 표면은 거칠게, 테두리 넣어서 매트 인화지에."

"실크나 광택지 말고 매트 인화지로. 제발 잘해주세요. 정말 중요한 일이에요."

"가장자리도, 위도, 아래도, 옆도, 자르지 말아요."

"모두 컬러로, 대부분 자르지 않을 거예요."

"테두리 있는 무광 인화지, 네거티브 필름 먼지 털어주세요."

"테두리 없이 실크 인화지에."

"최선을 다해주세요."

"램프 안을, 세로로 잘라요."

"실크 마감 말고 매트하게 마감해주세요."

"광택지를 사용하되 유광기를 없애고 매트하게 마감해야 함."

"인화지 바꾸지 말아요. 어둡게 현상해주세요."

"매끄럽지 않게, 매트하게 다시 현상해주세요."

"밝게 현상해주세요. 매끄러워도 안 되고 번쩍여도 안 돼요."

"자르지 말아요!"

"되도록 밝게 현상해주세요. 특별하게 취급해줘요."

"질감을 이용해서 반짝이지 않는 광택지에."

"실크 인화지에 풀프레임으로 테두리 넣어서."

"잘했어요. 고마워요."

"제발 다시 해줘요. 너무 어두우면 고객이 만족할 수 없어요. 좀 더 밝게 현상해줘요."

"광택지를 사용하되 지나치게 반짝이지 않게."

"다른 종이를 쓰지 말아요(Y도 W도 E도 안 돼요)."

"다시 할 필요 없게, 잘해줘요!!"

"테두리 없이 확대해줘요."

"고객은 아주 까다로워요!!"

존 말루프가 시카고대학교에 기증한 비비안의 카메라 장비 목록

카메라, 코닥 레티나 IIc, 1954~1958년
카메라, 렌즈와 필터가 장착된 조르키 3-C, 소련, 1955~1956년
카메라, 가죽 케이스에 담긴 벨&하웰 필모, 미국, 1939~1952년
카메라, 이하게 엑사타 VX 4.1, 동독 드레스덴, 1951~1953년
카메라, 그라플렉스 22, 미국, 1951~1955년
카메라, 키스톤 B-1, 미국, 1930년대 중반
슈나이더 옵틱 렌즈와 렌즈 보드, 서독 바트 크로이츠나흐
카메라 케이스, 라이카/라이츠, 가죽, 서독
카메라 부속품 케이스, 가죽, 스위스
가죽 케이스 안에 들어 있는 폴딩 뷰파인더, 바이스, 서독
인조 가죽 케이스에 들어 있는 매크로 어댑터, 비비타, 일본
조립된 상태의 렌즈 셰이드와 어댑터 링, 티펜 시리즈
가죽 케이스에 들어 있는 클로즈업 렌즈(3점), 칼리마, 일본
애너스티그매틱 렌즈, FR Corp., 뉴욕
어댑터, 엘마/에른스트 라이츠, 서독 베츨라
플라스틱 렌즈 케이스, 프랑케&하이데케/롤라이, 서독 브라운슈바이크
렌즈 후드, 코닥 시리즈 V, 미국
뷰파인더, 에른스트 라이츠, 서독 베츨라
렌즈 후드와 어댑터 링(코닥 시리즈 IV 포함), 미국
카메라, 렌즈와 렌즈 후드를 장착한 벨&하웰 필모, 미국 1939~1952년
카메라, 코닥, 레인보우 호크아이 No.1, 로체스터, 1920년대~1930년대
카메라(2점), 코탁 베이비 브라우니 스페셜, 로체스터, 1930년대~1950년대
플래시, 롤라이플래시, 서독
플라스틱 케이스에 들어 있는 필터(3점), 티펜(케이스), 에드나라이트(필터), 미국
플라스틱 케이스에 들어 있는 필터(3점), 티펜, 프린츠, 해리슨, 미국, 일본
가죽 케이스에 들어 있는 뷰파인더, 일본, 스위스
사진 현상 온도계, 코닥, 미국
포장 상태의 필름 통, 8mm, 벨&하웰
롤라이킨 어댑터의 인조 가죽 케이스, 서독
베크라이트 소재 에른스트 라이츠 케이스에 들어 있는 텔레포토 라이카 렌즈, 서독
마이어 프리미엄 시트 프로텍터 상자(2점), 미국
코닥 미니 포스터와 포스터 프린트 박스들, 미국
폰 렝게르케 & 앙투안 상자, 시카고

영화

1950년대에 비비안은 스프링클러 사이를 뛰어다니고, 거울로 불을 붙이고, 그림자놀이를 하고, 막대 사탕을 빨아먹는 겐스버그 아이들의 홈 무비를 촬영했다. 매체에 대한 관심이 커지면서 비비안은 16밀리미터 컬러 필름과 슈퍼 8 카메라로 수백 편에 달하는 단편 영화를 만들었는데, 촬영지는 대부분 시카고 시내였다. 비비안은 보통 한 곳에 가만히 서서 어떤 대사도 없이, 카메라도 움직이지 않은 채 주변 세상이 자연스럽게 펼쳐지기를 기다리는 촬영법을 택했는데, 그 때문에 자신의 스틸 사진과 아주 닮은 영상이 탄생했다. 비비안의 작품을 관리하는 앤 모린은 비비안의 사진과 영상이 유사한 이유를 이렇게 설명한다. "비비안은 피사체를 발견하면 직관적으로 멈추고, 그 뒤를 따라갑니다. 군중 속에 파묻힌 누군가의 다리처럼 디테일에 초점을 맞추고 싶을 땐 물리적으로 움직이기보다는 렌즈로 줌인하는 방법을 사용했어요." 비비안은 특이한 연인이나 팔짱을 끼고 걸어가는 행인들, 통통한 다리나 커다란 엉덩이 같은 모습들을 뒤에서 촬영할 때가 많았다.

비비안의 영화는 대부분 1970년대에 촬영되었는데, 그 시대의 노골적인 구레나룻와 흔히 볼 수 있던 체크 무늬를 완벽하게 포착했다. 사진에서처럼 영상에도 거리에서 펼쳐지는 매일의 일상을 담았다. 극장의 차양, 신문 머리기사, 수많은 간판과 모자 등, 낯익은 주제들이었다. 사실 영상의 이미지는 스틸 사진과 너무나도 비슷해서 매체의 차이가 비비안의 작품에 더한 깊이는 아주 얕았다고 말할 수도 있을 것이다. 비비안은 영화를 찍을 때도 라이카 카메라를 가지고 다녔기 때문에 영상과 사진에 같은 장면이 담길 때도 있었다. 비비안의 영화가 기여한 부분이 있다면 비비안의 시야에 피사체가 어떻게, 그리고 왜 들어왔는지를 실시간으로 추적할 수 있게 해준다는 점일 것이다.

영상으로 찍었기 때문에 좋았던 장면들도 있었다. 먼로가를 건너던 비비안은 성인 영화 촬영 현장을 발견하고 그것을 한 클럽에 담았다. 〈실오라기 하나 걸치지 않은*Without a Stitch*〉과 〈베이비시터와 함께한 주말*Weekend with the Babysitter*〉 같은 주옥같은 작품들이 그렇게 기록되었다. 앞으로 무슨 일이 닥칠지 모르는 상태로 도살장으로 줄줄이 걸어가는 양들의 모습은 마음이 찢어질 정도로 아프고, 끊임없이 보여주는 활기찬 사람들의 발걸음은 통근자의 부산함을 효과적으로 보여준다. 지역 행사를 촬영한 영상을 보면 시카고에서 엄청나게 많은 행진이 있었던 것 같다. 비비안이 촬영한 것들 가운데 몇 개만 꼽아도 참전군인 기념 행진, 걸스카우트 행진, 크리스마스 행진, 우주여행 기념 행진 등 다양하다. 비비안은 대대적인 축하 행렬 같은 것을 진심으로 즐겼던 것처럼 보이고, 뻔한 행사일수록 더 좋아했다. 하지만 비비안의 관심은 행진하는 사람들이 아니라 구경꾼에게 있었다. 아폴로 15호 발사 기념 축제 때는 우주 비행사들은 고작 2분만 찍고, 7분은 축제 준비 과정과 정리 과정을 찍었다.

비비안은 한 젊은 엄마가 베이비시터 일을 구한다고 광고를 냈다가 살해되는 사건이 일어나자 다시 범죄 현장으로 돌아갔다. 아기 엄마는 18개월이었던 아기를 데리고 면접을 보러 갔는데, 고객을 사칭했던 사람은 어머니를 잔혹하게 죽이고, 아기는 성폭행한 뒤에 토사물에 질식해 죽게 했다. 너무나도 끔찍한 사건이었기에 사람들은 대부분 자세한 이야기를 알고 싶어하지 않았다. 하지만 그 사건에 빠져버린 비비안은 냉정하게 신문 머리기사와 아기 엄마가 광고를 붙였던 슈퍼마켓, 피해자 가족의 집과 조문객들이 모여드는 장례식장의 외부 풍경을 찍으며 사건의 여파를 기록했다. 이런 사건들은 비비안에게 범죄 사건을 심층 보도하는 기자가 되어볼 기회를 주었다.

비비안의 영화 중에는 움직임이 전혀 없는 작품도 있는데, 무엇 때문에 그런 선택을 했는지는 알 수 없다. 유람선에서 찍은 사진은 시카고의 멋진 건축물과 다리가 만들어내는 풍광을 분명하게 보여주고 있는데, 같은 주제를 롱테이크로 그 어떤 움직임도 없이 찍은 영상은 그다지 매력적이지 않다. 그와 마찬가지로 연극 제작 현장, 정치인의 연설, 독주회 등을 찍은 영상에서는 음향 문제로 소리가 잘 나오지 않는다.

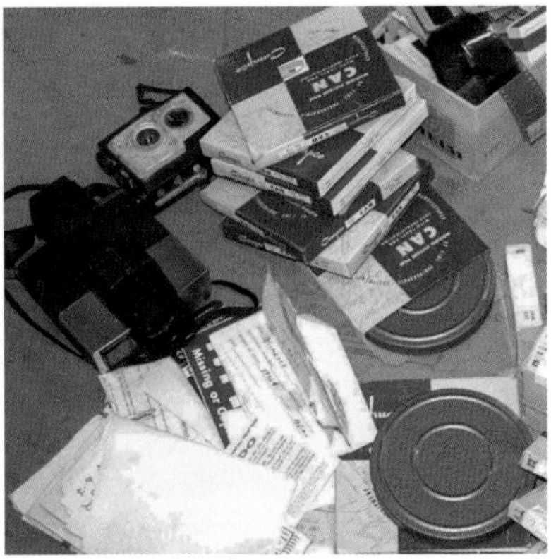
홈 무비(*Jon Maloof*)

음성 기록

비비안 마이어에 대한 지배적인 인상 대부분이 그녀의 신체적 특징과 얼굴을 기억하는 사람들에 의해 형성되었다는 것을 고려하면, 녹음테이프의 존재는 상당히 주목할 만하다. 비비안은 아이들, 고용주, 지인과 나눈 대화를 녹음했는데, 대부분 1970년대에 만들어진 이 녹음테이프에 등장하는 인물은 비비안을 규정해오던 신체적인 묘사와는 전혀 일치하지 않는다. 인상적인 대화 기술, 다방면으로 방대한 지식, 놀라운 유머 감각, 타인에 대한 그칠 줄 모르는 호기심이 분명하게 드러나 있는 이 녹음테이프야말로 비비안의 진짜 성격을 분명하게 보여주는 증거일 수도 있다. 비비안이 사랑하는 사람들과 멀어져 점점 심각해지는 수집벽으로 힘들어하고 있을 때 이런 대화를 녹음했다는 사실은 정말 놀랍다. 비비안은 그 와중에도 자기 역할을 잘 수행하면서, 열정적으로 행복하게 살고 있었던 것 같다.

1973년에 비비안은 잉어의 어머니 쪽 할머니와 나눈 대화를 휴대용 녹음기로 녹음했다. 할머니는 개척 시대에 스칸디나비아반도에서 몬태나로 이주했다. 지역 교육계, 교사 급여, 아메리카 원주민의 존재, 반유럽 정서에 관해 잉어의 할머니와 대화를 하는 비비안은 지적이고 호기심 많은 성격을 유감없이 드러낸다. 비비안은 잉어 할머니의 대답에 기뻐했으며, 할머니의 친척 중에 특이하게도 가톨릭에서 퀘이커교로 개종한 사람들이 있다는 말에 흥미를 보였다. 할머니가 아이를 너무 많이 낳은 친척이 아이 한 명을 다른 집에 보내버렸다는 말을 했을 때는 기가 차다는 듯한 반응을 보였다. 그 부모가 다시는 아이를 볼 생각도 하지 않았다는 말을 했을 때는 더욱 기겁했다. 가족 관계도가 너무나도 복잡해지자 비비안은 "그건 너무 노르웨이식 같아요"라고 대답했다. 할머니와 대화하는 동안 비비안은 "허버트 후버가 잘못된 시간에 잘못된 장소에 있었는지는 모르겠지만, 실수에 대한 대가를 치른 거예요"처럼 자신의 믿음을 분명하게 밝히는 발언을 했다. 비비안은 그가 "부유층에게서 가난한 사람들에게 흘러갈 것"이라고 믿으며 돈을 부자에게 건넸다고 하면서 "물론 돈은 그런 식으로 흘러가지 않아요"라는 통찰력 있는 말도 덧붙였다.

잉어가 시카고를 떠난 뒤에도 잉어의 아버지 쪽 할머니는 시카고에서 지냈다. 비비안은 할머니가 있는 요양원으로 찾아가 길게 대화를 나누었다. 94세였던 할머니는 히브리어와 독일어로 노래를 불렀고, 비비안이 상세하게 탐구하려 했던 가족의 역사를 들려주었다. 할머니가 노환으로 같은 이야기를 반복할 때마다 비비안은 매번 참을성 있게 이야기를 원래 자리로 되돌려놓았다. 잉어에게 직접 연락하려고는 하지 않았지만 잉어를 언급하는 비비안의 목소리에는 언제나 친근함과 애정이 담겨 있었다.

그와 마찬가지로 1976년에 고용주인 진 딜먼Jean Dillman과의 대화에서도 사고에서 회복 중이던 쇠약한 젊은 엄마에게 낙관적이고 친절한 말을 건네며 온전한 정신을 되찾을 수 있도록 열심히 지지해주는 비비안의 모습이 나온다. 비비안은 딜먼에게 사고 당시에 대해 질문하거나 딜먼의 키가 얼마나 큰지를 추측하며 시간을 보냈고, 그러다가 두 사람은 서로를 놀리며 웃었다. 딜먼의 키가 178센티미터 정도일 거라는 추측은 옳았고, 키가 173센티미터 정도인 비비안은 자기도 그만큼 크면 좋겠다고 고백했다. 재미있게도, 모두가 입을 모아 '거인 같았다'라고 묘사한 보모는 자신이 충분히 키가 크지 않다고 생각하고 있었다. 화제가 무덤으로 전환되자, 비비안은 이탈리아 사람들이 지상부에 묘지를 만드는 이유는 사랑하는 사람을 쉽게 떠나보낼 수 없기 때문이라는 말을 했다. 비비안은 숙명론자로서 자신의 태도를 "영원히 지속되는 것은 없어요. 다른 사람을 위해 자리를 마련해줘야 해요"라는 말로 요약했다.

회복 중인 젊은 엄마의 네 아이를 돌보기 위해 고용되었던 비비안은 자신이 다음 주에 그만둬야 한다는 말을 조심스럽게 건넸다. 딜먼 부인이 이유를 묻자 비비안은 진실을 말해 고용주를 힘들게 하는 것보다는 다른 곳에서 일하게 됐다는 거짓말을 하는 쪽을 택한다. 사실 비비안은 아이들을 너무 거칠게 다루는 것을 못마땅하게 여긴 딜먼 씨에게 해고된 것이었다. 비비안은 자신이 처한 상황에 크게 신경을 쓰지 않는 듯 보이며, 일자리를 구하면서 자신이 겪은 재미있는 일들을 들려주기까지 한다. 한번은 아이가 없는 남자가 비비안에게 전화를 걸기도 했다. 그저 보모 일을 하는 사람의 목소리가 듣고 싶다는 이유로 말이다. 비비안은 그 남자에게 시간을 쓸 방법이 생각나지 않으면 도서관에 가보라고 조언했다. 예민한지 아닌지 확인하기 위해 (하고 많은 사람 중에) 비비안에게 나체로 면접을 봐야 한다고 주장한 사람도 있었다. 비비안은 원하는 사람을 찾고 싶다면 누드 잡지에 광고를 내는 게 좋겠다고 답했다. 한 여자가 전화를 걸어와 음란한 말을 내뱉었을 때는 "평등하군요. 신사가 할 수 있는 일이라면 숙녀들도 당연히 할 수 있어야죠"라고 응수했다.

젊은 엄마와의 특별한 대화로 시작한 그 녹음 기록은 1925년에 은행에서 영화계의 전설 루돌프 발렌티노Rudolph Valentino를 만난 이웃과의 흥미로운 대화로 끝을 맺는다. 비비안은 사회자처럼 "직접 경험한 사람에게" 이야기를 들어보겠다며 공식적으로 인터뷰의 시작을 알리며 녹음을 시작한다. 영화배우를 목격한 이웃은 영화계 스타가 검은 양복에 갈색 신발을 신은 모습에 실망했다고 말하며, 은막의 전설이 더는 '신선해' 보이지 않았다고 유감스러워한다. 발렌티노의 열혈팬임이 틀림없는 비비안은 이 인기 있는 영화배우에 관해 모호한 정보들을 늘어놓으며, 그는 동성애자가 아니며, 거친 미국 남자보다는 점잖은 남자를 원하는 외로운 숙녀들에게 인기 많은 신사라고 말한다. 특정한 남자 배우의 매력을 언급하는 건 비비안의 새로운 모습이다.

가끔은 독백이 되기도 하는 이런 인터뷰에서 비비안은 자신의 독특한 반응과 행동을, 마치 그것이 일반적인 것처럼 포장한다. 바로 전날 세상을 떠난 하워드 휴즈Howard Hughes에 관해 말할 때는 휴즈와 사적으로 알고 지낸 사이였다는 듯이 그 소식을 듣고 숨도 쉬지 못할 정도로 "소스라치게 놀랐다"라고 말한다. 병환에 시달리던 칠순 노인의 죽음에 대해 그렇게까지 극적으로 반응하는 건 어딘가 이상하고 부적절하게 느껴진다. 다음으로 비비안은 휴즈의 죽음을 알리는 신문의 헤드라인을 찍고 싶다는 열망을 드러내는데, 적어도 한 종 이상의 신문을 찍어야 한다며 쉬지 않고 자신의 강박관념을 떠들어댄다. 이 대화는 비비안의 재담 중 하나로 끝을 맺는다. "병균을 두려워하는 사람은 오래 버티지 못하는 법이에요."

테이프의 끝부분은 다음과 같은 선언조의 말들로 채워져 있다. "로스앤젤레스에는 정신을 자극할 만한 게 없다. 애처로운 도시다." 시카고는 "상당히 행복한 곳이지만, 여전히 어딘가 촌스럽다." 뉴욕은 모든 것이며, 이 세상에서 가장 근사한 곳이지만, 뉴욕이 주는 선물을 제대로 이용할 수 없는 사람들에게는 "지루한 삶을 살 수밖에 없는 곳이다. 그런 사람들에게는 상상력이 없으니까." 대화를 끝낸 비비안은 곧바로 신문 가판대로 가서 「시카고 데일리 뉴스*Chicago Daily News*」를 사왔고, 고용주가 구독하는 「시카고 선타임스*Chicago Sun-Times*」와 「시카고 트리뷴」도 가져와 휴즈에 관한 1면 기사와 내지 기사를 다양한 구도로 펼쳐놓고 여러 장 찍었다.

자유주의자이자 페미니스트로서 비비안의 관점은 비비안이 만든 모든 작품에 스며들어 있다. 소박한 옷을 입고 접촉을 극히 꺼렸기 때문에 사람들은 대부분 비비안이 무성애자일 거라고 여겼지만, 비비안의 아카이브에는 스트립 클럽, 성인 영화 간판, 포르노그래피적인 슬로건, 건설 현장 인부의 건장한 몸을 찍은 사진이 적지 않다. 닉슨이 탄핵되던 날 비비안은 신이 나서 이웃들의 반응을 기록했는데, 한 여성이 대답하기를 주저하자 비비안은 그 여인을 재촉하면서 "빨리 말해요. 여자들도 자기 의견이 있어야 한다고 생각해요!"라고 말했다. 닉슨을 옹호하는 말을 하려는 사람이 있으면, 비비안은 단호하게 그들의 입을 막고, 자기 의견을 쏟아냈다. 비비안은 녹음기 앞에서 마치 자신이 발음이 좋은 바바라 월터스Barbara Walters(유명 언론인이자 앵커. R 발음이 부정확했다. 옮긴이)인 것처럼 역할 놀이를 했다. 인터뷰 기술만 본다면 비비안은 그 어떤 뉴스 프로그램 진행자와 비교해도 전혀 손색이 없었다.

영구적인 변화

1970년대 중반부터 후반까지, 비비안은 6년 동안 이사를 다섯 번 한다. 그 전 18년 동안 거주지를 단 한 차례 바꾼 것과는 분명히 대조적이다. 이제 보모로서 비비안의 생활은 뉴욕에서와 거의 비슷해졌다. 한 곳에서 아주 짧은 시간만 일했고, 그 작별도 그다지 좋지 않은 상태에서 이루어졌다. 이처럼 끊임없이 떠돌아다녀야 하는 상황에서 대부분의 사람들은 혼란을 겪지만, 비비안은 이주하며 사는 삶이 당연한 가정에서 자랐기 때문에 쉽게 적응할 수 있었다. 비비안은 영화와 연극, 쇼핑으로 인생을 채우고, 끝까지 비비안을 가족으로 여긴 겐스버그 가족을 방문하며 즐겁게 살아갔다. 겐스버그 아이 가운데 한 명이 대학교를 졸업할 때는 비행기를 타고 애틀랜타까지 날아가기도 했다.

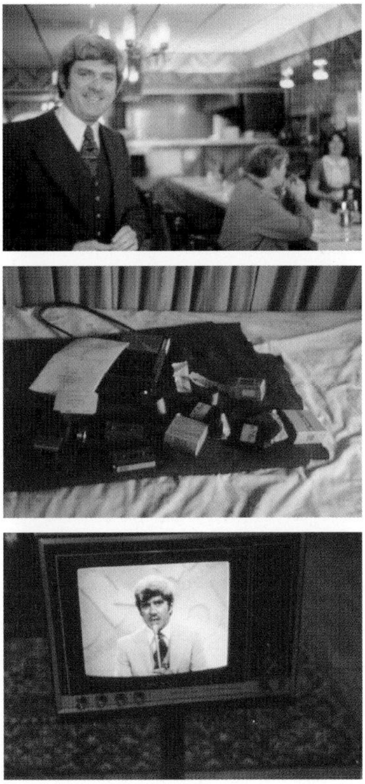

도나휴 시절, 시카고,
1976년(*Vivian Maier*)

1976년에는 이제 막 이혼한 토크쇼 사회자 필 도나휴Phil Donahue의 아이들을 돌보게 됐다. 도나휴는 커피숍에서 진행한 보모 채용 면접이 끝났을 때 비비안이 자기 사진을 찍었다고 기억했다. 그 사진은 흑백 사진과 컬러 사진, 두 가지 형태로 비비안의 아카이브에서 볼 수 있다. 도나휴의 집에서 지내는 동안 비비안은 정기적으로 텔레비전에 나오는 도나휴의 모습을 사진에 담았고, 언제라도 거리로 나갈 수 있도록 취재 도구를 챙겨두었다. 도나휴의 집을 떠날 때는 도나휴의 앨범에 든 사진을 모두 찍었는데, 뚜렷한 색채 효과를 내려고 바나나를 던져넣기도 했다. 서점에 쌓여 있는 도나휴의 전기를 찍거나, 텔레비전 업계가 여성을 과소평가한다는 도나휴의 발언이 담긴 신문 기사를 액자에 담는 등, 그 뒤로도 오랫동안 비비안은 도나휴의 활동을 쫓았다.

1970년대에 비비안이 마지막으로 일했던 곳은 비비안을 가장 부정적으로 기억하는 집이었다. 이제는 성인이 된 그 집 아이들은 자신들의 보모를 "머리카락이 너무 기름져 두피에 완전히 달라붙을 정도"였다고 기억한다. 그 보모는 아이를 돌보는 사람에게 으레 기대되는 친절함과 따뜻함이 없었고, 오히려 아이들을 '겁에 질리게' 했다. 겐스버그 아이들과 달리, 이 집 아이들은 눈 속에서 소풍을 즐기자는 등의 비비안의 제안을 거절했다. 비비안은 이 집에서 분명 불편하게 지냈다. 고용주인 아이들의 어머니가 사진작가였고 집에는 암실이 있었는데도 단 한 번도 가족 앞에 카메라를 들고 나서지 않았다. 어느 날, 비비안의 방으로 들어온 고용주는 방 안 가득 쌓여 있는 신문을 보았다. 이런 상태라면 끔찍한 화재가 발생할 수도 있다고 생각한 고용주는 "이 사람은 뭔가 잘못된 게 분명해"라는 결론을 내릴 수밖에 없었다. 사실 누구라도 고용인이 그런 상태로 살고 있다는 걸 안다면 당황할 수밖에 없을 것이다. 이 가족과 지낸 지 3년이 됐을 때, 비비안은 또다시 다른 곳으로 갈 수밖에 없었다.

한편, 비비안이 자신이 돌보던 초등학생 아이들과 함께 만든 네 개의 녹음 파일은 가족들의 기억과는 다른 것을 말해준다. 아이들은 전형적인 어린 소년들이 그렇듯 비협조적이고 불쾌한 행동으로 보모의 인내를 시험했으면 했지, 결코 '겁에 질린' 것처럼 보이지 않는다. 비비안은 아이들을 즐겁게 해주고 성장시키기 위해 많은 일을 했다. 아이들이 책 읽는 소리에 귀를 기울이고, 연극을 하고, 노래를 부르고, 아이들과 서로 과학 문제를 내고 맞히게 했다. 비비안 덕분에 아이들은 뱀은 소리를 듣지 못하고, 포유류는 모두 털이 있다는 사실을 알게 됐다. 비비안은 아이들을 '터프가이'라거나 '햄본hambone'이라고 부르고 스스로를 '수수께끼 여인'이라고 칭하면서 쉴 새 없이 빠른 속도로 우스갯소리를 늘어놓아 아이들이 집중할 수 있게 했다. 그러다 아이들이 산만해지면 "기다리다가 죽어버리기 전에 빨리 대답해!"라며 짐짓 화난 척을 하기도 했다. 'k'와 'w' 발음을 제대로 못 한다는 소리를 듣고 고치고 싶었던 비비안이 자신이 녹음한 목소리를 다시 듣는 순간은 마음이 아프다.

한 번은 그 집 큰아이와 진지하게 대화를 나누면서, 어머니와 아버지 중 누구를 더 좋아하는지, 부모님과 조부모님 중 누구를 더 좋아하는지 같은 다양한 주제로 아이의 의견을 듣기도 했다. 아이가 이야기하는 동안 비비안은 아무런 판단 없이, 커다란 관심을 보이며 아이의 말에 귀를 기울인다. 이곳에서도 다른 곳에서처럼 비비안의 돌봄과 헌신은 비비안의 비호감적인 면과 수집벽을 불편하게 여기는 고용주들로 인해 평가절하되었다. 비비안을 해고한 사람들이, 자신의 아이들에게 글을 가르쳐주고 다친 아내가 건강을 찾을 수 있도록 헌신적으로 애쓰는 이같은 녹음 내용을 들었다면, 그때도 비비안을 해고한다는 결정을 내릴 수 있었을지 궁금하다.

오랫동안 비비안의 사진에서 배경으로 작용했던 사회문제가 이제는 사적인 관심사의 상당 부분을 차지하게 된다. 말루프에게서 비비안의 작품을 가장 먼저 구매한 사람들 가운데 한 명인 사진 전문가 앨런 세쿨라Allan Sekula는 "비비안은 '미국'을 구성하는 것들을 열린 마음으로, 포괄적이고도 본질적으로 고민한 것 같습니다. 1950년대와 1960년대의 많은 사진작가가 놓친 부분이죠"라는 감상을 남겼다. 아메리카 원주민의 권리 향상을 위한 투쟁은 비비안이 가장 먼저 관심을 가진 사회문제 가운데 하나로, 1970년대가 되면 비비안은 세미놀, 이로쿼이, 크리, 이누이트, 메티스, 아라와크를 비롯한 십여 개가 넘는 원주민 공동체의 일원들을 사진에 담는다. 시카고의 〈아메리칸 인디언 센터American Indian Center〉에서 활발하게 활동하는 회원이었고, 제시 잭슨이 아프리카계 미국인의 자립과 사회 정의를 위해 창설한 〈오퍼레이션 푸시Operation PUSH〉에도 깊게 관여했다. 어린 시절의 가톨릭 전통에서 멀어진 비비안은 산아제한과 관련된 교육 활동을 펼치는 단체를 후원하기도 했다.

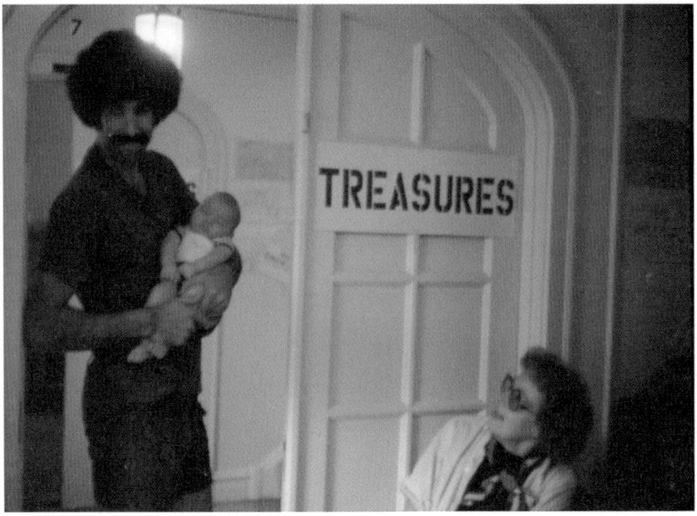

책임감 있는 출산, 시카고, 1979년(*Vivian Maier*)

레인 겐스버그는 존 말루프 앞에서 비비안을 회상하며 "스스로 나설 수 없는 사람들을 위해 앞장서는" 사람이었다고 했다. 이 말이 사실이라면 비비안은 분명히 다른 사람의 마음에 공감할 수 있는 사람이었다. 타인을 전혀 배려하지 않는 어른들 손에서 자란 사람이 폭넓은 사회 변화의 최전선에 서 있었다는 사실은 너무나도 놀랍다. 분명 할머니 외제니가 심어준 포용력과 정의감이라는 씨앗이 비비안의 깊은 지성과 정밀한 사고에 의해 활성화되어 단호하고 진취적인 그녀 자신의 관점을 형성했을 것이다.

다시 돌아온 자화상 사진

1970년대 중반부터 후반까지, 비비안의 창의성은 되살아났고, 신문에 대한 집착이 줄어든 대신 자화상 사진이 새로운 시각적 생기를 드러냈다. 아주 영리하게 찍은 사진 한 장에서는 자신이 입은 에이라인 스커트가 전자빔을 발산하는 것처럼 보이도록 교묘하게 위치를 잡았다. 일관되게 자신을 표현했던 비비안은 이제는 장난기를 섞어 스파이처럼 보이는 자화상 사진을 찍기도 했다. 한 인부의 진흙 묻은 엉덩이 뒤에 자기 그림자를 드리운 사진을 찍는 등, 그림자 사진도 훨씬 유쾌해졌다. 1975년 봄의 질감을 듬뿍 담은 사진에서 비비안의 그림자는 삶과 재생을 알리는 신호처럼 활기찬 미나리아재비가 여기저기 피어 있는 풍성한 녹색 잔디 위에 드리워져 있다. 아니, 어쩌면 이는 지하에서 "무덤 속에 누워 있는" 자신을 상상하며 찍은 것인지도 모른다. 물론 두 의미를 모두 담고 있을 수도 있다. 이 사진은 아주 유명해져서 5번로에 있는 버그도프 굿맨 백화점의 진열창에 전시된 드레스 무늬로도 채택됐는데, 공교롭게도 그 진열창은 존 말루프가 플리커에 올린, 1953년에 비비안이 유리에 비친 자기 모습을 찍은 장소이기도 하다.

1970년대가 지나가면서, 비비안의 사진에는 일상의 소일거리들이 점점 더 많이 담긴다. 영화 촬영 현장이나 강연 사진도 서른여섯 장 정도 있지만, 대부분은 너무 어두워서 제대로 보이지 않는다. 텔레비전에서 흥미로운 영화나 쇼, 뉴스가 나오면 그 장면을 여러 장 찍기도 했다. 비비안은 자신의 개인사와 관련된 아이템을 사진에 담는 오래된 습관을 계속 유지했다. 다른 사람에게는 가치가 없더라도 그녀에게는 중요한, 마샬 필즈의 마담 알렉산더 공장 신제품, 데이비드 사노프와 풀턴 신의 전기, 그녀의 이름 일부를 떠오르게 하는 신호들, 혹은 프랑스어로 된 모든 것들이 그것이다.

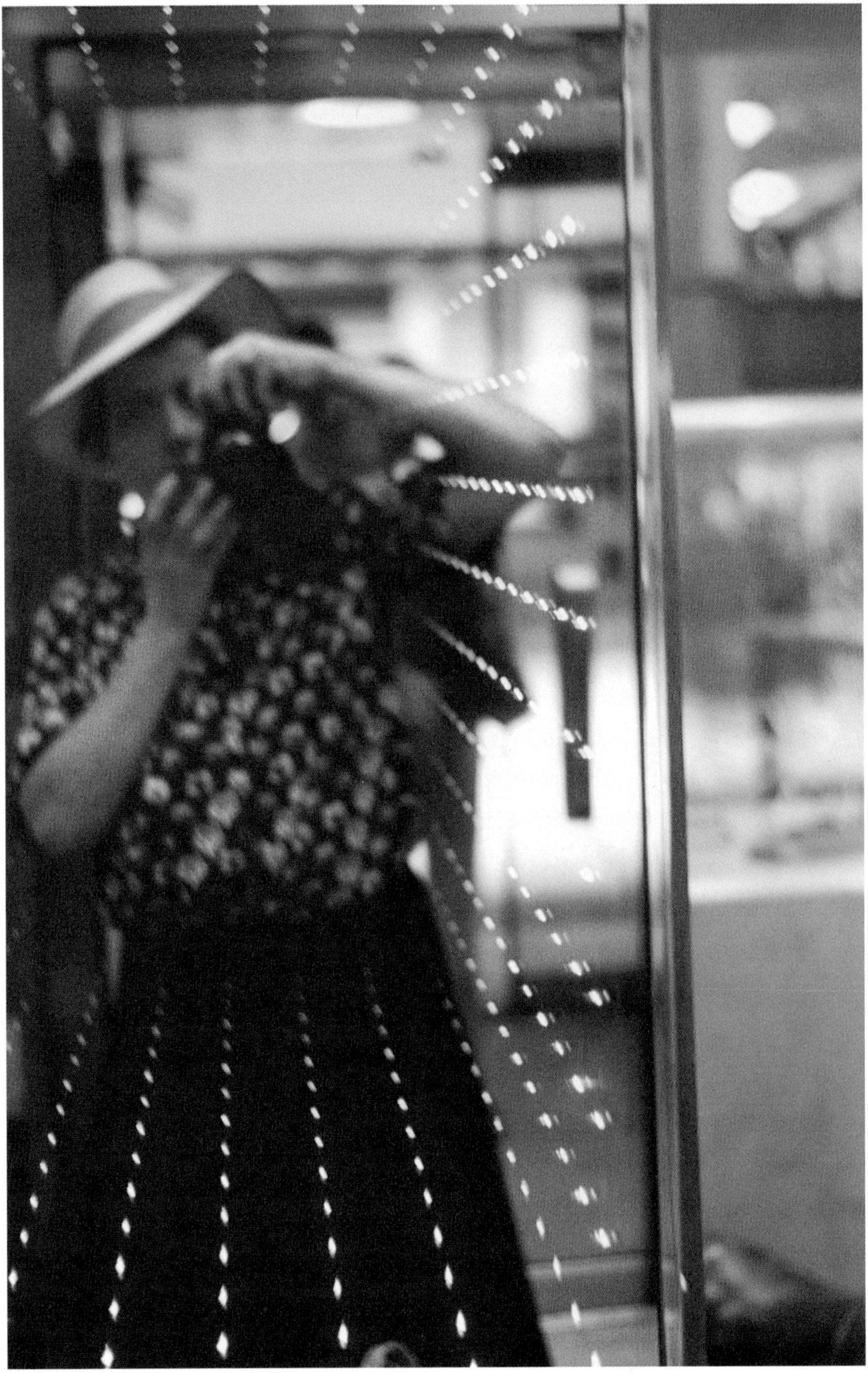

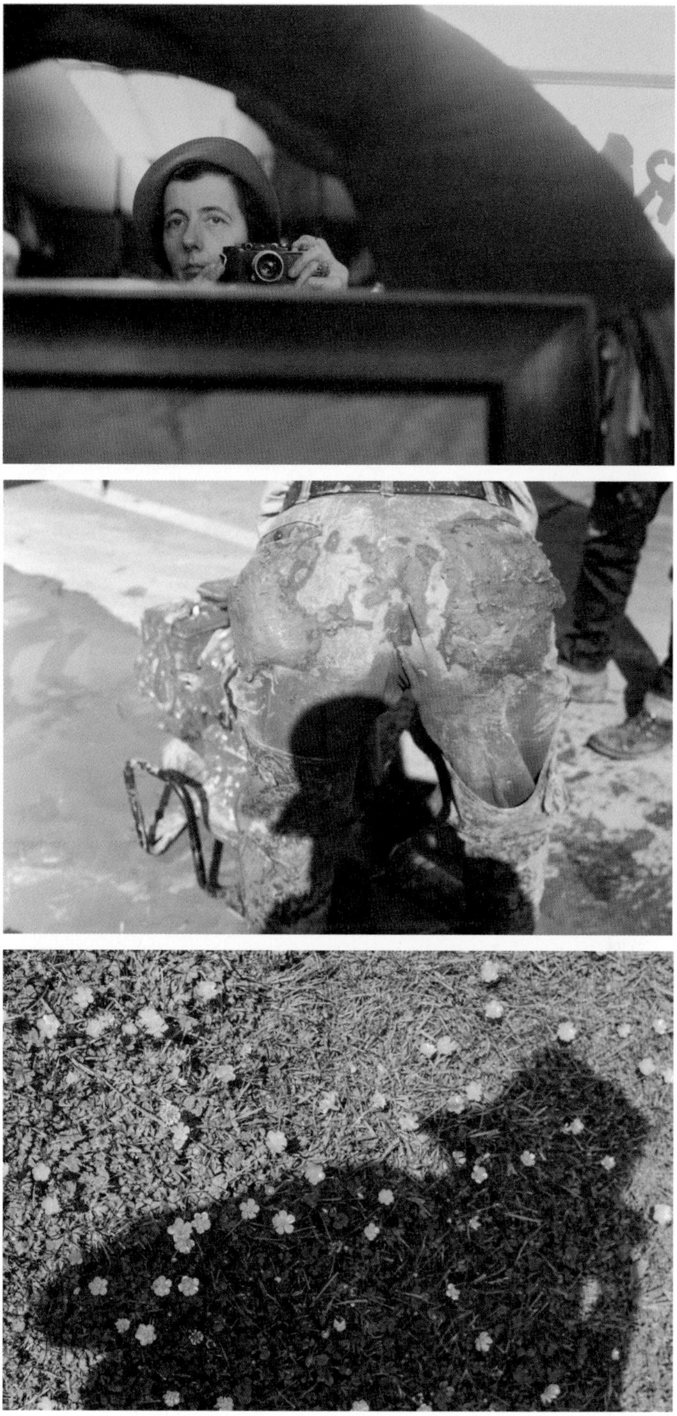

컬러 자화상, 시카고, 1970년대 중후반(*Vivian Maier*)

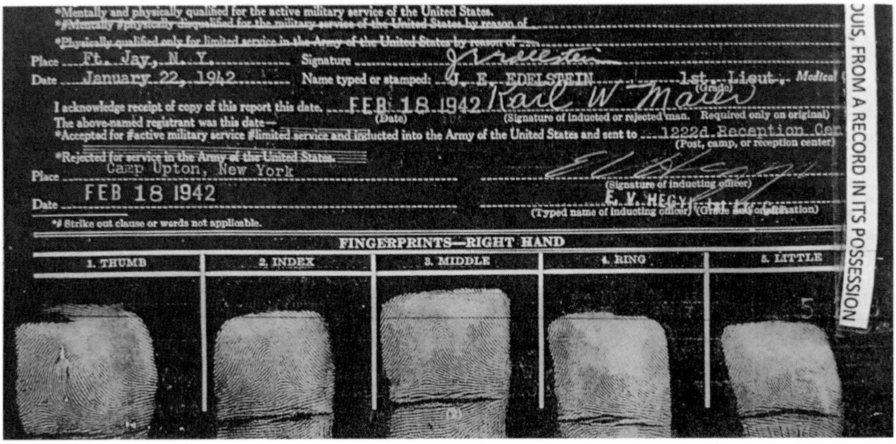

*Mentally and physically qualified for the active military service of the United States.
~~*#Mentally #physically disqualified for the military service of the United States by reason of~~
~~*Physically qualified only for limited service in the Army of the United States by reason of~~
Place Ft. Jay, N. Y. Signature J. E. Edelstein
Date January 22, 1942 Name typed or stamped: J. E. EDELSTEIN 1st. Lieut. Medical C
(Grade)
I acknowledge receipt of copy of this report this date. FEB 18 1942 Karl W Maier
(Date) (Signature of inducted or rejected man. Required only on original)
The above-named registrant was this date—
*Accepted for #active military service ~~#limited service~~ and inducted into the Army of the United States and sent to 1222d Reception Cen
(Post, camp, or reception center)
~~*Rejected for service in the Army of the United States.~~
Place Camp Upton, New York
(Signature of inducting officer)
Date FEB 18 1942
E. V. HEGYI 1st Lt.
(Typed name of inducting officer) (Grade and organization)
*# Strike out clause or words not applicable.
FINGERPRINTS—RIGHT HAND

1. THUMB	2. INDEX	3. MIDDLE	4. RING	5. LITTLE

OUIS, FROM A RECORD IN ITS POSSESSION

칼 마이어의 입대 당시 지문, 1942년(*NPRC*)

16
가족: 마지막 이야기

사람은 마땅히 받을 걸 받는 거예요.

—비비안이 고용주에게 한 말

칼과 비비안이 64번가 아파트에서 서로 떨어져 각자의 길을 가게 된 뒤로, 두 사람의 삶의 방향은 완전히 달라졌다. 두 사람의 성격은 판이했지만, 남매로서 닮은 점은 분명히 있었다. 둘 다 키가 크고 덩치도 컸으며, 건강했고, 여러 곳을 돌아다니며 사람들과 이야기하기를 즐겼고, 예술로 자신을 표현하고자 했다. 칼의 관심사는 음악이었고, 비비안은 사진이었다. 정서적으로는 두 사람 모두, 칼은 브롱크스의 골목을 돌아다니던 시절에서, 비비안은 생 보네의 오솔길을 돌아다니던 시절에서, 그러니까 청소년기에서 벗어나지 못한 것처럼 보인다. 칼은 일 대 일의 지속적인 친밀감을 유지할 수 있는 관계를 끝내 찾지 못했는데, 칼의 할머니 마리아는 언젠가 열여섯 살이나 된 칼이 열두 살처럼 생각한다는 편지를 쓴 적이 있다.

할머니 외제니가 세상을 떠난 뒤로 몇 년간 칼의 행적은 찾을 수가 없다. 칼 자신의 말대로라면 한동안 시카고 주립병원에 갇혀 있다가 탈출했던 것 같다. 1952년에 서른두 살이 된 칼은 뉴저지 퇴역 군인 병원에 도움을 구했고, 필라델피아에 있는 랭케나우 병원을 거주지로 적었다. 칼은 입원 신청서에 자신은 명예제대를 했기 때문에 의료 혜택을 받을 자격이 있다고 적었다. 칼의 신체 상태는 양호했지만, 정신 이상 징후를 보였기 때문에 제대 기록을 찾을 때까지는 병원에서 치료를 받을 수 있었다. 칼의 아버지는 아들에 대한 정보를 보내달라는 요청을 받았지만, 자신은 아들에 관해 아는 것이 전혀 없다는 답장을 보냈다. 무엇보다도 끔찍한 것은 아들이 어디에 있는지, 잘 지내고 있는지 같은 기본적인 안부조차 단 한 마디도 물어보지 않았다는 것이다. 칼은 의료 혜택을 받기 위해 워싱턴, 뉴욕, 뉴저지를 상대로 엄청난 서류를 작성해보냈지만, 지문 때문에 마약 중독에 의한 불명예제대 사실이 밝혀져 결국 의료 혜택을 받을 수 없었다.

그 뒤로 칼은 비비안이 뉴욕을 떠날 준비를 하던 1955년 봄까지 모든 공식 기록에서 사라졌다. 마약 금단 증상을 겪고 있던 칼은 스스로 뉴저지주에 있는 앵코라 정신 병원에 들어갔다. 이번에는 연금 혜택을 받기 위해 자신의 불명예제대가 번복되었다고 주장했지만 역시 거짓임이 밝혀져 거부당했다. 입원 신청서에 칼은 자신을 '존 윌리엄 헨리 조소(칼 마이어)'라고 썼고, 망상 장애를 분명히 드러냈다. 칼은 '편집형 조현병Schizophrenia, Paranoid Type'이라는 진단을 받았다.

1960년대와 1970년대를 지나면서 남아 있던 마이어 가족은 모두 세상을 떠났다. 1965년에 사망한 알마 고모는 자신의 재산을 친척들을 부유하게 만드는 데 쓰지 않고 정부에 기증하겠다는 계획을 세웠다. 동생은 경멸했고, 칼은 포기했으며, 비비안에 관해서는 거의 알지 못했기 때문이다. 알마가 먼저 세상을 떠났기 때문에 알마의 남편 조셉 코산이 두 사람의 공동 재산을 갖게 되자, 조셉은 유언장을 고쳐 30만 달러나 되는 엄청난 재산을 자신이 대부분 싫어했던 필라델피아의 친척들에게 남겼다. 비비안의 어머니가 비비안을 마이어 가족과 왕래하게 했다면, 비비안은 고모 부부와 좋은 관계를 맺은 유일한 친척이 될 수도 있었을 테고, 귀중한 재산을 상속받는 행운을 누렸을 수도 있다.

1959년에 여권을 신청하면서 비비안은 부모가 모두 오래전에 (아버지는 1932년에, 어머니는 1943년에) 사망했다고 적어넣었다. 거짓 기록이었지만 상징하는 바는 크다. 비비안은 어머니와 함께 프랑스로 떠난 1932년에 아버지를 마지막으로 보았을 테고, 1943년에는 결국 어머니를 포기하고 함께 살던 아파트에서 나와 베르트 린든버거가 있는 잭슨 하이츠로 옮겨갔다. 당시 비비안의 아버지 찰스는 두 번째 아내 베르타와 함께 퀸즈에서 살고 있었다. 제조업계를 떠나 연예계로 들어간 찰스는 처음에는 매디슨 스퀘어 가든에서 에어컨 기술자로 일했고, 나중에는 브로드웨이에 있는 앨빈 극장에서 일했다. 찰스의 아내 베르타는 피에르 호텔에서 객실 관리자로 근무하다가 메트로폴리탄 오페라 극장에서 의상 관리자로 일했다. 찰스는 매일 유명 연예인이 스쳐지나가고, 무대 뒤에서 음악가와 인사를 나눌 수 있는 극장가 삶을 마음껏 즐겼다고 한다. 한번은 영화 〈잔다르크 *Joan of Arc*〉의 주연을 맡은 잉그리드 버그먼Ingrid Bergman이 열성 팬들에게 둘러싸여 있을 때, 찰스가 버그먼을 에스코트해 빠져나온 이야기가 「뉴욕 타임스」에 실린 적이 있었다. 「뉴욕 타임스」의 열정적인 독자였던 비비안도 그 기사를 읽었을 것이다.

2차 세계 대전이 끝난 뒤, 베르타의 조카들이 유럽에서 건너와 베르타와 찰스의 집에서 머물렀다. 그곳에서 1년을 머문 첫째 조카 만프레드 미카엘Manfred Michel은 찰스의 거친 행동과 술주정, 난폭한 성격에 질린 나머지 많은 사람이 전쟁 후 황폐해진 독일을 떠나고 있었음에도 결국 독일로 돌아가고 말았다. 둘째 조카 리언 토이셔Leon Teuscher는 미국에 오고 얼마 안 돼 베르타에게서 찰스가 베르타의 은행 계좌에 있는 돈을 마음대로 꺼내 도박으로 날렸다는 말을 들었다. 베르타의 남편은 술을 먹고 난폭하게 군 다음에는 꼭 미안해하며 신형 머큐리에 부인을 태우고 여행하는 일을 반복했다. 리언은 두 사람의 집에 아이가 있다는 느낌은 받지 못했다고 했다. 사진도 없었고, 편지나 전화 왕래도 없었다. 찰스는 그저 아이들이 각자의 길을 갔다고만 말했다. 리언의 말대로라면 찰스의 애정을 독차지한 것은 도베르만 핀셔로, 한 번은 목줄도 입마개도 없이 산책을 나갔다가 이웃이 기절하는 바람에 체포되기도 했다.

리언은 찰스가 180센티미터 정도 되는 키에 몸집이 큰 남자로, 백발의 머리는 벗겨지는 중이었다고 했다. 생애 첫 10년 동안 독일어만을 사용했지만 독일어 억양은 없었고, 프랑스인을 싫어한다는 말을 굳이 입에 달고 살았다. 과일을 훔쳐 오는 남자였고, 앨빈 극장의 오케스트라석에서 무용수들이 옷을 갈아입는 모습을 훔쳐봤다고 자랑하는 남자였다. 어느 날, 리언이 돌아왔을 때 찰스가 베르타의 목에 칼을 들이밀고 있었다. 이제는 충분히 견딜 만큼 견뎠다고 생각한 리언은 미군에 입대하려고 곧 그 집을 나왔다.

찰스 마이어는 1968년에 퀸즈에서 76세로 세상을 떠난다. 아내 베르타

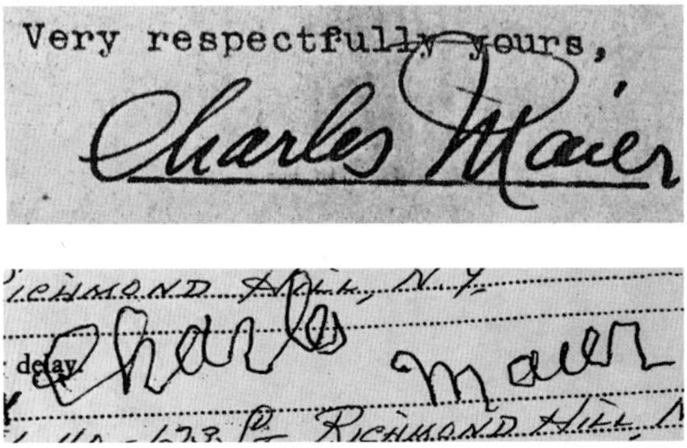

찰스 마이어의 평소 사인과 베르타의 화장 동의서에 서명한 사인

가 갑자기 사망하고 한 달이 지났을 때였다. 잔뜩 술에 취해 있었고, 베르타의 화장 동의서에 서명하기도 힘들 정도로 슬픔에 젖어 있었다. 찰스 마이어의 주검을 수습해줄 친척도, 친구도 나타나지 않았기 때문에 베르타의 자매가 남아메리카에서 날아와 두 사람의 장례를 치러주었다. 베르타의 유골함은 친구가 묻힌 묘지 옆에 나란히 묻었고, 찰스의 유골은 간편하게 공기 중에 뿌려 바람에 날아가게 했다. 베르타의 가족은 찰스를 너무나도 싫어했고, 베르타를 제대로 돌보지 않는 데다 베르타의 돈까지 도박으로 날려버렸기 때문에 찰스에게 잔뜩 화가 나 있었다. 유언장에서 찰스는 "오랫동안 보지 않았고, 가까운 사이도 아니었기 때문에" 칼과 비비안에게는 한 푼도 줄 수 없다는 사실을 명확히 했다. 또한 마리는 프랑스에 있을 때 그와 이혼했고, 30년이나 만나지 않았다는 사실도 덧붙였다. 베르타의 형제들은 찰스의 재산을 자신들이 상속받아야 한다는 탄원서를 법원에 제출했고, 1만 달러를 차지했다.

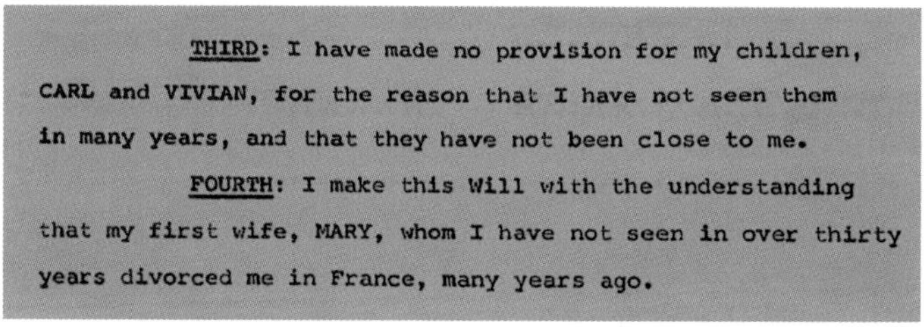
THIRD: I have made no provision for my children, CARL and VIVIAN, for the reason that I have not seen them in many years, and that they have not been close to me.

FOURTH: I make this Will with the understanding that my first wife, MARY, whom I have not seen in over thirty years divorced me in France, many years ago.

찰스 마이어의 유언장, 뉴욕, 1968년(*QCA*)

1975년에는 마리 조소 바일 마이어가 뉴욕시에서 78세로 가난하고 고독하게 세상을 떠났다. 말년에는 매춘부와 마약 거래상이 주로 거주하던 복지 호텔에서 머물렀지만, 연락처는 잔다르크 홈으로 되어 있었다. 거의 20년 동안 두 아이와는 전혀 만나지 않았고, 함께 사는 사람들에게도 아

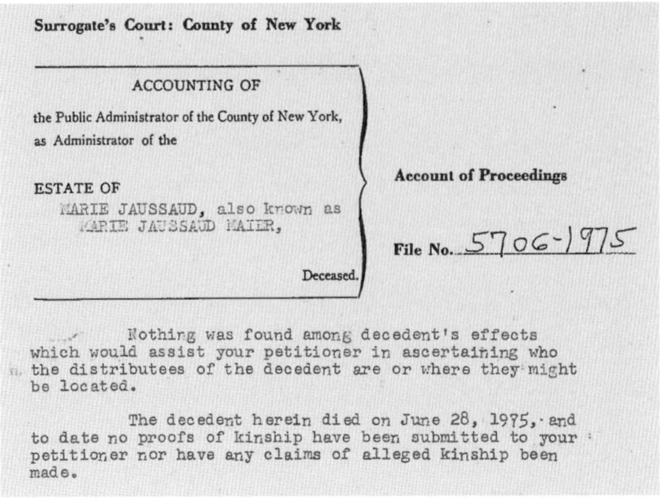

Surrogate's Court: County of New York

ACCOUNTING OF

the Public Administrator of the County of New York,
as Administrator of the

ESTATE OF
MARIE JAUSSAUD, also known as
MARIE JAUSSAUD MAIER,

Deceased.

Account of Proceedings

File No. 5706-1975

Nothing was found among decedent's effects which would assist your petitioner in ascertaining who the distributees of the decedent are or where they might be located.

The decedent herein died on June 28, 1975, and to date no proofs of kinship have been submitted to your petitioner nor have any claims of alleged kinship been made.

마리 조소 마이어의 재산 상속 건 종결, 1979년(*NYCA*)

이들 이야기는 하지 않았다. 뉴욕시 당국은 4년 동안 마리가 남긴 360달러를 상속할 사람을 수소문했지만 결국 찾지 못하고 종결했다. 마리는 브롱크스 하트 아일랜드에 있는 무연고자 묘지에 묻혔을 것으로 추정하고 있다.

비비안의 오빠는 마흔일곱 살이던 1967년에 처음으로 사회보장 번호를 받았고, 뉴저지주 앳코에서 플리너 집안이 운영하는 L&S 쉼터의 외래 환자 가족 돌봄 프로그램에 참여할 수 있을 정도로 상태가 나아졌다. 아주 많은 시간이 흘렀지만, 쉼터의 운영자들은 칼을 기억했다. 아일린 플리너 Ilene Pliner는 "키가 크고 머리숱이 많았던 사람으로 기억해요. 체격은 중간 정도였고, 온화한 사람이었어요. 언제나 공손했고 친절했어요. 다른 사람들과도 잘 지냈고, 우리와 함께 있는 동안 만족한 것 같았어요. 정말로 제대로 보살펴 드렸다는 걸 알아주세요"라고 썼다. 또 다른 플리너 가족은 칼은 머리카락이 희끗희끗했고 공손하고 정중했으며, 언제나 스포츠 재킷을 입었다고 했다. 더는 기타를 연주하지 않았고, 겉으로 봐서는 내면에 문제가 있는 사람이라는 걸 알 수 없을 정도였다.

태어날 때부터 불운한 인생을 살아야 했던 칼은 단 한 번도 행복해질 기회를 얻지 못했던 것 같다. 마지막 10년은 쉼터에서 조용히 살았고, 할머니 외제니처럼 울혈성심부전으로 고생하다가 드물게 발병하지만 치사율이 높은 대동맥 혈전증으로 1977년에 갑자기 세상을 떠났다. 앵코라 정신병원에서 부검을 했고, 그곳에서 무연고자들을 위한 무덤에 묻혔다. 칼의 사망 증명서에는 결혼한 적이 없다고 적혀 있는 것 외에는 가족에 대한 언급이 없다. 비비안이 아버지나 어머니, 오빠의 죽음을 알았다는 증거 역시 어디에도 없다.

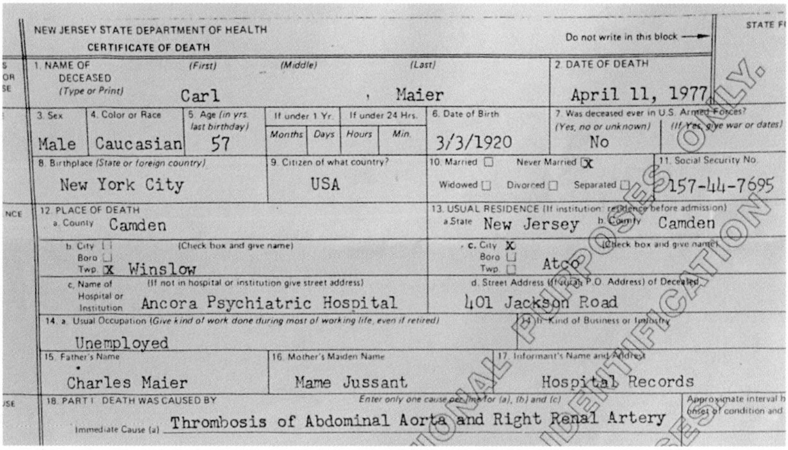
NEW JERSEY STATE DEPARTMENT OF HEALTH
CERTIFICATE OF DEATH
Do not write in this block
1. NAME OF DECEASED (Type or Print) (First) Carl (Middle) (Last) Maier
2. DATE OF DEATH April 11, 1977
3. Sex Male
4. Color or Race Caucasian
5. Age (in yrs. last birthday) 57
6. Date of Birth 3/3/1920
7. Was deceased ever in U.S. Armed Forces? (Yes, no or unknown) No
8. Birthplace (State or foreign country) New York City
9. Citizen of what country? USA
10. Married ☐ Never Married ☒ Widowed ☐ Divorced ☐ Separated ☐
11. Social Security No. 157-44-7695
12. PLACE OF DEATH a. County Camden b. City ☐ Boro ☐ Twp. ☒ Winslow (Check box and give name)
c. Name of Hospital or Institution Ancora Psychiatric Hospital
13. USUAL RESIDENCE a. State New Jersey b. County Camden c. City ☒ Boro ☐ Twp. ☐ Atco
d. Street Address 401 Jackson Road
14. a. Usual Occupation (Give kind of work done during most of working life, even if retired) Unemployed
b. Kind of Business or Industry
15. Father's Name Charles Maier
16. Mother's Maiden Name Mame Jussant
17. Informant's Name and Address Hospital Records
18. PART I DEATH WAS CAUSED BY (Enter only one cause per line for (a), (b) and (c))
Immediate Cause (a) Thrombosis of Abdominal Aorta and Right Renal Artery
Approximate interval between onset of condition and

칼 마이어의 사망 증명서, 뉴저지, 1977년(*Hammonton Public Records*)

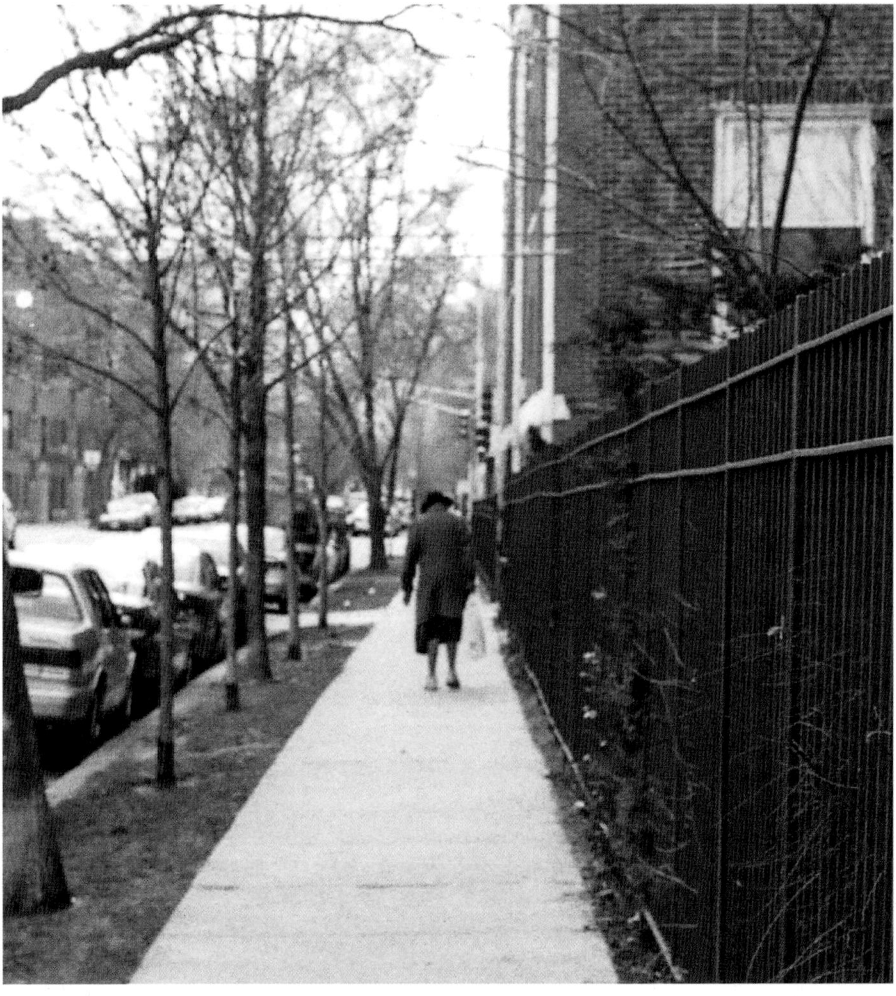

마지막 사진, 로저스 파크, 2008년(*Kellee Gary*)

17
말년

누군가를 돌봐주고 싶다면, 나를 돌봐주는 건 어때요?

—비비안이 고용주에게 한 말

일

1980년대 초반이 되면 비비안은 아이가 셋인 커트 매슈스Curt Matthews와 린다 매슈스Linda Matthews를 위해 일하게 된다. 세 아이는 조, 세라, 갓난아이 클라크였다. 다시 한번 가족으로 받아들여진 비비안은 매슈스 가족과 함께 식사를 하고, 미시간주에 있는 별장으로 여행을 갔다. 1976년에 직업여성의 관점에서 본 어머니 되기에 관한 책, 『균형법*The Balancing Act*』의 공동 저자였던 지적인 페미니스트 린다와 비비안은 곧 친해진다. 린다는 비비안이 매일 떠나는 여행에, 비비안의 견해와 독창적인 생각에 관심을 보였다. 비비안은 가끔, 찰나의 시간이기는 하지만, 그래도 자신이 걸어 잠근 문을 열고 내면의 삶을 보여주었다. 린다는 비비안이 "기괴하고 기이하고 조화롭지 못한 것들을 볼 수 있는 안목"이 있었으며, 사람들의 "기벽과 어리석음"에 관심이 있었다고 했다. 한번은 비비안이 아이들에게 자주 묻곤 하는 "너희를 가장 사랑하는 사람이 누구지?"라는 질문에 아이들이 보인 반응을 린다에게 이야기했다. 아이들은 "엄마요"라고 대답했는데, 아이와 엄마가 맺고 있는 신성한 관계에 매혹된 비비안이 그 이야기를 린다에게 전한 것이다.

비비안은 위협을 느낄 필요가 없는 평온한 환경에서는 훨씬 느긋하게 지냈고 경계심을 늦추었다. 언제나 카메라를 가지고 다녔고, 가끔은 자신이 찍은 사진을 매슈스 가족에게 보여주었다. 여전히 바지를 입는 건 거부했지만 밝은색 스카프도 매고 수공예로 만든 보석도 차고 요가도 하면서, 시대의 유행과 조금쯤은 타협했다. 매슈스 가족은 친근하게 "맙소사. 오, 하느님"이라거나 "타, 타, 타" 같은 비비안의 감탄사를 흉내냈고, 아침마다 찬물로 샤워를 하는 등의 독특한 행동도 알고 있었다. 다른 가족들처럼 매슈스 가족도 비비안과 음식에 얽힌 재미있는 추억이 여럿 있었고, 많은 사람이 언급한 비비안의 특별한 '소 혀' 요리 이야기도 들려주었다. 소 혀를 지금 막 소의 입에서 잡아당겨 빼낸 것 같은 요리였다. 비비안은 디저트도 잘 만들어 레서피 없이 휘핑크림을 얹은 캐러멜 수플레를 척척 만들었다. 요리는 비비안에게 중요했다. 언제나 식욕이 왕성했던 비비안은 영양에도 관심이 많아 음식을 굽거나 채소를 끓인 뒤에 남은 즙을 유리잔에 따라 마셔버렸다.

매슈스 가족은 비비안을 유능하고 정직하다고 생각했다. 비비안은 아이들 중에서도 특히 가장 어린 클라크를 헌신적으로 돌보았는데, 그를 '백작'이라고 부르며 끊임없이 말을 걸었다. 놀랍게도 클라크가 처음 말을 뗐을 때 내뱉은 말이 프랑스어였다. 보모는 편견을 갖기에는 아직 어린 아이들과는 성공적으로 관계를 맺을 수 있었다. 그러면서 인생을 즐겁게 살기 위해 최선을 다해 노력했다. 한번은 퇴근하고 집에 온 린다는 가족 모두가 (심지어 고양이까지) 3D 안경을 쓰고 있는 모습을 보았다.

겐스버그 형제들과 함께했을 때처럼 행복하지는 않았고, 심지어 잉어만큼의 유대감도 쌓을 수는 없었지만, 그래도 초기에는 비비안과 큰아이 둘의 관계는 만족스러웠다. 당시 열 살이던 세라는 보모의 특이함을 이해할 수 있는 마음이 넓은 아이였지만, 비비안이 우유를 쏟았다는 이유로 남동생을 때리는 등, 난폭하게 행동하는 모습을 보면서 점점 더 보모에게 불편한 감정을 느끼게 되었다. 일곱 살이었던 조는 보모가 자신들을 데리고 소풍을 나가는 이유가 사진 촬영을 위해서라는 것을 안 뒤로는 보모에게 세라보다 훨씬 더 안 좋은 감정을 갖게 되었다. 보모가 옷을 벗고 있는 마네킹이나 쓰레기통을 찍는 이유도, 남자들에게 화를 내는 이유도 이해할 수 없었다. 어린 여자아이들은 절대로 남자들 무릎에 앉으면 안 된다고 경고했을 때는 너무나도 당혹스러웠다. 조에게 보모는 '사악한 서쪽 마녀'였다. 그리고 신문으로 가득 찬 보모의 방은 그녀가 미쳤다는 자신의 생각을 확증해주었다. 신문은 방을 넘어 복도로, 그리고 뒤뜰까지 침범했다. 아이들의 아버지 커트 매슈스는 사진에 대한 비비안의 편집증이 점점 더 심각해지고 있다는 사실을 눈치챘다. 집착이 심해지고 불안정해지는 비비안을 보면서 커트와 린다는 가족이 유모와 헤어져야 할 시간이 됐음을 확신했다.

그 뒤로도 비비안의 일터에서는 같은 일이 조금씩 다른 형태로 반복됐다. 고용주와 인간적인 관계를 맺지 못하겠다고 판단하면 비비안은 자기 자신도, 자신이 찍은 사진도 드러내 보이지 않았다. 아주 상황이 좋을 때는 사진을 몇 장 나누어주기도 했지만, 비비안에게 카메라가 있다는 사실조차 눈치채지 못한 고용주도 있었다. 1980년대에 비비안은 이 집에서 저 집으로 계속 옮겨다녔고, 아이뿐 아니라 노인을 돌보기도 했다. 수집벽 때문에 일을 그만두게 되는 경우도 있었지만, 고용주의 상황이 바뀌었기 때문일 때도 있었다. 이 시기의 고용주들은 비비안을 헌신적이고 자신감 넘치고 똑똑하고 은밀하고, 무엇보다 견해가 아주 뚜렷한 사람으로 기억했다. 살짝 심술궂은 유머 감각의 소유자라고 기억하는 사람들도 있었다. 이 무렵, 비비안은 그 어떤 사건도 담담하게 받아들였고, 자기 역할을 잘 수행했으며, 적어도 겉으로 보기에는 거절당하는 일에 면역이 된 것처럼 보였다. 비비안에게 가장 큰 걱정거리는 편안하게 자리 잡고 살던 곳에서 떠나야 할 때 그녀가 감당해야 하는 물리적 불편함이 너무 크다는 것이었다.

1980년대가 끝날 무렵, 비비안은 교외에 있는 세 집에서 차례로 일했는데, 세 집 모두 커다란 상자를 여러 개 넣을 수 있는 지하실이 있었다. 새로운 집에 들어갈 때마다 비비안은 200개나 되는 상자를 끌고 갔다. 자기 물건을 안전하고 가까운 곳에 둠으로써 지금까지와는 다른 새로운 자유를 얻었던 것 같다. 세 집의 고용주들은 비비안이 자기 방과 지하실을 상자로 가득 채우는 것을 보았지만, 비비안이 찍은 사진에서 알 수 있듯이, 적어도 한동안은 예전보다는 상당히 정리를 잘하고 있었다. 세 고용주 가운데 한 명인 베이랜더Baylaender 가족의 아이는 장애인이었다. 베이랜더 가족은 비비안의 헌신에 크게 감사했고, 5년 동안 함께하면서 비비안이 다시 한 번 안정적인 환경에서 평온하게 지낼 수 있게 해주었다. 지하실에 상자를 옮긴 뒤에 비비안은 베이랜더 가족에게 "이 문은 절대 열면 안 돼요"라고 경고했다. 그리고 일상적으로, 약간은 장난식으로, 전화를 받고서는 "잘못 걸었습니다"라고 말하고 갑자기 끊어버렸다. 비비안이 사진을 찍는다는 사실을 어렴풋이 알게 된 베이랜더 가족은 비비안에게 가족사진을 몇 장 달라고 요청했다. 비비안은 사진을 받으려면 인화 비용을 내야 한다고 했고, 베이랜더 가족은 그렇게 하겠다고 약속했지만, 언제나 그랬듯이 비비안은 약속을 지키지 못했다.

친구들

시카고에서 비비안은 오랫동안 알고 지낸 지인이 몇 명 있었는데, 대부분은 예술에 종사하는 젊은 남자들이었다. 비비안은 이 친구들에게 아주 뚜렷한 인상을 남겼다. 모두 비비안을 가리켜 좋아하기 힘든 유형의 사람이었고, 자신을 드러내지 않기 위해 대화를 통제하려는 경향이 있었다고 말했지만, 비비안과 함께하는 시간을 즐겼고, 비비안에 관해 좋게 말했다. 그들에게 비비안은 흥미롭고 박식하며 자기 견해가 뚜렷했던, 좋은 의미로 '특이하다'고 말할 수 있는 사람이었다.

1980년대 초에 비영리영화협회 로비에서 비비안이 '예술적으로' 생겼다며 다가왔을 때, 빌 사코Bill Sacco는 대학교에서 영화를 만들고 있었다. 비비안은 빌에게 상자를 한 창고에서 다른 창고로 옮겨야 하는데, 도와줄 수 있느냐고 물었고, 빌은 기꺼이 도와주겠다고 했다. "상자가 너무 많아서 주말 내내, 하루 종일 일해야 했어요." 비비안의 무거운 상자 때문에 빌의 자동차 스프링이 망가져버렸다. 빌은 상자가 그렇게 무거운 이유가 안에 신문이 들었기 때문이라는 걸 몰랐다. 비비안은 빌에게 도와준 답례로 스미스 빅터 포토플러드 조명을 몇 개 주었고, 두 사람은 친구가 되었다.

빌은 비비안에게 연락할 방법이 없었지만, 비비안은 주기적으로 빌의 집을 찾아왔고, 데일리 플라자에서 찍은 빌의 결혼식 사진 몇 장을 크게 확대해서 가져다주기도 했다. 하지만 비비안이 대부분 신랑을 중심으로 사진을 찍었기 때문에 빌의 아내는 그 사진을 크게 신경 쓰지 않았다. 빌은 비비안을 볼품없고, 퉁명스럽고, 폐쇄적인 사람으로 묘사하기는 했지만 빌과 빌의 아내 둘 다 비비안이 영리하고 재미있는 사람이라는 걸 알았고, 그녀를 있는 그대로 받아들였다. 한번은 빌 부부가 비비안에게 결혼했는지 물었고, 비비안은 자신은 "아직 순수하다"라고 하면서 화제를 돌렸다. 빌 부부와 친해진 비비안은 자기 방으로 부부를 초대해 여행에서 찍은 사진과 유명인들 사진을 몇 장 보여주었다. 하지만 빌 부부와 교류하고 5년쯤 지났을 때, 비비안은 두 사람의 인생에 나타났을 때 그랬던 것처럼 갑자기 사라져버렸다. 비비안답게 말이다.

1980년대 중반이던 이 무렵, 비비안은 미술과 학생 짐 뎀프시Jim Dempsey도 만났는데, 그는 비비안이 자주 찾곤 하던 시카고 미술관 뒤편 극장에서 일하는 학생이었다. 두 사람은 10년 이상 일주일이나 이 주일에 한 번씩 만나 영화에 관해 신나게 떠들었지만, 짐은 비비안의 이름조차 알지 못했다. 짐은 비비안이 매혹적이고 강렬하며, 몸을 매우 가까이 대고 이야기하는 사람이었다고 했다. "어딘가 모르게 아주 노골적인 데가 있는 사람이었어요. 대화를 할 때면 아주 가까이 다가왔는데, 그래서 가끔은 내 얼굴에 침이 튈 때도 있었어요. 그 사람과 대화를 할 때는 각오를 해야 해요. 시각과 청각 같은, 모든 감각이 동원되니까요." 짐은 바쁠 때는 비비안과의 "대화의 소용돌이 속으로 빨려 들어가는 걸" 피했다. 짐은 특히 비비안의 외양과 태도 사이의 극단적인 차이에 주목했다. 육체적으로는 다소 공격적인 것처럼 보이지만 실제로 이야기를 나누다 보면 수줍어하는 성격에, 서로가 공유하는 관심사를 나누려는 열정으로 가득 차 있다는 걸 알게 된다고 했다. "함께 일하는 많은 사람이 그 사람을 무서워했어요. 심술궂다고 생각했죠. 아마도 몸짓이나 접근하는 방식 때문에 그런 것 같아요. 조금 좋아하기 힘든 면이 있었거든요." 짐은 동료들에게 비비안과 대화를 해보라고, 그러면 비비안이 괜찮은 사람이란 걸 알게 될 거라고 말했다.

훗날 자신의 미술관을 운영하게 된 짐은 '수수께끼에 싸인' 보모 사진작가가 발견됐을 때, 그 작가의 작품을 추적하던 중에 처음으로 사진전을 열어야겠다는 영감을 얻었다. 짐은 보모 사진작가의 마지막 자화상 사진을 보기 전까지는 자신의 관심을 끈 작가가 자신의 나이 많은 친구라는 사실을 알지 못했다. 비비안은 늘 카메라를 가지고 다녔지만, 짐은 그저 남들에게 보여주기 위해 그녀 자신이 고른 페르소나의 일부일 거라고만 생각했다. 인화하지 않은 필름에 관해 모든 것을 알게 된 짐은 "왠지 그 사람은 이미지 호더였을 거라는 생각이 드네요. 한순간의 이미지를 포착하고 간직하지만, 그 이미지를 다시 볼 거라는 바람과 달리 그런 기회를 갖지 못했던 거죠"라고 말했다.

중고서점 북맨스 앨리의 주인 로저 칼슨은 비비안을 가장 오래 알고 지낸 사람이다. 맹렬한 독서가였고 수집가였던 비비안은 1980년대 초반부터 2005년 무렵까지 정기적으로 북맨스 앨리에 들렀다. "꼭 동부 유럽의 여자 교도소 소장처럼 생겼었죠. 허름한 신발을 신어서……, 특이하게 걸었는데, 그걸 좋아했어요." 로저가 비비안을 분명하게 기억하고 있는 이유는 정말로 독창적이었기 때문이다. 강하고 자신감이 넘쳤고, 박식했고, 지적이고, 호기심 많고, "가능한 한 자기 견해를 뚜렷하게 내세우는" 사람이었기 때문이다. 비비안은 잡지와 책을 아주 많이 샀고, 유머 감각도 아주 뛰어났다. 그는 비비안이 "본질적으로 삶이 자신을 대하는 방식에 만족하는 여자"였다고 믿었다. "육체적인 면과 인격이라는 관점에서 봤을 때, 그 사람은 아주 일관되었어요. 자신을 방어할 수 있었고, 그 사람을 두렵게 할 수 있는 건 많지 않은 것 같았죠."

놀이

1986년에 60세가 된 비비안은 그 뒤로도 몇 년 동안은 활발하게 활동했다. 여전히 시카고가 주는 혜택을 누리면서 사람들 대부분이 일주일은 있어야 해낼 수 있는 것보다 더 많은 일을 하루에 해냈고, 일이 없는 날이면 아침부터 밤까지 밖을 돌아다녔다. 윌메트 극장에서 개봉작이 상영되는 날은 거의 놓치는 법이 없었고, 극장주 리처드 스턴Richard Stern과도 알게 되어 20년 이상 관계가 이어졌다. 리처드는 비비안을 자기만큼이나 전문

지식을 가지고 영화에 관해 대화할 수 있었던 드문 고객이라고 기억한다. "영화 산업계에 관해 모든 것을 아는 걸어다니는 백과사전 같았습니다." 리처드는 사진에 대한 비비안의 열정을 알고 있었다. 비비안은 가끔 사진을 잔뜩 꺼내 리처드에게 보여주면서 자신은 사진을 판매하는 것이 아니라 보관하는 데 목적이 있다고 말했다. 비비안을 아는 사람들은 비비안이 마치 숭배하듯 미켈란젤로 안토니오니Michelangelo Antonioni, 페데리코 펠리니Federico Fellini, 잉마르 베리만Ingmar Bergman, 앤디 워홀Andy Warhol의 회고전을 찾아다녔고, 저예산 B급 영국 영화에서부터 프랑스인 자크 타티Jacques Tati의 코미디 영화에 이르기까지, 외국에서 만든 작품은 무엇이든지 사랑했다고 증언했다.

새로운 유명인 사진을 찍고자 하는 열망이 컸던 비비안은 마르셀 마르소Marcel Marceau부터 무함마드 알리Muhammad Ali까지, 믿을 수 없는 인물들을 자신의 작품 목록에 넣는 데 성공했다. 이 사진들을 보면 자신의 목표물을 가리고 있는 팬과 사진작가 등 인파를 헤집고 가차없이 앞으로 나아가는 비비안 마이어의 모습을 상상할 수 있다. 언론사 출입증이 없었으니 일반인이 모여 있는 곳에서 기다리다가 어떤 수를 써서든 앞줄까지 이동했을 것이다. 유명인과 저자 사인회에서 과감하게 대기줄을 무시하면서 사람들의 비웃음도 많이 샀을 것이다. 하지만 두려워하지 않고 관계자만이 들어갈 수 있는 공간인 탈의실로, 복도로, 대기실로 들어갔고, 줄지어 달리는 자동차 앞으로 뛰어들었다. 비비안은 앞서 언급한 제리 루이스뿐 아니라 토니 커티스Tony Curtis 같은 다른 유명인들의 촬영장에도 모습을 드러냈고, 필 도나휴와 메리 케이 트리오와는 함께 살았다.

도서 자료도 비비안에게는 아주 중요했다. 비비안은 역사, 정치, 건축, 사진 같은 다양한 분야의 책을 모았다. 영화배우의 사생활을 폭로한 책이나 만화책도 즐겨 읽었다. 대부분 정가보다 저렴하게 책을 구입해 자신이

비비안이 촬영한 유명인들

엘시 앨빈	릴리언 기시	퍼트리샤 닉슨
넬슨 올그런	재키 글리슨	리처드 닉슨
무함마드 알리	배리 골드워터	킴 노백
아폴로 15호 우주비행사들	케리 그랜트	루돌프 누레예프
조지핀 베이커	줄리 해리스	요한 바오로 2세
앤 백스터	오드리 헵번	오토 프레민저
리처드 분	지미 호파	앤서니 퀸
지미 카터	밥 호프	린 레드그레이브
로샐린 카터	레나 혼	대니 로빈
파블로 카잘스	레이디 버드 존슨	넬슨 록펠러
찰스 왕자	린든 존슨	엘리너 루스벨트
토니 커티스	메리 케이 트리오	에바 마리 세인트
댄 데일리	존 F. 케네디	풀턴 신 주교
리처드 데일리	도러시 래모어	시몬 시뇨레
샌드라 디	제리 루이스	프랭크 시나트라
필 도나휴	헤럴드 로이드	콘스턴스 스미스
커크 더글러스	진 켈리	스웨덴 왕
로저 이버트	테드 케네디	티세랑 신부
드와이트 아이젠하워	셜리 맥클레인	존 웨인
자자 가보	마르셀 마르소	리처드 위드마크
그레타 가르보	앤 마그렛	셸리 윈터스
에바 가드너	제임스 메이슨	

읽거나 겐스버그 형제들이나 가까운 친구들에게 선물로 주었다. 비비안의 침대는 책으로 둘러싸여 있었는데, 자신의 관심사를 다른 사람에게 보여주지 않으려고 습관적으로 책등이 안쪽을 향하게 했다. 비비안이 소유했던 책들은 대부분 소지품과 함께 버려졌지만 책장과 창고에 있던 제목

목록만 보아도 비비안이 다양한 분야에 관심이 있었음을 알 수 있다. 사진 관련 서적은 모두 1975년 이후에 출간된 책뿐이었는데, 비비안의 작업에 영향을 미치기에는 너무 늦은 시기였다는 게 흥미롭다. 아마도 사진 작업을 시작한 초창기부터 사진 관련 서적을 가지고 있었을 테지만, 초기에 소유했던 도서 목록은 발견되지 않았다.

비비안의 도서 목록

Steve Schapiro, *American Edge*
Carole Gallagher, *American Ground Zero, The Secret Nuclear War*
Guy Suarès, *André Malraux*
Hank O'Neal, *Berenice Abbott, American Photographer*
Charles Brooks, *Best Editorial Cartoons*
Karl Weber, *La Camargue*
Benito Mussolini, *The Cardinal's Mistress*
David Mellor, *Cecil Beaton: A Retrospective*
Bruce Bernard, *Century*
Jacques E. Levy, *Cesar Chavez*
Bill Harris, *Chicago: A Photographic Journey*
Anatoli Rybakov, *Children of the Arbat*
Luis Romero, *Dali*
Eddie Fisher, *Eddie: My Life, My Loves*
Charles Higham, *Errol Flynn: The Untold Story*
Philippa Pullar, *Frank Harris*
Sandford Dody, *Giving Up the Ghost: A Writer's Life Among the Stars*
Harry Benson, *Harry Benson on Photojournalism*
Herbert Block, *Herblock on All Fronts*
Lester David, Irene David, *Ike and Mamie*

Rene De Chambrun, *I Saw France Fall, Will She Rise Again?*
Michael A. Morrison, *John Barrymore: Shakespearean Actor*
Dennis Eisenberg, *Meyer Lansky: Mogul of the Mob*
Edda Mussolini Ciano, *My Truth*
Roland Gelatt, *Nijinsky, the Film*
George Orwell, *The Orwell Reader: Fiction, Essays, and Reportage*
William Rubin ed., *Pablo Picasso: A Retrospective*
David Hanna, *Robert Redford: The Superstar Nobody Knows*
James Willard Schultz, *Sahtaki and I*
David Douglas Duncan, *Self-Portrait : USA*
Flora Rheta Schreiber, *The Shoemaker: Anatomy of a Psychotic*
Kenneth Tynan, *Show People: Profiles in Entertainment*
Thomas Struth, *Strangers and Friends*
Gloria Swanson, *Swanson on Swanson*
Anthony Wons, *Tony's Scrapbook*
Bobby Baker, *Wheeling and Dealing*

구매욕뿐 아니라 소재 및 품질에 대한 식견까지 모두 갖춘 비비안은 안목 있는 열정적인 구매자였다. 비비안의 카메라는 기계가 구현할 수 있는 아름다움의 표본이었고, 비비안이 선택한 카메라 부속품들은 모두 최고급 기량을 자랑했다. 비비안의 주소록에는 애용하는 중고품 상점과 골동품 가게 전화번호가 적혀 있었고, 마샬 필즈 백화점의 속옷과 블라우스 판매 부서 직통 전화번호 옆에는 세일 날짜가 적혀 있었다. 보물찾기를 하듯이 쇼핑 유람을 다녔고, 마치 물건에 점수를 매기는 것처럼 한 번 입은 옷이라도 가격표를 떼지 않고 붙여놓았다. 갖고 싶은 옷이 아주 싸게 나오면 자신에게 맞지 않는 옷이라고 해도 일단 사두었다가 그 옷을 좋아할 만한 사람에게 주었다. 비비안의 물욕은 눈살을 찡그릴 정도는 아니었지만, 현명하지 않은 결정을 내릴 때도 있었다. 창고, 소매업자들, 친구들에게 갚아야 할 돈이 있었는데도 비비안은 14캐럿 오팔 반지를 사는 데 397달러, 라비앙 로즈 실크 스카프를 사는 데 245달러, 리버티 오브 런던 블라우스를 사는 데 165달러를 썼다. 커스텀 주얼리, 정치 구호 배지, 아프리카 공예품, 크리스털 제품처럼 저렴한 물건들은 벼룩시장이나 고물시장에서 구매해 자신의 다양한 컬렉션을 보강했다.

재정 상태

돈을 대하는 비비안의 행동에는 모순이 있었다. 지출 균형을 맞출 수 없었던 비비안은 청구서를 제때 지불하지 못했고, 대출을 제대로 상환하지 못했으며, 센트럴 카메라부터 「시카고 트리뷴」까지 제날짜에 내야 할 돈을 내지 못했고, 무엇보다도 중요한 창고 사용료도 내지 않았다. 심지어 비비안은 세금 관련 문제로 국세청과 정기적으로 편지를 주고받으면서, 친구에게 보내는 편지처럼 가볍게 안부를 묻기까지 했다. 하지만 솔직히 말해서 비비안의 그런 기행은 의무를 회피하려는 시도가 아니라 계획을 제대로 세우지 못해 체계가 무너진 나머지 나타난 결과였다.

그런 비비안이었지만 투자에 관심이 많았고, 성공한 적도 있었다. 1950년대에 비비안은 주식을 몇 주 샀고, 「시카고 트리뷴」과 「뉴욕 타임스」를 탐독한 뒤에는 더 많은 주식을 샀다. 비비안의 주식은 〈바흐 앤 컴퍼니Bach and Company〉에서 관리했는데, 비비안은 당연히 자신이 받은 재무제표, 배당 통지서, 보도자료, 연간 보고서를 한 장도 빠짐없이 보관했다. 고작 몇 주밖에 되지 않은 주식 관련 서류로는 정말로 어마어마하게 많은 양이었고, 비비안 외에는 거의 관심도 두지 않을 정보들이었다. 말년이 되면, 비비안의 재산은 점점 더 관리가 되지 않았고, 잘못된 주식에 투자했으며, 배당 수표를 현금화하는 것을 포기해야 했다. 하지만 그렇다고는 해도 캐

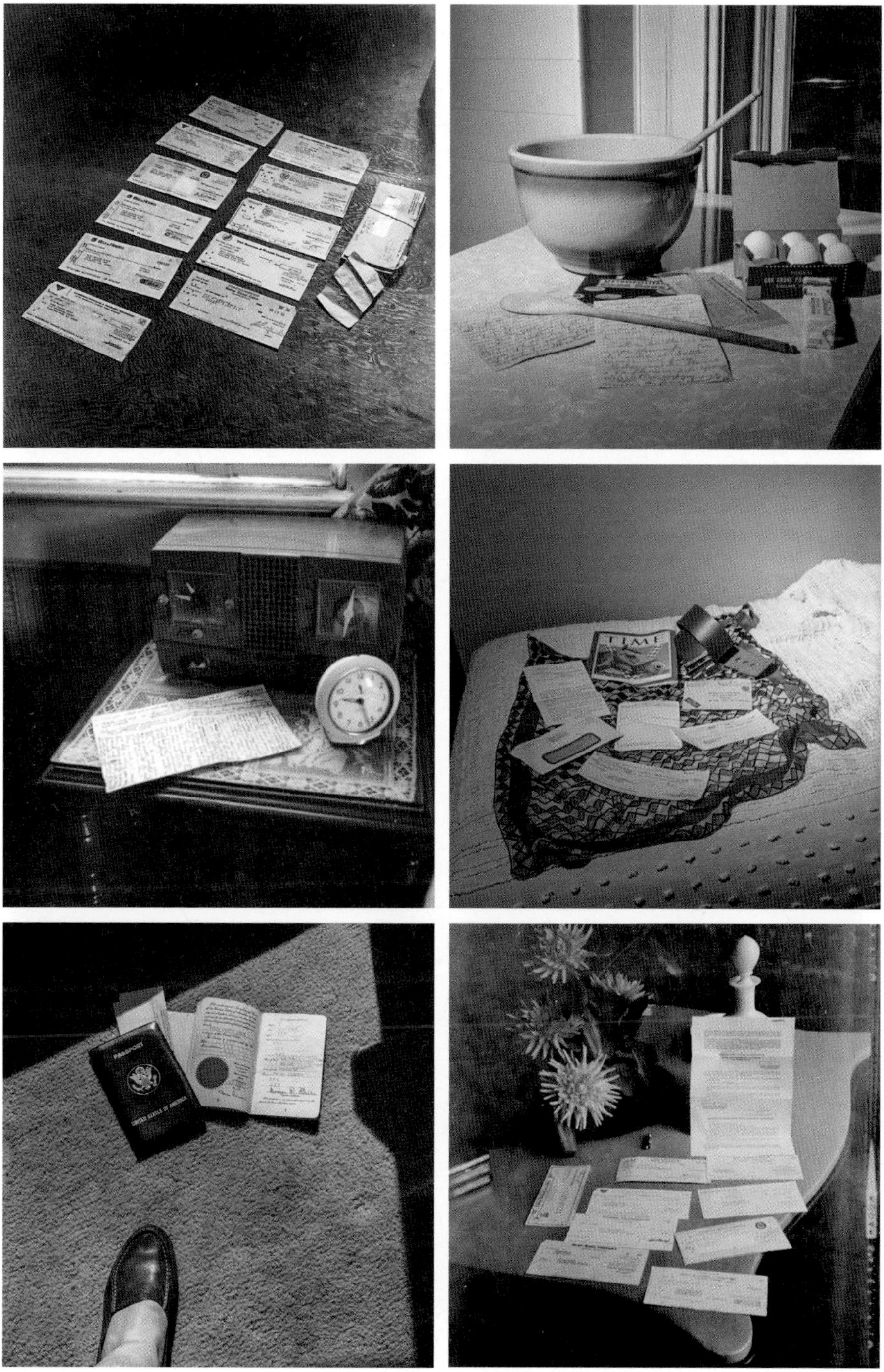

기록을 위하여, 1950~1980년대(*Vivian Maier*)

나다 퍼시픽 철도, 제너럴 모터스, 워너 브라더스처럼, 비비안의 포트폴리오는 작지만 인상적이었다.

일찍이 1950년대부터 비비안은 기록을 위해 주식 배당 수표, 소득 신고서, 여러 가지 증명서, 편지, 레서피 같은 중요한 서류들은 사진을 찍어 보관했다. 지금은 많은 사람이 그렇게 하지만, 50년 전에는 비비안 같은 사람이 드물었다. 서류를 찍을 때도 비비안은 탁자 위에 서류를 가지런히 편 뒤 소품으로 장식했다. 선천적으로 타고난, 아름다움을 추구하고 창의성을 발휘하는 특성이 여기서도 발휘되었다. 마치 상상 속의 광고를 찍듯이 자신의 작품을 꽃, 과일, 혹은 손에 잡히는 다른 물건들로 꾸미고 냉장고와 찬장의 것들을 꺼내 와 테이블 위에서 구도를 잡았다. 1970년대에는 다른 사람의 소지품도 사진에 등장한다. 고용주가 보지 않을 때는 고용주의 신뢰를 저버리면서까지 고용주의 서류나 주소록, 편지, 앨범, 일기장 같은 사적인 물건을 사진에 담았다. 마치 자신의 역사에 타인의 역사를 억지로 끼워 넣으려는 것처럼 보였다. 자신이 보살피던 노인이 사망했을 때는 노인의 지갑에 들어 있던 물건을 사망 통지서와 군 복무 증명서, 노인이 좋아했던 스웨터와 함께 나란히 놓고 기념사진인 것마냥 사진을 찍었다.

개인 공간

이 기간에 비비안은 자기 방에 자신의 작품을 전시하기 시작한다. 예전에는 겐스버그 가족에게 줄 흑백 사진은 크게 확대하고, 자신이 간직할 사진은 복사본을 만들어 스프링 공책에 보관했었다. 하지만 1970년대에는 전문 사진작가가 될 준비를 하는 것처럼 20.3×25.4cm 혹은 27.9×35.5cm 사이즈의 컬러 확대 사진이 비비안의 포트폴리오에 등장하기 시작한다. 물건 대부분을 창고에 맡겨두고 고용주의 지하실을 추가 저장고로 사용할 수 있게 되면서 비비안의 생활 공간은 훨씬 더 깔끔해졌고, 마침내 자기 침실을 자기 작품으로 꾸밀 수고를 들일 수 있게 된 것이다. 벽은 대부분 다른 사람들의 예술 작품을 거는 공간으로 활용했지만, 선반은 소장품과 기념품, 자기 작품으로 가득 채웠다. 그중에서도 자신이 가장 좋아하는 작품들은 싸구려 액자에 넣어 소유의 증거처럼 구석에 따로 쌓아두거나 전시를 위해 보관했다. 1987년 어느 날엔가는 과감하게 아래층으로 컬러 사진을 넣은 액자들을 가져가, 자기 방에 전시할 작품을 고르려고 일렬로 펼쳐놓기도 했다.

비비안이 진열을 하거나 파일로 정리한 컬러 사진들은 오직 자신만을 위해 선택한 것으로, 이를 통해 우리는 비비안이 가장 좋아했던 컬러 작품이 무엇이었는지 알 수 있다. 비비안이 선택한 주제는 유명인, 여행 사진, 재미있는 장면, 거리 모습 등 다양하며, 거의 대부분 1970년대 중후반에 찍은 작품들이다. 가장 인상적인 작품 가운데 피사체가 사진작가를 뚫어지게 쳐다보는 사진도 있다. 비비안이 돌보았던 이들이 나오는 사진은 거의 없는데, 겐스버그 형제들도 선호하는 작품에는 빠져 있고, 뉴욕과 프랑스에 살고 있는 가족과 친지 사진도 전혀 없다.

더 작게 뽑아 진열한 사진들은 대부분 12.7×17.7cm 사이즈로, 에바 마리 세인트, 마르셀 마르소, 슬픈 어릿광대, 목제 지붕이 대칭을 이룬 튜더 왕조 시대 주택, 영화 촬영 현장, 낙서, 아프리카와 아시아 여행 사진, 벤치에 앉아 있는 가난한 남자들, 두툼한 밧줄을 들고 있는 남자 등, 특별한 주제를 담고 있다. 뒤에서 찍은 사진 가운데는 모피 코트를 입은 숙녀, 담자색 수영 모자를 쓴 젊은 여인, 비를 맞으며 짐을 옮기고 있는 여행자, 데일리 시장에게 작별 인사를 하는 부유한 남자, 뒷주머니에 신문을 꽂고 허리를 숙인 남자 같은 작품이 있다. 크게 인화한 것으로는 유명인 사진도 있고, 교황의 초상화를 옮기고 있는 남자, '동행'이 있거나 없는 매춘부, 부유

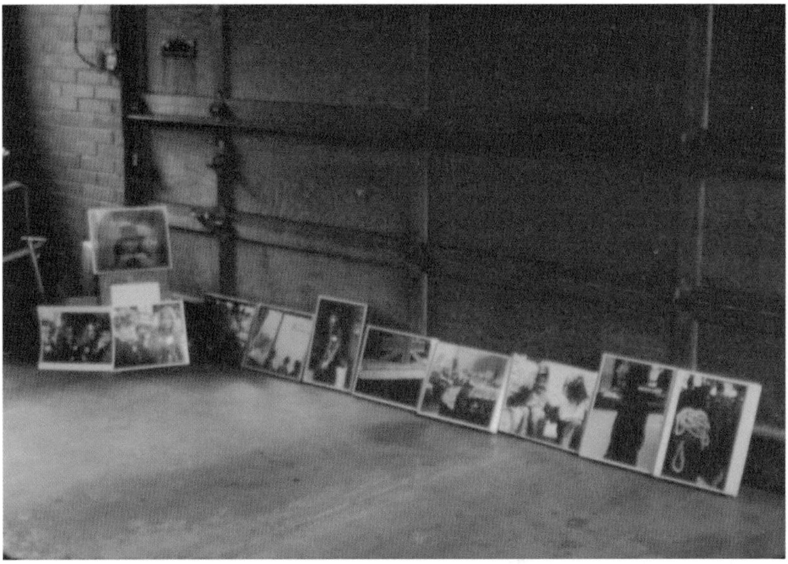

액자들, 시카고, 1988년(*Vivian Maier*)

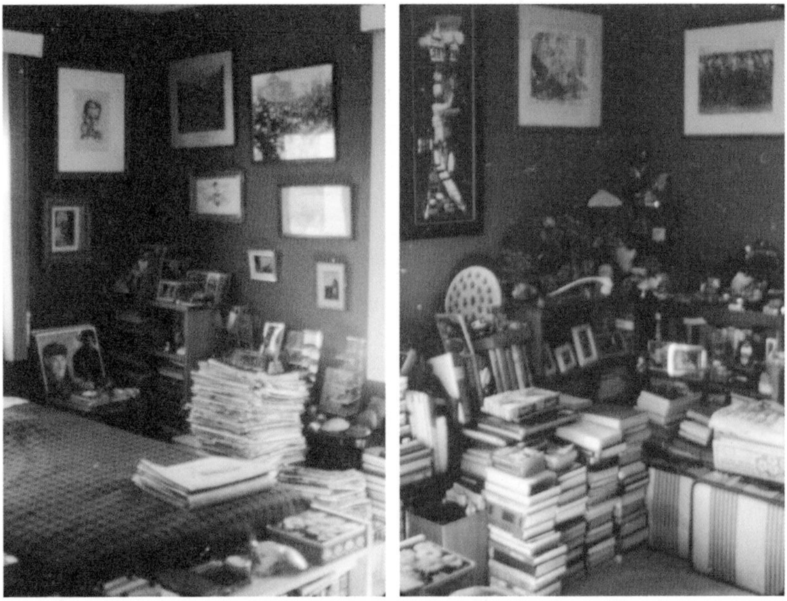

비비안의 방, 시카고, 1980년대 중후반(*Vivian Maier*)

한 세 노부인의 뒷모습, 머리에 붕대를 감은 오싹한 남자, 노동자 계층의 사람들, 영국 국기를 두른 밴드 '더 후The Who'의 포스터가 보인다.

이런 작품이 잔뜩 걸린 비비안의 방은 온갖 색과 질감이 불협화음을 일으키는 곳이었을 테고, 그 때문에 비비안은 아마도 아주 즐거웠을 것이다. 비비안은 두 사진을 포스터처럼 아주 크게 확대해 인화했다. 캘리포니아에서 온 작은 금발머리 소녀의 사진과 팔짱을 끼고 노란색 스카프를 두른

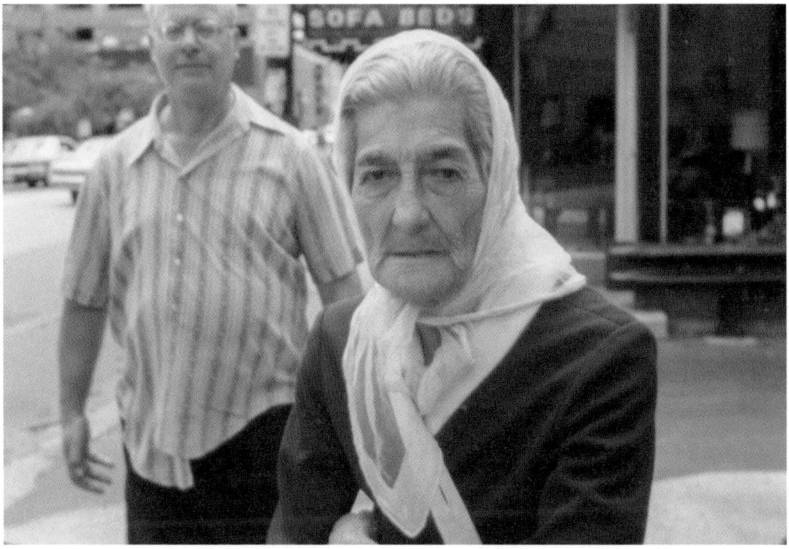

포스터 걸, 시카고, 1977년(*Vivian Maier vintage prints*)

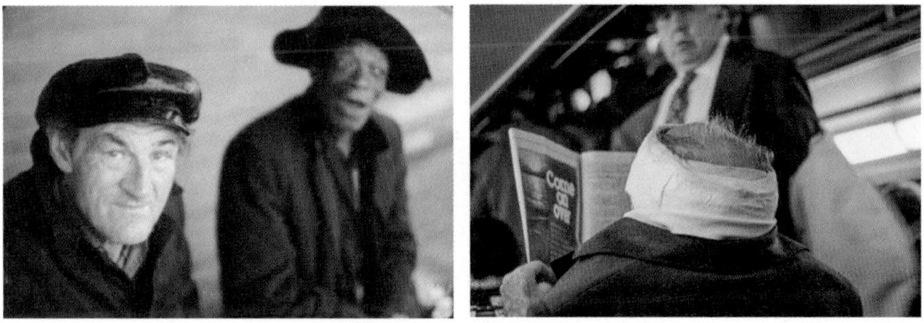

벤치의 남자들, 1975년; 붕대를 감은 남자, 1976년(*Vivian Maier vintage prints*)

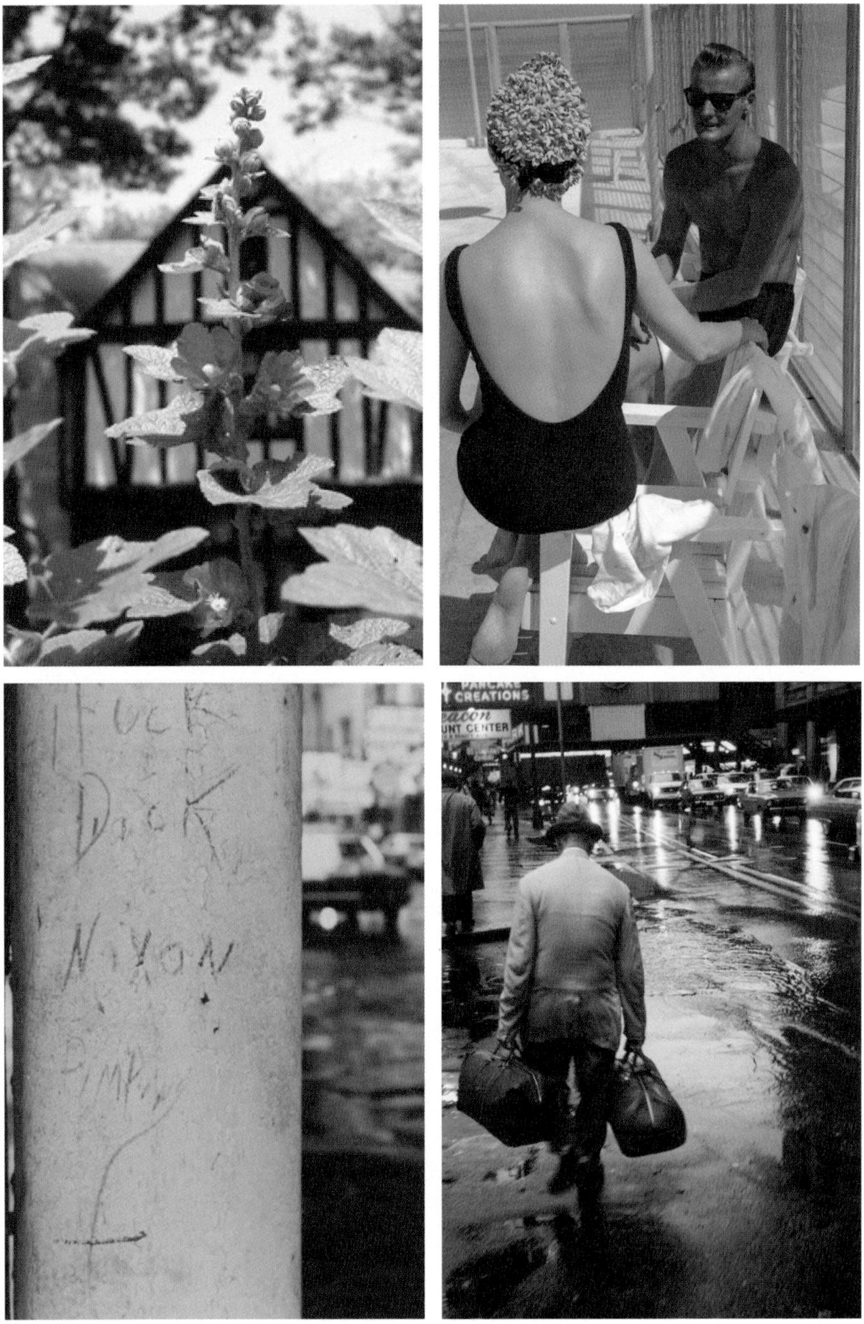

튜더 왕조 시대 주택, 1960년; 수영하는 플로리다 사람들, 1963년;
낙서, 1974년; 짐을 든 남자, 1977년(*Vivian Maier vintage prints*)

채 한치의 물러섬도 없이 사진작가를 뚫어지게 쳐다보고 있는 노부인의 사진이다.

마지막 필름

1980년대와 1990년대에 비비안은 경찰, 쇼핑객, 건설 현장 노동자, 통근자처럼 밖에서 활동하는 사람들을 주로 사진에 담았다. 린다 매슈스는 비비안이 카메라 클럽에 가입했다고 생각했는데, 그녀가 주기적으로 직업 사진작가가 되는 걸 고민했음을 보여주는 단서들이 있다. 한 지인은 비비안에게 프리랜서 사진작가가 되는 방법을 소개한 "프리랜서 활동에 집중하기", "스톡 사진으로 돈 버는 법", "스톡 사진 에이전시 고르는 법" 같은 기사를 보내주었다. 고용주였던 이는 비비안에게 "사진과 수집품을 보여줄 수 있는 청중을 찾기를" 바란다는 편지를 썼다. 시카고 카메라 클럽 야간 사진 학교 유인물이나 인물 사진 강좌, 컬러 슬라이드 관리법 세미나 같은 곳에서 나눠준 안내물이 비비안의 소지품에서 나오기도 했다. 비비안은 가끔 파티나 결혼식 같은 친구들 행사에서 사진을 찍어주었지만, 그 대가로 보수를 받았다는 증거는 없다. 비비안은 낙서를 강박적으로 찍기 시작했는데, 범퍼 스티커, 창문, 라벨, 간판, 쓰레기 수거함을 가리지 않고 글씨가 써진 곳이라면 필름 가득 어디든지 찍었다. 전체적으로 보면 조금은 지루한 사진들이지만, 비비안의 사진은 그 시절 도시 거주자들에게 쏟아지던 언어와 구호가 무엇이었는지를 알 수 있게 해준다.

이 시기가 되면 비비안의 자화상 사진은 점차 사라진다. 그리고 비비안의 모든 묘사는 사실상 경쾌해진다. 어두운 느낌도, 그림자를 활용한 묘사도 좀처럼 찾아볼 수 없다. 언제나 자신을 신비로운 여자처럼 묘사했던 비비안은 모자를 머리에 푹 눌러쓰거나, 카메라로 얼굴을 가리거나, 한쪽 눈을 살짝 감는 연출을 통해 종종 자신을 스파이처럼 보이게 했다. 무엇보다 비비안이 자신의 방에 전시한 자화상은 단 하나, '스파이 비비안'뿐이었다. 여섯 장으로 된 자화상 시리즈에서 비비안은 지금까지의 자화상과는 다른, 장난기 어린 표정으로 사진을 찍었다. 도저히 자화상을 찍을 새로운 방법이 떠오르지 않을 때에는 자신의 트레이드마크인 옷을 사용해 신체적 존재감을 드러냈다. 신문을 피사체로 삼을 때처럼 비비안은 거리를 두고, 자기 자신을 살짝 희화화했다.

이제는 아이들을 돌볼 수 있을 만큼은 젊지 않다고 판단한 비비안은 마지막으로 얼마 안 가 요양소로 들어갈 노부인을 돌보았다. 비비안의 사정을 이해했던 노부인의 가족은 그해가 끝날 때까지는 비비안이 노부인의 집에 머물러도 좋다고 했기 때문에, 비비안은 6개월 동안 안정된 삶을 더 살 수 있었다. 가족이 노부인의 집을 부동산 시장에 내놓았을 때 중개인은 비비안이 머무는 것이 도움이 되지 않는다고 판단했고, 집을 매각할 때 떠나지 않겠다고 고집을 피워 문제가 생길지도 모른다고 걱정했다. 12월의 마지막 날이 되었을 때 노부인의 가족은 단호하게 비비안에게 떠나야 한다고 말했다. 그들은 비비안의 이전 고용주들처럼 비비안이 자신들의 거처에 영원히 머물기를 원하는 것 같다고 느꼈다. 집을 비우면서 노부인의 가족은 비비안에게 필요한 물건을 가져가도 좋다고 말했다. 비비안은 제작자와의 인연은 언급하지 않은 채, 마담 알렉산더 인형 한 벌과 밀리터리 재킷만을 갖겠다고 했다. 노부인의 가족은 비비안이 어머니의 소지품을 뒤졌을 거라는 의심을 했는데, 비비안의 아카이브에 노부인의 지갑 내용물과 사진, 예술품, 편지, 소지품 등이 있는 것으로 보아, 그 의심은 합리적이었다.

비비안의 1980년대 주소록을 보면 시카고 외 지역에 사는 사람들과는 연을 완전히 끊었음을 알 수 있다. 친척, 친구, 고용주 할 것 없이, 뉴욕, 캘리포니아, 프랑스 그 어디에도 연락처를 적어둔 사람은 없었다. 윈디시티

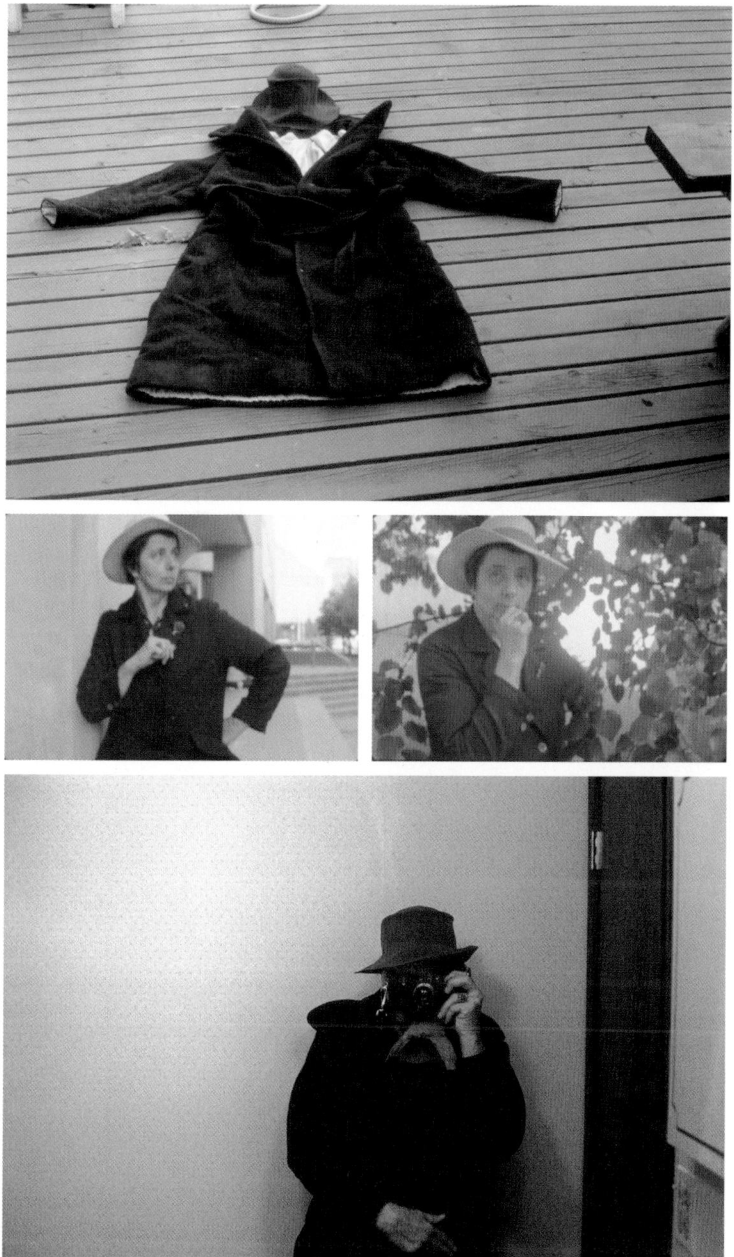

나는 스파이 비비안이다, 시카고, 1980~1990년대(*Vivian Maier*)

로 옮겨 온 뒤로는 고통스러운 자신의 인생사를 공유해봤자 좋을 것이 하나도 없다고 확신한 것처럼, 비비안은 죽을 때까지 누구에게도 자신의 삶과 진짜 배경에 관해 털어놓지 않았다. 1996년에 70세가 되어 더는 일을 할 수 없게 되자, 비비안은 어쩔 수 없이 은퇴를 했다. 정부 지원을 받으려면 출생증명서를 사회보장국에 제출해야 했는데, 이때 제출한 출생증명서가 비비안이 남긴 것으로는 직계 가족을 알려주는 유일한 공식 문서이다. 우정을 유지할 능력이 없었기 때문에 비비안의 사회적 교류는 점원이나 극장 직원 들과 나누는 수다가 전부였다. 비비안에게 일은 늘 삶의 구심점이었다. 비비안이 일을 하고자 했던 데는 돈벌이 이상의 이유가 있었다. 안정적인 생활 터전도, 친밀한 교류도, 일을 하고 있다는 성취감도, 모두 사라진 비비안은 삶의 방향감을 조금은 상실하고 말았다.

1990년대에는 필름 500통 분량의 컬러 사진을 찍었지만, 그 어떤 필름도 현상하지 않았다. 비비안의 마지막 사진들은 본능적으로 무늬와 질감에 이끌렸던 뉴욕의 초기 사진들을 떠오르게 한다. 처음 사진들이 그랬던 것처럼, 마지막 사진들에서도 비비안은 철거되는 건물, 철망으로 만든 쓰레기통, 쓰레기장, 일렬로 늘어선 창문들을 담았다. 칙칙하거나 부정적인 느낌이 드는 사진들은 아니지만, 마지막 사진에는 사람도 거의 없고, 사람을 확대해 찍은 사진도 없다. 그것은 사진작가가 주기적으로 반복되는 도시의 일상에서 소외되기 시작했음을 보여주는 단서이다. 하지만 여전히 문화와 유명인에 대한 흥미는 남아 있었다. 사진에 대한 열의가 줄어든 대신 비비안은 신문 기사를 오려 플라스틱 액자나 3공 바인더에 보관하는 일에 열을 올렸는데, 특히 3공 바인더는 창고에 수백 개를 보관할 정도였다. 액자에는 「플레이 보이」를 위해 포즈를 취한 록산 퓰리처Roxanne Pulitzer(신문 재벌 허버트 퓰리처와의 이혼 소송으로 유명한 작가이자 배우. 옮긴이), 대화법에 관한 카네기의 조언, 스릴러 추천작, 오랫동안 백악관에서 근무한 사람의 죽음, '욕해서 미안해pardon my French'라는 문구의 기원을 설명하는 앤 랜더스Ann Landers(자신의 이름을 딴 인생 상담란으로 유명한 칼럼니스트. 옮긴이)의 글, 결혼식에 친부모를 초대해야 하는지를 묻는 입양자에게 조언한 '디어 애비Dear Abby'의 기사를 넣었다. 실제로 입양에 관한 기사는 비비안이 즐겨 보관하는 주제였다.

비비안의 마지막 사진들 대부분은 신문을 찍은 것이었다. 쓰레기통에 버려진 신문, 구겨진 채 땅에 떨어져 있는 신문, 자동판매기 안에 들어 있는 신문, 요란한 제목을 달고 있는 신문, 신문 가판대에 쌓여 있는 신문, 내지를 한 장 한 장 모두 찍은 신문 등. 다른 피사체들을 찍을 때처럼 비비안은 조명에 특별한 관심을 기울여 사진에 흥미로운 특징을 추가했다.

전체적으로 마지막 사진들은 비비안의 위축된 자아감을 보여준다. 자화상 사진은 눈에 띄게 줄어, 1990년대에 비비안이 본인을 찍은 사진은 열 장도 되지 않는다. 1996년, 더는 보모 일을 하지 않게 된 뒤로 거의 사진을 찍지 않은 비비안은 1999년이 되면, 아직 그녀 앞에 10년이 더 남았는데도, 카메라를 영원히 손에서 놓고 만다. 장비, 필름, 인화비에 돈을 쓰는 것이 부담으로 작용했을 수도 있지만, 비비안은 언제나 사진에 투자할 자금을 마련할 수 있었다. 비비안에게 사진이 여전히 중요했다면, 겐스버그 형제들은 기꺼이 비비안을 위해 비용을 마련해주었을 것이다. 사진을 찍지 않는 비비안은 상상하기 힘들지만, 비비안의 기력은 서서히 쇠약해지고 있었다. 70세가 될 때까지, 40년 동안 사진을 찍은 비비안은, 그 나이에 이른 거의 모든 사람이 그렇듯이 열정을 소진한 듯했다.

비비안은 함께하거나 돌봐줄 친척 한 명 없는 이들이 말년에 직면하게 되는 곤경을 겪으며 낡은 임대 아파트에서 홀로 살았는데 수집벽이 문제가 되어 그곳에서도 나와야 했다. 비비안은 결국 겐스버그 형제들에게 도움을 구했고, 세 형제는 연대보증을 서 로저스 파크에 있는 아파트를 마련

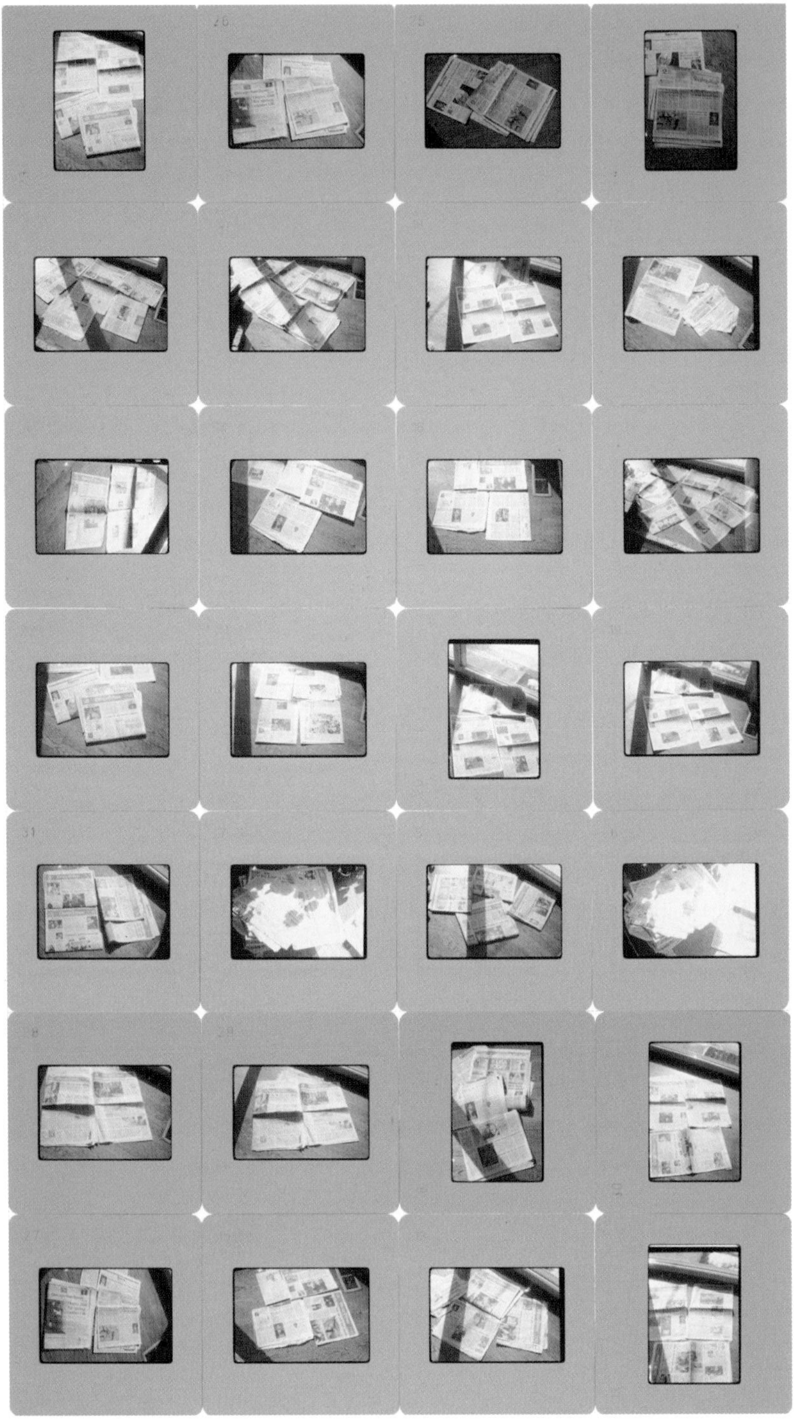

신문들, 시카고, 1993년(*Vivian Maier*)

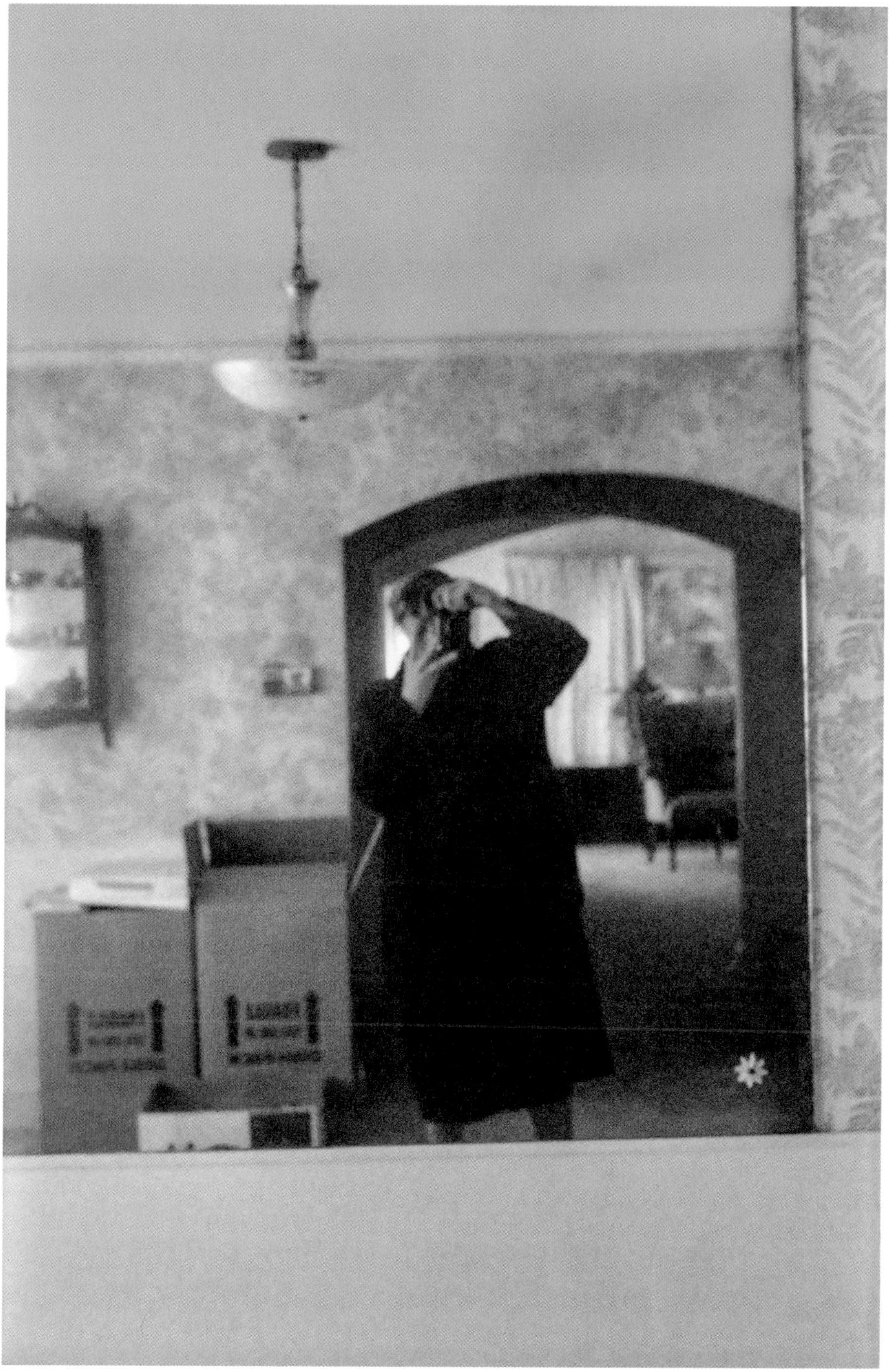

마지막 자화상, 시카고, 1996년(*Vivian Maier*)

해주었다. 비비안은 그곳에서 마지막까지 살았다. 시카고에서는 머무는 곳마다 어김없이 동네의 유명인사가 되어 아미 부츠, 버드 레이디, 프라우 블뤼허Frau Blücher(영화 〈영 프랑켄슈타인〉에 나오는 늙은 하녀. 옮긴이), 마리아 폰 트랩Maria von Trapp(영화 〈사운드 오브 뮤직〉의 모델이 된 여인. 옮긴이), 메리 포핀스, 사악한 마녀 같은 잊히지 않는 별명으로 불린 비비안이었다. 로저스 파크의 이웃들도 물론 비비안의 존재를 알았지만 그저 '프랑스 할머니'라거나 '벤치에 앉아 있는 할머니'라고만 불렀다. 비비안이 그 상황을 좋아했는지는 모르지만, 긴밀하게 연결된 로저스 파크 공동체 주민들은 비비안을 면밀하게 관찰했고, 주시했다. 비비안은 사람들과 어울리는 건 꺼렸지만, 늘 누구나 볼 수 있는 거리의 벤치에 앉아 하루를 보냈다. 날씨에 상관없이 같은 자리에 앉아 무언가를 읽었고, 호수를 바라보았다. 그때도 변함없이 재킷과 치마를 입었고, 밴드 스타킹과 편한 신발을 신고 모자를 쓴 전형적인 비비안의 차림새로 외출했다. 여름이라고 해도 말이다.

2005년에 세라 매슈스는 두 사람이 25년 전에 함께 살았던 에번스턴에서 자신의 옛 보모를 만났고, 두 사람은 즉시 서로를 알아보았다. 그때 비비안은 80세가 되어가고 있었는데, 세라가 보기에는 많이 쇠약해져 있었고, 조금은 우울해 보였다. 두 사람은 몇 달 뒤 세라가 에번스턴을 떠날 때까지 정기적으로 만나 점심을 함께 먹었다.

이웃이 말을 걸어도 그 사람이 프랑스어로 말하지 않으면 비비안은 퉁명스럽게 반응했다. 의지도, 자립할 수 있다는 자부심도 강했던 비비안은 음식이나 옷을 주고 싶다는 이웃의 호의를 거의 대부분 거절했다. 2006년에는 작가인 샐리 리드Sally Reed가 잠시 가던 길을 멈추고 비비안에게 말을 걸었을 때, 비비안은 샐리의 얼굴이 흥미롭게 생겼다고 말했다. 여전히 사람을 피사체라는 관점에서 살펴본 것이다. 많은 이웃이 비비안이 매일 대형 쓰레기 수거함을 뒤지는 모습을 목격했는데, 비비안이 구해낸 쓰레기는 대부분 「뉴욕 타임스」였다. 그때까지도 시사 문제에 관심이 많았던 비비안은 샐리에게 젊은 사람들이 정말로 세상 일에 관심이 있긴 한 거냐고 물어보기도 했다. 샐리는 비비안이 그저 프라이버시를 지키려고 애쓰는 것만은 아니라고 느꼈다. "안전하게 보호받고 있다는 것을 분명히 하려고 사람들을 멀리하는 것 같았어요." 이웃인 밥 카사라Bob Kasara는 비비안이 길을 걷다가 뒷짐을 지고 고개를 숙인 채 허리를 구부정하게 웅크리는 모습을 자주 봤다. 비비안의 피사체들이 자주 취하던 자세였다. 비비안은 많은 노인이 그렇듯이 점점 더 꼬장꼬장해졌고, 이웃 일에 관심 갖지 않은 채, 자신의 좁은 아파트에서, 자기 물건에 둘러싸여 남은 여생을 살아갔다.

2008년 11월 말 어느 오후에, 의식을 잃은 것인지 미끄러진 것인지는 모르지만, 인도에서 넘어져 머리를 부딪혔다. 사람들이 구급차를 불러서 차에 태우려 하자, 비비안은 이웃인 패트릭 케네디Patrick Kennedy에게 손을 뻗으며 "이 사람들이 날 데려가게 하지 말아요. 난 안 갈 거예요"라고 외쳤다. 비비안이 그때까지 병원에 간 것은 단 한 번, 1956년 검진을 받았을 때였는데, 당시 상황은 유쾌하게 흘러가지 않았다. 의사는 비비안이 복통을 앓는다고 생각하고 치료를 하려 했지만, 진찰을 시작하는 순간 비비안은 심하게 동요했다. 지금은 비비안의 저항에도 불구하고 구급요원들이 비비안을 응급실로 이송했다. 머리에 큰 부상을 입었을지도 모르기 때문이다. 비비안은 자신이 회복될 거라고 생각했지만, 경막하혈종이라는 합병증이 발병해, 결국 회복되지 못했다. 비비안은 하이랜드 파크에 있는 장기 요양 시설인 매너케어에 들어갔고, 충실한 겐스버그 형제가 비비안의 상태를 세심하게 살폈다. 비비안은 꾸준히 건강이 악화되다 2009년 4월 21일에 83세의 나이로 세상을 떠났다.

비비안이 사랑했던 소년들은 비비안을 화장하고 장례식을 치러주었고, 자신들이 사랑했던 보모의 유골을 함께 뛰어다니며 야생 딸기를 수집했던 보호림에 뿌려주었다.

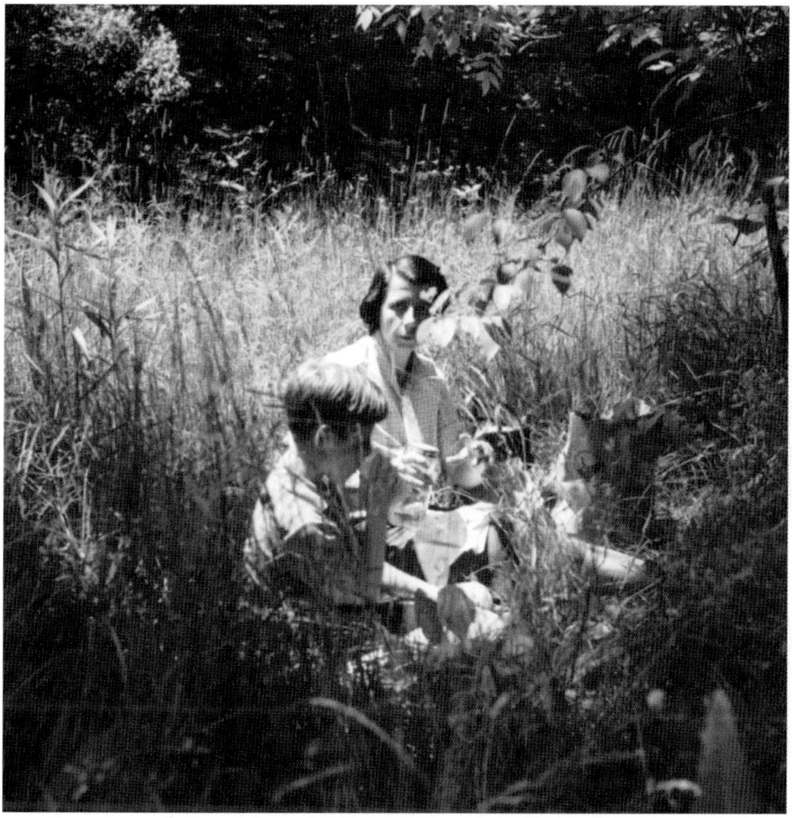

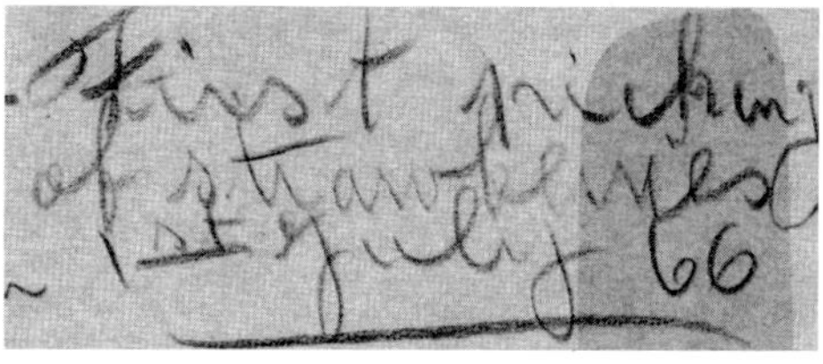

First picking
of strawberries
1st July 66

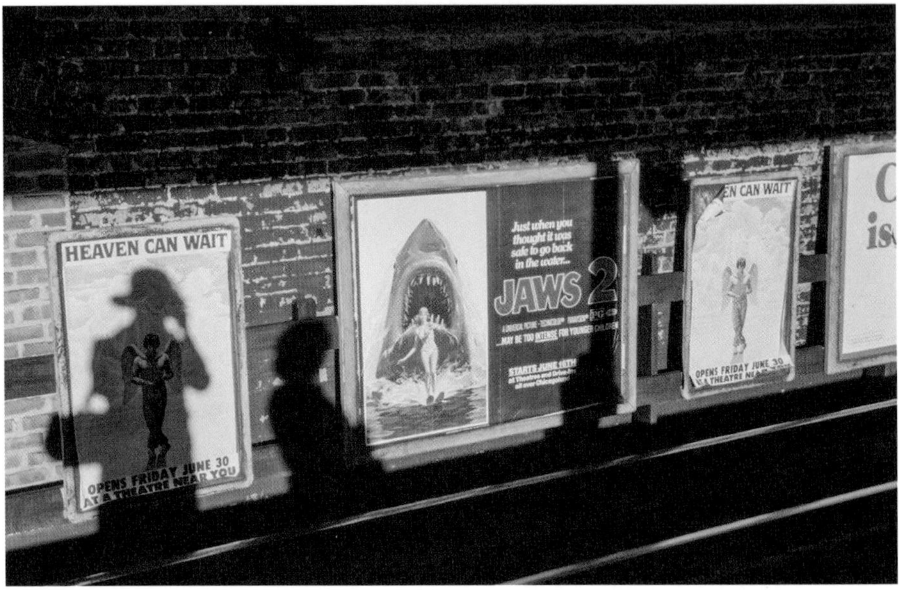

천국은 기다릴 수 있다, 시카고, 1978년(*Vivian Maier*)

18
발견

영원히 지속되는 건 없어요. 다른 사람을 위해 자리를
마련해줘야 해요. 일종의 바퀴예요.
일단 바퀴에 올라탄 뒤에는 끝까지 가야 해요.
그 뒤에는, 다른 사람도 같은 기회를 얻어야죠.
—비비안이 이웃에게 죽음에 관해 한 말

비비안의 사진처럼, 비비안의 작품을 발견한 이야기도 다채로운 인물들로 가득하다. 그들은 재능과 끈기, 그리고 일사불란함으로 비비안의 작품을 세상에 드러냈다. 이미 충분히 놀라운 삶에 대한, 세상에 한 번 나올까 말까 한 결말이고, 무엇보다 또 다른 시작이기도 하다. 노동자 계층 남자의 승리, 가진 자들과 못 가진 자들 사이의 논란, 우여곡절로 가득 찬 이야기 등, 만일 비비안이 신문에서 봤다면 너무나도 마음에 들어 세세한 내용 하나하나를 음미하고, 카메라를 들고 사이드라인에 서서 그 모든 것들을 사진에 담으려고 했을 것이다.

시카고에서 사는 동안 비비안은 늘어만 가는 수집품을 보관하기 위해 끊임없이 저장 공간을 마련해야 했지만, 거의 모든 경우 빌린 공간의 사용료를 낼 수가 없었다. 비비안은 기한이 지난 통지서, 독촉장, 분노에 찬 지불 요청서들을 잔뜩 남기고 떠났다. 이미 1979년에 비비안은 아이어데일 창고에 갚아야 할 빚이 꽤 있었다. 창고 하나에 2467달러, 다른 하나에 994달러의 빚이 있었던 비비안은 한 달 안에 갚지 않으면 창고에 있는 물건을 모두 경매로 처분하겠다는 내용 증명 우편을 받았다. 창고의 이 협박은 결국 먼 훗날 현실이 된다. 비비안이 창고에 보관한 물건 8톤 가운데 사진과 관계가 있는 물건은 얼마 되지 않는다. 대부분은 비비안에게 심각한 저장 장애가 있었음을 보여주는 책이나 잡지, 신문이 든 상자이다.

1979년에 진 빚은 겐스버그 형제들의 도움을 받아 청산하는데, 그 뒤 얼마 안 되어 아이어데일 창고는 탈세 혐의에 연루된다. 미국 국세청은 창고를 압류하고 경매 일정을 잡는다. 당연히 깜짝 놀란 비비안은 자신의 보물을 헤바드 창고로 옮기는데, 이때는 물품 운송비를 지불하지 않아 법정 분쟁에 휩싸인다. 비비안의 이런 채무 불이행은 거의 30년간 지속되지만, 결국 2007년, 헤바드 창고의 주인이 바뀌면서 여러 차례 경고를 받은 뒤, 비비안의 물건이 경매로 넘어가는 것으로 끝을 맺는다.

수집품이 모두 경매로 넘어갔을 때, 비비안이 빚진 사용료는 2400달러였다. 생활은 빠듯했지만 비비안이 충분히 지불할 수 있는 금액이었다. 그로부터 18개월 뒤에 비비안이 세상을 떠났을 때, 은행 계좌에는 3884달러가 있었고, 현금화하지 않은 사회보장 수표가 1000달러, 찾지 않은 세금 환급액 6000달러가 있었다. 그밖에 재투자하지 않은 주식 배당금도 있었으며, 겐스버그 형제들에게 도움을 요청할 수도 있었다. 하지만 비비안은 빚을 갚지 않고, 자신이 모은 모든 수집품이 2007년 가을에 경매에 넘어가게 내버려두었다.

어째서 비비안은 그토록 오랫동안 간직하려고 힘들게 애써왔던 물건들이 그저 몰수되는 걸 지켜만 봤을까? 가장 그럴듯한 설명은 채무 불이행 통지서는 받았지만, 크게 걱정하지 않았으리라는 것이다. 비비안은 습관

IREDALE STORAGE & MOVING CO.

featuring EXCLUSIVE VAN CAPTAIN SERVICE

AN AGENT-MEMBER OF ALLIED VAN LINES

TELEPHONE, ALL OFFICES (312) 869-7200

(forwarded by certified mail)
Storage Lot No. 20851
As of 2-1, 1979
Due $ 2,476.22
Date of This Notice 2-7-79

Ms Vivian Maier
1434 Dearborn Parkway
Chicago IL 60605

Dear Ms Maier

You are hereby notified that unpaid charges in the amount of $2,476.22 have accumulated on your goods stored in the warehouse of this company located at 1839 E Railroad Av, Evanston IL. Demand is hereby made on you to pay such unpaid charges, and such future charges as may accrue, on or before Monday, February 19, 1979, the "demand date".

If you fail to pay said charges, by said date, your goods being the entirety of the lot and consisting of some or all of the following: tables, chairs, bric-a-brac, upholstered pieces, books, and other miscellaneous household furnishings, and objects of art, will be advertised and sold at public auction in the above warehouse on Friday, March 9, 1979 at the hour of 8 A.M.

You are hereby notified that on or after the above demand date an advertisement of this indebtedness will be placed in one or more newspapers of general circulation in the above named city in which the sale is to take place. During the period of notice, preparation and conduct of sale, your indebtedness will be increased by all direct expenditures for notice, handling, preparation and auctioneer's fee.

The proceeds of this sale, after deduction of all costs related thereto, will then be applied against the unpaid charges. If these net proceeds are insufficient to satisfy the unpaid charges, you will be held personally responsible for payment of any balance then remaining due, and, if necessary, legal suit will be filed against you therefor.

The following is the statement of charges due through February 1, 1979:

Moving, Packing and Wrapping	$
Storage and Access	2,476.22
Insurance and Miscellaneous	
Total	$ 2,476.22
Less Payments Received	
Net Total	$ 2,476.22

In closing we point out that our records indicate that we have made every effort to collect the above charges without this extreme action. We regret taking this action and very much hope that you will make the required payment in advance of sale of your possessions.

Very truly yours,
IREDALE STORAGE & MOVING CO.
By [signature]

EVANSTON (ADMINISTRATIVE OFFICES) 1723 BENSON AVE.
EVANSTON (MAIN OPERATING TERMINAL) 1839 E. RAILROAD AVE.

FOR CORRESPONDENCE – ALL OFFICES – P. O. BOX 72, EVANSTON, ILLINOIS 60204

채무 불이행 독촉장, 1979년(*John Maloof Collection*)

적으로 경고장을 무시했고, 최악의 상황이 올 것 같으면 서둘러 보관료를 지불하고는 했다. 설사 경고장을 받지 못했다고 해도, 비비안은 지불일이 다가오는 것을 잘 알고 있었다. 25년 이상 사용료를 납부해왔기 때문이다. 그런데도 이번에는 사용료를 지불한다거나 자신의 수집품을 살펴보러 가지 않았다. 여러 문제를 분리해 처리하는 데 능했던 비비안이었지만 81세가 되어 복수의 창고와 그 안의 엄청난 수집품을 처리하는 게 어려워진 것인지도 모른다. 아니면 이제는 신경을 끄고, 성인이 된 이후로 인생의 상당 부분을 지배해오던 골칫거리로부터 자신을 해방시킨 것일 수도 있다. 비비안의 세계는 훨씬 작아졌다. 이제는 사진을 찍지 않았고, 창고에 쌓인 물건을 보러 가지도 않았고, 사람들도 만나지 않았다. 그저 낮에는 로저스 파크에 있는 벤치에 앉아서 시간을 보냈고, 밤이면 이미 수집품으로 가득 찬 아파트에서 지냈다.

경매

시카고에 있는 알피엔 세일즈의 청산인 로저 건더슨Roger Gunderson은 비비안의 컨테이너가 매물로 나오자 모두 사들여 입찰자 십여 명에게 나누어 팔았다. 그 가운데 한 명이 눈 좋은 사진 딜러 론 슬래터리Ron Slattery였다. 그는 '빅 해피 펀 하우스Bighappyfunhouse.com'라는 사이트를 운영하고 있었는데, 자신의 별난 유머 감각을 발휘해 지은 이름이었다. 슬래터리가 구매한 상자는 현상하지 않은 롤 필름으로 가득했다. 슬래터리는 조심스럽게 몇 장을 인화했고, 그것을 온라인에 올렸다. 그러니까 슬래터리는 비비안의 작품을 가장 먼저 대중에게 알린 사람이었던 것이다. 하지만 사진을 현상하려면 투자가 필요했고, 그 투자에 확신을 줄 만큼의 지지를 얻는 데는 실패했다. 개인적인 문제로 슬래터리는 화가이자 목공 예술가이자 수집가였던 제프리 골드스타인에게 돈을 빌린다. 결국 슬래터리는 비비안 마이어의 사진 쉰일곱 장으로 빚을 대신 갚는데, 이로써 제프리도 소장가 대열에 합류하게 된다.

비비안의 사진을 구매한 사람들은 벼룩시장을 드나들며 서로를 알고 있었다. 슬래터리는 사진작가 랜디 프로우Randy Prow에게 비비안의 수집품을 되팔라고 조언하면서 "이걸 왜 가지고 있어? 저 문을 나가는 순간 차에 치일 수도 있는 거잖아. 그냥 돈을 갖고 있어"라는 말을 했다. 현실에서는 허구에서보다 더 끔찍한 일이 벌어지는 법이어서 실제로 랜디는 그다음 날 차에 치여 1년 동안 꼼짝없이 누워 지내야 했다. 슬래터리는 재정적인 이유로 미술 학교를 그만둔 젊은 구매자, 존 말루프도 알고 있었다. 말루프는 2007년 시장이 무너지기 전까지 4년간 부동산업계에서 제법 성공을 거뒀고, 이제 막 새로운 프로젝트에 착수한 참이었다. 이웃한 포티지 파크에 관한 책을 쓰기로 한 것이다. 말루프는 책에 넣을 이 지역 사진을 구할 수도 있으리라는 희망을 품고 경매에 참여했다. 하지만 적합한 사진이 없었기에, 경매장에서 구매한 사진 상자는 한쪽에 치워두고 잊어버렸다. 몇 달 뒤, 다시 상자를 기억해낸 말루프는 그저 재미로 상자를 뒤져 네거티브 필름 몇 장을 스캔했다. 조금의 기대도 없이 사진을 훑어보던 말루프는 자신이 보고 있는 것이 너무나도 마음에 든다는 사실을 깨닫고 깜짝 놀랐다.

사진들

사진을 잘 알지 못하는 말루프였기 때문에 자신이 받은 느낌을 다른 사람도 똑같이 느끼는지 궁금했다. 말루프과 슬래터리는 서로 편지를 주고받기 시작했고, 사진에 대한 공동의 관심사를 함께 나누었다. 존 말루프도 비비안만큼이나 힘든 어린 시절을 보냈다. 말루프는 어머니의 세 번째 결혼에서 태어난 두 번째 아이였고, 시카고에서도 험한 지역에서 자랐다. 아버지는 말루프가 다섯 살밖에 되지 않았을 때 이웃에게 살해됐다. 말루프를 빼면 가족은 모두 여자였고, 저소득층 식비 지원 제도에 의지해 살았다. 말루프의 어머니는 시급을 받으며 학교 급식실에서 일했다. 화가로 생계를 꾸린다는 계획을 잠시 미룬 말루프는 부동산업계에서 경력을 쌓으며 가족이 안정적으로 살 수 있는 아파트를 마련할 수 있었다. 그전까지의 삶과 달리, 학교에 다니는 것도 아니었고 직장에 나가는 것도 아니었기에 말루프는 책을 쓸 수 있는 시간을 벌 수 있었다.

비비안의 사진을 보고 자극을 받은 말루프는 사진을 배우러 다녔고, 암실을 만들어 필름을 인화하고 밀착인화지를 뽑았다. 무명 사진작가의 사진과 함께 1년을 보내고 2008년이 되자, 말루프는 저축해둔 돈을 털어 이 작가의 작품을 모두 사들여야겠다는 결심을 한다. 말루프는 경매인에게 연락해 사진작가의 작품을 사간 사람들의 연락처를 받았는데, 구매자들 대부분은 기꺼이 팔고자 했다. 사진작가의 재능을 알고 있던 슬래터리는 주저했지만, 돈이 필요했고, 작품을 모으려는 친구의 열정을 존중했기 때문에 자신을 위해서는 조금만 남기고 모두 말루프에게 팔았다. 인화한 사진 수백 장, 현상하지 않은 필름 천여 통, 네거티브 필름 수천 장이었다. 미숙했던 말루프는 필름을 인화할 돈을 마련하려고 이베이에 품질이 조금 낮은 사진들과 네거티브 필름을 올렸고, 현상하지 않은 필름도 판매하는 게 좋을지 고민했다. 말루프가 이베이에 올린 사진을 몇 장 구입한 유명한 사진작가 앨런 세쿨라는 작품의 가치를 알아보고 말루프에게 더는 인터넷으로 사진을 팔지 말라고 충고했다. 말루프는 세쿨라의 충고를 받아들였다. 인터넷에서 판매한 사진은 수백 장으로, 수십만 장인 말루프의 소장품에 비하면 그렇게 많은 양을 떠나보낸 것은 아니었다.

초기 팬들이 비비안의 작품을 두고 경쟁을 벌이는 동안, 비비안은 공원 벤치에 앉아 책을 읽고, 맑은 공기를 음미하고, 미시간 호수를 바라보면서 마지막 날들을 보내고 있었다. 비비안이 살아 있던 1년 반 동안 다양한 구매자들이 인터넷을 뒤져가며 비비안을 찾아내려고 노력했지만, 너무나도 은밀하게 살았던 비비안이었기에 주소와 전화번호를 포함해, 그 어떤 정보도 얻을 수 없었다. 비비안의 부고를 발견했을 때야 존 말루프는 자신이 찾던 사진작가가 보모임을 알았고, 신문에 부고를 낸 겐스버그 형제에게 연락할 수 있었다. 겐스버그 형제는 비비안이 빌린 창고가 더 많다는 사실을 알려주었다. 그 물품들은 대부분 폐기할 예정이었기 때문에 말루프가 처리를 맡는다면 그가 원하는 것들을 무료로 가져도 된다는 데 합의했다. 그 덕분에 말루프는 더 많은 사진과 비비안의 삶을 보여주는 덧없는 자료들을 얻을 수 있었다. 노트, 정기간행물, 음반, 의류, 그리고 정치 구호가 적힌 배지부터 광물 표본에 이르기까지 다양한 종류의 별난 수집품들이었다.

2009년 가을이 되면 말루프는 비비안의 사진을 좀 더 많은 사람과 공유하기로 결심하고, 사람들에게 비비안의 작품을 소개할 방법을 찾기 위해 조언을 구한다. 이미 블로그를 운영하며 비비안의 사진을 조금씩 소개하고 있던 말루프는 자신의 블로그를 플리커에 있는 '하드코어 스트리트 포토그래피 그룹'에 올렸다. 말루프가 올린 게시글은 입소문을 타고 엄청난 속도로 확산되면서 비비안의 사진과 거리 사진 전반에 대한 세계적인 관심을 불러일으켰다. 플리커의 원 게시글에 달린 댓글을 보면 진지한 사진 애호가들이 디지털 시대에 알려지지 않은 이 예술가를 어떤 식으로 실시간 평가하고 토론하고 비평했는지를 알 수 있다. (해당 게시물과 플리커 사용자들의 반응은 지금도 다음 사이트에서 확인할 수 있다. http://vivianmaier.blogspot.com)

비비안의 사진들이 사이버 공간을 날아다니고 있을 때, 마지막으로 많은 작품이 시장에 나왔다. 2010년이 되면 존 말루프가 소유하지 않은 비비안의 작품 가운데 거의 대부분이 이제 막 몸을 회복한 랜디 프로우에게

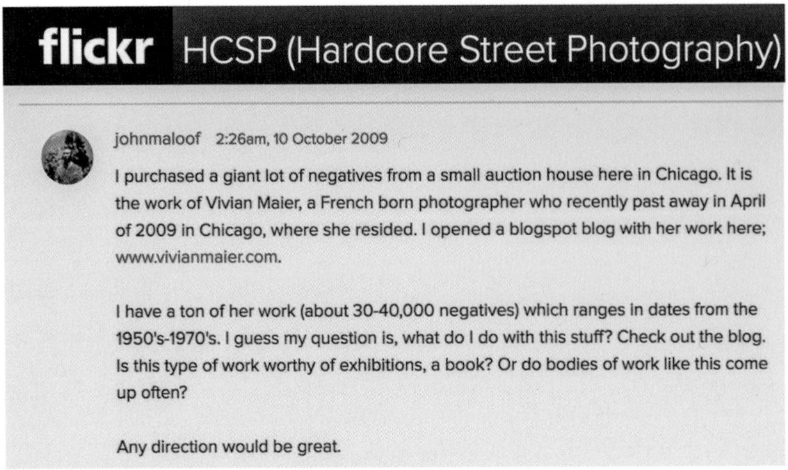

flickr HCSP (Hardcore Street Photography)

johnmaloof 2:26am, 10 October 2009

I purchased a giant lot of negatives from a small auction house here in Chicago. It is the work of Vivian Maier, a French born photographer who recently past away in April of 2009 in Chicago, where she resided. I opened a blogspot blog with her work here; www.vivianmaier.com.

I have a ton of her work (about 30-40,000 negatives) which ranges in dates from the 1950's-1970's. I guess my question is, what do I do with this stuff? Check out the blog. Is this type of work worthy of exhibitions, a book? Or do bodies of work like this come up often?

Any direction would be great.

플리커 게시글, 2009년

있었다. 사진작가는 명성을 얻었고, 사진의 가치도 입증된 지금, 프로우는 기꺼이 사진을 팔 준비가 되어 있었다. 프로우의 사진을 가장 먼저 구매한 사람은 두 번의 구매로 비비안의 사진을 상당히 많이 갖게 된 제프리 골드스타인이었다. 프로우는 경매장에서 자신이 지불한 금액의 거의 100배에 달하는 14만 달러를 받고 골드스타인과 말루프가 남은 사진을 반반씩 갖는 데 동의했다. 큰돈이 걸린 일이었기에 두 수집가는 프로우가 가진 사진을 마지막 한 장까지 분명하게 반씩 넘겨받을 수 있도록 신중하게 거래를 진행했다. 이들은 각자의 거주지에서 중간 지점에 위치한 일종의 중립 지대, 일리노이주 마툰에 있는 주유소에서 만나기로 했다. 그곳에서 그들은 거래할 공간이 있는 작은 마을의 호텔을 지정했다. 협상에서 불미스러운 일이 생길 것에 대비해 각자가 무장 경호원을 대동할 정도로 분위기는 팽팽했다. 다행히 걱정했던 상황은 벌어지지 않았고, 거래는 무사히 끝났다.

모든 거래가 마무리된 뒤 비비안의 작품 수를 헤아려보니 모두 14만

3000장이었다. 그 가운데 84퍼센트를 말루프가 소유하고 있고, 골드스타인이 14퍼센트를 소유하고 있었다. 슬래터리를 비롯한 나머지 사람이 보유한 사진은 2퍼센트에 불과했다. 애초에 말루프는 이 사진들을 공공 기관을 통해 소개해야 한다고 믿었기 때문에 부지런히 미국에서 가장 중요한 박물관들에 연락을 돌렸다. 하지만 인화된 사진이 많지 않은 무명 예술가의 작품에 관심을 보이는 박물관은 한 곳도 없었다. 설사 관심이 있다고 해도 사진을 분류하고, 인화하고, 전시하는 데 필요한 시간과 비용을 들일 엄두가 나지 않았을 것이다. 말루프는 방향을 바꿔 시카고 문화센터와 함께 첫 전시회를 열기로 하고, 큐레이터 레니 실버먼Lanny Silverman과 함께 70장의 작품을 고르고, 디지털로 출력하고, 액자에 넣었다. 전시회는 2011년 1월에 열렸다. 시카고 문화센터가 문을 연 뒤로 가장 많은 관람객이 찾아왔을 정도로 반응은 폭발적이었다. 「시카고 투나이트*Chicago Tonight*」와 「시카고 매거진*Chicago Magazine*」이 전시회 풍경을 소개했고, 전 세계 많은 방송국과 신문사, 디지털 미디어가 열광적으로 반응했다. 모두가 국제적인 사진작가의 반열에 오른 의문의 보모 이야기를 취재하고 싶어했다.

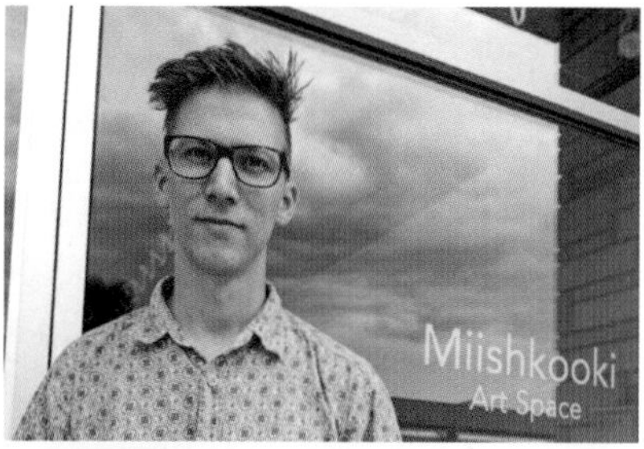

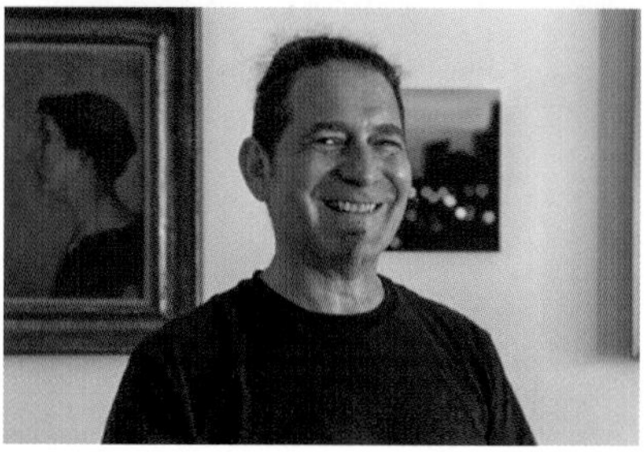

위: 존 말루프(*Drew Maloof*)
아래: 제프리 골드스타인(*Ron Gordon*)

아카이브

말루프와 골드스타인은 자신들의 직감이 맞았고, 투자할 가치가 있는 작품이었다는 걸 입증해준 기대 이상의 반응에 흥분했다. 하지만 진짜 일은 이제부터가 시작이었다. 거대한 아카이브를 제대로 구축하는 일 말이다. 비비안에게서 그 어떤 지시도 받은 적이 없었기에, 사후의 결정 대부분은 비비안의 선택을 이해하고 따라야 한다는 의무감을 누구보다 강하게 느끼고 있던 두 수집가에게 맡겨졌다. 다행히, 두 사람은 예술 분야에서 활동한 경험과 적절한 감성이 있었고, 무엇보다도 진실해야 한다고 믿었으며, 비비안이 살았던 시대에 택할 수 있었던 방법을 재현할 능력 있는 전문가들에게 조언을 구할 수 있었다. 두 사람은 각자 독자적으로 아카이브를 구축해나갔지만, 수십 년 된 필름을 현상할 수 있는 숙련된 기술자를 고용하는 일 같은 어려운 문제는 함께 해결했다. 말루프는 비비안 마이어의 사진을 전시하기 위해 뉴욕의 저명한 하워드 그린버그 갤러리Howard Greenberg Gallery와 제휴를 했고, 유명한 스티브 리프킨Steve Rifkin(그는 잘 알려진 거리 사진작가 리제트 모델의 인화 작업을 했었다)을 참여시켰다. 골드스타인은 시카고에서 활동하는 뛰어난 인쇄팀인 론 고든Ron Gordon과 샌드라 스타인브레처Sandra Steinbrecher를 고용해 독자적으로 전시회를 열었다.

14만 장이나 되는 사진 아카이브를 구축하는 일은 결코 과소평가될 수 없는 엄청난 작업이다. 그 준비 과정에는 긴 시간과 많은 비용이 들었다. 현상하고 인화하는 작업 외에도 각각의 이미지를 스캔하고, 날짜를 확인하고, 주제를 찾고, 목록을 작성하고, 디지털화해야 했다. 그토록 사진을 소중하게 보관하는 사람이었다면 세심하게 정리하고 포장해두었을 것이라고 생각하는 것이 논리에 맞겠지만, 사실 비비안은 전혀 그렇게 하지 않았다. 네거티브 필름을 글라신지 봉투에 넣어두기는 했지만, 사진과 현상하지 않은 필름, 녹음테이프, 영화 필름, 그 밖에 자질구레한 물건들은 거의 대부분 분류하지 않고 마구 뒤섞어놓았다. 비비안은 인화한 사진조차도 거의 신경을 쓰지 않고, 그저 아무렇게나 상자 안에 던져놓았다.

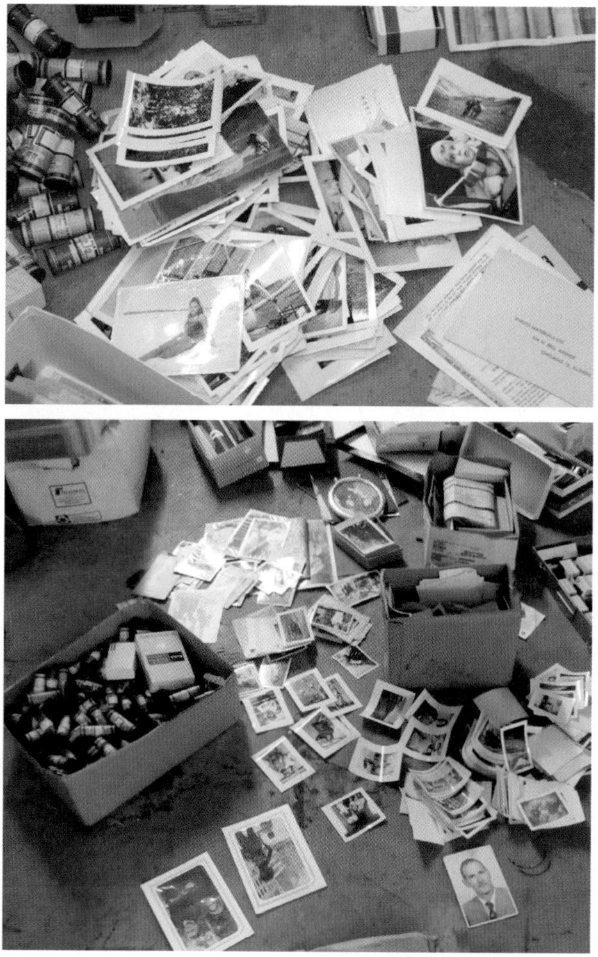

아카이브의 재료들, 2011년(*Jeffrey Goldstein*)

비비안이 작품을 찍은 날짜나 장소, 주제 등을 적지 않았다는 것도 아카이브를 구축하는 데 커다란 걸림돌로 작용했다. 말루프와 골드스타인은 각각의 사진이 담고 있는 이야기를 규명하는 일에 나섰고, 교회의 첨탑만으로 비비안의 프랑스 고향인 생 보네를 발견했을 때는 정말로 기뻐했다. 하지만 전 세계에 퍼져 있는 수천 개가 넘는 건물과 다리를 찾아내는 일은 너무나도 느리게 진행되었고, 두 사람은 불가능한 일 앞에서 좌절과 절망을 느껴야 했다. 그 어떠한 전문적인 기관도 이 방대한 작업을 맡아주지 않았기에, 비비안의 아카이브를 구축하면서 감당해야 할 재정적인 위험과 모든 업무는 본인들의 임금도 챙기지 못하는 초짜 수집가 두 사람의 몫이었다. 두 사람은 자신들의 모든 것을 걸고 이 일에 뛰어들었다.

공개

시카고 문화센터에서 대성공을 거둔 뒤, 말루프와 골드스타인은 각각 따로 뉴욕의 주요 전시 공간에서 전시회를 열었고, 그 뒤로도 뮌헨부터 모스크바에 이르기까지, 세계 각지에서 전시회가 이어졌다. 대중지와 전문지를 가리지 않고 모든 언론사에서 비비안 마이어의 신데렐라 같은 이야기를 거듭 다루었다. 전시회가 열리고 찬사가 쏟아지자, 두 수집가에게 같이 책이나 영화 같은 작품을 만들어보자는 제안이 들어오기 시작했다.

말루프에게는 다큐멘터리에 대한 분명한 생각이 있었다. 그는 그다음 한 해 동안 휘갈겨 쓴 메모, 구매 영수증, 사진 봉투 등을 뒤지며 비비안을 알고 있는 사람을 찾을 만한 단서를 쫓아다녔다. 그렇게 발굴한 단서들은 대부분 쓸모없는 시간 낭비였지만, 결국 말루프는 비비안의 시카고 고용주 대부분과 몇 안 되는 친구와 지인 들을 찾아냈다. 영화 제작을 의뢰할 준비를 마쳤을 때, 말루프는 밀워키에서 활동하는 영화 제작팀을 만났고, 자신이 찾은 연락처와 연구 내용을 있는 그대로 그들에게 제공했다. 처음엔 순진했지만 말루프는 곧 밀워키 영화팀이 자신에게서 정보와 사진만을 빼내고 영화 제작에는 관여하지 못하게 할 계획이라는 것을 알아챘다. 비비안의 작품을 구매했을 때와 똑같은 확신을 가지고, 말루프는 밀워키 영화팀을 떠났다. 밀워키 영화팀은 BBC의 지원을 받아 자체적으로 영화를 제작했고, 뒤이어 말루프의 사진을 놓친 것이 큰 실수였다는 걸 깨달았다. 그들은 다시 말루프의 협조를 구하려고 노력했지만 실패했다.

밀워키 영화팀과 결별한 말루프는 제작자이자 감독, 출연자가 되어 작고한 영화 평론가 진 시스켈Gene Siskel의 조카인 찰리 시스켈Charlie Siskel과 함께 영화 〈비비안 마이어를 찾아서*Finding Vivian Maier*〉를 만들었다. 영화계의 잔혹한 본성을 전혀 몰랐던 말루프는 나중에 BBC가 자신을 배제한 채 영화를 제작했고, 자신에게 배타적인 권리가 있는 정보들을 무단으로 도용했음을 알고 충격을 받았다. 상황을 더 악화시킨 것은 밀워키 영화팀과 말루프 사이의 사전 협상 내용을 전혀 몰랐던 제프리 골드스타인이 BBC 영화에 출연하고 비비안의 사진을 제공해주겠다는 계약을 했다는 것이다. 결국 골드스타인은 영화에 묘사된 자신의 모습도 마음에 들지 않았고, 동료를 배신했다는 죄책감 때문에 BBC 영화에 참여한 것을 후회했다. 하지만 이미 두 사람 사이는 심각하게 틀어졌고, 이후로도 결코 완전히 회복되지는 못했다.

두 주체가 영화를 제작하는 상황은 비비안의 옛 고향에서 살아가는 자부심 강한 주민들마저도 지지하고 참여하는 영화에 따라 둘로 분열하게 만들었다. 〈비비안과 샹소르 협회Vivian Maier et le Champsaur〉는 말루프를 지지했고, 〈비비안의 친구 모임Les Amis de Vivian Maier〉은 골드스타인을 지지했다. BBC 영화는 영국에서 〈비비안 마이어: 누가 보모의 사진을 가졌는가?*Who Took Nanny's Pictures?*〉라는 제목으로 상영되었다. 이 영화는 미국에서 말루프의 〈비비안 마이어를 찾아서〉가 상영된 직후에 〈비비안 마이어의 미스터리*The Vivian Maier Mystery*〉라는 제목으로 개봉하게 된다. 서로 경쟁하는 두 기록 영화는 대중의 강렬한 관심을 끌었고, 상연을 요구하는 관객의 수가 급증했다. 두 영화 모두 호평을 받았고, 〈비비안 마이어를 찾아서〉는 2015년 아카데미 최우수 다큐멘터리상 후보에 올랐다. 미디어가 일으킨 본격적인 돌풍의 한가운데 서게 된 것이다.

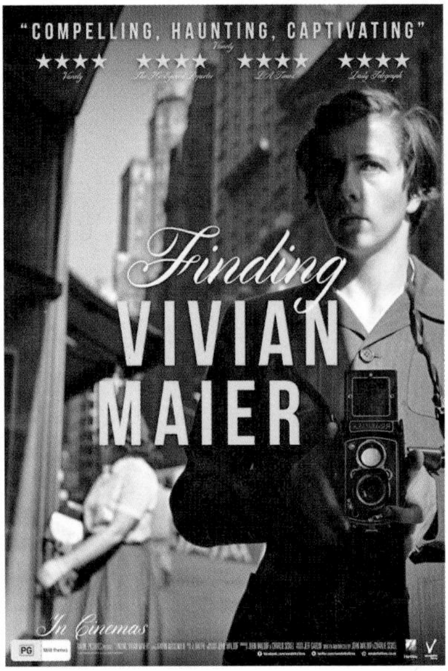

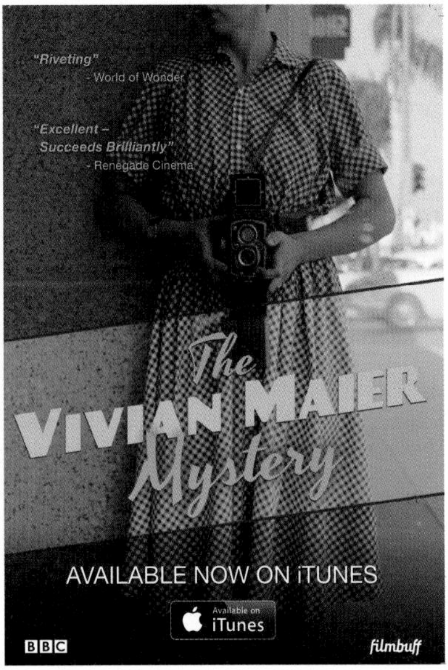

두 개의 다큐멘터리, 2014년.

명성

2014년이 되면 '보모 사진작가'인 비비안 마이어는 누구나 아는 이름이 된다. 발견 자체가 큰 화제가 되었기에 수많은 문제를 둘러싸고 열정적인 대중 토론과 그럴싸한 비난이 쏟아졌다. 복잡한 재산 문제로 제프리 골드스타인은 결국 자기 몫의 수집품을 포기하고 대부분을 판매했다. 이로써 말루프가 마지막 남은 최대 소장가가 되었다.

어려운 상황에서도 재능을 발휘해 엄청난 성취를 거둔 비비안의 이야기는 계속해서 전 세계 많은 사람의 가슴을 울렸고, 비비안은 가장 많이 언급되는 20세기 사진작가 가운데 한 명이 되었다. 현재 세계 전역에서 비비안의 사진이 전시되고 있으며, 비비안의 작품을 소장한 박물관만 십여 곳에 이른다. 비비안의 사진을 실은 우아한 작품집이 출간됐고, 말루프의 영화는 아홉 개 언어로 번역되어 상영됐다. 인터넷상에서 비비안 마이어에게 바치는 프로젝트, 찬사들, 그리고 포럼 등이 이어졌다. 영감을 주는 이야기들과 공감대를 형성하는 사진들은 계속해서 새로운 사람들을 예술계로 끌어들였다. 하워드 그린버그 갤러리의 코트니 노먼Cortney Norman은 "비비안의 작품은 살면서 단 한 번도 사진 전시회에 가보거나 갤러리에서 미술품을 구매해본 적이 없는 사람들을 비롯해, 새로운 사람들을 사진의 세계로 끌어들이고 있습니다"라고 말한다. 예술을 사랑하고 수집했으며, 문화를 옹호했던 비비안이라면 자신이 만들어낸 현상을 보고 분명히 고개를 끄덕이며 흐뭇해했을 것이다.

작고한 메리 엘런 마크는 비비안이 살아 있을 때 다른 사람들이 사진을 보았다면 분명히 유명해졌을 거라고 하면서, 비비안의 재능을 간결한 말로 정리했다. "비비안의 작품은 대단해요. 의문의 여지가 없죠. 환상적인 거리 사진작가였고, 환상적인 인물 사진작가예요. 엄청난 안목을 지닌, 모든 면에서 완벽한 작가였어요. 아름다운 구도, 현실적인 관점. 정말 환상적인 작가예요." 비비안 마이어를 계속해서 거리 사진계의 거장들과 같은 반열에 두고 거론하는 사람들도 있다. 비비안이 남긴 유산에 대해서는 이제 막 이야기가 시작되고 있으며, 작품이 발견된 지 10년이 넘었지만 지금도 추종자들은 비비안의 이야기를 더 듣고 싶어한다.

비비안 마이어는 '누구'인가?

이 세상 모든 사람처럼 비비안 마이어는 유전적 요인과 어린 시절의 경험, 그리고 우연한 만남과 진지한 관계와 무작위적인 결정의 우여곡절로 빚어진 존재이며 의심의 여지 없이 힘든 삶을 살아야 했다. 1897년 5월 11일, 할아버지 니콜라스 바일이 외제니와 마리를 거부하면서 3대에 걸쳐 가족의 기능을 망가뜨리는 짓을 저질렀을 때, 비비안의 운명은 고정되어버렸다. 충격적이고 불운한 어린 시절은 비비안에게 지속적인 영향을 미쳐 저장 장애라는 심각한 결과를 낳았지만, 재능과 인간을 그리는 감성은 전적으로 비비안의 것이었다. 비극이라면, 비비안이 대인 관계를 거부했기 때문에 사람들이 비비안의 진짜 재능을 발견하지 못했고, 재능을 나눌 기회가 없었다는 것이다.

엄청난 장애물이 가로막고 있었지만, 비비안은 힘과 용기를 끌어모아 어린 시절의 제약에서 벗어나 독립적인 삶을 살아갈 수 있었다. 이 세상 모든 사람이 그렇듯이 비비안도 깊은 감정을 느낄 수 있는 사람이었고, 사랑받고 받아들여지기를 간절히 원했다. 사진은 그런 마음을 표출하는 수단이었기에, 비비안은 인간애와 유머, 아름다움이 가득한 작품을 만들어낼 수 있었다. 이제 우리는 비비안의 작품 속에 들어 있는 너무나도 명확한 자질들이 비비안을 묘사하는 모순된 말들과 조화를 이루며 진정한 자아를 드러낸다는 걸 알고 있다. 비비안에게 자화상 사진은 감정을 전달하는 방법이자, 자신이 분명히 실재하고 있음을 알리는 수단이었다.

비비안의 작품 가운데 사진작가로서 본인을 강하게 은유하는 특별한 사진 한 장이 있다. 작은 소녀와 다 자란 어른의 모습을 동시에 드러내는 한 아이의 사진이다. 사진 속에서 아이는 커다란 남성용 시계를 차고 팔짱을 낀 채 당돌한 표정으로 사진작가를 쳐다본다. 자신감 넘치는 태도는 아이의 것이 아니라 어른의 것이다. 하지만 부드러운 곱슬머리, 더러운 얼굴, 눈물이 맺힌 눈, 작은 티셔츠는 아이의 것이다. 아이가 보내는 상반된 신호 때문에 사람들은 시선을 돌리지 못하고 아이를 쳐다본다. 비비안이 우리에게 보내는 신호도 그렇다. 불안하고 힘들었던 어린 시절에 형성됐고, 훗날 정체성 문제, 정신 질환, 보상 심리가 만들어낸 변덕이 더해져 심화된 복잡한 성격 때문에 비비안은 자신의 진짜 재능과 감정을 밖으로 드러내 보일 수 없었고, 그 때문에 형성된 팽팽한 긴장감은 우리를 혼란스럽게 하는 동시에 끌어당긴다.

정신 질환은 비비안의 이야기에서 중요한 부분을 차지하지만, 그저 보조 역할을 할 뿐이다. 정신 질환이 주제 면에서 비비안의 작품과 자화상 사진에 영향을 미친 건 거의 확실하지만, 무엇보다 중요한 건 비비안이 자신의 사진을 다른 사람에게 보이지 않은 이유를 설명해준다는 데 있다. 자기 사진을 널리 퍼트리고 싶었다고 해도, 신문의 경우처럼, 사진을 떠나보낼 수 있는 능력이 비비안에게는 없었다. 비비안이 정말로 무엇을 원하고 느꼈는지를 알아내려면 이 사실을 분명히 염두에 두어야 한다. 작품이 어

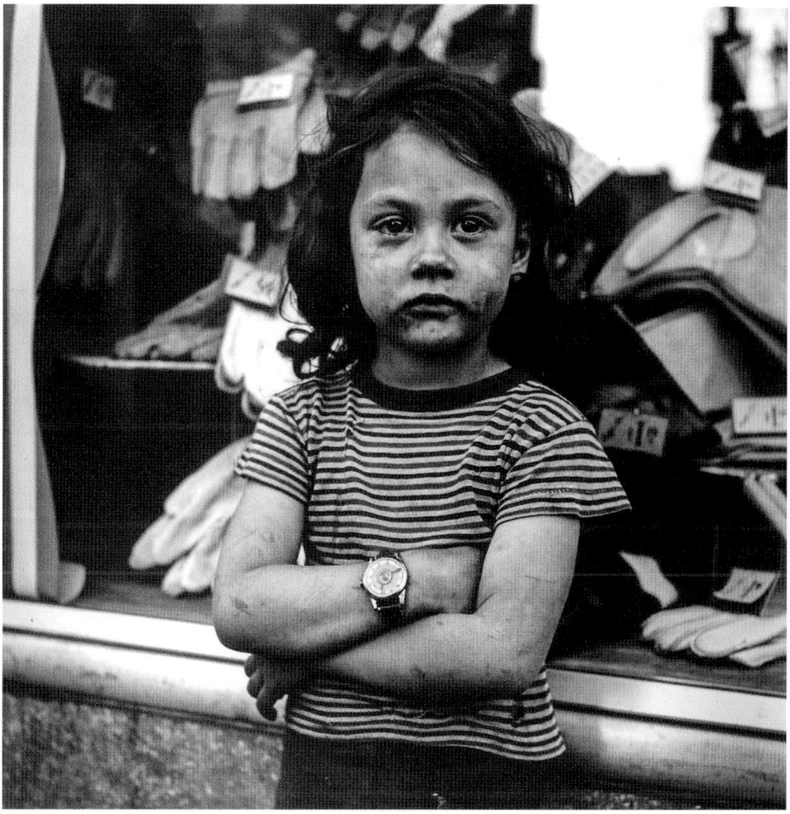

뒤섞인 메시지, 캐나다, 1955년(*Vivian Maier*)

떤 경로를 통해 탄생했건, 비비안의 현존하는 작품은 그녀가 도달한 예술적 경지를 반영하며 인간 존재의 다양한 양상을 있는 그대로 이해하고 묘사할 수 있었던 그녀의 심오한 재능을 보여준다. 사진은 비비안에게 자신을 표현하는 가장 중요한 수단이었기에, 그녀가 작업 과정에서 진정성과 광범위한 정서를 포착하려 했던 것에는 의심의 여지가 없다. 시간이 흘러 정신 질환이 악화되면서, 보수적이면서 깔끔한 옷차림을 고수했던 예쁜 비비안은 사라지고 사람들을 아무리 밀어내려 해도 결국 시선을 끌 수밖에 없는 독특하고 불쾌한, 매력이 없는 사람으로 변해갔다. 자신을 감추고 거리를 두었지만 그 아래에는 버드나무처럼 가냘픈 몸매와 완벽한 자세, 그리고 부드러운 광대뼈를 지닌 173센티미터의 여자가 있었다.

친밀함도, 거부당하는 일도 모두 두려워했던 비비안은 사람들과 교류하지 않았고, 결국 자신이 모은 물건에 둘러싸여 혼자 사는 삶에 만족했다. 하지만 달리 생각해 보면, 쉽게 접근할 수 없는 외모와 사람들과의 단절 덕분에 비비안은 자신만의 방식대로 살아가면서 전 세계를 여행하고, 예술을 즐기고, 사진 기술을 연마할 수 있었다. 비비안은 분명 동정도, 불행했다는 평가도 거부할 것이다. 비비안은 자신을 절대 희생자라고 생각하지 않았으며 필요할 때면 기꺼이 도움을 요청했다. 비비안은 비범한 자질로 모든 장애물을 기회로 바꾸었고, 자신의 삶을 안전하고 만족스럽게 가꾸어나갔다. 행복은 상대적이다. 비비안의 기원과 그 가족의 운명을 생각해 보면, 비비안은 충분히 탁월한 삶을 살았다.

비비안에게 사진은 그저 자신을 표현하는 수단이 아니었다. 세상에 참여할 수 있게 해주는 촉진제였다. 비비안의 카메라는 세상을 향하는 문을 열어, 사회생활이 서툰 이 사진작가를 전 세계, 수천 명에 달하는 다양하고도 흥미로운 사람들에게 연결해주었다. 새로운 거리, 새로운 집에 들어갈 때면 목에 건 장비는 비비안에게 목적의식과 권위를 선사하고 안전한 거리에서 감정을 끌어낼 수 있게 함으로써 비비안을 규정하는 데 도움을 주었다.

사진은 비비안 마이어에게 세상과 이어지는 중요한 연결고리였고, 비비안은 원할 때면 언제라도 세상으로 들어가 자신이 있어야 할 정당한 위치를 요구했다.

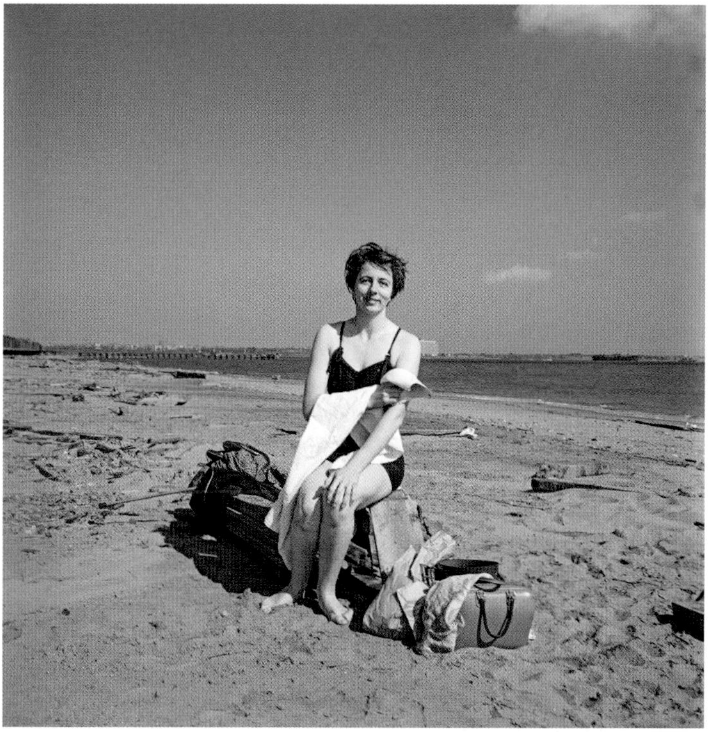

비비안 마이어, 스태튼섬, 1954년

부록 A

논쟁

비비안 마이어의 유명세와 불확실한 상황들로 인해 비비안의 사후 유산을 정리하는 방법에서부터 작품 소유자의 권한과 자격에 이르기까지, 작품의 발견을 두고 거의 모든 사안에서 대중적인 논쟁이 벌어졌다. 무엇보다 사람들은 돈 문제에 가장 큰 관심을 기울이고, 질투심을 드러내며, 점점 더 감정적으로 변해갔는데, 더 많은 사람이 논쟁에 참여하면서 부정확하고 비열하고 근거 없는 추측으로 변질했다. 논쟁에 굶주린 언론은 입증되지 않은 소문을 퍼트렸고, 그 소문은 너무나도 많이 반복되면서 점차 사실로 굳어졌다. 이제는 여러 사건을 거치면서 그런 주장들은 약해졌거나 거짓임이 밝혀졌지만, 여전히 수천 개의 매스컴 자료가 기록으로 남아 있고, 무엇보다, 수많은 사진 애호가들의 뇌리에 그대로 남아 있다. 비비안 마이어의 발견을 둘러싼 주요 논쟁을 지금 여기에서 소개하는 이유는 검증된 사실들을 정리해 문제를 바로잡기 위해서다.

유산 문제

비비안에게는 재산도 거의 없었고, 친척은 더더욱 없었기 때문에 당연히 죽기 전에 유언장을 쓰지 않았다. 따라서 유산 문제는 시간이 조금 흐른 뒤에야 불거지기 시작했다. 흔히 소유권과 저작권을 구분하기가 쉽지 않은데, 사실 법적으로는 아주 명확하고 간단하다. 경매장에서 비비안의 사진을 구매한 사람들은 아직 비비안이 생존해 있을 때 그 물건들을 사들였기 때문에 사진과 네거티브, 필름에 대한 법적 소유권을 갖는다. 한편 인화된 사진은 그 자체로 가치가 있지만, 네거티브 필름과 현상하지 않은 필름은 인화한 뒤에야 가치가 생긴다. 판매와 전시 용도로, 혹은 영화나 책을 위해 이미지를 복제할 권리를 저작권이라고 하는데, 비비안의 유산을 상속받을 살아 있는 상속인이 정해지기 전까지는 비비안의 권리로 남는다. 작가 사후에 인화한 사진을 판매하기 전, 저작권법을 위배하지 않으려고 말루프와 골드스타인은 힘을 합쳐 족보학자와 변호사를 고용해 비비안의 가족을 찾았다. 겐스버그 형제가 보여준 비비안의 사망 증명서대로라면 비비안의 출생지는 프랑스였고, 형제는 없었다. 당연히 말루프와 골드스타인은 비비안의 프랑스 친척이 저작권을 상속받아야 한다고 생각했다.

두 사람이 고용한 족보학자는 비비안의 가장 가까운 친척은 프랑스 생 로랑 드 크로스에서 아내 로제트와 함께 살고 있는 비비안의 사촌 실뱅 조소임을 밝혔다. 생 로랑 드 크로스는 비비안의 어머니 쪽 직계 조상들 거의 대부분이 살던 마을로, 비비안은 이곳의 풍경과 집, 주민들을 사진에

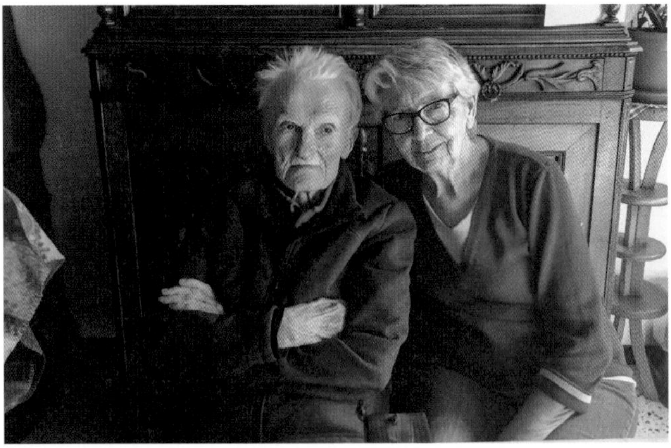

실뱅 조소와 로제트 조소, 생 로랑 드 크로스, 프랑스, 2018년(*Ann Marks*)

많이 담았다. 실뱅은 비비안이 1933년에 찍은 사진에 나오는데, 태어날 때부터 비비안을 알고 있었다. 샹소르에는 다른 친척들도 살고 있었지만, 그 누구도 실뱅이 비비안의 유산을 상속받는다는 사실에 이의를 제기하지 않았다. 사촌이 놀라운 일을 했다는 소식에 신이 난 실뱅은 말루프에게 저작권을 마음대로 써도 좋다고 허락했다. 결과적으로 두 사람은 비교적 적은 비율의 수익금 배분에 합의했고, 악수를 나누며 그 합의를 공식화했다. 샹소르 지역 판사는 비비안 작품의 저작권은 말루프에게 있음을 공식적으로 선언했다. 비비안의 작품을 가장 많이 가지고 있었기에, 말루프는 저작권 양도 계약을 할 때 골드스타인의 작품도 함께 포함시켰다. 그것으로 자신들이 해야 할 모든 법적 의무를 다했다고 잘못 생각한 말루프와 골드스타인은 과감하게도 전 세계 책과 전시물, 그리고 미술관에서 비비안의 사진을 쓸 수 있도록 공유하고 판매하기 시작했다.

하지만 프랑스 판사의 판단은 틀렸다. 저작권법은 수집가들이 미국에서도 저작권에 대한 권리를 얻어야 한다고 명시하고 있었다. 5년 동안, 말루프와 골드스타인은 저작권 문제가 해결됐다고 생각했기 때문에 자신들이 하는 일에 아무 문제가 없다고 생각했다. 누구도 원치 않는 사진을 구해냈고, 막대한 자원을 들여 사진을 인화하고 홍보했으며, 비비안과 가장 가까운 친척을 찾아 저작권 사용 계약을 맺은 데다, 그 누구도 두 사람이 저작권을 사용하는 데 이의를 제기하지 않았으며, 판사의 인가까지 받았기 때문이다. 순진하게도 두 사람은 미국 법이 저작권을 어떻게 다루는지 알아보지 않았고, 결국 버지니아주에서 활동하는 지식재산권 전문 변호사의 행보에 제대로 대응하지 못했다.

데이비드 딜David Deal은 패러디, 말장난, 언론에 맞춤한 이름이다. 그 자신이 20년간 사진을 찍어왔던 딜은 사진 저작권 전문 변호사가 되었다. 딜은 미국 저작권법이 가장 가까운, 살아 있는 친척에게 유산을 상속받을 권한을 주는 것으로 이해했고, 이에 비비안의 전체 가계도를 완성하려고 유럽으로 건너갔다. 엄밀히 말하면 비비안의 가계도에서 실뱅은 비비안의 먼 친척이었고, 상속 순위에서, 당연히 그럴 수밖에 없는 이유가 있지만, 비비안이 아는 친척보다는 거의 얼굴조차 모르는 친척들이 우선순위에 들 수밖에 없었다.

2014년, 딜은 비비안을 단 한 번도 만난 적이 없는 프랑시스 바일을 내세워 소송을 제기했다. 그는 '행운의 상속자laughing heir(생전 고인과 교류가 없었음에도 관습법에 따라 유산을 상속받게 된 사람. 옮긴이)', 정확히는 '은행으로 직행하는 행운의 상속자'였다. 프랑시스 바일은 비비안의 할머니를 임신시키고 3대에 걸친 정서적 혼란을 야기한 비비안의 할아버지, 니콜라스 바일의 후손이었다. 딜의 결전의 날에, 미국 법정은 프랑시스 바일을 비비안의 상속자로 지정할 만한 근거가 불충분하다는 판결을 내렸지만, 그 때문에 시카고에서 적법한 상속자를 찾기 위한 공증 업무를 개시해야 한다는 결정이 내려졌다. 결국 명확한 상속자는 나오지 않았고, 상속법에 의해 비비안의 재산은 시카고의 쿡 카운티 관리하에 들어가게 되었다. 이는 현재까지도 마찬가지다.

쿡 카운티는 비비안 마이어의 사건 같은 사례를 처리해본 적이 없었다. 위험 부담은 너무 컸고, 필요한 정보는 찾기 어려웠으며, 상속자일 가능성이 있는 먼 친척들은 대부분 미국에서 살지 않았다. 시카고 정부는 이 사건을 관리하고 종결해야 할 책임이 있었지만, 정확한 상속인을 찾으려면 상당한 자원이 필요했고, 그 같은 상황에서는 그 누구도 실수를 하고 싶지 않았다. 비비안의 오빠, 칼의 흔적을 찾는 과정이 공무원들의 일을 훨씬 더 힘들게 했다. 칼에게 아이가 있다면, 정식 결혼으로 낳은 아이가 아니라고 해도, 그 누구보다도 고모의 재산을 모두 가질 자격이 있었다. 쿡 카운티는 그와 같은 친척이 나타날 가능성을 고려해 사건을 종결하는 것을 망설였던 것 같다. 그리고 그들에게는 이처럼 사건을 영원히 종결짓지 않아도 될 권한이 있었다.

딜의 소송으로 유산 문제가 비비안의 드라마 중심 무대로 옮겨왔다. 말루프와 골드스타인은 합법적으로 비비안의 작품을 복제하려면 비비안의 유산 관리자들과 사진 사용과 수익 분배 방식을 놓고 계약을 맺어야 했다. 언론과 대중은 저작권을 둘러싸고 진행되는 복잡한 절차를 이해하지 못했고, 그때부터 두 수집가에게 비비안의 사진을 불법적으로 매수했다(아니다, 합법적으로 구매했다), 저작권을 무시하고 수익을 내려고 했다(아니다, 두 사람은 프랑스에서 합법적으로 저작권을 얻었다고 믿었다) 같은 비난이 쏟아지기 시작했다. 말루프와 골드스타인은 법적인 문제를 제대로 준비하지 못했다는 비난을 받을 수는 있지만, 다른 악의적인 비난은 비논리적이며 무분별하다. 두 사람의 활동은 전 세계 언론이 특집으로 다루며 자세히 보도했다. 따라서 일부 사람들이 결론을 내린 것처럼 저작권 문제를 회피하려 했다는 주장은 말이 되지 않는다. 비비안의 유산 문제가 전면에 대두되자, 두 수집가는 일단 진행하던 모든 프로젝트를 유보했는데, 그러자 이번에는 이미 정해진 일정을 멈추게 했다는 이유로 딜에게 비난의 화살이 날아갔다. 비비안이라는 인물이 무대에 등장하자마자 법정 분쟁의 소용돌이 속에서 사라져버릴 것을 염려한 팬들은 인터넷이 마비될 정도로 거칠게 항의했다.

골드스타인은 결국 두 손을 번쩍 들어 항복했다. 그는 토론토에서 갤러리를 운영하는 스티븐 벌저Stephen Bulger에게 흑백 네거티브 필름을 모두 팔았고, 벌저는 스위스 미술 협회에 그 사진을 되팔았다. 골드스타인은 자신이 사랑하는 빈티지 프린트는 그대로 간직했다. 수익 없이 비비안의 작품을 홍보하느라 보낸 몇 년은 골드스타인에게 엄청난 타격을 가했다. 딸의 대학 등록금으로 마련해놓은 돈마저 모두 써버린 그는 더는 앞으로 나갈 여력이 없었다. 시카고의 집과 스튜디오를 매각한 골드스타인은 자신이 '재도전'이라고 표현한 일을 해내려고 노스캐롤라이나로 거주지를 옮겼다. 이전 활동으로 생긴 자산으로 인해 해결해야 할 법적 문제가 남아 있었지만, 비비안처럼 권위라면 자동적으로 반발하는 기질을 지닌 골드스타인이었기에, 행정 당국과의 문제를 해결하는 데는 5년이라는 세월이 더 필요했다.

골드스타인만큼이나 시간과 돈과 열정을 비비안의 작품에 모두 쏟은 말루프는 유산 문제가 불거졌을 때 막 수익을 올리던 참이었다. 그는 쿡 카운티 당국과 우호적으로 서로의 조건을 맞출 수 있었고, 2016년 5월에 비비안 마이어와 관계된 사업에서 그를 주요 조정자로 인정하는 업무 협약에 공식적으로 서명했다. 그런 일들이 일어나는 동안에도 딜은 정당한 상속자를 찾아 가계도를 뒤지고 있었다. 하지만 상속자를 찾는다고 해도 말루프가 거의 대부분을 소유하고 있는 네거티브 필름에 접근할 수 없다면 그 복제권은 아무런 가치도 없을 것이다.

소유자의 역량

비비안의 작품을 발견한 직후부터 미술계는 소유주들에게 의문을 품었다. 무엇보다도 가장 많은 작품을 소유한 두 남자에게 비비안의 아카이브를 관리할 능력과 경험이 있는지 의심했다. 논쟁이 거세지자, 두 사람을 비방하는 사람들은 그들이 부당 이익을 취하고 있으며, 비비안의 작품을 착취하는 무능력자라는 말로 언론에게 새로운 먹잇감을 던져주었다. 공개적으로 비난을 받은 골드스타인과 말루프는 사실 확인을 위해 자신들에게 연락한 언론사는 거의 없었다고 말했다. 과연 비판적인 언론 보도에서 그들의 목소리는 찾아볼 수 없었다. 자신의 사후에 작품이 공개됐다는 사실을 비비안이 어떻게 느낄지는 모르겠지만, 늘 '평범한 사람'을 옹호했던 비비안이라면 일군의 예술계와 언론사가 사업 수완이 있는 수집가들을 지나치게 밀어붙이는 모습을 보면 분명히 화를 냈을 것이다. 현실적인 대안을 제시하지 않고 먼 곳에서 비난을 쏟아붓는 것은 비비안의 실용주의 성향과도 전적으로 어긋나는 태도이다. 가장 많은 작품을 보유한 말루프가 독설을 퍼붓는 사람들의 주요 표적이었지만, 골드스타인 역시 종종 그 자리에 불려나왔다.

두 수집가는 비비안의 사진을 관리할 능력이 없다는 비난을 받았다(아니다, 두 사람 모두 예술가이기도 했고, 모든 작업을 세계적 수준의 전문가를 고용해 처리했다). 이런 식으로 비비안의 작품이 흩어지게 놔둔다면 그녀의 작품 전체를 제대로 연구할 수 없다는 비난(아니다, 두 사람은 14만 장 규모의 디지털화된 아카이브를 준비하고 있었다), 공공 기관에서 비비안의 사진을 관리할 수 없게 방해했다는 비난(아니다, 열 곳이 넘는 박물관에 제안을 했지만, 모두 거절했다)도 있었다. 경매장에서 비비안의 사진을 최초로 구매한 수집가들 가운데 자신은 비비안을 발견한 공로를 왜 인정받지 못하느냐며 비난에 합류한 사람들도 있었다. 이런 다툼 때문에 비비안의 놀라운 이야기는 혼란과 의심, 부정적인 견해들로 뒤덮여버렸다.

말루프와 골드스타인에게 쏟아진 가장 악의적인 비난은 두 사람이 돈을 벌려고 비비안을 착취했다는 것이다. 많은 공론장에서 비비안은 전적으로 돈만 바라는 남자들에게 이용당한 힘없는 노인으로 묘사되었다. 두 수집가의 수익을 마음대로 계산해 사방에 퍼트렸고, 그들이 거대한 아카이브를 구축하기 위해 쏟아부은 수년간의 노력과 그들이 들인 연구비, 재료비, 인건비, 창고비, 운반비, 변호사비, 현상하고 인화하고 액자를 만드는 데 들어간 비용은 철저히 무시했다. 실제로 두 수집가가 비비안의 작품을 세상에 알리려고 결심했을 때 예상한 작업 비용은 어떤 식으로 산출해도 수익을 훨씬 능가했다. 두 수집가는 비비안의 사진이 100년에 한 번 있을까 말까 한 반향을 불러일으키리라는 예상은 전혀 하지 못한 채, 그저 자신들의 열정을 따랐을 뿐이다. 자신들의 순수한 의도를 훼손하려는 시도에 충격받은 두 사람은 적절하게 자신을 방어할 준비가 되어 있지 않았다. 확실히 작업을 해나가면서 실수도 했지만, (말루프는 이베이에서 비비안의 사진을 잘라서 판 것은 아마추어였기 때문에 저지른 실수라고 고백했다) 그들은 동시에 조작과 증오의 기습을 받기도 했다. 두 사람은 무엇보다도 대중에게 말하는 법을, 소셜미디어를 운영하고 언론을 관리하는 기술을 익혀야 했다.

2014년 인터뷰에서 말루프는 "사람들 앞에 나설 때마다 '가난한 여자의 작업을 착취하고 있는 기분이 어때요? 이미 죽은 사람을 이용해서 돈을 벌고 있잖아요'라는 말을 듣습니다"라는 말을 했다. 여전히 나가는 비용만 있을 뿐 회수되는 수익은 없었고, 아카이브를 만드느라 모든 자산을 끌어모아 투자하고 있을 때였는데도 말이다. 비비안의 작품을 이용해 엄청난 돈을 벌었다는 비난에 좌절한 골드스타인은 비비안의 작품을 위해 헌신한 5년 동안 자신이 벌어들인 세전 수익은 10만 달러가 되지 않으며, 급여는 1센트도 받지 않았음을 입증하는 납세 신고서를 공개했다. 이는 공식 수입이었지만 언론은 정정 보도를 내는 데 거의 관심을 보이지 않았다.

처리해야 할 법적 절차와 뒤따라다니는 악의에 찬 공격을 감수하며, 말루프는 다시 작업으로 돌아와 순차적으로 어떤 사진이 들어 있을지 모르는 필름을 인화하고, 목록을 작성하고, 전시와 판매를 통해 비비안의 작품을 다른 사람들과 공유했다. 2019년, 말루프는 3만 5000달러를 들여 비비안의 마지막 남은 500개 컬러 필름을 작업해, 1980년대와 1990년대에 찍은 말년의 사진들을 현상했다. 그 사진 중에는 이 책에서 처음 공개한 비비안의 마지막 자화상 사진도 있다. 말루프는 이제 자기 작업에 다시 집중하고 싶었고, 더 많은 사람이 비비안 마이어의 작품을 접할 수 있기를 바랐기에 많은 소장품과 귀중한 빈티지 프린트 대부분을 시카고대학교에 기증했다.

사후의 결정들

미술계에서는 이미지를 선택하고, 자르고, 인쇄하는 작업도 사진의 본질적인 부분으로 여겨, 원본 사진만큼이나 중요하게 생각한다. 사진작가 앤설 애덤스Ansel Adams가 유창하게 설명한 것처럼 "네거티브 필름이 작곡가의 악보라면 인화한 사진은 연주와 같다." 비비안이 인화한 사진이 전체 작품의 5퍼센트밖에 되지 않는다는 사실은 의미하는 바가 크다. 처음에 미술관에서 비비안의 작품을 전시하기를 꺼린 이유는 전시할 가치가 있는 사진들 대부분을 비비안이 직접 고르지도 않았고 인화하지도 않았기 때문이다. 메트로폴리탄 미술관 사진 전시관 수석 큐레이터인 제프 로젠하임Jeff Rosenheim과 짧게 나눈 대화에서도, 그 역시 비비안의 작품에 관심이 있지만, 어떤 사진이 비비안이 직접 고르고 정리한 작품인지를 알아야 한다고 했다. 다른 사람이 선택하고 잘라낸 작품은 예술가의 진짜 의도와 생각을 제대로 반영하지 못한다는 예술계의 시각을 보여주는 반응이었다.

상황이 이렇다 보니 비비안의 작품을 새로 소유한 사람들이 어떤 식으로 전시할 사진을 선택하고 인화하고 자를 것인가는 진정한 관심사가 될 수밖에 없었다. 두 사람은 비비안의 의도를 살리려고 변함없는 노력을 기울였고, 비비안 생전에도 사용할 수 있었을 방법으로 작품을 처리하기 위해 저명한 전문가들에게 작업을 의뢰하고 조언을 구했다. 보통 예술가들은 사후에 작품을 다룰 방법을 지시하고 세상을 떠나지만, 당연히 비비안의 경우는 그런 일을 기대할 수 없었다. 비비안의 성향을 이해하고 반영하려고 아무리 노력해도, 비비안의 사진 상당수가 비비안 자신이 편집을 하지도, 인화를 하지도 않았다는 사실은 바뀌지 않는다. 비비안이 필름과 네거티브 필름을 그대로 둔 이유는 그 작품들이 가치가 없었기 때문이 아니다. 그래야 할 필요를 느끼지 못했기 때문이다. 초기에 내린 결정은 40.6×50.8cm 사이즈 은염지gelatin silver paper에 수작업으로 인화한 사진을 15판으로 제작한다는 것이었다. 제작팀은 그들이 어떤 처리법을 채택할 수 있는지 알아보기 위해 비비안이 직접 제작했거나 준비 과정을 지켜보았던 빈티지 프린트를 연구했다.

남아 있는 빈티지 프린트 7000장 가운데 말루프와 골드스타인이 소장한 6000장은 검토를 위해 디지털 자료로 만들었다(6000장에는 겐스버그 형제를 비롯한 비비안의 지인이 가지고 있는 사본은 포함되어 있지 않다). 빈티지 사진은 컬러 사진이 제법 많고, 외부 현상소에서 뽑았다. 나머지 흑백 사진 3500장은 비비안이 주제를 선택하는 이유, 선호하는 출력 방법, 사진을 자르는 방식을 보여주는 훌륭한 표본이 되어주었다.

사진의 내용을 기준으로 분류하면, 비비안이 평생 동안 인화한 흑백 사진 가운데 50퍼센트 정도가 엽서 제작을 염두에 둔 풍경과 인물 사진이다. 뉴욕과 여행지에서 찍은 도시와 거리 사진은 약 30퍼센트 정도 된다. 나머지 20퍼센트는 시카고에서 촬영한 것으로, 많은 피사체가 고용주 가족이나 친구 들이다. 자화상은 600장 넘게 찍었지만, 인화한 건 대부분 1950년대에 찍은 사진 50여 장뿐이다. 40년간 작품 활동을 하면서도 비비안에게는 자신이 찍은 사진을 직접 보고 싶다는 열망이 거의 없었다. 비비안이 인화한 사진을 보면, 작품을 고르는 기준이 예술성이 아니라 다른 데 있음을 알 수 있다. 프랑스와 뉴욕에서는 주로 상업적인 목적에서, 시카고에서는 돌보는 아이와 고용주 들과의 유대감을 쌓기 위해 사진을 출력했다. 당연히 그밖에 나머지 흑백 사진들은 다채로운 거리 풍경, 특징이 살아 있는 인물들, 유명인들 사진으로, 비비안이 직접 선택하고 확대해 자기 방에 보관한 컬러 사진의 주제와 일치한다. 이런 사진들은 그 수가 많지는 않아서, 비비안이 예술 사진작가로서 경력을 쌓을 생각이었다고 해도, 비비안이 선택했을 작품이라고 판단하기는 어려울 것 같다.

인화와 관련해서는, 비비안은 경조high-contrast(네거티브 필름이나 인화지에서 농담 차이가 큰 상태. 옮긴이)와 광택지를 피한다는 것 외에는 특별히 지속적으로 보인 선호도는 없었으며, 되도록 조금 더 현실적인 결과물을 원했다. 비비안의 사진을 가장 많이 출력한 스튜디오의 운영자이자 인쇄 전문가인 스티브 리프킨은 비비안의 사진을 인화할 때 목표는 "그림자나 하이라이트를 준 부분이 손상되지 않도록 전체 계조 범위full tonal range로 출력해야 한다는 것"이었다고 말하며 이렇게 덧붙였다. "경조가 아니라 전체 계조 범위를 적용해 출력해야만 눈이 표면에서 미끄러지지 않고 사진을 깊이 볼 수 있기 때문입니다. 비비안의 사진은 순식간에 흡수하기보다는 깊이 들여다보기 위해 활짝 열린 상태로, 유혹적으로 인화해야 합니다."

잘라내기cropping는 사진작가의 접근법에 일관성이 없었기 때문에 소유자들을 가장 골치 아프게 한 문제였을 것이다. 비비안은 사진을 그저 세로로 자른 게 아니라 사진마다 다른 방법을 적용했고, 같은 사진을 다양하게 잘라낸 경우도 많았다. 결국 제작팀은 비비안이 인화하지 않은 사진의 경우 그녀가 어떻게 잘랐을지 예측할 방법은 없다는 결론을 내리고, 사진작가가 뷰파인더를 들여다보았을 때 보았을 모습 그대로 풀프레임으로 제작하기로 했다.

비비안의 작품을 사후에 처리한다는 사실에 경악한 사람이 많았지만, 대중에게 보여줄 수 있는 작품이 많지 않으니 결국 유일한 해결책은 말루프와 골드스타인이 최고 전문가들과 협력해 최상의 결정을 하는 수밖에 없었다. 하워드 그린버그는 비비안이 유작을 처리하는 문제를 어떻게 생각했을 것 같으냐는 질문을 받았다. 오랫동안 진지하게 고민한 그린버그는 이렇게 답했다. "(새롭게 인화된 사진들은) 좋은 선택이었고, 아름다운 사진들입니다. 비비안 마이어도, 그 어떤 사진작가도 이런 사진을 반대하지 않았을 거예요. 따라서 사후 인화 프로젝트는 좋은 결과를 낳았다고 생각합니다. 하지만 사람들이 그런 의문을 제기하는 건 정당한 일이지요."

정신 질환

정신 질환이라는 주제가 논쟁적인 이유는 그것이 실제로 논란이 되어서가 아니라 비비안이 심각한 저장 장애를 가지고 있었다는 사실을 입증할 자료가 많고, 대인 관계, 직업, 재정 상태, 정신 상태 같은 삶의 모든 면에 영향을 미친 것이 분명하다는 사실이 밝혀진 뒤에도 비비안이 정신 질환을 앓았으며, 그에 따른 문제들이 있었다는 사실을 대부분 인정하지 않고 무시했기 때문이다. 만약 이 문제가 일찍이 언급되었다면 비비안이 자신의 사진을 다른 사람들과 공유하지 않은 이유는 그녀가 사진을 수집벽으로 모았기 때문이고, 따라서 달리 선택의 여지가 없었기 때문이라는 것을 처음부터 알 수 있었을 것이다. 가족에게 정신 질환이 있었다거나 촬영 행태가 변화했다는 사실을 몰랐더라도 신문을 병적으로 모으는 습관이 있었다면 사진 수집벽의 가능성도 진지하게 고려되었어야 했다. 사진은 신문들과 같은 의미를 가졌다. 수천 장의 밀착인화지는 신문 한 장, 한 장을 촬영한 이미지로 가득했고, 그 광범위한 이미지 대다수는 미완성인 형태로, 다시 들여다보는 일 없이 그저 상자 안에 방치되었다. 그러나 편견과 낙인으로 인해 비비안이 자기 작품에 집착하는 이유가 정신 질환 때문일 수 있다는 논의를 진전시킬 수 없었고, 비비안의 행동과 동기를 심각하게 왜곡해 설명하는 결과로 이어졌다.

좋은 의도에서였지만 예술계와 페미니스트 공동체는 예술가의 재능이나 여성의 의사 결정을 설명하기 위해 정신 질환에서 그 원인을 찾는 오래된 편견을 언급함으로써 초기부터 이 문제를 제대로 다루지 못하게 했다. 「뉴요커」에 실린 〈비비안 마이어를 찾아서〉의 리뷰에도 이런 입장이 잘

드러나 있다. "여성이 인습에 반하는 선택을 할 때는, 어째서 그것이 기존 구조에 대한 적극적인 도전이라거나 그저 취향의 문제가 아니라 병적인 징후인 것처럼, 정신 질환, 외상 후 스트레스 장애, 성적 억압이라는 용어를 사용하는 걸까?" 하지만 비비안 마이어의 경우에는, 그런 외상 후 스트레스 장애와 정신 질환이 중요한 많은 선택에 영향을 미친 것이 분명하다.

수집벽을 어느 정도 인지한 비평가들도 비비안의 재능과 저장 장애가 비비안의 행동에 미친 영향을 분리하는 데 애를 먹었다. 학자인 샤오제인 첸Hsiaojane Chen은 비평가들은 수집벽이 있었던 앤디 워홀을 평가할 때도 비슷한 어려움을 겪는데, 그 이유는 "호더와 예술가를 서로 배타적인 정체성을 가진 존재로 보는 것"이 역사가들과 큐레이터들의 마음을 더 편하게 해주기 때문이라고 말한다. "워홀이 호더일 수도 있다는 생각만으로도, 그의 예술을 어떤 식으로든 흠집을 내려는 의도로 보고 분노하는 비평가들이 있습니다." 비비안이 암과 사투를 벌였다거나, 그보다 더 가벼운 질병인 수전증, 관절염, 약시 같은 문제로 고생하고 있었다면, 그런 질병이 사진과 관계가 없다며 무시하지는 않을 것이다. 그런 장애가 있었음에도 불구하고 앞으로 나아가는 불굴의 의지가 있었다고 찬양했을 것이다. 그러나 가장 진보적인 사람들조차도 정신 질환에 대해서는 편견을 버리지 못하고 있다. 샹소르의 많은 사람들도 비비안이나 비비안의 가족에게 어떤 식으로든 정신장애가 있었다는 말을 들으면 반박할 수 없는 증거가 있어도 신경을 곤두세웠다. 전문가들도 이 문제를 은폐해버림으로써, 세간의 오해를 더욱 강화했다.

대중에게 제시된 비비안의 행동에 대한 해석은 아귀가 맞은 적이 없으며, 비비안을 그 자신을 발견한 이야기의 희생자로 만들어버렸다. 비비안이 자기 작품에 자신이 없었기 때문에 공개하지 않았다거나, 사진을 사람들에게 보여줄 만큼 가공할 수 있는 돈이 없었다고 주장하는 사람들도 있지만, 모두 사실이 아니다. 비비안이 사진을 간직한 이유는 자신이 직접 관리하고 즐기기 위해서라는 사람도 있지만, 찍은 사진 대부분은 현상도 하지 않은 채 상자에 집어넣고 다시는 보지 않았으니, 그런 설명도 이치에 맞지 않는다. 다른 사람의 평가나 비난을 받고 싶지 않았기 때문에 사진을 숨겼다는 사람도 있지만, 고용주, 이웃, 친구 들에게 사진을 주면서 그런 걱정을 하는 사람이 과연 있을까? 비비안의 소지품을 취한 것은 혼란스럽고 무력한 노부인을 학대한 것이며, 사진을 인화하고 판매하는 것은 철저한 착취라는 선동적인 주장은 전적으로 근거가 없는 허구이다. 비비안의 행동을 맥락 안에서 설명하고 위치 지으려는 어떠한 노력도 없다면, 비비안은 많은 사람들의 마음에 그저 슬픈 일생을 살다간 재능 있는 괴짜로밖에 기억되지 않을 것이다. 그리고 비비안이라면 분명히 그런 평가를 혐오했을 것이다.

비비안이라면 어떻게 했을까?

우리를 가장 난처하게 만드는 질문은 절대로 그 답을 알 수 없을 것이다. 바로 비비안이 사후에 자기 사진이 전시되기를 바랐을지 여부이다. 비비안은 유언장을 쓰지 않았고, 자신의 소지품을 처리할 방법을 말해주지 않았으며, 자신의 작품에 관해 사후에 어떤 식으로 처리해달라는 바람도 남기지 않았다. 처음에 비비안이 사람들과 교류하지 않은 은둔자 같은 생활을 했다는 식으로 널리 알려졌기 때문에, 역사학자들, 스스로 보호자를 자처하는 사람들, 사진 전문 언론들은 서둘러 한목소리로 비비안의 작품은 대중에게 공개되지 않아야 하며, 작가의 프라이버시를 지켜야 한다는 결론을 내렸다. 이런 성급한 판단은 두 가지 결과를 낳았다. 첫째로, 아카이브를 구축한 수집가들은 사진작가를 비윤리적으로 착취했다는 비난을 들었고, 둘째로, 팬들은 비비안의 작품을 온전하게 수용할 방법이 없다고 설득당했다. 하지만 비비안의 삶이 조금씩 구체적으로 드러나면서, 보모 사진작가의 편에서 처음에 목소리를 높였던 사람들도 자신들이 작가에 대해 제대로 알지 못했다는 사실을 깨달았고, 더 많은 정보를 근거로 제대로 분석해야 한다는 입장을 지지하게 되었다.

이제는 비비안이 극단적으로 개인적인 삶을 살았던 건 사실이지만 그래야 했던 이유는 아주 복잡하며, 그 같은 삶의 방식을 사후에 작품을 다루는 방법과 직접적으로 연결시킬 근거가 희박하다는 점은 잘 알려졌다. 뉴욕에서 비비안을 알고 지낸 지인들 덕분에 이 문제를 다른 관점에서 볼 수 있었다. 그들 역시 비비안을 비밀스럽고 과묵한 사람으로 묘사했지만 당시에 그녀가 사진을 공유했다는 사실을 밝힌 것이다. 비비안은 또한 다른 사진작가들과도 교류했고, 사업을 하고 사진을 팔아보려고 노력했으며, 고용주와 친구 들을 찍을 때면 그 사본을 거의 모두에게 나누어주었다.

시카고로 옮겨간 뒤에야 비비안은 질문을 냉정하게 회피하고 필요할 때는 거짓을 꾸며내는 등, 그녀에 관해 많이 묘사된 바대로 비밀스러운 삶을 유지했다. 시카고는 자신의 신분을 완벽하게 숨기고, 고통스러웠던 어린 시절과 불쾌한 가족들과 단절한 채 새출발을 할 수 있는 곳이었다. 사진에 관심이 있는 사람들이나 카메라 상점 직원들과는 간간이 교류했지만, 전문 사진작가의 세계로는 들어갈 생각을 하지 않았다. 시간이 흐르고, 저장장애가 훨씬 심해지면서, 비비안은 신문을 모으고 사진에 집착하게 되었다. 신문과 사진 수집은 비비안의 정체성을 구성하는 요소가 되었고, 비비안은 결코 그것들을 떠나보낼 수 없었다. 피할 수 없는 힘에 이끌려 취하는 이런 행동들이 반드시 비비안의 진정한 소망을 나타낸다고 볼 수는 없다. 앤디 워홀도 유사한 사례를 보여준다. 일기에서 워홀은 자신이 수집한 모든 것을 버리고 정돈된 공간에서 깨끗하게 살고 싶다고 썼지만, 결코 실천할 수는 없었다. 워홀은 자신의 바람과는 정반대되는 행동을 했다.

이 역설로 가득한 이야기에서 가장 역설적인 왜곡은 비비안의 프라이버시를 보호한다는 명분에서 비롯되었다. 비비안이야말로 그 누구의 보호도 필요 없는 사람이었다. 비비안은 자신의 배경은 감추었을지언정, 자신의 견해와 감상은 과하다 싶을 정도로 과감하게 드러내는 사람이었다. 도와주거나 보호해주려는 사람에게는 짜증을 냈고, 죽을 때까지도 도움을 거절했으며, 자신은 자기 스스로 돌볼 수 있다고 선언한 사람이었다. 더구나 비비안은 다른 사람의 프라이버시를 거의 고려하지 않는 사람이었다. 비비안의 사진에는 사람들의 가장 비참한 순간들이 담겨 있다. 취약하거나 처참하거나 정신을 잃은 비비안의 피사체들은 만일 그들에게 기회만 있었다면 거침없이 카메라를 들이대는 비비안에게 거부 의사를 분명히 밝혔을 것이다. 『구경꾼*Bystander*』의 공저자 콜린 웨스터벡Colin Westerbeck은 비비안의 작업 중 일부를 "약탈적인 거리 사진"이라고 부른다. 비비안이 "카메라의 굴욕적인 시선으로부터 자신을 방어할 능력이 없는" 사람들에게서 이득을 취하기 때문이다. 비비안은 고용주의 신뢰를 완전히 저버리면서까지, 편지, 앨범, 주소록, 일기 같은 고용주의 개인 소집품도 마음대로 사진에 담았다. 아마도 스스로를 억제할 수 없었기에 그랬을 테지만, 비비안은 다른 사람의 프라이버시보다도 자신의 바람이 훨씬 중요한 사람이었다.

1980년대가 되면 비비안은 편집증이 심해져, 누군가 자신을 관찰하고 있으며, 자기 물건을 뒤진다는 확신을 갖게 된다. 분명 비비안의 정신 질환은 심각한 상태였으며, 이 무렵의 행동과 말들은 반드시 그런 맥락에서 고려해야 한다. 비비안이 고용주였던 커트 매슈스에게 한 말("사진을 비밀로 하지 않으면 사람들이 와서 훔쳐가거나 나쁜 데 쓸 거예요.")은 비비안이라면 자신의 작품을 전시하지 않았을 것이라는 증거로 잘못 인용되고 있다. 하지만 매슈스에 따르면 그는 비비안이 그녀의 작품을 전시하지 않기를 바랐다는 의미로 그 말을 전한 것이 아니었다. 오히려 그 반대의 의미, 그때 비비안은 "편집증이 너무 심해져서" 제대로 판단할 수 없었음을 말하고 싶었다고 했다. 매슈스는 "비비안은 자기 작품이 전시된다는 사실을 기뻐했을 것"이라고 굳게 믿었다. 매슈스의 아내 린다 매슈스도 처음에는 언론이 다루는 이슈들로 인해 비비안이 이용되고 있다고 생각했지만, "이제는 비브의 작품이 발견된 것이 비브의 의사에 반하는 일이라는 느낌은 들지 않아요"라고 말했다. 린다는 비비안의 작품이 받는 찬사에 진심으로 기뻐했다.

비비안은 실용적인 사람이었고, 재능에 자부심을 느끼는 사람이었다. 그런 사람에게 자신이 세상에서 가장 인기 있는 사진작가 가운데 한 명이 됐다는 사실은, 그것도 사후에 그런 반열에 올랐다는 사실은 반가운 일이 아닐까. 자신에게 세상 소식을 전해주던 성서 같은 「뉴욕 타임스」가 자신의 재능을 찬양하는 상황을 정말로 혐오했을까? 그녀 자신이 사진을 처리하는 방법에 거의 관심을 기울이지 않았는데, 과연 자신의 작품을 리제트 모델의 작업을 맡았던 인쇄 전문가가 마무리하는 것에 불만을 품었을까? 비비안이 긍지 높은 시카고대학에 자신의 아카이브를 구축하는 일에 과연 그렇게 반대했을까? 그 대학이 소장하고 있는 존경스러운 학자와 예술가 들의 컬렉션을 오랫동안 연구해온 그녀가 말이다. 유명인으로 가득한 환상의 삶을 꿈꾸었던 비비안이라면 멀리서나마 자신의 명성을 즐기고 있을 거라 생각한다.

비비안의 작품을 홍보해야 할 때가 오자, 말루프는 비비안의 진짜 바람이 무엇일지, 윤리적으로 가장 옳은 홍보 방법이 무엇인지 진지하게 고민했다. 비비안의 모든 고용주와 친구 들에게 조언을 구했고, 거의 모든 사람이 작품을 세상에 알려야 한다는 의견을 주었다. 다만 비비안이 어떻게 느꼈을지에 관해서는 의견이 갈렸다. 대부분의 지인들은 살아 있을 때라면 사진을 다른 사람에게 보여주는 일을 끔찍하게 생각했겠지만 사후에 발견되는 것은 영광으로 여기고, 타협을 했을 거라고 믿었다. 비비안이 사진을 숨긴 이유가 욕구나 바람 때문이 아니라 정신 질환 때문이었다는 사실을 알게 된 것도 이 문제의 논점을 더욱 흐렸다.

하이랜드 파크의 이웃이었던 캐럴 폰Carole Pohn은 말루프가 한 일을 다음과 같은 말로 정리했다. "나는 백 명 중에 아흔아홉 명은 그 보관소에 뭐가 들어 있는지 신경도 쓰지 않았을 거라고 장담해요……. 마침내 행운이 비비안에게 미소를 보낸 거죠." 예술가라는 관점으로 봤을 때, 비비안은 정말로 행운아이다. 모든 어려움을 극복하고, 비비안은 예술적인 비평이나 타협을 겪지 않고도, 혹은 작품을 시장에 팔려고 애쓰지 않고도, 대중들에 의해 발견되었고 사랑을 받았다. 권위 있는 기관이나 인물이 아니라 평범한 사람들이, 자신을 가장 재능 있는 거리 사진작가 가운데 한 명으로 선택했다는 사실에 비비안은 분명히 기뻐했을 것이다. 그녀의 작품이 사람들에게 직접 말을 걸었기 때문이다. 물론 사람들의 찬사에 자부심을 느낀다고 해도, 그토록 오랫동안 감추려고 노력했던 자신의 비밀이 사람들에게 드러난다는 것은 의심할 여지 없이 고통스러운 일일 것이다. 하지만 비비안은 자신의 이야기가 어린 시절 트라우마를 간직한 생존자들에게 도움을 줄 수 있다면, 그것을 지지하고 받아들였을 것이다. 비비안은 역경을 헤치고 우뚝 선 훌륭한 본보기이며, 그녀의 진보적인 생각과 사회 참여 의식은 다른 사람들에게 진정으로 영감을 준다.

비비안은 자신이 세상을 떠나면 수집품이 어떻게 될 거라 생각했을까? 호더들 가운데는 자신이 남긴 물건이 중요한 유산이 되리라고 믿는 사람도 있지만, 그저 자기 자신을 위해서만 물건을 모으는 사람도 있다. 비비안은 당연히 자기 자신만을 위해서 물건을 모았고, 죽은 뒤에 사진에 무슨 일이 일어날지 고민하지 않았을 가능성이 크다. 비비안의 물건은 비비안의 정체성을 이루는 실질적인 한 부분이었기에, 사후의 일은 생각조차 하기 싫었을지 모른다. 비비안은 숙명론자였기 때문에 죽음 뒤의 일을 걱정하는 건 의미가 없다고 치부했을 가능성이 가장 높다. 일단 세상을 떠나면, 정말로 떠난 것이기 때문에, 나머지 결정은 살아 있는 사람들이 하면 되는 것이다. 잉어 레이먼드는 비비안이 했던 예언 같은 말을 기억하고 있었다. 비비안은 반 고흐를 언급하면서, 살아 있을 때는 인정받지 못하다가 죽은 뒤에야 인정을 받는 것이 예술가들에게는 흔히 있는 일이라며 애석해했다.

우리가 확실하게 알 수 있는 건 무엇일까? 사진에 관해 비비안은 그 어떤 계획도 세우지 않았다. 젊었을 때는 전문 사진작가가 되려고 노력했고, 자신이 찍은 작품을 판매하려 했으며, 지인들에게도 나누어주었다. 그러다 정신 질환이 발현해 신문을 병적으로 모으고, 그게 어떤 형태이든 자신의 사진에 집착하기 시작했다. 비비안은 자신의 재능을 확신했고, 유명인을 동경했으며, 예술은 타인의 프라이버시를 침범할 수 있다고 믿었고, 궁극적으로는 숙명론자였다. 창고 사용료도 제대로 지불하지 않으면서 사진도, 네거티브도, 현상하지 않은 필름도, 어느 것 하나 버리지 못했던 비비안은, 의도하지는 않았지만 일어날 법하지 않은, 자신을 발견하게 될 사건들이 차례로 일어나게 할 도화선을 마련해놓았다. 비비안이 살았던 인생을 모두 파악할 수 있다면 상황은 훨씬 명확해지겠지만, 그 누구도 비비안의 궁극적인 바람이 무엇이었을지 분명히 알 수 없을 테고, 어쩌면 비비안 자신도 그 문제를 해결할 수 없을는지 모른다.

우리는 그저 비비안 마이어의 진정한 꿈과 바람이 어떻게 해서든 이루어지기를 바랄 뿐이다.

부록 B

유산

비비안 마이어는 가장 많이 거론되는 20세기 사진작가 가운데 한 명이지만, 아직 비비안의 작품을 영구 소장하고 있는 주요 기관은 없으며, 거리 사진의 대가들과 함께 공식적으로 언급되고 있지도 않다. 사진의 역사에서 비비안이 결국 어떤 자리를 차지하게 될지는 아무도 알 수 없다. 대신 변치 않을 비비안의 가치는 그녀 자신이 활동했던 시대의 문화적 연대기로서, 광범위한 사진을 기록으로 남긴 사람이라는 데 있는지도 모른다. 한 걸음 더 나아가 엄청난 장애를 극복하고 사회에서 낙오된 사람들을 옹호하고 열정을 추구하는 삶을 살다 간, 많은 사람에게 영감을 주는 인물로 남을 수도 있다. 비비안이 남긴 유산은 이제 막 논의되기 시작했다.

역사에 남을 사진작가

비비안이 고도로 숙련된 사진작가라는 데 동의하는 전문가는 많지만, 역사의 기록에 남는다는 것은 그만의 차별화된 특징을 가져야 하고, 사진이라는 매체에 기여하는 바가 명확해야 하기에 달성하기 힘든 성취이다. 「뉴욕 타임스」의 아서 루보Arthur Lubow는 그런 기준을 비비안에게 적용하는 것은 거의 불가능하다고 말한다. 왜냐하면 비비안은 "아주 다양한 스타일로 사진을 찍었고, 뚜렷하게 인지되는 감수성이 없으며, 이렇다 할 관점이 보이지 않기 때문이다. 당신이 어떤 사진을 보느냐에 따라 비비안은 위지가 될 수도, 헬렌 레비트, 사울 레이터Saul Leiter, 브루스 데이비드슨Bruce

Davidson, 앙드레 케네스André Kertész, 심지어 게리 위노그랜드Garry Winogrand가 될 수도 있다." 하지만 루보의 의견에 반대하는 사람도 있다. 「뉴욕 타임스」의 로버타 스미스 같은 사람은 "위지, 로버트 프랭크, 리처드 애버던Richard Avedon 같은, 우리가 생각해낼 수 있는 거의 모든 유명한 사진작가의 작품에 근접하면서도 다른 방향으로 미끄러져 나간다는 점에서" 마이어의 사진은 "20세기 거리 사진을 백과사전식으로 철두철미하게 요약하고 있으며, 바로 이 지점에서 20세기 거리 사진의 역사에 이름을 올릴 수 있을 것이다. 그러면서도 마이어의 사진은 갑작스러운 움직임이나 극단적인 감정을 배제한 채로 우아함과 구성의 명료함, 차분함이라는 독특한 요소를 놓치지 않는다"라고 주장한다.

아직까지는 비비안의 사진을 가장 먼저 검토한 전문가 가운데 한 명인, 거리 사진의 거장 조엘 마이어로위츠만큼 비비안의 사진이 놓여야 하는 위치와 그 특성을 잘 설명한 사람은 없다. "비비안에게는 사람의 본성, 사진과 거리를 제대로 이해하고 파악할 수 있는 정확한 안목이 있는 것 같아요. 그런 안목을 지니기란 쉽지 않죠. 비비안의 작품에는 인간에 대한 이해와 따뜻함과 유쾌함이라는 자질이 동시에 들어 있어요." 그는 더 나아가 비비안의 사진에는 장악력이 있고, 순간을 포착하는 힘이 있으며, 비비안은 "유머와 통렬함, 비극, 그리고 완벽한 타이밍까지 모든 것을 가지고 있습니다"라고 평한다. 마이어로위츠는 로버트 프랭크, 리제트 모델, 월커 에반스Walker Evans 같은 사진작가들이 이미 정전(正典)이 된 상황에서 그 자리에 "들어가는 사람은 왠지 항상 부차적인 인물이라는 느낌이 드는데, 비비안에게서는 그런 느낌을 받은 적이 없어요. 비비안의 사진을 볼 때마다 나는 그곳에서 독창적인 지성을 느끼는데, 그건 당연히 본질적인 것이지, 부차적인 것이 아닙니다"라는 말도 덧붙였다. 그에 따르면, 비비안의 작품은 파생작이 아니며, 다른 사진작가들과 비슷한 부분이 존재하는 이유는

1950년대와 1960년대에 보편적이었던 주제와 당시 우선시되었던 인간애를 건드렸기 때문이다. "누구나 그 어떤 영향도 받지 않고 사진을 찍을 수 있어요. 자신이 속한 그 시대의 문화만 빼고 말이죠."

비비안의 최고 작품이 사후에 인화된 사진이라는 사실은 계속해서 걸림돌로 작용한다. 저장 장애 때문에 작품 대부분을 인화하지 못했다는 사실은 오랫동안 비비안의 유산에 좋지 않은 영향을 미칠 것이다. 전문가들은 사후에 인화하는 사진들을 비비안이 뷰파인더를 통해 보았던 그 모습 그대로, 즉 풀프레임의 형태로 출력하는 것만으로 충분한지를 고려해야 한다. 역설적이게도 비비안이 잘라내기 같은 마무리 단계를 감독하지 않았다는 이유로 사후에 인화한 사진들의 가치를 폄하하지만, 사실 비비안의 사진은 잘라낼 필요가 없을 정도로 처음부터 잘 구성되어 있다. 이 같은 논쟁은 인화하지 않은 사진을 10만 장이나 남기고 간 게리 위노그랜드 같은 사진작가들의 사후에도 흔히 벌어진다. 2014년, 위노그랜드의 서거 30주기가 되었을 때 메트로폴리탄 미술관은 큐레이터들이 편집하고 인화한 사후 사진을 전시했다. 샌프란시스코 현대미술관의 에린 오툴Erin O'Toole은 다음과 같이 설명했다. "위노그랜드는 인화된 사진의 품질은 신경 쓰지 않았어요. 그에게 중요한 건 그 장면을 포착했다는 것뿐이었죠……. 상자에 그대로 놓아두는 것보다는 작품을 꺼내서 작품이 자기 자신만의 능력으로 죽거나 살게 하는 게 더 나아요." 이 말은 비비안 마이어의 작품을 언급할 때도 더없이 적절해 보인다.

기록하는 사람

비비안은 20세기 중반의 미국 문화라는 거대한 물결을 기록했으며, 바로 이 지점에서 비비안의 전체 작품이 갖는 깊이와 너비는 충분히 자신만의 영역을 구축했다고 할 수 있을 것이다. 개별 사진들이 저마다 옛 시절의 향수를 불러일으키는 섬세함을 담고 있다면 전체 작품 세계는 그 포괄적인 범위로 인해 새로운 영감을 더해준다. 로스앤젤레스 현대미술관의 메리 카르노스키Merry Karnowsky는 비비안의 작품은 "비범하고 해박하다. 문화적으로 특정 시대의 모든 영역을 담고 있다"고 말한다.

1950년대 초부터 비비안의 사진은 퇴역군인들과 그들의 젊은 가족이 중산층의 안정된 삶을 열망하던 시대에 순응을 요구하는 당대의 규범을 포착했다. 내부자로 살면서 외부자의 시각으로, 이 보모는 맨해튼 어퍼 웨스트사이드에서 살아가는 한 가족의 모습을 수백 장의 사진에 담았다. 전체적으로 그 사진들은 특정한 가족의 정체성을 보여주기보다는 흠 없는 중산층의 삶을 전반적으로 보여주고 있다. 이 가족의 아파트는 다마스크 커튼(실크나 리넨 소재 천에 물결무늬를 넣은 커튼. 옮긴이), 아시아풍의 옷장, 우아한 그림, 주변 환경과 어울리는 소품으로 꾸며져 있다. 먹는 음식과 입는 옷, 겉으로 보이는 모습으로는 가족이 어떤 민족에 속한 사람들인지, 어떤 직업에 종사하는지 알 수 없다. 서류나 책, 가방처럼 가족의 성(姓)이나 그들의 관심사를 보여줄 수 있는 어떤 것도 사진에 담지 않았다. 가족의 친구과 친척 들이 사는 곳도 너무나 동질적이어서, 모든 파티마다 똑같은 미국식 슈거파우더 케이크와 카드 가게 장식이 등장한다. 여자아이들이 신고 있는 발목 양말과 메리 제인 신발, 화려한 드레스는 마치 대량으로 구매한 것 같다. 그 가족과 함께 여행할 때면 비비안은 고풍스러운 고속도로 모텔과 여행지에서 유명한 명소를 사진에 담았다. 비비안의 사진에서는 이 매력적인 가족만의 고유한 특성이 조금도 드러나지 않는다.

1950년대에 찍은 비비안의 또 다른 사진들은 그 시대의 격식과 복식 규정, 예절을, 특히 여성과 관계가 있는 규범들을 깊이 있게 자세히 보여준다. 아이들의 친구를 맞을 때면 동행하는 어른이 없어도 엄마들은 하이힐과 스타킹을 신고 계절에 맞는 정장이나 드레스를 입었다. 완벽하게 복장을 갖춰 입은 여인들은 가정주부라기보다는 현대의 회사 중역처럼 보인다. 아이들을 학교에 데리러 가거나 공원에 놀러 갈 때도 제대로 옷을 입고 화장까지 완벽하게 한 1950년대의 엄마들은 편한 운동복 차림으로 립스틱만 바르고 재빨리 뛰어나가는 현대의 엄마들과는 너무나도 다른 사람들이다. 물론 사진마다 세부적으로 다른 부분들은 많다. 올림머리 스타일도, 허리가 쏙 들어간 드레스들도, 왕실 결혼식에서나 어울릴 것 같은 모자들도 저마다 다른 모양이다. 비비안은 신비로운 베일이 달린 종처럼 생긴 모자부터 바람이 불면 뒤로 넘어가 날아가버릴 것 같은 테가 넓은 모자까지, 그 시대가 간직한 모든 스타일을 보여준다.

일상생활의 세세한 부분까지 예리하게 포착하는 비비안은 시간과 지리와 분류를 뛰어넘는 역사의 순간을 기록했다. 육류 시장에 가면 비비안은 어디에서나 볼 수 있는 돼지고기 전문 가게부터 유대인 손님을 끌어들이려고 '소고기를 튀겨' 베이컨을 만들었다고 홍보하는 상점에 이르기까지, 그곳에 있는 모든 것을 사진에 담았다. 교통 체계 안내판은 이제는 존재하지 않는 상품을 광고하고 있고, 고가 철도는 뉴욕 거리를 가득 메운 주철 기둥과 어울리지 않는 오두막 스타일의 역사 건물 그 자체로 시선을 끈다. 비비안은 전철을 타고 고가 선로를 빠르게 지나가는 동안 다세대 주택 창문을 향해 렌즈를 과감하게 들이댐으로써 보기 드문 광경을 보여준다. 마치 굉음을 내며 거실을 지나치는 기차에 속수무책인 이들을 기억하려는 듯하다. 1960년대부터 시카고에서 찍은 사진들은 페미니즘의 출현이 필연적으로 불러올 갈등을 증언하고 있다. 여성들이 마침내 '모든 것을 가졌을' 때, 교외에 사는 가정주부들은 재빠르게 변화할 준비가 되어 있지 않았다. 그보다는 새롭게 얻은 자유를 지금까지 자신들이 헌신해왔던 삶과 책임감에 조화시키려고 했다. 그 여인들의 일상생활은 '남자는 변하거나 죽어야 한다'와 같은 격렬한 문구가 적힌 거리의 낙서들과 분명하게 대조를 이룬다. 기저귀가 반드시 일회용이 아니라는 것은 모두가 알고 있지만, 사진에 찍힌 기저귀는 우리의 지칠 줄 모르는 가까운 조상들이 견뎌야 했던 갈아입고, 빨고, 그리고 그것을 다시 반복하는 고된 노동을 떠오르게 한다.

비비안은 이제 우리 문화에서는 사라져버린 관습들도 철저하게 기록했다. 멀리 있는 친구와 친척, 연인 들과 주고받은 손글씨 서신들이 비비안의 작품 곳곳에서 나타난다. 이제는 사라져버린 종이 신문을 읽는 사람들도 비비안의 사진에서 쉽게 볼 수 있다. 모든 계층의 사람들이 정확히 같은 시간에, 같은 제목을 단 신문을 진지하게 읽는 모습을 본다는 건 놀라운 일이다. 이 사진들은 신문이 공동체를 하나로 엮는 광경을 보여준다. 저마다 다른 디지털 매체를 보는 지금으로서는 결코 상상할 수 없는 모습이다.

일상을 기록한 다른 사진들은 우리에게 경종이 되어주기도 하고, 또 다른 변화를 보여주기도 한다. 그 시절에 갓난아이들은 자동차로 이동할 때 카시트가 아니라 어른들의 무릎에 앉았다. 아이들은 안전띠도 매지 않은 채 조수석에서 혼자 어른들을 기다렸다. 보호자가 거리를 뛰어다니며 바쁜 일을 처리하는 동안 유모차는 인도 위에 방치되어 있었다. 아이들은 낙하 방지 장치도 없는 소파와 탁자 위에 겁 없이 올라갔고 보호자도 없이 나무를 타고 지붕을 가로질러 뛰어갔지만, 뇌진탕을 걱정하는 사람은 없었다.

사진작가들은 비비안의 작품집에서 특히 관심을 끄는 피사체 가운데 하나이다. 비비안은 전후에 인기를 끌던 직업을 사진에 담았다. 프리랜서들이 시내를 배회했고, 시사회장에는 남자들이 무리 지어 모여들었다. 직업 사진작가뿐 아니라 신형 카메라와 최신 부속품으로 무장한, 취미 생활에 열중하는 아마추어 사진광들도 비비안의 렌즈에 잡혔다. 비비안의 표현

수단을 기억하는 일은 그렇지 않으면 놓칠 수 있는 비비안의 전체 아카이브가 담고 있는 주제와 뉘앙스를 정확하게 보존할 수 있는 또 한 가지 방법이다.

영감을 주는 활동가

비비안 마이어의 유산이 사진의 세계 가운데 어디에 착륙하든, 비비안에게는 완전히 다른 특별함이 있었다는 걸 입증할 수 있고, 또 입증해야 한다. 자기 자신의 힘으로 삶을 가로막고 있는 장애물을 무너뜨리면서 더 나은 선(善)을 위해 군건하게 자신을 발전시켜나갔던 여성으로서, 비비안은 많은 사람에게 영감을 주는 인물이다.

청년기의 비비안은 여자가 우월한 존재는 아닐지라도 남성과 동등한 존재라는 사실을 굳게 믿었다. 1950년대에는 자신이 페미니스트의 견해를 가지고 있음을 겐스버그 가족에게 분명히 보여주었고, 그 뒤 10년간은 페미니스트로서 활발하게 활동했다. 가톨릭 신자로 자랐지만, 산아제한을 찬성했고, 낙태권을 지지했다. 끊임없이 자신을 노동자 계층으로 규정하면서, 좌파적인 이상과 조직적인 노동 운동을 옹호했다. 1950년에는 프랑스 공산당 지도자 모리스 토레즈Maurice Thorez를 지지하는 집회에 참석했고, 1954년에는 미국 공산당을 창건한 이스라엘 암터Israel Amter의 추모식 사진을 찍었다. 시카고에서는 사회주의 노동자 운동을 지지했고, '노동자 인권선언Bill of Rights for Working People'과 「워싱턴 포스트」의 노조 파괴 행위를 비판한 평론 같은 문헌 자료를 보관했다. 시민 평등권 운동이 절정에 달하기도 전에 인종 차별 폐지와 소수자 권리를 옹호했고, 다른 인종이 서로 섞여 살아가는 것을 지지했다. 시카고의 아프리카 하우스와 제시 잭슨의 〈오퍼레이션 푸시〉의 활동에 활발하게 참여하는 회원이었다.

아메리카 원주민의 권리에 관해서는, 비비안은 독자적인 행보를 걷는 이단아였다. 20대 때 비비안은 사우샘프턴에서 살아가는 시네콕 사람들을 만나 해변에서 하루를 보냈다. 아메리카 원주민에 대한 비비안의 관심은 학구적이면서도 강렬해서, 그녀는 홀로 보내는 휴가 시간 대부분을 아메리카 원주민을 만나는 데 썼고, 원주민의 권리 향상을 지지했다. 비비안은 십여 개가 넘는 부족 사람들을 사진에 담았고, 시카고의 〈아메리칸 인디언 센터〉 활동에 적극적으로 참여했다. 비비안의 사진을 보면 그런 활동에 참여한 앵글로색슨족의 여성은 거의 없었음을 알 수 있는데, 1968년이 되기 전까지는 아메리카 원주민에게 포괄적인 권리를 보장하는 의미 있는 법안조차 존재하지 않았다.

비비안의 개방성과 독립적인 정신은 다른 방식으로도 발휘됐다. 언제나 새롭고 흥미로운 것에 끌렸던 비비안이었기에 디즈니랜드가 개장하자 한 달 안에 방문함으로써, 이곳을 처음으로 여행한 1퍼센트의 사람들 중 한 명이 되었다. 1960년 이전에는 세계 여행을 떠난 사람이 전 세계 인구의 1퍼센트가 되지 않았고, 여자 혼자 여행을 떠난 경우는 거의 없었다. 하지만 비비안은 보르가르 농지를 매각하려고 생 보네로 돌아갔을 때, 프랑스, 스페인, 스위스를 혼자서 여행했다. 비비안이 감행한 가장 위대한 모험 역시 혼자서 해냈다. 그 시대에, 전 세계를 도는 배를 타고 이국적인 항구를 탐험하는 일을 여자 혼자서 하는 경우는 거의 없었다. 역사적인 사진작가, 기록하는 사람, 영감을 주는 활동가, 이 가운데 무엇이 비비안 마이어의 유산이 될까? 오로지 시간만이 답할 수 있을 것이다.

부록 C

비화

비비안 마이어에 관해 이야기하고, 글을 쓰는 동안, 많은 사람이 사진작가와 그 가족을 알던 사람들을 내가 어떤 방법으로 찾아냈는지 궁금해했다. 가장 중요한 역할을 한 것은 운과 인내였고, 대부분의 추적에 수년의 시간이 걸렸다. 비비안의 여정과 사진에 강하게 끌리기도 했지만, 나 자신에게도 도전해보고 싶었다. 나는 대부분 무료로 구할 수 있는 정보를 이용했다. 돈을 주고 정보를 사야 했다면 이만큼 재미있게 작업할 수는 없었을 것이다.

비화 1: 옥상의 란다초

1951년에 인화한 사진 가운데 스물네 장의 사진에 등장하는 란다초 가족

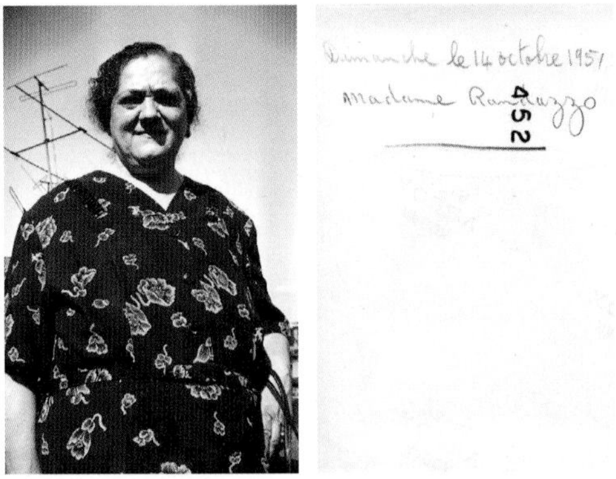

란다초 부인, 뉴욕, 1951년(*Vivian Maier*)

은 인터뷰를 시작할 때부터 가장 먼저 만나고 싶은 사람들이었다. 그들은 비비안을 친구이자 동시에 초보 사진작가로 알고 지냈던 게 분명해 보였다. 뉴욕에서는 비비안을 아는 사람을 한 명도 찾을 수 없어서, 사진 속 익명의 피사체들은 알려지지 않은 비비안의 생애를 채워줄 잠재력을 지닌 사람들이었다. 하지만 이들을 찾을 수 있는 단서는 나이 든 부부와 세 명의 젊은 아가씨들이라는 것, 그리고 공동주택의 옥상뿐이었다. 이 가족의 사진에는 드물게도 날짜가 적혀 있는 사진이 몇 장 있었고, '란다초 부인'이라고 적혀 있는 사진도 한 장 있어, 성을 근거로 탐문할 수 있었다. 처음에는 일주일이면 찾을 수 있을 거라고 생각했지만, 실제로는 꼬박 1년이 걸렸다.

인터넷으로 재빨리 검색해보니 란다초는 시칠리아계 성이었다. 사진에 나오는 젊은 여자 가운데 한 명이 차고 있던 장식품도 그 가족이 시칠리아계임을 말해주고 있었다. 놀랍게도 1940년에 실시한 인구조사대로라면 뉴욕시만 해도 란다초라는 성을 가진 사람이 거의 700명에 달했다. 그 가운데 1퍼센트가 맨해튼에서 살았는데, 비비안의 사진에 나오는 장소와 비슷한 곳에서 살고 있거나, 구성원이 비슷한 란다초 가족은 없었다.

옥상 사진에서는 남쪽에 있는 대단지 흰색 아파트를 비롯해 먼 곳의 건물과 주변 풍경이 보인다. 브롱크스와 퀸즈에 그런 고층 건물이 많다는 사실을 떠올린 나는 다음 6개월 동안 딸이 셋인 란다초 가족을 찾으려고 두 지역의 옛 사진들과 인구조사 기록을 체계적으로 조사했다. 그중 가능성이 높은 여러 가족들에게 연락을 해보았지만 모두 내가 찾는 사람들이 아니었다. 나는 몇 번이고 옥상 사진과 그 주변 풍경을 들여다보며 흰색 건물의 창문과 발코니 형태를 눈에 새겼다. 그러던 어느 날, 차를 타고 3번로를 달리고 있을 때, 문득 위를 올려다보았고, 마침내 발견했다. 내가 기억하고 있는 위치와는 정반대 방향에서 말이다.

서둘러 집으로 돌아온 나는 원본 사진을 뒤집어보았고, 지금까지 무엇을 놓쳤는지 알 수 있었다. 흰색 아파트 단지를 공동주택의 북서쪽으로 보내고 나자, 비로소 헌터 칼리지의 낯익은 작은 탑이 눈에 들어왔다. 사진에서는 박공 건물이 옆에 있었지만, 구글어스에서는 보이지 않았다. 비비안이 어디서 사진을 찍었는지 정확한 위치를 파악하기 위해, 이 분야에서 가장 유용한 '올드 뉴욕 시티' 사이트(OldNYC.com)에서 오래전 사진들에 담긴 맨해튼의 거리를 모두 살펴보았다. 그곳에는 비비안이 사진을 찍은 뒤에 철거된, 세 개의 박공 지붕을 자랑하는 사라진 랜드마크, 렉싱턴 청각장애인 학교가 있었다.

사진에서 북쪽의 위치를 확실하게 정하자 사진 속 인물 가운데 한 명의

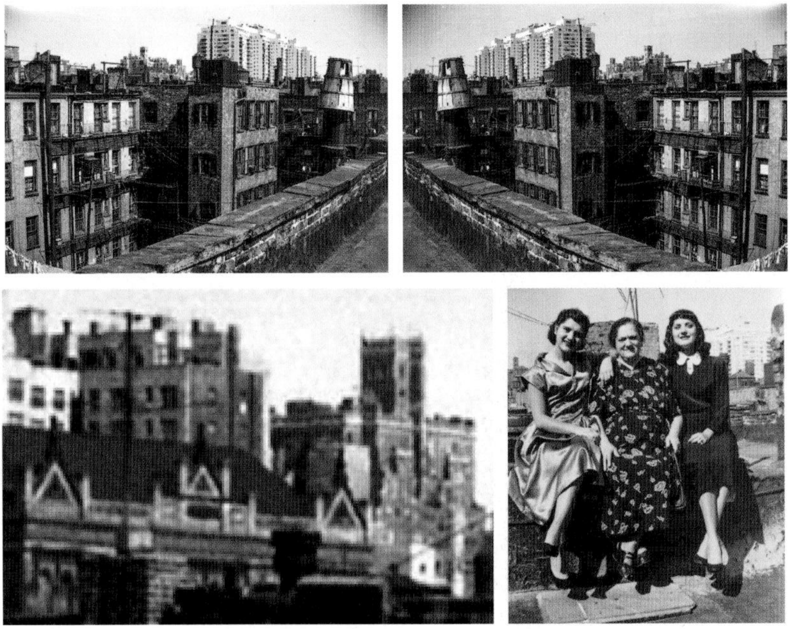

뒤집힌 옥상과 란다초 가족, 1951년(*Vivian Maier*)
렉싱턴 청각장애인 학교와 헌터 칼리지(*OldNYC*)

어깨너머로 훨씬 남쪽에 있는 특수외과병원(HSS)이 보였다. 지금까지 찾은 건물들을 삼각측량법으로 배치해, 결국 비비안이 사진을 찍은 장소가 이스트 63번가 403번지임을 확인했고, '올드 뉴욕 시티'에서 그곳에 있던 건물 역시 철거됐음을 알았다. 마당을 가로질러 보이는 아파트 정면은 사진에서 보던 모습과 같았다. 제대로 찾은 것이다. 그렇게 찾은 건물 주소를 단서로 역으로 검색하자 조금 더 확실한 증거가 나왔다. 1948년 전화부에서 'S. 란다사'라는 인물을 발견한 것이다. 란다초 가족의 이름과 나이를 확인하려고 1940년 인구조사 기록을 뒤져, o나 a로 끝나는 란다초, 혹은 란다사라는 성이 있는지 살펴보았지만 사진을 찍은 건물이나 그 근처에서 살았던 란다초 가족은 없었다.

어쩌면 란다초 가족은 1940년 이후에 63번가로 이사했을 수도 있었기 때문에 1940년 인구조사에서 뉴욕에 살던 모든 S. 란다초나 란다사를 찾는 불가능에 가까운 임무에 착수했다. 하지만 기록을 찾을 수 없었다. 그럴 때는 자료를 바꾸는 것이 유용할 수 있기에, 이번에는 1930년 인구조사 기록을 살펴보았다. 그리고 드디어, 이스트 63번가에서 살고 있는 가족

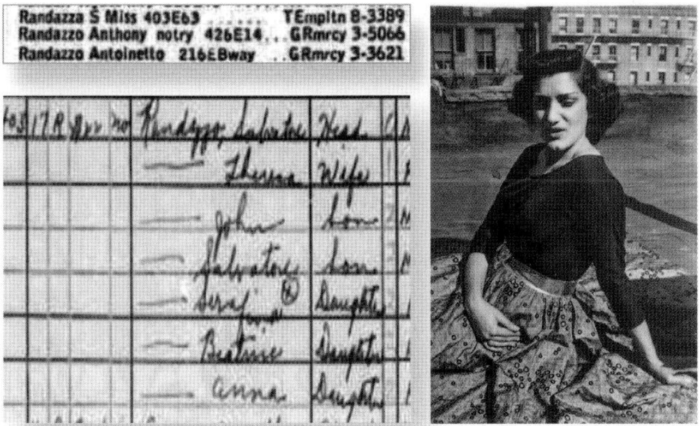

1948년 뉴욕시 전화부; 1940년 인구조사표; 소피 란다초, 1951년(*Vivian Maier*)

을 찾았고, 이름도 확인할 수 있었다. 1940년 인구조사 기록에는 '란드소'라고 성이 잘못 기재되어 있었고, 전화번호부에도 '란다사'라고 잘못 적혀 있어서 그렇게 찾기가 힘들었던 것이다. (철자가 틀리면 족보가 뒤틀릴 수 있다!) 나를 괴롭혔던 그 옥상은 비비안이 살았던 64번가 아파트에서 한 블록밖에 떨어져 있지 않았다. 다시 사진을 들여다보았을 때, 란다초 가족의 큰딸 소피 뒤로 비비안의 아파트가 보인다는 사실에 움찔 놀랄 수밖에 없었다.

부고를 뒤지자 아직도 건강하게 살아 있는 란다초 자매 가운데 한 명의 결혼한 성과 주소를 찾을 수 있었다. 며칠 안에 나는 퀸즈에 있는 한 주택의 거실에서 80세의 애나 란다초 크로닌를 만났다. 50년이 넘게 흘렀는데도 애나는 비비안을 분명하게 기억하고 있었다.

사진 속 인물들을 아주 오랫동안 조사하고 찾아다니다 보면, 마치 내 친구 같다는 기분이 들어 직접 만나기 전부터 친근하게 느껴지는데, 애나를 만났을 때가 딱 그랬다. 애나는 정말 더없이 좋은 인터뷰이였다. 애나는 비비안의 성격과 외모를 놀라울 정도로 자세하게 묘사해주었다. 개인적으로 란다초 가족의 사진을 함께 보면서 그 사진을 찍은 뒤에 가족에게 일어난 이야기를 듣는 시간이 좋았다. 소피의 사진은 특히 실험적으로 보였는데 애나는 그 이유를 소피가 괴짜였고, 비비안의 진짜 친구였기 때문이라고 했다. 소피와 비비안은 동갑으로, 동네에서 만났다. 비비안을 만나고 얼마 되지 않아 세 자매 모두 결혼했다. 미인이었던 둘째 베아트리체는 결혼을 여러 번 했고, 건강 문제로 고생했다. 소피는

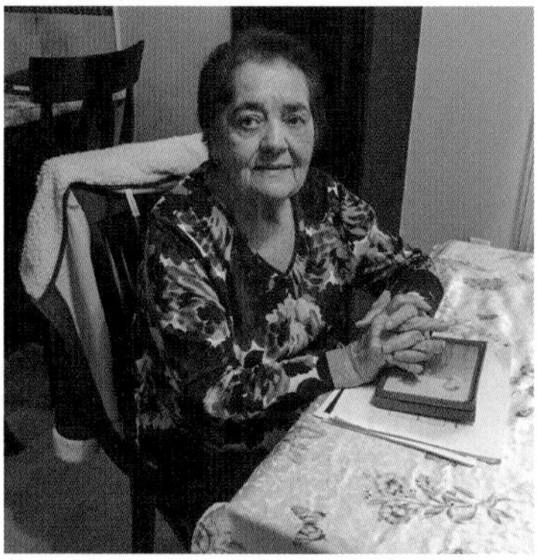
애나 란다초, 2017년(*Ann Marks*)

훗날 버스 사고로 사망하기 전까지 같은 동네에 살았다. 애나는 퀸즈에서 사랑스러운 가족을 일구었고, 옛 추억을 회상하면서 눈물을 흘렸다. 당연히, 나도 함께 울었다.

비화 2: 리버사이드 드라이브의 조앤

뉴욕에서 비비안이 돌보았던 사람들을 찾으려고 애쓰는 동안 나는 맹세했다. 리버사이드 드라이브에 살던 매력적인 어린 소녀를 찾기 전까지는 절대로 이 일을 그만두지 않겠다고. 그 소녀는 비비안이 처음으로 장기간 돌본 아이였고, 그 집에 고용되던 시기에 비비안은 롤라이플렉스를 장만했다. 이 여섯 살 아이는 여러 카메라로 촬영하고, 잘라내기와 인화를 여러 방법으로 실험하던 과도기에 피사체가 되어주었다. 조앤 가족의 사진은 500장에 이르는데, 이는 비비안이 뉴욕에서 찍은 사진 가운데 가장 많은 비율을 차지한다. 비비안은 이 가족이 서부로 긴 여행을 떠날 때도 함께 갔다.

그토록 사진이 많은데도 고용주들의 신원을 밝힐 단서는 찾을 수 없었다. 그 어떤 글이나 이름, 특별한 장소조차 사진에는 나타나지 않았기 때문이다. 사진에서 읽을 수 있는 정보는 그들이 리버사이드 드라이브 340번지로 식별되는 아파트에 사는 가톨릭 신자이며, 중년의 부모와 그들의 딸로 구성된 가족이라는 것뿐이었다. 1940년 이후의 인구조사 기록은 검토할 수 없었기에 나에게 가장 좋은 자료가 되어준 것은 전화번호부였다. 나는 주소를 가지고 1952년에 그 건물에서 살았던 사람을 역으로 추적했다. 사진에 나오는 가족 구성원을 찾으려고 그 넓은 아파트 단지에 사는 모든 가족의 역사를 재빨리 훑어봤지만, 그런 가족은 찾을 수 없었다. 수년 동안, 단서를 찾으려고 사진들을 다시 들여다보았고, 인쇄 전문가 스티브 리프킨에게 사진을 자세히 볼 수 있도록 확대해달라고 요청하기도 했다. 마지막으로 생각해낸 방법은 1950년대 초에 그 건물에서 어린 시절을 보낸 사람들에게 연락해 프랑스인 보모와 함께 살았던 아이를 기억하는지 물어보는 것이었는데, 그것이 묘수였다!

인구조사 기록이 없을 때 가족 구성원을 확인할 수 있는 가장 편리한 방법은 부고를 살펴보는 것이다. 그 방법으로 나는 리버사이드 드라이브 340번지에 살았던 시드니 샬랫Sydney Charlat을 찾아냈고, 그에게 네 자녀가 있음을 확인했다. 네 자녀의 이름을 검색하자 조앤 샬랫 머리Joan Charlat Murray가 쓴 『한 큐레이터의 고백*Confessions of a Curator*』이라는 책을 찾을 수 있었다. 책의 첫 장에는 작가의 어머니 루시아 샬랫Lucia Charlat의 사진이 실려 있었는데, 어디선가 많이 본 듯한 얼굴이었다. 나는 루시아 샬랫의 생김새가 1953년 밸런타인데이 때 비비안이 찍은 사진에서 내가 찾고 있는 소녀의 뒤에 서 있던 여인과 비슷하다는 사실을 깨달았다. 사진 속 여인이 루시아라면, 두 가족은 친구였을 것이다.

그 책에는 두 번째 파티 사진에 나오는 소녀와 닮은 조앤 샬랫의 사진도 있었다. '앤세스트리' 사이트(Ancestry.com)에서 시드니 샬랫의 부고에 실려 있던 또 다른 딸인 캐럴 샬랫Carol Charlat을 검색해서 고등학교 학급 앨

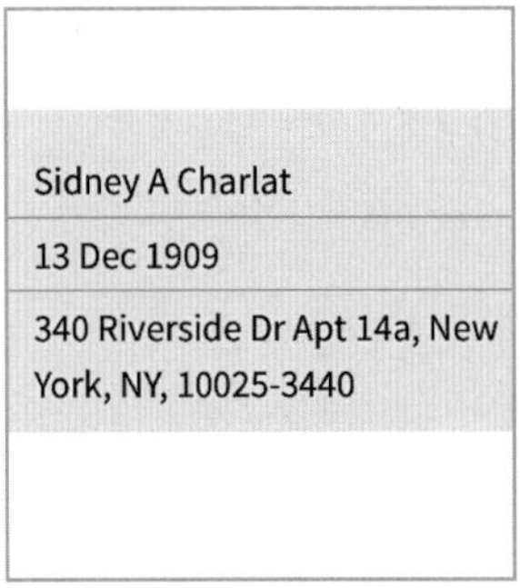
Sidney A Charlat
13 Dec 1909
340 Riverside Dr Apt 14a, New York, NY, 10025-3440

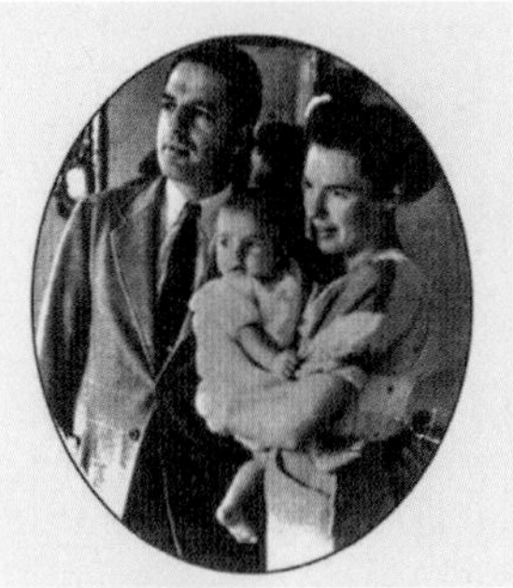

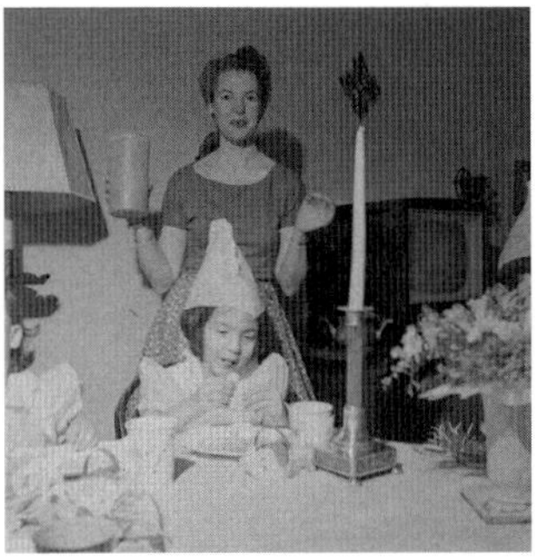

샬랫, 1952년 전화번호부; 아기를 안고 있는 루시아;
루시아와 이름 모를 소녀, 1953년(*Vivian Maier*)

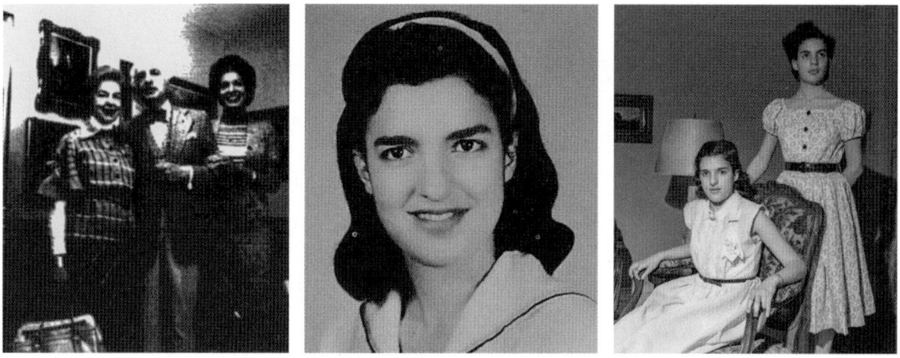

루시아, 시드니, 조앤 샬랫; 캐럴 샬랫, 1959년; 샬랫 자매, 1953년(*Vivian Maier*)

범을 찾았는데, 그곳엔 파티 사진에 등장하는 또 다른 소녀를 꼭 닮은 사람이 있었다. 샬랫 자매를 찾아낸 것이다.

샬랫 자매에게 연락하기 전에 확실히 하고 싶었다. 인터넷을 다시 검색했고, 확실한 증거를 찾았다. 2014년 텍사스 뉴스레터에는 캐럴 샬랫의 주방을 소개하는 글이 실렸는데, 그곳 식탁에 비비안의 사진에 있는 것과 똑같이 생긴 촛대가 놓여 있었다.

이제는 샬랫 가족 가운데 오래전 친구를 기억하는 사람이 있기를 바랄 뿐이었다. 나는 캐나다에 있는 조앤 샬랫에게 전화를 했다. 조앤은 캐럴

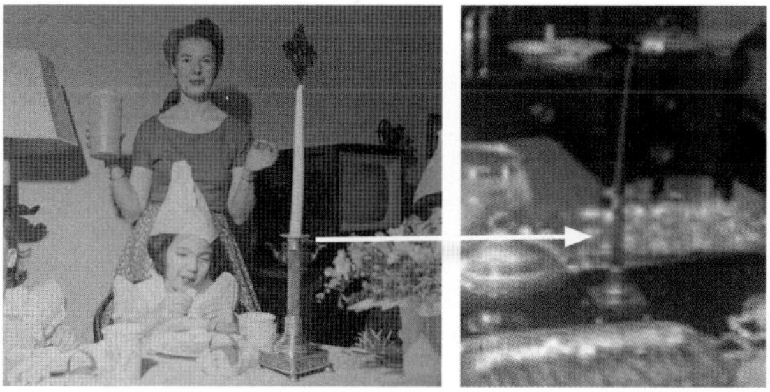

촛대, 1953년(*Vivian Maier*); 캐럴 샬랫의 식탁, 2014년

과 함께 기억을 더듬은 뒤에 리버사이드 드라이브에서 살 때 프랑스인 보모가 있었던 아이는 한 명뿐이며, 자신들도 그 보모가 세상을 떠났다는 소식을 들었다고 했다. 그 아이의 이름도 조앤이었고, 아이의 어머니 이름은 마리이며, 그 가족은 유명한 스테이크하우스를 운영했다고 했다. 샬랫 자매에게 전해 들은 이름으로 검색하자, 어머니 마리가 하와이에 휴가를 갔을 때, 지역 신문에 난 사진을 발견할 수 있었다. 그 사진을 보는 순간 심장이 쿵쾅쿵쾅 뛰었다. 비비안의 수많은 사진에서 이미 보았던 아이의 어머니가, 수년 동안 내가 계속 바라보던 얼굴이 거기 있었다. 그토록 찾아 헤맨 피사체의 정체가 마침내 드러났다.

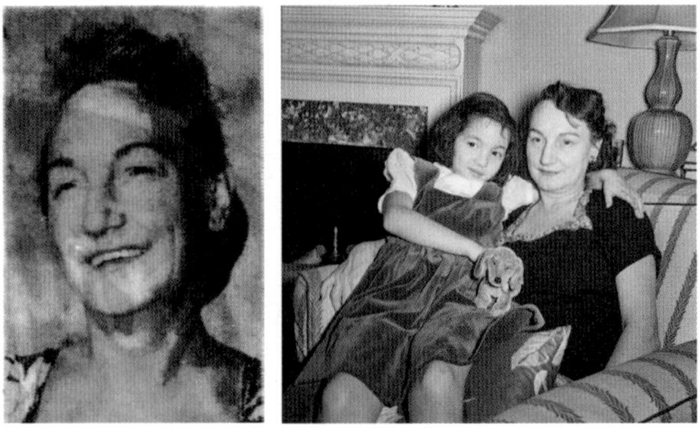

마리, 「와이키키 프레스」; 조앤과 마리, 1952년(*Vivian Maier*)

누구나 열람할 수 있는 공개 자료에서 정보를 확인한 나는 하루 만에 건강하게 살아 있는 '작은' 조앤에게 연락할 수 있었다. 공교롭게도 조앤은 비비안 마이어의 팬이었고, 영화 〈비비안 마이어를 찾아서〉까지 보았지만, 그 주인공이 자신의 보모였다는 건 몰랐다. 그도 그럴 것이, 조앤은 보모의 이름을 알지 못했다. 그저 모두 '마드모아젤'이라고 불렀으니까! 그 뒤로 나는 가족이 소유한 사진들을 모두 검토했고, 가족들은 미처 몰랐지만, 조앤 가족이 비비안 마이어의 원본 사진을 많이 가지고 있음을 알게 되었다. 두 조앤은 비비안의 생애를 밝히는 데 필요한 새로운 세부 사항을 들려주었다. 본문에서 언급한 것처럼 두 조앤도, 두 조앤의 형제와 사촌들도, 보모는 차가웠고 엄격했으며, 공감 능력이 부족했다고 말했다. 비록 자신이 찍은 사진을 관대하게 나누어주었지만 말이다.

비화 3: 여성 사진작가들

비비안이 평생 스튜디오에서 찍은 인물은 단 두 명이었는데, 둘 다 사진작가였고, 모두 초기에 찍은 사진이었다. 비비안의 초기 작업과 그녀가 나이 든 동료들에게 보인 강한 관심에 관한 정보는 모두 부족한 상황이었다. 두 사진작가의 사진과 네거티브 필름 말고는 신원을 알 수 있는 단서도 없었다. 2년 동안 두 사람을 찾아다니면서 나는 비비안의 사진사(史)를 파악하는 데 필요한 중요하고도 새로운 시각을 기를 수 있었다. 스튜디오 사진작가를 찍은 세 장의 사진 가운데 두 장은 6개월 간격을 두고 찍었으며, 피사체는 같은 사람인 것 같았다. 세 번째 사진은 그보다는 더 젊은 여자의 사진이었다. 세 사진 모두 외부의 위치를 알려줄 만한 단서가 없으며, 날짜 외에는 그 어떤 정보도 적어놓지 않았다.

처음 두 사진을 확대하고 밝게 하자 암실 사진에서 뒤에 보이는 의자와 사무실 벽에 걸린 사진에 등장하는 의자가 같은 의자라는 것이 드러났고, 두 사진 속 인물이 동일인이라는 것을 확인할 수 있었다. 사진을 두 장이나 찍었을 뿐 아니라, 두 번째 사진은 비비안 자신이 직접 인화해 간직했던 것으로 보아 이 사람은 비비안에게 중요한 인물이었음이 틀림없다고 생각했다. 사진작가의 책상에 놓인 외국어 신문 「카를스루에 카탈로그 *Karlsruhe catalog*」와 벽에 걸린 사진들을 근거로 사진작가가 독일계일 수도 있다는 생각이 들었다. 피사체의 신원을 확인할 수 있는 단서를 확보한 것이지만, 여전히 정보가 너무 부족했다.

그밖에는 다른 단서가 없었기 때문에 1950년대에 비비안이 자주 다니던 지역을 조사했고, 그곳에서 실마리를 찾았다. 1953년에 영화 〈택시〉 촬영장에서 찍은 여러 사진의 배경에 한 사진 스튜디오가 보였다. 어쩌면 촬영장 세트일 수도 있었지만, 뉴욕을 찍은 사진 가운데 유일하게 포착된 스튜디오였기 때문에 좀 더 조사해봐야겠다는 생각이 들었다. 비비안의 사진을 연구하는 동안 비비안은 자신에게 중요한 것들을 사진에 포함시키면서도 그 중요함을 자신만이 알 수 있게 표현하는 경우가 많다는 사실을 알게 되었기 때문이다.

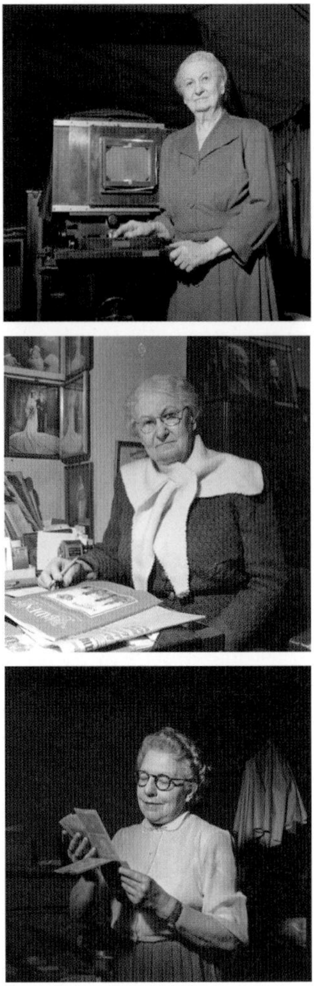

캐롤라 헴스와 제네바 매켄지, 1953~1954년(*Vivian Maier*)

스튜디오의 간판에는 '캐롤라 스튜디오'라고 적혀 있었고, 유명인, 여권 사진, 결혼사진 샘플을 전시하고 있는 것으로 보아 스튜디오의 주인이 비비안 사진의 주인공일 수도 있겠다는 생각이 들었다. 하지만 그 스튜디오의 공식 기록을 찾는 일은 놀라울 정도로 어려웠다. 나는 '캐롤라'가 이탈리아계 성이라고 생각했는데, 1953년 전화번호부에 '캐롤라'라는 성을 쓰는 사람은 둘밖에 없었고, 두 사람 모두 사진작가가 아니었다.

3번로 987번지에서 스튜디오를 운영했던 '캐롤라'도 찾을 수 없었다.

결국 캐롤라는 성이 아니라 이름일 수 있다는 생각이 들었고, 캐롤라가 캐럴의 독일식 이름임을 알게 됐다. 철자가 다른 캐롤라를 수없이 찾고, 여러 사진을 들여다본 끝에 1933년도 기록에서 3번로 987번지 부근에서 살았던 사진작가 캐롤라 헴스를 찾을 수 있었다. 오래된 인구조사 기록에서 캐롤라가 남편과 함께 일했다는 사실을 알아냈고, 전화번호부에서 캐롤라의 일터가 3번로 987번지였음을 확인했다. 이 무렵에 발행된 신문에는 남편 헴스가 아내에게 생활비를 지불하지 않아 투옥됐다는 사실과 두 사람이 힘든 과정을 거쳐 이혼했음을 폭로하는 기사가 실렸다. 부부에게는 아이가 없었고, 사진 스튜디오의 소유권은 캐롤라에게 왔다.

이민국과 여객선 탑승 기록을 보면 캐롤라는 카를스루에에서 온 것이 분명했지만, 캐롤라가 비비안의 사진 속 인물임을 확증하려면 명확한 사진 증거가 있어야 했다. 나는 캐롤라의 확대 가족을 수색해 뉴저지에 있는

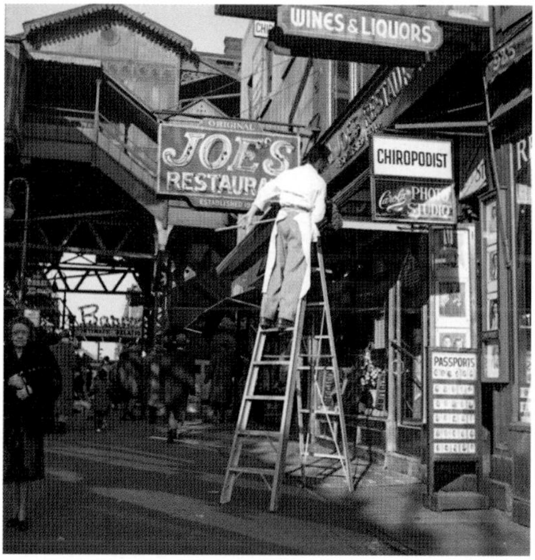

캐롤라 스튜디오, 뉴욕, 1953년(*Vivian Maier*)

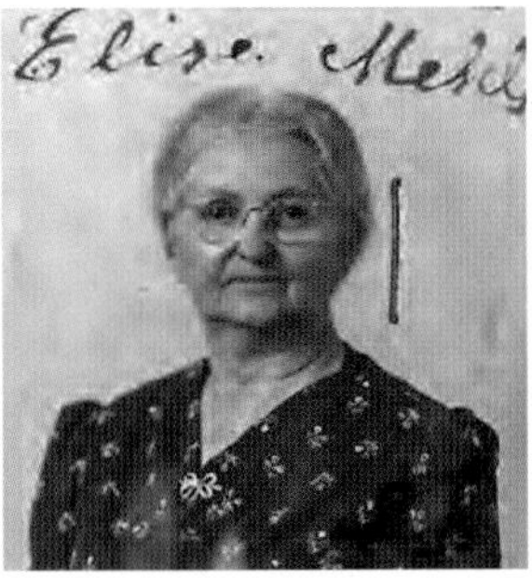

엘리제 멜스, 1940년(*NARA*)

친척을 찾아냈다. 그는 자신의 이모할머니가 사진작가였다는 것을 확인해주었다. 또한 사진 속 여인이 자신의 할머니인 엘리제 뢰펠 멜스와 많이 닮았다고 했다. 엘리제는 캐롤라의 자매였다. 하지만 두 사람이 닮았다는 걸 확인해줄 사진이 없었다. 나는 대안을 찾다가 귀화하지 않은 엘리제 뢰펠 멜스가 2차 세계 대전 동안 독일 국적을 가진 사람이라면 누구나 해야 했던 적국 시민 등록을 했을 거라는 사실이 떠올랐다. 실제로 엘리제 멜스의 적국 시민 등록증에는 비비안의 사진 속 인물과 동일 인물이라고 해도 좋을 정도로 닮은 여자의 사진이 있어, 캐롤라 헴스가 엘리제의 자매이자 비비안의 멘토임을 확증할 수 있었다. 그보다 훨씬 시간이 지난 뒤에는 사진에서 책상 위에 있는 아주 희미한 봉투 위에 'M. 헴스. 3번로'라는 글자를 확인할 수 있었다.

1956년에 뉴욕으로 돌아온 비비안은 뜬금없이 스튜디오에 걸려 있는 결혼식 사진을 찍었다. 그 사진 덕분에 나는 비비안이 실제로 헴스의 스튜디오에 있었음을 확인할 수 있었다. 사진 속 거울에 지금은 사라진 캐롤라 스튜디오 간판 위에 얹혀 있던 지압사chiropractor 간판이 비춰보였기 때문이다. 그때 비비안은 멘토를 찾아 스튜디오로 왔지만, 이미 캐롤라는 은퇴하고 독일로 여행을 떠난 뒤였고, 여행에서 돌아오지 못하고 사망했다.

헴스를 찾아다니는 동안 헴스의 스튜디오가 있는 지역에서 사진 교실을 운영하고, 사진 출력도 해주며, 암실도 빌려줄 수 있다는 신문 광고를 우연히 찾을 수 있었다. 1940년대와 1950년대에 헴스 스튜디오가 있는 건물에서 한 건물 건너에 있던 3번로 983번지는 사진작가들의 성지였다. 비비안의 사진에도 많이 나오는 이 건물은 분명히 사진과 관련된 활동을 할 때

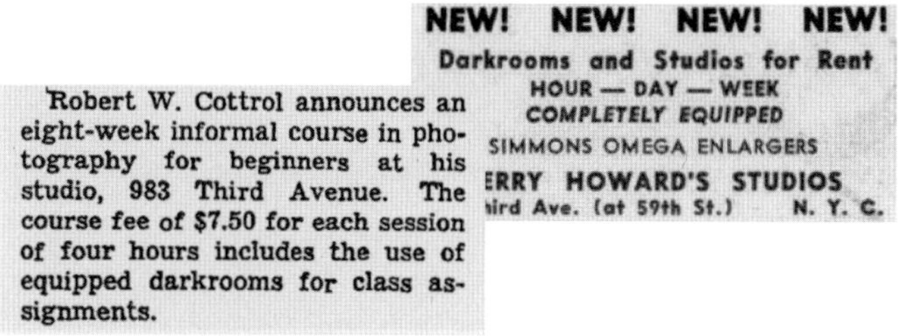
Robert W. Cottrol announces an eight-week informal course in photography for beginners at his studio, 983 Third Avenue. The course fee of $7.50 for each session of four hours includes the use of equipped darkrooms for class assignments.

NEW! NEW! NEW! NEW!
Darkrooms and Studios for Rent
HOUR — DAY — WEEK
COMPLETELY EQUIPPED
SIMMONS OMEGA ENLARGERS
ERRY HOWARD'S STUDIOS
hird Ave. (at 59th St.) N. Y. C.

사진 강좌와 암실 대여를 알리는 광고들, 1940~1950년대(*NYT and NYH*)

비비안이 자주 가는 곳이었다. 이 정보는 훨씬 나중에 다른 사진작가의 신원을 밝힐 때 아주 유용하게 활용할 수 있었다.

세 번째 사진의 여성 사진작가도 캐롤라만큼이나 비비안에게 중요한 사람임이 분명했다. 사진을 크게 확대해보면, 이 사진작가가 비비안의 네거티브 필름을 검토하고 있다는 걸 알 수 있기 때문이다. 캐롤라를 찾고 1년이 지났을 때, 나는 두 번째 사진작가를 찾는 일과는 전혀 관계가 없는 이유로 오트잘프에 머물면서 디지털로 저장된 1953년 뉴욕시 전화번호부를 살펴보고 있었다. '맥Mc'으로 시작하는 수많은 사람이 빽빽하게 들어차 있는 지면에서 갑자기 익숙한 주소가 튀어나왔다. 3번로 983번지. 점

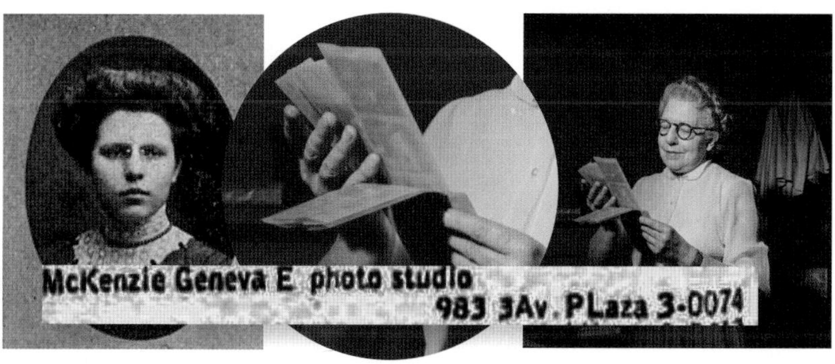

매켄지의 학급 앨범, 1908년; 뉴욕시 전화번호부, 1953년; 매켄지의 암실, 1954년(*Vivian Maier*)

점 빨라지는 맥박을 주체하지 못하고 그 주소에 적힌 이름을 뚫어지게 쳐다보았고, 제네바 매켄지라는 사진작가가 그 건물에서 스튜디오를 운영했다는 사실을 확인했다. 그 순간 나는 제네바라는 사진작가가 비비안이 1954년에 찍은 인물이라는 확신이 들었다. '앤세스트리' 사이트에서 제네바의 1908년 학급 앨범을 찾아보았고, 내 직감이 옳았음을 확인했다. 학급 앨범 속 여인은 비비안의 사진에 나오는 사진작가처럼 사랑스러운 계란형 얼굴에 올림머리를 하고 있었다.

비화 4: 맥밀런 자매

모든 여정 가운데 가장 힘들었던 건 맥밀런 가족을 찾는 일이었다. 그건 정말 컴컴한 어둠 속에서 바늘을 찾는 일이었다. 내가 맥밀런 가족을 찾고 싶었던 이유는 비비안과 맥밀런 가족의 아버지가 필름을 함께 현상했기 때문이다. 맥밀런 가족을 찍은 사진은 수십 장이나 있지만, 이 가족에 대한 정보는 글라신지 봉투 한 장에 적은 '업스테이트 뉴욕'이 전부였다. 가족들이 크리스마스트리를 자르러 할머니의 농지로 당일치기 여행을 간 사진이 있는데, 아버지와 보모는 그곳의 목가적인 풍경을 사진에 담았고, 그 가운데 몇 장을 크리스마스카드로 제작했다.

나머지 사진은 이 가족의 주거지 안과 그 부근에서 찍었다. 사진에 찍힌 주변 건물을 살펴보고 구글어스의 도움을 받아 나는 가족의 집이 1번로 360번지이거나 390번지임을 알 수 있었다. 도움을 받을 수 있는 인구조사 기록이 없었기에 훨씬 정보량이 적은 전화번호부로 이 가족을 추적할 수밖에 없었다. 하지만 추가 단서 없이 수백 가구가 존재하는 1번로에서 주소만으로 할 수 있는 일은 전혀 없었다. 집 내부를 찍은 사진을 꼼꼼하게 들여다봐도 얻을 수 있는 소득은 없었다.

결국 가족을 찾는 일은 일단 미뤄두어야 했고, 거의 1년이 지난 뒤에야 다시 추적을 재개할 수 있었다. 비비안이 찍은 사진을 크게 확대하고, 다시 철저하게 살피며 단서를 찾다가 문득 장난감 전화기의 다이얼 가운데 적혀 있는 글자를 발견했다. 오랫동안 나는 그 글자가 가짜 전화번호라고 생각했지만, 다시 보니 이름처럼 보였다. 몇 시간 동안 뿌옇게 보이는 글자를 해독하려고 애썼고, 마침내 '세라'일 수도 있다는 결론을 내렸다. 나는 1940년대 말에 태어나 맨해튼에서 살았던 세라를 검색했고, 당연히 엄청나게 많은 세라를 찾았다.

'1번로에서 살던 세라'라는 정보를 마음속에 새기고 그때까지 확보한 정보들을 연결해보려고 애썼지만, 사진 속 인물을 찾을 수 있으리라는 기대는 크지 않았다. 하지만 '피플 서치' 사이트(PeopleSearch.com)에서 우연히 주소에 맨해튼 시내와 호프웰 교차로가 적혀 있는 세라 R. 맥밀런을 발견했다. 호프웰 교차로는 타코닉 파크웨이를 따라 1시간 30분이면 갈 수 있는데, 그곳에는 아주 인기가 많은 농지 저택이 있다. 그러자 1번로의 주소를 찾으려고 전화번호부를 뒤질 때 본 적이 있는 맥밀런이라는 성이 생각났다. 1번로 390번지에 살고 있는 자스(제임스James의 줄임말. 옮긴이) R. 맥밀런이라는 이름이 말이다.

하지만 사실 이 발견들은 상당히 의심스러운 부분이 있어서, 아주 진지

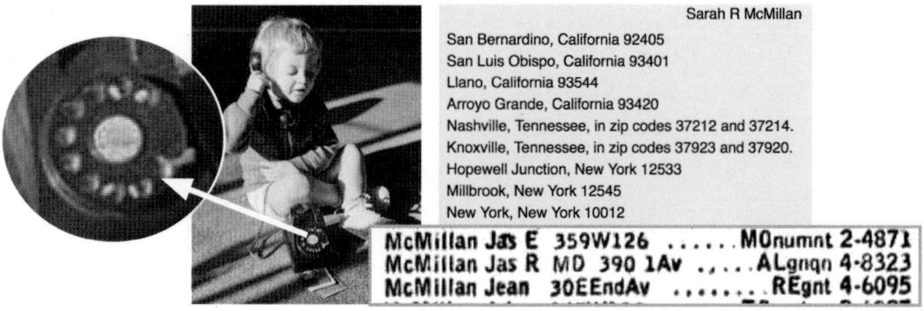

세라와 장난감 전화기, 1955년(*Vivian Maier*); 주소들(*PeopleSearch and NYC Directory*)

하게 생각하지는 않았다. 잘 보이지도 않는 장난감 전화기의 글자는 애초에 '세라'가 아닐 수도 있었다. 그래도 직감을 확인해볼 필요는 있을 것 같았다. 호프웰 교차로는 현재 타운하우스와 민간 주택 단지, 주말 주택이 섞여 있는 잡다한 곳이 되었다. 구글 어스에서 찾아본 세라의 주소 필립스 로드 112번지는 긴 진입로가 있는 숲속 주택으로, 비비안의 사진에서 본 커다란 흰색 농가 주택과는 거리가 멀었다. 하지만 구불구불한 시내와 나무의 형태 등, 주변 풍경에는 그대로 지나칠 수 없는 무언가가 있었다. 나는 계속해서 스크롤을 움직이며 주변 환경을 살폈다. 그리고 곧, 길을 따라 쭉 세워져 있는 나무 담장이 보였다. 비비안이 사진으로 담은 그 담장이었다! 1.6킬로미터쯤 더 가자, 한때 저명한 변호사 밴튼 무어Banton Moore가 소유했던 더치스 팜Duchess Farm이 나왔다. 그리고 석조 벽, 담장을 친 들판, 커다랗고 하얀 주택까지, 그곳에 모든 것이 있었다.

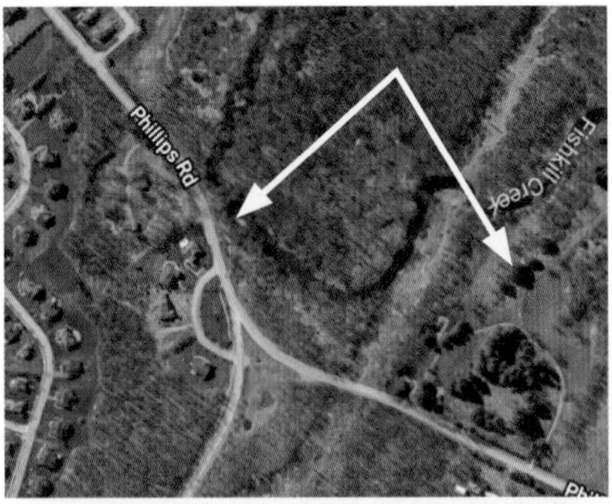

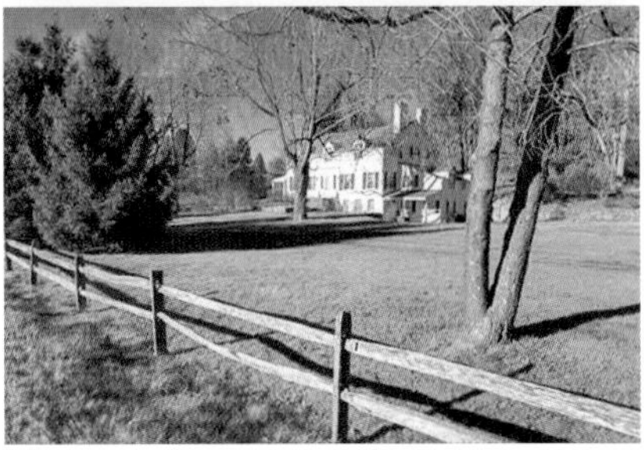

맥밀런의 집(*Google Earth*)

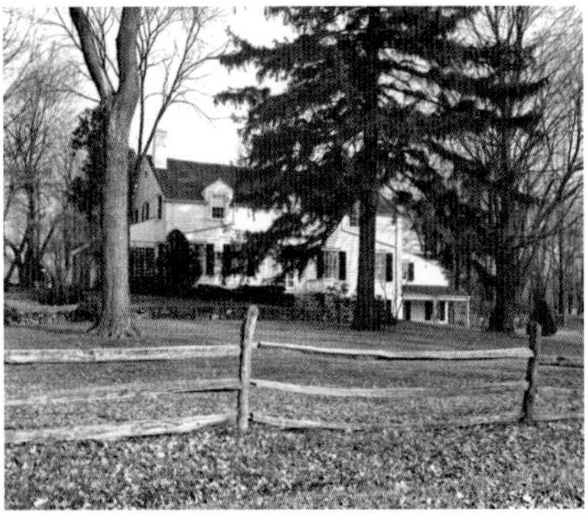

맥밀런의 농지, 1954년(*Vivian Maier*)

그 뒤, 두 집 모두 무어 집안의 소유임을 알게 되었고, 세라가 사는 곳은 농지에서 조금 떨어진 곳에 있는 작은 주택임을 알게 됐다. 마거릿 무어는 제임스 맥밀런과 결혼했고, 두 부부는 세 딸을 낳았다. 메리와 루시아, 그리고, 맞다, 세라였다.

공개된 정보에 따르면, 세라는 안타깝게도 세상을 떠났다. 루시아는 1954년에 함께 살았던 보모를 기억하기에는 너무 어리다는 생각이 들었기에 나는 메리에게 주목했고, 뉴멕시코에 살고 있는 메리를 찾아냈다. 처음에 메리는 비비안을 거의 기억하지 못했다. 하지만 사진을 보여주자 가족에게 중요했던 추억과 이야기 들을 기억해냈다. 메리의 유명한 할아버지는 1953년 휴가철에 농장의 커다란 창고를 개축하다가 떨어진 들보에 관통상을 입고 세상을 떠났다. 메리 가족이 그다음 해에 남편을 잃은 할머니를 만나러 온 것은 그 때문이었다. 1954년 12월 초에 메리의 가족은 함께 살게 된 보모를 동행하고 농장으로 갔다.

메리는 그토록 따뜻한 휴가 사진은 모두 엄청난 허구라고 했다. 그때 메리의 부모는 약물 남용, 불륜, 우울증으로 고생하고 있었다. 메리의 아버지는 평생 아내와 애인 사이를 오갔다. 메리의 이야기를 듣는 동안 사진은 현실을 충분히 오도할 수 있음을, 사진에 담긴 장면이 반드시 진실이거나 무언가를 상징하는 건 아니라는 사실을 깨달았다. 사진 속에 담긴 가족의 단란함은 현실에는 존재하지 않았다. 공교롭게도 비비안이 맥밀런

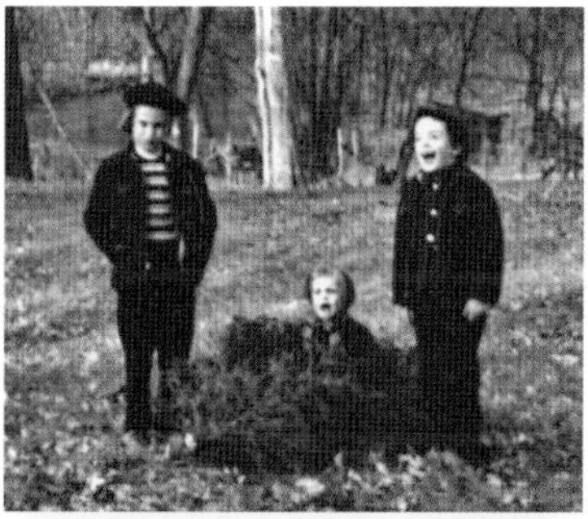

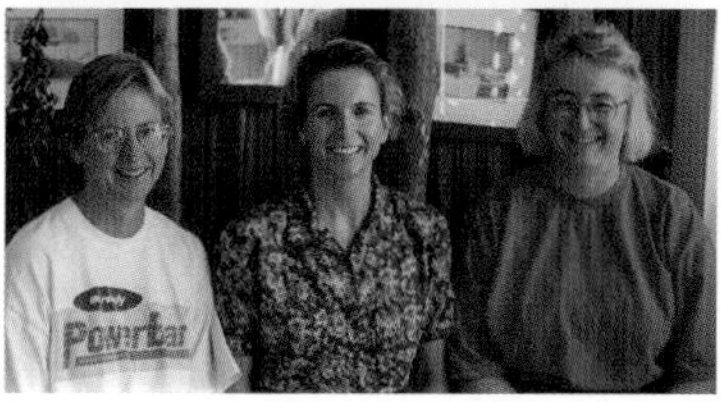

메리, 루시아, 사라 맥밀런, 1954년 (*Vivian Maier*); 2000년(*Mary Cavett*)

가족보다 먼저 찍었거나 나중에 찍은 가족사진들 모두 그 가족이 겪어야 했던 갈등을 감추고 있었다. 다양한 일화를 들려준 메리의 이야기에서 분명하게 알 수 있었던 사실은 비비안이 사진을 나누어주기를 꺼려했다는 것이다. 그때 이미 비비안에게는 사진을 모으는 수집벽이 나타나고 있었는지도 모른다.

비화 5: 마이어 가문

칼 마이어를 찾는 건 너무나도 힘든 일이었지만, 일단 찾은 뒤에는 비비안의 가계도에 관해 더 많은 정보를 선물처럼 얻게 되었다. 콕사키 감화원에서 보관하던 파일에는 흔히 전기작가들이 바라는 것보다 훨씬 더 많은 정보가 들어 있었고, 군대 기록에는 유전성 정신 질환에 관한 기록을 비롯해 가족의 역사가 가득 들어 있었다. 칼의 기록은 비비안 마이어의 인생을 열어젖혔지만 그 사실들을 검증하고 좀 더 명확하게 이해하려면 직접적인 정보를 찾아야 한다고 생각했다. 그래서 비비안의 직계 가족을 아는 사람들에게 직접 이야기를 들어봐야겠다는 목표를 세웠다. 마리 조소나 니콜라스 바일 같은 경우에는 어렵지 않았다. 모두 90세가 넘었지만, 아직 샹소르 계곡에는 두 사람을 아는 이가 몇 명 남아 있었기 때문이다. 하지만 비비안의 오빠, 아버지, 할머니의 지인을 찾는 일이 아주 어려웠다.

칼 마이어

칼 마이어는 사회에서 낙오됐기 때문에 그를 아는 사람을 찾을 수 있는 장소는 많지 않았다. 십 대 때 칼에게 편지를 보냈던 친구들은 오래전에 칼의 곁을 떠났고, 몇 사람은 감옥에, 몇 사람은 이른 죽음을 맞았다. 군대에서는 마약 중독 때문에 스스로 눈에 띄지 않게 지냈고, 치료를 위해 갔던 시설이나 앵코라 정신 병원에서는 그저 사망 사실만을 확인할 수 있었다.

남은 곳은 칼이 마지막 십여 년을 보낸 사설 요양 시설뿐이었다. 그 요양 시설의 이름은 칼이 처음 제출한 사회보장 지원서에 적혀 있었다.

뉴저지주 앳코에 위치한 L&S 쉼터는 노인 돌봄 학대에 관한 심층 연구의 대상이기도 했던 시설로, 그 결과는 뉴저지주 문서 보관소에서 열람할 수 있다. 이 시설은 비교적 높은 점수를 받았고, 해당 연구는 칼이 그곳에서 경험했을 일들을 상당히 자세하게 알려주었을 뿐 아니라, 시설의 오랜 소유주 이름도 알려주었다. 그들은 플로리다에 살고 있었다. 플리너 집안의 구성원인 두 사람은 내 말을 듣자마자 칼을 기억해냈고, 상당히 신뢰할 수 있는 정보를 자세히 말해주었다. 나는 칼이 문제 많고 자기 파괴적인 사람이었다고 증언하리라 예상했기 때문에, 두 사람의 묘사를 듣는 동안 깜짝 놀랐다. 두 사람은 칼이 아니라 비비안이라고 생각해도 좋을 사람을 묘사했다. 칼은 유창하게 말을 하고, 옷을 단정하게 입었으며, 바른 태도를 지녔고, 덩치는 컸지만 상당히 조용한 사람이었다고 했다.

찰스 마이어 시니어

나는 비비안의 아버지를 직접 알고 있는 사람을 찾기 위해 엄청난 시간을 투자했고, 결국 보상을 받았다. 내가 시도한 방식은 찰스의 두 번째 아내의 가족을 찾는 것이었다. 분명히 거대한 일족을 이루고 있을 찰스의 두 번째 아내의 친척들이 자신들의 자매인 베르타 루터 마이어와 연락을 하고 지냈으리라고 추정했기 때문이다. 베르타 루터 마이어는 미국으로 귀화하지 않았기 때문에 2차 세계 대전이 일어났을 때 적국 시민으로 등록해야 했고, 다섯 장이나 되는 설문지를 작성했다. 그 설문지를 통해 나는 베르타의 친척을 찾을 수 있는 단서를 발견했다.

미국과 유럽, 남아메리카 대륙에 널리 퍼져 있는 루터 가족의 기록에는 정확하지 못한 가계도와 틀린 철자가 예상했던 것보다 너무나도 많아서

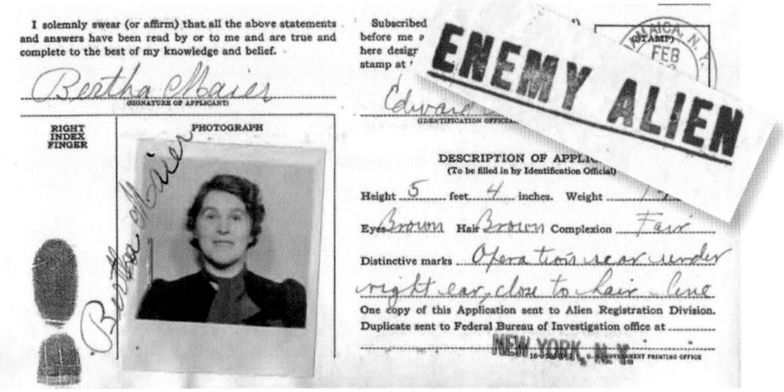

I solemnly swear (or affirm) that all the above statements and answers have been read by or to me and are true and complete to the best of my knowledge and belief.

Bertha Maier

(SIGNATURE OF APPLICANT)

Subscribed before me
here desigr
stamp at

ENEMY ALIEN

RIGHT INDEX FINGER

PHOTOGRAPH

Bertha Maier

DESCRIPTION OF APPLI
(To be filled in by Identification Official)

Height 5 feet 4 inches. Weight

Eyes Brown Hair Brown Complexion Fair

Distinctive marks Operation scar under right ear, close to hair line

One copy of this Application sent to Alien Registration Division.
Duplicate sent to Federal Bureau of Investigation office at NEW YORK, N.Y.

베르타 루터 마이어, 1942년(*NARA*)

내 인내심을 시험했다. 베르타 루터 마이어의 이름만 해도 베르타, 베르다, 헤르타, 루터, 루더, 로더, 카이더, 로이터, 마이어, 마이르, 메이어, 마이에르, 마이에르스, 메이어스, 메이에르, 메이에르스, 미에르라는 열일곱 가지 형태로 적혀 있었고, 이름과 성을 조합하면 훨씬 더 많은 오류가 존재했다. 마이어 부부의 유언 검인소 기록은 퀸즈에서 종이 문서로만 확인할 수 있었는데, 베르타의 친척을 찾는 데 필요한 발판을 마련해주었다.

뉴욕에서 대중에게 공개되는 유언 검인소 기록은 개인의 가족 역동을 밝힐 수 있는 중요한 자료이다. 베르타는 이렇다 할 유언을 남기지 않고 세상을 떠났지만, 행정 기록을 보면 베르타의 후손은 다섯 갈래로 뻗어나갔음을 알 수 있다. 가까운 로체스터에서 나는 베르타를 기억할 뿐 아니라 퀸즈에서 베르타와 찰스와 함께 살기도 했던 조카를 찾았다. 그 조카는 두 사람에 관해 할 말이 아주 많았다. 찰스에 관해서는 그의 어머니가 이미 형편없이 묘사한 바가 있었기 때문에 당연히 좋은 이야기가 나올 거라 생각하지 않았지만 조카는 말문을 떼는 것이 망설여질 정도로 자신이 알고 있는 이야기가 너무 추잡하다며 입을 닫으려 했다. 두 차례나 허심탄회하게 통화를 한 뒤에야 이 조카는 마침내 찰스가 거짓말쟁이, 도박꾼, 술주정뱅이였을 뿐 아니라 폭행범이기도 했다고 털어놓았다. 칼을 들고 베르타의 목을 찌르려고 했다는 이야기는 잊히지가 않는다. 오빠와 달리 비비안은 정말로 자기 아버지와는 거의 교류가 없었기를 바랄 뿐이다.

외제니 조소

외제니 조소는 100년도 전에 프랑스를 떠났고, 1948년에 사망했기 때문에 외제니를 아는 사람을 만난다는 것은 정말로 하늘의 별 따기라고 생각했다. 요리사로 크게 성공하기도 했고, 남긴 편지에서 느껴지는 인상이 맞는다면, 외제니는 윤리적이고 따뜻하며 현명한 사람이고, 비비안의 인생에 가장 중요한 영향을 미친 사람 같았다. 무엇보다 비비안에게는 깊이 새겨진 올바른 가치관이 있었다. 그 가치관은 누군가의 영향을 받았을 테니, 비비안의 자질이 어디에서 왔는지를 확인하는 일은 중요했다. 외제니가 어떤 사람인지를 직접 증언해줄 사람은 오직 과거 고용주의 자녀밖에 없었다. 나는 당연히 인구조사 기록을 뒤져 마지막 고용주인 베드퍼드에서 살았던 깁슨과 클락스의 자녀들을 찾는 것으로 탐색을 시작했다. 플로리다주 포트피어스에 살고 있던 두 사람의 아들은 내가 찾아냈을 때는 이미 노인이었는데, 인터뷰를 한 뒤에 사망했다. 그는 어린 시절 자신을 위해 요리를 해주던 요리사를 분명하게 기억하고 있었고, 내가 생각했던 그대로의 모습으로 묘사해주었다.

가족에게 외제니는 아주 중요한 사람이었는데도, 외제니의 사진은 비비안의 소지품에서도, 오트잘프 문서 보관소에서도, 프랑스에 있는 친구나 가족에게서도 찾지 못했다. 정말이지 단 한 장이라도 찾고 싶은 마음에 외제니의 부유한 고용주들의 기록 보관소까지 뒤져보았지만, 그곳에서도 소득은 없었다. 결국 아직 들춰보지 않은 서류가 있을 것이라는 강력한 나의 직감을 믿으며 다시 정부 문서 보관소로 시선을 돌렸다. 놓친 것이 있기를 바라며 외제니가 미국까지 오는 동안의 기록을 다시 살폈고, 온라인에 새로 올라온 1932년에 낫소 카운티에서 귀화한 유지니Eugini(원문 그대로) 조소에 관한 기록을 찾았다. 뉴욕시나 서포크 카운티와 달리 낫소 카운티는 카운티에서 발행한 문서를 직접 보관하고 있었고, 그 문서들이 검색 가능하게 된 것은 내가 비비안의 가족에 대한 조사를 모두 끝마친 뒤였다. 나는 외제니가 시민권을 얻기 위해 거쳤던 여정을 추적했고, 새로운 정보를 발견했다.

외제니는 1901년에 미국에 도착했지만, 무슨 이유에서인지 귀화 의향서를 곧바로 제출하지는 않았다. 아마도 다시 프랑스로 돌아갈 생각이었거나, 나중에서야 제출하라는 조언을 받았을 것이다. 외제니가 뉴욕 남부 지구에 귀화 의향서를 제출한 것은 1925년으로, 그때 마리는 비비안을 임신하고 있었다. 7년의 유예 기간이 지난 1931년에 외제니는 귀화 신청서를 제출했는데, 오이스터 베이에서 디킨슨 가족을 위해 일하고 있는 동안 돌연 낫소 카운티에서 제출한 것이다.

그때쯤이면 외제니가 1901년에 미국에 도착했음을 입증할 기록이 없었기 때문에 입국 확인 증명서도 함께 제출해야 했다. 필요한 서류를 모두 준비하고 증인도 찾아야 했다. 외제니가 그 과정을 모두 마쳤을 때는 이미 한 해가 지나 1932년이 되어 있었다. 낫소 카운티에서 외제니의 공식 서류철이 작성된 것이 바로 그해였다. 그 서류철은 이후로 거의 열람된 적이 없었다. 내가 외제니의 기록을 복사해달라고 했을 때, 문서 보관소 직원은 외제니의 서류가 들어 있을 서류철을 열어보려고 했지만, 종이가 서로 달라붙어 펼쳐지지 않는 곳이 있을 정도였다. 문서 보관소 직원은 외제니의 서류만 찾아서 내게 주는 대신, 전체 서류철을 수리하는 곳으로 보내더니 나에게 두 달 뒤에 다시 전화하라고 통보했다. 그때가 나의 여정 중 가장 좌절했던 순간 가운데 하나이다. 나는 직원에게 수리업자의 연락처를 알려달라고 부탁했고, 수리업자는 친절하게도 서류철을 뒤져 외제니의 서류를 복사해 보내주었다. 그 서류를 보는 순간 나는 외제니의 귀화가 낫소 카운티 차원에서 이루어진 것이 아니라 미국 이민국에서 처리되었음을 알았다. 귀화 신청을 연기함으로써, 외제니가 나에게 아주 귀중한 자료를 제공해준 것이다. 마이어 가족들이 그랬던 것처럼 초기에 귀화를 신청한 사람들은 사진을 제출할 필요가 없었다. 하지만 1930년대에는 사진을 제출해야 했다. 아주 오래전부터 바랐던 대로, 외제니의 귀화 신청서가 내 메일함에 도착했을 때, 그 소중한 사진이 그곳에 있었다. 외제니 조소의 모습을 보여주는 유일한 사진이 말이다.

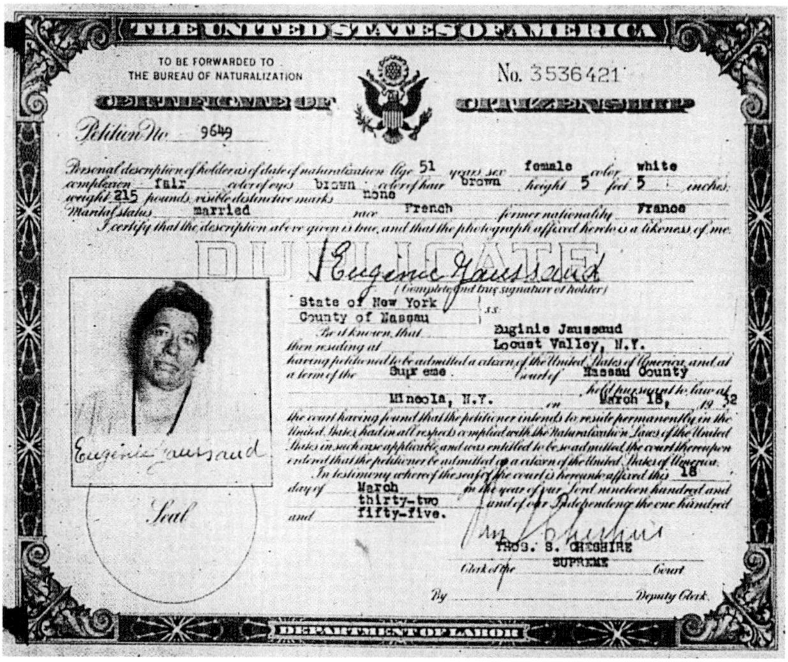

THE UNITED STATES OF AMERICA

TO BE FORWARDED TO
THE BUREAU OF NATURALIZATION

No. 3536421

CERTIFICATE OF CITIZENSHIP

Petition No. 9649

Personal description of holder as of date of naturalization Age 51 years; sex female color white complexion fair color of eyes brown color of hair brown height 5 feet 5 inches; weight 215 pounds; visible distinctive marks none
Marital status married race French former nationality France
I certify that the description above given is true, and that the photograph affixed hereto is a likeness of me.

DUPLICATE

Eugenie Jaussaud
(Complete and true signature of holder)

State of New York
County of Nassau ss.

Be it known, that Euginie Jaussaud then residing at Locust Valley, N.Y. having petitioned to be admitted a citizen of the United States of America, and at a term of the Supreme Court of Nassau County held pursuant to law at Mineola, N.Y. on March 18, 1932 the court having found that the petitioner intends to reside permanently in the United States, had in all respects complied with the Naturalization Laws of the United States in such case applicable, and was entitled to be so admitted, the court thereupon ordered that the petitioner be admitted as a citizen of the United States of America.
In testimony whereof the seal of the court is hereunto affixed this 18 day of March in the year of our Lord nineteen hundred and thirty-two and of our Independence the one hundred and fifty-five.

THOS. S. CHESHIRE
Clerk of the SUPREME Court
By ______ Deputy Clerk.

Eugenie Jaussaud

Seal

DEPARTMENT OF LABOR

외제니 조소, 시민권 증서, 1932년(*USCIS*)

부록 D

가계도를 추적할 때 주의할 점

아마추어 계보학자들이 적은 힘을 들여
더 많은 수확을 올리려면 염두에 두어야 할 것들

가계도 검색 사이트

가계도 기록은 검색을 방해하는 심각한 오류로 가득하다.

사례 칼 마이어의 성만 해도 1920년에 작성한 출생 카드에는 마이르Mair라고 적혀 있었다. 이 작은 실수 때문에 인터넷 검색으로 '마이어'를 검색했을 때 그 기록을 찾아내기가 힘들었다. 문서 보관소에 있는 원본 서류를 찾아본 뒤에야 오류를 확인하고 칼의 진짜 출생일을 확정할 수 있었다.

가계도 사이트 가운데는 한 장, 한 장 살펴봐야 하는 개별적인 데이터베이스를 제공하는 곳이 있다.

사례 칼 마이어의 세례식 기록은 '패밀리서치' 사이트(FamilySearch.com)에 올라온 성 베드로 루터파 교회의 자료에서 찾을 수 있었는데, 이 자료는 검색 기능이 없어 화면을 한 장 한 장 넘기며 들여다본 뒤에야 마침내 칼의 자료를 찾을 수 있었다.

검색 지역을 확장하면 예상하지 않았던 결과를 찾을 수 있다.

사례 뉴욕에서 더는 검색 결과가 나오지 않자 나는 특별한 이유도 없이 검색 지역을 뉴욕을 둘러싼 모든 근교로 넓혔고, 놀랍게도, 뉴저지주에서 칼 마이어의 사망 기록을 찾을 수 있었다.

자료를 모두 합쳐 포괄적으로 검토하면 비어 있는 틈을 메울 수 있다.

사례 외제니가 미국에서 살았다는 건 알았지만, 1910년 인구조사에서는 찾을 수가 없었다. 그래서 성을 빼고 프랑스인 외제니들을 찾아보았다. 그러자 뉴욕 업스테이트에서 살았던 '외제니 주글라르'를 비롯한 여러 후보자가 나왔다. 결혼 증명서를 찾기 전까지는 '주글라르'라는 성이 잘못 기재된 것이라고 생각했다.

가계도 사이트는 자료를 정기적으로 업데이트하기 때문에 다시 방문해야 한다.

사례 외제니의 귀화 서류를 찾을 수 없었지만, 그 서류가 존재한다는 사실은 알고 있었다. 찾기 어려웠던 이유는 외제니가 그 서류를 생각지도 못한 낫소 카운티에 제출했기 때문이었다. 그리고 낫소 카운티 당국은 그 서류를 다른 서류들과 분리해 보관하다가 뒤늦게 온라인에 올렸다. 처음에는 서류를 찾지 못했지만, 몇 년 뒤에 다시 사이트를 방문했을 때는 업데이트가 되어 있어 곧바로 확인할 수 있었다.

가계도 사이트에는 검색에 커다란 영향을 미치는 독특한 특성이 있다.

사례 '앤세스트리' 사이트는 1930년 인구조사 기록부터 '맨해튼'에서 살았던 사람을 검색할 수 있지만, 1940년의 인구조사 기록은 '뉴욕시'라는 검색어로만 검색할 수 있다. 주거지를 검색하려면 디렉터리 목록이 요구하는 정확한 형식과 약어를 사용해야 한다. 비비안이나 조앤의 주소를 검색하려면 정확하게 '421E64'와 '340RivDr'이라고 입력해야 한다.

가계도 사이트마다 같은 기록을 다른 내용으로 보여주기도 한다.

사례 '앤세스트리'에서는 존 린든버거의 사망 기록을 가장 간단한 정보로만 알려준다. 하지만 '패밀리서치'에서는 아내의 결혼 전 성을 비롯해 더 자세한 정보를 알려준다. 비비안의 '새어머니' 베르테 발퍼즈빌러Berthe Walperswyler에 관한 새로운 정보들도 그렇게 얻었다.

정확한 단어가 아니라 비슷한 단어를 사용해 검색하면, 사이트마다 아주 다른 결과를 얻을 수 있다.

사례 프랑수아 주글라르를 검색할 때, 나는 프랑수아의 성이 주글랑Jougland이라고 생각했다. '앤세스트리'에서는 '프랑수아 주글랑'이라는 사람을 찾을 수 없었지만, '패밀리서치'에서는 중혼 서류를 비롯해 몇 가지 자료를 찾을 수 있었다.

인터넷 검색

가계도 정보는 대부분의 검색 엔진에서는 찾을 수 없다.

사례 칼 마이어의 감화원 정보는 구글에 정리되어 있지 않으며, 찾을 수도 없다. 이런 정보를 얻으려면 뉴욕 주립 문서 보관소 같은 곳에 들어가 수감 기록 등의 서류를 직접 찾아봐야 한다. 해당 기관의 홈페이지 검색 엔진도 이런 정보는 제공해주지 않는다. 문서 보관소의 데이터베이스를 샅샅이 뒤져야 발견할 수 있다.

가장 효율적으로 조사하려면 제일 먼저 출생 기록과 사망 기록을 찾아야 한다.

사례 손에 넣을 수 있는 중요한 기록을 가능한 빠르게 모으자, 뉴욕에 살았던 비비안의 친척 열 명이 모두 아홉 군데 다른 묘지에 묻혔음을 알 수 있었다. 이로부터 무너진 가족을 찾아나서는 여정이 비로소 시작되었다.

부고에 포함된 정보와 포함되지 않은 정보가 중요하다.

사례 부고는 1940년 이후에 가족 구성원과 가족 구성원의 이름을 알려주는 몇 안 되는 자료이다. 윌리엄 마이어의 첫 부고에는 손녀인 비비안의 이름이 없는 것으로 보아, 비비안과 마이어 가족의 관계가 소원했음을 알 수 있었다.

신문은 어디에서도 찾을 수 없는 중요한 내용을 담고 있다.

사례 뉴욕에서 발행한 신문 기사를 검색할 수 있는 '풀턴히스토리' 사이트(FultonHistory.com)에서는 마리가 실은 줄 광고와 시카고에서 체포된 비비안의 근황에 이르기까지 모든 내용을 찾을 수 있었다. 다른 자료에서 찾은 전화번호도 신문에 낸 줄 광고와 대조해 확인할 수 있었다.

이름과 성만 안다면 거의 모든 사람을 인터넷에서 찾을 수 있다.

사례 다양한 온라인 안내 사이트에서 나이, 주소, 결혼 전 성, 중간 이름의 머리글자, 가입한 단체 같은 소소한 정보를 한데 모아 검색하면 비비안 마이어와 관계가 있는, 내가 찾고자 했던 사람을 모두 찾을 수 있었다.

사진

사진은 모든 각도에서, 모든 형태를 다 점검해야 한다.

사례 아주 간단한 일처럼 보이지만, 란다초 가족의 옥상 사진은 뒤집어본 뒤에야 이 가족의 공동주택을 확정할 새로운 시각을 얻을 수 있었다.

사진은 계속해서 거듭 들여다봐야 한다.

사례 계보 연구가 성공하려면 시간이 흐를수록 새로 알게 되는 정보들을 서로 연결할 수 있어야 한다. 비비안이 1959년에 찍은 사진을 수차례 들여다보았지만, 한 장의 엽서가 전적으로 다른 의미로 다가온 것은 프랑수아 주글라르를 알게 되었기 때문이다.

사진에 조금만 손을 대도 더 많은 사실을 발견할 수 있다.

사례 맥밀런 가족의 사진을 수십 번 검토해도 발견할 수 없었던 중요한 단서인, 장난감 전화기 위의 '세라'라는 이름은, 마지막 방법이라고 생각하고 사진을 확대해보았을 때 발견할 수 있었다.

역사적인 건물과 그 위치는 무료로 확인할 수 있다.

사례 나는 뉴욕시의 모든 거리 사진을 담고 있는 '올드 뉴욕 시티' 사이트를 비롯해 문화 유적 사이트들을 다각도로 활용했다. 이를 통해 비비안이 초기 사진들을 어디에서, 어떻게 찍었는지 알 수 있었다. 그중에는 지금은 사라져버린 건물들도 있었다.

사진은 천 마디 말을 대신하기도 한다.

사례 (캐럴 샬랫의) 촛대 같은 것!

해석

증거가 아니라 추론으로 간극을 메우려고 해서는 안 된다.

사례 처음에 비비안의 부모가 종교가 다르고, 오빠인 칼이 독특하게도 개신교와 가톨릭 교회 두 곳에서 세례를 받은 사실을 발견했을 때, 부부가 갈라설 수밖에 없었던 이유를 종교에서 찾으려 했으나 곧 종교 차이는 비비안의 부모에게 그다지 큰 문제가 아니었다는 것을 알게 되었다.

기록이 있다고 해서 모두 진실이라고 생각해서는 안 된다.

사례 처음에 나는 공식 문서에 적혀 있는 기록은 정확한 사실이라고 생각했다. 하지만 훨씬 뒤에, 비비안의 가족은 공식 문서에 거짓을 적어넣을 때가 많았다는 것을 알게 되었고, 각자가 가족의 어떤 비밀을 감추려고 했는지를 알아내는 일이 중요하다는 사실을 깨달았다.

자료가 미심쩍다거나 말이 되지 않는다고 해도, 너무 쉽게 배제하면 안 된다.

사례 외제니와 프랑수아가 주글라르라는 이름으로 함께 살았다는 사실을 발견했을 때, 나는 인구조사 기록이 잘못됐다고 생각하고 두 사람이 정말로 결혼했다는 가정은 배제했다. 하지만 나중에 이 세상에 절대로 존재하리라고는 생각지도 않았던 서류를 발견했다. 두 사람의 결혼 증명서 말이다.

일반적인 추적

유언 검인소 기록은 다른 곳에서는 찾을 수 없는 정보를 제공하며, 대중에게 공개되어 있다.

사례 외제니의 유언장만 보아도 마리가 자녀들과는 떨어져 살았으며, 더는 비비안과 연락을 하거나 보호자가 되어주지 못했고, 외제니의 유산을 직접 상속받지 못했음을 알 수 있다. 유언장 집행인인 칼 마이어가 자신의 이름을 '윌리엄 조소'라고 적은 내용도 확인할 수 있었다.

법률 기록은 풍부한 정보를 제공해준다.

사례 프레드 레이번버그의 사업 때문에 벌어진 재판 기록은 외제니와 마리의 일상을 보여줄 뿐 아니라, 결국 1914년에 마리가 미국으로 올 수 있게 된 계기를 마련한 일련의 사건들을 말해준다. 밴더빌트 집안의 재판 기록은 여러 면에서 아주 놀랍다. 몇몇 재판 기록은 구글북스에서 검색할 수 있다.

누군가를 찾을 수 없다면, 그를 알 수도 있는 사람을 찾아야 한다.

사례 비비안의 어퍼 웨스트사이드 뮤즈였던 조앤을 찾지 못했을 때는 같은 건물에서 함께 자라 조앤을 알 수도 있는 다른 아이들을 찾았다. 시간이 많이 필요한 작업이었지만, 충분히 가치가 있었다.

귀중한 연방 자료들은 대중에게 공개되어 있다.

사례 정보자유법에 의해 일반인도 사회보장 신청서 원본 같은 역사적인 기록을 열람할 수 있다. 1943년에 비비안이 제출한 사회보장 신청서를 보면, 비비안이 베르테와 함께 지냈고, 마담 알렉산더 공장에서 일했음을 알 수 있다. 마리의 사회보장 신청서는 그녀가 비비안과 함께 살지 않았다는 사실을, 외제니의 사회보장 신청서는 마거릿 에머슨에게 고용되어 있었음을 말하고 있다. 칼의 본명을 알 수 있는 유일한 자료는 자신의 본명을 제대로 쓴 단 한 곳, 쉼터 기록뿐이었다.

국제 문서 보관소는 미국 문서 보관소보다 더 접근하기 쉬우며, 더 풍부한 자료를 볼 수 있다.

사례 처음에 나는 프랑스 자료는 검색할 수 없으리라고 생각했지만, 완전히 틀린 생각이었다. 오트잘프 문서 보관소는 모든 자료를 온라인에서 검색하고 받아볼 수 있는 포괄적인 서비스를 제공하고 있었다. 놀라울 정도로 많은 도움을 준 문서 보관소 관리자 프레데릭 로베르Frédéric Robert의 도움을 받아 200장이 넘는 서류를 확인할 수 있었고, 그 덕분에 니콜라스 바일이 마리를 인정했다는 사실, 프랑수아 주글라르가 가족을 학대했다는 사실, 장 루셀이 군대에서 문제를 일으키고 체포됐다는 사실을 알 수 있었으며, 100년 동안 어떤 식으로 가족이 이어져 내려왔는지도 알 수 있었다.

관련이 없는 자료라도 그 자료가 아니라면 얻을 수 없는 정보가 있을 수 있다.

사례 대부분의 기록 문서에는 날짜와 주소, 다른 이름 같은 정보가 들어 있다. 내가 프랑스 토지 매매 기록을 받아보기로 결정한 이유는 그저 외제니가 어디에서 살았고, 언제 어느 시점에서 미국에서 일했는지를 알아보고 싶었기 때문이다.

시간을 버릴 각오를 해야 한다.

사례 결국 내가 찾아낸 단서와 내가 살펴본 정보 가운데 95퍼센트가량은 내 조사와는 관계가 없었다. 하지만 덕분에 그전까지는 아는 것이 전혀 없었던 사람들과 장소 등, 다른 많은 것을 알게 되었기 때문에 절대로 시간 낭비가 아니었다.

감사의 글

미국 중서부에서 살았던 보모와 그 보모의 창고로 가는 길을 가로지르는 데는 한 마을이 필요하지는 않았지만, 탁월한 사람들의 도움은 반드시 필요했습니다. 그 누구보다도 감사를 전해야 하는 사람들은 비비안의 유산을 관리하는 분들로, 특히 법률 자문 위원인 레아 자쿠보우스키, 외부 법률팀의 그레고리 친룬드, 제임스 그리피스, 콜린 친룬드에게 감사의 말을 전합니다. 이분들은 내가 비비안의 이야기를 전할 수 있도록 아낌없는 지원을 해주었고, 전 세계 어디서나 비비안의 사진을 활용할 수 있는 권리를 주었습니다.

이 책을 쓰는 6년간의 여정은 존 말루프와 제프 골드스타인이 자신들이 구축한 아카이브를 내가 마음껏 활용해도 된다는 허락을 해주었기에 시작할 수 있었습니다. 두 사람을 만났을 때 나는 정말 크게 웃을 수밖에 없었습니다. 언론이 만들어놓은 순진한 사람을 착취하는 탐욕스러운 욕심쟁이들과는 전혀 거리가 먼 사람들이었기 때문입니다. 존이 비비안을 발견하는 데 가장 큰 역할을 한 이유는 모두 '카르마'(업) 때문입니다. 불우했던 어린 시절, 노동자 계층의 아이, 예술적 감성, 강박적인 성격, 할 수 있다는 태도, 사회문제에 적극적으로 참여하고자 하는 자세, 이 모든 것이 비비안을 떠오르게 합니다. 존에게는 감사뿐 아니라 무한한 경탄을 보내고 싶습니다. 그전까지 사진을 전혀 몰랐던 스물여섯 살 청년이 비비안의 재능을 알아보고, 비비안의 작품을 세상에 알리려고 헌신했으며, 아카데미상 후보에 오른 영화까지 만들었습니다. 그러니 무슨 말이 더 필요할까요? 그리고, 제프, 내가 비비안의 이야기를 할 수 있도록 제일 먼저 당신의 내밀한 공간에 초대해주고, 소중한 빈티지 프린트를 마음껏 볼 수 있게 해줘서 고마워요. 우리가 함께 일한 시간들, 새로운 사실이 발견되던 그 믿기지 않은 순간들을 공유해줘서 감사해요!

사진 작업을 도와준 많은 분들, 특히 하워드 그린버그 갤러리 여러분께 감사합니다. 데이비드 페크먼, 캐런 마크스, 잭 리터, 알리시아 콜렌, 코트니 노먼, 비비안을 위해 모두 최선을 다해 도와주셨습니다. 처음부터 끝까지, 나에게는 너무나도 낯선 땅을 통과할 수 있도록 도와준 하워드에게 진심으로 고맙다는 말을 하고 싶습니다. 비비안의 작품을 관리하는 국제적인 큐레이터 앤 모린과 프랑수와즈 모린은 이 책이 궤도를 따라 나아갈 수 있도록 혼신의 힘을 다해 도와주었습니다. 두 분과는 앞으로도 오랫동안 함께 일하고 싶습니다. 내가 인쇄업의 거장을 알게 되리라고는 상상도 해본 적이 없지만, 기쁘게도 스티브 리프킨을 알게 되어 어디서도 얻을 수 없는 전문 지식과 열정으로 많은 도움을 받았습니다. 사진과 관련해 조언을 준 댄 와그너, 초벌 원고를 검토해준 콜린 웨스터벡, 전문 지식과 상냥한 마음을 나누어준 조엘 마이어로위츠, 모두 감사합니다.

이바이타스의 뛰어난 문학 담당 직원인 존 마이클 다가는 나와 함께 술잔을 기울여주었습니다. 우리가 처음 만나 대화를 나눈 뒤, 존은 90일 만에 내 책의 판권을 판매했습니다. 그 뒤로 진행된 모든 출판 절차에는 존이 있었습니다. 존과 함께하면서 느낀 즐거움은 그 누구하고도 나눌 수 없을 거라고 생각합니다. 이바이타스 에이전시에는 내 책이 해외로 나갈 수 있게 힘써준 해외 저작권 담당 직원, 에린 파일스도 있습니다. 에린 덕분에 이 책이 아직 세상에 나오기도 전에 이탈리아, 스페인, 독일, 프랑스, 폴란드, 중국에서 출간 계약을 할 수 있었습니다. 그전까지 내가 무엇을 기대했는지는 알 수 없지만, 폴란드에서 판권 신청을 해왔을 때, 세계로 진출하고 싶다는 나의 꿈은 실현되었습니다.

출판사에 관해서라면, 나를 선택해주지 않은 분들에게 특히 큰 신세를 졌다고 생각합니다. 그 덕분에 사이먼&슈스터라는 유능한 곳에 행복하게 안착할 수 있었으니까요. 내 책을 맡아 일해준 우리 팀에게 무한한 감사의 말을 전합니다. 사실 나는 나를 담당하는 팀이 있었다는 사실만으로도 감사합니다. 그 누구보다도 정말로 고맙다는 말을 전하고 싶은 분들은 매 순간 적절한 서사적 조언을 건네준 편집자 트리시 토드, 500장이 넘는 사진을 담을 수 있도록 책을 디자인해 준 데이나 슬로앤, 멋진 표지를 만들어 준 에마 A. 반 든입니다. 관리자 태머라 아렐라노, 교열 편집자 아이비 맥파든, 교정 담당자 크리스틴 스트레인지는 저자의 부끄러운 문법 실력과 구두점 사용법을 훌륭하게 보완해주었습니다. 예리한 매의 눈으로 나의 모든 실수를 잡아낸 피오라 엘버스 티빗츠, 활용해도 좋은 정보인지를 꼼꼼하게 확인해준 캐롤린 레빈도 감사합니다. 책을 멋지게 만들어준 버네사 실베리오와 짐 티엘, 인쇄 과정의 모든 공정을 담당한 레이 초코프도 감사합니다. 고마움을 전해야 할 사람이 많다는 것은 너무나도 큰 기쁨입니다. 교열팀 팀장 나본 존슨, 내지 디자인 담당자 자이메 푸토르티, 편집 주간 페이지 라이틀 모두 마법 같은 능력으로 이 프로젝트를 빛내주었습니다. 홍보부장 조애나 핀스커, 마케팅 부매니저 이사벨 다실바가 있었기에 이 많은 사람의 수고가 결실을 맺을 수 있었습니다.

나는 다시 한번 샹소르로 돌아가 열렬히 환영해준 사람들과 매력적인 마을들, 맛있는 시골 음식을 만끽할 수 있기를 열렬히 소망합니다. 그곳에서 경험한 모든 순간을 사랑하며, 샹소르 분들의 헌신이 아니었다면 비비안의 전기는 절대로 나올 수 없었다는 사실을 분명히 하고 싶습니다. 오트잘프의 프레데릭 로베르보다 더 박식하고 책임감 강한 문서 보관소 직원은 절대로 찾을 수 없을 겁니다. 현장에서 번역을 도와준 아그네스 클라크에게도 감사의 말을 전합니다. 샹소르에 도착한 첫날부터 〈비비안과 샹소르 협회〉의 도움을 받을 수 있었고, 협회 회장인 프랑수아 페론과는 대서양을 사이에 두고 함께 힘을 합쳐 비비안의 이야기에 다가갈 수 있었습니다. 프랑수아, 무엇보다도 잔 베르트랑의 사연을 찾을 수 있게 도와줘서 고마워요. 프랑수아의 후임자 마리 위그는 지칠 줄 모르는 파트너로 끊임없이 질문하고, 정보를 모아주고, 인터뷰할 사람들을 찾아주었습니다. 심지어 1950년 4월 말에 눈보라가 불었다는 사실을 확인해주어, 비비안이 처음 찍은 사진을 찾을 수 있었습니다. 마리가 비비안의 가족과 친구 들을 적시에 소개해준 덕분에 그분들이 세상을 떠나기 전에 만날 수 있었습니다. 실뱅 조소는 만난 지 한 달 만에 세상을 떠났고, 우유 배달원 페레올 다뱅, 바일의 이웃인 뤼시앵 위그, 비비안의 친구였던 마리 도마도 곧 세상을 떠났습니다. 비비안의 사촌인 오귀스트 블랑샤르와 로제트 조소 덕분에 비비안의 프랑스 가족들에게서 귀중한 도움을 받을 수 있었습니다.

시카고에서 비비안을 알고 있었고, 처음에는 말루프와, 나중에는 나와 인터뷰를 해주신 분들에게도 똑같이 신세를 졌습니다. 잉어 레이먼드와 린다 매슈스가 들려준 자세하고도 영감 어린 이야기들 덕분에 비비안의 인생을 생생하게 서술해나갈 수 있었습니다. 겐스버그 가족은 이 모험에는 참여하지 않기로 결정했지만, 그분들 덕분에 비비안이 오랫동안 행복하게 지냈음이 분명하기에, 내 작업이 그들에게도 만족스럽기를 진심으로 바랍니다. 뉴욕과 캘리포니아에서 찾은 비비안의 고용주와 지인 들과의 대화 덕분에 비비안의 새로운 이야기를 알게 되었습니다. 특히 그웬 어킨, 메리 카베트, 조앤 샬랫, 캐럴 샬랫, 찰스 기번, 톰 하디, 메러디스 하비, 존 케이브, 다이애나 마틴, 플리너 가족, 애나 란다초, 리언 토이셔, 작은 조앤, 감사합니다.

무엇 때문에 사람들은 변호사를 싫어할까요? 나는 나의 변호사, 스티븐 포코틸로프를 정말 사랑합니다. 마크 메리먼은 언제나 나에게 문제가 생기지 않도록 애써주었습니다. 전국에 계신 많은 전문가들, 수십 명이 넘는 문서 보관소 직원들, 정신 건강 전문가들의 도움도 있었습니다. 특히 로버트 레이먼드, 저장 장애 전문가 랜디 프로스트와 제니 코프리, 감사합니다. 무엇보다 비비안의 모든 가족의 상태를 제대로 평가할 수 있도록 수많은 정보를 꼼꼼하게 살펴보고 분석해준 도나 마호니에게 큰 신세를 졌습니다.

이 책을 작업하는 동안 나의 아이들은 모두 고등학교에 이어 대학교도 졸업했습니다. 대학교 도서관 출입증을 빌려줘서 고마워, 잭. 프랑스어 번역을 도와줘서 고마워, 제이크. 끊임없이 격려를 해줘서 고마워, 제시. 엄마는 너희를 있는 그대로 사랑한단다. 내 남편, 존, 사랑해! 특히 커튼을 친 현관 앞에서 소파에 앉아 혼자 글을 쓸 수 있게 해줘서 고마워. 늘 격려해주고 용기를 준 친구들, 친척들, 모두 고마워. 해리엇과 잭, 그리운 나의 엄마 아빠, 이 책을 두 분의 자랑스러운 아이들과 그 아이들의 배우자들, 브루스, 아이린, 존, 조앤, 제인, 그리고 또 다른 브루스가 해낸 멋진 업적들 사이에 놓아둘 거라고 믿어요.

교육은 어릴 때만 받을 수 있는 게 아니에요. 생각지도 못했던 비비안과의 엉뚱한 교류에서 나는 아이비리그에서 배운 것보다 훨씬 더 풍요로운 가르침을 받았습니다. 비비안을 만나면서 이민자들에 대해, 함께 살아가는 다른 인종에 대해, 어린이 복지와 공공주택에 대해 배웠죠. 살면서 처음으로 네덜란드 이민자들의 농장에, 1번로에 있는 영지에, 뉴욕시 문서 보관소에, 스타이타운에, 프레시 폰드 화장터에, 퀸즈의 수많은 거주지에 가볼 수 있었고요. 외제니와 잔 덕분에 내가 알게 되리라고 생각지도 못했던 상류층의 삶도 엿볼 수 있었답니다. 당연히 나의 앎은 뉴욕을 벗어나

확장됐어요. 시카고의 사진을 즐겼고, 프랑스 시골 지방을, 전 세계 여러 지역을 경험할 수 있었습니다. 무엇보다도 가장 소중한 경험은 최고 사진 작가에게서 사진을 배울 수 있었다는 것입니다. 마침내, 나는 그전까지는 알지 못했던 것을 분명하게 깨닫게 되었습니다. 나에게 영감을 줄 수 있는 가능성이 가장 낮은 사람에게서 가장 큰 영감을 받을 수 있다는 사실 말입니다. 비비안, 어른이 되어서도 충분히 무언가를 배울 수 있다는 걸 알려줘서 고마워요.

비비안의 팬들에게도 말하고 싶습니다. 많은 사람이 비비안의 작품을 받아들이고 인정해주지 않았다면 이 놀라운 여인은 역사의 뒤편으로 사라지고 말았을 겁니다. 이 전기를 읽은 당신이 정신 질환은 오점이 아니라는 사실을 받아들이고 비비안의 사진을 새로운 관점으로 바라보고 수집함으로써 그녀의 사진을 훨씬 더 즐겁게 감상하고, 훨씬 더 깊이 이해할 수 있게 되기를 바랍니다.

참고 문헌

출처가 명시되지 않은 비비안 마이어의 사진이나 쪽지, 소지품은 비비안 마이어 유산 관리소, 존 말루프, 제프리 골드스타인이 제공한 것이다.

서문

Susan Sontag, *On Photography* (New York: Farrar, Straus and Giroux, 1977).
Vivian Maier descriptors from John Maloof recorded and transcribed interviews of employers and friends, 2011~2013: Maren Bayleander; Bindy Bitterman; Terry Callas; Roger Carlson; Jim Dempsey; Phil Donahue; Karen Frank; Bob Kasara; Patrick Kennedy; Duffy and Jennifer Levant; Linda, Joe, and Sarah Matthews (Luddington); Cathy Bruni Norris; Anne O'Brien; Carole Pohn; Inger Raymond; Sally Reed; Bill Sacco; Richard Stern; Judy and Chuck Swisher; Ginger Tam; Karen and Zalman Usiskin; Barry Wallis; as well as personal interviews with Meredith and Tom Hardy, Mary McMillan, and Anna Randazzo.
Mary Ellen Mark, recorded and transcribed interview by John Maloof, 2011~2013.
Vivian Maier image counts and composition, John Maloof and Jeffrey Goldstein.
Vivian Maier obituary, *Chicago Tribune*, April 23, 2009, main edition, pp. 1~23, http://chicagotribune.newspapers.com/image/233157476.
John Maloof, original blog on Flickr, *Hardcore Street Photography*, October 10, 2009, https://www.flickr.com/groups/onthestreet/discuss/72157622552378986.
David W. Dunlop, *New York Times Lensblog*, January 7, 2011, https://lens.blogs.nytimes.com/2011/01/07/new-street-photography-60-years-old.
Leah Ollman, "Art Review: Vivian Maier at Stephen Cohen," *Los Angeles Times*, October 13, 2011, http://latimesblogs.latimes.com/culturemonster/2011/10/art-review-vivian-maier-at-stephen-cohen.html.
Sarah Cohen, "Celebrating Vivian Maier's Genius: Undiscovered Photographer Finally Acknowledged," Associated Press/*Huffington Post*, March 12, 2011, updated May 25, 2011, http://www.huffington post.com/2011/03/12/celebrating-vivianmaiers_n_834905.html.
Roberta Smith, "Vivian Maier: Photographs from the Maloof Collection," *New York Times*,

January 19, 2012, http://www.nytimes.com/2012/01/20/arts/design/vivian-maier.html.

Finding Vivian Maier, John Maloof and Charlie Siskel, producers, Ravine Pictures, 2013.

Karl William Maier Jr., Baptism 2, July 30, 1920, Saint Peter's Lutheran Church, New York City.

Karl Maier, Beneficiary Identification Records Locator Subsystem (BIRLS) Death File, Washington, DC: U.S. Department of Veterans Affairs.

Jason Meisner, "Hunt for Acclaimed Photographer Vivian Maier's Long-Lost Brother Heats Up," *Chicago Tribune*, August 17, 2015, http://www.chicagotribune.com/news/ct-vivian-maier-estate-fight-met-20150814-story.html.

Karl Maier, #395, Prison and Parole Records: NYSVI; Coxsackie Correctional Facility; NYSA; Albany 14610-88C, inmate case files, 1930~1965.

Karl Maier, 1942 National Archives at Saint Louis, Saint Louis, Missouri; Record Group Title: Records of the Selective Service System, 1926~1975; Record Grou Number: 14.

1 가족: 모든 것의 시작

Vivian Maier quote, to the Frank children on tape in late 1970s, Tape 10, John Maloof Collection.

마이어 가족의 배경

Von Maier family history in Modor, Slovakia, research by genealogist Peter Nagy, Slovakia.

Robert Maier, ancestor in Slovakia, email exchange regarding family history, 2017.

Alma Maier baptism, October 2, 1887, Slovakia Church and Synagogue Books, FamilySearch.

Wilhelmine Hedvig Alma Maier baptism, 1887; citing p. 9, Baptism, Modra, Pezinok, Slovakia, Odbor Archivnictva, Slovakia; Family History Library microfilm 2,406,626.

Charles Maier baptism, July 26, 1892, Slovakia Church and Synagogue Books, FamilySearch.

Gusztáv Vilmos Károly Maier baptism, 1892; citing p. 4, Baptism, Modra, Pezinok, Slovakia, Odbor Archivnictva, Slovakia; Family History Library microfilm 2,406,626.

Maier family immigration, New York Passenger Arrival Lists (Ellis Island), 1892~1924, Wilhelm Maier, October 17, 1905; citing departure port Bremen, arrival port New York, ship name *Kronprinz Wilhelm*; NARA Microfilm Publication T715 and M237.

Meyer [sic] family residence, 1910 Census: Manhattan Ward 19, New York, New York; Roll: T624_1040; Page: 9B; Enumeration District: 1052; Family History Library microfilm 1375053.

Wilmos Maier naturalization, New York City Archives, November 12, 1912, Volume 8, p.

128, #3089921.

Alma Maier marriage, 1911 New York City Municipal Archives, New York, New York; Microfilm: 1375053, indexed #M11.

Alma and Joseph Corsan residence, 1915 New York State Archives, Albany, New York; Election District: 02; Assembly District: 20; New York; County: New York; Page: 18.

Alma and Joseph Corsan residence, 1920 Census, Manhattan Assembly District 10, New York, New York; Roll: T625_1203; Page: 3A; Enumeration District: 735.

Alma and Joseph Corsan residence, 1925, Election District: 49; Assembly District: 09; City: New York County, New York; Page: 12; New York State Archives; Albany, New York; State Population Census Schedule.

Alma and Joseph Corsan residence, 1930 Census: Manhattan, New York, New York; Roll: 1567; Page: 22B; Enumeration District: 0566; Image: 647.0; Family History Library microfilm 2341302.

Alma and Joseph Corsan residence, 1940 Census: New York, New York; Roll: T627_2656; Page: 4A; Enumeration District: 31-1368.

Joseph Corsan military registration, U.S. Selective Service System, World War I Selective Service System Draft Registration Cards, 1917~1918, Washington, DC: National Archives and Records Administration, M1509, 4,582 rolls.

Joseph Corsan naturalization, Petitions for Naturalization from the U.S. District Court for the Southern District of New York, 1897 – 1944, NARA Microfilm Publication M1972, 1457 rolls, Records of District Courts of the United States, Record Group 21, National Archives at Washington, DC.

조소 가족의 배경

"*Les Jaussaud de Saint-Laurent-Du-Cros*," family history from seventeenth century to present, courtesy of the Jaussauds.

Vivian Maier family tree, 1700s to present, prepared by Mrs. E. Denante, president of the Genealogical Association of the Hautes-Alps.

Jean-Pierre Eyraud and Marie Hugues, *The Emigration of the Champsaur People to America* (Imprimerie H. Clavel, Gap, 1987).

Agnes Clark and Marie Hugues, in-person interviews in France about the lifestyle of the Champsaur, 2018.

Paul Vacher, *Ceux de Beauregard* (Gap, France, June 2019).

Robert Faure, *Anthologie des Bonheurs Paysons* (Emprunt Abonnement Kindle, July 13, 2017).

Maria Eugenie Jaussaud birth, No. 4, January 30, 1881, 2 E 154/8/2, Saint-Laurent-du-Cros, France, Archives departementales de Hautes-Alpes.

Maria Florentine Jaussaud birth, No. 29, December 18, 1882, 2 E 154/8/3, Saint-Laurent-du-Cros, France, Archives departementales de Hautes-Alpes.

Joseph Albert Jaussaud birth, No. 22, November 8, 1884, 2 E 154/9/1, Saint-Laurentdu-Cros, France, Archives departementales de Hautes-Alpes.
Joseph Albert Jaussaud death, Age 4, February 28, 1889, 2 E 208/6/9, Saint-Laurentdu-Cros, France, Dates 1883~1922, Contexte: Tables cantonales, Archives departementales de Hautes-Alpes.
Joseph Marcellin Jaussaud birth, No. 17, June 16, 1887, 2 E 154/10/1, Saint-Laurent-du-Cros, France, Archives departementales de Hautes-Alpes.
Jaussaud family residence, 1891 Census, House 43, 6 M 308/18, Les Cros, Saint-Laurent-du-Cros, France, Archives departementales de Hautes-Alpes.
Jaussaud family residence, 1896 Census, House 1, 6 M 315/18, Les Cros, Saint-Laurentdu-Cros, France, Archives departementales de Hautes-Alpes.
Jaussaud family residence, 1896 Census, House 37, 6 M 315/17, Saint-Julien-en-Champsaur, France, Archives departementales de Hautes-Alpes.
Nicolas Baille residence, 1896 Census, House 37, 6 M 315/17, Saint-Julien-en-Champsaur, France, Archives departementales de Hautes-Alpes.
Marie Jaussaud birth, No. 10, May 11, 1897, 2 E 153/18, Saint-Julien-en-Champsaur, France, Archives departementales de Hautes-Alpes.
Germain Andre Jaussaud succession, 4 Q 2880-Transcription registers, August 30, 1899 - October 10, 1899, Volume 723, Gap Mortgage Conservation Office, 1899, Archives departementales de Hautes-Alpes.
Homestead Act of 1862, National Archives and Records Administration, https://www.ourdocuments.gov.
Jaussaud 1901 land sale, 4 Q 2896, Transcription registers 08 March 1901 - 28 March 1901, Volume 739, Gap Mortgage Conservation Office, 1901, Archives departementales de Hautes-Alpes.
Jaussaud family residence, 1901 Census, House 53, 6M 322/17, Saint-Julien-en-Champsaur, France, Archives departementales de Hautes-Alpes.
Cyprien Lagier residence, 1861, House 43, 6 M 263/17, Saint-Julien-en-Champsaur, France, Archives departementales de Hautes-Alpes.
Anais Lagier Dusserre (Cyprien's sister) residence, 1901, House 44, 6 M 322/17, Saint-Julien-en-Champsaur, France, Archives departementales de Hautes-Alpes.

상류와 하류의 삶

Eugenie Jaussaud immigration, May 20, 1901, SS *La Gascogne*; Arrival: New York, NY; Microfilm Serial: T715, 1897~1957; Microfilm Roll: Roll 0197; Line: 22; Page: 92.
Eugeni Joussaud [sic] certificate of arrival, SS *La Gascogne*, May 20, 1901, U.S. Department of Labor, Naturalization Service, No. 2-1180178.
Nicolas Baille, 1901, New York Passenger Arrival List (Castle Garden and Ellis Island), 1820~1957, departure port Le Havre, June 15, 1901, arrival port New York, final

Walla Walla, Washington, ship name *La Bretagne*, NARA, T715, Roll 0208.

Cyprien Lagier family residence, Year: 1900; Census Place: Norfolk, Litchfield, Connecticut; Page: 10; Enumeration District: 0246; Family History Library microfilm: 1240140.

French families, Litchfield County, Connecticut, United States of America, Bureau of the Census, Washington, DC, National Archives and Records Administration, 1900, T623, 1854 rolls.

Bertrand family residence 1891, Rue de Lageron, House 198, 6 M 308/15, Saint-Bonneten-Champsaur, France, Archives departementales de Hautes-Alpes.

Bertrum [sic] family residence, Year: 1900; Census Place: Litchfield, Connecticut; Page: 2; Enumeration District: 0240; Family History Library microfilm: 1240140.

"From Factory to High Places as Artist, Jeanne J. Bertrand, a Girl of 21, Has Become One of the Eminent Photographers of Connecticut," *Boston Globe*, August 23, 1902.

Jennie Bertrand, 45 Water Street, Title: Torrington, Connecticut, City Directory, 1900~1905, U.S. City Directories, 1822~1995 [database online], Ancestry.com, 2011.

Jeanne Bertrand, descriptions of her life and relationships by researchers Françoise Perron, Gary V. Smith, and Jim Leonhirth via email, 2015~2016.

Jaussaud land sale, 1904, signed by Eugenie in Litchfield, Connecticut, 4 Q 2932, Transcription Registers, October 8, 1904 – November 12, 1904, Volume 775, Gap Mortgage Conservation Office, 1904, Archives departementales de Hautes-Alpes.

Jouglard family residence, 1901 Census, House 192, 6 M 322/15, Saint-Bonnet-en-Champsaur, France, Archives departementales de Hautes-Alpes.

Jouglard emigration, Year: 1901; Arrival: New York, New York; Microfilm Serial: T715, 1897~1957; Line: 1; Page: 77.

François Jouglard residence 1903~1904, Cleghorn, Fitchburg, Massachusetts, City Directory.

Jouglard family residence, 1906 Census, House 235, 6 M 329/15, Saint-Bonnet-en-Champsaur, France, Archives departementales de Hautes-Alpes.

Marie-Therese Jouglard death, March 12, 1906, 2 E 137/17, Civil Status Register, Saint-Bonnet-en-Champsaur.

Jouglard/Jaussaud marriage, March 9, 1907, New York, New York, Marriage Records, 1829~1940, Certificate 7069.

Jouglard family residence, 1911 Census, House 57, 6 M 336/15, Saint-Bonnet-en-Champsaur, France, Archives departementales de Hautes-Alpes.

Dyani Mae Bryant, "History of the Walter C Witherbee Mansion," Historic Port Henry, Moriah, New York, https://www.porthenrymoriah.com.

New York Department of Education, 1909, doi: 10.2307/community.28479474, *The Champlain Tercentenary: Final Report of the New York Lake Champlain Tercentenary Commission* (J. B. Lyon Co. State printers, Albany, New York, 1913).

Eugene and François Fauillard [sic] residence, Year: 1910; Census Place: Port Henry Ward 1, Essex, New York; Roll: T624_934; Page: 9B; Enumeration District: 0051; Family History Library microfilm: 1374947.
Joseph Jaussaud travel to Port Henry, New York, Year: 1910; Arrival: New York, New York; Microfilm Serial: T715, 1897~1957; Line: 27; Page: 12.
Joseph and Eugenie Jaussaud in America, 1 E 11041, Aubert, Jules (notary), Saint-Julien-en-Champsaur, Archives departementales de Hautes-Alpes, April 19, 1911.
Joseph Jaussaud return to Saint-Julien, 1 E 11044, Aubert, Jules notary, Saint-Julien-en-Champsaur, Archives departementales de Hautes-Alpes, August 13, 1912.
François Jouglard return to Saint-Bonnet, February 28, 1912, Military Record FRAD005_1R_00957_0453, Archives departementales de Hautes-Alpes.
Joseph Jaussaud death, 2 E 153/28/1, Register des Acts de Deces, Dates: 1916~1920 Contexte: Saint-Julien-en-Champsaur, No. 1, January 18, 1917, Archives departementales de Hautes-Alpes.
Emilie Pellegrin Jaussaud death, 2 E 153/28/1, Register de Deces, Dates: 1916~1920 Contexte: Saint-Julien-en-Champsaur, No. 2, February 30, 1919, Archives departementales de Hautes-Alpes.
Emilie Pellegrin Jaussaud succession, 3Q 5992, June 9, 1917~April 7, 1919, Hautes-Alpes Recording, Declaration of transfers by death, Volume 22, Archives departementales de Hautes-Alpes.
Prexede Roux Jouglard, "Opposition of François Jouglard," 18 December 1913; Inventory Jouglard-Roux, 19 December 1913, 1 E 10855, Guilhaumon, Albert, November 1~December 31, 1913, Saint-Bonnet-en-Champsaur, Archives departementales de Hautes-Alpes.
Jouglard-Roux reconciliation, January 17, 1914, 4 U 1063-1913, Civil act and judgments, Saint-Bonnet-en-Champsaur, Archives departementales de Hautes-Alpes.
Charles Dana Gibson, telephone interview about Eugenie Jaussaud as his childhood cook in Bedford, 2016.
Eugenie Jaussaud, 1940 Census: Bedford, Westchester, New York; Roll: T627_2802; Page: 14A; Enumeration District: 60-10.
Gibson Girl, Wikipedia, 2020, https://en.wikipedia.org/wiki/Gibson_Girl.
"House of the Week. Horse Country Estate: Ensign Farm," *Wall Street Journal*, October 4, 1996, https://www.wsj.com/articles/SB844360798600498500.
Fred L. Lavanburg, Hecla Company lawsuit, S. C. Posner, Inc. vs. Emanuel Jack and E. A. Jackson, Inc, February 17, 1914, appeal, Supreme Court New York County, January 13, 1922.
Fred L. Lavanburg passport application, National Archives and Records Administration (NARA), Washington, DC; Roll: 105; Volume: Roll 0105; Certificates: 23575-24474, 05 Apr 1910~1913.

Maria Jaussard [sic], Year: 1914; Arrival: New York, New York; Microfilm Serial: T715, 1897~1957; Line: 26; Page: 154.

Louise Heckler passport application, National Archives and Records Administration (NARA); Washington DC; Roll: 1575; Volume: Roll 1575, Certificates: 22126-22499, 20 Apr 1921~1921 Apr 1921.

Louise Hecher [sic], Year: 1914; Arrival: New York, New York; Microfilm Serial: T715, 1897~1957; Line: 11; Page: 149.

Eugenie and Marie Jaussaud residence, 1915 Census: New York State Archives; Albany, New York; State Population Census Schedules, Manhattan Ward 22, New York, NY; Roll: T624_1046; Page: 5B; Enumeration District: 1319.

George Seligman residence, Year: 1920; Census Place: Manhattan Assembly District 7, New York, New York; Roll: T625_1197; Page: 4B; Enumeration District: 559.

Meyer [sic] family residence, 1915 New York State Archives; Albany, New York; State Population Census Schedules, 1915; Election District: 02; Assembly District: 20; City: New York; County: New York; Page: 18.

Charles Maier employment, National Biscuit Company, 11th Avenue, New York City, Draft Registration Cards, 1917~1918, Washington, DC: National Archives and Record Administration, M1509, 4,582 rolls, imaged from Family History Library microfilm.

Classified Advertisements, 220 East Seventy-Sixth Street, 1900~1930, classifieds referencing first-floor commercial space and ads placed by the Maier family selling horse and buggy accessories.

부모

Charles Maier and Marie Margaret Jaussaud, Certificate and Record of Marriage, No. 13505, City of New York Department of Health, May 11, 1919.

Maier family residence, Year: 1920; Census Place: Manhattan Assembly District 15, New York, New York; Roll: T625_1212; Page: 2A; Enumeration District: 1064, 162 East Fifty-Sixth Street.

Eugenie Jaussaud residence (Henry Gayley), Year: 1920, Census: Manhattan Assembly District 15, New York, New York; Roll: T625_1213; Page: 2B; Enumeration District: 1087.

Maier family dynamics from reports, interviews, and letters from Karl Maier reformatory file, #395, Prison and Parole Records: NYSVI; Coxsackie Correctional Facility; NYSA; Albany, 14610-88C, inmate case files, 1930~1965.

Charles Mair [sic], birth record, March 3, 1920, 11181, NYCA.

Charles Maurice Maier, Baptism 1, May 11, 1920, Saint Jean de Baptiste Church, New York.

Karl William Maier Jr., Baptism 2, July 30, 1920, Saint Peter's Lutheran Church, New

York City.
Nicolas Baille return to France, 1 R 998—Service register, class 1898 (Hautes-Alpes), Volume 2, #916, Archives departementales de Hautes-Alpes, July 7, 1920.
Eugenie Jaussaud letter and addendum to sister Maria Florentine, New York, December 20, 1920, Archives departementales de Hautes-Alpes.
Eugenie Jaussaud inheritance transfer, 4 Q 3068, Transcription Register, February 12, 1921~March 21, 1921, Volume 911, Gap Mortgage Conservation Office, 1921, Archives departementales de Hautes-Alpes.
Eugenie Jaussaud transactions regarding transfer of Beauregard inheritance: 1E 10944, Beaume, Alphonse (notary), July 1~July 31, 1921, Saint-Bonnet-en-Champsaur, Archives departementales de Hautes-Alpes.
Eugenie Jaussaud final documentation of transference of inheritance rights to Maria Florentine Jaussaud, 1 E 11079—Aubert, Jules (notary), September 1~December 1924, Saint-Julien-en-Champsaur, Archives departementales de Hautes-Alpes.
"Heckshers Give $3,000,000 to Aid Children," *New York Tribune*, November 9, 1920, pg. 1.
"Children's Home Occupying Fifth Avenue Block Rapidly Nearing Competition," *New York Times*, October 16, 1921, page 102.
"August Heckscher Lost His Fortune at 42 but He Quickly Accumulated a Larger One," *Brooklyn Daily Eagle*, October 4, 1925, page 103.
"The Heckscher Foundation for Children," *Brooklyn Life and Activities of Long Island Society*, September 24, 1924.
Fifty-Eighth Annual Report of the State Board of Charities, State of New York, for the year 1924, Legislative Document 1925, No. 13.
Charles and Marie Maier residence, 1925 Census, New York State Archives; Albany, New York; State Population Census Schedules, 1925; Election District: 27; Assembly District: 16; City: New York; County: New York; Page: 1.
Maier grandparents residence, 1925 Census, New York State Archives; Albany, New York; State Population Census Schedules, 1925; Election District: 14; Assembly District: 15; City: New York; County: New York; Page: 12.
Eugenie Jaussaud residence (Charles E. Lord), 1925 Census, New York State Archives; Albany, New York; State Population Census Schedules, 1925; Election District: 06; Assembly District: 01; City: Mount Vernon; County: Westchester; Page: 7.
Eugenie Jaussaud petition, May 27, 1925, National Archives and Records Administration; Washington, DC; NAI Title: Index to Petitions for Naturalizations Filed in Federal, State, and Local Courts in New York City, 1792~1906; NAI Number: 5700802; Record Group Title: Records of District Courts of the United States, 1685~2009; Record Group Number: RG 21.

2 유년기

Vivian Maier quote to a Chicago employer in the 1960s, John Maloof recorded and transcribed interviews, 2011~2013.

뉴욕에서 보낸 어린 시절(1926~1932)

Vivian Maier, Birth Certificate, Department of Vital Records #04473, February 1, 1926, NYSA.

Viviane Therese Dorothee Maier, Baptism Record, Saint Jean de Baptiste Church, New York, residence 345 East Fifty-Eighth Street, March 3, 1926.

Victorine Benedetti witness to Vivian Maier Baptism, Saint Jean de Baptiste Church Record, 1926.

Eugenie Jaussaud residence (Hunt Dickinson), 1930 Census: Oyster Bay, Nassau, New York; Roll: 1462; Page: 9B; Enumeration District: 0194; Image: 576.0; Family History Library microfilm: 2341197.

Carl Maier and grandparents residence, Year: 1930; Census Place: Bronx, Bronx, New York; Page: 7A; Enumeration District: 0254; Family History Library microfilm: 234120.6.

Eugeni [sic] Jaussaud naturalization, Petition 035 9649, witnessed September 30, 1931, filed 1932, Nassau County Clerk's Office, Mineola, New York.

Eugenie Jaussaud, Certificate of Citizenship, #3536421, Supreme Court of Nassau County, March 18, 1932, C-file, https://www.uscis.gov.

Social Service Exchange records, 1925~1930, Karl Maier case file, #395, Prison and Parole Records: NYSVI; Coxsackie Correctional Facility; NYSA; Albany, 4610-88C.

Marie Jaussaud classified ad, *New York Times*, March 13, 1932.

잔과 외제니의 놀라운 경력

Jeanne Bertrand, Marie and Vivian Maier residence, Census Year: 1930; Census Place: Bronx, Bronx, New York; Page: 1A; Enumeration District: 0733; Family History Library microfilm: 2341204.

Jeanne Bertrand, "…severe attack of nervous prostration," *Torrington Register*, January 22, 1904.

Jeanne Bertrand, "…a sudden mental breakdown due to overwork at her studio in Boston," *Torrington Register*, February 3, 1910.

Meagan Barke, "Nervous Breakdown in 20th Century American Culture," *Journal of Social History*, March 22, 2000.

Letter from C. S. Pietro to Mrs. Harry Payne Whitney (Gertrude Vanderbilt Whitney), January 18, 1917, Whitney Museum Library, Whitney Studio Club and Galleries, 1907~1930.

C. S. Pietro and Gertrude Vanderbilt Whitney, James Bone, *The Curse of Beauty* (New York: Regan Arts, April 18, 2017).
Pietro Michael Cartaino birth, May 28, 1917, U.S. Social Security Applications and Claims Index, 1936~2007 (database online), Ancestry.com, 2015.
" 'Friends' Gertrude Vanderbilt Whitney, C. S. Pietro Provide Aid to Young Artists," *New York Sun*, October 28, 1917.
"Sculptress Goes Insane," *Bridgeport, Connecticut, Evening Farmer*, June 14, 1917.
"Sculptress Tries to Kill Her Two Nieces," *Register Citizen*, June 14, 1917.
C. S. Pietro biography, 1886~1918, Arc Art Renewal Centre, https://www.artrenewal.org/artists/c-s-pietro/26444.
Cartaino Di Sciarrino Pietro (C. S. Pietro) death, 1886~1918, Who Was Who in American Art: 400 years of artists in America, second edition, three volumes, edited by Peter Hastings Falk (Madison, Connecticut: Sound View Press, 1999).
C. S. Pietro widow and children residence, Year: 1920; Census Place: Pelham, Westchester, New York; Roll: T625_1281; Page: 16A; Enumeration District: 16.
Jeanne Bertrand residence, Year: 1920; Census Place: Manhattan Assembly District 10, New York, New York; Roll: T625_1203; Page: 2A; Enumeration District: 721.
Estate of Pietro Cartaino Sciarrino vs. Margaret Baker, New York Supreme Court, Case on Appeal, No. 362, June 20, 1924.
Janne Bertrand [sic] residence, New York State Archives; Albany, New York; State Population Census Schedules, 1925; Election District: 25; Assembly District: 03; City: New York; County: New York.
Associated Press, "Vanderbilt Left Above $50,000,000," *Fort Worth Star-Telegram*, May 29, 1915.
Bob Luke, *Bromo-Seltzer King: The Opulent Life of Captain Issac "Ike"* (Jefferson, North Carolina: McFarland Incorporated, 2020).
"Boy Now Has $4,969,789," *New York Times*, February 2, 1915.
"Hunt Dickinson Financier, Dead," *New York Times*, March 11, 1967.
Jeanne Bertrand residence, April, Year: 1940; Census Place: Weehawken, Hudson, New Jersey; Roll: m-t0627-02353; Page: 6A; Enumeration District: 9-345.
Jeanne Bertrand residence, May, New Jersey State Hospital, Year: 1940; Census Place: Parsippany-Troy Hills, Morris, New Jersey; Roll: m-t0627-02373; Page: 75B; Enumeration District: 14-89.

프랑스, 1932~1938

Maria Florentine Jaussaud residence, 1931 Census, House 91, 6 M 357/17, Saint-Julienen-Champsaur, France, Archives departementales de Hautes-Alpes.
Nicolas Baille residence, 1931 Census, House 44, 6 M 356/3 Le Ricous, Saint-Jean-Saint-Nicolas, France, Archives departementales de Hautes-Alpes.

Jouglard family residence, 1931 Census, House 191, 6 M 357/15, Saint-Bonnet-en-Champsaur, France, Archives departementales de Hautes-Alpes.
Reconnaissance d'Enfant Naturel par Baille, 12 Aout 1932, Marie Jaussaud Maier, 1 E 11098, Aubert, Jules (notary), June 1~September 31, 1932, August 12, 1932, St.-Julien, Archives departementales de Hautes-Alpes. (Review of ten thousand notary entries in the Champsaur failed to surface a similar record.)
Route of Napoleon establishment in 1932, Portoferraio, https://route-napoleon.com.
Sylvain Jaussaud, 1933 photographs of Jaussaud family, Saint-Bonnet, France.
Auguste Blanchard, in-person interview in Saint-Bonnet, France, regarding his mother's (Josepha's) relationship with Marie Jaussaud and impressions of Vivian Maier during various stages of her life, 2018.
Vivian Maier confirmation, Convent du J'Cours de Marie, May 31, 1934, recorded on Vivian Maier's baptism record in Saint Jean de Baptiste Church, New York.
Férréol Davin, in-person interview in Bénévent-et-Charbillac, France, regarding Vivian Maier friendship, 2018.
Sylvain and Rosette Jaussaud, in-person interview in Saint-Laurent-de-Cros regarding cousin Vivian Maier, 2018.
Jean Pierre Roussel military record, 1 R 980—Service register, class of 1893 (Hautes-Alpes), Volume 1, #394, Archives departementales de Hautes-Alpes, July 7, 1920.
Zoe Magnan succession to Jean Pierre Roussel, March 10, 1930, 1 E 11001, Beaume, Alphonse (notary), March 1 – April 31, 1920, Saint-Bonnet-en-Champsaur, Archives departementales de Hautes-Alpes.
Eugenie Jaussaud substitution of power of attorney, 23 Mai 1933, 720 Park Avenue, Jack Straus, 1 E 11101, Aubert, Jules (notary), May 1 – August 31, 1933, Saint-Julien-en-Champsaur (Hautes-Alpes, France), Archives departementales de Hautes-Alpes.
Eugenie Jaussaud land sale, 28 Aout 1933, signed by Maria Baille of Saint-Julien-en-Champsaur, 1 E 11101, Saint-Julien-en-Champsaur (Hautes-Alpes, France), Archives departementales de Hautes-Alpes.
Maria Florentine designation of Vivian Maier *légataire universelle*; will dated January 18, 1934, Archives departementales de Hautes-Alpes.
Verta Ruther [sic], 1927 Arrival: New York, New York; Microfilm Serial: T715, 1897~1957; Microfilm Roll: Roll 4021; Line: 30; Page: 160.
Berta Maier, 1934 Arrival: New York, New York; Microfilm Serial: T715, 1897~1957; Microfilm Roll: Roll 5538; Line: 11; Page: 48.
Berta Maier, Enemy Alien Registration, 1940~1943, #3073121, USDJ; Probate Intestate, 134084, Surrogate Court, QCNY, 1943.
Berta Maier naturalization, National Archives and Records Administration (NARA); Washington, DC; Index to Naturalization Petitions of the U.S. District Court for the Eastern District of New York, 1865 – 1957; Microfilm Serial: M1164; Microfilm

Roll: 89, 1949.
François Jouglard succession, January 17, 1936, 3 Q 6009-1936, Hautes-Alpes Recording, Saint-Bonnet-en-Champsaur, Volume 39. (Death July 11, 1935.)
Nicolas Baille residence, 1936 Census, house 154, 6 M 362/18 Le Ricous, Saint-Jean-Saint-Nicolas, France, Archives departementales de Hautes-Alpes.
Maria Florentine Jaussaud residence, 1936 Census, house 88, 6 M 364/17, Saint-Julienen Champsaur, France, Archives departementales de Hautes-Alpes.
Jean Roussel residence, 1936 Census, servant, house 88, 6 M 364/17, Saint-Julien-en Champsaur, France, Archives departementales de Hautes-Alpes.
Jouglard family residence, 1936 Census, house 193, 6 M 364/15, Saint Bonnet-en Champsaur, France, Archives departementales de Hautes-Alpes.
Pellegrin and Davin families' residences, 1936 Census, houses 1 & 5, 6 M 364/2, Bénévent-et-Charbillac, France, Archives departementales de Hautes-Alpes.
Blanchard family residence, 1936 Census, house 257, 6 M 364/14, Le Domaine, Saint-Bonnet-en-Champsaur, France, Archives departementales de Hautes-Alpes.
Sylvain Jaussaud residence, 1936 Census, house 49, 6 M 364/17, Saint-Laurent-du-Cros, France, Archives departementales de Hautes-Alpes.
William Maier death record, January 29, 1936, NYCDR, CN2664, GS Film #2079190.
William Maier cremation, #48960, ashes returned to Maria Maier, February 28, 1936.
William Maier obituaries, *New York Times*, January 30~31, 1936.

곤경에 처한 칼

Karl Maier (Carl), events, records, and letters related to his incarceration, #395, Prison and Parole Records: NYSVI; Coxsackie Correctional Facility; NYSA; Albany; 14610-88C; Inmate case files, 1930~1965.
Joseph F. Spillane, *Coxsackie: The Life and Death of Prison Reform* (Johns Hopkins University Press, 2014).
Eugenie Jaussaud residence 1933~1936, Jack Straus, 720 Park Avenue, New York, records from France, Archives departementales de Hautes-Alpes.
Michael Gross, *740 Park: The World's Richest Apartment Building* (New York: Crown, 2006).
Eugenie Jaussaud residence 1936~1937, Consuela Vanderbilt Balsan, Casa Alva, Palm Beach, Florida, letters to Carl in Coxsackie.
Barbara Marshall, "A Rare Glimpse Inside a Vanderbilt Mansion: It Could Be Yours for $13.5 Million," *Palm Beach Post*, March 31, 2012.
Straus and Vanderbilt family histories, Ancestry.com.
Marie letter to the "President" asking for information about Carl, August 3, 1936.
Marie letter to Superintendent indicating consulate in Marseilles told her to write directly, March 29, 1937.

Alphonse Beaume letter in French to Coxsackie superintendent on behalf of Marie, October 29, 1937.
Letter from Carl to Coxsackie superintendent relaying his family story and placement in the Heckscher Home at age 5, October 19, 1937.
Letter to Carl from Grandmother Maria Maier, Bronx, New York, December 3, 1937.
Eugenie Jaussaud, employer Margaret Emerson (Vanderbilt), Social Security Application, July 30, 1937.
Associated Press, "Vanderbilt Inherits Huge Fortune Today," *Wilkes-Barre Times Leader*, September 24, 1935.
"Vanderbilt 'Most Eligible Bachelor' Weds," *The Pantagraph, Bloomington*, Illinois, June 8, 1938.
Eugenie Jaussaud summer residence 1937, Burrill, Jericho Farms, Jericho, New York, letter dated September 23, 1937.
Jericho Farm, *Old Long Island*, http://www.oldlongisland.com/search/label/Jericho%20 Farm.
Letter from Carl to friend Gene Fabian asking to take him in to avoid living with his mother, July 30, 1938.
Marie Armande, interview via telephone in Saint-Bonnet, France, (translated by Agnes Clark) regarding her childhood friendship with Vivian Maier, 2018.
Marie and Vivian Maier 1938 Arrival, New York, New York; Microfilm Serial: T715, 1897~1957; Microfilm Roll: 6190; Line: 21; Page: 34, 1940; Census: New York, New York, NY; Roll: T627_2653; Page: 8B; Enumeration District: 31-124.2.

3 뉴욕에서 보낸 십 대 시절

Vivian Maier quote to an employer in the late 1980s, recorded and transcribed interview by John Maloof, 2011~2013.

사랑하는 엄마

Karl Maier (Carl) parole, all events, records, and letters from file #395, Prison and Parole Records: NYSVI; Coxsackie Correctional Facility; NYSA; Albany; 14610-88C; Inmate case files, 1930~1965.
Marie and Vivian Maier residence in August 1938, 421 East Sixty-Fourth Street, apartment 44, September 23, 1937, Sixty-Fourth Street Apartments, Landmarks Preservation Commission, November 21, 2006, Designation List 383 LP-1692A, Amendment to City and Suburban Homes Company, First Avenue Estate; Landmark Site: Borough of Manhattan Tax Map Block 1459, Lot 22.
Marie Maier meeting with parole officer to arrange for Carl's parole in her custody, August 4, 1938.

Letter from Marie to Albany Department of Corrections asking if Carl can ever be paroled, September 8, 1938.
Letter from Coxsackie superintendent to Marie stating she had already been informed of Carl's parole, September 10, 1938.
Letter to Carl at Coxsackie from Marie complaining about the parole officer and her health, October 1, 1938.
Internal approval from Coxsackie superintendent to permit Carl to move to YMCA, December 2, 1938.
Marie Jaussaud letter to parole officer Joseph Pinto complaining about Italians, January 10, 1939.
Letter from Marie to parole officer claiming everyone is plotting against her and requesting that Carl move out, March 22, 1939.
Scheduled meeting for parole officer and Marie to discuss her letter, March 29, 1939.
Carl Maier release from parole, April 20, 1939.
Vivian Maier on return to New York at the end of her childhood, to Linda Matthews, employer 1980~1983.
Marie Maier family residence, 1940 Census: New York, New York, NY; Roll: T627_2653; Page: 8B; Enumeration District: 31-1242.
Charles and Berta Maier residence, 1940 Census: New York, Queens, New York; Roll: T627_2750; Page: 5B; Enumeration District: 41-1663A.
Grandmother Maria Mair [sic] residence, 1940 Census: New York, Bronx, New York; Roll: m-t0627-02460; Page: 61A; Enumeration District: 3-5.
Dr. Donna Mahoney, interviews via telephone and email in regard to Marie Maier mental illness.
Narcissistic Personality Disorder, *Diagnostic and Statistical Manual of Mental Disorders* (DSM-5), 5th edition (Washington, DC: American Psychiatric Publishing, 2013), p. 301.81 (F60.81), Diagnostic Criteria and Features.
Elsa Ronningstam, PhD, *NPD Basic, A Brief Overview Of Identifying, Diagnosing and Treating Narcisstic Personality Disorder* (McLean Hospital, Harvard Medical School, 2016).

마침내 흩어지다

Emilie Haugmard, *1929 Passenger Lists of Vessels Arriving at New York, NY, 1820-1897*, Microfilm Publication M237, 675 rolls, NAI: 6256867; Records of the U.S. Customs Service, Record Group 36; National Archives at Washington, DC; Microfilm Serial: T715, 1897~1957; Microfilm Roll: 4636; Line: 3; Page: 218.
Emilie Haugmard residence, 1930 Census: Manhattan, New York, New York; Roll: 1562; Page: 3A; Enumeration District: 0627; Image: 413.0; Family History Library microfilm: 234129.7.

Emilie Haugmard residence, 1939, 242 East Fifty-First Street, (Roll 551) Declarations of Intention for Citizenship, 1842~1959 (No. 429301-430300), U.S. District Court for the Southern District of New York.

Emilie Haugmard residence, 419 East Sixty-Fourth Street, 1942 National Archives and Records Administration, Washington, DC; Petitions for Naturalization from the US District Court for the Southern District of New York, 1897~1944; Series: M1972; Roll: 138.2.

Maria Florentine death, January 5, 1943, Domaine, commune de St-Bonnet-en-Champsaur, Archives departementales de Hautes-Alpes.

Maria Florentine Jaussaud succession, will dated January 18, 1934, registered April 9, 1943, Viviane Maier *legataire universelle* in guardianship of Marie Maier, September 17, 1943, 1255 W 218-1950, Volume 51, Archives departementales de Hautes-Alpes.

Maria Florentine transfer of rights of succession and inheritance tax of 8,000 francs, 1255 W 1946~1947 (Volume 48), Declarations of transfer by death, Saint-Bonnet, November 18, 1947, Archives departementales de Hautes-Alpes.

Jean Pierre Roussel death, 2 E 109/6/1, Civil Status Register, November 18, 1949, Poligny, France, Archives departementales de Hautes-Alpes.

Lindenberger arrival 1913, New York, New York, Microfilm Serial: T715, 1897~1957; Microfilm Roll: 2217; Line: 23; Page: 61.

Lindenberger residence, 1915, New York State Archives, Albany, New York; State Population Census Schedules, 1915; Election District: 34; Assembly District: 01; City: Hempstead; County: Nassau; Page: 13.

Lindenberger residence, 1920 Census: Manhattan Assembly District 7, New York, New York; Roll: T625_1198; Page: 11A; Enumeration District: 581.

Lindenberger residence, 1925 New York State Archives; Albany, New York; State Population Census Schedules, 1925; Election District: 27; Assembly District: 03; City: New York; County: Queens; Page: 38.

Lindinberg [sic] residence, Year: 1930; Census Place: Queens, New York; Page: 12A; Enumeration District: 0800; Family History Library microfilm: 2341326.

Lindenberger residence, 1940 Census: New York, Queens, New York; Roll: T627_2730; Page: 13A; Enumeration District: 41-542.

John Lindenberger, 1942, U.S. Selective Service System; Selective Service Registration; Cards, World War II: Fourth Registration; Record Group Number 147; National Archives and Records Administration.

John Lindenberger death record, January 22, 1943, Death Certificate #734, Bureau of Vital Records, Queens County, New York; Municipal Archives, New York; Family History Library microfilm 2,188,921, FamilySearch.

John Lindenberger probate, Surrogate Court, Queens County, New York, File #4010-1944, September 7, 1944.

Berthe Lindenberger, Alien Registration Record, December 4, 1940, A-4384331, USCIS.
Berthe Lindenberger naturalization, Certificate Assembly District: 03; City: New York; County: Queens; Page: 38 Certificate, 5896549, April 17, 1944, USCIS.
Frederic Walperswyler, interview via email regarding Berthe Lindenberger's family in Switzerland, 2017.
Marie Maier residence 1943, 14 W 102nd Street, Employment Hotel Dorset, November 25, 1943, Social Security Application, Social Security Administration.
Vivian Maier residence 1943, 2622 Ninety-Fourth Street, Jackson Heights, Queens, New York, Social Security Application, February 22, 1943, Social Security Administration.
Beatrice Alexander, "Women of Valor," Jewish Women's Archive, https://jwa.org/encyclopedia/ article/ Alexander-Beatrice.
Marjorie Ingall, "The Woman Behind the Dolls," *Tablet*, May 7, 2013.
Madame Alexander Doll Company, https://www.madamealexander.com.
Alfonso A. Narvaez, "Beatrice Behrman, 95, Doll Maker Known as Madame Alexander," *New York Times*, October 5, 1990.
Karl Maier military enrollment attempt, July 9, 1941, Local Board No. 24, Sherman Square Hotel, 200 West Seventy-First Street, prior address 229 West Sixty-Ninth Street, c/o Charles Maier, 117-14 85th Avenue, Richmond Hill, New York.
Karl Maier military enrollment, February 18, 1942, National Archives and Records Administration; Electronic Army Serial Number Merged File, 1938~1946[Archival Database]; ARC: 1263923; World War II Army Enlistment Records; Archives and Records Record Group 64; National Archives at College Park.
Karl Maier life, service, and medical records 1942~1977, military file 1942~1977, National Archives at Saint Louis, Missouri; Record Group Title: Records of the Selective Service System, 1926~1975; Record Group Number: 14.
Karl Maier medical records, Station Hospital Langley Field, June 22~August 12, 1942.
Private Karl W. Maier discharge hearing, 322217512, 416 Ordinance Company, Avn. (Bomb), July 18, 1942, Langley Field, Virginia; National Archives at Saint Louis, Missouri; Record Group Title: Records of the Selective Service System, 1926~1975; Record Group Number: 14.
Karl Maier admission to State Hospital of Trenton; Diagnosis: Mental Illness, Schizophrenic reaction, March 25, 1953.
Karl Maier Application for transfer to Veterans Hospital, Lyons, New Jersey, April 9, 1953; letter from Charles Maier to Veterans Hospital disavowing information related to Carl, April 23, 1953.
Carl William Maier admission to New Jersey State Hospital at Ancora, April 11, 1956, diagnosis schizophrenic, paranoid type, May 11, 1956.
Maria Hauser Maier death record, NYCDR July 20, 1947, 27 East Ninety-Fourth Street, New York, NY.

Maria Hauser Maier cremation, July 23, 1947. Interment: September 24, 1947; Ferncliff urn placement: Main Mausoleum Colombian Room 2, Alcove B Column 4, Column F.
Ferncliff Cemetery attendant, in-person interview regarding Maria Maier's interment, 2015.
Marie Jaussaud classified advertisement, *New York Times*, August 22, 1948.
Berthe Lindenberger residence, Maple Avenue 132-32, Flushing, New York, PO Box 287, employment, David Sarnoff, 44 East Seventy-First Street, Social Security Application, October 1, 1948, SSA.
Eugenie Jaussaud, Death Certificate, #23162, 960 Park Avenue, Municipal Records, Borough of Manhattan, October 19, 1948.
Eugenie Jaussaud, 1948 Social Security Applications and Claims, 1936~2007; New York City Municipal Deaths, October 19, 1948, cn23162, Film 2166838.
Eugenie Jaussaud mass, Saint Jean de Baptiste, attending priest from St. Ignatius Loyola Church, 980 Park Avenue, funeral home Frank E. Campbell, October 22, 1978.
Eugenie Jaussaud obituary, *New York Times*, October 22, 1948.
Eugenie Jaussaud burial, Gate of Heaven Cemetery, Hawthorne, New York, Sec. 47/plot 217/stone 9, October 22, 1948.
Eugenie Jaussaud will, May 13, 1948, executed by William Jaussaud aka Charles Maier, October 25, 1948, P2970, Surrogate's Court, New York County.

4 초기 작품: 프랑스

Vivian Maier quote from a letter draft to Amédée Simon, Saint-Bonnet photographer, ca. 1954, John Maloof Collection.
Vivian Maier departure to France, New York, New York, March 29, 1950; National Archives at Washington, DC; Series Title: "Passenger and Crew Lists of Vessels and Airplanes Departing from New York"; NAI Number: 3335533; Record Group Title: Records of the Immigration and Naturalization Service, 1787~2004; Record Group Number: 85; Series Number: A4169; NARA Roll Number: 69.
Susan Sontag, *On Photography* (New York: Farrar, Straus and Giroux, 1977).
Vivian Maier sale of Beauregard property by auction on October 6 and October 25, 1950, registered November 7, 1950, Case 470, Volume 1380, Articles 36 and 42~47, Alphonse Beaume (notary), Saint-Bonnet-en-Champsaur, Archives departementales de Hautes-Alpes.
Escallier law suit, 4 U 1073-1945-1951, civil acts and judgments, Saint-Bonnet, filed April 10, 1951, residence defendant Vivian Maier, Saint-Bonnet, with Madame Jouglard; decision for defense, August 25, 1951; reaffirmed August 5, 1961, Archives departementales de Hautes-Alpes.
Vivian Tank (née Cherry) arrival, New York, New York, April 16, 1951, Microfilm Serial:

T715, 1897~1957; SS *De Grasse*; Microfilm Roll: Roll 7973; Line: 9; Page: 20.0.
Vivian Maier departure Le Havre, France, April 16, 1951, SS *De Grasse*, Microfilm Serial: T715, 1897~1957; Microfilm Roll: Roll 7973; Line: 9; Page: 20.0.

5 초기 작품: 뉴욕

Vivian Maier quote about New York from tape-recorded interview with Evanston neighbor, 1976, Tape 9, Track 1, John Maloof Collection.
Pamela Walker, family employed Vivian Maier in Southampton, New York, in 1951, recorded and transcribed interview with John Maloof, 2011~2013.
Sylvain and Rosette Jaussaud, in-person interview regarding identification of Vivian Maier's mother, 2018.
Gwen Akin, personal interview via telephone and email regarding Vivian Maier's 1952 nanny position with her family in Brookville, Long Island, 2015.
Architectural drawings for construction of First Avenue Estate, Stahl CA44, Submission to Sixty-Fourth Street Landmarks Preservation Commission, 2014, Designation List 383 LP-1692A, Amendment to City and Suburban Homes Company, First Avenue Estate; Landmark Site: Borough of Manhattan Tax Map Block 1459, Lot 22.
Randazzo residence, 1920 Census: Manhattan, New York, New York; Roll: 1564; Page: 12B; Enumeration District: 0653; Image: 794.0; Family History Library Microfilm: 2341299.
Randazzo residence, 1930 Census: Manhattan, New York, New York; District 0653. Page: 12B; Enumeration District: 0653; Family History Library microfilm: 2341299.
Miss S. Randazza [sic] directory listing, 1949 Manhattan City Directory, New York City; U.S. City Directories, 1822~1995, Ancestry.com.
Randzzo [sic], residence, Year: 1940; Census Place: Manhattan, New York, New York; Roll: m-t0627-02654; Page: 61A; Enumeration District: 31-1258.
Salvatore A. Randazzo obituary, Advance Funeral Home, Hamilton, Ohio, July 13, 2004.
Buildings in Manhattan, OldNYC, Irma and Paul Milstein Division of United States History, Local History and Genealogy, New York Public Library Digital Collections.
Anna Randazzo, in-person interview about her 1950s friendship with Vivian Maier in New York, 2016.
Emilie Haugmard residence, 1942~1965, 419 East Sixty-Fourth Street, Manhattan, New York, City Directory.
Emilie Haugmard death, New York City Department of Health, October 8, 1964.
Emilie Haugmard, Intestate Petition, February 9, 1965, New York, #926/1965.
Emilie Haugmard, great niece telephone interview by Françoise Perron, 2015.

6 직업적 야망

Vivian Maier quote from her written instructions on a photo lab, John Maloof Collection.

Dan Wagner, *Explora*, 2016, https://www.bhphotovideo.com/explora/Photography/buying-guide/wonderful-world-rolleiflex-tlr-photography-buying-used-rolleiflex-tlr.

Photography classes and darkrooms, Classified Ads, *New York Times*, 1940s~1950s.

Photography classes and darkrooms, Classified Ads, *New York Herald Tribune*, 1940s~1950s.

Carola Loeffel birth, 1882, *Namensregister, Geburtsregister*, 1870~1904, Stadtarchiv Karlsruhe, Karlsruhe, Deutschland.

Carola Loeffel immigration, 1896, Arrival: New York, New York; Microfilm Serial: M237, 1820~1897; Microfilm Roll: Roll 662; Line: 21.

Carola Loeffel residence, 1910 Census: Manhattan Ward 19, New York, New York; Roll: T624_1042; Page: 14A; Enumeration District: 1136; Family History Library microfilm:1375055.

Carola Loeffel Hemes marriage, 1912, New York City Municipal Archives; New York, New York; Borough: Manhattan; Indexed Number: M-12.

Emile Hemes residence, 1918 New York City Directory, U.S. City Directories, 1822~1995 (database online), Ancestry.com, 2011.

Carola Hemes residence, 1920 Census: Manhattan Assembly District 15, New York,
New York; Roll: T625_1213; Page: 4B; Enumeration District: 1067.

Carola Hemes immigration records, 1921, Records of the Immigration and Naturalization Service, 1787~2004; Record Group Number: 85; Series Number: A4169; NARA Roll Number: 389.

Carola Hemes residence, 1933, New York City Directory, U.S. City Directories, 1822~1995, Ancestry.com, 2011.

Hemes divorce, "Court Sees 'Inhumanity' to Alimony Prisoner," *New York Herald Tribune*, July 19, 1931.

Carola Hemes, telephone interview with great-nephew regarding identification of the photographer, 2016.

Geneva McKenzie, "Members, Guests Win Photo Prizes," *Long Island Daily Press*, October 27, 1942.

Geneva McKenzie studio, Manhattan, New York City Directory, 1953, p. 1102.

Photographers working at 39 West Forty-Sixth Street, Manhattan, New York City Directory, 1957, U.S. City Directories, 1822~1995, Ancestry.com.

John Wrinn, "Resident of Stamford Found Dead in Studio," *Hartford Courant*, October 28, 1961.

The School of Modern Photography, 136 East Fifty-Seventh Street, New York City,

Director: H. P. Sidel.
Weegee biography, International Center of Photography, New York, 2019, https://www.icp.org/browse/archive/constituents /weegee?all/all/all/all/0.
Thomas Mallon, "Weegee the Famous, the Voyeur and Exhibitionist," *New Yorker*, May 28, 2018.
Dan Wagner, New York photographer and author of *Never Seeing Nothing and Schmendrick*, analysis of photographs and description of characteristics of the Rolleiflex camera.
Taxi, 20th Century Fox Exhibitor's Campaign Book, 1952.
Taxi, "Pawnshop Goes to Movies," *New York Herald Tribune*, August 2, 1952.
Weegee photograph, *Act of Love*, Astor Theatre, Times Square, New York, 1954.
It Should Happen to You, directed by George Cukor, July 1953, Columbus Circle, Manhattan, New York.
Bishop Fulton Sheen, *Time* magazine cover, August 14, 1952.
Archbishop Fulton J. Sheen, https://www.fultonsheen.com.
Draft of letter to Amédée Simon, Saint-Bonnet photographer, regarding a business collaboration, ca. 1954, John Maloof Collection.
Charlat sisters, personal interview via telephone and emails regarding Vivian Maier and Joan, 2018.
Joan, in-person, telephone, and email interviews regarding Vivian Maier as her nanny 1952~1953, 2018.
Postcards printed for Vivian Maier by Amédée Simon in 1950~1951, John Maloof Collection.
Ansel Adams quote, Marie Street Alinder, *Ansel Adams: A Biography* (New York: Bloomsbury USA).

7 거리 사진

Vivian Maier quote told to Linda Matthews, employer 1980~1983.
Joel Meyerowitz, master photographer and coauthor of *Bystander: A History of Street Photography*, recorded and transcribed interview by John Maloof, 2011~2013, and personal interview via email, 2020.
Churches of Vancouver, Vancouver Public Library, Special Collections Historical Photographs, https://www3.vpl.ca/dbtw-wpd/exec/dbtwpub.dll.

8 최고의 해

Vivian Maier quote from tape-recorded interview with Evanston neighbor, 1976, Tape 9, Track 1, John Maloof Collection.
Howard Greenberg Gallery, review of Vivian Maier exhibition prints, 2019.

Julie Besonen, "Stuyvesant Town: An Oasis Near the East River," *New York Times*, 2016, https://www.nytimes.com/2016/08/14/realestate/stuyvesant-town-an-oasis-near-the-eastriver.html.

Vivian Maier photo log for January – February 1954, found in a coat pocket, John Maloof Collection.

Dan Wagner, technical analysis of Vivian Maier self-portraits, 2020.

Rembrandt lighting, Wikipedia, 2020.

Stuyvesant Town – Peter Cooper Village Tenants Association, http://www.stpcvta.org.

Hardy family, personal interviews with Meredith and Thomas Hardy via telephone and email regarding their 1954 experience with Vivian Maier as their nanny, 2017.

Mary McMillan Cavett, personal interviews via telephone and email regarding her family and their experience with Vivian Maier as their nanny in 1954~1955, 2017.

Edward Steichen, *The Family of Man: The Greatest Photographic Exhibit of All Time* (New York: Museum of Modern Art, 1955).

Diane Arbus photograph, *Identical Twins, Roselle*, New Jersey, 1967.

9 캘리포니아를 향하여

Vivian Maier quote from a tape-recorded conversation with Evanston neighbor, 1976, Tape 9, Track 1, John Maloof Collection.

"Five Quebec National Shrines," *Religious Travel Planning Guide*, Willowbrook, Illinois, https://religioustravelplanningguide.com/five-quebec-national-shrines.

Ray Herbert, "$12 Million Building to Replace Dowdy Hotel on 6th Street," *Los Angeles Times*, March 2, 1971.

Disneyland attendance, Disneyland Linkage, http//:www.scotware.com.au/theme/feature/atend_disparks.htm.

Diana Martin, family employed Vivian Maier in Los Angeles during the summer of 1955, personal interviews via telephone and email, 2018.

Susan Sontag, *On Photography* (New York: Farrar, Straus and Giroux, 1977).

Vivian Maier purchase of second Rolleiflex, photo notes, August 1955, Los Angeles, California.

Margarite Heijjas arrival, 1951, New York, New York; Microfilm Serial: T715, 1897~1957; Microfilm Roll: Roll 7946; Line: 3; Page: 122.

Margarite Heijjas residence, mid-1950s and 1960s, Pasadena, California, City Directories.

Margite Hejjas [sic] naturalization, 1958, National Archives at Riverside, California; NAI Number: 594890; Record Group Title: 21; Record Group Number: Records of District Courts of the United States, 1685~2009.

William J. McBurney and Mary Rice Milhollanda, *Greater French Valley, Images of America* (Mount Pleasant, South Carolina: Arcadia Publishing, 2009).

Photographed check from Norman and Shirlee Kaye, 1955, Vivian Maier Estate.
Kandee and John Kaye, personal interview via telephone and email about their 1955 experience with Vivian Maier as their nanny, 2017.
Mary Kaye obituary, *Los Angeles Times*, February 20, 2007.
Norman Kaye obituary, *Las Vegas Review-Journal*, September 17, 2012.
Mary Kaye Trio website, http://marykayetrio.com.
Gensburg family interviews were conducted by John Maloof. For privacy reasons they chose not to participate in his film and gave no further comment after initial interviews. Family members did not respond to inquiries for this book. Information regarding the Gensburgs was sourced from verbal discussions with Maloof about the interviews he conducted with their friends and neighbors; the Nora O'Donnell interview in *Chicago* magazine; public records; and Vivian Maier photographs, tapes, films, and belongings.

10 시카고와 겐스버그 가족

Vivian Maier quote from photo notes, 1965, John Maloof Collection.
Berthe Lindenberger, photographs of Queens County Savings Bank passbook 140874, safety deposit contents, and cremation shipping container, by Vivian Maier, September 1956, John Maloof Collection.
Berthe Lindenberger death, New York City Death Index, Ber Lindenberger, August 16, 1956, No. 8374.
Berthe Lindenberger, Social Security Death Claim, April 1, 1957, SSA.
Carola Hemes return to Germany, 1956, Passenger and Crew Lists of Vessels and Airplanes Departing from New York, New York, 07/01/1948~12/31/1956; NAI Number: 3335533; Record Group Title: Records of the Immigration and Naturalization Service, 1787~2004; Record Group Number: 85; Series Number: A4169; NARA Roll: 389.
Duffy Levant, friend of the Gensburg boys, recorded and transcribed interview by John Maloof, 2011~2013.
Marius Pellegrin, description of Vivian Maier as an extraterrestrial to John Maloof, Saint-Bonnet, France, 2011.
Barry Wallis, acquaintance from Northwestern Language Lab, on Vivian Maier's expressionless face, recorded and transcribed interview by John Maloof, 2011~2013.
Vivian Maier quips and expressions, personal interviews with Linda Matthews, 2017.
Jennifer Levant, friend of the Gensburg boys, recorded and transcribed interview with John Maloof, 2011~2013.
"Pump Room Will Be Closed … for Gallivantin Gleason's Gay Private Shindig," *Chicago Sunday Tribune*, May 27, 1962, Newspapers.com.

North by Northwest filming, Ambassador East Hotel, Chicago, with Eva Marie Saint, Cary Grant, and James Mason, 1958, https://the.hitchcock.zone/wiki/Main_Page.

11 세계를 여행하다

Vivian Maier quote to Linda Matthews, employer 1980~1983.

Vivian Maier purchase of Robot camera in 1958, photo notes, John Maloof Collection. "Shipping in the Port of Baltimore," *Sailing of Pleasantville Norwegian*, Baltimore Sun, April 5, 1959.

Photographed letters to Margarite Heijjas to borrow money, June and August 1959, Vivian Maier Estate.

Gensburg boy's description of a laundry line, Nora O'Donnell, "The Life and Work of Street Photographer Vivian Maier," *Chicago*, December 14, 2010, http://www.chicagomag.com/Chicago-Magazine/January-2011/Vivian-Maier-Street-Photographer.

Auguste Blanchard, in-person interview in France regarding impressions of Vivian Maier during her 1950 and 1959 visits, 2018.

Paul Vacher, Vivian Maier researcher and author of *Ceux De Beauregard*, June 2019 exchanges via email.

Phillipe Simon, exchange via email about family interactions with Vivian Maier in Saint-Bonnet, France, 2020.

Lucien Hugues, in-person interview in France regarding neighbor Nicolas Baille,\ including his personality, behavior, and relationships, 2018.

Nicolas Baille death, 2 E 155/9, Civil Status Register, 1878, Saint-Léger-les-Mélèzes, June 13, 1961, Gap, Archives departementales de Hautes-Alpes.

Rosette Jaussaud, interview with Marie Hughes on details regarding 1959 Jaussaud family interactions with Vivian Maier, 2020.

Photograph by Vivian Maier of letter to Nancy Gensburg about finances and plans for returning to Chicago, September 1959, Vivian Maier Estate.

Photograph by Vivian Maier of the 1943 Metropolitan Life Insurance Policy bought by the Lindenbergers, September 1959, John Maloof Collection.

12 1960년대

Vivian Maier's quote on tape recording with Jean Dillman, employer 1976, Tape 2, Track 2.

Playboy club publicity department contact, Vivian Maier notes, John Maloof Collection.

Vivian Maier tape-recorded interviews on Nixon's impeachment, Tape 13, Track 2, John Maloof Collection.

The Bellboy, director Jerry Lewis, filmed at greyhound race track and Fontainebleau Hotel, Miami, Florida, 1960.

Alton Slagle, "Amid Grief, Curious Abound," *New York Daily News*, September 1966 (courtesy of Johnny de Palma).
Film of Vivian Maier helping a Gensburg boy from a tree, John Maloof Collection.

13 다시 시작하다

Vivian Maier quote to Zalamin and Laura Usiskin, employers 1987~1988, recorded and transcribed interview by John Maloof, 2011~2013.
Inger Raymond, experience with Vivian Maier as her nanny from 1967 to 1974, recorded and transcribed interview by John Maloof, 2011~2013; personal interviews via telephone and email, 2018 and 2020.
Ginger Tam, impressions of Vivian Maier by Inger's friend, recorded and transcribed interview with John Maloof, 2011~2013.
Duffy Levant, experiences with Vivian Maier in Highland Park, recorded and transcribed interview by John Maloof, 2011~2013.
Käthe Kallwitz, *German Expression: Works from the Collection*, MOMA, 2020, https://www.moma.org/s/ge/curated_ge/index.html.
Willem van den Berg, Kilgore Gallery, New York, New York, 2020, https://www.kilgoregallery.com/usr/library/documents/main/berg-willem-van-den.

14 어린 시절: 여파

Vivian Maier quote to Bayleanders, employers 1990~1994, recorded and transcribed interview with John Maloof, 2011~2013.
Dr. Donna Mahoney, personal interviews via telephone and email regarding the implications of Marie Maier's mental condition on daughter Vivian, 2020~2021
"Definition of Childhood Trauma," National Institute of Mental Health, Bethesda, Maryland, https://www.nimh.nih.gov/health.
Dr. Donna Mahoney, Lucy Riskspoone, and Jennifer Hull, "Narcissism, Parenting, Complex Trauma: The Emotional Consequences Created for Children by Narcissistic Parents," *Practitioner Scholar: Journal of Counseling and Professional Psychology* 45, Number 5 (2016).
Dr. Donna Mahoney, "Narcissism and the Used Child," lecture, Illinois School of Professional Psychology, Chicago, Illinois, 2020.
Dr. Robert Raymond, in-person interview with clinical psychologist and psychoanalyst, regarding Vivian Maier's overall emotional and psychological condition.
Dr. Joel Hoffman, in-person interview regarding the potential implications of Vivian Maier's childhood on her adult behavior.
Mental health experts consulted regarding Vivian Maier's possible physical or sexual

abuse: Dr. Donna Mahoney, Illinois; Dr. Robert Raymond, New Jersey; Dr. Joel Hoffman, New York, Dr. Jean-Yves Samacher, Director of the Freudian School, Paris, and Robert Samacher, Doctor of Philosophy, Paris.

Dr. Randy Frost, personal interview with hoarding expert via telephone and email regarding hoarding disorder and Vivian Maier, 2017.

Hoarding Disorder, *Diagnostic and Statistical Manual of Mental Disorders* (DSM-5) (Washington, DC: American Psychiatric Publishing, 2013), 300.3, Diagnostic Criteria and Features.

Drs. Randy Frost and Gail Steketee, *Stuff: Compulsive Hoarding and the Meaning of Things* (Boston and New York: Houghton Mifflin Harcourt Publishing, 2010).

Drs. David Tolin, Randy Frost, and Gail Sketekee, *Buried in Treasures: Help for Compulsive Acquiring, Saving and Hoarding* (Oxford University Press, 2013).

Jenny Coffey, LMSW, in-person interview with expert who has visited the homes of over two hundred hoarders on causes, symptoms, and effects of hoarding disorder, 2017.

Matt Paxton and Phaendra Hise, *The Secret Lives of Hoarders: True Stories of Tackling Extreme Hoarding* (New York: TarcherPerigee, 2011).

Claudia Kalb, *Andy Warhol Was a Hoarder: Inside the Minds of History's Great Personalities* (Washington DC: National Geographic Society, 2016).

Olivia Laing, *The Lonely City: Adventures in the Art of Being Alone* (Edinburgh, UK: Canongate Books, 2016).

Hsiaojane Chen, "Disorder: Rethinking Hoarding Inside and Outside the Museum," lecture, University of Texas at Austin, 2011.

Linda Matthews, employer from 1980 to 1983, description of Vivian's reaction to her giving away newspapers, recorded and transcribed interview with John Maloof, 2011~2013.

Roger Carlson, owner of Bookman's Alley, on Vivian's paranoid behavior, recorded and transcribed interview with John Maloof, 2011~2013.

Schizoid Personality Disorder, *Diagnostic and Statistical Manual of Mental Disorders* (DSM-5) (Washington, DC: American Psychiatric Publishing, 2013), 301.2, Diagnostic Criteria and Features.

Schizoid Personality Disorder, *International Classifications of Disease* (ICD-10) (Geneva, Switzerland: World Health Organization, 2021), F60.1.

Drs. Larry J. Seiver and Kenneth L. David, MD, "The Pathophysiology of Schizophrenia Disorders: Perspectives from the Spectrum," *American Journal of Psychiatry* 161, Number 3 (March 2004).

Osamu Muramoto, "Retrospective Diagnosis of a Famous Historical Figure: Ontological, Epistemic, and Ethical Considerations," *Philosophy, Ethics, and Humanities in Medicine*, May 28, 2014.

Dr. Ralph Klein, Masterson Institute for Treatment of Trauma and Personality Disorders,

"The Self-in-Exile: A Developmental, Self, and Object Relations Approach to the Schizoid Disorder of the Self," in *Disorders of the Self: New Therapeutic Horizons: The Masterson Approach* (New York: Brunner/Mazel, 1995), pp. 1~178.

Dr. Jean-Yves Samacher, Director of Freudian School, Paris, and Dr. Robert Samacher, "Vivian Maier Neither Seen nor Known," *Psychologie Clinique*, Number 48 (2019), https://doi.org/10.1051/psyc/201948110.

Danille Knafo, "Egon Schiele and Frida Kahlo: The Self-Portrait as Mirror," *Journal of the Academy of Psychoanalysis*, February 1991.

Paula Elkisch, "The Psychological Significance of the Mirror," American Psychoanalysis Association, April 5, 1957.

Elizabeth Avedon, "Vivian Maier: Self Portraits," essay (Brooklyn: powerHouse books, 2013).

Anne Morin, "The Self-Portrait and Its Double," essay, December 2020.

15 여러 매체를 실험하다

Vivian Maier quote, from her written processing directions, John Maloof Collection.

Howard Greenberg, gallery owner representing Vivian Maier and many other notable street photographers, in-person interviews regarding his characterization and opinion of Vivian's work, 2016~2017.

Vivian Maier 1978 address book entries for *New York Times* delivery and Leica dealership, John Maloof Collection.

Photographic equipment inventory of material donated by John Maloof, prepared by the University of Chicago Library, Chicago, Illinois, 2020.

16mm and Super-8 short films, John Maloof Collection.

Vivian Maier films, scholarly analysis by curator Anne Morin, 2020.

Phillip Wattley, "Missing Mom, Infant Are Sought by Police," *Chicago Tribune*, September 11, 1972.

John O'Brien, "Mother, Baby Found Slain," *Chicago Tribune*, September 12, 1972.

"Services for Murder Victims Today," *Chicago Tribune*, September 14, 1972.

Vivian Maier tape-recorded interview with Inger's maternal grandmother about her pioneering life in Montana, Tape 3, John Maloof Collection.

Vivian Maier tape-recorded interview with Inger's paternal grandmother, Tape 4, John Maloof Collection.

Vivian Maier tape-recorded interview with the Dillmans' neighbor in Evanston regarding Rudolph Valentino and Howard Hughes, Tape 9, Track 1, John Maloof Collection.

Vivian Maier tape-recorded interview with children, Tape 10, Track 7, employer late 1970s.

Karen Frank, employer in late 1970s, recorded and transcribed interview, 2011~2013.

Phil Donahue, employer in 1976, recorded and transcribed interview with John Maloof,

2011~2013.
Terry Callas, employer 1984~1985, recorded and transcribed interview conducted by John Maloof, 2011~2013.
Alan Sekula quote: Sharon Cohen, "Celebrating Genius of an Undiscovered Photography," Associated Press, March 13, 2011.

16 가족: 마지막 이야기

Vivian Maier quote to Linda Matthews, employer 1980~1983.
Karl W. Maier fingerprints, medical examination, Camp Upton, February 18, 1942, Military Records, National Personnel Records Center, Military Personnel (NPRC), VA-RMC Saint Louis.
James Gerber (Joseph Corsan great-nephew) personal interview via telephone and email regarding Joseph and Alma Corsan, 2015.
Alma Maier death, January 21, 1965, New York, New York, Death Index, 1949~1965, Ancestry.com, 2017.
Alma Maier probate, New York County Surrogate Court, Petition No. 497 – 1965, January 29, 1965.
Joseph Corsan, Social Security Administration Death Index, June 12, 1970, Master File.
Joseph Corsan probate, New York County Surrogate Court, Index No. 4010-1970.
Ferncliff Cemetery attendants in-person interview in 2015 regarding interment of Alma Maier and Joseph Corsan, Shrine of Memories, Unit 2, Tier H, End Companion Crypt 107, Entombed.
Photograph of passport application by Vivian Maier, Vivian Maier Estate.
Leon Teuscher (Berta Maier nephew) personal interviews via telephone regarding his experiences in the early 1950s living with Charles Maier, 2015.
Murray Schumach, "Alvin Comes of Age," *New York Times*, November 21, 1948.
Charles Maier's unleashed dogs attacked woman, causing her to faint, "Woman Injured in Fall," *Leader Observer* (Richmond Hill, New York), September 6, 1956.
Berta Maier death record, January 13, 1968, Queens General Hospital, Richmond Hill, Simonson Funeral Home.
Berta Maier probate intestate, 1968, 134084, Surrogate Court, QCNY, 453 – 76.
Charles Maier signature, Beta [sic] Maier Urn Receipt #130484, U.S. Cremation Company, January 1968.
Charles Maier death record, February 28, 1968, Number: 096-09-1928; Issue State: New York.
Charles Maier will, August 11, 1964, probate, Surrogate Court, Queens County, New York, March 11, 1968.
Charles Maier urn delivery to Emily Metz, #784457, U.S. Cremation Company, February

1968.
Marie Jaussaud Maier death record, 440 Columbus Avenue, June 28, 1975, Public Administrator File 5706.
Marie Jaussaud Maier, probate intestate, 1975~1979, Surrogate Court, County of New York, File 5706-1975.
Karl Maier residence, L.C. Boarding Home [sic], 4026 Jackson Avenue, Atco, New Jersey, April 21, 1967, Social Security Application, New Jersey, SSA.
Judy and Gerald Pliner, owners L&S Rest Home, personal interviews via telephone and email regarding Carl Maier's 1967~1977 residence at their facility, 2015~2017.
Karl Maier death, Beneficiary Identification Records Locator Subsystem (BIRLS) Death File, Washington, DC, US Department of Veterans Affairs.
Carl Maier death certificate, Ancora Psychiatric Hospital, 201 Jackson Rd., Winslow Township, Camden, New Jersey, #04251977, 4:30 a.m. April 11, 1977.
Carl Maier burial, April 21, 1977, Ancora Psychiatric Hospital Cemetery, Hammonton, New Jersey, personal interview with Ancora Cemetery attendant via telephone, 2015.

17 말년

Vivian Maier quote to Linda Matthews, employer 1980~1983, recorded and transcribed interview by John Maloof, 2011~2013.
Curt Matthews, employer from 1980 to 1983, on Vivian's fear of having her work stolen and escalating paranoia, personal telephone interview, 2018.
Sarah and Joe Matthews, children of employers 1980~1983, about Vivian Maier as their nanny, recorded and transcribed interviews conducted by John Maloof, 2011~2013.
Linda Matthews, employer from 1980 to 1983, personal interviews via telephone and email, 2018.
Cathy Bruni Norris, sister of employer from 1986 to 1987, recorded and transcribed interview conducted by John Maloof, 2011~2013.
Zalman and Laura Usiskin, employers from 1987 to 1988, recorded and transcribed interview conducted by John Maloof, 2011~2013.
Maren Bayleander, employer from 1990 to 1994, recorded and transcribed interview conducted by John Maloof, 2011~2013.
Judy Swisher, employer 1995 to 1996, recorded and transcribed interview conducted by John Maloof, 2011~2013.
Richard Stern, owner of theater Vivian frequented from 1986 to 2006, recorded and transcribed interview conducted by John Maloof, 2011~2013.
Anne O'Brien, manager of an African import store Vivian Maier frequented in the 1980s, recorded and transcribed interview conducted by John Maloof, 2011~2013.
Bill Sacco, friend from 1982 to 1988, recorded and transcribed interview conducted by

John Maloof, 2011~2013.
Jim Dempsey, manager of an art film theater Vivian Maier frequented from 1988 to 2001, recorded and transcribed interview conducted by John Maloof, 2011~2013.
Bindy Bitterman, owner of Eureka Antiques, which Vivian frequented in the late 1980s, recorded and transcribed interview conducted by John Maloof.
Roger Carlson, owner of Bookman's Alley, who knew Vivian from 1983 to 2005, recorded and transcribed interview conducted by John Maloof, 2011~2013.
Celebrity photographs by Vivian Maier, John Maloof Collection and Estate of Vivian Maier.
Book list compiled from Vivian Maier notes, storage lockers, and room photographs, John Maloof Collection.
Portfolios of photographs and artwork from pictures Vivian Maier took of her rooms, John Maloof Collection.
Freelance photographer articles sent to Vivian by friend Suzanne McVicker from the early 1970s, John Maloof Collection (Neville Ash, "Agencies Explained," *What Camera Weekly*, October 10, 1981; Dave Saunders, "Assignments," *Amateur Photographer*, September 5, 1981; Henry Scanlon, "How to Choose a Stock Photo Agency," *Popular Photography Book Bonus*, 1980; Betty Morris, "Words Sell Pictures," *Practical Photography*, June 1981; Neville Ash, "Profit from Picture Libraries!," *Practical Photography*, June 1981; Raymond Lea, "Focus on Freelancing," *Amateur Photographer*, September 5, 1951).
Photographs of IRS, SSA, and investment materials taken by Vivian Maier, John Maloof Collection.
Newspaper articles cut out and placed in plastic frames, John Maloof Collection.
Sarah Matthews Luddington, description of interaction with Vivian Maier in early 2000, via email, 2018.
Bob Kasira, Rogers Park neighbor, recorded and transcribed interview conducted by John Maloof, 2011~2013.
Sally Reed, Rogers Park neighbor, recorded and transcribed interview conducted by John Maloof, 2011~2013.
Patrick Kennedy, Rogers Park neighbor, recorded and transcribed interview with John Maloof, 2011~2013 and personal in-person conversation, 2018.
Photographs of 1956 medical records by Vivian Maier, John Maloof Collection.
Vivian Maier death certificate, April 21, 2009, Highland Park, Illinois, #090587, Probate Div. Cook County.

18 발견

Vivian Maier quote from tape-recorded conversation with a neighbor, 1976, Tape 2,

Track 2, John Maloof Collection.
Records relating to storage facilities and finances, John Maloof Collection.
John Maloof, personal interviews regarding background, discovery, and estate, 2015~2017.
Jeff Goldstein, personal interviews regarding background, discovery, and estate, 2015~2017.
BigHappyFunHouse (Ron Slattery), "Vivian Maier Follow-Up," MetaFilter, December 26, 2010, http://www.metafilter.com/98950/Vivian-Maier-follow-up.
Jay Shefsky, "Vivian Maier," *Chicago Tonight*, WTTW News, July 31, 2012, https://news.wttw.com/2012/07/31/vivian-maier.
Nora O'Donnell, "The Life and Work of Street Photographer Vivian Maier," *Chicago*, December 14, 2010, http://www.chicagomag.com/Chicago-Magazine/January-2011/Vivian-Maier-Street-Photographer.
Correspondence with Minneapolis documentary producers provided by John Maloof.
Jeff Goldstein's account of documentary production, personal telephone interview, 2017.
Finding Vivian Maier, produced by John Maloof and Charlie Siskel, Ravine Pictures, LLC, 2013.
Vivian Maier: Who Took Nanny's Pictures? and *The Vivian Maier Mystery*, producer/director Jill Nicholls, British Broadcasting Corporation (BBC), 2013.
Mary Ellen Mark on Vivian Maier's work, recorded and transcribed interview by John Maloof, 2011#2013.
Ansel Adams quote, Marie Street Alinder, *Ansel Adams: A Biography* (New York: Bloomsbury USA).

부록 A 논쟁

유산 문제

Vivian Maier estate, in-person interviews and emails with Cook County administrators, 2018.
Sylvain and Rosette Jaussaud, in-person interview in France regarding copyright events, 2018.
Randy Kennedy, "The Heir's Not Apparent," *New York Times*, September 5, 2014, https://www.nytimes.com/2014/09/06/arts/design /a-legal-battle-over-vivian-maiers-work.html?mcubz=0.
Deanna Issacs, "Losing Vivian Maier," *Chicago Reader*, February 4, 2014.
Cook County Probate Division, Case #:2014P003434, Petition filed by John M. Ferraro, June 9, 2014.
Cook County Probate Division, Case #:2014P003434, Petition filed by Levenfeld Pearlstein, LLC, June 22, 2018.

소유자의 역량

Caroline Miranda, "Untangling the Complicated Legacy of Nanny-Photographer Vivian Maier," *Los Angeles Times*, August 11, 2014.

Jeff Goldstein tax returns, Vivian Maier Prints, Inc., U.S. Corporation Income Tax Returns, Internal Revenue Service, Form 1120, 2010~2014.

Andrew Baul, "University of Chicago Library Receives Gift of Vintage Vivian Maier Prints," *uchicago news*, July 19, 2017.

Rachel Rosenberg, "Gift Creates Largest Institutional Collection of Acclaimed Photographer's Prints," *uchicago news*, August 22, 2019.

사후의 결정들

Andrea G. Stillman, et al., *Ansel Adams Letters 1916~1984* (New York: Little, Brown and Company, 2017).

Jeff Rosenheim, head curator of photography for the Metropolitan Museum of Art, brief in-person conversation, 2018.

Steve Rifkin, master printer, personal interview via email regarding his approach to preparing Vivian Maier's work, 2020.

Howard Greenberg, gallery owner, on the posthumous printing of Vivian Maier's work, recorded and transcribed interviews by John Maloof, 2011~2013.

정신 질환

Rose Lichter-Marck, "Vivian Maier and the Problem of Difficult Women," *New Yorker*, May 9, 2014.

Claudia Kalb, *Andy Warhol Was a Hoarder: Inside the Minds of History's Great Personalities* (Washington DC: National Geographic Society, 2016).

Olivia Laing, *The Lonely City: Adventures in the Art of Being Alone* (Edinburgh, UK: Canongate Books, 2016).

Hsiaojane Chen, "Disorder: Rethinking Hoarding Inside and Outside the Museum," lecture, University of Texas at Austin, 2011.

비비안이라면 어떻게 했을까?

Colin Westerbeck, "Photographer Unknown," *Art in America*, June/July 2018.

Roger Carlson, owner of Bookman's Alley, on Vivian Maier's growing paranoia, recorded and transcribed interview with John Maloof, 2011~2013.

Curt Matthews, former employer, personal interview via telephone clarifying his statement on Vivian Maier's behavior and prospective wishes, 2018.

Linda Matthews, personal interview regarding Vivian Maier's prospective wishes, 2018.

Carole Pohn, Gensburg neighbor, on the discovery of Vivian Maier's work, recorded and transcribed interview by John Maloof, 2011~2013.

Opinions regarding display of Vivian Maier's photographs in recorded and transcribed interviews, John Maloof, 2011~2013: Cathy Bruni Norris, Duffy Levant, Inger Raymond, Jennifer Levant, Joe Matthews, Judy Swisher, Chuck Swisher, Karen Frank, Linda Matthews, Maren Bayleander, Phil Donahue, Sarah Matthews Luddington, Terry Callas, Karen and Zalman Usiskin, Anne O'Brien, Barry Wallis, Bill Sacco, Bindy Bitterman, Bob Kasara, Carole Pohn, Ginger Tam, Jim Dempsey, Patrick Kennedy, Richard Stern, Roger Carlson, Mary Ellen Mark, Howard Greenberg, Joel Meyerowitz, Merry Karnowsky.

Inger Raymond quote on Van Gogh, recorded and transcribed interview with John Maloof, 2011~2013.

부록 B 유산

Cortney Norman, Howard Greenberg Gallery, personal interviews via email, 1918~2020.

Arthur Lubow, "Looking at Photos the Master Never Saw," *New York Times*, July 3, 2014, https://www.nytimes.com/2014/07/06/arts/design/when-images-come-to-life-after-death.html.

Roberta Smith, "Vivian Maier: Photographs from the Maloof Collection," *New York Times*, January 19, 2012, http://www.nytimes.com/2012/01/20/arts/design/vivian-maier.html.

Joel Meyerowitz regarding Vivian Maier's legacy, personal interview via email, 2020.

Howard Greenberg, in-person interview with gallery owner regarding Maier's legacy, 2016~2017.

Joel Meyerowitz, Mary Ellen Mark, Howard Greenberg, and Merry Karnowsky, quotes from recorded and transcribed interviews by John Maloof, 2011~2013.

Erin O'Toole on Gary Winogrand, Arthur Lubow, "Looking at Photos the Master Never Saw," *New York Times*, July 3, 2014.

Anne Morin interview by Jim Casper, "Vivian Maier: Street Photographer, Revelation," *Lensculture*, https://www.lensculture com/articles/vivian-maiervivian-maier-street-photographer-revelation.

"Chicago Woman Discovered as a Photographer," *Daily Tribune/AP*, March 1, 2011, http://www.dailyherald.com/article/20110313/news/ 703139924/.

부록 C 비화

비화 1: 옥상의 란다초

Manhattan House, 200 East Sixty-Sixth Street, white tower in Randazzo photographs.

Surrounding buildings in Randazzo photographs, OldNYC.org, Irma and Paul Milstein Division of United States History, Local History and Genealogy, New York Public

Library.
Miss S. Randazza [sic], 1949 Manhattan City Directory, U.S. City Directories, 1822~1995, Ancestry.com.
Randazzo family residence, 1930 Census: Manhattan, New York, New York; District: 0653. Page: 12B; Enumeration District: 0653; Family History Library microfilm: 2341299.
Randzzo [sic] family residence, 1940, Sheet 61A, Year: 1940; Census Place: New York, New York; Roll: m-t0627-02654; Page: 61A; Enumeration District: 31-1258.
Salvatore A. Randazzo obituary, Advance Funeral Home, Hamilton, Ohio, July 13, 2004.

비화 2: 리버사이드 드라이브의 조앤

340 Riverside Drive residence, 1952 Manhattan City Directory, New York City, U.S. City Directories, 1822~1995, Ancestry.com.
Sidney Charlat residence, Year: 1940; Census Place: New York, New York; Roll: m-t0627-02647; Page: 65B; Enumeration District: 31-972.
Sidney Charlat residences, U.S. Public Records Index, 1950~1993, Volume 2 (database online), Ancestry.com, 2010.
Joan Murray, *Confessions of a Curator* (Toronto: Dundurn Press, 1996).
Carol Charlat, U.S. School Yearbooks, 1880~2012, School Name: High School of Music and Art; Year: 1959.
Carol Charlat's *Candlestick, The English Speaking Union, Dallas Branch Newsletter*, May 19, 2013.
"New York Restaurant Owner on Isle Holiday," *Waikiki Beach Press, Sunday Advertiser*, 1958.

비화 3: 여성 사진작가들

Photographs by Vivian Maier covering the production of the movie *Taxi*, 1953.
Carola Loeffel Hemes marriage, 1912, New York City Municipal Archives; Borough: Manhattan; Indexed Number: M-12.
Carola Hemes residence, 1915, 1918, New York City Directory, U.S. City Directories, 1822~1995 (database online), Ancestry.com, 2011.
Emile Hemes residence, 1918, New York City Directory, U.S. City Directories, 1822~1995 (database online), Ancestry.com, 2011.
Carola Hemes divorce, "Court Sees 'Inhumanity' to Alimony Prisoner," *New York Herald Tribune*, July 19, 1931.
Carola Hemes, 1933, New York City Directory, U.S. City Directories, 1822~1995, Ancestry.com, 2011.
Elise Mehls, Alien Enemy Record, A-3868101, Hudson County, New Jersey State Archives, 1951.

Elise Mehls obituary, *Kingston Daily Freeman*, April 23, 1965.

Carola Hemes great-nephew, telephone interview regarding identification of the photographer, 2016.

Photography classes and darkrooms, Classified Ads, *New York Times*, 1940s~1950s.

Photography classes and darkrooms, Classified Ads, *New York Herald Tribune*, 1940s~1950s.

Geneva McKenzie studio, Manhattan, New York, *City Directory*, 1953, p. 1102.

Geneva Ehler, East High School, Cleveland, Ohio, 1908, U.S. School Yearbooks, 1880~2012, Yearbook Title: *Ehs*; Year: 1908.

비화 4: 맥밀런 자매

Vivian Maier photograph note "Upstate New York."

James R. McMillan, MD, Manhattan, New York, City Directory 1953, U.S. City Directories, 1822~1995 (database online), Ancestry.com, 2011.

Sarah R. McMillan, addresses in New York City and Hopewell Junction, People Search and Intelius.

"Miss Moore Becomes Bride," *Poughkeepsie New Yorker*, June 28, 1941.

"Sarah Reeder McMillan Bride of Steven Dunn," *Poughkeepsie Journal*, September 26, 1971.

"Banton Moore Services Set," *Waco News-Tribune*, January 5, 1954.

Dr. James Reeder McMillan, obituary, *Jackson Sun*, October 15, 1990.

Sharon J. Doliante, McMillan Family Tree, *Maryland and Virginia Colonials* (Baltimore: Clearfield Company, 1991).

칼 마이어 이야기

Karl Maier, Beneficiary Identification Records Locator Subsystem (BIRLS) Death File, Washington, DC: US Department of Veterans Affairs.

Karl Maier, LC Boarding Home [sic] Rest Home, Atco, New Jersey, Social Security Application, 1967.

New Jersey State Nursing Home Study Committee, *New Jersey Report on Long-Term Care* (Trenton, New Jersey: New Jersey State Government, 1978).

Judy and Gerald Pliner, personal interview with the owners of L&S Rest Home, via telephone and email, regarding Carl Maier, 2015~2017.

찰스 마이어 시니어의 이야기

Berta Maier, 1943 Enemy Alien Registration, 1940~1943, #3073121, USDJ; Probate Intestate, 134084, Surrogate Court, QCNY.

Berta Maier, 1968 Probate Intestate, 134084, Surrogate Court, QCNY 453-76.

Berta Maier's nephew, Leon Teuscher, personal interviews via telephone regarding his and his cousin's experience living with Charles Maier, 2015.

외제니 조소의 이야기

Eugenie Jaussaud, 1940 Census: Bedford, Westchester, New York; Roll: T627_2802; Page: 14A; Enumeration District: 60-10.

Charles Dana Gibson, telephone interview about Eugenie Jaussaud, his childhood cook in Bedford, New York, 2016.

Eugenie Jaussaud immigration, May 20, 1901, SS *La Gascogne*, Arrival: New York, New York; Microfilm Serial: T715, 1897 – 1957; Microfilm Roll: 0197; Line: 22; Page: 92.

Eugeni Joussaud [sic] certificate of arrival, SS *La Gascogne*, May 20, 1901, U.S. Department of Labor, Naturalization Service, No. 2-1180178.

Eugenie Jaussaud Declaration of Intent, May 27, 1925, #173882, Southern District of New York, New York State Naturalization Records, NARA.

Eugenie Jaussaud residence Hunt Dickinson, 1930 Census: Oyster Bay, Nassau, New York; Roll: 1462; Page: 9B; Enumeration District: 0194; Image: 576.0; Family History Library microfilm: 2341197.

Eugenie Jaussaud Naturalization Petition, 035 9649, witnessed September 30, 1931, filed under Euginie [sic] Jaussaud, 1932, Nassau County Clerk's Office, Mineola, New York.

Eugenie Jaussaud Certificate of Citizenship, #3536421, Supreme Court of Nassau County, March 18, 1932, New York State Archives, NARA.

비비안 마이어의 사진집

John Maloof, *Vivian Maier: Street Photographer* (Brooklyn: powerHouse Books, 2011).

Richard Cahan and Michael Williams, *Vivian Maier: Out of the Shadows* (Chicago: CityFiles Press, 2012).

John Maloof, *Vivian Maier: Self Portraits* (Brooklyn: powerHouse Books, 2013).

John Maloof, *Vivian Maier: A Photographer Found* (New York: Harper Design, 2014).

Richard Cahan and Michael Williams, *Eye to Eye: Photographs by Vivian Maier* (Chicago: CityFiles Press, 2014).

Colin Westerbeck, *Vivian Maier: The Color Work* (New York: Harper Design, 2018).

도움을 준 계보학자들

Susan Kay Johnson, New York
Jim Leonhirth, Tennessee
Peter Nagy, Slovakia
Michael Strauss, Utah

주요 참고 사이트와 문서 보관소

국립 개인 기록 센터(NPRC)
국립 아카이브 기록 관리부(NARA)
국회 도서관(LOC)
뉴욕 공립 도서관(NYPA)
뉴욕 주립 문서 보관소(NYSA)
뉴욕시 공문서 보관소(NYCMR)
뉴욕시 문서 보관소(NYCA)
미국 국립 문서 보관소(USNA)
미국 이민국(USCIS)
오트잘프 문서 보관소(ADHA)
퀸즈 유언 검인소(QSC)
퀸즈 카운티 문서 보관소(QCA)
Ancestry.com
BeenVerified
Curbed
Ephemeral New York
Facebook
FamilySearch
Forgotten New York
Google Earth
Intelius
Newspapers.com
Old Fulton New York Postcards Newspaper Website
OldNYC: Mapping Historical Photographs from the NYPL
People Search
PeopleFinders
Public Records Directory
Radaris
Spokeo
Untapped Cities
White Pages

찾아보기

| ㅂ |

| ㅅ |

| ㅇ |

| ㅈ |

| ㅎ |

지은이 **앤 마크스** Ann Marks
30년 동안 대기업의 임원으로 일했고, 「월스트리트 저널」의 최고 마케팅 경영자로 근무했다. 오랜 기간 기업에서 일하며 보통 사람들의 행태를 분석해온 저자는, 우연한 기회에 자신의 경력을 활용하여 세상에서 가장 미스터리한 사진작가, 비비안 마이어의 생애를 둘러싼 비밀을 밝히기로 결심한다. 특유의 끈질김과 인내로 14만 장에 이르는 비비안 마이어의 아카이브에 접근할 수 있는 유일한 권한을 허락받아 집필의 기초를 마련했으며, 지금은 비비안의 삶과 작품과 관련된 정보를 얻을 수 있는 주요한 출처가 되었다. 저자의 추적 기사는 「시카고 트리뷴」, 「뉴욕 타임스」, 「AP 통신」 등을 포함한 주요 언론에 실렸다.

옮긴이 **김소정**
생물학을 전공했고, 과학과 소설 분야의 책을 주로 번역하고 있다. 옮긴 책으로는 『마음의 상처로 죽을 수도 있을까』, 『그가 나에게 말하지 않은 것』, 『사과는 떨어지지 않는다』, 『휠체어를 탄 소녀를 위한 동화는 없다』 등이 있다.

비비안 마이어
보모 사진작가의 알려지지 않은 삶을 현상하다

1판 1쇄 2022년 8월 4일
1판 2쇄 2022년 9월 20일

지은이 앤 마크스
옮긴이 김소정

펴낸이 김정순
편집 신원제 허영수
디자인 김민영
마케팅 이보민 양혜림

펴낸곳 (주)북하우스 퍼블리셔스
출판등록 1997년 9월 23일 제406-2003-055호
주소 04043 서울시 마포구 양화로 12길 16-9(서교동 북앤빌딩)
전자우편 editor@bookhouse.co.kr
홈페이지 www.bookhouse.co.kr
전화번호 02-3144-3123
팩스 02-3144-3121

ISBN 979-11-6405-179-3 03600